中国第三产业经济思想史

韩枫/编著

ZHONGGUO DISANCHANYE JINGJISIXIANGSHI

图书在版编目（CIP）数据

中国第三产业经济思想史/韩枫编著．—北京：经济管理出版社，2016.3
ISBN 978－7－5096－4251－1

Ⅰ.①中… Ⅱ.①韩… Ⅲ.①第三产业—经济思想史—中国 Ⅳ.①F719

中国版本图书馆 CIP 数据核字（2016）第 027100 号

组稿编辑：杨国强
责任编辑：晓　白
责任印制：司东翔
责任校对：张　青

出版发行：经济管理出版社
（北京市海淀区北蜂窝 8 号中雅大厦 A 座 11 层　100038）
网　　址：www. E－mp. com. cn
电　　话：（010）51915602
印　　刷：北京九州迅驰传媒文化有限公司
经　　销：新华书店
开　　本：787mm×1092mm/16
印　　张：28
字　　数：681 千字
版　　次：2016 年 7 月第 1 版　　2016 年 7 月第 1 次印刷
书　　号：ISBN 978－7－5096－4251－1
定　　价：98.00 元

前　言

中华民族是一个伟大的民族，具有光辉灿烂的五千年历史，在这一长期发展过程中，发育并形成了富有中国特色的、独立的思想文化，进而成为人类思想文化宝库的重要组成部分，中国不愧为一个“思想”的生产国。但在中国社会独立发展的进程中，我们必须虚心和着力地去吸收、引进世界先进思想文化中适合中国国情的内容，去丰富、优化中国的主流思想文化，使中国的社会经济沿着人类社会发展的规律而创新发展，使中国走向更加繁荣昌盛的未来。

我们高兴地看到，中国高举创新的“科学发展观”的旗帜，将中国的主流思想文化与世界先进的思想文化部分融合为一个新的思想理论体系，指导有中国特色的社会主义市场经济发展的新型经济模式进入统一的世界大市场，并崛起于这个大市场，从而崛起于世界民族之林，在统一的世界市场运行中进行竞争，最终成为富强、民主、文明的世界大国。与此同时，作为人类思想文化宝库的中国第三产业经济思想文化的精粹，也必然随同中国国际市场活动传播于世界，并影响世界。同时，必将传承于有中国特色的社会主义市场经济的发展中，成为其“特色”的构成要素，并为中国的高等教育发展产业经济学科与第三产业经济学科提供丰富的思想理论基础。

摆在中国经济学者、历史学者面前的历史任务是要系统而深入地研究作为市场经济活动核心内容的商贸、服务活动，要系统而深入地研究构成其“特色”的中国商贸、服务活动的历史经验，首先要深入研究、概括中国第三产业经济思想文化发展历史中的“闪光点”，要在传承中创新发展。我们过去曾提出的少见而可贵的中国《商业经济思想史》等著作，由于“商业”概念的现代化，特别是“第三产业经济”概念的提出，使这些著作所涉及的领域、内容体系、论述重点、评价标准、历史期限等存有很大的局限性。因而，需要从“第三产业经济”的视角，重构新的体系、内容、重点。于是，创建一门新型的“第三产业经济思想史”，就成为中国原商业经济与商业史学者们的一个紧迫任务。

笔者鉴于近期多承担产业经济专业硕士研究生所开设的《中外产业经济思想史》课程的讲授任务，又曾在20世纪60年代讲授过《中国商业史》、《政治经济学说史》课程，特别是近期主张与倡导商学学科的战略地位及市场经济活动的核心地位，从而引起系统而深入地研究“中国第三产业经济思想史”的冲动，而不计该领域的难度与自己在此方面掌握历史资料及研究能力的有限性，贸然推出这部《中国第三产业经济思想史》，意在引致大家共同携手，去创建一部完整而成熟的《中国第三产业经济思想史》著作，从而完成我们的历史任务。

前言

目 录

第一篇 概 论

第二篇 古代社会时期的第三产业经济思想

第三篇　近代半殖民地半封建社会时期的第三产业经济思想

第四篇　现代社会主义社会建设时期第三产业经济思想的发展

第一篇　概　论

第一章　中国第三产业经济思想史的学科性质及其研究的对象与方法

我国正在全面贯彻落实“科学发展观”，继续深化“改革开放”，加速社会主义市场经济的发展，以经贸大国形态崛起于世界，从而进入特色社会主义建设新的历史时期。面对国内外既协作又竞争的社会经济环境，特别是国际市场剧烈竞争的市场环境，急需制定和实施切实有效的社会经济发展战略，尤其是特色社会主义市场经济的发展战略。而要科学制定这一发展战略，必须首先创建以商服活动为中心的创新型“商学”思想理论体系。要创建这一现代科学理论体系，必须以科学发展观为指导，从我国现有的实际国情出发，全面系统地揭示和概括我国“第三产业”经济思想的历史演进过程，总结和传承中国特有的优秀商业思想文化，并合理吸收国外适用的先进商业思想文化，将两者融合为一个能有效指导中国特色社会主义市场经济快速发展的科学理论体系。因此，创建我国“第三产业经济思想史”的学科理论体系，然后以史为鉴，从国内外市场经济发展的普遍规律与大趋势着眼，进而创建以商服活动为中心的中国新型的“商务经济学”学科理论体系，成为我国经济学者们的一个紧迫而艰巨的历史任务。

第一节　第三产业经济思想史的含义

一、第三产业的含义

（一）产业的含义

中国原始的“产业”一词，被称为生产、作业与财产，最后多被称为财产。现代所称的产业，虽众说纷纭，但多被称为“具有同一属性的企业的集合”、“具有某种同一属性的经济活动的集合”，“由提供相近商品或服务，在相同或相关价值链上活动的企业共同构成的”。因此，现代“产业”一词的构成要素可以被分解为：具有相同的经济活动内容；经济活动创造同一的价值体系；创造同一的价值链活动，既包括生产活动又包括流通活动；生产、流通活动，必然是市场化、适度规模化、不断高科技化的；进行同一经济活动的组织主体是企业群体；企业是寻求盈利的业务机构或单位。由此可见，现代“产业”一词，不是指财产，而是指从事同一经济活动、打造同一价值链的企业的“集合”体系，它可具体表现为社会经济的一个部门、一个行业、一个集团。产业作为一种经济形态有其不同的发展层次，它的最高层次是“产业化”，产业化的主要标志是同一属性的现代化企业都进入，或大多数进入同一价值链的创造活动；它的具体构成要素是生产经营专业化、市场范围国际化、经济要素协同化、发展形式适度规模化、科技含量高层化、多种效益最优化等。

（二）第三产业的含义

按照从事经济活动、打造同一价值链的类型不同而划分为第一产业、第二产业、第三产业，被称为产业层次，或产业的结构要素。“第一产业”和“第二产业”这两个术语最早流行于19世纪20年代的澳大利亚和新西兰，他们把农业、畜牧业、渔业、林业、矿业等，实质是原材料的生产业，称为“第一产业”；把加工、制造业的工业称为“第二产业”。1935年，英国的经济学者阿·费希尔在其所著的《安全与进步的冲突》中，首先提出了“第三产业”这一术语。英国的科林·克拉克在其所著的《经济进步的条件》中，把产业的层次结构分为如下三大部门：第一部门主要包括农业、畜牧业、游牧业、狩猎业、渔业、林业等，对矿业的划分不明确；第二部门主要包括制造业；第三部门主要包括其他经济活动部门，被称为“服务产业部门”，如建筑业、运输业、通信业、商业、金融业、职业性服务、教育业、文学艺术业、行政与国防业、个人服务业等。此后，虽然各国的学者对各个具体部门的划分不同，但在西方的各个国家中则广泛流行使用“三次产业”和“三个主要部门”这两套术语，并将此称为“三次产业分类法”。

随着现代市场经济的发展，人们又提出了“商务”的概念。所谓商务，就是个人与组织所从事的商业事务，或个人与组织在价值规律作用下的交易行为或商行为。这种商行为，是行为主体在价值规律作用下所进行的一切交易活动、所表现的一切交易行为。它既包括企业与组织的外部交易行为，又包括企业与组织的内部交易行为和中介行为等交易行为。从以上所揭示的商务活动的内容或要素可见，可以把“商务活动”理解为是一种大商业、大贸易、大服务活动，它与“国际贸易协定”中所界定的“服务贸易”的基本内涵相一致。它包括商务服务、教育服务、环境服务、金融服务、与健康相关的服务和社会服务、娱乐与文体服务、运输服务等共11项服务贸易活动。

综上所述，对“第三产业”可定义为：是从事以现代商贸、服务业为主体的“服务贸易”活动的企业的“集合”，是以商业、贸易业、服务业活动共同打造的服务价值链为主体的大商务活动业或部门。

二、第三产业经济的含义

“经济”一词，在中国古代汉语中被理解为“治理国家、挽救庶民”之意，如“经邦济世”、“经国济民”、“经济之道”等多种用语。古希腊历史学家色诺芬（公元前430～前355年）在其所著的《经济论》中所使用的“经济”一词，原意是指家庭收支活动，之后又演进为家庭收支管理与家庭管理活动。进入近代资本主义社会之后，出现了广泛的商品交换活动，突破了原来家庭管理的范畴，而有了更广泛的内容。马克思主义经典作家则将“经济”一词定义为：人们物质资料的生产以及与之相适应的交换、分配和消费的活动，进而延伸为社会扩大再生产的生产、分配、交换、消费的综合活动，并将“社会经济”定义为“社会发展一定阶段上占统治地位的生产关系的总和”。此后，它成为被国际社会广泛应用的定义，并由此引伸出经济活动、经济过程、经济关系、经济基础、社会经济结构等概念。在苏联所通用的《社会主义政治经济学》中，又提出了“国民经济”

及“国民经济部门”这两个名称，前者指一个社会或国家的总体经济活动；后者指从事不同门类活动的工业、农业、建筑业、运输业、商业、服务业等部门。

综上所述，“经济”的含义，可以被定义为人们及社会从事产品生产与实现产品价值的活动。在市场经济条件下，则应定义为人们及社会从事“商品”生产与实现“商品”价值的活动。这里的“商品”，既包括物质商品，又包括非物质商品。由此，“第三产业经济”应被定义为：人们及社会实现商品价值，并创造新的服务商品价值的活动，或人们及社会所从事的以商务服务业为主体的服务贸易经济活动。

三、第三产业经济思想的含义

人们“思想”的形成过程一般是：客观存在决定人们的思维；思维决定观念；观念决定思想；思想决定理论；理论指导行动。人们进行思维以反映事物的形式是概念、判断、推理等；观念即人们由思维所形成的观点与意念；思想是明确而系统的观念，是人们认识外部世界的最高形式，“感性认识的材料积累多了就会产生一个飞跃，变成理性认识，这就是思想”（《毛泽东选集》）；理论是揭示事物运动规律的系统思想观点，而独立、系统的思想观点或理论就是学说。于是，由思想的定义得出，“经济思想”是社会生产关系在人们意识中的这种或那种的反映，也就是该社会的系统经济观点，是对社会经济活动的理性认识。从微观的层面讲，其定义为社会经济活动在不同人们意识中的这种或那种的反映，而形成的自己的系统经济观点，是对社会经济活动的理性认识。由于人们各自的系统经济观念或观点不同，在社会上形成了不同的学术派别。

综上所述，“第三产业经济思想”则被定义为以商务服务业为主体所进行的服务贸易活动在人们意识中的这种或那种的反映，从而形成的系统经济观点，是对该领域经济活动的理性认识。

四、第三产业经济思想史的含义

所谓“史”就是历史。“历”就是经过；“史”就是记载事物经过的书籍，多称史册。所以，历史即过程；过程即历史。任何事物都有产生与发展的经过与历程，因而，都有其历史；其经过的过程是分阶段推进的，因而，每一个阶段被称为历史阶段。在社会经济活动领域，由于存在着不同的分类，因而，有不同类型的历史，如中国通史、中国经济史、中国工业史、中国农业史、中国商业史等，表现在经济思想领域，则有中国经济思想史等。在这里需要对政治经济学说史、经济学说史、经济思想史的区别与联系进行分析。首先，学说与思想不同，思想是由一定的观点集合成的体系，而学说则是系统而完整的思想体系，是由系统而完整的观念或观点所构成的“科学体系”，因而，经济学说与经济思想表现为不同的层次和构成，经济学说是经济思想的高级化与科学化。其次，政治经济学说史是各个历史阶段政治经济学说的历史，分别为小资产阶级、资产阶级、无产阶级的政治经济学说史。再次，经济学说史比政治经济学说史更为广泛，包括一定历史阶段上存在着的、不能直接列入政治经济学说范围的那些经济学说。最后，经济思想史比前两者更为广泛，它既包括政治经济学说史和经济思想史所反映的经济观点和理论材料，但不能代替两者，而是在两者之外还有大量的某些散见的不同学派与个人的经济观点和理论材料，因而，上述三者之间各有不同的界限，不能混淆与对立，但又相互联系与渗透。至于在产业经济学科领域，目前国内已有产业经济学，但尚没有产业经济学说史与产业经济思想史的系统著作，更没有第三产业经济学说史与第三产业经济思想史。至于已有的“中国商业思想史”著作，多限于传统“商业”概念领域，且未囊括整个历史过程，与“中国第三产业经济思想史”在领域范围和体系构建上都多有差异，因而，需要创建新型的“中国第三产业经济思想史”的学科体系。

本书对“中国第三产业经济思想史”的定义是：中华民族第三产业经济思想产生与发展的历史过程。具体可表述为中华民族所从事的国内外商务服务活动或服务贸易活动在人们意识中的这种或那种的反映所形成的系统经济观点的产生与发展的历史过程。它在史学中属于“经济思想史”的一个分类学科；它在学问或学说体系中属于“产业经济学”的一个分类学科，也可视为“商学”的一个分类学科。

第二节 第三产业经济思想史的学科性质

一、学科的含义

对“学科”有两种不同的分类：一是按教育所设的“专业”不同而进行的划分；二是按“学问”的不同所进行的划分。

在高等学校中，作为教学管理机构的院、系下设置了相应的专业。所谓“专业”，是在高等学校的一个系里，根据科学分工或生产部门的分工，把学业分成的门类。这里所说的“学业”是指学生学习的功课与作业，也就是学习的专门知识与技能。不同门类的学业形成了不同的专业，而不同门类的学业是由社会生产活动中的类别，即“行业”所需理论知识与技能所决定的。这就是说，各行业所需的专门理论知识与技能决定了学生相应的专门学业，而专门学业形成了各种门类的专业；或者说，专业服从学业，学业服从各产业中的行业职务的需要。从这个意义上说，学业门类构成了专业门类，专业门类构成了高等教育中的学科门类。当前，在我国高等教育中，把专业分为如下 11 个大门类，即哲学门类、经济学门类、法学门类、教育学门类、文学门类、历史学门类、理学门类、工学门类、农学门类、医学门类、管理学门类。把以上 11 个大门类称为一级学科，在每个一级学科下又设置了各自的二级、三级学科。

所谓“学问”是指“正确反映客观事物的系统知识”或“学识”。“知识”可解释为“知晓”与“见识”，系统的知识就构成了“学问”。正确反映各类客观事物的不同系统知识构成了不同体系的学问，各种不同体系的学问构成了不同的学科门类，如文、史、理、工、经、管、艺等学科，在每一学科下，又分化出各自的具体学科门类，从而构成了各自的学科体系。但“学问”与思想、学说又有不同，“思想”是由一定的观点集合成的系统体系；而“学说”则是由系统而完整的观念或观点所构成的“科学体系”，或者说，是系统而完整的思想体系。学说与思想表现为不同的层次与构成，学说是思想的高级化与科学化。“学问”既包括思想与学说，又包括更为广泛的知识与技能。从狭义的角度来说，也可以把思想、学说作为一种“学问”，因而，不同的思想、学说可构成为一门学问、一种学

科，但它不是前述的大学科，而是一种细化了的分类学科。当然，一级大学科也可以按照不同的标志进行分类，既可以按社会生产分工的不同分类，也可按社会及生产要素的不同分类等。

在教育领域对专业门类的分类与在学问领域对学问门类的分类所构成的“学科”是相区别的，但又存在密切联系。学科与专业是两个不同的范畴。学科是在学术领域中“按照学问的性质而划分的门类”；专业是在教育领域的学校中“按照学生学业的不同所划分成的门类”。两者在设置上有的相一致，有的则不一致。学科涉及学问，专业也涉及学问，学问是学生专业的构成内容。从这个意义上说，学科支撑专业，专业所具有的知识与技能是由相应的学科知识与技能所构成的。因此，有的专业可以由一个大学科或称一级学科支撑；有的专业则需要由多个大学科下的多个二级学科支撑，从而进行相互交叉渗透。

总之，我们这里所指的学科，是指按“学问”的不同而划分的不同门类。

二、第三产业经济思想史的学科性质

按照不同的“学问”体系分类，该学科具有双重性。按一般的划分，其多归属于“史学”，在史学中归属于思想史的分类学科，在思想史学科中又归属于经济思想史学科，是经济思想史的一个分类学科。之所以归类为史学科，是因为它在历史进程中论及第三产业经济思想的演进过程，揭示其发展趋势。但从其学问的内容来说，它又属于经济学学科门类，是经济学门类中的应用经济学分类学科的构成部分，即属于产业经济学的学科门类，还可进一步引伸为“商学”学科的门类。正是由于该学科分类的双重性，而使其成为经济学，特别是产业经济学专业的重要支撑学科，或学生学业的重要支撑内容，尤其是“商学”学科知识的核心支撑内容。

第三节　第三产业经济思想史研究的指导思想与对象

一、研究的指导思想与目的

（一）研究的指导思想

总的来说，就是要以“以人为本，全面、协调、可持续发展”为基本内涵的中国科学发展观为指导，研究如何适应人们的生存和发展的立足点，而评价各个历史时期的第三产业经济思想的作用及其发展趋势。具体来说，中国的科学发展观作为对马克思主义哲学思想的创新发展而言，要以马克思主义的唯物史观为指导，建立起科学的经济史观。马克思指出：“物质生活的生产方式制约着整个社会生活、政治生活和精神生活的过程，不是人们的意识决定人们的存在，相反，是人们的社会存在决定人们的意识。”① 这就指明，任何一个时期的重大事件，都是受当时占统治地位的经济制度制约的，而不取决于个人愿

① 马克思：《马克思恩格斯选集》（第二卷），《政治经济学批判》（1859 年），人民出版社 1972 年版。

望或意志，人们谋生的方式实际上支配着他们的世界观和行动。就第三产业经济思想的产生和演进而言，它是被当时生产力发展水平所决定的社会、经济制度和整个产业经济的发展状态的大环境所决定的，因而，对各历史阶段的社会、经济制度及经济发展水平的大背景的研究，就成为第三产业经济思想史研究的前提。在此研究的基础上，要进一步研究各个历史时期第三产业经济思想的具体表现或反映，并概括出其主流思想体系的作用，以及发展的过程及趋势，从而指导未来的发展。

（二）研究的目的

总的研究目的是：通过系统归纳、整理、分析中华民族有关第三产业经济思想发展的历史，创建起一个独立而系统的中国第三产业经济思想史的新学科，丰富中国经济理论思想的历史宝库。具体包括：传承优秀的经商经验与商业文化，在积极吸收国外适用的产业经济思想的同时，使该产业经济沿着中国特有与独立的发展道路去创新发展；创建起中国化的第三产业经济思想史的新体系，不仅为中国产业经济思想史的创建奠定基础，而且为中国第三产业经济学说史及其经济学的创建奠定基础，从而构建起第三产业经济学科的完整理论知识体系，为创建以“商学”为主体的、独立的第三产业经济专业，培养现代中国化的商贸高级专门人才，发展“商学”高等教育，提供广泛的理论知识支撑；推进有中国特色的社会主义市场经济的发展，并以中国化的商贸理论去指导中国的企业走向国际市场，以迅速崛起于国际市场，影响国际市场秩序的优化变革，从而使中国成为世界经贸大国，实现中华民族振兴的战略目标。

二、研究的对象

（一）研究对象的总表述

研究中国社会经济发展过程中人们关于第三产业经济的观点、思想与理论的产生与发展的过程及其对第三产业经济、整个社会经济发展的积极推动作用与消极作用，并揭示其发展的总趋势，或基本规律。

（二）研究对象的要素

1. 历史过程及其历史阶段

历史过程：从中国的原始社会开始，到中华人民共和国实行有中国特色的社会主义市场经济体制的“改革开放”时期的整个历史发展过程。

历史阶段：在整个历史发展过程中，分为原始社会时期与奴隶社会时期、封建社会初期、封建社会中期、封建社会后期、半殖民地半封建社会时期、旧民主主义社会时期、社会主义社会时期七个历史阶段。

2. 第三产业经济思想行为主体

国家的领导者，包括各时期帝王及国家领袖所发表的有关第三产业的经济思想、观点、言论，及其所倡导的国家有关第三产业经济发展的纲领、规划、法规及政策。

政治家，包括各时期政府的主要官员、改革家所提出的有关第三产业经济发展的主张、观点与实施的具体政策措施、法规等。

思想家及有关学者，包括历代的政治思想家、军事思想家、经济思想家以及哲学、社会学、经济学学者所发表的有关第三产业经济发展的言论、观点、思想。

著作家，包括政治与经济史、哲学史、小说、经济理论等方面的著作家或作者所发表的有关第三产业经济发展的言论、观点、记载、记录、阐述、评论、描述等。

企业家与经营者，包括从事第三产业业务经营的行会领导者所发表的有关第三产业业务经营管理活动的理念、观点、思想及成功的经营业绩等。

3. 第三产业经济思想的载体

各种历史文献，包括历代各级政府所颁布的有关第三产业经济发展的法规、政策条文及汇集；制定与实施的规划文件；重要会议的记录等。

各种历史著作，包括不同时期有关第三产业经济发展的历史学、经济学、经济思想史、哲学、小说、传记、杂志等著作。

4. 第三产业经济思想的内容体系

各个历史时期有关第三产业经济发展的战略指导思想、观点、言论；各时期国家或政府、改革家所实行的有关该产业经济发展的政策、法令、办法及所采取的实施措施中所反映的该产业发展的观点、思想；各时期的各类人物对该产业经营的理念、所倡导的企业文化、所推行的经营道德；各时期的各类人物对有关各产业间的关系、产业的内部结构、产业发展、产业重点、产业政策等方面的观点、思想；各时期各类人物对有关该产业业务经营的战略、策略、经营形式、经营业态、销售渠道等方面的观点、思想；各时期各类人物对有关该产业经营企业所应采取的管理制度、分配制度、职工隶属关系、人际公共关系、行会组织等方面的观点、思想；各时期各类人物对有关产业发展的科技支撑、资金筹集、信息使用等方面的观点、思想；各类人物对该产业所属的仓储、运输等物流方面的观点、思想；各类人物对商品与各类市场体系发育、优化方面的观点、思想；各类人物对有关对外贸易、边境互市贸易、通商渠道、贸易关系、竞争战略与策略等方面的观点、思想；等等。

第四节 第三产业经济思想史研究的方法

一、系统研究法

系统研究法就是以系统论的观点，全面而系统地研究中国第三产业经济思想发展的历史过程，揭示出该产业经济思想发展的总趋势、总脉络。首先，确定该经济思想的分类体系；其次，明确历史过程的发展阶段；最后，构建各阶段的总体及分类思想的具体内容，进而构建起整个历史过程的总体思想体系。

二、重点研究法

重点研究法是在全面、系统研究的同时，突出不同的重点。这些重点的选择以研究的目的为基本依据，以繁荣发展时期为重点；以代表性的人物为重点；以富有时代代表性的典型思想为重点；以经济政策思想、经济关系思想、经营理念、商业文化等为重点。

三、厚今薄古研究法

历史过程是一个由产生到发展、由小到大、由远到近的渐进过程。我们的研究目的不是简单地描述这一过程，而是为了揭示其发展趋势及其内在规律，为现实及未来的发展展示道路，在传承优秀思想的同时创新发展。因而，对现代第三产业经济思想的研究，应更加充分而深化，对古代与近代第三产业经济思想的研究应概略和适当简洁，但不影响重点突出的研究。

四、比较研究法

任何事物都是相互比较而存在的，中国第三产业经济思想史也是相互比较而存在的。首先，中外第三产业经济活动是比较而存在发展的，即是在相互比较、借鉴中而发展的；其次，中国的第三产业经济活动是在不同历史发展阶段相互比较而发展的，既有传承，又有创新。因而，作为其反映的第三产业经济思想，在国内外、在不同的历史阶段也是相互比较而存在的。通过比较研究法，研究第三产业经济思想的共同性与差异性、传统性与创新性，有利于揭示其普遍规律与优势特色的思想文化成果。

总之，我们这里所述的学科含义、学科性质、研究指导思想、研究对象、研究方法的内容，是本学科创建的总纲，是一种战略思考，是我们进行研究必须把握的总前提。

第二章　中、西产业经济思想发展历史的比较及第三产业经济史同第三产业经济思想史的关系

第一节　中、西产业经济思想发展的历史进程及其比较

一、中国产业经济思想的发展历史

（一）中国产业经济思想的基本理论体系

社会生产力发展观，是从人与社会赖以生存与发展的基础为出发点，研究产业的发展，并形成产业经济思想的历史发展过程。社会经济的发展是以社会生产力的发展为基础的。作为生产力，不只有劳动者、生产工具与劳动对象三个构成要素，管理活动也是其重要的构成要素。管理不仅能把潜在的生产力转化为现实的生产力，而且可以扩大现实的生产力。管理者也是生产劳动者，他们的管理知识与能力，对生产力的发展具有极其重要的作用。生产工具的发展对生产力的发展在一定的意义上具有决定作用，但生产工具的发展取决于科学技术的发展，于是科技就成为第一生产力。科技的发展与应用则取决于人才，既取决于发明创造的人才，又取决于转化应用的管理人才与劳动生产者人才。人才的造就则取决于教育的发展，而教育的先进性则取决于科学技术知识、思维的创新发展。因此，先进的科学理论、思想是生产力发展的前导要素，而生产力的发展则推动着社会经济的发展，形成不同的经济发展水平、规模与速度。社会经济的发展状况或实践，又推动着新的理论、思想的演进与发展，以及社会经济制度与政治制度的演进发展。总之，我们研究第三产业经济思想发展的历史，必须以社会生产力的发展为基础，揭示不同社会生产力发展阶段的思想反映与表现，并科学评价其发展对社会生产力推进的积极作用与消极作用。

（二）坚持“以农为本”的重点产业经济思想

把第一产业提供的物质产品作为人与社会赖以生存的基础和发展的前提条件，以此为出发点，以社会生产力发展水平为核心，思考产业间关系。第一产业是创造同一价值链的农业、畜牧业、渔业、林业、矿业等的集合体，实质是原材料的生产业，它是第二产业、第三产业发展的基础与出发点。在第一产业中，以种植业为主体的农业，居于核心地位或重点

地位。这不仅是因为农业生产是人们衣食的主要来源，是人们赖以生存与发展的核心基础，而且是轻工业生产发展的主要原材料供给源；作为重工业生产的发展，是农业与轻工业生产发展的需要，并为其发展服务而存在；作为商务服务业，是在人们衣食基本生活需求得以保证与满足基础上的扩展与优化而发展的。同时，从人类历史的演进过程观察，是先畜牧业后农业，再到轻工业与重工业，而后才是服务业的广泛发展，但农业始终处于基础与核心地位。更重要的是，我国是一个人口众多的农业大国，农民在总人口中始终处于主体地位，因而，“粮本论”、“农本论”、“农基论”是由中国的实际国情所决定与形成的。

因此，我们坚持“以农为本”的重点产业经济思想，有利于正确认识与评析第三产业经济思想及与第一产业、第二产业发展间的关系，从而形成科学的第三产业经济思想理论体系。

（三）产业经济思想发展的基本历史过程

（1）西周以前的奴隶制时期。出现了社会生产的三次大分工，形成了原始的一次、二次、三次产业的雏形，出现了以农业即第一次产业为“基础”的思想萌芽；官营手工业与商业出现，即原始二次、三次产业开始产生，其产业经济思想有所显现，但未形成明确的体系。因此，“农基论”是其主导的产业经济思想。

（2）封建社会初期。出现了重商思想，开始重视商业的作用，但由于物质财富观的支配，农业被视为物质财富的根本来源，而出现了“粮本论”，使“农本”思想开始萌芽。作为封建制改革家的商鞅，第一次提出了“重本抑末”的产业经济思想，他是“农本”产业经济思想的创始人。西汉时期的桑弘羊提出了“本末”并重，即“农商”并重的产业经济思想，但仍是以农为本的农业主导论，只不过是主张适当发展商业，尤其要重视官营商业的重要作用，而不“唯农”，并且把发展官营对外贸易提到重要地位。

（3）封建社会中期。“农本”思想已经牢固确立，但随着农业生产的发展、科技的进步，民营手工业得以较快发展。手工业的发展使第二产业形成初步产业体系；随着官营与民营手工业的发展，商业获得了较快的发展，出现较多的商业行业，特别是边境互市贸易的兴起和有限度的真正对外贸易的出现，也开始形成第三产业的初步产业体系。但“重本抑末”的产业经济政策仍是基本的形态。

（4）封建社会后期。在“重本”产业经济思想的支配下，“重本抑末”的产业经济政策仍在坚持实施。但同时，手工作坊有了较大的发展，特别是以农产品为主体的商品交换对象的对外贸易有了长足的发展，由此出现了以郑和为代表的大力发展对外贸易的产业经济思想，由此，也可视郑和为中国近代“重商”主义的首创者。

（5）半殖民地半封建社会时期。在中国“重本抑末”传统产业经济思想与经济政策的大背景下，随着西方“产业革命”的进展，大机器工业生产体系形成，对外贸易大大扩展，特别是“鸦片战争”打开了中国“闭关锁国”的经济发展模式的大门，使近代科技快速传入中国，并使中国的国内市场向半殖民地市场演进，从而出现了以李鸿章、张之洞为代表的“洋务运动”。因此，产生了“重工”、“重科”、“重教”的产业经济思想，也产生了以李鸿章为代表的“重工”主义与以张之洞为代表的重“科教”主义，也出现了有中国特色的被称为“买办主义”的产业经济思想。这将中国的“农本”产业经济思想推进到“以农立国，以工为本，工商相互促进”的历史发展阶段；并在“以工为本”的产业经济思想指导下，把“棉铁”业作为主导产业，形成“棉铁主义”，并把发展铁路

交通业置于核心产业地位，进而出现了孙中山的“交通为实业之母，铁路为交通之母”的产业经济思想。

（6）新中国成立后，进入社会主义经济建设时期。它引入苏联计划经济体制，面对抗美援朝军事技术落后的局面，在中国出现了实现近代工业化的“重大工主义”。在全国范围实行以社会主义工业化为主体的经济建设，并对农业、手工业、资本主义工商业进行社会主义改造。执行“以农业为基础，以工业为主导，优先发展重工业，尤其是其中的军事工业”的产业结构发展方针，把钢铁工业作为支柱产业，把粮棉的生产行业作为重点基础产业，同时，取消商品生产，对物资与重要产品进行计划分配。与上述产业结构模式相联系，实行了“重点发展第一部类，即生产资料的生产，相应发展第二部类，即生活消费资料生产的产业经济政策”。由此，使中国的产业经济思想发展的历史进程，由“农本”思想或“重农主义”，推进到“农基”思想，使“重大工主义”占据了主体地位，使商务服务产业由“抑商”发展到“取消”的状态。至此，中国的“重商主义”始终没有获得自己应有的历史地位。

中国面对“国际经济一体化”发展的大趋势，实行“对内改革，对外开放”的战略转换，由计划经济体制向特色社会主义市场经济体制作根本性的转变，对计划经济时期的产业结构作了重大调整。主要是：减轻重工业产业比重，加快轻纺工业产业的发展；加大农业产业发展的比重，加大粮食生产的发展；控制军事工业产业的发展比重，加快日用消费品工业生产的发展；在一次、二次、三次产业中，加大第三产业的比重，加快商务服务业的发展速度，特别是出口贸易的发展速度。由于社会主义市场经济的发展要求，使“重商主义”开始在中国正式形成，已初步拥有了自己的历史地位，并开始向科技是第一生产力的“重知主义”迈进。

到目前为止，中国的产业经济思想的基本形态可以概括为：“重农主义”表现为“农基”论；“重大工主义”表现为实现传统工业化中的“工业主导论”；“重商主义”表现为“商务服务业”、“对外贸易”的“加快发展论”。主要产业经济思想为“重大工主义”，但随着国际范围向新型工业化的推进，“重大工主义”正向“重知主义”转化。“重商主义”还没有在中国发挥它的重大历史作用，在新型市场经济发展初期，还有很大的发展空间。中国市场经济的多元化、多层次性与不平衡性的特点，决定了它的产业经济思想的多类型混合结构。

二、西方产业经济思想的发展历史

西方“产业思想史”是从货币财富观到物质财富观。它从什么是财富及财富产生的源泉为思考的出发点去研究产业的发展，并由此形成产业经济思想的历史发展过程及其基本理论体系。

（一）坚持“重点产业递进”的产业经济思想

从财富的形态由金银货币—物质产品—农产物质产品—工业物质产品的递进认识出发，而将财富的产生源泉由对外贸易部门（重商主义）—农业生产部门（重农主义）—手工工场生产部门（重手工主义）—大机器工业生产部门（重大工主义）的产业递进认识作为依据，使产业经济思想的理论形态表现为由重商主义—重农主义—重工场手工业主义—重大机器工业主义—重劳主义—重科主义—重知主义。而每一个“主义”类型，都强调了它所反映的"重点产业形态"，也反映了各学派对财富形态及其产生源泉的不断深化认识的递进过程，从而形成了西方产业经济思想发展历史的模式。

（二）产业经济思想发展的基本历史过程

1. 自由竞争时期的产业经济思想

（1）托马斯·曼从财富就是货币、货币就是金银的观点出发，认为除了开采金银矿藏外，将物品转化为货币的商品流通领域，即对外贸易的活动领域，才是产生财富的直接源泉。由此，他认为贸易产业部门是重点产业部门，也由此形成了"重金主义—重商主义"的产业经济思想。在此思想的指导下，国家主张大力发展对外贸易，使商品形成出超，使金银货币形成入超，即通过对外贸易的顺差来增加一国的总财富。我们把它称为"金银货币财富观"、"商业重点产业论"。

（2）古典政治经济学的创始人配第进一步认为，货币是商品的交换价值，这种交换价值是由劳动决定的，而劳动的主要作用对象是土地，由此提出了"劳动是财富之父，土地是财富之母"，从而形成了"重劳主义"的萌芽。

（3）魁奈反对"重商主义"的财富观，认为真正的财富是通过交换用来满足他人生活需要的农产品，货币只是流通手段，只有生产物质资料的农业生产部门才是财富产生的真正源泉，由此形成了它的"农产品物质财富观"，并进而形成"重农主义"的"农业重点产业论"。

（4）生活于英国手工业时期的亚当·斯密认为，财富，特别是国民财富是一个国家所生产的商品总量，既包括农产品也包括手工产品，而这种产品的主要形态是工场手工业所生产的工业产品；认为财富的来源是人的生产劳动，工场手工业越发展，专业分工越细，商品交换越扩大，商业越发展，通用的金属货币量就越大。由此，提出了"劳动价值论"，并由此主张大力扩大手工劳动而生产更多的手工产品以增加手工物质产品财富，形成了他的"重工场手工业主义"，而成为"重工主义"的前驱，把物质财富归结为工场手工业产品，把工场手工业生产部门视为"重点产业"部门，把财富产生的源泉主要归结为工场手工业的生产劳动。

（5）生活于英国产业革命完成时期的大卫·李嘉图，面对大机器工业发展所提供的大量工业产品不断进入商品交换与对外贸易领域的实践，认为物质财富的主要形态是大机器工业所生产的产品；认为对外贸易的利益，在于一国的收入所能购买的商品品种和数量的增加；资本积累的扩大是国民财富增长的原因，而资本积累的扩大在于生产的扩大；农业生产中存在报酬递减规律；生产的长期趋势是工业生产的报酬递增。最后，他得出结论："工业生产部门是财富的主要来源"。由此，形成了他的"重大工主义"，把机器工业生产部门视为"重点产业部门"。

（6）马克思作为由从手工业生产为主体转向以蒸汽机为主要生产工具的大机器工业的"产业革命"时代的革命家，创立了"马克思主义政治经济学"，提出了"重大工主义"。在批判亚当·斯密有关价值论的基础上，提出了大机器工业产业的产业工人劳动价值论，认为社会物质财富主要是由工业产业工人的体力劳动创造的；认为"商品是为出卖而生产的物质产品"；商品的价值是由其社会必要劳动量来衡量的；农业的生产劳动只是创造了商品生产的原材料成本。由此，在"重大工主义"的基础上，提出了"重劳主义"。在"重劳主义"的指导下，认为商品流通环节的主要职能是实现在大工业生产领域

创造的价值，虽然他不否认在商务服务业的经营活动中，也创造一定的价值，但只是生产劳动在商务服务业中的附加物，商务服务业不是一个创造价值的独立产业形态；也未把商务服务产品视为一种产品类型，当然也不创造价值；其商务服务业的利润只是产品社会利润的分割形式。由此，可在产业经济思想的历史发展中，将其归结为“重大工主义”、“重产工劳动主义”。

（7）李斯特作为德国旧历史学派的先驱者，提出了独特的产业经济思想观点。他从各国经济都有自己特殊的具体发展过程，要搞有民族特征的“国家经济学”的认识出发，强调发展生产力的重要性，认为“创造财富的生产力比之财富本身要重要到多少倍”，国家的中心任务应是发展生产力。由此，他反对亚当·斯密单纯把体力劳动者看作生产劳动者的观点，而强调科学、教育对生产力发展的促进作用，强调脑力劳动者才是最重要的劳动者，从而形成了他的“重科主义”，把科教产业视为重点发展的产业。在这一理论体系的指导下，他划分出精神生产与物质生产，在物质生产中，“工业生产与农业生产是一个国家生产力发展的两个臂膀”，指出物质生产与精神生产应保持适当的比例，在工业与农业协调发展中保持工业生产的支柱地位，只有保持工业生产的高度发展，才能促进农业高度发展，才能促进科学教育与精神生产的发展，从而表明了他的“重科教主义”是在重工业产业主导论基础上的“重科教主义”。在此产业经济思想影响下，德国选择了优先发展重工业产业，特别是机器制造业与军事工业的发展道路，而改变了英国优先发展轻纺工业的传统道路，从而使德国一跃而成为最先进的工业化国家，走向独立创新发展的道路。为了改变简单“追随”模式，李斯特极力反对英国古典经济学派的“自由贸易”主张，强调要和与德国经济发展水平相似的国家结成“经济联盟”，逐步向外扩张，保持自己的独立发展道路，不搞“世界主义经济学”。

2. 西方垄断资本主义时期的产业经济思想

英国经济学家凯恩斯继克拉克“中心区域”论与技术进步论、需求引导论之后，强调国家干预社会经济活动，实行需求管理，重点解决有效需求不足问题。为此，他主张实行赤字预算，增加国家投资，增加就业，用累进税办法缩小收入不均衡的幅度，以增加社会总需求，从而提出了他的“重需主义”，把“生产决定论”创新为“需求引导生产论”，把“绝对自由经济论”提高到“在国家宏观控制或调控下，各产业协调发展，总供求基本平衡”的新高度。

3. 现代西方有重大影响的产业经济思想

（1）以凯恩斯“左派”产业经济思想为主流思想的现代产业经济思想，是把社会经济分成初级产品部门、制造品部门、服务部门三个产业经济部门类型；认为只有保持它们之间的协调比例关系，才能防止“滞胀”状态的产生，要采取政府管制工资、物价、收入的产业经济政策，改变“自由放任”政策，才能真正优化产业结构，改变“垄断”造成的畸形发展。

（2）美国的库兹涅茨认为，当代经济结构快速变化，其主要趋势是“农业产业活动向非农业产业活动、工业产业活动向服务产业活动转移；生产单位平均规模由家庭企业、独立企业向全国性企业、跨国经营企业转换”，从而形成了他的“重服务产业主义”的产业经济思想。

（3）美国的舒尔茨认为，低收入国家要取得经济的发展，必须改造传统的农业产业，经过改造后的农业产业是低收入国家经济发展的源泉；改造传统农业产业的关键是引进先进的农业生产要素和农业生产技术，进行“绿色革命”，以提高农民的文化知识和生产技术水平，打破农业生产处于停滞的均衡状态。由此，初步形成了“农业工业化”、“新型农业产业化”的产业经济思想。

（4）19世纪20年代，西方的一些经济学者，在“社会财富产生来源观”与“产生物质财富的经济活动部门即为产业”的理论思想的促动下，按照从事经济活动、打造同一价值链的类型不同，首先将社会生产部门划分为第一次产业与第二次产业。所谓“第一次产业”，就是工业产品的原材料生产业，其主体是广泛的农业，主要包括农业、畜牧业、渔业、林业、矿业等生产部门；所谓“第二次产业”，就是工业产品的生产业，主要包括产品的生产加工业与制造业的工业生产部门。至此，这“两个术语”广泛流行并应用于国际范围。此后，随着贸易与市场活动国际化的发展，商务服务业的产值在一些先进国家的社会总产值中所占比重大大增长，特别是服务劳动也创造价值，商务服务业的劳动产品也是一种产品形态。这一现实，引起了一些经济学者的创新思考，于是提出了“第三次产业”的术语。1935年，英国的经济学家、新西兰奥塔哥大学教授阿·费希尔在其所著的《安全与进步的冲突》中，首先提出了“第三产业”这一术语，认为商务服务业是社会生产重要而独立的生产部门。随后，英国的经济学者科林·克拉克在其所著的《经济进步的条件》中，明确地把产业结构划分为三大部门：第一部门主要包括农业、畜牧业、游牧业、狩猎业、渔业、林业等，对矿业划分不明确；第二部门是制造业；第三部门是其他经济活动部门，被称为“服务产业部门”，主要包括建筑业、运输业、通信业、商业、金融业、职业性服务业、教育业、文学艺术业、行政与国防业、个人服务业等，实际是一个广泛的商务服务业部门。自此之后，虽然各国的学者对各个具体产业部门的划分多有不同，但在西方的各个国家中广泛地流行与使用“三次产业”和“三个主要部门”这两套术语，并将此称为“三次产业分类法”。

（5）随着科学技术进步对生产发展贡献率的显著提升与现代信息技术的广泛应用及更新，引起了一些经济学者的创新思考，开始提出新的产业类型。例如，把信息产业视为“第四次产业”，实际是第二产业的叠加，即2×2=4；同时，又提出“第五次产业”，即知识产业，是由“科技是第一生产力”与“重知主义”产业经济思想的出现而引发的，它反映着产业经济思想的一种发展趋势。

总之，西方重点产业经济思想，按照其财富观及财富产生源泉的理论，随市场经济与科学技术的发展而经历了重商主义、重农主义、重工场手工业主义、重大机器工业主义、重劳主义、重生产力主义、重科教主义、重需主义、重服务产业主义等产业经济思想发展的历史过程。同时，提出了“五次”产业经济思想，反映出向重科教主义、重知主义发展的总趋势。

三、中、西产业经济思想发展历史的比较

（一）国情不同

（1）西方国家，特别是英法等国，土地狭小、资源不足、城市化程度高、科技发展较快、国际交换中的国际贸易处于首发地位，使航海与对外贸易发展处于优先地位。

（2）中国地大物博，但农民占绝大多数比重，农业生产是主要生产形式，是物质生

活资料的主要来源。

（二）思维与理论的立足点不同

（1）西方国家从金银财富形态及产生于对外贸易的实践出发，形成“财富观”及其产生源泉的理论体系，沿着“重点产业论”为中心的思路向前推移。

（2）中国从人们及社会、国家赖以生存与稳定的物质条件与基础的实践出发，形成“生存观”及生存条件的源泉的理论体系，沿着“物质产品论”为中心的思路向前推移。

（三）发展的方式不同

（1）西方国家以独立而统一的发展方式，沿着西方经济的发展道路向前演进，并随国际经济的一体化发展而国际化，波及于广阔领域。

（2）中国在沿着自己独立发展方式向前推移的同时，随着西方国家对中国的入侵，商品经济发展的理论与科技发展的成果相继传入中国，大大冲击了中国的产业经济思想与理论，中间有很多“照搬”的因素，包括对英国等国的经济思想理论的照搬，也包括对苏联经济思想理论的照搬，引起了中国“农本”产业经济思想主体论前提下的各种产业经济思想的“混合”发展，使西方“重点产业”经济思想渗透于不同时期、不同领域的经济活动中。因而，在“重农主义”产业经济思想的主流中，出现了“农工并重”、“工商并重”、“农基、工主”等产业经济思想与产业经济政策，从而形成中国独有的产业经济思想特色。

（四）中国应从西方产业经济思想中的借鉴与发展

（1）在“农基主义”与“工主主义”的基础上，要更多吸取“重商主义”与“重知主义”的产业经济思想，加快商务服务产业的发展，也即现代第三产业经济的发展，并使之更加现代化，以推动中国有特色的现代市场经济的快速发展。其中，要重点加快发展对外贸易产业、国际化旅游产业、跨国经营的航海产业、物流产业、信息化产业、教育产业、现代科技产业等。

（2）积极吸收适用于中国的“重工主义”产业经济思想，加快中国工业产业的发展速度，实现新型工业化。其中，要重点发展机器制造产业、技术密集型产业等，优先发展现代化的国防工业产业、航天产业、轻纺工业产业与绿色食品产业。

（3）汲取西方“重农主义”产业经济思想中的有益部分，要重点发展特色农业、绿色农业、工厂化农业、密集型农业等，加快实现农业的现代工业化，加快农业内部各行业的产业化进程，加快对农业的现代科技改造，优选面向国际市场需要的产业化领域。

第二节　第三产业经济史与第三产业经济思想史的关系

一、第三产业产生的必然性及其加快发展的必要性

（一）第三产业成为一大产业的客观必然性

1. 第三产业是人类社会经济活动的一个组成部分

人类的生存与发展产生了生活需要，为了满足生活需要而引发了生产劳动活动。由于

人类的生活需要既有物质产品需要，又有服务产品需要，因而，使生产劳动既有满足物质生活需要的生产劳动活动，又有满足服务生活需要的生产劳动活动。人类在生活与生产劳动活动中的交往、相聚、协作所形成的群体，构成了不同范围与类型的人类社会。社会生产活动所形成的产品生产、分配、交换、消费的循环过程，构成了社会经济活动。因此，商业与服务业的经济活动是社会经济活动的重要组成部分，是属于从事物质产品生产的第一、第二产业以外的经济活动。因而，作为广泛商务服务业的第三产业是一个相对独立的社会经济门类或产业门类，具有庞大的多部门的构成体系。

2. 第三产业所生产的产品是社会生活所需要的产品的一个组成部分

人类社会生活所需要的产品，既有物质形态的产品，又有服务形态的产品；而服务形态的产品，既有商贸服务产品，又有劳务服务产品。作为第三产业的商业与服务业所生产的产品，虽不是物质形态的产品，但却是以“活动”形式所存在的必需消费品，也是社会总产品的组成部分，是物质产品无法代替的产品形态。因此，这种服务形态的产品，只能由第三产业的生产劳动活动提供，这必然导致第三产业成为一个相对独立的产业形态。

3. 第三产业所创造的价值是社会总产值的一个组成部分

服务产业在商品经济中是通过市场交换活动而满足消费需求的，由此，服务产品也成为一种商品形态。服务产品作为一种商品，不仅具有使用价值，也具有价值；服务产品的价值是生产服务产品的社会平均劳务耗费。劳务活动的成本和利润必须计入产值，第三产业的产值也必须成为社会总产值的构成部分，并且随着服务产品的快速增长，使第三产业的产值在社会总产值中所占的比重不断扩大。因此，创造服务产品产值，形成真实国民收入的第三产业，必然成为一个相对独立的产业类型。

4. 第三产业是社会生产力发展的必然结果

社会生产力的发展，必然引致社会生产分工的产生与细化。木制、石制生产工具的出现，必然导致农耕生产与采集、游牧业的分化而形成农业产业，即原始的第一产业；铜器、铁器生产工具的出现，必然导致手工业与农业的分化而形成独立的手工业产业，即原始的第二产业；农耕、手工业生产工具的发展使产品类别细化并形成不同地区产品的剩余，出现了物物交换与商品交换的需要，而交通运输工具的出现与劳务服务科技的发展，使物质产品交换与服务产品交换，特别是远距离的商品交换成为可能。由此，必然导致商贸、服务业与物质生产业的分化，而形成商务服务产业，即原始的第三产业，最终使社会生产形成三大产业形态。随着社会生产力的发展，三大产业形态不断优化与完善，其内部结构也在不断变动与调整，特别是第三产业形态呈现出更快的发展趋势。

总之，第三产业的产生与发展，是社会生产力发展所推动的社会生产发展的必然结果，并随着商品交换与市场经济的发展而处于社会经济发展中的重要地位，重视并推动第三产业的加快发展，是一个不可阻挡的世界经济发展大潮流。

（二）加快第三产业经济发展的必要性与迫切性

1. 加快第三产业经济发展是加快中国社会经济发展历史进程的需要

中国是一个具有几千年发展历史的文明古国，但一直是以农业为主体的农牧业大国。长期的封建制是建立在封建地主阶级所有制基础上的，社会生产的主要形式是农业生产，其生产方式是自给自足。国家政府从稳国安民以巩固封建统治的战略思考出发，坚持“粮本论”与“农本论”，实行“重本抑末”为主导的产业政策，商务服务业作为一个客

观存在的原始第三产业经济形态，虽然随着商品交换的发展而获得一定的发展，但一直处于服从农业生产发展需要的从属地位，且处于缓慢的发展状态中。到了近代社会，西方的一些先进国家进行了以运用蒸汽机工具扩展工场手工业发展为特征的“工业产业革命”，大力推进工业化发展，同时推进商品经济的快速发展，使封建制度进入资本主义制度，从而使商务服务业获得了快速发展。资本主义国家为了打开中国市场的“大门”，以扩展其国际贸易活动，首先采用武力进入的方式，然后采用商品与货币资本进入的方式占领中国的市场，使中国变为半殖民地半封建经济，从而推进了中国的“洋务派”在中国进行“工业产业革命”与资本主义商品经济发展的思想，由此促进了中国近代商务服务业的一定发展。但由于中国工业化进度迟缓，商品经济发展水平低下，资本主义商品经济一直处于萌芽状态，使第三产业经济的发展仍处于缓慢推进的状态中。孙中山作为资产阶级的革命家，进行了推翻封建社会制度的“资本主义革命”，使中国的商品经济获得了一定的发展，但并未改变以自给自足的农业为主体的社会经济形态，因而，以商务服务业为核心的第三产业经济也未获得充分发展。中国共产党遵从马克思主义的“社会主义革命论”，从消除资本主义社会经济制度的弊端、推进社会经济的快速发展、加速提高人民的物质文化生活水平的战略目标出发，进行了推翻资产阶级统治、消灭资本主义社会经济制度的“社会主义革命”，实施了在生产资料公有制下的以农业为基础、以工业为主导、大力发展重工业、取消商品交换的战略方针，实行典型的社会主义计划经济体制，进行社会物质产品的计划分配。由此，使商务服务业的第三产业经济形态几乎处于消失状态，也因此使人民的非物质文化生活水平与整个社会的经济发展水平处于缓慢的发展状态中。面对人民生活结构与社会生产结构中的商务服务产品与商务服务产业的失衡状态而导致社会经济发展的不优化、不协调的实际国情，社会经济改革家邓小平提出了“改革开放”的战略方针。随后，按照这一方针大力推行特色社会主义市场经济体制，实行由计划经济向特色社会主义市场经济的根本转变，实施以第一产业为基础、以第二产业为主导、大力发展第三产业，以经贸大国形态崛起于世界，形成世界经济的良性大循环，使中国快速进入“全面小康”以致“大康”社会的基本国策，从而把现代商务服务业，或现代第三产业的加快发展置于突出的战略地位，并把农村经济的市场化发展置于战略重要地位。因此，加快发展现代第三产业经济，是加速中国社会经济发展历史进程的迫切需要。

2. 加快第三产业经济发展是社会主义市场经济加快发展的需要

市场经济以商品经济活动为中心，而商品经济活动又以广泛的市场交换活动为中心。从事物质与非物质商品交换的商务服务经营业，必然随着市场经济发展的需要而扩展。这种需要主要表现在以下几个主要方面：一是随着农村经济体制改革的深化进行，农业生产日益向专业化、市场化、社会化方向发展，农村经济要素日益商品化，这迫切要求为其整个生产过程进行各种服务的相应配套发展，以推进农村生产力的加速发展；二是为了适应与推进工业化生产的全面、协调与可持续发展，使其生产分工和社会化程度进一步提高，必须及时供应原材料、生产工具与快速推销产品，进行完善的商贸与劳务服务，用以提供必需的生产要素，因而，必须大力发展第三产业；三是为了进一步搞活对内改革与对外开放，大大提高劳动生产率与社会经济效益，必须向各类企业与各个部门提供所需的信息、咨询、技术等多种服务，因此，必须加速推进第三产业的优化发展，特别是现代化的发展。

3. 加快第三产业经济发展是人民生活水平不断提高，加速实现全面小康的需要

随着社会生产力的不断提高，特别是对先进科学技术知识的有效应用，社会生产迅速发展，使人民的生活水平向全面小康推进。由此，使人们的消费结构发生了明显的变化，城乡居民不仅对物质生活消费需求越来越高，不断向高层次推进，更明显的是人们的生活消费需求向非物质的社会服务需求与文化教育需求迅速扩展，急需改变非物质商品消费支出在整个生活消费支出中所占比重远落后于发达国家的状态，由此，要求迅速改变长期存在的劳务服务与商贸服务不适应市场消费需求的局面，而加速第三产业向规模扩大、结构优化、层次提高的方向发展。

4. 加快第三产业经济发展是劳动力结构优化调整，确保劳动者充分就业的需要

中国是一个具有13亿多人口的发展中国家，从事传统农业生产的农民占有绝大比重，而居住于工业化程度不充分的城镇人口在快速扩张，特别是随着人民生活水平不断提高与人才重点培育战略的实施，大学毕业生的规模迅速增长，这就产生了如下领域的一些劳动者充分就业问题。一是随着农业生产集约化与现代化的发展，在农村人口中会出现大量的剩余劳动力，这就产生了如何充分就业并进行妥善安置问题；二是在城镇，随着公有制的改造使一部分职工离岗，特别是对工业企业结构进行优化调整与现代科技改造，会使一些劳动力离岗，而使待就业人口增加；三是随着中等职业技术教育与高等教育的快速发展，大中专毕业生的规模不断扩大，面对毕业生由国家统一分配制向人才市场化体制的转换，毕业生自主择业，出现了人才供求在层次与行业组织结构上的失调状况，从而出现了一部分新增劳动力的就业出路问题。以上所出现的待就业劳动力，除了不断扩大农业、工业生产规模进行吸纳以外，还产生了开发能吸纳更多劳动力的新的领域问题。鉴于第三产业发展滞后，并具有门类多、投资少、见效快的特点，属于劳动密集型和知识密集型行业，能容纳较多的劳动力，因此，为了解决劳动力就业问题，就迫切要求大力发展第三产业。

5. 加快第三产业经济发展是适应世界新技术革命挑战，加速社会主义现代化建设的需要

我国特色社会主义社会的发展是以经济建设为中心，而经济建设要实现现代化；经济建设现代化的核心是实现科学技术的现代化。当前，在世界范围内掀起了新技术革命的浪潮，把先进的现代科学技术视为“第一生产力”，已将工业经济时代推进到“知识经济”时代。我国作为一个后发国家必须应对世界新技术革命的挑战，实行科教兴国战略与人才强国战略，加快发展教育、文化和科学研究业，迅速改变新兴的信息、咨询、技术等服务业发展落后的状态，使我国劳动力向知识型、智力型快速转变，以提升我国的劳动力层次，用以支撑我国经济现代化建设，并推动我国以经贸大国形态崛起于世界，进行必胜的国际市场竞争。因此，我国的现代化建设与国际市场竞争，迫切要求发展第三产业。

6. 加快第三产业经济发展是发挥城市经济中心作用的需要

随着经济建设的现代化发展与市场经济活动的扩大，城市的经济中心作用日益明显。一些大中城市不仅成为相近地区的工业中心，而且成为其商业中心、交通中心、金融中心、消费中心、信息中心、科学教育中心与文化中心等活动中心；特别是农业的现代化发展，农村小镇市将逐步产生并成为一个小镇市体系，这些小镇市成为当地的多种生产要素活动的中心。为了充分发挥大中小城市经济中心的作用，必须完善城市的功能作用，而具有众多部门的第三产业是城市多功能的主要承担者，它的发展越快、越完善，对企业与社

会机构的生产与生活服务就越多、越好，对周围地区经济与社会活动的带动作用就越大，其城市的经济中心作用发挥得越充分。因此，第三产业的扩大发展，是城市发展与城市经济、社会发展中心功能作用充分发挥的客观要求。

7. 加快第三产业经济发展是经济体制改革不断深化的迫切要求

经济体制改革包括生产资料所有制改革与计划经济体制改革。生产资料所有制改革，实行以公有制为主导、以民有制为主体、大力发展股份制、适当发展国外私有制的方针。由于重要自然资源、重要工业生产部门与有关重要生产要素部门仍控制在国家手中，而对众多第三产业行业则放开由私人投资经营，这为私人投资提供了一个广阔的空间，使私人资金更多地投向第三产业领域，并由此促进滞后的第三产业加快发展，以支持国营主导产业的发展。在计划经济体制改革领域，实行由计划经济体制向特色社会主义市场经济体制作根本转变的方针，而所谓市场经济体制，其原有的表述为“使市场在国家的宏观调控下对资源配置起基础作用”，在中共十八大三中全会上提出了“使市场起决定作用”，这就形成了有中国特色的充满生机和活力的经济机制。为使这一机制充分有效地发挥，就要进一步促进生产要素的市场化，系统而完善地发展商贸业、劳务服务业、交通运输业、信息业、金融业、保险业等行业。因此，完善第三产业结构体系，是深化经济体制改革、促进社会生产力发展、搞活整个社会经济的迫切需要。

总之，加快发展结构合理、充满生机的现代化的第三产业经济体系，是中国社会经济发展的历史需要，是特色社会主义社会现代化建设的需要，是市场经济体制优化发展的需要，是全国人民生活走向全面小康与大康的需要，也是中国以经贸大国形态崛起于世界的需要。

二、第三产业史同第三产业经济思想史的关系

（一）第三产业史是第三产业经济思想史产生与发展的基础

1. 第三产业具有自身发展的历史

第三产业作为一个相对独立的产业形态或类型，是社会生产分工的必然产物，并随社会经济的发展而相应发展，具有自身的历史发展阶段与过程；第三产业作为一个相对独立的产业形态，是多种相关因素所组成的综合体，这些组成要素在相互协调、相互促进、共同发展，从而形成要素综合发展的历史。同时，第三产业的发展是与第一产业、第二产业相互作用，并与上层建筑相互作用中不断扩大发展的，因此，第三产业发展的历史是与其外部条件或因素相互作用的历史。

2. 第三产业史是其相关因素及其内部组成要素综合发展的历史

第三产业作为一个相对独立的产业形态具有自身的内部结构，它既有相关要素的结构，也有其相关行业的结构。这些结构要素与其结构状态，必然随着社会生产分工的不断深化发展，而由简单到复杂、由低级到高级。从其行业结构来说，其行业在不断扩展与完善，如最初的产业形态主要是从事物质产品交换的商贸业，而后随着社会生产分工的深化则出现了旅游服务业、运输服务业、仓储服务业、劳务服务业，而后又出现了教育服务业、文化服务业、信息服务业、资金服务业多种服务业。可见，第三产业行业的细化与其结构的不断完善，最后形成一个完善的第三产业形态，是社会生产分工不断深化发展的过程与结果。因此，我们研究第三产业史就必须研究人类社会生产分工日益分化的历史，并

研究其相互作用的历史。同时，我们还要研究三大产业之间相互作用的历史及三大产业时代相互交替的历史、第三产业中外比较发展的历史、第三产业所反映的社会文明发展的历史；深入研究第三产业自身从萌芽到成熟、由传统行业向新兴行业转化、各行业相互促进而发展的历史。总之，只有深入研究与充分揭示第三产业上述的发展历史过程与趋势，才能充分地揭示与表述第三产业经济思想产生与发展的客观历史条件及其发展的历史过程，进而准确揭示第三产业经济思想对第三产业经济发展乃至整个社会经济发展所产生的重要历史作用，最终形成“第三产业经济思想史”学科的科学体系，以正确指导第三产业经济活动迅速有效的健康发展。

（二）第三产业经济思想史同第三产业史的区别

1. 要从中国的社会经济历史发展过程出发去揭示中国第三产业发展的历史

客观存在决定人们的思想，人们的思想是客观存在在人们意识中的反映。人们的思想虽然对客观事物的发展具有一定的反作用，并存在不同的观点，但人们的思想最终要符合客观事物发展的普遍规律。第三产业是一种客观存在，它的发展具有自身的历史，并且是整个人类社会经济发展历史中的重要组成部分。作为中国的第三产业经济思想史，也是整个人类社会经济中第三产业发展历史的重要组成部分，其发展必然要遵循社会生产发展的一般规律与第三产业发展的特殊规律。由于中国的实际国情存在着与其他国家的差异性或特殊性，导致了中国历史发展走上特殊道路，也因此使中国第三产业历史发展走上特殊道路，从而具有自身历史发展的特殊性。我们在研究人类社会生产第三产业发展历史过程中，必须尽力研究中国第三产业发展历史的特殊性，以利于以史为鉴，走适合中国实际国情的历史发展道路。也正是由于这一原因，才导致了研究中国第三产业经济思想史必须从中国第三产业历史发展的实际情况出发，去揭示其发展过程。

2. 中国第三产业经济思想史同第三产业史的区别

（1）第三产业经济思想史不同于第三产业史。第三产业经济思想史是人们对第三产业认识的发展历史，两者既有统一性，又有差异性，既具有历史与逻辑的统一性，又具有历史与逻辑的差异性。我们所说的统一性，是指客观存在决定人们的意识，人们的意识必然反映客观存在，而人们的第三产业经济思想必然正确反映第三产业发展的历史，而在逻辑上形成相应的第三产业经济思想历史的体系；而所说的差异性，是指人们的意识不同时完全反映客观存在，而具有在反映时间上的差异性与反映准确度上的差异性，即第三产业经济思想发展的历史过程并不在同一历史时期、同一层面上，而形成逻辑思维体系，去全面反映出第三产业发展的历史阶段与状态。

（2）第三产业经济思想史是随着第三产业的历史发展而发展的。第三产业史是第三产业经济思想史产生与发展的客观基础。由于第三产业史是一个渐进的过程，因而，第三产业经济思想史也必然随其历史发展而渐进发展。第三产业经济思想史是一个独立的领域，由于人们对客观存在的认识往往滞后于客观存在，必然经历由萌芽、初步认识到充分认识的渐进过程，因而，第三产业经济思想发展历史的系统而完善的体系，是经历了一个从萌芽、产生、初步形成、基本形成，到成为全面、系统的思想理论体系的历史发展过程。因此，既不能用近代“第三产业”概念的提出时间去否定与推断原始“第三产业”的产生时间；也不能用现代“第三产业的思想认识”去否定原始“第三产业经济思想”的存在与发展的历史。要从客观存在出发，正确揭示与概括“第三产业经济思想”的发展历史，并从其特殊性引出一般性或一般历史发展规律。

（3）第三产业经济思想史是人们多种不同思想观点综合发展的历史。由于第三产业经济思想史是人们对第三产业发展历史认识的历史，因而，在同一历史阶段，由于人们对第三产业发展实践的认识角度与认识水平均不同，其思想观点必然形成差异或多样化。这种不同的认识或思想也是一种客观存在，故不应简单地否定或抛弃哪种思想认识，应通过分析、归纳、批判，去评价它们的合理性、不合理性与积极作用、消极作用，引出处于主流的思想体系，揭示出其历史发展进程，用科学的理论思想体系去指导第三产业发展的历史方向，以加速第三产业的历史发展进程，把中国社会与人类社会推向更加光辉的未来。

总之，要从中国第三产业发展的历史过程出发，正确认识第三产业史与第三产业经济思想史之间的关系，科学揭示第三产业经济思想发展的历史过程，创建起中国的第三产业经济思想发展史的科学体系，填补该学科建设的空缺。

第二篇　古代社会时期的第三产业经济思想

第三章 原始社会末期及奴隶社会时期原始第三产业经济思想的萌芽

第一节 原始第三产业经济活动的产生

一、原始第三产业经济活动产生的历史时期及其社会政治、经济条件

（一）原始第三产业经济活动产生的历史时期

对原始第三产业经济活动产生的历史时期，可以按以下不同的标志进行划分。一是按社会制度形态划分，包括原始社会末期与奴隶社会时期；二是按历史朝代划分，包括氏族部落、夏代、商代、西周时期；三是按原始的社会生产分工划分，包括第一次、第二次、第三次社会生产分工产生时期；四是按生产资料所有制性质划分，包括氏族公社所有制、奴隶主所有制、原始自由商人个体所有制时期；五是按交换的形式划分，包括不同氏族部落间的产品物物交换、不同奴隶主阶层间以货币为媒介的原始商品交换、自由商人间的商品交换时期等。

本书首先采取按不同社会制度内的不同朝代划分其历史时期；其次论及各历史时期的社会经济发展状况；最后归纳出第三产业经济活动发展的状况，揭示出第三产业经济思想产生与发展的前提及基础。

本章所涉及的历史时期，包括原始社会末期的氏族部落时期与奴隶社会的夏代、商代、西周时期。

（二）原始第三产业经济活动产生的社会经济条件

1. 社会生产力的发展

社会生产力发展的主要标志是生产工具与生产技术的提高、产品量的增加与剩余产品量的出现。在这一历史时期内，生产工具由原始社会末期的木器、石器、骨器工具，演进为商代的青铜器金属工具；生产技术由人的体力劳动，演进为使用生产工具进行生产劳动与产品生产加工，大大提高了劳动生产率；产品量日益增加，原始社会末期出现少量剩余产品，到奴隶制的商代与西周时期，出现了更多的剩余产品，为商品交换提供了物质前提。

2. 生产资料私有制的产生

私有制决定了对产品生产与交换的决定权，为商品的交换提供了交换主体与产品在不

同主体间转移的权与利的前提条件。在原始社会末期，各氏族部落拥有各自产品的决定权；到了奴隶制的夏、商、西周，不同层次的奴隶主拥有了对产品与交换的垄断权，可以自由交换所拥有的产品，特别是新出现的“自由商人”，更拥有产品的自由交换权。以上这些产品的私有权，为商品交换提供了可能条件。

3. 生产分工的产生与发展

生产分工分为自然分工与社会生产分工，尤其是社会生产分工，为物物交换与商品交换提供了客观必然性或客观要求。在原始公社氏族内部出现了人类历史上最早的自然分工，青壮年男子从事狩猎、捕鱼，妇女从事采集食物、加工皮毛、缝制衣物等，当特定布局的氏族聚居区域形成后，出现了产品多样化，当剩余产品出现后，产生了不同氏族部落间临时性的产品物物交换，以互通有无；随着生产工具的改进、生产力水平的不断提高，专门从事以放牧为主的畜牧业的氏族部落从其他野蛮人群中分离出来，专门从事种植农业的氏族部落又从畜牧业的氏族部落中分离出来，而产生了原始的农业。以上这些分离，是人类历史上第一次社会生产大分工，这种分工不仅增加了物质产品量，而且由于品种的差别，使偶然的物物交换演进为经常性的、互通有无的物物交换；随着陶器与青铜器工具的出现，原始手工业得到了发展，从而使原始手工业专业生产逐渐从农牧业中分离出来，产生了人类历史上的第二次社会生产大分工，这种原始的专业手工生产业的产生，不仅使产品产量增加，而且使产品品种多样化，从而在推进物物交换经常化的同时，出现了直接以交换为目的的商品生产，随后出现了原始的商品交换。到了奴隶社会的夏代，在原始社会末期出现的第一次与第二次社会生产大分工得到了巩固和发展，随着生产工具的改进与手工生产技术的进步，为原始商品交换的发展提供了物质前提和社会经济条件。到了奴隶社会的商代，生产工具进入了青铜器时代，大规模的奴隶劳动使奴隶主获得了大量的剩余产品，从而促进了物物交换与原始的商品交换的极大发展。特别是随着城郭的发展，使野外的交换场所进入城内，形成了城中专事交换的“市”，城郭中“市”的发展为商品交换的发展提供了一个重要的条件。同时，随着商品交换的发展，出现了担当货币职能的海贝、骨制贝与铜制贝，并出现了专门从事产品与商品贸易的“商人”阶层。在这个“商人”阶层中，除了奴隶主作为主体外，还产生了自由民“商人”，这种商人阶层所专门从事的商品贸易业，就是原始的商业。这种原始商业从农牧业与手工业中分离出来，从而产生了人类历史上的第三次社会生产大分工。到了奴隶社会后期的西周时期，第三次分工继续巩固与发展；生产工具与生产技术不断改进；产品品种增多，交换的地区范围扩大；货币更加完善；城中的“市区”日渐形成；自由商人比重增加；特别是周人重农，使农业成为社会经济中的重要部门，农产品品种的增多与其剩余量的增加，构成原始商业发展的重要物质基础。

以上所述的社会生产力的发展、私有制的产生、社会生产分工，是原始第三产业的经济活动产生的三大重要社会经济条件。

二、原始第三产业经济雏形的产生

（一）原始第三产业经济雏形产生的演进过程

中国原始第三产业雏形的产生，经历了一个不断演进的过程，可以把它划分为如下三大阶段。

1. 第一个阶段是原始社会末期第一次社会生产大分工阶段，即原始第一产业雏形产生阶段

第一次社会生产大分工是畜牧业与种植性农业从自然经济中的分离。具体表现为放牧与饲养业从狩猎业、采集业中分离，种植业从放牧、饲养业中分离。种植性农业日渐成为社会经济的重要形式，畜牧业日渐为家庭副业所推进，由此，以农为主、畜牧为辅的农牧业的发展，形成了原始第一次产业的雏形。在第一次产业的内部生产分工，产生了产品品种的差异，随着不同氏族所有制的出现与产品的剩余，而出现了农牧产品在不同氏族部落间的物物交换，并随生产力发展与自给有余的剩余产品的增加，而由临时的、偶然的物物交换演进为经常性的物物交换。由于农牧产品成为人们生活消费的主要物品，从而使原始的第一次产业或第一产业成为社会经济的基础性产业，也因而使农牧产品成为当时及之后一个较长时期内商品交换的主要产品品种，也因此成为西周时期“重农”的内在原因与中国“农本”思想的本源。

2. 第二个阶段是原始社会末期第二次社会生产大分工阶段，即原始的专业手工业或原始的第二产业雏形产生阶段

第二次社会生产大分工，是原始的专业手工业从原始农业经济中的分离。具体表现为由氏族领袖控制、主要为满足本氏族消费需求、以制陶器与制铜器为主要产品品种的手工业生产专业化。随着手工工具与手工生产技术的进步，专业手工业不断发展，形成了一定的生产规模，从而形成了原始的第二次产业或第二产业的雏形。原始第二产业的出现，不仅扩展了社会生产分工，而且扩展与深化了原始第二产业内部的生产分工。随着生产力的发展与手工产品品种、产品量的增多，使手工产品的物物交换趋于经常化，并出现了直接以交换为目的的商品生产，以及以牲畜、自然海贝等物品为货币媒介的商品交换；贸易形式由邻近部落间的贸易，向远地贸易延伸；商品交换关系开始向原始公有制部落内部渗透，并逐渐出现了私有财产在私人之间的交换；固定交换的场所——市场，随着商品交换的经常化而开始出现。

到了奴隶制产生的夏代，原始的第一产业与第二产业继续巩固与发展，使原始的第一产业与第二产业之间、各产业内部之间的商品交换向深度与广度扩展，尤其是商品交换媒介物——货币的产生与发展，以及原始城中“市区”的产生，使商品交换呈现出专业化的趋势，使原始的商业活动开始萌芽。

3. 第三个阶段是在奴隶制的商代所产生的第三次社会生产大分工阶段，即原始的第三产业或第三产业雏形产生阶段

第三次社会生产大分工，是专营商业与农业、手工业的分离。具体表现为专门从事商品交换的人即商人，已经成为一个独立的社会阶层，即商人阶层；商品交换已经成为一种专门的行业，即商业行业；商业活动被奴隶主所控制并为大小奴隶主服务；商品交换活动主要由奴隶组成的专业商人进行，除了长途贩运贸易外，还出现了城中“市区”内的固定商业活动。这种专营商业行业与农业、手工业的分离，更明显地表现在奴隶制的西周时期，西周奴隶主面对人口的迅速增加和奴隶主阶层消费需求的扩展，在重视农业生产发展以提供基本生活资料的同时，更加注意推动手工业生产的发展，以增加对奢侈品的消费，从而使原始的第一、第二产业得到进一步的巩固和发展。随着原始的第一、第二产业的发展，使进入交换领域的产品量增多、品种增多、交换的区域范围扩大，也因此使货币等媒介物进一步发展、城内“市场贸易区”也日渐完善，在上述基础上开始出现了专业市场，

更重要的是使平民中的“自由商人”增多。由于以上这些发展，使专营商业行业的具体门类更加发展与细化，使第三次社会生产大分工更加发展与完善。专营商业行业在奴隶制商代的出现与在西周时期的发展，从而形成了原始的第三产业的雏形。

（二）原始第三产业经济雏形的基本特征

处于原始第三产业雏形状态的第三产业经济活动的核心内容是原始商业的经营与管理活动，是以物质商品为主的商品交换活动与商品流通活动。在这些基本经济活动要素中，包含了第三产业经济活动的基本要素。这些原始的基本要素，表现为以下基本特征。

1. 产业经济活动的基本内容是物质产品的交换活动

交换的形式是物物交换与以货币为媒介的商品交换并存，商品交换占有较大比重，主要经营业态是贩运贸易，固定的市场经营占有一定的比重；分散的零售经营为主体，批发经营开始出现。商品交换活动的三大要素基本形成：一是商品交换活动的主体，主要是具有商品占有权与支配权的奴隶主阶层及其驱使的奴隶经营者，具有商品占有权与支配权的“自由商人”阶层开始出现，并占有一定的比重；二是商品交换的对象或客体，主要是物质形态的农畜产品，如粮食产品与牲畜产品、丝产品等，以及占有一定比重的手工产品，如木制与石制产品、陶制产品、玉制产品、铜制产品等，同时，社会成员个人的多类型私有财产，甚至少数生产要素如土地，也开始进入交换领域；三是商品交换活动的载体，即作为商品交换场所的市场，除了临时的野外市场与较固定的“市井”市场形式外，更多集中在城郭中的固定“市场区域”，从而形成了原始的“城市”，在城郭的市场区域中，还出现了一定的专业市场区域。

2. 产业的经营组织形式是奴隶主的垄断经营

专门从事商业经营活动的主要是奴隶主阶层，他们拥有产品的占有权与使用权、拥有大量的社会财富，因而，是商品交换活动的主要参加者；同时，商品交换的具体经营者主要是奴隶主驱使的奴隶商人阶层；自由商人与平民间少量的商品交换活动处于从属地位。从事商品交换活动的经营结构主要是由奴隶主贵族驱使的奴隶所组成的商人贩运团队，在城郭的固定市场区域中，也大多是奴隶商贩与一部分平民商贩所进行的、有一定时间限制的交易活动，多属于原始的农贸市场，常设的固定经营机构尚未正式形成，更没有形成系统的商业经营组织机构。

3. 产业的管理是由奴隶主统治的国家政府所进行的官府管理

由于该时期的商贸业是以奴隶主贵族为主进行经营的官营商业，因而实行“工贾食官”，即由官府设置与派出主管官员“贾正”，对商业奴隶的经营活动进行监督与控制，由官府给予其生存的衣食等生活资料，而“处商就市井”。官府对自由商人进行严格管理，实行“工贾不变”，即不能自由转业，不能升为“士”。官府对市场的管理较为严格，对参与交易的人、上市的商品、商品的价格、市场的组织等都作了明确的规定；专设了管理市场的总负责人，称为“司市”，司市下设若干“胥师”，分区执行管理职责。同时，官府还加强了对货币的管理，建立起原始的货币制度，规定了币种、货币计量标准。从商代开始使用海贝、铜贝，到了西周时期，币种增多，“以珠玉为上币，以黄金为中币，以刀布为下币”；对常用的币种“贝”，规定了计量标准为“朋”，一朋为五个贝。

以上所述的原始第三产业的特征，反映出该时期趋于专业化的商贸业，已构成了原始第三产业经济的雏形。

第二节　原始第三产业经济思想的萌芽

一、对三大原始产业经济关系的认识

这里所说的三大原始产业经济关系是指按生产层次分类所划分的第一次、第二次、第三次原始产业间的关系，如果按该历史时期原始产业“雏形”划分，可以视为是原始的农业、手工业、商贸业间的关系。之所以称“认识”，是因为该时期还没有形成由系统的理论观点所构成的思想体系，还限于初步的认识阶段。

本部分将该历史时期人们对于三大原始产业经济关系的认识归结为：重农、发工、励商。

（一）重视原始农业的发展

在中国的古代原始社会时期，就已重视原始农业的发展。这里所说的原始农业，主要是指以原始的采集业、放牧业、种植业为主要生产活动的农业。在传说中，用耒耜之教以利天下的“农皇”，即神农氏十分重视农业，把农业的发展作为人们的主要衣食之源；尔后的黄帝、炎帝、唐尧、虞舜也都首先重视农业的发展。作为氏族首领，并被后人称为华夏始祖的黄帝，在打败炎帝族向南部的江汉流域大幅度迁移后，除大力发展以放牧业为主的畜牧业外，很快“艺五种”、“播百谷”，而迅速进行农耕，向农业定居生活转变，使种植业成为原始农业的主要形式。夏、商时代继续重视农业的发展，特别到了西周时代，更加重视对农业的发展，把其置于经济生活的基础地位，史称“周人重农”。周氏族是一个新兴的农业氏族，在西周王朝建立之前，农业生产即已居于很重要的支配地位；到了周文王建立西周王朝后，则更加重视农业生产，据《尚书》记载，周公训诫成王说：“文王卑服，即康功田功”，意说周文王穿着民服到田野上劳动，以知民苦。又据《尚书》记载，周文王对发展农业生产的认识是：“君子所其无逸，先知稼穑之艰难，乃逸，则知小人之依”，其意是说，要先知道稼穑之艰难，才知道农耕是人民所恃以为生的，君子不应当逸乐而忽视稼穑；周武王灭商朝后曾颁布重泉戍令：“民自有百鼓之粟者不行”，即规定庶民自藏粟在一千二百斛以上者，才准其免除戍役的义务，足见其对农业生产，尤其是粮食生产的重视；西周时期重农，还表现在把农事列为“五常之教”的第一项，警教当政者与被征服者的氏族，都要以农事为主题，并以最高统治者每年参加“籍田”大礼，届时到自控的田地上去亲耕为倡导。

以上所述各时期对发展农业生产的认识，反映出当时典型的农业自然经济直接制约着社会经济生活的各个领域、各个方面；农业的存在与发展，是原始社会末期与奴隶社会发展的基础。

（二）注意开发原始的手工业

原始社会末期的第一次社会生产大分工及尔后重农思想的发展，产生了两个客观要求：一是农业生产的发展需要相适应的生产工具与生产技术；二是统治者的需求由基本生活必需品向更多奢侈品推进，由此导致了原始手工业的产生与发展，形成了第二次社会生产大分工。在原始社会末期，人们在采集业、狩猎业、种植业的生产活动中，就已开始注意对石器、骨器、装饰品的制作，除了注意制作生产工具外，尤其注意作为装饰品的海贝的收集与制作，以及作为生活日用品的彩陶与冶铜器的手工制作。这些手工制作的产品，见于大量的出土文物中。到了夏、商时代，手工业生产得到了进一步的发展，除了陶器、铜器外，木、石、骨、玉、纺织品等手工产品品种日益增多，其手工生产技术也日益提高。进入商代的青铜器时期后，形成了铜制工具与木制、石制、蚌制等农、工工具并用，作为生活用品的各种陶器、纺织、竹木、骨制、玉制、建筑物制品等手工产品的品种、质量、数量都大大扩展与增长，开始出现由奴隶劳动者组成的专业手工作坊。到了西周时期，除了注意对生产工具、奢侈品、日用品等专业化的手工生产作坊进一步开发外，还特别注重对兵器手工制作业以及铜制“贝币”的手工制作业的发展，由于其分工加细、种类增多、专业化程度提高，而具有了“百工”之称。

由上述可见，该时期的首领都注意与关切原始手工业的开发与改进，从而使原始的手工业生产部门成为社会物质生产中不可缺少的部门与行业。

（三）鼓励原始商业的发展

在原始社会末期，作为华夏民族“始祖”的黄帝在重视农业发展的同时，注重鼓励原始商业的发展，为商品交换的扩展创造多种有利的条件。一是重视交通工具的发明与改进。如“命共鼓、货狄作舟”、“为窬木方版以为舟航”、“舟楫之利，以济不通，致远以利天下”、“服牛乘马，引重致远，以利天下”等，这些传说记载，反映了他通过提供交通运输条件去促进商品交换的发展。二是注重解决商品交换的计量标准问题。他制定了我国最早的“度量衡律”，并把作为交换媒介的货币立为“五币”，即珠玉为上、黄金为中、刀布为下，用以推进商品交换的顺利进行。

在奴隶社会的商代，更加注重推进原始商业的发展。除了发展长途贩运贸易外，更加注重城市商业活动的发展。商族是一个重视贩运贸易的部族，他们“通川谷，达陵陆”，“大车以载，利有攸往”。通过商队往来贩运各地的土特产品，并同东南沿海和西亚地区的部族发展了贸易关系。由于商族善商，故在周灭商后，令商地之人专营商业活动，并把从事贩运贸易活动之人称为“商人”，中国的“商人”之谓即源于此。

周族是一个以从事农业生产为主的部族，在灭商前后都重农，但“周人重农”而不轻商、弃商，在西周时代则是鼓励商业的发展。周文王特别注意运用一些商业政策去解决商业发展中的困难问题，如他在《告四方游旅》中说：“四方游旅，生忻通。津济道宿，所至如归。币租轻，乃作母以行其子，易资贵贱以均旅游。使无滞无粥熟，无室市，权内外以立均……”① 其大意是说，各地的游商客旅，这里为你们提供了各种方便的交通工具，如认为这里货币轻，可易发重币，轻重并行你们不吃亏；货物随到随卖，不耽延，早晚均可贸易。显然，这是在采取优惠政策或手段，鼓励与吸引外来商贩积极从事商贸经营活动。特别值得指出的是，西周时期已呈现出将农业、手工业、商业同时并列，实行农、工、商并举的产业经济政策。这主要表现在以下史籍的记载中：“凡民自七尺以上属诸三官，农攻粟，工攻器，贾攻货”。② 同时，《周礼》中又记载：“将六日商贾，阜通财贿”。

① 《逸周书·大匡》。

② 《吕氏春秋·上农》。

这些都表明将商贸业与三农之生九谷、百工之制造八财并列。以上所反映的经济思想，表明西周时期奴隶主国家实行农、工、商分管；在经济活动中，实行三业分立、各专其业，即实行农、工、商并举，进行有机统一的发展；但在位序上有一定的区分，即占第一位的是农业生产，占第二位的是商贸活动与手工生产。

总之，在这一历史时期，对原始三大产业间关系的认识是：重农、发工、励商。重农，是把原始的第一产业，即农业置于经济、社会发展的基础地位；发工，即把开发原始的第二产业，即手工业置于社会生产发展的辅助地位，是不可缺少的物质生产部门；励商，即把鼓励原始第三产业，即商业的发展置于经济、社会发展不可缺少的重要经济部门或行业的地位。对三大原始产业进行有区别而又有机统一的发展。

二、对发展商品交换重要性的认识

认为商品交换可以互通有无，主张鼓励商品交换活动的发展。黄帝重农耕，但主张发展产品交换，他提倡货物“致远以利天下”、“服牛乘马，引重致远，以利天下”。尧治天下，主张“以所有易其所无，以所工易所拙”。舜曾亲自参与物物交换活动，并“作十器于寿邱，就时于负夏”，把制作的手工产品从寿邱（现今山东曲阜）及时贩卖于负夏之地，在他成为首领后，即宣布实行“同律、度量衡”，以利交换活动。在商代，已普遍认识到地区间的贸易活动具有调剂产品余缺、促进生产的作用，奴隶主们争相驱使大批商业奴隶进行商贩活动，“通川谷，达陵陆”、“大车以载，利有攸往”。西周时期，认为商贸活动能够“阜通财贿”，给奴隶主贵族带来许多实惠。同时，积极将贸易活动由分散的贩运活动引进城内“市区”，推进固定交换场所与经常商贸活动的发展。

三、原始商业活动的利益观

在这一历史时期内，总的状况是由互通有无而获取物质利益的易货贩运贸易向取得货币财富利益的商品交换活动转变。这种利益形态的转变，是随着人们物质财富观向货币财富观的转变而发生的。

（一）原始商利观的产生

在原始社会末期，进行产品互通有无的交换，是为了满足对物质产品的需要，也是为了取得物质财富；或把物质产品视为财富的形态，取得自己所需要的物质财富，就是取利。到了商代，随着交换的发展，出现了交换的媒介物——货币，从而使商品交换产生与发展，随着商品交换的发展，货币形态日益完善，其功能日益强化，从而使货币成为一种财富的象征，由此使人们认为，拥有货币不仅可以买到所需要的物质产品，对更多货币的积累，更是富裕的主要表现。这种货币财富观的出现，引发了对货币财富产生来源的思考，即货币财富产生于从事商品交换的商业活动，是通过贱买贵卖取得的。由此，追逐货币财富、追逐“商利”，就成为奴隶主的主要目标，也因此成为从事商业经营活动与推进商业发展的动力。经商言利、经商重利，是商代商业观的一个重要内容。商代之人，把作为货币的“贝”视作“宝”，宝的繁体字其实就是表示把贝与玉藏在室内，作为财富予以积累；把“买”、“卖”、“货”、“贷”等字都与“贝”相联结，说明不仅把作为货币的“贝”当作流通手段，而且还把其作为储藏手段。奴隶主为了更多地积累货币财富，把经商谋利作为主要便捷之道。无论贩运贸易的行商，还是固定“市区”贸易的坐贾，他们经商的主旨是"赚"，得到更多的"贝币"，或"朋币"（以朋为单位的贝币），即"朋从尔思"。一些奴隶主及其所驱使的奴隶，为了求利、追利，则不事生产活动，而专营商业以盈利，即"不耕获，不菑畲，则利有攸往"①。这种"利有攸往"，为卖而买，为再卖而再买，"网贝"市利，以追求货币的增值，就成为中间商人全部活动的动机与根本目的。也正是这种营利观念，形成"殷人重贾"、"殷人贵富"，并进而成为推动和促进商代商业活动发展的主要动力。

（二）奴隶主"专利"商业观的出现

由于商贸活动能够"阜通财贿"，取得更多的物质财富与货币财富，使各代的奴隶主统治者竞相垄断商贸活动，以成"专利"，从而形成了奴隶主"专利"商业观。在商代与西周时期，商业多属"官商"，由奴隶主役使奴隶经商，利润所得都归奴隶主国家与奴隶主占有；在奴隶制后期，出现"自由商人"之后，他们虽对商利有一定的支配权，但受到国家的严格管理，并以高商税"征商"。在周厉王时期，大臣芮良夫批评周厉王的"专利"政策，提出"导利而布之上下"、"匹夫专利，犹谓之盗。王而行之，其归鲜矣"的主张，要求商利不要由国王所专有，而应合理分配于各层次奴隶主之间。

总之，物质财富观向货币财富观的转移，造成了对商利的追求，从而产生了中国的原始重商主义，导致了励商。但早期的重农主义仍占主导地位，重商而不弃农从商。"王专商利"，是商、西周时代的主导商利观。

四、对原始商业经营形式与行业门类的认识

（一）对长途贩运贸易与固定市场贸易关系的认识

在原始社会末期，交换的主要内容是互通有无的物物交换，因而，多采取近地各部落之间的贩运贸易，交换形式多是分散、不定期的，但到神农氏时期，则有"神农氏日中为市"的传说，说明已有了要进行顺利的交易必须有适当的交易时间与地点的认识。到了商代，人们已普遍认识到地区间贩运贸易活动能够调剂余缺，促进农业与手工业生产的发展，仍然把贩运贸易活动作为主要商业经营形式，但已由近地贩运贸易而扩展到远地贩运贸易；同时，已认识到发展城中固定"市区"，以在固定地点从事经常性商贸活动的重要性、必要性，不仅要把"市"引入"城"内，把市与城相结合，形成原始的"城市"，而且在专设的城中"市区"内，形成合理的布局，设置专营的交易市场。据《六韬》记载："殷君善治宫室，大者百里，中有九市"、"宫中九市、车行酒，马行炙"，并在市内设"肆"，作为往来商人聚集之处。在西周时代，更加重视城内商贸活动的发展，出现了多类型的固定商业经营者，称为"坐贾"，从而使分散的贩运经营与固定的市场集中经营并行，并加速了"坐贾"的发展。

（二）对商业经营商品种类与行业门类的认识

对这方面的认识，是随着社会生产分工、生产力的发展与人们的生活需要的扩展而演进的。

1. 对商业经营商品种类的认识

在原始农业产生后，主要的物质产品是农牧产品，就基本产品形态来说，多限于自给

---

① 《易·无妄》。

自足；需互通有无的主要是土特农牧产品。因而，已认识到对土特农牧产品的贩运，是贩运贸易的主要产品品种；在原始手工业产生后，手工产品品种增多，特别是随着“百工”的形成与人们对奢侈品、生产工具的需要的扩展，贩运贸易的商品种类由土特农牧产品向手工业产品扩展，从而使人们认识到商业经营的品种结构需要更多的向奢侈品、生产工具产品、日常生活用品方向扩展，使对生活资料的经营与对生产资料的经营形成初步合理的结构。

2. 对商业经营行业门类的认识

在商业经营的行业门类上，由于产品的多样化、需求的多层次性，使人们开始认识到商业行业门类需要不断扩充与细化。这开始表现在商代的城市商业经营中。在商代都邑内设有市肆，在市肆内设有饭铺、肉肆、酒肆与专营某类商品的肆区，说明在城中的固定市区内已出现了一些原始的商业行业门类。到了西周时期，人们对商业行业门类的扩展有了更明确的认识，在城市的“市区”内，把所有上市的商品都按种类与档次、价格的不同，进行分区陈列，把同一种类的商品都陈列在同一“肆”区内，进行分类经营，从而萌生了多类原始商业行业的不同门类，也催生了商业的专业化经营。

五、对原始商业进行管理的思想观点

进入奴隶社会后，在奴隶主“专利”观念的支配下，对商业活动实行官营，并力主对商业活动进行严格的控制与管理，把整个流通过程和流通活动完全置于不损害奴隶主国家利益的限度内。

（一）重视国家对商业活动的干预与控制的观点

国家对商业活动的干预和控制，是奴隶主制度上层建筑对经济活动强制作用的一种反映，体现了奴隶主阶级的利益与要求。为了进行对商业活动的严格控制与管理，在西周时期设立了专门的管理机构。如官府设立了管理市场的总负责人“司市”，在司市下设置“胥师”，分区执行管理职责；设立了“贾师”，专门掌管市场物价；设“质人”专门管理度量衡器；在城市的固定市区内，还专设了“司虣”（十肆一人）和“司稽”（五肆一人）负责维持市场秩序；同时设置了专事征收商税的机构与人员等。对自由商人，即平民中的经商者，进行更为严格的管理，认为他们的身份低于贵族商人，实行“工贾不变”，不能升为“士”，贱视“商人”的思想开始萌芽。

在西周时期，奴隶主国家已普遍认识到，只在城中设立固定的市区，为城市中的人们服务，不利于商品流通的扩展与整个经济的发展，因而，开始在通往各诸侯国的驿道上，分别按一定距离设立不同类型的市场，并根据需要在各地设立临时市场，对这些市场的商业经营活动给予严格的管理与控制。

（二）对市场管理基本原则的观点

市场的设立由官府规定，不能自发形成。据《周礼·地官·司市》载：“凡治市之货贿六畜珍异，亡者使有，利者使阜，害者使亡，靡者使微。”意即对若干重要的商品，没有的要使其有，有利的要使其推广和增加，有害的要加以排除，奢侈的要使其减少到最低限度。根据这一管理的基本原则，在城市的市区内特别设立了专门的市场管理机构与官吏进行具体管理，对参加交易人的身份、商品种类、质量、价格、度量衡等都作出明确的管理规定。

最后的结论是：在这一历史时期内，出现了三次社会生产大分工，产生了原始的农业、手工业与商业，形成了原始的第一产业、第二产业、第三产业的“雏形”，随着社会生产力、社会分工的发展与私有制的出现，原始商业活动得到了相应的发展。随着原始商业的发展，作为其反映的原始第三产业经济思想开始“萌芽”，其主要内容是：在三大原始产业关系上是重农、发工、励商，进行分序有机的统一发展；货币财富观与商业利益观开始出现；奴隶主要为谋求商业“专利”而对商业进行“官营”，由官府进行严格的管理与控制，贱视自由商人的身份；在发展分散贩运贸易的同时，开始重视城市固定市场贸易的发展，并注意向城外固定市场延伸；认识到细化商业行业门类、创造商品交换各种有利条件的重要性。总的思想是励商，而不弃农专商，重农主义占主导，重金主义与重商主义有所显现。

第四章　封建社会初期原始第三产业经济思想初步体系的产生

第一节　封建社会初期原始第三产业经济的初步发展

一、封建社会初期原始第三产业经济初步发展的历史时期及其社会政治、经济条件

（一）封建社会初期原始第三产业经济活动初步发展的历史时期

封建社会初期，经历了春秋战国、秦汉、三国、魏晋、南北朝各个时期。

从公元前770年周平王东迁建立东周到公元前403年三家分晋这一段时期，史称春秋时期；到公元前221年秦灭齐国而完全统一中国止，史称战国时期；从公元前221年秦始皇统一六国，建立起中国历史上第一个统一的封建王朝——秦朝，到公元前202年刘邦建立汉朝而止；汉朝分为西汉、东汉两个朝代，自公元前202年至公元8年止，史称西汉，自刘秀登上帝位至公元220年，史称东汉；东汉后期又分裂为魏、蜀、吴三国互相对峙；司马炎代魏自立，建立晋朝，史称西晋，于公元280年灭吴国而重新统一全国，司马睿于公元317年称帝，为晋元帝，史称东晋；尔后，进入了南北朝时期，到公元589年杨坚灭陈，结束了东晋南北朝以来国家分裂的局面，重新建立起统一的封建帝国——隋朝而止。

总之，中国封建社会初期，经历了从公元前的770年东周起到公元589年建立隋朝为止这一由统一到分裂、由分裂到新的统一的转化发展的历史时期。

（二）封建社会初期原始第三产业经济初步发展的社会政治、经济条件

1. 由奴隶制社会进入初始的封建制社会

从春秋时期开始，奴隶制社会进入了崩溃时期，开始向封建制过渡，经历了战国时期的长期混战和变革，各诸侯国的新兴地主阶级先后取代了奴隶主阶级而掌握了政权，封建制生产方式逐步居于统治地位；秦始皇统一六国而建立起中国历史上第一个统一的全国性的封建王朝——秦朝，使中国由奴隶制社会正式进入了封建制社会；经过汉代的发展，中国的封建制社会得到了进一步巩固和完善，并最终得以确立；尔后，经过三国魏晋南北朝各朝代的进一步变革、演进，经历了中国封建制社会的初期阶段。这一时期社会制度变革的主要特征是：封建地主阶级统治代替了奴隶主阶级统治而建立起封建制的国家政权；生

产资料的奴隶主阶级所有制转变为封建地主阶级所有制；奴隶阶层转变为平民阶层，具有了“自由民”的身份；奴隶制生产方式转变为封建制的生产方式；国家的行政权力更加集中、统一，并趋于法制化；社会生产关系更多地表现为地主阶级对农民的压迫与掠夺关系。总之，封建制代替奴隶制，是社会制度的一大进步，为社会生产力的发展与社会经济的演进，开辟了更加广阔的道路。

2. 生产资料的奴隶主阶级所有制演进为封建地主阶级所有制

生产资料所有制发生了由奴隶主阶级所有制到封建地主阶级所有制的重大变革。这一变革经历了长期而复杂的过程。春秋时期，奴隶制的“井田制”遭到破坏，在原有的“公田”之外出现了大量的“私田”，新式富有者的封建地主阶级在农村大量出现；拥有畜牧业独立经营权的农奴家庭日益增多；私营手工业与独立经营的手工作坊在城市与农村不断扩展。到了战国时期，新兴地主阶级先后在各诸侯国取代了奴隶主阶级的统治之后，封建地主阶级的生产资料私有制基本上取代了奴隶主阶级生产资料的“王有制”。秦始皇统一六国后，结束了长达几百年的诸侯纷争、割据、兼并的局面，而建立起一个统一的封建王朝，相继进行了各种变革，使封建地主阶级的生产资料私有制得以正式确立与巩固。进入西汉时期，通过各种政治、经济政策措施，使地主阶级的生产资料私有制得到完善与发展，除了地主阶级驱使大量的佃农进行农牧业与家庭手工业的生产外，又出现了大量的自耕农与独立生产经营的私人手工业作坊及独立自由经营的商户。在东汉时期，特别是三国魏晋南北朝时期，尽管封建国家政权处于一种分裂、动荡、统一的交替状态，但封建制的生产资料私有制却更加巩固与发展，特别是自耕农与自由经营的个体商户的私有制得以扩展，从而使自给自足的封建制的社会经济形态得以确立与巩固。总之，在这一历史时期，随着封建社会生产资料私有制的不断扩展、完善、巩固，为社会生产力的发展提供了更多有利条件，也为商品交换提供了产权与物质条件。

3. 社会生产力有了较快的提高与发展

封建制取代奴隶制，在一定程度上解放了生产力，为社会生产力的较快发展提供了更加有利的条件。社会生产力的发展，反映在生产力的不同组成要素上，在不同历史时期，其提高与发展的程度也存有很多差异。在春秋时期，作为生产力基本要素的劳动者，由奴隶变为农奴、一部分农奴变为“自由民”，从而促进了这些劳动者的劳动积极性，不仅使种植业得到较快发展，而且使拥有独立生产经营权的农奴家庭里的畜牧业得到了较大的发展，特别是私营手工业与独立的手工作坊的大量出现，导致原始手工业的发展；作为生产力重要组成要素的生产工具有了新的发展，铁制工具在手工业与农牧业中得到了较广泛的使用，特别是耕牛在种植业中的大量使用，大大提高了生产效率，增加了更多的物质产品量。在战国时期，重租、重役下的农奴更多的转变为个体农民，使其人身依附关系减弱，能更多地支配自己的生产劳动时间，不仅使其劳动积极性提高，而且大大提高了生产劳动能力，并大大提高了对铁制农具的需要量，由此又推动了冶铁手工业的发展；独立的个体手工业作坊随着“自由民”的扩展而扩大，促进了对铜器、铁器的使用与制作，特别是促使青铜器的制作技术达到了新的高峰，创新了更多的工艺技术。到了秦汉时期，随着自耕农、独立生产的手工业者与自由经营的商人的普遍出现，其劳动积极性与劳动能力有了更快的提高，从而加快了社会生产力的发展。同时，铁制工具有了很大的改进，牛耕地区范围大大扩展，特别是发明了水力鼓风炉的铸铁脱碳钢技术与造纸技术，大大提高了生产

力与产品质量及数量，其他的织染、制陶、制漆等生产工艺技术，都提高到新的发展水平。进入三国魏晋南北朝时期后，虽然战乱起伏、统分交融，使社会生产力遭到一定的破坏，但仍呈现发展的趋势，有着一定的提高。北方战乱使流民南移，给南方，特别是少数民族地区带去了先进的农业与手工业生产技术，促进了该地区农业与手工业的较快发展。同时，一些王朝的统治者采用“屯田”生产方式，在广大待开垦的北方地区进行农田开发，对恢复与发展北方地区的农业生产起到了积极的推动作用。总之，在这一时期，随着劳动者人身依附关系的解放，进行独立的农业、手工业、商贸业的生产经营，使劳动者生产的积极性与劳动生产技能、劳动效率都有了显著提高，从而推动了整个社会生产力的发展，也因而增加了社会产品生产总量、提高了产品质量与扩展了更多的产品品种，为社会生产分工的细化发展，尤其是各原始产业内部的专业分工的细化发展，提供了更加坚实的基础与前提条件。

4. 社会生产分工与产业分工的细化发展

首先，三大原始产业分工初步形成。在这一时期内，随着社会生产分工的发展，作为原始三大产业雏形的农业、手工业、商业的分工更加明显。农业成为社会经济赖以存在与发展的基础；手工业的独立性更加突出，是一部分生产资料与生活资料的重要来源；农业与手工业的明显分工与发展，又大大促进了商业的独立发展，反过来为农业与手工业的分工与发展提供了更加有利的条件，在推进社会生产发展与满足人们多种需求中，起着重大的推动作用。其次，在原始三大产业内部的专业分工日益细化。在农业中，种植业与畜牧业有了进一步的分工；在种植业中，出现了粮、棉、丝、茶等更多种类的生产分工。在手工业中，出现了冶铁、冶铜、制陶、制瓷、制布、制盐、纺织、刺绣等多种类产品的专业分工。在商业中，出现了更多的固定市场商品经营与贩运贸易经营的分工；在固定市场商品经营中，出现了批发经营业与零售经营业的明显分工，开始出现了不同类别商品经营的初始型的行业；特别是独立经营的服务业开始与物质商品经营业分离；在服务业中，又开始出现餐饮业、货运业、典当业的细化分工。总之，以上三大原始产业分工的发展及其内部专业分工的不断细化，为社会生产力的发展，特别是原始第三产业的发展提供了更坚实的基础与客观要求。

二、封建社会初期原始第三产业经济的初步发展

（一）原始第三产业经济初步发展的历史进程

原始第三产业经济雏形的产生到其初步形成，经历了一个渐进发展的过程。这一渐进发展过程，经过了以下历史发展时期。

1. 春秋时期，即奴隶制向封建制的转化时期

封建地主阶级生产资料私有制的出现、社会生产力的发展与三大社会生产分工及其细化发展，使原始第三产业经济的雏形，或原始商业的萌芽形态所具有的组成要素向独立的原始商业组成要素迅速扩展。

（1）作为商业经营客体的商品数量、种类、质量发生了新的变化。这一变化的主要表现：一是随着社会产品总量的增长，扩大了市场交换的商品总量。二是进入市场交换的商品种类大大扩展，由种植业与畜牧业所生产的农畜产品向家庭手工业与独立手工作坊所生产的手工业产品扩展；在手工业产品中由生活必需品向奢侈品与生产工具产品扩展。三

是一些生产要素，如房地产、劳务服务等开始进入市场交换领域。

（2）商业经营活动载体的市场条件发生了新的变化。主要的表现：一是商品交换的地区范围的扩展。由中原地区向南方地区扩展，各诸侯国之间的商品交换日趋频繁，如当时称霸的齐国，不仅以其鱼、盐产品远销各诸侯国，而且还“冠带衣履天下”，成为丝织品的主要生产供应地；又如北方的晋国与南方的楚国之间，存在着密切的商品交换关系，史称“杞梓、皮革自楚往也，虽楚有林，晋实之”。[①] 二是交通运输条件的改善。除陆路交通运输条件优化外，水路交通也开始发展，除原鸿沟形成较可观的水运网外，又挖筑了邗沟水道系统，并与江淮水道系统相连通，形成了新的水道货运网，其它水道运输系统也相继开通，这些水路交通网的逐步形成，为各地的货运创造了更多的有利条件，从而促进了各地之间的商品交换的发展。三是商品交换场所的发展。由野外的“市井”不断转移至各地修筑的城中，形成城中固定的“市区”，这些固定的市区在各列国城内竞相兴起，从而形成了不同规模与类型的原始“城市”，不仅为城中居民提供了所需的商品，而且为各地之间的商品交换提供了集中进行的方便条件，成为商品集散的枢纽，如当时宋国的定陶，地处齐、宋、鲁、卫之交，居交通要道“午道”上，其城中的“市区”成为当时的货物集散地，史载有“陶天下之中，诸侯四通，货物所交易也”。[②] 作为中国商人鼻祖的“陶朱公”范蠡，就是在定陶经商而“三致千金”，成为经商“势居”之道的典范。四是作为商品交换等价物的货币形态日趋固定化、规范化。当时的金属铸币已开始在全国范围内逐步代替贝币和其他各种实物形态的货币，这种状态首先在地处黄河流域中游的三晋地区日趋形成，其最初的铸币形态称为“大铲币”，之后，又发展为“空首布”，同时，在南方的楚国则广泛使用称为“蚁鼻钱”的铜贝币，在其他各个地区也多使用着多种类型的金属铸币，这些不同形态的金属铸币，随着商品流通区域的形成而形成各自的不同流通区域，从而为商品交换活动的扩展提供了方便、规范的“媒介”手段。

（3）作为商业经营活动主体的“自由商人”类型及其数量日渐增多，并更多地进行独立的商品交换活动，其经营形式发生了多种新变化。其主要表现为：一是自由商人阶层的规模日渐扩大。其主要来源是新兴地主阶级及一部分奴隶主贵族转化为封建地主后，为了扩大自己的经济实力与牟取更多的私人利益而专营商业活动从而成为自由商人；还有一些奴隶主贵族、官营商业中任职的官员、官府中任职的官员，在没落、失职、辞职、逃亡之后，去专营商业活动而成为自由商人；以及获得人身自由的商业、手工业奴隶，转而成为专营商业的自由商人等。以上这些自由商人阶层的扩大，逐渐打破了原奴隶主政府与贵族垄断商业，进行“工贾食官”的局面，并日益夺取新的商业领域而居于优势地位。二是商业经营形式的变化。由以物易物进行不定期贩运贸易为主的形式，向专门从事商品交换的经常性经营活动的坐商形式转变，并开始居主体地位，且其经营日益趋于专业化。三是商业经营规模有了明显的扩大。除了一些个体商贩进行小规模的独立经营外，出现了一些新兴的商业家庭进行较大规模的贩运贸易与固定市区经营，从一定意义上说，原始商业企业的雏形开始出现。总之，这一时期处于奴隶制向封建制的转化期，原始第三产业随着生产资料所有制的变革，社会生产三大产业分工的明显与细化发展，在其基本组成要素上

① 《左传·襄公二十六年》。

② 《史记·货殖列传》。

获得了初步发展，原始型的独立商业活动已具有了初步的基础。

2. 战国时期，即封建制初步形成的时期

经过春秋时期各诸侯国的长期兼并，到战国时期形成了秦、齐、楚、燕、赵、魏、韩七雄对峙、争战的局面，竞相称霸统一。在混战中，各地的新兴地主阶级先后取代了奴隶主阶级而掌握了各国的政权，使封建制生产方式居于初步统治地位。各诸侯国竞相进行不同程度的“变法”，以确立起封建制的生产关系，从而为生产力的发展开辟了新的道路，也因此促进了农副业、手工业生产的发展，并为商品交换的发展开辟了更广阔的道路。商品交换的扩展，使原始的商业活动更趋于专业化，使原始商业的独立社会功能更加明显，也因此促进了原始第三产业组成要素的扩展。原始第三产业的初步发展主要表现在以下方面。

（1）商业经营活动主体的商人阶层继续扩大，组成结构不断扩展。一是独立专营的“自由商人”阶层有了较快的扩展；二是封建地主与手工业主更多地扩展兼营商业；三是一部分个体农户与手工业作坊在自给自足外，出现了一定的剩余，也开始成为商品的出卖者，从而进入商品交换活动的主体行列；四是官营商业的组织机构有了新的发展，主要限于一些垄断性的行业，如铸币业等。这些专营商人阶层的扩大，特别是独立专营的“自由商人”阶层的扩大，不仅使商业资本出现，而且使商人的势力大大增长，他们在对小生产者进行掠夺的同时，试图对一些重要商品的经营进行垄断，并开始进行政治上的投机，影响官府的有关政策。

（2）商业经营的客体，即用以交换的商品数量与商品种类有了较快的增长与扩展。一是随着农副业与手工业的发展，在社会产品总量增加的同时，使进入交换的商品总量有了较快的增长。在农业与手工业社会生产分工更加明显的过程中，一些私营手工业与独立的个体手工业以及个体农民家庭副业的生产，更加需要市场供应其所需要的原材料与生产工具等物品，从而使手工业产品之间、手工业产品与农产品之间、农产品与农产品之间的商品交换总量有了更多的增长；同时，这些市场商品供求的增长，促使各诸侯国、各地区之间的商品交换总量也有明显的增长。二是随着生产工具的改进与生产技术的提高，以及生产内部分工的扩展，使进入市场交换的商品种类大大增多。在生产资料交换领域，出现了更多的铁制、铜制等农具、手工工具品种；在生活资料交换领域，出现了更多粮产品、畜产品、纺织产品、陶制产品、漆产品、玉产品、皮革产品、竹木产品、酿造产品、建筑原材料产品、车船产品等多种品种；同时，在生产要素商品领域中，一些不动产，如土地、房屋等要素商品品种也开始进入交换领域。以上这些商品品种的扩展，又促使商业经营的内部分工进一步扩展。

（3）商业经营活动载体的市场条件进一步的扩展与强化。一是远距离贩运贸易所需要的交换运输条件进一步改善。各诸侯国不仅在国内相继修筑了陆路交通要道，而且在各诸侯国之间也彼此连接了一些重要的陆路交通要道，如燕、赵、齐三国之间连通了被称为“午道”的陆路往来大通道，以及从成皋（今河南荥阳）到函谷关的“成皋之路”与从河南黄河以北连接河北、山东毗邻地区的“太行之道”；在水路通道方面，除了原有中原地区以鸿沟为主的水上交通网与贯通长江、淮河之间运输的邗沟水道在继续扩展其货物运输的功能外，还有一些天然水道更多地发挥了货物运输作用，从而使水上交通运输线形成一个连通各地区的初步网络体系，并使水路运输距离延长，可“粟行五百里”。随着陆路、水路交通运输网的扩展与货运距离的延长，使车、船等货运工具的数量、质量、装载量都有了新的扩展，特别是内河商船的制造达到了较高的水平。这些交通运输网络及其工具、器械的进一步发展，为市场商品交换区域的扩展，以及商品交换的规模的扩大，都提供了更加有利的条件。二是商品交换场所有了新的扩展与优化。在固定市场发展方面，不仅各诸侯国的国都都有了固定的"市区"，而且在各诸侯国国内的各个新兴城邑中，也都有了固定的"市区"。如魏国，除了国都大梁（开封）的城"市"以外，还有温、轵、安邑、汉阳、阳翟等著名城"市"。这些城中的固定"市区"规模也不断扩大。在固定的"市区"内，不仅进行着经常性的商品交易活动，还不断发展了多种饮食服务活动，以及从事冶铁、冶铜、铸钱、制骨器等多种手工业的生产加工活动。随着固定市场区域的不断扩展及交易规模的扩大，一些交易设施、工具等也都有了新的发展。三是商品交换媒介物——货币形态的不断完善。除了原有的布币、刀币、蚁鼻钱继续扩大其流通区域外，到了战国中期，铜铸币在广大地区进行了较广泛的流通。特别在战国中期以后，北方以魏、秦为中心，出现了一种新的货币体系"圜钱"，它是一种环形有孔、只标明货币单位、不记地名的铜铸币，因为有孔，便于穿线携带与使用，因而成为当时更进步的金属货币形式。这种新的货币形式与体系的出现与在北方地区的普遍流通，造成了货币制度、货币体系的重大改进，从而为商品交换活动提供了更方便的媒介手段，也因而促进了中国原始货币经济的产生。四是商业经营形式的发展。除了不定期的、长途贩运贸易的经营形式继续扩展外，开始出现了大量的、经常性的固定市场经营形式，即"坐贾"。"坐贾"的出现，为满足城中居民与手工业生产者的需要与商品交换规模的扩展提供了更加稳定与经常性的条件，并为商业经营行业的专业化发展奠定了基础。五是商业的社会经济职能有了进一步的提高。由于独立经营的自由商人的增多、商品交换规模的扩展，使原始商业作为社会分工中的重要经济部门的功能作用日益明显和重要。连"重农抑商"政策的倡导者商鞅都不得不承认"农、商、官三者国之常官也，农耕地，商致物，官法民"，要使三者分立。六是商品交换关系中的"逐利"性日益明显，"商业资本"属性有所显现。

总之，在该历史时期内，随着封建制的确立，生产关系发生了根本变革，社会生产力有了较快的发展，产业分工更加明显与细化，使原始商业活动的组成要素获得了进一步的发展与完善，从而使原始的第三产业经济活动有了较快的初步发展。

3. 秦汉时期是封建制巩固确立与快速发展的时期

封建地主阶级的生产资料所有制得以巩固与完善，使社会经济获得了较快发展，从而在国内商品交换不断发展的同时，使边境互市贸易与对外贸易也随之产生并发展，推进原始第三产业的基本构成要素有了更多的变化与提升，其初步发展进入了一个新的发展阶段，成为第一个新的高峰期。

（1）官府采取了对商业活动既鼓励又适当抑制的管理政策，加强了对商业活动的管制。①积极采取多方面的励商政策：一是秦统一六国，建立起中国历史上第一个统一的全国性封建王朝——秦朝后，废除了各诸侯国之间的关卡，统一了税收，畅通了交通与商路，促进了各地的经济交往与商品交流；西汉时期，实行"开关梁驰山泽之禁"的政策，开放关卡，减轻税负，使"富商大贾周流天下"，允许自由贩运，使各地的物资交流与商品交换活动得以快速扩展。二是鼓励汉族地区和少数民族地区之间的贸易往来，积极引导少数民族地区的商贩到内地经商，并定期进行边境互市贸易活动；同时，积极推进同其他

国家与地区间的商业贸易活动，鼓励中国商人通过陆路及海路与国外进行远距离贸易，大力推进通过“丝绸之路”开发国外市场。三是重视大商富贾的作用，并给予优礼，出现地、官、商三位一体的趋势。秦朝时期，对一些大商人进行优礼，并提高他们的身份与社会地位，秦王朝对大商人乌氏倮就提出过封赏，史载：“秦始皇帝令倮比封君，以时与列臣朝请。”① 在西汉时期，鼓励大商人进行对国外的贸易活动，一些官府统治者开始与富商大贾相勾结；东汉时期采取纵容豪强富商的政策，一些宦官以官卖钱，富商大贾则以钱买官，并允许富商大贾进行土地兼并，形成富商兼地主的局面，从而出现了地、官、商三位一体或相互勾结的趋势。四是采取积极鼓励民间自由商业广泛发展的政策。西汉时期，鼓励民间自由贩运贸易，特别是惠帝、文帝时期，推崇黄老的“无为而治”的主张，在经济上采用自由放任的政策，对商业的管制有所放松，使民间从事商业活动的人数有较大的增长，史称“商贾滋众”，因不出租税，“故民弃本逐末”②，出现更多的小商贩；东汉初年，农民起义、社会动荡，刘秀登帝位后，采取某些让步政策，及至迁都洛阳，人口逐渐向东南转移，自由小商贩随之继续扩展。五是加强对重要资源与商业活动的管制，建立某些商业活动规范。秦汉时期，继续实行对盐、铁等重要商品经营的管制政策，强化国家的干预，“用商鞅之法，专川泽之利，管山林之饶”与“田租口赋，盐铁之利，二十倍于古”。③ 在秦律中，还作了严禁农民买卖酒品、违者治罪的规定，这说明官府对关系国计民生的重要商品的生产和流通实施严格管理的政策，同时，实行了统一的货币、度量衡、车轨等政策，为商品流通的有序发展创造了更有利的条件；西汉时期，加强了对城中“市区”的管理，对城市市场的设置及管理虽仍沿用过去的“坊市制”，但管理的规范化程度有了很大的提高，对市区与居民住宅区仍进行严格的分离，在固定市区周围设筑垒墙，有市门并设市卒把守，开闭市门以示经营有固定的时间，在市区中设商店与摊位称为“肆”，把同行业的店铺与摊位摆在同一系列称为“列肆”，市区内设管理机构称为市楼，即“令署”，其管理官员以城市大小而有别，大城市设“市令”，小城市设“市长”、“市令”，“市长”以下设置各级官吏去分别掌管具体事项，如市区内经商的注册登记、为交易契约加盖公章、检查交易是否按规定进行，以及度量衡物价、商品质量是否遵律等问题，从而使固定“市区”的商业经营走向较规范的道路；东汉时期，虽对民间自由商业经营采取松管的“放任”政策，但城市中“市区”的管理仍从严，并更趋于规范。②在励商的同时，又采取了“重本抑末”的经济政策，特别是对不守法而欲干政的富商大贾的抑制政策。一是秦王朝建立后，鉴于商贩滋起，弃农经商，危及农本的状态，在商业发展中继承了战国时期商鞅所推行的“重本抑末”政策，这里所谓“重本”，是把农业的稳定与发展当作立国、稳国、致富的基本国策，而所谓“抑末”，主要是抑制私营的富商大贾干政、危政，以及农户过多的弃农而独立地从商、从工，从而危及以农立国的根基。这一政策实施的历史记载集中表现在秦始皇《琅琊刻石》的铭文中，即“上农除末，黔首是福”，但这一“除末”并不是要消灭工商业，而是要限制过多的弃农经商，用以确保“以农为本”。二是进入西汉时期，在鼓励国内商业发展与促进对外贸易扩展的同时，官府

---

① 《史记·货殖列传》。

② 《汉书·食货志》，《贡禹传》。

③ 《汉书·食货志》（上）。

对私商对外贸易进行了严格的管制，除对出境商品经检查发给许可证方准出口外，还严禁兵器、铁器、铜器、铜钱等重要物资的出口，以达“以末易其本，而利不外泄”的目的，同时，特别抑制富商大贾过度兼并农民土地的状态，以及试图垄断盐、铁经营的行为，这些都反映出西汉时期在继续推行“重农抑商”政策的过程中，在抑制的重点上发生了一定的变化；东汉时期，“重本”政策仍在继续推行，但“抑末”政策有所放松，主要表现为对豪强富商的纵容政策，允许其参与土地买卖，形成商人兼地主，并容许其以钱买官，以官利商，但这种“纵大商”的政策，绝不是改变“抑商”的基本国策，只不过将抑商的重点放在抑制农户过多的“弃农经商”与商业经营者违规、违律的经营行为上。

（2）作为商业经营主体的商人阶层及其经营行业的扩展。一是商人阶层的扩展及其组成的变化。在秦朝时期，除官商之外，独立经营的自由商人已居于主体地位；在自由商人阶层中，除了大量的中小商人外，已分化出一大批富商大贾，进行着商业资本的集聚与集中。在西汉时期，一方面是富商大贾的比重不断增加，已开始形成一个以盐商、铁商、大贩运商、囤积投机商、少数民族地区贸易商、对国外贸易商等行业的富商大贾为主体构成的大商人集团，并趋向于商、地、官一体化发展；另一方面是在贩运商人规模继续扩展的同时，固定经商的“坐贾”已占主体。二是原始商业经营行业的扩展。在西汉时期，随着城内“市区制”的完善与商品种类的增加，城市中的私人自由商人经营的行业日渐形成，出现了一定程度的商业行业分工，并不断地分化发展；手工业与商业企业的原始形态日渐形成，商工兼营企业的原始形态开始显露，从而使原始商业产业集群开始萌芽。

（3）作为商业经营客体的商品与服务种类、功能、规模大大扩展。在秦朝时期，除畜、粮、丝制品等仍为主要商品种类外，盐、铁产品则大量进入商品交换领域。到了西汉时期，随着农业、手工业生产的快速发展，进入交换领域的品种大大增加、规模迅速扩大、产品功能质量有了显著提高。其表现是：①除了日常奢侈品与各地的土特产商品品种外，出现了多品种的特色商品，如“陇蜀之丹漆旄羽，荆扬之皮革骨象，江南之楠梓竹箭，燕齐之鱼盐旃裘，兖豫之漆丝絺纻”等，特别是丝绸商品品种众多、质地优良，不仅成为国内市场交换的主要品种，而且成为对外贸易的重点品种。②从国外进口的主要商品品种以珠玉、香料商品为大宗。③在国内外市场交换中，手工业生产的商品品种有了迅速的扩展。在东汉时期，铁制农具及日常生活用品的商品不仅品种增多，而且功能有了很大提高；纺织品、陶制品、漆制品等商品质量均达到了一个新的水平；特别是蔡伦发明了造纸术后，使纸制品与印刷品成为一种新兴的商品品种。

（4）作为商业经营载体的市场条件，发生了巨大而快速的变化，为原始商业的发展开辟了更广阔的道路。一是货运交通条件的改善。秦统一六国建立秦王朝后，立即废除了各诸侯国所设的关卡，畅通了商路与货运；兴修水路工程，如疏浚了鸿沟、沟通了湘江与漓江的人工河道灵渠等，从而畅通了水运商路。进入西汉时期，除进一步开发陆路与水路货运交通外，还积极开发同少数民族地区进行贸易的商路，特别是大力开发了以“丝绸之路”为主线的对外贸易的陆地交通要道，以及以番禺为中心的海上货运通道，大大促进了中国与西域少数民族地区及东南亚、西亚等地区各国家间的商务贸易活动。在东汉时期，除继续完善水、陆交通路线外，仍然保持了“丝绸之路”的畅通，使中外商旅来往不断。二是使商品交换媒介的货币制度更加规范与完善。秦始皇统一了货币形式，规定货币分为两等，即黄金为上币重一锭（二十两）、铜币为下币重半两；废除了战国时期使用的刀、布、贝等货币形式，统一为外圆内方的金属铸币圜钱，这种货币形式与重量的统一，以及由官府进行监制与管理，为商品流通的扩大与发展提供了极为有利的条件。在西汉与东汉时期，继续沿用了这种货币形式与货币制度。三是市场种类的扩展与交换区域的迅速延伸。在这一时期，除了在各地城市设立固定的“市区”进行经常性的交易活动外，还在与少数民族地区接壤的边境地点设立了较多“边市”、“互市”市场；在东汉时期，还开设了与乌桓地区每年定期举行交易的“王市”市场；在西汉时期，除了城市市场外，还在军队驻扎区域设有“军市”市场，由军市令管理；各类城市固定“市区”的市场类型与形式也发生了重大变化。尤其在西汉时期进行了突破性发展，这主要表现在作为国都的长安城市中，据史载：“长安市有九，各方二百六十五步。六市在道西，三市在道东。凡四里为一市。致九州之人在富门。夹横桥大道，市楼皆重屋。”除此之外，还有直市，以“物无二直，故以直市为名”，在太学附近还设有槐市，是一个空地早市市场，主要是供在校学生交换书籍、乐器、笔墨、文具等的场所，另外，在当时的长安城内除固定“市区”外，还开设了一些专业性市场，如柳市、酒市等。这都说明，该时期的市场类型与形式在扩展，已开始冲破“市”与“坊”绝对隔离的状态，进行商品交换的市场区域广度已由地方区域扩及全国范围、由国内市场推及周边众多少数民族地区市场，以及国外的西亚、东南亚国家直至欧洲某些国家的广大地区市场。四是商业经营形式的扩展。除了扩大的贩运贸易与固定市场经常性的商业经营形式外，还出现了定期的“早市”、“王市”这些初始型的集市贸易形式，以及专业市场的专业经营形式；还出现了手工业生产与商业经营相结合、农业生产与商业经营相结合的兼营商业形式；在官营商业与私营商业分别经营的基本状态下，已孕育出相互协作经营的趋势，使原始商业企业的经营开始超越以个人商贩为主体的经营形式而崭露头角。

总之，这一历史时期，是中国古代原始商业经济第一个发展高峰期。随着封建地主阶级生产资料私有制的确立、生产关系的改善，社会生产力有了较快的发展，使社会生产分工更加明显与细化，由此促进了商品交换的较快发展，使原始商业经营的各组成要素更加发展与完善，从而加速了原始第三产业经济初步发展的历史进程。

4. 三国魏晋南北朝时期，是原始第三产业初步发展的动荡时期

封建制度确立之后，封建地主阶级竞相组成不同的集团，力求夺取最高领导权；地主阶级对农民与手工业者的掠夺，激化了阶级矛盾，因而使战争交替发生、社会动荡。这一方面造成社会经济的起伏发展，另一方面又带来使原始商业自由发展的机遇，促进原始商业经营要素的进一步调整与发展。

（1）官府重视官营商业，并实行专利政策；官僚经商凸显，中小商人数量以及少数民族地区来内地经商的商人数量增多；对外贸易商人迅速增加。刘备据蜀后，设立了私盐校尉，实行盐铁专利，以增收助政，尔后，其它各朝代也相继对盐、铁、酒实行官营、专卖；西晋统一后，一些官吏视商利厚取，于是公开经商牟利，如荆州刺史石崇“百道营生，积财如山”、司徒王戎“广收八方园田，水碓周遍天下，积财聚钱，不知纪极”、江州刺史刘胤动用漕运资金与船舶“大殖货财，商贩百万”，说明原始的官僚商业资本已经开始出现；到了东晋南北朝时期，作为宋少帝的刘义符也“于华林园为列肆，亲自沽买”①，更

① 《宋书·少帝纪》。

有甚者，连齐朝东昏侯萧宝卷也“于苑中立市……（贵妃）潘氏为市令，帝为市魁，执罚争者，就潘判决”①。可见，连皇帝都亲自经商、管市。自此之后，一些王侯、官僚也相继介入商业经营领域，牟利致富。以上所述，反映出封建统治者对商业的重视程度达到了一个新的高度，也说明土地资本、官僚资本、商业资本已趋于结合成为一体。同时，民间中小商人也迅速增加，这一方面是因战乱造成流民四起，为求其生而经商，另一方面是由于商业的发展而导致农民“弃农”经商，特别是因商利所诱而导致少数民族地区更多的贩运商人来内地进行往返贩运贸易。

（2）商品交换条件的优化。①城市市场的发展与完善，特别是作为国都的大城市“市区”的扩大发展。如作为蜀都的成都，已成为西南地区的最大商业城市，在这个城市中“市廛所会，万商之渊，列隧百重，罗长巨千，货贿山积，丝丽星繁”②；在西晋时期，国都城市更加活跃，在“都邑之内，游食滋多，巧伎末业，服饰奢丽”③，说明市场上从商的小商贩迅增，也说明城市已开始向农贸市场的“集市”延伸；东晋时期的建康城中设有四市，秦淮河北岸还有大市，另有小市十余处；北朝时期的洛阳城的市场按商品种类的不同而分设在不同的地域，在城西设立出售本地手工业产品的市场，在城南设立出售外地产品或外来商贩所经营的商品市场，这说明，城市“市场区”已不断向居民居住的“坊区”分布，并开始发展某类产品的专营市场，以更好地为城市居民提供更方便的购买与消费条件，不仅如此，在洛阳城市内还开设了供往来聘使和商人使用的“四夷馆”，说明服务业也开始发展。以上所述的这些城“市”的新发展，使这些城市已成为各地区的贸易中心。②商路更加畅通，货运条件更加完善。一是水路的扩展。三国时期，开发了长江流域的交通，使商路来往络绎不绝，不仅畅通了蜀、吴两国内的货运，而且还畅通了两国之间的货运，吴国还开发了海上货运通道，派大型商船船队同高丽等国进行贸易活动，并发展同东南亚众多国家的贸易。二是陆路交通继续扩展。通往西亚地区的货运路线更加完善，使对外贸易有了进一步的扩大发展，特别是对东北亚、东南亚地区的对外贸易有了新的发展。③全国市场区域的分布，由过去主要在北方，转而向南方大幅度推移。因北方战乱多起，使人口南移，从而使市场区域更多的向南推移，南方地区的商业更趋繁荣。④对交换媒介物，即货币形态的使用，在南方相对稳定，在北方波动较大。因战乱与众国分立频繁，致使货重于币，金属铸币流通不畅，而谷帛实物货币盛行。如北朝自“永嘉”之乱以后，因十六国割据纷争，使中原地区的商业活动几乎陷于停顿，导致钱币不行，交易皆用谷帛充币；北魏建国后，仍然是“钱币无所周流”；直到孝文帝时，经济恢复，促使商业恢复，才铸太和五铢钱用于市场交易。这种货币形态在一定地区内的变动，对商业的发展具有不利的影响。

（3）商业经营品种的扩展与特色品质的优化。一是商业经营品种的扩展趋势。由种植业产品向畜、林、渔等产品品种扩展；在生活必需品中由吃的品种向穿用品种扩展。二是商业经营的品种特色日益突出。这种特色，除了农副产品外，更多地表现在手工业产品品种上，其中尤以丝绸品为多。例如，蜀锦远销吴魏；吴的珠玑、翡翠远销魏地；魏的马

① 《南书齐·东昏侯传》。

② 左思：《蜀都赋》。

③ 《晋书·齐王攸传》。

匹远销吴、蜀等地；东晋以葵蒲扇商品著称；南朝以缯彩称市。至于其他大宗的盐、铁、酒、粮食、土特产品等品种的商品质量也有了新的提高。

总之，这一时期，虽战争频繁，统分起伏，但经济仍在发展，商业经济活动仍在大大扩展，富商大贾迅速涌起，中小商人阶层规模扩展迅速；城市的市场区域不断扩展，开始向居民区延伸，并趋向于专业化；水、陆货运更加畅通；市场区域中心由北向南推移，市场范围继续向少数民族地区与国外扩展；商品品种不断增加的同时，特色品种日益扩展；商业经营形式，在贩运贸易继续发展的同时，固定市场经营形式开始居于主体地位；最突出的变化是官、地、商开始趋于一体化；“以末致财，以本守之”日益显现。

（二）原始第三产业经济初步发展的基本状态

该历史时期是封建制的初步确立时期，社会生产力较前有了较快的发展，在原始第一产业与原始第二产业发展的同时，使原始第三产业也获得了相应的发展，原始第三产业的“雏形”已初步形成；随着原始农业、手工业的社会分工的确立与专业分工的细化发展，独立经营的商人阶层大大扩展，尤其是大商富贾集团开始出现，并呈现出官、地、商一体集合的趋势。这种趋势反映出原始第三产业在以纵向发展为主的同时，开始与原始农业、手工业产业进行横向组合，并使原始的商业企业形态出现萌芽；大量“弃农经商”的中小商人阶层的出现，削弱了作为社会经济基础的农业的稳定发展，从而引起了各王朝相继采取既励商又抑商的“重本抑末”的产业经济政策与为增收、稳政而采取对盐、铁、酒等重要产品生产经营实行“专利”的政策，从而使原始第三产业经济政策发生了变化。原始第三产业经济基本组成要素的初步形成与发展，导致了人们对原始第三产经济发展的不同认识，从而出现了多种不同的原始第三产业经济思想、观点，而这些思想、观点，又在一定程度上从积极与消极两个方面反作用于原始第三产业经济的发展。

第二节　封建社会初期主要学派代表人物的原始第三产业经济思想

一、管仲的原始第三产业经济思想

管仲（公元前719～前645年），齐国人，名夷吾，字仲，商人出身，是春秋初期齐国的政治家。公元前685年，作为当时齐国之候的齐桓公任用其为相，至公元前645年，共辅政40年。在辅政期间，对齐国的政治、经济、军事进行了重大改革，从而使齐国成为当时工商业发展最为繁盛的大国，并因此使齐桓公成为春秋时期的第一个霸主。他作为当时的一个改革家，在经济发展领域采取了一系列的重大改革措施，特别是重视商业的发展，从中闪发出他的卓有见识的原始第三产业经济思想观点。特别是他关于原始三大产业关系中的“重商观”、在商贸发展中的国家进行必要干涉与调控的“商管观”、在进行商品交换中重视发育市场体系的“市场功能观”、推进自由商人独立经商的“强化商业经营主体观”等思想观点，对促进原始第三产业经济的发展发挥了重要指导作用，并成为中国早期的原始“重商主义”。他的这些理论观点，主要反映在《管子》一书中。

（一）在原始三大产业关系中突出工商业重要地位的思想

他重视农业的基础地位，认为农业的发展是立国足民的根基，但更加重视手工业与商业的发展对强国富民的重要作用，主张大力发展手工业生产与商贸活动，尤其是对外贸易活动。在他治理齐国时，把扶助工商业的发展放在重要地位，这缘于以下几个原因：一是他出身于商贾之家，富有经商的经验，并形成了他的“商利观”，即经商可以获利致富，发展商贸业不仅可以利民，而且更能富国；二是齐国在齐侯建帮时就提倡“通商工之业，便渔盐之利”，具有“通工商之业”的历史传统；三是齐国所处的地理环境是“土地泻卤”，碱性大，不宜农耕，地处滨海，有发展渔盐生产及其商品流通的自然优势条件。因此，可以通过发展手工业与商贸业弥补种植业的不足，用手工业产品同其他诸侯国交换回更多的农产品，特别是中原地区的粮产品，不仅用以足民，还可获得更多的商利，以增加齐国的财政收入而富国、强兵。他基于以上的原因和认识，故而把大力发展工商业作为发展社会经济的基本国策。正如史书所记载的那样，他治理齐国实行“通货积财，富国强兵”的战略方针。

为了贯彻他的“重商”思想与政策，而进行了“士、农、工、商”四种不同职业集团的划分与组合，以明确与稳定其专业分工。其采取的政策措施有：一是为士、农、工、商划定各自的居住区以专其业；二是规定各种职业集团实行世代承袭的制度，即使“士之子恒为士”、“农之子恒为农”、“工之子恒为工”、“商之子恒为商”，把工商业者列为当时的“四民”之中，并各自分立从业。他在这里所指的“工”，主要是城市的手工业者，尤其是其中的非官营手工业的自由工匠；所指的“商”，主要是当时开始涌现的自由商人。以上所述的“四民分群从业”的政策，反映出他的原始三大产业明确分工的思想，并在三大产业的关系中，更加突出手工业产业、商业产业在社会经济中的重要职能作用的观点。同时，又反映出他的进行专业化“集群”生产经营，既有利于提高劳动生产率，又能专安其业，以形成其职业稳定性的观点。

（二）在商业经营主体中，推动自由商人的发展与在经营载体中重视市场职能作用的观点

1. 在“重商”思想中，注重自由商人的发展，特别是远距离自由商贩的发展

一方面，通过“四民”分立从业的政策，鼓励自由商人职业集团的扩展，并通过积极扩展对外贸易，鼓励商贩自由出口经营，以增强其独立自主性；另一方面，通过发展非官营的手工业，使自由工匠兼营商贸活动，从而成为工商兼营的自由商人。自由商人的涌现，活跃了商贸活动，使其扩大商品交换与流通的职能更加明显，为原始第三产业的发展创造了更加有利的条件。

2. 特别重视完善商品交易的条件，发挥市场的功能作用

他指出“市者，货之准也”，认为市场是决定商品价格高低的场所，价格水平是由市场供求关系所决定的。同时又指出“市者可以知治乱，可以知多寡”，认为市场是观察社会经济活动的窗口，通过市场供求的变化状态，可以了解社会经济的安定与动乱的状态，从而采取相应的治理对策，以稳国、安民。他特别指出“无市”则“民乏”、“市场，天地之财具也，而万人之所和而利也”、“市也者，劝也。劝者所以起来。”他不仅认为“市”是一个交换的场所，而且把“市”视为一种商品交换的活动，没有市场与交换活动，就会多不能售、缺不能得，不能有无相通、长少相补，而互利各方；若使民困乏、财

不能生，不利于推动经济的发展，特别是农业生产的发展；“市”的存在和发展，不仅为生财致富创造了条件，而且为商贾齐集、群相交换、社会稳定创造了条件。他的这种“重市观”，成为他的“重商思想”的一个重要组成内容。

（三）积极发展对外贸易，努力扩展国际市场的思想观点

他特别重视发展齐国同其他诸侯国之间的贸易，努力扩展国际市场，形成良性的国际贸易大循环。为了使齐国“通商工之利”，达“财蓄货殖”之目的，除了鼓励齐国的自由商人将本国的产品贩运至别国，并交换回本国所急需的商品与物资外，同时还允许并鼓励国外商人把齐国所产的鱼盐产品与其他特色手工业产品贩运至别国。为了鼓励国内外商贩进行进出口自由贸易，特别是对鱼盐这些特产品进行对外贸易，而采取“使关市讥而不征”的免纳关税的政策。为了促进其他诸侯国多余的军需物品与珍异物品的进口，而对外来贩卖这些商品的商人实行优惠政策，如每三十里为之设置一个驿站，为客商积储食物以食用，并在齐国的都城临淄，“为诸侯之商贾立客舍”，分别供给其饮食、马匹的饲料，从而使“天下之商贾归齐若流水”，并因而使临淄这个春秋时期最早出现的商业中心城市富有更多的国际性色彩。

可见，他的积极扩展对外贸易的思想，彰显出他的由国内原始第三产业链不断向国际延伸的观点。

（四）强调国家对社会商业活动进行调控管理的思想观点

1. 对关系国计民生的重要商品进行官营专卖，由官府实行严格管理的观点

他主张大力发展商业，特别是对外贸易，更多地进行自由经营，但对盐、铁这些重要商品则主张由官府进行“专卖”。他认为盐、铁这些产品既是生产与生活的必需品，又是国家财税收入的主要来源，必须改变过去由私人经营、官府只收少量山泽税和关税的状态，而改由官府控制其流通环节，进行“盐铁专卖”，以调控其生产与消费活动。首先，对盐的“专卖”，主张其生产环节进行民营，准许平民采伐枯柴、煮海水制盐，但其所生产的盐产品必须由官府征税后加价收购，予以储存，其运输、销售环节则全部由官府掌管，在酌加盐价后由官营机构进行销售。实施这种管制政策，既调动了生产者的积极性，促进了盐业生产的发展；又保证了人民对盐产品的消费需要；更能通过征收生产税与寓税于售价，而取得国家稳定的财政收入。其次，对铁的“专卖”，主张在其生产环节实行由私人开矿冶炼，然后对其制成品由官府统一收购，但按市场销价核算其利润收入额，其中的三成归官府所得，七成归生产者所得。官府对统一收购的铁器则完全由官府商业机构适当带税加价、按户籍编制，销售给使用者。实施这种管制政策，既促进了铁器生产的发展，又推进了对铁器产品，特别是铁制农具产品的广泛使用，从而推动了农业与手工业生产的加快发展，也从中取得了国家稳定的财政收入。在对盐铁进行官营“专卖”的同时，对其他的重要山泽产品，则实行国有民营、按产品类别与等级的不同征收租税的办法。由上述可见，他坚持对重要产品进行直接官营“专卖”，用以直接调控其商品流通过程的思想观点。

2. 由国家掌握货币发行以平抑物价，进行适当的物资储备以调节市场供求，从而对整个商业活动进行适当调控的观点

（1）为了使国家能更好地调控市场与商业活动，促进商业与整个社会经济的稳定发展，他主张必须由国家掌握货币的铸造及其流通。他指出“人君铸钱立币，民庶之通施

也”、“黄金刀币，民之通施。故善者执其通施”。他又认为，货币发行量不能过多、质量不能太次，如钱币过于轻贱，就不能成为一般等价物，即起不到“通施”的作用，故指出“币重则民死利，币轻则决而不用，故轻重调于数而止”，即主张保证货币的质量，同时，主张在市场保持适度的货币流通量，以调节市场供求关系，平抑商品价格的过度波动。

（2）除了主张由官府控制货币流通量以调节市场供求关系、平抑物价外，还极力主张由国家建立必要的物资储备，以调节市场商品的供应，从而调节市场商品的供求关系，进而保持市场物价的稳定，以利于生产与消费，即他的“轻重论”。其主要思想观点是：利用国家对粮食及其他物品的收购与供应办法，调节经济生活与市场活动中的轻重缓急情况，从而控制物价、打击投机、消除垄断与牟取暴利。如在粮食的市场流通中，由于供应量过大而导致其价贱时，则由国家按正常价格进行适量收购，加以储存，以减少市场供应量；在粮食减产，市场供应量不足，而导致其价格上涨时，则由国家动用粮食储存，按正常价格销售粮食，以平抑过高的粮价。即主张通过国家调节粮食市场供求量的平衡，而保持其市场价格的稳定。为了确保重要农产品的市场稳定，还主张在农民播种时，实行预购办法，提前向农民供应粮食、种子与相关的生产资料，待农民收获时，回收其相应的产品，以抑制富商大贾对农民的盘剥。

由上述可见，他主张国家利用控制市场货币流通量、商品供应量与预购农民农产品的手段，调控管理商业活动，从而削弱市场自发调节的消极作用，由此反映出他的原始第三产业的政策思想。即如《史记》所载：“齐桓公用管仲之谋，通轻重之权。”

总之，管仲的原始第三产业经济思想突出地表现为在原始三大产业关系中的“重商观”、“商业集群观”；在发展商业经营主体中的“重自由商人发展观”；在发展商业经营活动载体中的“重市观”；在发展对外贸易中的“产业链延伸观”；在国家对原始第三产业管理中的“盐铁专卖观”及平抑市场物价的“轻重论”。他由“重商利观”导致为“重商观”，由“重商观”勃发为中国最早的原始“重商主义”。

二、孔子的原始第三产业经济思想

孔子作为“师祖”创立了中国历史上第一个影响最大的儒家学派。孔子是孔丘的历史尊称，字仲尼，历经公元前 551 年至公元前 479 年，处于春秋时期的末期。他生于鲁国，其先人为宋国贵族。青年时代曾从事管理仓库及放牧牲畜等事，至 56 岁时才在鲁国以大司寇摄行相事，但只居官 3 个月便离职而去。之后，他在中国第一个创设了“私学”，培育英徒三千余人，并首创了儒家学派。儒家学派涉及到哲学、社会学、政治学、经济学等广泛领域，其中心思想是倡导“天下一统”，但其理论思想的核心内容是构建了仁、义、礼、智、信的道德思想观点体系。表现在经济思想领域，尤其是原始第三产业经济思想领域，主要是围绕“为政”、“治国”这一根本目标，而提出了他的“重义”主义。但“重义”并不是排商、轻商、非利，相反，却提出了他的“财富观”、“利本观”，从而进一步发展为他的“重商利观”，只不过是主张正确处理“义”与“利”的关系，要从不同的阶级层面上处理好“求利”的合理限度，并以“义”加以约束，从而闪耀出他的“义利统一观”。通过“义利适兼”、“义、利、礼统顾”调管商行为，从而实现“国稳、民安”之目的。他的这些思想观点，主要反映在《论语》书中。

（一）经商致富的“重商利”观

1. 求利致富是人之本欲的观点

他指出，“富与贵是人之所欲也”。认为求利致富是人的本性，无论作为富贵之人的“君子”，还是作为贫贱之人的“小人”，都存在求富的欲望。他自己也毫不隐讳地承认要求“利”，指出，“富可求也，虽执鞭之士吾亦为之”。

2. 主张经商求富，重视“商利”的观点

他赞许经商致富的弟子，并广收有见识的商贾为学生，以施教。如他夸赞经商谋利从而致富的大商人子贡（端木赐）这一得意门徒时说：“赐不受命，而货殖焉，臆则屡中”。当子贡与他谈论美玉这种商品的交易问题时，问他美玉是否“求善贾而估诸?”孔子即速回答：“沽之哉，沽之哉！我待贾者也。”他要争买这奇货可居的商品，并参与估价。更明显的是在他周游列国进行讲学的过程中，子贡不仅给予了他全力的财力支持，而且还随行进行商品买卖活动。据《孔子家语》记载：“厄于陈蔡，从者七日不食，子贡以所赍货，窃犯围而出，告籴于野人，得米一石焉。”可见，孔子是主张经商求利而致富的，把“商利”看作利的一个重要来源。

（二）以“义”限“利”，义利适兼的“义利统一”经商观点

1. 以“义”限“利”，突出“义”的观点

他面对当时的局势动荡、列国争霸浮起的时局与自由商人出现后的从商务利以成大贾，从而引致社会矛盾激化的现实，而举“义”限“利”，以规范他所设想的社会行为与商业行为。

他指出：“富与贵是人之所欲也，不以其道得之，不处也。贫与贱是人之所恶也，不以道得之，不去也”，又说：“君子谋道不谋食”。那么，他所说的“道”是什么呢？就是他大力倡导的“义”。而所谓的“义”，是指体现统治者阶层共同利益的道德规范。“义”的《辞典》意义是指“公正合宜的道理或行动”，以及“人与人之间的情谊”。而孔子所说的“义”是遵统治阶级之法规，对人多讲情谊，不损人利己，运用公正合宜的正常手段与行为去取合理之利而致富，可谓“合义取利”致富论。为此，他说：“不义而富且贵，与我如浮云”，并鉴于人们求利、求富的本性，主张必须用“义”限制人们求利致富的行为，阻止人们对个人欲利的无限制的追求，而提出“先义后利”的观点，倡导人们要“义然后取”、“见利思义”。同时，以“君子”与“小人”之褒贬名称，鼓励富有者多“义”，限制其无限争“利”，称唯利是图的人为“小人”。为此，他提出“君子喻于义，小人喻于利”、“君子义为上”，以此作为处理“义利”关系的导向。由上述可见，他提出了“先义后利”、“以义限苛利”的以“义”为导的“义利观”。

2. 以“礼”行“义”，使义、利、礼三者协调统一的“商利”观点

他认为，在人们的经济与经商活动中，必须以“礼”为行为规则，约束求利致富的行为，以达到和谐相交、互不侵夺、有序进行的目的。

（1）他提出，为政者要先以礼行义，惠利以民。指出，“礼以行义，义而生利，利以平民，政之大节也”、“因民之所利而利之，期不亦惠而不费乎”，主张国家开禁利民，反对贵族对山泽资源、财富的垄断，并要降低关市之征，减轻赋税，以促进商品交换的发展，通过适度征税，既利国又利民。

（2）他提出，商民在商品交换中要依“礼”而行，反对欺诈经营与违规经营的活动

与行为，要“布正以待之也”；要对一些重要商品禁止私人经营，指出“凡执此禁以齐众者，不赦过也”；主张货真价实，招徕多方商贾，以扩大商贸活动，指出“贾羊豚者不加饰……四方客至于邑，不求有司，皆如归焉”。

（3）他主张，对自由经营的商人进行“富而教之”，主要是进行“礼”的教育，既要惠之以“利”，又要晓之以“义”，更要教之以“礼”，使自由经商的中、下层人员不超越市场交易规则与国家的商贸管理制度、规定。据《论语·子路》载：“子适卫，冉有仆。子曰：庶矣哉！冉有曰：既庶矣，有何加焉？子曰：富之。曰：既富矣，又何加焉？曰教之。”即主张提高经商者的礼仪与道德水平。

由上述可见，他主张以“礼”作为商行为的规则，来约束经商以求利致富的违规行为；实行“礼以行义，义而生利，利以平民”的义、利、礼三者相统一的“商利观”。

总之，在孔儒学派的原始第三产业经济思想中，其最重要的贡献是创举了以“求利为本、先义后利、以义限利、以礼行义”为基本内涵与以“义利适兼”为特征的“商业利益观”或“商利观”。由于这一“商利观”的主旨是限制经商活动中的“唯利是图”、“求利无度”、“不法求利”，从而产生了促进商业正常发展的积极作用，但同时，因过分强调“义”的作用，而为“重农抑商”或“重本抑末”思想的产生提供了理论基础。不管尔后的各种学派如何从不同的视角去传承这一“商利观”，但这种“义利适兼”观，不失为中国商业文明的一大精髓，成为中国“义商”文化的源泉。

三、商鞅的原始第三产业经济思想

商鞅（约公元前395～前338年），原姓公孙，名鞅，卫国人，故亦称卫鞅。是战国时期秦国的政治家、改革家，是中国法家学派的代表人物。少时好刑名之学，后入秦国向秦孝公宣传“治世不一道，便国不法古”的政治主张，被任为左庶长，后又升大良造。于秦孝公三年（公元前359年）和十二年（公元前350年）两次主持变法达20年。因功封商（今陕西商县东南）十五邑，故称商君、商鞅。他的变法主要是打击奴隶主贵族势力，培植新兴地主势力，巩固封建制度，确立土地私人占有制，奖励农耕。通过两次变法，使秦国迅速强大，为秦始皇统一六国奠定了坚实的基础。他作为当时秦国的一个著名改革家，除了在政治、军事领域采取了一系列重大改革措施外，在经济领域也采取了重大改革措施。他特别重视农业的发展，提出了“重农抑工商”或“重本抑末”的主张，在原始三大产业关系上，第一次提出了“农本论”，对原始第二、第三产业提出了“抑制观”，由此产生了他的抑制原始第三产业经济发展的“抑商”理论思想与政策观点。他的这些理论观点主要反映在《商君书》中。

（一）在原始三大产业关系中重视农业、抑制工商业发展的经济思想观点

他承袭了战国初期李悝（约公元前455～前395年）提出的“禁技巧”、“尽地力”的主张，接受了李悝在《说苑·反质》中所述的“雕文刻镂，害农事者也，锦绣纂组，伤女工者也，农事害则饥之本也，女工伤则寒之原也……故上不禁技巧则国贫民侈”的最早期的“农本”思想观点，而站在封建地主阶级的立场，主张抑制“弃农经商”，限制自由商业的过度发展，提出了以“粮本”为核心的“农本”思想观点。

他在秦国推行“变法”时，第一次以法令形式提出“重农抑工商”的主张。据《史记·商君列传》载：“大小僇力本业，耕织致粟帛多者复其身；事末利及怠而贫者举以为

收孥。”他着重指出：“治国能精民力而壹务者强，能事本禁末者富。”他这里所说的“事本”，是指把从事农业生产作为“本业”；所说的“末”，是指手工业与商业；所说的“禁末”，是指“令商贾，技巧之人无繁”，即要限制和减少从事工商业的人数，不使其超越合理限度，而动摇“以农立国”的根基。其基本思想是要牢牢把握“以农为本”这个治国大纲，才能确保国强民富，不能“本末”倒置，以造成过度的弃农经商，从而动摇社会经济的基础。在这里反映出他的原始三大产业关系的思想观点是重农、禁工、抑商。所谓“禁工”，不是禁止一切手工业生产，而主要是禁止奢侈品手工业生产的发展；所谓“抑商”，是限制农民过度的弃农经商，而不是完全杜绝与禁止一切商业活动。其实质是要保持原始三大产业间的适当比例关系，突出农业生产的主体地位，而不是“唯农”。

（二）物质财富主要来源于农业生产的观点

他之所以“重农抑商”，除了要建立以小农经济为基础的自然经济秩序，以巩固新兴地主阶级统治的经济基础外，还源于他的“利益观”。他虽不否认经商可以求利致富的“商利观”，以及由此产生的“重币主义”或“重金主义”，但他更认为财富的主要形式是物质财富，而物质财富的主要表现形态是以粮食为主体的农产品，而农产品形态的物质财富主要来源于农业生产。由于他的这种“物质财富观”以及由农产品作为其主要形态的观点，导致了他的“重农”观，并形成了他作为中国最早期的原始“重农主义”的思想体系。

1. 认为争雄立国的物质基础是粮食和兵源，而兵和粮的取得要靠农业的稳定和发展，即要以农民的力役和力耕为来源

他指出，“治国者欲民之农也。国不农，则与诸侯争权，不能自持也，则众力不足也……圣人知治国之要，故令民归心于农”、“壹之农，然后国家可富，而民力可转也”。认为只有“重农”，增加农产物质财富，才能富国，农民才可提供更多的兵源与人力支撑，因而，力主实行“农战”政策。他认为粮食是人们赖以生存的主要物质资料，视粮食产品为“本物”，因此，极力主张国家对粮食贸易的严格管制，严禁私商对粮食产品的自由买卖与农民对粮食产品的自由出售；同时，主张采取各种励农措施，鼓励农民开荒辟地，以生产更多的农产品，特别是粮食产品，除使农民自给自足以安居乐业外，更能向国家提供充足的物质生活资料，以支持争霸战争。

2. 认为“重物”高于“重钱”，重物可以励农、发农，重钱则励商、避农，使国势衰退

他指出“食贱则农贫，钱重则商富”、“商贾之可以富家也……民便且利，则避农，避农则民轻其居”，这会造成流动人口增多，减少物质财富的增加。同时，他又指出“农者寡而游食者众”、“境内之民皆是商贾”，去竞相追求“商利”，而进行不等价交换，必然造成国与民的贫弱与危险。认为只有“力耕”，才能增加物质财富，使民富、国强。

由此可见，他的以农产物为主体的“物质财富观”彰显出他早期的“重农主义”，并进而产生“抑商观”。

（三）抑制商业发展的思想观点

他的“抑商”思想观点具体反映在他所实施的“抑商”政策措施中，因而，多表现为各种商业政策观点，或原始第三产业经济政策观点。

1. 为防止“以末伤本”，而主张采取限制农民弃农经商的政策观点

第一，他不仅主张以法令规定来限制国内经商人数的增多，而且还采取按商贾家庭人口数量加重其劳役负担的办法，对商人家属分配徭役，并对其家庭奴仆分配劳役。通过这些办法限制经商人数，特别要限制其兼并农民以为奴，以保持足够的务农人口数量。第二，他主张采取按人口征收军税的办法，让商人按人口数出赋税，既不使其逃税，又减轻农民的税负，以防止其商业资本的过快、过度积累。第三，他主张采取“重关市之赋”的办法，以限制商业的发展，提出了“不农之征必多，市利之租必重”、“市利尽归于农”的观点。认为通过加大商税，特别是对一些重要商品课以重税的办法，既可以限制商贩扩大经商活动，并限制农民弃农经商；又可以限制消费量，从而防止高额利润落入私商之手，并由此增加国家的财政收入。为此，他提出了“重关市之赋，则农恶商，商有疑惰之心。农恶商、商疑惰，则草必垦矣”。即坚持通过重商税之征，既可以防止农民弃农经商，又促使农民去开垦荒地以扩农，更能促使商人竞业而少“非利”的观点。

2. 国家必须控制重要资源并对重要商品进行“专卖经营”的思想观点

为限制商人势力的过分扩大，以形成垄断与过度兼并，从而伤农、乱国的状态，他极力主张国家对重要资源进行控制、对重要商品实行“专营专卖”。首先，他提出国家要“专山泽之利，管山林之饶”、“外设百倍之利，收山泽之税”，即要用重税办法去管理私商对自然资源的使用，既保护资源、增强国家财政收入，又限制私商的发展。其次，他主张对盐、铁这些重要商品的经营要由国家严格控制，进行官营，而不允许私商自由经营。再次，他从“粮本”观点出发，主张严格管制粮食贸易，严禁私商从事粮食的买卖活动，为此，他下令“使商无得粜，农无得籴”，从而使商人“多岁不加乐”、“饥岁无裕利”、“无裕则商怯”、“商怯则欲农……商欲农，则草必垦矣”，既禁止私商经营粮食贸易，又防止农民向外售粮，以达稳农、稳国之目的。为防止农民对粮食产品的自由售卖，他主张提高国家对粮食产品的收购价格，认为“本物贱，事者众，买者少，农因而奸动”，即会造成“谷贱伤农”、“奸商活跃”，不利于粮食生产者增加收入与促进农业生产的稳定发展。

总之，商鞅从当时秦国宜农耕的实际国情出发，以巩固小农经济为基础的自然经济秩序、强化封建制的经济基础、达富国强兵之目的，提出了他的“重农抑商”的产业经济政策思想，并发展为他的“物质财富观”与由国家严控社会商业活动的原始第三产业管理政策思想，以及在原始第三产业管理政策思想中，以“重税”调控的政策观点。他的“重本抑末”的思想观点，对由奴隶制转变为封建制起到了重大的推动作用，但对中国商品经济的发展则产生了长期的制约作用。

四、桑弘羊的原始第三产业经济思想

桑弘羊（公元前152～前80年），河南洛阳人，商人家庭出身。从政60年，除昭帝时代的8年外，其余52年均在汉武帝时代。曾出任治粟都尉、大司农、御史大夫。在出任大司农期间，直接掌握封建中央政府的财政大权，实行均输平准及盐、铁专卖政策，使盐、铁专卖及均输的经济收入成为国家财政收入的最大来源，从经济上巩固了封建中央政权。他的原始的第三产业经济思想观点主要反映在始元六年（公元前81年）召开的“盐铁会议”的史册《盐铁论》中。他在会议的辩论中，突出表达了他的“互通有无”及

“重商致财”的重要性、“本末”并重的方针、“盐、铁专卖”的国家专利等政策思想观点，对“重本抑末”的传统思想观点作了创新发展，明确地提出了原始的农、工、商业等协调发展，即“本末”并重的原始三大产业关系的思想观点，从而发展了原始第三产业经济思想。

（一）提倡“本（农业）末（工商业）”并重，实行原始三大产业协调发展的思想观点

他坚持以农业为基础，实行以农立国的基本国策，但必须同时重商、励商，推行“本末”并重，或农、商、工并重的方针，要在以农为本的基础上，推进农、工、商原始三大产业的协调发展。为了实现这种协调发展，必须抑制“弃农”经商，特别要抑制“富商大贾”对国家经济命脉的控制、对国家经济稳定发展的干扰。因而，他的“重商”思想，既不是片面的“重商”，也不是简单的“抑商”，而各有不同的选择重点与内容。

1. 针对片面的“抑商”思想而提出“重商”思想观点，正式形成中国早期的“重商主义”

（1）强调在社会经济生活中进行“互通有无”的重要性。他认为，由于各地的自然资源不同，其物产品的品种不同，而且有的此地丰余，彼地缺乏；同时，各地的手工业产品又各具特色与品种。因而，必须通过商品交换与商品流通进行“互通有无”，满足各自的需求。他指出：“今吴越之竹，隋、唐之材，不可胜用，而曹、卫、梁、宋采棺转尸。江湖之鱼，莱、黄之鲐，不可胜食，而邹、鲁、周、韩，藜藿蔬食。天地之利无不赡，而山海之资无不富也。然百姓匮乏，财用不足，多寡不调，而天下财不散也。”为了改变“多者不独衍，少者不独馑”的状态，必须通过商品交换方式，使“财物流通，有以均之”，进行多寡调剂，互通有无。如果没有商业为之沟通，实现其相互交换，而“各居其处、食其食”，保持自给自足，就必然造成“橘柚不鬻……而吴、唐之材不用”的现象，若使物不尽用、需求不供，这对国与民均不利。因而，他极力主张扩展商品交换，推进商业的发展。

（2）重视商业在社会经济发展中的重要地位与作用。他站在商人阶层的立场，阐发了他的财富观。他认为财富的形态不只是物质产品，特别是由农产品所表现的物质产品，而且货币也是一种财富，财富的多少要以货币的多少来衡量，并且认为货币的积累来源于商品交换，因而，商贸活动可以增加货币，即增加财富。这种商业致富观，说明他已摆脱了唯物质财富观所支配的“唯重农主义”，而演进为由货币财富观所支配的中国早期“重商主义”。他指出：“长沮、桀溺，无百金之积，蹠蹻之徒无猗顿之富，宛、周、齐、鲁商遍天下。故乃商贾之富，或累万金，追利乘羡之所致也。”同时，他又指出：“善为国者，天下之下我高，天下之轻我重。以末易其本，以虚荡其实。今山泽之财，均输之藏，所以御轻重而役诸侯也。汝、汉之金，所以诱外国而钓胡、羌之宝也。夫中国一端之缦，得匈奴累金之物，而损敌国之用……是则外国之物内流而不外泄也。异物内流则国用饶，利不外泄则民用给矣”。

上述思想观点表明，他主张大力发展对外商贸活动，通过对外贸易，可以达到“异物内流国用饶、利不泄民用足”的目的，同时，还可以利用贸易手段达到控制外国经济的目的。这都反映出他从货币财富观、重商利思想中，形成了他的“重商主义”。

2. 提出“本末”并重、农工商协调发展的原始三大产业关系的思想

（1）三大产业都是财富产生源泉的观点。他从农业不是唯一致富的来源，商业才是致富的本源的观点出发，论及了“农商”关系，否定了原始重农学派的“唯农本论”。他提出“圣贤治家非一室，富国非一道”的思想，指出：“自京师南北，历山川，经郡国，诸殷富大都，无非街衢五通，商贾之所臻，万物之所殖者。”于是高呼“富国何必用本农，足民何必井田也”来反驳当时的儒生们所坚持的“本农抑商”、“分土井田”的复古思想。同时，他又指出：“燕之涿蓟，赵之邯郸，魏之温轵，韩之荥阳，齐之临淄，楚之宛陈，郑之阳翟，二周之山川，富冠海内，皆为天下名都。非有助之耕其野而田其地者也。居五诸侯之衢，跨界冲之路也。故物丰者民衍，宅近市者家富。富在术数，不在劳身，利在势居，不在力耕也。”他通过以上的论述证明这些殷富大都的富有，并非“有助之耕其野而田其地者”，都是因其“居五诸侯之衢，跨界冲之路”所致，并进而指明其形成原因是“富在术数，不在劳身；利在势居，不在力耕”，从而证明这些城市的繁荣富庶是由于商业发达，并非由于农耕，以此说明他的“富国何必用本农，足民何必井田也”的观点是正确的。同时，也反映出他的城市的发展主要由商业、手工业的支撑而形成的观点。为了反驳当时的“唯农本论”，他还提出“无末利则本业何出”的观点，把农产商品价值的实现，最终归结为必须由商业所从事的商品交换活动实现的“农商联手共同打造价值链”的观点。

（2）以农为本，农、工、商三大原始产业并存，进行协调发展的观点。他虽强调“富国非本农”，但不否认“农为本”观点的合理性，只是反对“唯农本论”者对商业发展必要性的完全否定的“绝对抑商”观点。他指出：“古之立国者，开本末之途，通有无之用……故工不出，则农用乏；商不出，则宝货绝；农用乏，则谷不殖。”同时，又指出“今县官铸铁器，使民务农本，不营于末，则无饥寒之累。”可以看出，他认为手工业的发展为农业的发展提供了生产资料，特别是农用生产工具，使农业得以发展；而“谷殖”使农民得以丰衣足食，而不更多地“弃农”经商；商业的发展，使多余的农产品能通过交换而实现其价值，以获利，并供应农民所需的各种消费品，而无饥寒，并形成国家财政收入的来源。因此，他坚持“以农为本”，是充分肯定农业的基础作用；他坚持“重商”，是主张在“以农为基”的基础上实行“农商并重”，让农、工、商三大原始产业协调发展，使“农商交易，以利本末”。既不是“唯本”而“抑末”，也不是“重商”而“弃农”，是要“民不困乏，本末并利”。

总之，桑弘羊关于三大原始产业关系的观点，既反映出他的“货币财富观”，由此而孕育出中国早期的“重商主义”；同时又反映出他出于对“农基”论的思考，而对以前与当时的“重本抑末”的产业经济思想的片面性进行了批判，并进行了一定的创新发展。

（二）主张由国家对作为原始第三产业的商贸活动进行必要的干预，实施适度的宏观调控政策的思想观点

他站在原始三大产业协调发展的高度，提出由国家制定与实施必要的调控原始第三产业经济活动的政策措施，如对重要的自然资源由国家控制、对关系国计民生的重要商品由国家进行垄断生产经营、平抑市场物价、设立国家储备以进行市场供求调节等，以达到稳定国家财政收入来源、抑制私营富商大贾对市场的垄断、防止兼并而激化社会矛盾、保证人们对基本生活必需品的消费需要，从而实现社会经济稳定发展的思想观点。

1. 主张对影响国家经济实力的山泽资源实行国家所有、国家直接经营的观点

他认为，国家必须掌握重要的山泽资源，并对这些重要资源进行国家经营。因为，它可以成为增加国家财政收入的主要来源，以缓解国家的财政困难；可以抑制私营富商大贾的垄断、兼并，而缓解阶级矛盾；更能够促进整个社会经济的稳定发展，保证人们生活的基本需要。他指出，“山海之利，广泽之富，天下之藏也，皆宜属少府”，即对这些资源，不能向私人开放，让其自由经营，如果自由开放，就会“废而归之于民”，变成少数富商控制的专利，如此，小则兼并农民，大则危害国家的稳定。所以，国家应“塞天财、禁关市”，由国家直接“开园池，总山海”，通过垄断这些自然资源，直接取得国家的收益，用以“助贡赋，修沟渠，立诸农，广田收，盛园圃”，以利国、利民。不仅要控制其开发、使用，更要控制其商品流通，由国家直接经营，以确保对这些财富的直接掌握与控制使用。

2. 主张对原始第三产业中的重要行业实行国家专卖经营，以抑制私营富商大贾垄断行为的思想观点

桑弘羊虽主张“农商”并重、互通有无，积极促进商业的发展，但在重视原始商业的发展中，更加注重国营商业的发展。他主张由国家垄断经营重要的商业行业与重要商品资源，限制私营富商大贾对这些商品市场的垄断与进行囤积居奇等不法行为，以保证国家财政收入的重要来源及人们最基本的生活需要。其中最主要的思想之一，就是要对盐、铁、酒这些重要商业行业进行国家专营，对其商品进行专卖。在汉武帝时期，为了解决财政危机，他建议把获利丰厚的盐、铁商业行业收归国营，以保持国家稳定的财政收入。他指出：“今意总一盐铁，非独为利人也，将以建本抑末，离朋党、禁淫侈、绝并兼之路也。”可见，“绝并兼之路”是官营盐、铁行业的另一个重要观点。在对盐、铁行业进行国家专营方面，又反映出他的各种不同的政策思想观点。

（1）对官营专卖行业进行生产经营管理的政策观点。一是对盐产品由国家专营的政策观点。对盐产品的官府专卖经营，经过了一个逐步演进的过程，其政策观点也不断发展变化。在西汉初期基本上由私人经营；到汉武帝时，即公元前120年时，设立了专管盐税事务的官府机构；到公元前113年，开始实行官府专卖，但具体经营则实行与私商联营方式，分摊食盐专卖所取得的利润；到公元前110年，由他担任搜粟都尉兼大农令后，主张并实施由大农令兼管盐、铁专卖事务，从此，由官府完全垄断了食盐行业的经营管理事务，实行了全面的专卖经营。在盐专卖的具体经营形式上，他主张并推行“民制官收”的办法，实际是委托盐民生产，官府统购、统销的办法。对盐的生产采取如《史记·平准书》所述的办法，即“募民自给费，因官器作煮盐，官与牢盆”的办法。具体是由官府招募适宜的平民做盐民，由盐民自行准备生产与生活条件，按官府所要求的产品标准去煮盐，由官府供给其主要生产工具——铁锅，给予主要的生产技术支持，以保证盐产品的质量。对盐民煮成的盐产品的收购办法是，由官府按“盆”的计量标准给予一定的“工价”，实际是产品生产价格，进行全部统购，然后，由官营商业机构中转分配到各地方的销售网点进行统销。在这里，反映出他的主要观点是要由国家控制盐这种生活必需品的生产，并完全垄断其流通环节，从而调控生产与消费环节，其重点是完全垄断其商品流通活动。二是在对铁产品专营的具体形式上，他主张并推行全部官营的办法。对铁的开采、冶炼与铁器的制造，要完全由官吏指挥罚做苦工的囚徒和轮流服役的民夫去进行与完成，官

府管理机构只给予一定的技术指导；对生产出的铁器全部收归官府所有，由官府的经营机构统一运销，进行专卖。在这里，反映出他的主要观点是对铁器这种关系社会生产与消费的重要商品，既要由国家垄断其生产活动，又要垄断其商品流通与销售活动。三是在对酒专卖的具体经营形式上，他主张并推行禁止民间私自酿酒，而由官府管理机构自行酿造，并进行专卖经营。其主要观点是要由国家重点垄断其生产活动，从而进一步控制其销售活动。

（2）对官营商业组织机构系统设置的观点。他不仅提出官营重要商业行业去进行重要商品专卖经营的必要性与重要性，而且极力主张与推行建立系统的官营商业组织机构，以保证官营商业活动有效而顺利的进行，更好地发挥国家对整个社会商业活动进行宏观调控的作用。一是主张并推动建立起全国性的盐铁专卖机构系统。首先，在公元前 110 年扩大了在各地机构中的盐铁官的设置，并对原盐铁机构中不适当的官员进行了调整，从而优化了管理与经营队伍。其次，在全国的食盐主要产区与重要的中转地点设置了专管机构与盐官共 39 处，分布于 27 个郡国。这些专营机构分别控制了池盐、渔盐、碱盐、井盐这四种原盐的专卖经营活动，从而使盐的经营机构分布于全国各地。同时，在全国各地设置了铁的经营机构与铁官共 49 处，分布于 40 个郡国，在产铁地设有铁官长，在铁的流通地区设有小铁官，他们主要负责管理铁产品的生产、分配和大规模的转运活动。最后，在全国各县区设有盐铁产品的零售经营机构。对盐的零售由官府设“长”，并由盐的经营吏员售卖，在无力设吏员销盐之处，则特许一些私营中小商人代理分销，但要征收其一定的专卖税；对铁产品的零售，由官府设立专卖机构与吏员，统一销售，不准私商经销。二是对盐、铁产品的销售价格，主张由官府统一定价，实行严格的物价管理政策，从而使盐铁产品的官营机构也兼有盐、铁产品销售价格统一制定与管理的职能。

以上所述表明，他在必须由国家对商业活动进行宏观调控的管理政策思想中，强调了对重要商业行业与重要产品由国家实行专卖的产业经济思想，并在国家专营的经营管理中，要区别不同的产品特点采取不同的经营管理形式与政策的观点，尤其强调了必须要在全国范围建立起一个系统、健全的经营管理组织机构及其运行的有效机制与功能，从而形成其初步的产业组织体系的观点。

3. 主张发展原始第三产业中的对外贸易活动，特别是由国家垄断的主要的对外贸易活动的思想观点

（1）主张由国内商贸向对外贸易活动扩展，使原始第三产业经济活动富有国际性的内容。他认为，通过对外贸易与对边境少数民族地区的互市贸易，可用国内多余的商品去换回国内的稀缺商品，既要“互通有无”，以实现商品的内外交流，更要实现“异物内流则国用饶，利不外泄则民用给”的目的，从而保持国际贸易活动的良性循环。

（2）主张由国家控制主要的对外贸易活动。他主张大力发展私营对外贸易活动的同时，由国家控制主要的对外贸易活动，特别是对一些重要商品实行垄断经营，并限制一些重要商品如兵器、金属铸币的出口，通过这些对外贸易的政策措施，调控好国内外贸易的关系。

（3）把对外贸易视为国家处理对外关系的一个重要手段，赋予它浓郁的政治色彩。他主张通过对外贸易积极配合国家的对外政策，作为对外进行政治斗争的一种方式。他提出用本国无用或多余之少量物资在不等价交换的条件下，去换取敌国大量的重要物资，用

中国的一端之缦去换得敌国累金之物。他提出要“异物内流”而“利不外泄”；“以末易其本，以虚荡其实”，去削弱敌国的经济实力，从而收到“敌国臣服于我，国用饶，民用足”一箭双雕之功。为了实现上述目的，他主张采取“天下之下我高，天下之轻我重”的经营策略。对别国不重视之物，唯我重之，以高价收购，待这些物资缺乏时，再以高价售之；对别国重视之物，我独轻之，以低价与之交换，或以低价投放与之相同的大量物资，在垄断其市场价格的过程中，使敌国在商战中失败，从而失去经济独立，最终依赖于我。从中已闪烁出他的进行必胜的“国际贸易战争”的观点，以及“积极防御，主动进攻”的政策观点。

4. 主张对各地贡输给中央政府的物资进行官商经营的观点

他主张并推行“均输”法，使贡物商品化，通过商业办法，更多地增加中央政府的财政收入，并限制私人商业的非法经营活动，克服过去贡输中的弊端。这里所说的“均输”，是指中央政府利用各地所贡输的物资作为商品，用以进行大宗商品的地区间远程贩运贸易，以调剂各地物资余缺的一种商业经营方式。他就任大农中丞之后，针对过去各地向中央贡输地方特产物资制度中费用大、购买贡物不便并受中间商人盘剥，贡品的使用多需再行交易等弊端，而主张并推行“均输法”，对以前的贡输方式进行改革。他指出：“往者郡都诸侯各以其物贡输，往来烦难，物多苦恶，或不偿其费。故郡置输官以相给运，而便远方之贡，故曰均输。”据《汉书·食货志》所载，其均输之谓是“均输者，谓诸当所输于官者，皆令输其土地所饶，平其所在时价，官更于他处卖之。输者既便，而官有利”。他所推行的“均输法”，是由中央政府规定各地将应缴纳的贡物连同运费抵充为财政上缴额，然后将贡物按当地正常市价，再折合为当地所出产的一定数量的土特产品，就地将其交给中央政府在当地所设置的均输官员，均输官员除将其中一部分统治者所必需的珍贵物品上交京师外，其余物品则由其利用经营机构运到所需要的地区出售，收入上缴国库，充作中央政府财政支出之用。为了在全国范围内有效而顺利地推行“均输法”，他主张将贡输物资转化为商品后，在全国范围内的辗转贸易，都要由直属中央的均输令丞来总管，其他机构不得分散地自做买卖。为了实现这一管理体制，由中央派出十个大农部丞充作专使，分别主管各郡国的官营商业机构与商业活动，并在各地设置均输官员进行具体的贩运活动，分片受其大农部丞的管辖。由此，在全国建立起均输商品的官营商业网络体系。

由上述可见，他不仅提出要将贡输的物资转化为商品，并将这些商品通过市场交易进行商业经营的观点，而且还提出将这些物品的商业经营转变为官营商业经营的观点，从而建立了官营商业的新类型，并由此发展了他的必须由国家控制重要商品，从而对社会商业活动进行宏观调控管理的思想。

5. 主张并推行“平准”政策的观点

他主张国家必须采取抑制物价随意上涨的政策，要通过保持市场物价的稳定，预防与抑止投机商人哄抬物价、囤积居奇，以牟取暴利，从而损害百姓的利益，影响国家的安定。为此，他极力主张与推行“平准”政策。他指出“置平准于京师，都受天下委输，召工官治车诸器，皆仰给大农。大农之诸官尽笼天下之物价，贵即卖之，贱则买之，如此富商大贾无所谋大利，则反本，而万物不得腾踊，故抑天下物，名曰平准。”又在他召开的“盐铁会议”上反驳儒生们的否定言论时指出“开委府于京师，从笼货物。贱则买，贵则卖。是以县官不失实，商贾无所贸利，故曰平准。平准则不失职，均输则齐民劳逸。故平准、均输所以平万物而便百姓，非开利孔为民罪梯者也。”从上述可见，他所主张的“平准”政策，是在京师设立经营管理机构，将各地的一些贡输物资加以储存或改制，从而形成国家的商品储备，当某些商品市场物价上涨时，则以平价出售；当其物价下跌时，则以平价购买以储存。通过国家用正常价格对市场商品的收购与投放，使市场商品物价经常保持一个稳定的水平，即物价标准，而保持这一物价标准，即为“平准”。他这一“平准”物价的政策观点，不是要通过国家制定统一物价水平的法规的法律手段来实现。所以，他的“平准”政策观点，不是运用法律与行政手段，而是运用官营商业的手段，即经济手段，来实现的政策观点。从这个角度来观察，他把国家对原始第三产业经济活动的直接调控思想进行了新的发展。

（三）主张由国家统一货币的铸造与发行，并保持货币流通量与商品流通量的适应关系，使原始商业更好地发挥它的职能作用的思想观点

他指出：“交币通施，民事不及，物有所并也。计本量委，民有饥者，谷有所藏者。”因而“非财聚，均利者不齐”，必须要“制其有余，调其不足”，制止富商大贾囤积居奇。为此，就必须改变“刀币无禁，则奸贞并行”的状态，由国家收回货币的铸造权与发行权，通过货币的统一发行与使用，保持适当的货币流通量，以稳定市场物价。

（四）由“货币财富观”、“重商主义”，到“抑制大商贾政策观”

由于商业的发展，特别是官营商业的发展，使商利丰厚，而商利的主要表现是金属铸币的积累及其普遍的交换功能，从而使他产生了货币财富观，把货币财富与物质产品财富等同起来，并更多以货币形态的多少来衡量财富的多少。正是由于这种原始的货币财富观，使他产生了货币财富主要来源于商业活动的观点。经商可以致富，可以得厚利，从而产生了原始的“重商主义”，由此提出了“富国何必用本农，足民何必井田也”、“物丰者民衍，宅近市者家富。富在术数，不在劳身，利在势居，不在力耕”、“养老送终之具，待商而通，待工而成”、“商贾之富，或累万金追利乘羡所致也”、“汝、汉之金，所以诱外国而钓胡、羌之宝也”等一系列重商观点，从而产生了他的“农商”并重的政策思想。也正是由于他的这种原始“重金主义”发展出的原始“重商主义”，导致了他的国家财政收入的重要来源是官营商业收入的观点的产生，由此引发出他的要由官营关系国计民生的重要商业行业与重要商品品种，通过垄断“专卖”经营，以垄断丰厚的商利的商业政策观点，并产生了抑制富商大贾垄断市场、干扰国政，兼并过度的“抑大商”政策观点。

（五）主张发展原始第三产业组织系统，实行产供销一体化经营的思想观点

1. 重点发展、完善国营商业组织机构系统的观点

他的这一观点，主要反映在盐、铁、酒的官营商业行业中，他主张并推动建立起全国盐、铁、酒的专卖管理机构系统。在中央政府设置了专管官营商业的统一管理机构；在各郡国设置了分层管理机构；在各县区设置了具体经营机构，从事专卖商品的销售经营活动。在不同的官营商业管理层次中设置了具有不同职责的官员，即在中央政府由大农丞统管；在各郡国设置了盐官、铁官，进行分区管理；在各县设置了吏员从事专卖销售活动。同时，设置了“均输”管理与经营机构，在中央政府设均输令丞，进行总的管理；各郡国由中央政府派出大农部丞，充当专使，分别管理各郡国的官营商业活动；在各县、地区设置均输官，进行具体商业经营管理。由此，在全国建立了一

个均输的官营商业组织网络系统。

2. 进行产销一体化经营，构建原始的“产业链”的观点

他主张在官营商业行业的盐、铁、酒“专卖”经营中，实行产、供、销一体化经营管理。在对盐的经营中，将生产环节委托给优选的盐民去按产品生产标准进行生产，然后由专营商业机构按核定的“工价”即生产价格进行统购，最后按核定的统一价格运赴各地进行统销；在对铁器的经营中，则采取由开采铁矿，到生产铁器，到其运输与销售的全部生产经营活动，都由官营商业机构统管进行，其销售价格统一核定；在对酒产品的经营中，由官营商业机构自行统一生产酿造，分别进行自销与委托私商商业机构代销。

由上述可见，虽然在产、供、销的经营管理环节上，其直营的重点不同，但都形成了一个密切结合的产、供、销一体化的纵向原始产业体系，形成了统一的价值链，从中反映出他的原始第三产业“集合”的思想观点。

总之，桑弘羊将先秦诸子的“重商”观点发展到了一个新的阶段，对以前的“重本抑末”思想进行了批判，提出“本末并重”的创新观点；明确地提出了他的“货币财富”观与原始的“重商主义”；形成了重点发展官营商业，以直接调控商品流通活动的政策思想观点；强调建立官营商业组织机构体系与进行产供销一体化的经营“集合”的观点；创立了通过发展对外贸易以形成国际市场良性大循环的国际贸易观点；提出由国家统一货币的铸造与发行，保持货币流与商品流适应关系的观点。可以说，桑弘羊将原始第三产业思想观点发展到了一个新的高峰，具有多方面的闪光点。

第三节　封建社会初期原始第三产业经济思想初步体系的产生

原始第三产业经济思想，是随着该历史时期社会经济的发展，尤其是原始第三产业经济的形成与发展而产生与发展的，尽管处于初始的产生阶段，还很不系统与完善，但已在很多产业经济的组成要素上形成了一些有价值的原始产业经济思想观点，对当时的第三产业经济的发展起到了积极的推动作用，并为以后第三产业经济思想的发展奠定了初步基础。当然，由于社会经济发展的历史阶段性，也彰显出这些原始第三产业经济思想的局限性与不系统性。这里只摘其要而归纳论之，以形成其初步的组成要素思想观点体系。

一、对原始第三产业在原始三大产业中应居地位的思想观点

（一）经济改革家管仲的“重商观”

管仲作为春秋初期齐国的政治家、经济改革家，在对原始三大产业关系的认识中，明确地提出了他的“重商观”，并由此发展出他的中国初始的“重商主义”思想。他重视农业的基础地位，认为农业的发展是立国足民的根基；但更加重视手工业与商业的存在与发展对强国富民的重要作用，而主张大力发展手工业生产与商贸活动，尤其是对外贸易活动，要把扶助工商业的发展放在更加突出的重要地位，即要“重商”。他的“重商观”的形成，是源于以下认识：一是他对“商利”的认识。认为经商可以获利致富，发展商贸

产业不仅可以利民而且更能富国。二是对齐国所处地理环境的认识。面对齐国“土地泻卤”，不宜农耕，但地处滨海，有发展渔盐手工业及商品流通的自然与对外贸易地理位置的优势条件，认为应当扬优补缺，通过大力发展手工业生产与商贸业，以交换更多的农产品，特别是粮产品，从而弥补种植业的不足。三是对齐国经商的传统与经商富国的现实的认识。齐国建国后就推行“通商工之业，便渔盐之利”的经济政策，而使国富民安，故认为继续“重商工之业”，以增加国家的财政收入，更能推进齐国的富国、强兵。他基于以上认识，而把大力发展工商业，特别是对外贸易，作为发展齐国社会经济的基本国策，把“通货积财、富国强兵”作为其战略方针。为了贯彻他的“重商观”，首先，主张进行“士、农、工、商”四种不同职业集团的划分与组合，划分出“四乡”、“四民”，把“商之乡”、“商民”分列为“四乡”、“四民”之一，使其分立从业，明确并稳定其产业分工，进行“恒业”；并由这种“分群从业”思想发展为他的“产业集群”的观点，而使原始第三产业更加独立化、专业化。其次，主张通过各种政策措施发展原始第三产业的组成要素，使其产业主体、产业组织、产业发展能力与产业管理等更加优化，以使齐国成为当时的商贸大国，而达首先称霸之目标。

（二）儒家孔子的“以义限商利观”与孟子的“合义多商利观”

1. 孔子的“限商利观”

孔子是春秋末期儒家学派的创始者，其儒学思想传承久远，而其中对第三产业经济发展具有影响的是他的“限商利”的思想观点。首先，由他的“财富观”、“利本观”，发展出他的“商利观”。他认为“富与贵是人之所欲也”，求利致富是人的本性，“富可求也，虽执鞭之士吾亦为之”，连他自己也要求利致富。他所说的“利”虽有广泛的内容，但从致富的本源来看是“商利”，要求“利”就是要更多地求“商利”，于是形成了他的“商利观”。他面对当时从商盈“利”而能致富的现实，承认求“商利”是致富的重要途径。其次，从经商求利致富多有不端与损人利己之为的认识出发，而发展出他的以“义”为导的“义利观”。认为“富与贵是人之所欲也，不以道得之，不处也”，他所说的“道”，就是他所主张的以“义”为核心的行为规范，而他所称的“义”是指“公正合宜的道理与行动”以及“人与人之间的情谊”。他说：“不义而富且贵，于我如浮云。”从而提出了他的“合义取利”的致富观。再次，他鉴于人们求利致富的本性及求利无度、非义苛利的现实，而最终提出了他的“以义限商利观”。提出要“先义后利”、“义然后取”、“见利思义”，并进而提出以“君子喻于义，小人喻于利”、“君子义为上”作为导向，而大力主张用“义”去限制人们的非法苛利以及对“欲利”的无限制追求与“唯利”是图的思想、行为。最后，他认为在经商活动中，必须以“礼”作为行为规则，去约束求利致富的行为，提出“礼以行义，义而生利，利以平民，政之大节也”，要通过国家“倡礼”，以达到在经商活动中进行和谐相交、互不侵夺、有序进行的目的，而最终形成了他的求利为本、先义后利、以义限利、以礼行义，通过礼、义的限制而求适利的“限商利观”。他的这种“限商利观”，导致了而后一些学派代表人物的“重本抑末观”，而对原始第三产业经济的发展起到了一定的制约作用，对追求物质财富的农业的快速发展，起到了积极的推动作用。

2. 孟子的“合义多商利观”

孟子作为继孔子之后战国时期的儒家学派的代表人物，认识到社会生产分工及其发展的必然性与重要性，并从社会生产分工的角度，充分认识到作为原始第三产业的商业，具有“通功易事”，进行商品流通的独立而重要的功能。他指出“子不通功易事，以羡补不足，则农有余粟，女有余布。子如通之，则梓、匠、轮、舆皆得食于子”①，即不通过商品交换进行商品流通，就不能互通有无，使多者积压、需者而不能得，不能取得互利；如畅通商品交换，就会余缺互济，得到自己所需的物品，既满足了交易双方的需要，又实现了剩余产品的使用价值，对整个社会经济的发展有利。他系统地承袭了孔子的“义利观”，主张以“义”限“利”，但作了一定的发展。他主张在人们获得物质财富同道德标准的“义”、“礼”发生矛盾时，要从实际情况出发，权衡二者之轻重后再加以取舍，而不简单照搬孔子的“利”绝对服从“义与礼”的道德准则。如在“礼与食”的关系上，他认为“取食之重者与礼之轻者而比之，奚翅食重”，即要以先求生存为重；在各国相互进行兼并战争，给人们带来重大灾难的问题上，他主张要先考虑“义与利”的道德规范，以“义”限“不义之战”；在商业活动领域，对待商人经商“求利”与“守义”的关系上，他认为要首先重视保护商人的正当利益，并主张对商人实行优惠政策，要将“关市讥而不征”、“泽梁无禁”、“天下之商皆悦而愿藏于市”② 等列为实行王道、仁政的内容，即主张以“义”限不公正之“商利”，特别是进行非法“垄断”而取得的“暴利”，而不是像孔子那样绝对地以“义”限“商利”，要“合义”地取得更多的“商利”，从而形成了他的“合义而多商利”的“商利观”。

（三）法、儒学派的“重本抑末”观

在原始三大产业初步分工发展的过程中，随着社会生产力的发展与生产资料所有制由奴隶主阶级所有制向封建地主阶级所有制的变革，各产业的社会经济功能及其经济地位也发生了变化。农业产业作为第一次产业的基础地位日益突出，农业物质产品在人们的经济生活与国家的巩固及发展中，发挥了主要支撑作用。由此，人们的财富观由货币财富观向物质财富观转变，而物质财富更多地表现为农业产品，从而出现了财富产生的源泉是农业生产的观点，因而产生了“重农主义”，视农业为“本业”、工商业为“末业”，形成了“农本论”的理论思想，并从此开始居于主导地位。以此理论思想为指导，在国家产业经济政策中，则采取了“重本抑末”的政策，由此而形成了相应的“抑商”政策思想观点。但这一演进过程是逐步进行的，不仅具有阶段性，而且不同学派有各自的具体思想观点，需要作系统的论述。

1. 李悝“重农禁技巧”思想的提出

李悝（约公元前455～前395年），魏国人，是战国初期的著名政治家。公元前406年升任魏相，任职多年，是先秦法家学派最早的创始人。在任相位期间，帮助魏文侯推行“变法”。在经济上，推行“尽地力之教”的政策思想。最先提出了“禁技巧”的观点。他的原始第三产业经济思想，多反映于《汉书·食货志》中。

（1）认为农业是产生财富的唯一源泉，由此而形成了他的“重农”观。他认为财富的表现形态是物质财富，而物质的主要形态是农产品，因此，认为财富主要是农产物质财富，由此认为农业生产是财富产生的唯一源泉。为了获取更多的财富，就必须重视农业的

① 《孟子·滕文公下》。

② 《孟子·公孙丑上》。

发展及其重要的经济职能地位，由此产生了他的“重农”观。

（2）从“重农”观出发，认为“农伤则国贫”，提出要禁止各种伤农、害农的活动。为此，他指出：“雕文刻镂，害农之事也。锦绣纂组，伤女工者也。农事害则饥之本也。女工伤则寒之源……故上不禁技巧而国贫民侈。”[①] 同时，他提出要“尽地力”，鼓励农民精耕细作，增加农产品产量。由此，他先行提出了“尽地力”与“禁技巧”两个新的经济概念，从中也孕育了他的重农抑工商的政策思想观点，并为尔后的法家学派“重本抑末”思想的形成奠定了基础。

总之，李悝作为最早的法家学派，首先提出了“重农禁技巧”的主张。实质是提出“重农抑工商”的思想观点，在产业经济思想上，造成了由“重商”思想向“重农抑商”思想的转变。

2. 商鞅“事本禁末”思想的形成

商鞅，又称卫鞅（约公元前395～前338年），卫国人，后到秦国为相，辅佐秦孝公推行“变法”，是战国时期的改革家与政治家，也是法家思想的代表人物。他承袭了李悝的法家学说，在经济领域继承了李悝的“农产品物质财富”观与初始的“重农抑商”思想，进一步提出了“事本禁末”的概念，从而正式形成了比较明确的“重农抑工商”思想。他这方面的思想观点主要反映在《商君书》中。

（1）“事本禁末”观。他在中国历史上第一次提出了“事本禁末”的概念，并第一次以法令形式加以贯彻与推行，从而把李悝的“禁技巧”的思想观点，提升为“重农抑工商”的全面主张。他在《变法令》中提出“大小僇力本业，耕织致粟帛多者复其身；事末利及怠而贫者举以为收孥。”[②] 又说“治国能精民力而壹务者强，能事本禁末者富”[③]、“令商贾、技巧之人无繁”[④]。从中首先提出了“本业”、“末利”两个新“术语”及“事本禁末”的新概念。他这里所说的“本业”是指农业生产活动，“事本”是指要从事农业生产活动，“末业”是指手工业生产活动与商业经营活动，“末利”是指从事工商业活动所获取的“商利”；他所说的“事本禁末”是指国家要采取的产业经济政策，“事本”是要使民致力于农业，并精于农业，“禁末”是指要限制从事工商业的人数过多，即使其人数“无繁”，以保持足够的“事本”劳动力，而禁止农民过多“弃农”去从商、从工，同时，他这里所要禁的“末”主要是指与奢侈品相关的“技巧游食”范围的活动，而不是泛指整个商业与手工业生产经营活动，因此，“禁末”概念的内涵，不是要完全杜绝与取消工商业，而是要保持适度的经营规模，特别是要保持经营人数的适度规模，防止“以末伤本”，以确保“务本”经济发展方针的实现。上述思想观点，为尔后的“重本抑末”政策思想的形成奠定了基础。

（2）“抑商”的政策思想观点。他为了贯彻“事本禁末”的政策思想，而提出了“抑商”的政策思想观点，主要反映在以下几个方面：一是按商贾家庭人口数加重其劳役负担，既限制其家中的奴仆人员数量，又限制其“商利”；二是按人口数量征收军税，既

---

① 刘向：《说苑·反质篇》。

② 《史记·商君列传》。

③ 《商君书·壹务》。

④ 《商君书·外内》。

减轻农民的负担，又增加国家的财政收入；三是“重关市之赋”，以加重商人的经济负担，使其少利，既促使“农恶商”而不“弃农经商”，又限制商人进行非法经营与垄断；四是对重要商品进行国家专营专卖，特别是对盐、铁的“专卖”，不允许私营商贩自由贩卖；五是国家要严格管制粮食的贸易活动，严禁私商从事粮食买卖，也禁止农民之间的粮食买卖活动，并颁令“使商无得粜，使农无得籴”，以保证人们的粮食需求，并稳定粮食的市场价格，由此也闪发出他的“粮本观”。

总之，商鞅提出了“事本禁末”的思想与“抑商”的政策观点，并通过他实施的粮食管制而显现出他的“粮本”观；不仅发展了李悝的“重农禁技巧”思想，而且使尔后的“重本抑末”思想在当时秦国“变法”中得以贯彻落实，使秦国的封建制得以巩固与发展，国力大大增强，为秦最后统一全国奠定了坚实的基础。

3. 荀子“农本工商末”、“务本禁末”思想的发展

荀子（公元前313～前238年），名况，赵国人。他是继孟子之后，处于战国后期的著名儒家大师，也是先秦各家学术思想之集大成者。在经济思想领域，除继承儒家思想外，还继承了法家商鞅的“事本禁末”的思想观点，而成为当时继商鞅之后主张“重农抑工商”的著名代表人物。其思想观点主要反映在《荀子》[①]中。

（1）明确地提出了“务本禁末”的概念。把李悝、商鞅所提出的“技巧”、“技艺”之名称，改为“工商”的名称，并将其“禁技巧”、“事本禁末”改称为“务农禁末”。将其概念的内涵解释为“农本工商末”，而形成他的“本末”论，把“工商”业视为必须抑制的“末业”，而提出“知务本禁末之为多材（财）也”的观点。

（2）在农、工、商必须进行社会生产分工的认识基础上，提出了“农本观”。他首先认为“农农、士士、商商一也”，进行这种分工而专其业，是“百王之所同”、“与万世同久”之“大本”，即认为农、工、商三大原始产业的分立是社会生产分工及社会经济发展的必然结果，也是人们应当一贯遵从的基本原则。但同时认为，这种社会生产分工中，原始三大产业的职能地位是不同的。它基于封建制的经济基础是建立在地主阶级土地私有制的基础上，并以小生产者的土地私有制为主体的认识，而认为自给自足的农业的稳定发展是国稳民安的根基，必须以“农”为“本业”，以工商为“末业”。但把工商业作为“末业”不是否定工商业的独立经济职能，相反，他认为商业的存在和发展能够互通有无，加强各地的物资交流，而有利于促进农业与社会经济的发展。于是，他指出：“王者之法”之一是“通流财物粟米，无有滞留，使相归移也”，这样的治国之法，可以达到“泽人足乎术，山人足乎渔”、“不陶冶而足械用，工贾不耕田而足菽粟”的效果；同时，通过商业活动进行各地之间的物资交流，可以做到“四海之内若一家。故近者不隐其能，远者不疾其劳。虽幽闲隐僻之国，莫不趋使而安乐之”，用以促进各地区经济的一体化协调发展。

（3）为了“务本”而必须抑制“末业”过度发展的观点。他“抑末”的主要思想基于以下几点：一是儒家学说所倡导的“先义后利”、“以义限利”观；二是防止“弃农”从商的人数过多，而动摇“本业”稳定的“劳动力支撑观”；三是限制“贪贾”用非正常手段过度贪求不合理商利的“限贪贾观”。其基本思想是保持三大原始产业间的正确比

① 此部分引文均出自《荀子》。

例关系，在确保“农业”产业的主体、主导的地位前提下，去发展手工业、商业产业。首先，他认为“务农”是稳国安民之“大义”，务求工商之利为“不义”、“少义”。其次，认为过多的发展工商业，就会危及农业的发展。这里所认为的“过多”，主要是指从事工商业的人数规模过大；要“抑末”，主要是指限制从事工商业的人数规模过大，为此，他指出“工商众则国贫……故田野县鄙者，财之本也”，即主张“省工商、众农夫”。认为“省工商”，就是要减少那些过多而有害的工商业活动，减少从事“奇技淫巧”之业的人数；“众农夫”就是要保证有足够农民人数去从事农耕活动，如此，才能确保民富国强、足食足兵。最后，是认为要限制“贪贾”非法贪求过度商利的行为。为此，他把商人分为“良贾”与“贪贾”两大类型。他所说的“良贾”，是指“不为折阅不市”的商人，即不因为亏本就停止经营活动，而是“常烦劳”的商人类型，其经营行为应当是“以一易一”，农商双方互换、互利，即“农贾皆能以货财让”的交易行为；他所说的“贪贾”，不但是“以一易两，无丧而有所得”的商人，而且是他所说的那种“为事利，争货财，无辞让，果敢而振，猛贪而戾，恈恈然唯利之见，是贾盗之勇也”的商人类型，是为争夺利，既不互利又行奸取利，更唯利而盗的“盗商”。对这类“贪贾”，不但要予以鄙视，更要采取“抑制”的政策措施，严加禁止。因此，他所倡导的“抑工商”的观点，主要是抑制“贪贾”的唯利是图的不法经营行为，而不是完全抑制“良贾”的经商活动。

由上述可见，荀子的“务本抑末”的原始第三产业的经济思想，就是要坚持以农业为“本业”，务农立基；以商业作为支撑与辅助农业发展的“辅业”或“末业”，不要超越自己的“辅助”地位；为处理好与“本业”之间的正确比例关系，要着重限制弃农经商的人员规模过大，并主要抑制“贪贾”的不法而唯利的经营观念与行为，从而发展了“重本抑末”理论与国家对原始第三产业经营管理的政策观点。

4. 韩非对“重本抑末”思想的系统发展

韩非（约公元前280~前233年）作为儒家大师荀子的学生，出身韩国贵族之家。虽在早期攻读儒学，但在之后，则批判地吸收了儒家学说的合理内容，改造了道家部分学说内容，而更多地吸收了早期法家的理论思想，成为杰出的法家学说之集大成者，并进而成为战国末期杰出的以法学思想为核心的政治思想家。他比较系统地论述了法家提出的“重本抑末”思想，并把这一思想推向了发展的顶点，形成中国古代的一大思想传统。他的这些思想观点，主要反映在《韩非子》[①] 中。

（1）他的“物质财富观”，导致了他的“重农”思想。首先，他肯定了人性是趋利的，“求利”致富是人为生存与发展而具有的“本性”、“本能”。其次，他明确认为，人们要率先追求的“利”是物质利益，所求的“富”是“物质财富”，而物质利益与财富，主要表现为农产品的物质形态。再次，他认为这些农产品物质财富形态主要来源于农业生产，因此，他强调农业是财富产生的“本源”。他明确指出，人要想求利、致富，必须“耕之用力”、“趋于地者”，如不借农耕之力而取得生存资料、不勤耕而致富，必然造成“地荒、国贫、财尽”。最后，他认为农民是唯一的财富生产者，稳农于耕，才能产生更多的物质财富，一切非农活动都不利于国家富强。总之，由于以上的“农产物质财富

① 此部分引文均出自《韩非子》。

观”，形成了中国历史上最早、最具有代表性的“重农主义”，也由此坚固了他的“农本观”、非农为“末业”观；并把“末业”明确的定义为“工商业”。

(2)“农本”、“商末”的产业经济关系观。他首先主张，要“因末作而利本事”、“趣本务而外末作”，即要通过从事“末业”的经济活动，去促进与保证“本业”的发展，要把生产力集中投向“本业”，而后在外投于“末业”，由此提出了他的产业地位的“主次观”。其次，他从活跃各地物资交流与增加国家财政收入的观点出发，认为商业的存在和发展，可以“利商市关梁之行，以所有致所无，客商归之，外货留之……则入多”，由此充分肯定了商业的主要社会生产的功能作用，而不是“唯农”、“否商”。

(3)“重本抑末”的政策思想。他继承了商鞅的“农战”政策思想，主张国家推行与坚持“重本抑末”的政策，明确提出“农本工商末”的口号与“禁末、抑工商”的政策主张。首先，他认为从事奢侈品生产的手工业是经营“技巧”的“末业”，必须加以禁止，而对其他的手工业与商业活动要加以抑制，限制其过多、过快的发展。其次，他认为要着重限制从事商业活动的商人数量，指出“夫明王治国之政，使其商工游食之民少而名卑，以趣本务而寡末作”，以确保从农的劳动人口数量。最后，他认为从事工商业之民是“聚弗靡之财，蓄积待时，而侔农夫之利”、“奸财货贾得用于市”之人，并进一步把那些易于盘剥农民的工商业者视为社会的“蛊虫”，主张对其加以扫除，同时还要使商人“名卑”。从而由“抑商”思想进一步发展为“鄙商”、“贱商”思想，并使其发展到了顶峰。

总之，韩非将他的“重农主义”进一步发展为“重本抑末”思想。提出了“末业”即为“工商业”的明确定义；明确地提出了“农本工商末”的口号及“禁末抑工商”的政策主张；由“抑商”思想，发展为“贱商”思想。从而实现了由春秋初期管仲的“重商”思想到战国末期他的“农本工商末”这一理论思想的转变，并使其发展到顶峰。他的思想观点，在当时对巩固封建制的经济基础起到了重大的推动作用，但对尔后第三产业经济的发展，尤其是中国商品经济的发展，起了长期的制约作用。

（四）经济调控管理家桑弘羊的“农商并重观”

桑弘羊是西汉武帝时期的经济思想家与杰出的经济调控管理家，对传统的“重本抑末”思想观点作了创新发展，提出了他的以农为基础，同时重商、励商，实行原始三大产业协调发展的“本末并重”或“农商并重”的第三产业经济发展观，并由此形成中国早期的“重商主义”思想。他坚持主张以农业为基础，实行以农立国的基本国策，但必须同时重商、励商，推行“本末”并重，或“农、商、工”并重的方针，要在“以农为本”的基础上，推进农、工、商原始三大产业的协调发展，并针对当时片面的“抑商观”提出了“重商观”。一是他强调在社会经济生活中“互通有无”的重要性。二是站在商人阶层的立场，认为财富的形态不只是物质产品，更不只是农产物质产品，另外还有货币财富形态，并进一步认为财富的多少要更多地由货币的多少来衡量；并进一步认为，货币财富的积累来源于商品交换领域，发展商贸活动可以更多地增加财富。他摆脱了“唯物质财富观”所支配的“唯重农主义”，而发展为“商业致富观”，认为三大产业都是财富产生的源泉。不但认为农业不是唯一的财富来源，而且进一步认为商业才是致富的本源。并从他的“商业致富观”出发，论及了“农商”关系，否定了原始重农学派的“唯农本论”，而提出“圣贤治家非一室，富国非一道”、“富国何必用本农，足民何必耕田也”的思想主张，用以反驳儒家学派所一贯倡导与坚持的“本农抑商”、“分土耕田”的思想观点，同时进一步提出“富在术数，不在劳身；利在势居，不在力耕”、“无末利则本业何出”的思想观点。三是他不“唯农本”下的“重商”。仍坚持抑制“富商大贾”对国家经济命脉的控制与对国家经济稳定发展的干扰，特别是要抑制农民过度的“弃农”经商的观点，即既不是片面的“重商”，也不是简单而片面的“抑商”，而是要给第三产业以应有的经济功能地位。总之，他的“重商观”是针对片面的“农本观”提出的，其基本思想是要通过“农商并重”，更加重视商业在社会经济发展中的重要地位与作用，实现农、工、商三大原始产业的协调发展，从而为推进中国原始第三产业经济及其经济思想的发展作出了创新性的贡献。

（五）史学家司马迁的“农虞工商并重观”

司马迁（公元前145～前90年），字子长，生于西汉初期。在西汉武帝时期，曾任太史令；撰有被称为中国封建时期第一部“正史”的《史记》①，他的产业经济思想反映在这一著作中。

他针对当时商业对社会经济发展所起的重要作用与汉武王朝所推行的“务本抑末”政策，提出了他的“农、虞、工、商并重论”。

1. “自然之验论”

他的“自然之验论”是认为国家对社会经济和私人经济活动不要过多地加以干预，而要加以适度的引导，按自然规律去运行。要使人们在“求富求利”的自然动机的驱使下，“农而食之，虞而出之，工而成之，商而通之”，使其彼此自发地进行分工协作，即要“人各任其能，竭其力，以得其欲；故物贱之征贵，贵之征贱，各权其业，乐其事”。国家要采取“因之”的经济政策，放任人们为追求各自的财富而进行各有不同的经济活动，即应其“自然之验”。

2. “衣食之原论”

他的“衣食之原论”是认为获取一切生产、生活资料而致富的途径可分为如下两大类：一是靠“夺予”，即在财富一定的情况下，通过侵夺手段，改变财富的分配与再分配状态；二是靠增加“衣食之原”，即依靠扩大产生财富的基础和来源。他主张靠增加“衣食之原”致富。他认为“农、虞、工、商”四业是增大“衣食之原”的行业，指出“此四者，民所衣食之原也。原大则饶，原小则鲜；上则富国，下则富家”。由此，他主张由国家进行“因之”，不要干预这种正常的“治生之道”，让其“四业”并立地自然发展。

从上述可见，他从对汉武帝时期所推行的“务本抑末”政策的实践结果的认识出发，提出了他的“自然之验证论与衣食之原论”，并依据他的这两个理论思想，提出了他的“农虞工商四业并重观”，而不主张“抑商”，并把商业视为是增大“衣食之原”的行业，也是一种产业，应与其他产业协调发展，顺应其发展规律。

综上所述，在该历史时期内，人们对原始第三产业在原始三大产业中应具地位及三大产业关系的思想认识，是经历了一个如下的发展演进过程，即由最初的“重商观”—“限商利观”—“合义多商利观”—“农本商末观”—“重农抑商观”—“农商并重观”—“农虞工商并重观”。这些思想观点虽有不同，并各有自身的重点，特别是对原始

① 此部分引文均出自《史记·货殖列传》。司马迁：《史记》，中华书局1959年版。

商业的地位各有不同的认识，但都反映出一个基本的思想认识，即以农为基础，或以原始第一产业为前提，以原始第二产业的手工业与原始第三产业的商业为“辅业”。虽对原始第三产业的地位、作用有轻重不同的认识，但必须有利于原始第一产业的发展；而原始第三产业是一个必须存在与发展的独立产业形态。之所以形成一个居于主体或主导地位的“重农观”，是基于以下根本原因，即在封建制确立与发展的初期，地主阶级居于统治地位，农耕是社会经济生活赖以存在的“根基”，农产品是人们赖以生存与发展的基本物资资料，重农、务农是基本国策，以“农”为本是当时社会经济发展的客观要求。要务“农”必须抑制手工业与商业的过快、过度发展，以保持各产业间应有的比例关系。所以，“抑商”的思想源于当时的社会生产实践，但反过来推进了封建制经济基础的巩固，发挥了推进社会经济制度向前演进的积极作用。面对当时社会经济制度变革的实践，不同学派的理论思想应时而生。作为法家学派所倡导的“重本抑末”思想观点，是时代的必然产物，而这一思想也必然随同历史进程而不断完善与发展，并且在不同的代表人物的思想观点中也必然存在着差异与缺陷，既有传承，也有创新发展。从本章所述的李悝、商鞅、荀况、韩非“重本抑末”或“重农抑商”思想的演进过程中，不仅充分说明了任何一种思想体系都有一个演进发展的过程，也充分说明了任何一种思想体系都有时代的局限性，既有在当时的积极推动作用，又有长期发展后的消极作用与阻碍作用。这就是说，作为“重本抑末”的产业经济思想，或“抑商”的原始第三产业经济政策思想，既发挥了巩固封建制经济基础的作用，又在较长的历史时期内阻碍了商品经济的发展，延缓了工业化发展的进程，使中国长期处于以农立国、自给自足、封闭守旧、贫困落后的状态。

二、对原始第三产业发展“动力”的思想观点

在这一历史时期内，随着社会生产力与三大原始产业的发展，交替出现了早期的重商主义与重农主义的思想观点，这些思想观点的不同，都源于对产业发展动力的不同认识。各学派代表人物的共同认识，是各产业的发展动力，源于人们求利的“本性”，而利的表现形式是财富。但对“财富”的具体形式是什么却产生了不同认识。有人认为金银货币是财富的表现形式；有人认为物质产品，特别是农产物质产品是财富的表现形式。进而产生了对财富产生来源的不同认识，有人认为财富来源于农耕生产活动；有人则认为财富来源于商业经营活动。由此，则进一步认为，追求农产物质财富是农业发展的动力；追求金银货币财富是商业发展的动力。于是，有人主张重农、抑商，有人主张重商、基农。虽然居于主导的思想观点是重农，但重商思想观点一直在批判“唯农”的思想观点，要使“重商”保持其应有的合理地位，从而使商业获得应有的发展。因此，对原始第三产业发展动力的认识，经历了一个逐步演进的过程，而对不同的“动力观”进行分析，有利于把握这一过程，并能使人们深刻认识不同时期国家所采取的不同原始第三产业经济政策的实质。

（一）管仲的“重商利观”

管仲出身于商人家庭，并在商业居于领先地位的齐国为相，在重视农业生产发展的同时，更加重视国内商业与对外贸易的发展。他主张经商求利，重视对金融货币的积累。他指出“市者，天地之财具也，而万人之所和而利也”、“人君铸钱立币，民庶之通施也”、“黄金刀币，民之通施。故善者执其通施”。即重视货币流通的功能作用，重视发展商品

交换可以致财的作用。认为“无市”则“民乏”。同时，极力主张官营盐、铁等重要商品，以获其商利，增加国家的财政收入，提出“利出一孔，其国无敌”的观点与“官山海”的观点，从而形成了他的“经商求利致富观”。

（二）孔子求利致富的“本性观”

孔子认为人们追求财富是人类的“本性”，每个人都具有追求财富的强烈欲望。他提出：“富与贵是人之所欲也，不以其道得之，不处也。贫与贱是人之所恶也，不以其道得之，不去也。”他由此认为连他自己也是如此，即“富可求也，虽执鞭之士吾亦为之”，只不过是这种求利致富的欲望，要在不同等级与职业范围内，以正当的方式去实现罢了。由此，提出了他的欲利求富的普遍观与等级观、适利观，进而提出他的“礼以行义，义而生利，利以平民，政之大节”的“义、利、礼”的三者统一观。他主张经商求富，但要把经商求富限定在一定的规范之内，要“布正之待”、“义然后取”，崇尚建立起文明的商业道德，以伦理去规定利。

（三）墨子的“言必称利观”

墨翟，史称墨子（约公元前478～前392年），鲁国人，出身于小生产者家庭，是与儒家学派相对立的墨家学派的创始人。他主张一切活动都要合于“国家百姓之利”，即言必称“利”。他不赞同儒家的以“伦理”去规定“利”，而倡导以“利”去规定“伦理”。他所说的“利”，主要是指物质利益。而当时所说的物质，主要是指人们生活必不可少的衣服、饮食、工艺品、舟车、宫室等物质产品，获取这些物质产品而生存，就是获取物质利益。他主张国家要“利民”，而利民就要首先改善人民的物质生活，即使人们能获得生存必不可少的物质资料，从而闪现出他的“物质财富观”。同时，他主张要“交相利”，即人们在追求自己的利益时，不是片面地追求自己的个人利益，而是要互利相兼，以利换利，由此，他提出“利人者人必须从而利之”，言“利”必须做到人、己“两利”，不能亏人以利己。由此认识出发，他充分肯定了进行商品交换，以“交相利”的重要作用，尤其强调了进行远地贸易以互通有无的必要性。他认为“商人之四方，市贾倍蓰，虽有关梁之难，盗贼之危，必为之”。① 他提倡商人要进行“交相利”的正常商品交换活动，不仅要自己经商求利，而且要给别人带来利益。由此认识出发，他反对商业经营中的欺诈、过分盘剥、亏人自利的行为。总之，他主张“言必称利”，即农民、小手工业者出售自己的产品要言利，购买自己所需的生产资料与生活必需品要言利，商人贩运商品也要言利，只有进行“交相利”，才能取得“共利”，进而形成了他的“平等利益观”，因此，他主张国家也要与民共利，提出“诸加费不加利于民者，圣王弗为”②。

（四）韩非的“农产品物质财富观”

韩非是战国时期法家思想之集大成者，他继承了商鞅的“重农”思想，并发扬了商鞅的“农战”政策主张。他肯定了人性是趋利的，商人求商利，农人求农利，其欲均为求富。但他认为，财富的主要形态是人们赖以生存的衣食之物，即人们的主要生活资料，而其中又主要是粮食产品，因而，形成了他的“农产品物质财富观”与“粮本论”。由此，又进一步认为作为人们衣食之源的是农业生产，于是，把农产物质财富的来源归之于

① 《墨子·贵义》。
② 《墨子·节用中》。

农业生产部门，并进而把农业生产视为财富的唯一源泉。他指出，人们要想“得富”、“生利”，必须“耕之用力”、“趋于地者”，如不辛勤耕种，就必然会“地荒、国贫、财尽”，“无耕之劳而有富之灾……则国贫”。他从这一“财富观”、“财富源泉观”出发，对非农户的商业活动进行抑制，把经商“求利”活动限定在一个适当的范围内，从而把以前的“重商主义”的货币财富观与“农商并重主义”的货币财富观与农产物质财富的“同时并重观”，推进为他的“重农主义”的农产品物质财富观，最终形成他的典型的“农本工商末”的思想。

（五）晁错的“贵粟论”、“物质财富的粮本观”

晁错（公元前200～前154年）是西汉初期的著名政治家，积极维护封建中央集权制度，是当时“重农抑商”思想的主要代表人物。他在“重农思想”的基础上，进一步提出了著名的“贵粟论”，其“贵粟”的思想观点，主要反映在他的《论贵粟疏》[①]中。首先，他认为重农是人们开辟“资材”之道，是国稳、民安的基础。指出“圣王在上，而民不冻饥者，非能耕而食之，织而衣之也，为其开资材之道也”、“贫生于不足，不足生于不农，不农则不地著，不地著则离乡轻家，民如鸟（鲁），虽有高城深池，严法重刑，犹不能禁也”、“饥寒之至身，不顾廉耻”。即认为，人作为一个高级动物，首先是要生存，要生存就必须拥有基本的生活资料，而基本生活资料的衣、食之物，则来源于农耕，来源于土地，因此要重农耕，使人们有衣食之源，只靠严法重刑而安民，是做不到的。其次，他认为在人们的衣食之生存资料中，“食”最为重要。因而，要特别重视粮食的生产，粮食足够民用，才能做到真正的民安。他特别指出“以是观之，粟者，王者大用，政之本务”，要治国者特别“重粟”，从而提出了他的“贵粟观”。再次，他认为要保持粮食的生产，就必须使民务农，限制农民过多的弃农经商，要限制弃农经商，就要限制商人过多地获取“商利”，特别要限制商人过多地盘剥农民的“农利”。所以，他主张限制商人牟利、致富、侈靡的行为，特别要限制商人“兼并农人”的行为，从而把抑商变为重农的一个重要手段，作为防止农民弃农“流亡”的一个重要政策措施。为此，他特别指出“而商贾，大者积贮倍息，小者坐列贩卖，操其奇赢，日游都市，乘上之急，所卖必倍。故其男不耕耘，女不蚕织，衣必文彩，食必粱肉；亡农夫之苦有阡陌之得。因其富厚，交通王侯，力过吏势，以利相倾；千里游敖，冠盖相望，乘坚策肥，履丝曳缟。此商人所以兼并农人，农人所以流亡者也”。最后，他为了达到贵粟重农的目的，主张贱“金玉”货币财富价值，并提出要官府“以粟为赏罚”之物，从而提高粮食的物质财富价值。他指出“夫珠玉金银，饥不可食寒不可衣，然而众贵之者，以上用之故也”；同时，又指出粟米布帛“不为奸邪所利，一日弗得而饥寒至。是故明君贵五谷而贱金玉”，即要国家采取贱珠玉货币价值、重粟米实物价值的政策措施。为此，他又进一步提出，要以粟“拜爵”、“除罪”，既增加国家的财政实力，又削弱商人利用货币盘剥农民、过多收买土地的权势，更促进粮食生产的发展，以保持国稳、民安。由上述可见，他从“农本论”出发，在农产品物质财富观的基础上，进一步提出了“贵粟论”，提出了“粮本观”，体现出他的以粮为主的农产品物质财富观，从而把“重农”思想提到了一个更新的高度。

---

① 《汉书·食货志》。此部分引文均出自《论贵粟疏》。

（六）司马迁的“善因论”与“以利引导论”

他从人追求财富的天性认识出发，提出了他的要使人们“各任其能”、“各劝其业”的“善因论”，要国家采取“因之”的经济政策。放任人们为追求各自的财富而进行各自不同的经济活动。他所说的“善者因之”，是指国家所采取的最好的经济政策，要听任社会经济活动的自然发展，不加干预与控制；所说的“利导之”，是指国家在顺应经济活动自然发展的前提下，要在某些方面，以“利益引导”的办法，对私人牟利活动进行必要而适当的调整；同时，要对人们不正当的牟利活动进行教育和调节管理，最下策者是与民争利。所以，他不赞成国家直接经营工商业与民争利。他之所以提出要国家对人们的经济活动进行“善因之”的观点，是认为人们在“求富求利”动机的驱使下，彼此自发的分工协作，顺着经济发展的自然趋势去发展，如“水之趋下”，无须国家通过法令、政策加以干预，阻碍这种合于自然规律的发展。为此，他明确指出“农而食之，虞而出之，工而成之，商而通之”，使其各劝其业，自发地进行分工协作，推动经济的发展；同时，他又直接指出“人各任其能，竭其力，以得其所欲；故物贱之征贵，贵之征贱，各劝其业，乐其事”，要使人们能自由地选择各自的职业，这不仅是自己求生之道，也是社会生产分工的必然要求，更是社会经济发展的必然结果，要在实践中加以调整，以应“自然之验”。由此，又提出了他的“富无经业论”，即认为人们为了脱贫求富，可以选择任何行业、任何正当手段，主张致富非一途，求富非一业，只要进行正当求富而不“奸富”的“治生之道”，均应“因之”。总之，提出了他的“农、虞、工、商分业求利观”与“保护正当商利观”、“反对奸商致富观”。

（七）桑弘羊的“商利致富观”

桑弘羊是西汉武帝时期的杰出理财家，他把先秦以来的重商理论推向了一个新的高度。他站在自由商人的立场，为重商观点进行公开辩解，并进一步予以推崇和发展。他的一些重商理论观点主要反映在《盐铁论》中。一是提出了“货币财富观”。他认为金银货币就是财富，财富的多少要用货币的多少去判定；商贾之富是“累金”之富，是追求商利所致；一些殷富大都的出现与形成，是商业发达的结果。为此，他明确指出“长沮、桀溺，无百金之积，蹠蹻之徒无猗顿之富，宛、周、齐、鲁商遍天下。故乃商贾之富，或累万金，追利乘羡之致也”。即认为货币是财富的主要表现形态。二是认为货币财富来源于商业活动，商业是致富的本源。他认为农产品物质财富不是财富的唯一表现形态，农耕生产不是财富产生的本源，农产品物质财富，只是使人丰衣足食，不能使人致富。相反，货币作为财富是通过经商追利而取得的，商业才是财富产生的本源。为此，他强调指出：“燕之涿蓟，赵之邯郸，魏之温轵，韩之荥阳，齐之临淄，楚之宛陈，郑之阳翟，二周之山川，富冠海内，皆为天下名者。非有助之耕其野而田其地者也。居五诸侯之衢，跨界冲之路也。故物丰者民衍，宅近市者家富。富在术数，不在劳身，利在势居，不在力耕也。”即认为“物丰民衍”是由农耕生产提供了物质产品，使人们获得了衣食之生存资料，丰衣足食而已，而金银货币作为财富，是由经商求利所致。为此，他又进一步指出“富国何必用本农，足民何必井田也”。三是主张国家要垄断一些重要商品与重要商业行业的生产经营，以增加国家的财政收入，并打击富商大贾对商利的垄断和过度盘剥。为此，他主张“山海之利，广泽之畜，天下之藏也，皆宜属少府”，即官掌“山海之利”；同时，进一步主张官营专卖盐、铁等重要商品，以尽收其利。从上述可见，他从重商主义

观点出发，认为农产品物质财富不是财富的唯一表现形态，相反，认为金银货币财富才是财富的主要表现形态；金银货币财富来源于商业活动，而非农耕活动，从而把过去传统的重农主义的“农产品物质财富观”发展为他的“货币财富观”，并把“农业致富本源论”发展为他的“商业致富本源论”，最终形成他的“商利致富观”、“国家要官山海之利”与重要商品的商利。他赞成“农基论”，但反对“本农论”、“弃商论”，主张“农商并重”，提倡重视商利与商业的发展。

（八）鲁褒的“货币万能观”

晋代的鲁褒在他所著的《钱神论》[①] 中提出了“货币万能观”。认为货币具有如“神”的功能作用，形成了“货币权力论”。他指出：“失之则贫弱，得之则富强。无翼而飞，无足而走，解严毅之颜，开难发之口。钱多者处前，钱少者居后，处前者为君长，在后者为臣仆。君长者丰衍而有余，臣仆者穷竭而不足……钱之为言泉也，百姓日用，其源不匮。无远不往，无幽不至。京邑衣冠，疲劳讲肄，厌闻清淡，对之睡寐，见我家兄，莫不惊视。钱之所佑，吉无不利。何必读书，然后富贵……官尊名显，皆钱所致……由此论之，谓为神物。”可见：首先，他把钱视为“神”，把一切“权利”归为“钱权”；其次，称钱为“家兄”，后人将钱尊称为“孔方兄”，即源于此；再次，把人们的权力、地位、富贵皆归源于钱，认为有钱可“无为而尊，无势而热”、“危可使安，死可使活”，形成了他的片面的“货币万能观”。

（九）范泰的“铸币无益观”

南朝时期的范泰提出了“铸币无益观”[②]。认为铸币会减少器具之用，其数量多少与商贸活动无关，从而否定了货币的功能作用。他提出“夫货存贸易，不在少多；昔日之贵，今日之贱，彼此共之，其揆一也”，即认为，货物贵、贱相抵，前后统一，故无货币或货币多少，都无关紧要。又提出“铜之为器，在用也博”、“毁必资之器，而为无施之钱，于货则功不补劳，在用则君民俱困，校之以实，损多益少”。即认为，将铜铸成各种器具使用，可发挥其多种使用功能，如用铜铸成钱币，则功不补劳，损多益少，会造成国与民的贫困。由此，他主张使用“龟贝”等之实物货币，而不用铜铸货币，从而形成了他的片面的“铸币无益观”。

总之，各学派的共同认识是：为生存而求利，是人们的“本欲”，无论从农、从商，都是为了求利致富。但对什么是利、什么是财富，却有不同的认识。“重农”学派认为“利”是农产品物质利益，是人们生存之本，即衣食之“源”，是农产品体现的物质财富；而“重商”学派认为“利”是商利，是金银货币体现的货币财富，这种货币财富不仅其本身是具有使用价值的物质财富，而且还是具有通过交换可换来各种物质财富的交换价值的财富，是一种可以积累并能“通神”的财富。持农产品物质财富观的人认为财富来源于农业生产，因而形成了“农本观”与“粮本观”；持货币财富观的人认为财富来源于商贸经营活动，因而形成了“重金观”与“重商利观”。“重商观”产生于农弱、商贸强的地区与过度重农、抑商的朝代；而“重农观”则出于国稳、民安、坚牢治国之根基的思路。有人从整个社会经济发展与治国求富的层面上考虑，形成了“重农求富”与“重商

① 鲁褒：《钱神论》，载《晋书·鲁褒传》。此部分引文均出自《钱神论》。

② 范泰：《古今善言》，引文均出自此书。

求富”的“并重观”，在“农基观”的前提下，要重商利致富，特别要国家“官山海”，掌握重要资源之利，并官营重要产品的生产经营，以控制其专利，既增加更多的财政收入，又限制富商大贾对财富的过多占有进而乱国；而强调国稳于基的人则强调“唯农本观”，提出“不与民争利”的政策主张。鉴于封建地主阶级土地私有制的形成与中国是一个农业大国的客观现实，使“重视农利而致富”的理论思想一直居于主导地位或主体地位，使“重商利而致富”的理论思想一致居于从属地位，并由此形成了“重农抑商”的政策思想。因此，尽管商业由于其社会经济的重要功能而顽强地存在和发展，但一直未能充分发展起来，这是中国的商品经济发展迟缓的理论思想根源。值得肯定的是，“重商利观”的展现，推动着这一历史时期原始第三产业的发展，并丰富了原始第三产业经济思想的宝库，明确地认为原始商业也是一个产生价值与生利的独立的产业形态。

三、对原始第三产业经济基本构成要素的思想观点

在该历史时期内，虽然存在着“重商”、“限商”、“抑商”及“农商并重”等不同的思想观点，但存在一个共同的认识，即原始商业是一个客观存在的原始第三产业经济形态，它的存在和发展对整个社会经济的发展起着重要的推动作用，应当推进其适度发展，使其逐步完善。因而，产生了对其基本构成要素的不同认识，形成了具有不同重点的思想观点，最终形成了原始第三产业经济基本构成要素思想观点的初步体系。

（一）对原始第三产业经营主体的思想观点

1. 关于经营主体构成的思想观点

在这一时期，认为经营的主体由以下类型所构成：一是官营商人；二是封建地主商人；三是自由民商人；四是经营主驱使或雇佣的商人与商奴经营队伍。这些不同的商业经营主与商业经营队伍共同构成了原始第三产业的商人阶层，标志着第三产业经营主体体系的初步形成。

2. 关于经营主体不同职能作用的思想观点

由于商人阶层的出现，引起了对商人阶层组成结构的认识，并出现了对不同构成类型的不同认识。一是认为官营专卖商人在经营中居于主导地位；二是认为官商在官营专卖专业中虽居于主导地位，但在非官营商业经营中，封建地主兼商人与自由经营商人占主导地位与主体地位；三是认为私营的大商富贾占主导地位，自由商人占主体地位。这种不同的认识，是由原始商贸业的行业类型不同、不同历史发展阶段中对商人社会地位对待不同而产生的。

总之，这一时期商人阶层作为一个独立的社会阶层已初步形成，并由多种类型所构成，而不同的类型发挥着不同的功能作用。

（二）对原始第三产业经营形式的思想观点

1. 对经营形式产生原因的思想观点

一是认为经营形式是由于所有制不同、官府管理的体制不同而产生的；二是由于地理环境条件不同、国家对外关系的扩展而产生的；三是由于经营商品的种类不同而产生的；四是由于农业、手工业的发展水平不同而产生的。总之，对其形成的原因有多种不同的认识，从而形成了不同的产业经营形式观点。

2. 对经营形式的分类观点

一是按所有制不同划分。可分为官营专卖经营与私营自由商人随行就市经营。春秋时期管仲就主张对盐铁重要产品进行官营专卖，而对其他产品则应进行自由经营。二是按经营地点的固定性不同划分。可分为固定地点的经营与自由长途贩运经营，即在城市的“固定市区”的坐贾经营与非固定场区、店铺的行贩自由经营。三是按国内外区域划分。可分为国内经营与国外贸易经营。管仲就主张大力发展对列国的贸易；西汉时期的桑弘羊也主张大力发展对外贸易，特别是由国家垄断的主要的对外贸易活动，使原始第三产业经济活动向国际延伸，并主张扩大对边境少数民族地区的互市贸易活动。四是按商品经营业态不同划分。可分为批发集中经营与零售分散经营，以及代理经营、贡输经营等。

3. 对产业链延伸的观点

一是大力发展手工业，进行产销一体经营。即推进手工业生产者直接出售产品，形成产销一体化发展。二是进行“专卖”产品的产销一体化经营。三是对重要自然资源进行国家采集、生产加工、专卖的一体化经营。四是推进商贸业的细化分工，形成多层次的产业结构。总之，主张原始第三产业链向横向的第一、第二产业扩展，同时，在产业内部使产业链向纵向延伸与向国外延伸。

（三）对原始第三产业经营商品类别的思想观点

1. 主张发展特色商品的类型

特色商品主要包括中国各地的土特商品、国外的土特商品，如丝绸、盐铁、珍珠等商品，以在国内外进行余缺交流。如管仲就主张大力发展齐国的特有渔盐类产品，去交换其他地区的农产必需品；汉初的桑弘羊就主张与国外“互通有无”、“异物内流则国用饶”。

2. 大力发展生活必需品中粮食商品的生产经营

认为粮食商品是人们生存的主体消费品，为了保证人们的生存与国家安定，必须搞好粮食商品的生产经营。为此，形成了以下一些思想观点。一是“粮本观”。如战国时期的商鞅就认为粮食是人们赖以生存的主要物质资料，视粮产品为“本物”，必须搞好市场供给，从而提出了他的“粮本观”。二是“粮食储备观”，为了搞好粮食的市场经营，主张国家搞好粮食储备，在粮多而价低时，以正常价格收购粮食产品；在粮食欠缺时，以正常价格出售粮产品，既保证余缺调剂，又保证物价的稳定。如商鞅就极力主张国家对粮产品贸易进行严格管制，严禁私商对粮食产品的自由买卖与农民对粮食的自由出售，而由国家建立“粮食储备”制度，加以调剂，以避免“谷贱伤农”、“奸商活跃”，而达稳农、稳国之目的。

（四）对原始第三产业内部行业的细化与延伸的思想观点

产业内部的行业虽尚未形成行会组织机构，但作为行业门类正在日益显现，并向深化与外延扩展。行业的分化是产业内部进一步分工的结果，也是经营商品种类不断扩展的表现。对行业的划分有不同的观点，大致有以下几种划分类型。

1. 按经营业务的类型划分

一是商业，以货币为媒介的商品交换业，这是该时期经营业务的主要类型。它可以划分为各种不同种类商品的经营业，如生产资料经营业，包括手工业生产所需的原材料与农、牧、手工业所需的生产工具，主要是铜、铁器具；生活资料经营业，包括食品、服饰、家具等经营业，在食品中主要是粮食、盐、酒、茶等主食与副食品经营业，在服饰商品中，主要是丝绸、棉毛服装与玉器、金银装饰品经营业，在家具产品中主要是木、竹、铜、铁用具经营业等。二是贸易业，以物易物的物物交换业，既包括国内市场的交易，也包括对国外市场的贸易经营业。三是服务业，主要是商务性的服务经营业，包括餐饮业、运输业、修理业等，其劳务性服务经营业虽然不明显，但已经出现。

2. 按经营业态划分

一是零售业。这是该时期的主要业态，大都采取直接面向消费者的经营形式，并且表现为城市固定市区的门店、摊位零售经营、自由贩运经营、边境互市区的零售经营。二是批发销售经营业。主要是官营专卖商品的经营和富商大贾的集中经营与国外贩卖大商人的经营。三是代理经营业。这一业态并不明显，但已存在，主要表现在对外贸易中。

3. 产业组织系统的产生

在私商经营中，尚未形成行业组织，但在官营专卖商业行业中已经出现了较健全的组织体系。这突出地反映在桑弘羊所实施的官营专卖商业政策与其组织系统的观点上。他首先推动建立起全国盐、铁、酒的专卖管理机构系统，在中央政府设置了专卖官营商业的统一管理机构；其次在各郡国设置了分层管理机构；最后在各县区设置了具体经营机构，负责进行专卖商品的销售经营活动。在设置统管机构的同时，在不同机构层次又设置了具有不同职责的官员与官吏进行分层管理，并针对不同的产品类型分设了不同的专项管理官员，如铁官、盐官，进行分类管理，从而形成了具体的盐、铁行业管理，也因此形成了比较规范的官营商业行业管理组织体系，这也标志着原始第三产业组织的产生。

总之，在这一时期对原始第三产业经济基本构成要素的经营主体、经营形式、经营商品类别、经营行业、产业链构成，已有了初步的认识，标志着原始第三产业构成要素的理论观点的初步体系已经产生或初步形成。

四、将原始第三产业链向国际范围延伸的思想观点

产业的一个重要内涵是经济活动的国际化。通过对外贸易，使国内市场向国外市场延伸，从而使国内商贸活动向国际范围延伸，是原始第三产业链延伸的重要内容。因而，对扩展对外贸易的思想观点，就成为原始第三产业经济思想观点的重要组成部分。关于这方面的产业经济思想观点，主要反映在以下代表人物的思想观点中。

（一）管仲积极发展对外贸易，努力扩展国际市场的思想观点

管仲在春秋时期齐桓公时代为相，在“重商”的同时，特别重视对外贸易的发展。他积极主张并推动齐国同其他诸侯国之间的贸易，以形成良性的国际贸易大循环。一是主张鼓励齐国的自由商人将齐国的产品贩运至其他诸侯国，并交换回本国所急需的商品与物资。同时，还主张鼓励国外商人来齐国经商，除运进齐国所需的重要商品与物资外，还主张鼓励国外商贩将齐国所产的鱼盐产品及其他特色手工业产品，贩运至别国，从而使齐国与其他诸侯国之间“通商工之利”，达“财蓄货殖”之目的。二是为鼓励国内外商贩进行进出口自由贸易，而主张采取“使关讥而不征”的免纳关税的优惠政策。三是对国外贩货至国内的客商提供交通、住宿、食物、饲料等方便条件，即“为诸侯之商贾立客舍”、设“驿站”，从而使“天下之商贾归齐若流水”。四是注重使作为国都的临淄成为商业中心城市，并富有更多国际贸易中心的色彩。总之，从中反映出他的要不断将国内的原始

“第三产业链”向国际延伸并要大力拓展国际市场的思想观点。

（二）郑桓公与公室执政者利用对外贸易推进经济发展、维护国家独立的思想观点

春秋时期的郑桓公，鉴于郑国处于各列国交通枢纽的地理位置与农业发展条件薄弱的实际国情，重视商贸业的发展，并特别重视对外贸易的发展，把其发展置于郑国谋求独立的战略地位。一是认为郑国是往来商贾必经之地，可以利用这种地理位置优势，大力发展商贸活动，通过扩展各诸侯国之间的物资与商品交流，以维护它们之间的均衡状态，从而从中保存自己的独立性。二是注重大力发展过境贸易与中介贸易，即利用郑国的商人，通过中介经营与直接经营方式，在齐、秦、晋、楚等各诸侯国之间从事纺织品、矿产品、畜产品、木材产品等产品的交流，从而使各诸侯国的著名的地方土特产品，经过郑国进行中转、集散，达到余缺调剂、互通有无，最终使郑国成为各诸侯国争夺的缓冲地带，在夹缝中生存、发展。三是认为采取优惠政策，可以引来大量的国外商贩来郑经商或过境中转贸易，从而增加过境的商品税收与在郑的市场贸易，最终增加郑国的财政收入，用以提高治国的经济实力。可见，郑国公室执政者把过境中转贸易视为发展对外贸易的重要形式，并以此立国、强国。

（三）桑弘羊大力开拓对外贸易，并由国家垄断主要对外贸易活动的思想观点

他主张积极开展对外贸易，由国家垄断主要商品的对外贸易活动，并赋予对外贸易以浓重的政治内容，以达在国际市场实现良性循环的战略目标。一是主张由国内商贸活动向对外贸易活动扩展，更多地占领国际市场。认为通过对外贸易与对边境少数民族地区的“互市”贸易，可用国内多余的商品去交换国内稀缺的商品，即既要“互通有无”，实现商品的内外交流，又要实现“异物内流则国用饶，利不外泄则民用给”的良性循环目标。二是主张由国家控制管理整个对外贸易活动，其中要严格管理主要的对外贸易活动，特别是要对一些重要商品种类实行垄断经营，尤其是要限制兵器、金属铸币等一些重要商品的出口，通过这些调控政策措施，去调管处理好国内外贸易关系。三是把开展对外贸易活动视为国家处理对外政治关系的一个重要手段。主张通过对外贸易积极配合国家的对外政策，提出要“异物内流”而“利不外泄”、“以末易其本，以虚荡其实”，去削弱敌国的经济实力，从而收到“敌国臣服于我，国用饶、民用足”的一箭双雕之效。为达此目标，桑弘羊主张“天下之下我高，天下之轻我重”的经营策略，在垄断其商品市场价格的过程中，使敌国在“商战”中失败，从而失去其经济独立，最终依附于我。可见，在这一外贸政策思想中，已体现出他的进行必胜的“国际贸易战争”的观点，以及“积极防御，主动进攻”的国际市场战略方针。总之，它不仅主张要积极扩展对外贸易活动，将原始第三产业链向国外市场扩展，而且要把扩展对外贸易作为对外进行政治斗争的一个重要手段，力求形成国际市场的良性大循环，实现国强的战略目标。

由上述可见，该历史时期的一些代表人物，都主张重视对外贸易的发展，都从强国的立场去力求推进互通有无，争取多利，从而形成商贸经济活动的国际良性大循环，使国内原始的第三产业链向国外延伸，促进国内社会经济的发展。

五、对原始第三产业进行国家宏观调控管理的思想观点

对原始第三产业进行国家宏观调控管理的思想观点，包括国家进行货币的铸造与发行的调控、建立重要商品的储备对市场商品供求关系的调控、对重要商品直接专营以及运用

税收手段进行调控等思想观点。

（一）通过对货币铸造权与发行量的掌握，而对商业活动进行调控管理的思想观点

1. 管仲的“货币调控观”

管仲认为货币的铸造及发行情况直接影响市场物价的稳定与人民生活的安定。面对齐国首先铸刀币而流通于市场的实际情况，主张由官府控制金属货币的铸造权及其市场流通量。提出“人君铸钱立币，民庶之通施也”、“黄金刀币，民之通施。故善者执其通施”；同时，认为货币的质量必须保持，其流通量必须适度，如果钱币轻贱、币值下降，就不能很好地发挥其流通手段的职能作用，因而，提出“币重则民死利，币轻则决而不用，故轻重调于数而止”，即保持适度的币值与流通量。为此，他主张由国家保持适度的货币发行量去调剂市场商品供求、控制物价、打击投机倒把等牟取暴利的活动。

2. 贾谊的“货币调控观”

贾谊（公元前200～前168年）是西汉初期有名的政治家，他极力主张国家控制与调节货币发行量，去调节市场物价，从而促进商品流通的稳定与发展。首先，他主张禁止民间私铸钱币。认为私自铸钱，会造成钱币质量混乱、轻重有别；各地用钱又轻重不同，即“肆异用”，会造成“钱文大乱”；铸钱获利丰厚，会使民弃农，造成“奸钱日多，五谷不为多”，会导致钱币流通混乱，造成市场混乱，并妨碍与破坏农业生产与整个社会经济的发展。其次，他主张由国家垄断币材、铸币与钱币的发行。他力主将当时货币金属的铜材收归国有，并进行垄断，即“勿令铜布于天下”；同时，由国家进行钱币的铸造，发行具有确定成色、重量的“法钱”，在全国统一使用，以消除货币质量与其流通的混乱现象，从而在中国历史上第一次提出了“法钱”的概念。最后，他主张建立货币储备，以调节市场货币流通量，从而调控市场商品供求关系，以平衡物价。即他所说的“铜毕归于上，上挟铜积以御轻重，钱轻则以术敛之，重则以术散之，货物必平”①，由此形成了他的“货币储备观”。他认为在国家控制铜币的铸造与发行中，要保持一定的货币储备量，即“上挟铜积”，当市场货币供应量过大，单位币值下降，即“钱轻”时，就回笼货币，抑制物价上涨；当市场货币供应量过小，单位币值上升，即“钱重”时，则动用货币储备，增加货币发行量，以增加市场的货币供应量，从而抑制物价下降。即主张通过货币储备的增减，调节市场的货币流通量，从而保持市场物价的稳定，并进而调节市场商品流通量，达到“以御轻重”的目的。可见，他把“上挟铜积”以建立国家的货币储备，视为国家调节货币发行量，进而调控市场物价与商品流通量的一个重要手段，也即国家稳定社会经济发展与促进商品流通的“大命”；其对稳定市场物价、调控市场商品流通量、促进生产发展、安定人民生活，“无不成”。总之，他提出了由国家垄断币材、“法钱”的铸造及发行，并通过建立货币储备调节市场的货币流通量，以调控市场物价与商品流通活动，从而进一步调节商品生产的“货币调控观”。

3. 傅玄的“禁货币盗铸与禁盗铸坏币观”

傅玄主张在商业活跃、市场繁荣、货币流通顺畅时，要防止私铸铜钱，以免再增加市场货币流通量；在商业衰落、市场滞阻、货币流通不畅时，则要防止私自销毁铜钱，以免减少市场货币流通量，即要保持市场的货币供给与需求间相对适应关系，从而保持市场货

① 《贾谊集》。

币流通量与物价的稳定。为此，他指出“世富钱流，则禁盗铸钱；世贫钱滞，则禁盗坏钱”[①] 即国家要对私自铸币与毁币行为实施严格的管制政策。

（二）通过建立国家对重要商品的储备，而对市场供求进行调控管理的思想观点

1. 管仲的“粮食储备观”

管仲主张建立国家的粮食储备，以调节粮食商品的市场供求关系，打击商贾投机倒把、牟取暴利的行为。在粮食丰收，市场供过于求，使其市场价格过低时，则由国家按正常价格收购农民生产的粮食产品，加以储存；在粮食歉收，市场供不应求，使其市场价格大幅度上涨时，则动用国家的粮食储备，在市场按正常价格抛售，以平抑其过高的市场价格，实现粮食市场价格的“常平”。同时，还主张在农民春耕播种时，由国家采取预购的方式，动用国家的粮食储备，向农民贷供粮食以作种子与食物之用，待其收获时，以一定的增值量收回贷放的粮产品，既保证农民的生产需求，抵制大商贾乘机对农民的盘剥，又平抑了市场物价。

2. 贾谊的“积贮观”

他特别重视“积贮”的功能作用，认为“夫积贮者，天下之大命也。苟粟多而财有余，何为而不成”[②]。他这里所说的“粟”与“财”是两种重要的财富形态，“粟”是粮食，是一种物质形态的财富；“财”是一种货币形态的财富，两者都是积贮的对象。所说的“积贮”，是指经过一定的积累过程，使其多而储存，形成一种后备。他认为，无论国家与个人都应有足够的粮食与财货的“积贮”，以备不时之需，应对各种变故，而达国稳、民安，并把此视为“天下之大命”。他的这种“积贮观”虽泛指一切类型的积贮，但多指对商品的储存。他认为，商人经商为应对市场供求的变化，应有相应的商品与货币资金的储存；国家为调控市场商品供求关系，也要有战略性的商品储备。不仅如此，他还把这种“积贮观”应用于货币铸造与发行领域，主张建立货币发行的“积贮”，即发行的“准备金”。

3. 司马炎的“平籴观”

西晋武帝司马炎在西晋统一全国后，即主张实行“平籴法”，建立起“常平仓”，并于秦始 4 年（268 年）实施。他认为“平籴法”是国家掌控市场物价、调节市场商品与货币流通的一个重要管理办法。他提出“今宜通籴，以充俭乏”，并设立了“常平仓”机构，进行以粮产品为主的物资储备，通过“丰则籴，俭则粜”的调管办法，达“利百姓”之目的。即主张在农业丰收之年，收购多余的产品；在歉收之年，由国家动用物资储备，进行市场供应，从而在不同年度与地区间保持市场商品供求的基本平衡，以平稳市场物价，抑制私商囤积、垄断商品而牟取暴利的经营行为，从而达到“稳国、保农、利民”的目的。

（三）对关系国计民生的重要商品进行官营“专卖”的政策思想观点

为了有效控制国家的经济命脉，对关系国计民生的重要商品由官府实行严格的管理，并实行官营“专卖”政策。其产业政策思想观点，经过了一个不断发展完善的过程，在不同时期的代表人物的思想观点中具有不同的内容。总的思想观点是：盐、铁、酒这些产

① 《意林》引傅玄语。

② 《汉书·食货志》（上）。

品，既是生产与生活的必需品，又是国家财税收入的主要来源，其生产经营必须由官府进行严格的控制管理。对其中的贩运销售环节，主要由官营机构进行直接“专卖”经营，制定销售价格；对生产环节采取不同的管理形式，但要对其产品进行包销与制定收购价格及税率；对分销环节，可以采取代销与委托销售等形式，但要在税率约束与严格管理下进行；为了保持这些商品在整个市场、地区市场及季节间的供求平衡，必须建立必要的商品储备，及时予以调节；对其外贸经营活动，进行有区别的严格管理。

1. 管仲的官营“专卖”的产业经济政策思想观点

管仲认为盐、铁这些商品既是生产与生活消费的必需品，又是国家财政收入的主要来源，主张必须改变过去由私人经营、官府只收少量山泽税和关税的状态，而改由官府对其生产经营进行控制管理，实行“专卖”。一是对盐产品控制管理的政策思想观点。他主张在其生产环节进行民营，准许平民采伐枯柴，煮海水制盐，但其所生产的盐产品必须由官府征税后加以收购，由官营机构予以储存，对其运输、销售环节则全部由官营机构掌控，在酌加盐价后制定出销售价格，由官营机构进行“专卖”销售，不准私商自由销售经营。他认为这种管理办法，既能调动生产者的积极性，促进盐产品的生产发展，又控制了商品货源，保证了广大人民对盐产品的消费需要，更保证了国家稳定的财政收入。二是对铁产品控制管理的政策思想观点。主张在其生产环节由私人开矿冶炼，对其制成品由官府机构统一收购，按统一制定的市场销售价格，反算其利润收入额，即将生产成本与销价之间差额的七成归生产者所有，据以制成铁产品的收购价格，另三成归官府所有；官营机构对统一收购的铁产品，用代税加价的统一销售价格，按户籍编制，销售给使用者。他认为这种管理办法，既促进了铁产品生产的发展，又推进了对铁器，特别是铁制农具的广泛使用，从而推动了农业及手工业生产的加快发展，也从中取得了国家稳定的财政收入。他的由国家严格控制管理重要商品，特别是盐铁这些重要商品的生产经营活动，并对其销售进行官营“专卖”的主要思想是要由国家控制其货源，并直接控制其商品流通过程，抓住“中间”，控制与带动起生产与消费“两端”，以达到促“产”、保“消”、增“国收”的目的。

2. 商鞅的官营“专卖”的产业经济政策思想观点

商鞅认为，必须限制商人势力的过分扩张以及对市场的垄断与过度兼并，从而造成伤农、乱国的状态，极力主张国家对重要商品实行“专营专卖”。一是主张对盐、铁这些重要商品的生产销售活动进行严格控制管理，并进行“专卖”官营，而不允许私商自由经营，但为限制官商人数过多，主张在重税的控制下，将部分商品的分销业务交由私商经营。二是从“粮本”的观点出发，主张严格管制粮食贸易，严禁私商从事粮食的自由买卖活动，为此他颁布法令，“使商无得粜，农无得籴”，从而使商人“多岁不加乐”、“饥岁无裕利”、“无裕则商怯”、“商怯则欲农……商欲农，则草必垦”。即主张通过对粮食买卖的法制管理，既禁止私商经营粮食贸易，又防止农民向外销售粮食。为防止农民对粮食产品的自由买卖，主张提高国家对粮食产品的收购价格，不仅可以控制粮食的收购来源，而且又防止商人低价收购而拥有粮源，即他认为“本物贱，事者众，买者少，农困而奸动”，就会造成“谷贱伤农、贱商活跃”，不利于粮食生产者增加收入与农业生产的稳定发展，而不能达到“稳农、稳国”的目的。总之，他主张国家对关系国计民生的重要商品的生产经营活动进行严格的控制管理，特别要牢牢抓住其销售环节，进行“官营”，才能利民、稳农、富国。

3. 桑弘羊的官营“专卖”的产业经济政策思想观点

桑弘羊注重对官营商业的发展，主张由国家垄断经营重要的商业行业与重要的商品资源，限制富商大贾对这些重要商品市场的垄断与进行囤积居奇的不法行为，以保证国家财政收入的重要来源及人们最基本的生活需要。他特别主张对盐、铁、酒这些重要行业进行国家专营，对这些重要商品进行“专卖”。他指出：“今意总一盐铁、非独为利人也，将以建本抑末，斋朋党、浸淫侈、绝并兼之路也。”其出发点不仅是利民、利国，更重要的是要“绝并兼之路”，达到国稳、民安。为此，他极力主张对盐铁行业进行官营。一是主张对食盐行业由官府完全垄断其经营管理事务，进行全面的官营“专卖”。在具体经营形式上，他的观点与实施办法是委托盐民生产，官府统购、统销，即“民制官收”的办法。首先，对盐的生产采取“募民自给费，因官器作煮盐，官与牢盆”的办法。即由官府招募适宜的平民做盐民，由盐民自行准备生产与生活条件，按官府所要求的产品标准去煮盐，由官府供给其主要生产工具，并给予主要的生产技术支持。对盐民生产的盐产品，由官府按“盆”的计量标准给予一定的“工价”，即合理的产品生产价格，进行全部统购。其次，将统购的盐产品，由官营商业机构进行中转分配到各地方的销售网点，按统管的销售价格进行统销，不准私商参与经营。在这里，他的主要政策思想观点是：国家控制其生产活动，完全垄断其商品流通活动。二是主张对铁器行业实行全部官营的办法。首先，对铁的开采、冶炼与铁器的制造，要完全由专营机构的专管官吏指挥罚作苦工的囚徒与轮流服役的民夫去进行与完成，官府管理机构只给予一定的技术指导与提供必要的生产条件。其次，对生产出的铁器全部收归官府所有，由官营商业机构统一运销，进行“专卖”经营。在这里，他的主要政策思想观点是：既要由国家垄断其生产活动，又要垄断其运销活动。三是主张对酒品行业完全实行官营。首先，他主张并推行禁止民间私自酿酒，而由官营机构直接自行酿造的政策。其次，在销售环节，主张由官营专卖机构按指定的销售价格，进行统一销售经营。在这里，他的主要政策思想观点是：国家要重点垄断其生产活动，并进一步控制其销售活动。

由上述可见，对关系国计民生的重要商品必须进行官营“专卖”的政策思想，虽在不同时期的不同代表人物中存在商品品种、管制重点、垄断环节、实施办法上的差异，但都把管制政策的核心点放在商品流通环节或者销售环节上，都力主由国家垄断销售经营活动，实施“专卖”，通过“专卖”经营，调控生产与消费活动。这一共有的国家“专卖”政策思想观点，反映出他们要通过国家垄断重要商品的经营，特别是销售的经营，从而直接调控市场的“直接市场调控观”。

（四）通过国家的税收手段，对商业活动进行调控管理的政策思想观点

在这一历史时期内，不同学派的代表人物大都主张运用国家的税收手段去对商业活动进行有区别的调控管理。只不过是在不同的时期、不同的商品与商业行业中，采取不同的鼓励与限制办法罢了。

1. 管仲的“宽、严税收调控观”

他主张对盐、铁这些产品实行官营专卖制，对其他山泽产品实行国有民营，按产品等级或贫富的差别征收租税，即山泽与关市税。为了鼓励外来商贩将本国产品更多地贩运至国外，以扩展本国产品在国外的市场，他主张“使关市讥而不征”，不收取其出口税。

2. 孔子的“减税观”

他从维护贵族统治者的利益出发，主张争取自由商人的支持，对其进行一定的优惠政策，要在关市之税和山泽之征上，作出一定程度的让步，以减轻其税负，增加其商利。他驱动当时的鲁庄公“废山泽之禁，驰关市之税，以惠百姓”。

3. 商鞅的“重税观”

商鞅从限制农民弃农经商与合理农民的负担，以及限制商人逃税的目的出发，主张按人口数量实行征收军税的办法。同时，为了抑制商业的发展与商人的过度求利，而主张采取“重关市之赋”的政策。要“不农之征必多，市利之租必重”。认为“重关市之赋，则农恶商，商有疑惰之心。农恶商，商疑惰，则草必垦矣”。

4. “轻重论者”的“寓税于价调控观”

“轻重论”是西汉时期假托管仲名义而发表的著作《管子》的一个组成部分。轻重论者主张利用“寓税于价”的价格手段，对关系国家财政收入的重要商品（如盐、铁）进行国家专营。认为国家要取得财政收入，不宜直接采取税收形式，而应尽可能采用隐蔽的、不易被察觉的形式，即“见予之形，不见夺之理”。为此，主张采用国家经营商业直接向百姓出售商品，寓税于商品价格中的办法，从出售商品的利润中去获得相应的财政收入，也即在百姓购买商品时无形地向国家提供税收。由于这种办法“不见夺之理”，因而，就不会引起人们的不满和反抗，同时，还使国家获得了稳定的财政收入，并抑制了中间商人的盘剥。

（五）《管子》“轻重论”者的“综合调控管理观”

《管子》中的“轻重论”是一种思想体系，其核心是强调国家必须加强对社会经济活动调控管理的思想观点。其中的一个重要内容是国家必须调控管理社会商贸活动的“调控管理观”。“轻重”是古代货币价值范畴的概念，是在金属铸币出现后，由以单位货币中含金属材料的重量去体现铸币的价值而引发的。其意是，单位币材含金属的重量越大，其货币价值越高，反之，越低；单位货币价值高，称为“币重”，反之，称为“币轻”。因为单位货币价值的高低会通过市场商品交换中单位商品比价反映出来，因此，在其他条件不变的情况下，将商品同货币价值范畴的概念引伸为商品流通范畴的概念。在商品流通领域，“轻重论”是要国家起完全支配与控制作用，即“以轻重御天下”。

1. 对“轻重”之势控制的“主体对象观”

其主要思想观点有以下两个方面：一是要对富商大贾的经商活动取得“轻重”之势，即由国家通过对“轻重”变化的控制，在流通领域压缩、排挤和在某些活动中取代富商大贾的经济势力。二是在重要的工商业领域取得对地方诸侯王的“轻重”之势，即由国家通过对“轻重”变化的控制，如由国家独占山泽之利，不许诸侯王私自煮盐和冶炼而取利；垄断货币铸造权，不许诸侯私铸钱币等重点控制，从而削弱诸侯王的经济势力，对其进行经济控制。

2. 对“轻重”之势控制的理论根据

其主要思想观点有以下几点：一是“有余则轻，不足则重”或“多则贱，寡则贵”①，即市场商品供求变化影响市场商品物价变化的理论。当市场商品供过于求时，即

① 《管子·国蓄》。

"有余"或"多"，则市场商品价格下降，即商品之物"轻"或"贱"；当市场商品供不应求时，即"不足"或"寡"，则市场商品价格上涨，即商品之物"重"或"贵"。认为国家要掌握商品之物的"轻、重"或"贱、贵"的变化，即市场价格的升降之势，然后对市场商品的供求关系进行调节控制，以消除或减轻引致市场商品供求波动的成因，就可以有效地调控管理商品流通活动或社会商业活动。二是"轻则见泄，重则见射"①，即市场商品价格的升降变化，会引起人们市场商品买卖行为变化的观点。认为，当市场商品价格下降时，即"轻"，则引起出卖商品者争相抛售或倾销这些商品，即"见泄"；当市场商品价格上涨时，即"重"，则引起购买者争相抢购这些商品，即"见射"。进一步认为，如国家掌握了市场商品价格的变化，即商品之物的"轻"与"重"的变化之势，则可知人们必然出现的抛售与抢购商品行为的变化趋势，然后对市场价格变化与人们买卖行为变化之间的关系进行调节控制，去消除或减轻引致市场商品价格变动与人们抛售、抢购市场商品行为变化的成因，这样就可以有效地调控管理市场商品物价的波动与人们的商品交换行为，使市场商品交换活动稳定有序地进行。三是"币重则万物轻，币轻而万物重"②，即认为市场单位货币价格上升、下降的变化，会影响与决定市场单位商品价格升降变化的观点。认为，当货币价格上升时，即"币重"，则引起一切商品的价格下降，即"万物轻"；当货币价格下降时，即"币轻"，则引起一切商品的价格上升，即"万物重"。由此，进一步认为，国家掌握了货币价格"重轻"变化之势及其引起物价"轻、重"变化之势，然后针对引起两者的变化及两者之间关系变化的成因，而采取相应的货币政策、价格政策及制定相应的商业行为规则，去进行调节、控制，这样就可以有效地调控管理市场货币流通量与商品流通量的关系以及人们市场商品交换活动的行为，从而实现商品流通各要素及产、供、销活动的协调发展。

3. 对"轻重"之势控制的"方式与手段观"

其主要观点是要国家采取直接调管方式与间接调管方式相结合；运用对重要商品的市场投放与收购的直接官营手段、货币借贷手段与价格调管手段相结合的手段，去调管社会商业活动。一是主张国家直接从事商品经营，特别是重要商品的经营，通过官营商业对市场商品的供应与收购的调控，直接调管商品流通活动，即"以重射轻，以贱泄平"。所谓"以重射轻"，就是在某种商品价格下跌时，官营商业机构就运用手中的货币资金大量地购进这些价低的商品，即"以币重射价轻"；所谓"以贱泄平"，就是在某种商品价格上涨时，官营商业机构就运用手中库存的商品以低廉的价格向市场抛售，而平抑物价，并迫使私商乘机抢购而囤积的商品，以正常价格泄出其库存而售卖商品，即以"价轻泄币重"而达"币、价之平"。可见，这就是主张官营商业机构运用直控的货币资金与库存商品的"吞吐"，直接调管市场商品的供求关系，达到市场物价的基本稳定，从而调管整个商品流通活动。二是主张"见予之形，不见夺之理"③，由国家利用"寓税于价"的价格手段，调管商品流通活动，并增加国家的财政收入。提出"官山海"、"官天财"的观点，"官山海"即对山泽资源与重要的商品原材料，要由国家垄断与管理；"官天财"，主要是对盐、铁等这些重要商品实行垄断经营，进行"专卖"。通过对利用山泽资源征收"资源

①② 《管子·山权数》。

③ 《管子·国蓄》。

税”与官营“专卖”重要商品的“寓税于价”的加价销售的手段，既可获得国家稳定的财政收入，又调节了市场商品供求关系，进而调控了生产与消费活动，达到“不见夺之理”的调管目标。可见，他主张国家运用税收手段，特别是通过官营商业“寓税于价”的税收手段，去间接调管社会商业活动。三是主张国家通过对货币的发行与市场货币流通量的调控管理，而间接调节市场商品的供求关系、平抑物价，从而调管整个社会商品流通活动。即要“布币于国”、“执其通施，以御其司命”，达“贵贱可调，君得其利”[①]之目标。他认为，“黄金刀布，民之通施；五谷食米，民之司命”，国家要“执其通施，以御其司命”，即控制货币的市场流通量，去调节商品的供求关系与物价水平，特别是粮食这一关乎人们生存的商品的供求关系与物价水平，进而调管整个社会商品流通活动。为了进行这种调管，主张国家要“布币于国”，即根据各个不同地区的土地数量、粮食与纺织品的产量及不同时期的价格变化，由国家事先准备一定的货币量，作为放高利贷的准备金，春季供给用户，秋季以粮还贷，收粮于国，加以储备，待市场粮少、价高时以正常价格抛售粮食，并收购低价的纺织品，加以储存；待纺织品价高，即以正常价格抛售纺织品。从而达到“贵贱可调”、“君得其利”，进而实现促进社会商品流通活动稳定发展的调管总目标。

从上述可见，“轻重论”者对国家调控管理原始第三产业经济活动的“调控管理观”，是从对“币重物轻、物重币轻”的认识出发，主张运用商品、货币、税收等调控手段及直接与间接调控方式，去综合调控管理市场供求变化与物价变化的正反向影响关系，从而调控管理商业经营主体的商业经营行为，以达到第三产业内部各要素之间及产、供、销之间的协调发展，最终达到国富民安的社会经济发展目标。

总之，在这一历史时期内，各学派的代表人物，从对当时商业地位与功能的不同认识出发，提出了对整个社会商业活动进行宏观调控管理的政策思想观点。首先，认为必须对商业活动由国家进行必要的干预，即宏观调控管理。之所以必要，是基于以下几点认识：自由商人出现并迅速扩展，引起农民弃农经商的趋向，为了巩固与发展封建制的农耕制度，需要限制农民弃农经商，为此，就要保护农民的收入，以稳农；自由商人在经营中过度追求商利，对农民进行盘剥，更有甚者，多采取非正常手段进行经营，从而扰乱了商业正常活动的秩序与规则，需要对其经营活动进行规范；由盈利积累而出现了一批富商大贾，他们不仅操纵市场，而且出现以富干政、乱政的情况，需要对其进行抑制；商业的发展、商利优厚，成为国家财政收入的重要来源，因而，需要通过调管措施，加大这种收入。总之，对商业活动进行宏观调控管理的目的，是为了稳国、安民，推进封建经济制度的稳步发展。其次，认为调管的主体对象是自由商人中的富商大贾，主要是限制其商利的过度积累。为限其“利”而限其“行”，限其与农民争利、与国争利、与同行业经营者争利的过度行为。再次，认为调管的主要方向是“限商”，但同时认为，由于商业的客观经济功能的积极作用的发挥，有利于促农、利需、富国，因而，要对正当的商业经营进行鼓励与保护，使其适度发展。复次，认为调管的方式，主要是运用法律与行政手段进行直接的约束管理。又次，认为所采取的经济手段，即既要采取货币发行手段、税收手段、物资储备手段，又要采取国营主要商品与主要行业的直营手段，并运用这些手段于不同的商业

① 《管子·国蓄》。

活动领域。最后，认为要充分发挥国家宏观调控商业的功能作用，必须综合、协调地运用各种调管手段，共同作用于商业活动的整体运动。由此形成了这一时期国家对原始第三产业经济活动进行宏观调节管理的初步思想体系，为尔后的发展奠定了重要的理论思想基础。

综上所述，该时期是处于由奴隶制社会向完善的封建制社会的转化期，生产资料的奴隶主阶级所有制演进为封建地主阶级所有制，使自耕农与独立生产经营的手工业作坊及独立自由经营的商户不断出现，不仅为社会生产力的发展提供了更多有利的条件，而且使自给自足的封建制社会经济形态得以确立与巩固，并由此为农业生产的发展与商品交换的扩展提供了产权与物质条件，从而也促进了原始商业的扩大发展。在封建制商业的发展过程中，国家对商业活动进行了多种形式与方式的管理，采取了对原始农业、手工业、商业发展关系的不同施政方针。由此，导致了一些不同学派代表人物的原始商业或原始第三产业经济思想的产生，提出了各自的不同的思想观点。可将其基本思想归纳为如下几点：一是关于原始第三产业在原始三大产业中应居地位的思想。表现为“重商观”、“以义限商利观”、“合义多商利观”。由于上述思想观点不同，而导致其实施对策观不同，形成了“重本抑末观”、“事本禁末观”、“农商并重观”等不同观点，最终形成了原始商业在三大原始产业中的不同“地位观”。二是对原始第三产业发展“动力观”。虽各有不同的表述，但都趋于“求利而动”，为追求财富，使其普遍认为原始第三产业也是一种产生价值、产生财富的独立产业经济形态。三是对原始产业经济基本构成要素提出了多种类别观点，并主张使之结构不断合理化、完善化，特别主张使国内的第三产业经济活动向国际范围延伸，大大扩展对外贸易领域，促进其国内外产业链的发展，并使其产业链向手工业生产领域延伸。四是主张对原始第三产业的发展要强化与优化国家的宏观调控管理。虽对宏观调控管理的重点、方向、手段等有不同的思想观点，但大都趋于发挥其“限、放”结合的积极作用。因而可以说，由于以上诸领域初步思想体系的出现，而最终导致了该历史时期整个第三产业经济思想初步体系的产生，不仅推进了该历史时期第三产业经济的加快发展，而且为封建社会中期原始第三产业经济思想基本体系的形成，提供了有利的基础与前提。

第五章　封建社会中期原始第三产业经济思想基本体系的形成

第一节　封建社会中期原始第三产业经济的较快发展

一、封建社会中期原始第三产业经济发展的历史时期及其社会政治、经济条件

（一）封建社会中期原始第三产业经济发展的历史时期

封建社会中期，经历了隋朝、唐朝、五代十国、宋朝、元朝各个朝代。589年杨坚灭陈，结束了东晋南北朝以来国家分裂的局面，重新建立起统一的多民族的封建帝国——隋朝，此后，它经过短短的时间，在农民大起义的打击下而土崩瓦解；617年太原留守李渊乘机起兵，攻克长安（今陕西西安），随后于618年亡隋，建都长安称帝，国号唐，史称唐朝。唐朝经过长期的繁盛发展后，由于“安史之乱”及封建制发展所引起的阶级矛盾的激化，于874年爆发了农民大起义，到907年被后梁朱温所灭，随后进入了梁、唐、晋、汉、周“五代十国”的争战时期。到960年，北周大将赵匡胤发动兵变夺得北周政权，定都东京（今开封），史称北宋，1123年女真完颜部人完颜晟即金国帝位，不久，全军于1127年攻破汴京，俘宋朝徽、钦二帝，北宋灭亡；1127年北宋继帝移都临安（今杭州），史称南宋。1206年蒙古族领袖成吉思汗建立蒙古汗国后，继续扩展自己的势力范围到黄河流域，并攻灭了西辽、西夏、金等国，占据了北方广大领域，于1271年由忽必烈定国号为元，并于1279年攻灭南宋，而统一全国，建都大都（今北京），史称元朝。1368年朱元璋推翻了元朝的统治，建立了稳定统一的明朝，使中国进入了封建社会的晚期阶段。

（二）封建社会中期原始第三产业经济较快发展的社会政治、经济条件

1. 由初始的封建制社会进入发达的封建制社会

隋朝建立后，积极推行休养生息政策。通过一些改革措施，完善了封建地主阶级的政治、经济制度，使原有的租佃关系发生了一定的变化，从而使原来由豪强地主直接奴役下的农奴式的农民获得了较多的自由，由此使农民的生产积极性得以提高，促使农业的劳动生产率较前有所增长，生产了更多的物质产品。与此同时，手工业与商业也获得了相应的

发展，主要表现在专业生产分工与行业类型的扩展；生产经营范围更加广阔；行业组织逐步形成，出现了一些工商业行会机构。

进入唐朝之后，封建制得到了进一步巩固，并进入了发展的繁盛时期。地主阶级的土地所有制更加完善，自耕农业的比重大大增加，租佃的农民更多地变为自由民。在手工业生产领域，作为农业副业的手工业有了明显的发展，特别是民间自由独立经营的个人手工业大大扩展；在官营手工业中，更多地依赖自由手工艺者从事生产劳动。在商业经营领域，自由商人有了明显的增加，封建政府对盐、铁的专营也有所放松，豪商富贾对盐、铁销售专利的垄断也相对减弱，商业行会组织得到了进一步扩展，使商业的封建体制得以确立。

在宋朝时期，封建制得到进一步的巩固和发展。进入北宋时期之后，封建统治者针对五代十国时期因战争而使社会经济发展遭受重大挫折的状态，积极采取了稳定社会经济秩序及有利于生产发展的政策措施，因而，在巩固土地封建制的同时，使农民有了更多的生产积极性，使农业生产获得了较快的恢复与发展。特别在王安石推行改革，实施“变法”后，使宋代封建制获得了长足的发展。宋代自由民独立的手工业有了明显的扩展，致使手工业的行业、产品种类与数量迅速扩大，产品质量也有了较快的提升。农业与手工业生产的较快发展，促进了商品交换的增长，使宋代的商业达到了封建社会商业的发达形态。

元朝统治者在最初南侵时，把大量的耕地变成牧场。企图以落后的游牧生产方式来代替汉族先进的农耕生产方式，但在攻灭南宋后，则逐步认识到发展汉民族的农耕生产方式对国家的稳定发展更为有利，从而采取了恢复与发展农业生产的一系列政策措施，如鼓励垦荒、兴修水利、禁止毁农田为牧地、巩固封建主土地所有制等，使遭受破坏的农业生产得到了恢复，并使生产工具进一步更新、农耕面积有更大的扩展、农产品种类有更多的增加，特别是棉花种植面积的更大扩展与养蚕、种茶等生产品种的较快增长。元代的手工业受到了严重的摧残，官府和贵族把大批工匠集中控制在自己手中，使之沦为工奴，用无偿劳动占重要地位的手工业生产关系来取代了宋朝先进的独立手工业和雇佣工匠为主的生产关系，严重阻碍了手工业的发展。尽管如此，民间的独立手工业还是有一定的存在和发展，其劳动生产率有了进一步的提高，棉纺生产技术、印刷术等生产技术也都有所改进；官营手工业也获得了一定的发展，不仅生产规模有所扩大，而且分工更加细化；出现了一些新的生产行业，扩展了新的手工业生产品种。由于元代在政治上的大统一和实行封建制经济制度，使农业、手工业生产得到了恢复和一定程度的发展，以及国内外交通的迅速拓展，为元代商业的恢复发展创造了条件，不仅使商品品种、城市商业有了一定的拓展，而且大大延伸了国际市场范围，出现了繁盛的对外贸易。

总之，随着社会生产力的发展，封建地主阶级的土地私有制进一步确立与完善，出现了大量的自耕农，租佃关系也随之扩展；一些重要商品领域的官营手工业仍然存在和发展，独立的自由民间手工业获得了迅速发展，而在官营手工业中，自由工匠雇佣制日益成为主要形式；在商贸业的经营中，除了官营商业中仍存在一定的“贩奴”外，独立的自由商人私有制成为主要形式，封建隶属关系得以确立和发展；封建政府对整个社会经济进行较为完善的封建制管理。封建制社会已进入较为发达完善的阶段。

2. 封建国家政府采取了更多的发展原始第三产业经济的政策

随着社会生产力的发展，封建政府在采取“重本抑末”政策的同时，更多的实施鼓励民间商贸业发展的政策。这不仅使自由商人的规模扩大、贩运范围扩展，更主要的是使商品品种增多、商品交换的数量大大增长、商品流通区域迅速扩展，从而使商贸业在社会经济发展中的地位与作用大大提高。

隋朝初期，采取了鼓励私营商人放手从事商品经营活动的政策措施，为其自由竞争提供了诸多有利条件，使市场的作用得到发挥，使商品经济在此基础上得到迅速的繁荣和发展。这主要表现在以下方面：民间交易规模扩大；城市商业繁荣；交通范围扩展至全国各地的城市，特别是大城市，已达10余座，它们都发挥着商品交换集散中心的作用。

进入唐朝之后，出现了封建社会中期商业发展的繁荣期。封建政府对民间商业活动采取了更多的鼓励政策，如采取“乐迁就宽乡，并听卖口分”、“卖充住宅、邸店、碾硙者，虽非乐迁，亦听私卖”等政策①，即政府允许私人买卖作为永业的口分田来建邸店，用以储藏商品、开辟商店，从事商业经营活动，从而为商业的发展提供了便利条件。由于政府采取多种鼓励私营商业发展的政策，从而形成“东至宋汴，西至岐州……南至荆襄，北至太原、洛阳，西至蜀州凉府，皆有店肆，以供商旅”② 的广泛商品交换范围。不仅如此，唐朝中央政府还采取了鼓励本国商人到海外进行贸易活动的政策，如到东北亚的日本、朝鲜，以及东南亚的有关国家开发市场；同时，也采取了保护外国商人来华贸易的政策，如文宗时期唐朝政府专门颁布了禁止重税，以保护外商来华贸易的命令。据史载，文宗太和八年（834年）上谕：对南海番舶，“除舶脚、收市、进奉外，任其往来流通，自为交易，不得重加率税”③。所有以上这些鼓励政策，都使商品交易的数量大增、商品交换的地区空间范围迅速扩展、商业经营者的社会地位与作用不断提高，从而使商业活动更加繁荣发展。

到宋朝，随着社会生产力的发展与封建制的巩固及发展，更多地采取了励商政策，使商品交换的规模与地区范围有了更快的扩展，而使封建制的社会商业达到了发达的形态。特别是随着国内商业的发达，对外贸易获得了空前的发展。宋代政府实行了奖励外贸的政策，从而使进出口商品的品种与数量增多，市舶机构得以建立与完善。当时，有很多国家同两宋保持着频繁的贸易关系，主要有交趾（越南北部）、真腊（柬埔寨）、占城（越南南郊）、麻逸（菲律宾）、渤泥（加里曼丹）、天竺（印度）、狮子国（斯里兰卡）、大食（阿拉伯帝国）、忽思里（埃及）、层拔（坦桑尼亚），以及东方的日本与朝鲜等国。中国的对外贸易范围已广扩于东北亚、东南亚、中东及非洲北部地区。在进出口商品品种上，不仅有了更多的扩展，更突出的是它的土特产品的特色更加明显，反映出国内外互通有无的客观要求。

到元朝初期，由于对土地使用制度的破坏，使种植业衰退，从而使原材料商品量下降，并由于手工业官营及其奴隶制的反弹，最终导致商品交换的规模增长缓慢；在后期，封建制得以恢复与发展，使商品的交换规模仍在不断扩展。值得指出的是，元代统治者实

① 《通典》（卷二）。
② 《通典》（卷十）。
③ 《全唐文》（卷七十五）。

行领土扩张政策，使疆域横跨欧亚，且陆路交通发达。与此同时，采取了扩大对外贸易的政策，不仅为陆路贸易的扩展开辟了有利的条件；同时也为海路对外贸易的扩展提供了更有利的条件，使海上对外贸易也相当繁荣，从而超越宋朝对外贸易的发展水平，使国内贸易与市场大大向国际贸易与市场延伸。

总之，这一时期，由于历代政府采取了更多励商的政策措施，使商品流通规模快速增长、商品流通构成要素扩展；使商品品种也有了明显的增加；使国内外市场区域与市场类型有了快速的扩展，从而使商贸业的发展呈现出空前繁盛的状态，也因此使原始第三产业经济活动进入了一个更高的发展阶段。可以说，已形成了原始第三产业相对独立的产业形态，从而推动原始第三产业经济不断向前优化发展。

二、封建社会中期原始第三产业经济的较快发展

（一）原始第三产业经济较快发展的历史进程

原始第三产业经过封建社会初期的初步发展，基本形成其原始的基础形态之后，进入了封建社会中期的较快发展时期。在这一时期的发展进程中，又经历了隋唐及五代十国、两宋、元封建王朝的具体历史发展时期，在每个历史时期中，其发展呈现着不同的状态。

1. 隋唐时期

隋王朝建立之后，结束了东晋南北朝以来国家长期分裂的局面，而重新建立起统一的多民族的封建制国家。除隋唐之间及唐中期的短期战乱之外，整个社会经济的发展处于稳定的环境中，使封建地主经济获得了巩固与较快发展。由于官府相继采取了一些“重农”、“励工”的新的政策措施，使市场的商品供应量大大增长，从而使商品流通规模、区域范围、种类结构、调控管理方式也发生了新的变化，促使原始的商贸业进入一个新的繁盛发展时期。

（1）商贸经营机构与经营主体的发展。一是在商贸经营机构领域的发展变化。除了长途贩卖的流动商贩外，出现了在城中“市区”大量的固定商贸经营机构，并出现了多类型的经营行业；独立的私人手工业生产机构不断扩展，并多采取产销结合的方式，使一些手工业也扩展为商贸经营业的构成部分，也因此扩展了商贸业的经营行业；从事劳务服务与商贸服务的服务业，如饭店、旅店、产品运输等经营机构也不断扩展，特别是国内水路与国外航海交通业及相关的服务业也获得了较快发展；对外贸易经营机构，包括国内对外、国外对内的经营机构，也随着国家“睦邻”政策的实施与国内商贸业的扩展而相应扩展；在保持一定范围内的官营专卖机构外，自由经商的私人经营机构已成为商贸服务业的主体形式。总之，原始第三产业的组织机构基本要素已经初步呈现，某些“集合”开始产生。二是在商贸业经营主体领域的发展变化。①除了在官营手工业与少数重要产品专卖业的生产经营机构中仍保留着一定人身依附关系的生产经营者外，在广泛的手工业生产机构与商贸、服务业经营机构中，大都是独立自由经营的私人商贸经营者，他们自选商贸、服务行业与经营品种，面向市场需要，追求商利。②在商贸、服务经营者中，已经初步形成企业主、雇佣劳动者、个体商贩的经营队伍结构类型，并开始出现国外入境的商贸经营者，在境内专事国际间的商贸活动。③在商贸、服务业私人经营队伍的来源中，企业主除来自农业地主、离职官僚外，就是靠资本积累起家的自由商人；在企业主中，已出现了大商人阶层，并开始出现官商结合、地商结合的大商人类型，并在一些经营领域形成初

步的垄断状态。④雇佣劳动者与个体商贩的来源是失去土地的农民或流民，以及弃农经商的自耕农民与产销结合的个体手工业者。总之，商贸业的经营队伍已形成了一定的规模，并具有了初步的结构要素。

（2）商品流通载体或商品交换场所的发展。一是城“市”数量的增多。随着政府管理机构的增多与管理队伍人员的扩大、官营与私营手工业的扩展、国内外人员交流的增长，使大中城镇成为人口的集居区，因而，导致城中“市场”的日益扩展。市场入城，形成了城与市的结合体，并随社会经济与商品流通的扩展而快速增长其数量。除京师之外，在全国各地逐步形成了大中城市体系，成为各地区社会经济发展，特别是商贸业与商品流通活动的中心。二是城中“固定市区”范围的扩展。在隋唐时期，城中的商品交换活动与经营结构均限定在固定的市区内，不准进入居民的住宅区，即当时的“坊”区去设店、设场与自由买卖。因而，随着城中居民与流动人口对商品消费需求的增长，导致了对“固定市场区域”范围的扩展，特别是在大中城镇的扩展。如隋唐洛阳的都市，就具有“周八里，通行十二，其内一百二十行，三千余肆，甍宇齐平，互相临映，招致商旅，珍奇山积”①；又如唐朝的长安，设置了东、西两市区，各有220行②等。固定市场区域的扩大与经营行业、人员规模的扩展，使其成为大中城市的一个重要组成部分，并为各类城市之间的商品交流提供了便利条件，尤其是促进了各个城市的繁荣发展，进而成为各地区商品流通的中心。

（3）商品交换种类的扩展。随着农业与手工业生产品种的增多，以及国外产品的流入，使市场交换的商品品种也相应扩大。一是在物质产品中，农产品品种有所扩展，主要是一些特产、土产品与手工业特产原料产品，但更多是特产手工艺产品。其主要商品品种有茶、盐、丝绸、中药、珠宝、陶瓷、皮革、麻布、石砚等。如史载“货贿之物，侈于用者，不可胜纪。丝布为衣，麻布为囊，毡帽为盖，草皮为带。内邱白瓷瓯，端溪紫石砚，天下无贵贱，通用之”③。在唐代，对外输出的商品品种主要是丝绸、陶瓷等制品，其中的“唐三彩”瓷器制品多作为拳头产品而远销于东非、西亚、东南亚、日本、朝鲜等地；国外进口的商品品种主要是国内市场奇缺的特产品，如犀象珠、香药等。二是劳务与商贸服务产品。在该时期，随着物质商品交流的扩展与人口流动的增长，促进了劳务服务与商贸服务劳动的扩展，提供了多方面的服务产品，如货物装卸运输、餐饮、旅居等服务活动所提供的服务劳动产品。

（4）交通运输条件的改善。一是交通线路与商品运输通道的改善。在国内，主要是疏通河道、畅通陆地大路；在海外，多扩展航海通道，为商品交流畅通商路。二是增加交通运输设施与交通运输工具。在沿海地区设立了一些出海港口；发展造船业和航海技术，以生产船舶、舟楫等产品。如在交州、扬州、泉州、广州等地设立了一定规模的对外贸易港口，促进了进出口贸易的发展；在一些港口、城市，积极推进舟车等商品运输工具制造业的发展，生产出质量较高与一定数量规模的舟船、车辆，供商品运输之用，从而为国内外贩运贸易创造了更为方便的运输条件。

① 杜宝：《大业杂记》。
② 《长安志》（卷八）。
③ 《国使补》（卷下）。

（5）进一步完善官府对商贸管理的体制，加强了对商贸活动的调控管理。一是进一步强化与完善商贸活动管理机构。如唐朝设立了广州市舶使，专门管理繁多的外侨事务和国际经济贸易业务，负责对国外船舶进口贸易的检查、保管、征收关税等事项；在各大中城市的“固定市区”设立专门市场管理机构与官吏，进行直接具体管理事项等。二是强化对外贸易活动的管理，特别在唐代对周边一些不友好国家、地区商品的进出口管理，采取了一些限制性的管理办法，即非经允许，不得私渡边关进行贸易活动。如《唐律》曾明文规定：“诸越渡边塞者，徒二年；共化外人私相交易，若取与者一尺，徒二年半；三匹加一等；十五匹加役流；私与禁兵器者，绞；共为婚姻者，流二千里；未入未成者，各减二等；即因使私有交易者，准盗论。”[①] 同时，在经准许所进行的贸易活动中，对其出口的商品品种仍进行了严格的管制，如规定“锦绫、罗谷、绸绢、绵布、牦牛尾、珍珠、金银铁，并不得度西边诸关”[②]，即限制以上主要商品品种越境出关开展贸易活动。但对友好国家的广泛海上对外贸易则采取了积极的鼓励办法，使其呈现出前所未有的繁盛局面，以致一些境外商人在境内长期定居，从事国内外贸易活动。这反映出隋唐时期在对外贸易上，是区别不同的国际交往关系而采取不同的管理办法，即有宽有严、有放有限，赋予它从整个国家民族利益考虑的特点。三是采取适当减少商贸经营者的税负、加强货币流通的调节、促进金融信用机构发展、扶植工商业行会组织机构的建立等一系列有利于商贸业发展的宽松管理办法，使商品流通的有关要素得以产生与完善。

总之，隋唐时期随着社会经济的稳定发展与官府所采取的励商措施的实施，使作为原始第三产业的商贸业与商贸服务业获得了较快的发展，其中最突出的是私营独立商贸业、对外贸易业、服务经营业、产销一体化经营业、城中固定市区经营业以及商业行会组织等更快的发展，从而增加了原始第三产业发展的诸多基本构成要素。

2. 两宋时期

北宋结束了唐末五代十国的分裂局面之后，统一了全国，重新建立起一个稳定统一的封建制国家，采取了一系列恢复发展社会经济的政策措施。特别是经过“王安石变法”，对一些政策、办法进行了一些调整，使北宋前期的社会经济获得了稳定的发展。在其采取“重农”措施以促进农业生产和手工业生产恢复与进一步发展的同时，也采取了一些积极发展商贸业的政策措施，使宋代商业达到了封建社会商业的发达形态。虽然中经“金亡北宋”的战乱干扰，但到南宋，商贸业仍在继续发展。总之，两宋时期作为原始第三产业的商贸业与商贸服务业已进入了繁盛发展的历史时期，一些原始第三产业的基本要素正在变化与扩展。

（1）商贸经营机构与经营主体的新发展。一是独立的自由商人经营机构大大扩展，特别是固定的商店经营机构大大扩展，已遍布大、中、小城镇；自由贩运的个体商贩不仅规模扩大，而贩运商品的范围与商品品种也大大扩展；开始出现了较多的独立专营对外贸易机构，不仅从事边境互市贸易，而且更多的从事海上对外贸易活动；商业服务机构有了更快的发展，出现了更多的饭店、酒店、旅店，并开始出现“典当”、“汇兑”等服务经营机构；生产服务机构也有了新的扩展，如车船维修机构等。这些商贸、服务经营机构不

① 《唐律·疏议》。

② 《关市令》。

仅在城镇进行扩展，而且开始向城郊与交通交会地点延伸。二是商贸、服务业的行业规模也有了较快的扩展，不仅经营农产品与手工业产品的商贸业、服务行业有了进一步的扩展，更明显的是生活性服务行业与商贸业经营活动服务行业有了更快的扩展，使相对独立的服务行业类型开始显现，从而使整个商贸、服务业的行业结构得到了优化发展。三是商贸业经营主体的变化。随着封建地主经济的发展出现了大地主与广泛的自耕农民，特别是独立手工业者阶层的扩展，使商贸经营的主体结构中出现了更多的地、商结合与独立经商的大商人阶层、独立经商的私人中小商人阶层、自行贩运的自由商贩阶层、手工业生产与自行销售相结合的产销结合的商人阶层，以及官营商贸业中的官商阶层；随着商贸业的发展与官府对"抑商"政策的放松，商人阶层的社会地位也发生了变化，除了一部分处于依附身份的商业劳动者外，大都是自由经营的自由民或雇佣劳动者；虽然"贱商"政策的实施使商人阶层的社会地位没有达到应有的高度，但较前已有了较大的提高，特别是一些大商人更多的与政府官僚相结合而扩展了更广泛的社会活动领域，从而使商人的社会地位进一步提升。

（2）作为商品流通载体的"市场"的发展。在北宋时期，随着商贸业的发展与官府对市场管理体制的调整，使商品交易的市场形式、范围与空间分布状况发生了重大变化。一是彻底打破了隋唐时期所传承的在城镇的"固定市区制"，即"市"与"坊"的严格分离制，而冲出"固定市区"向广泛的市民居住区的"坊"扩展，即除了在集中经营的"市场区"按管理规则要求扩展独立经营外，已向居民住区广泛扩展经营网点与进行自由贩卖活动，不仅没有经营地点的限制，而且也没有经营时间的限制。二是商品交易市场与经营网点向城郊区域与广大乡村扩展，不仅可以广设固定的经营店铺，而且出现了农村集市贸易市场，其商贸经营网点与经营活动已遍布城乡。三是商品交换关系出现了更多的类型，不仅有以物易物的交换、以货币为媒介的商品交换，还有抵押、典当、借贷、租赁等形式的交换。以上这些发展变化从北宋初期出现后到南宋继续延伸，并不断扩展。

（3）商品经营品种与经营规模有了快速的扩展。一是经营品种的扩展。随着农业生产的发展，农产品的商品品种增多，除了粮产品品种外，还出现了更多的经济作物产品品种与园艺作物产品品种；随着手工业生产的发展，大大扩展了手工业产品的商品品种，其主要商品品种扩展为丝织品、茶叶、花卉、棉织品、麻织品、书籍、纸张、瓷器、名酒、古玩等。二是商品经营规模的迅速扩展。首先，粮食产品随着城市人口的快速增长与手工业生产者规模的扩展，以及不同地区粮产品品种的余缺交流，而大大扩展了其经营规模；其次，手工业商品的交换规模随着国内消费的增长与对外贸易的扩展，也迅速增长。由于以上诸商品经营规模的扩展，使宋代的商业经营额达到了前所未有的规模。这可以从北宋的商税总额中得到有力的反映，据史载，在北宋仁宗以后，年商税总额即达八百万贯，如按当时商税率的"过税"2%、"住税"3%的平均税率2.5%计算，其年商品经营额已达三亿二千万贯，即使减半计算，也可达一亿六千万贯，如按当时的人口总数计算，每人每年平均购买商品值可达购买四石半米粮的水平。这说明宋代的市场商品经营规模已达到了前所未有的水平。

（4）商业行业的扩展与内部分工的细化发展。一是商贸行业数量的扩展。由隋唐时代的220行，经过北宋的扩展，到南宋已发展为440余行。这不仅集中反映在南宋的临安都城，而且散布在各个城市。二是商贸行业的类型不断细化、行业结构在进行不断调整。

首先，随着商品经营品种的扩展与经营方式的多样化，使其行业类型不断分工细化，并使行业的层次向下延伸。如当时的商贸、服务业行业已有邸店、塌房和堆垛房、交引铺、便钱务、商店、饮食店、车船维修场、文娱服务房等主要经营行业；在每一主要行业类型下又细分为第二层次的行业，如在饮食行业中，又细分为"分茶"、"川饭店"、"南食店"、"羹"、"酒店"等行业；在第二层次的行业中，又细分为第三层次的行业，如在"酒店"行业中，又进一步细分为"宅子酒店"、"花园酒店"、"直卖店"、"散酒店"、"罗酒店"等酒店行业类型。其次，行业结构不断优化调整，一方面表现在市场活动要素经营行业由物质商品、服务商品行业向物流、资金、信用、房地产等服务行业扩展，使经营行业结构发生了横向变化；另一方面是经营行业的层次不断向下细化延伸，使经营行业的层次结构发生了纵向变化。这种经营行业的横向与纵向的发展变化，使商贸、服务业的行业结构不断优化，促进了整个商贸、服务业的协调发展，从而促进了农业、手工业商品生产的发展。

（5）商品交换媒介物货币的发展。商贸业的发展使商品交换的规模与结构随之扩展，也因此促进了其媒介物货币的发展变化，这不仅表现在金属货币的质量与规模的变化上，而且还表现在作为金属货币符号的"纸币"的产生与流通上，它的产生与流通，又反过来为商品交换活动的扩展创造了更加方便的条件，并因而促进了金融业的创新发展。一是在北宋时期，随着商贸业的发展，商品交换范围与规模有了较快的增加，使所使用的金属货币量也大大增加。由于北宋初期所使用的货币是铜钱与铁钱，两种钱币兼用，但铁钱比铜钱重，并在很多地区流通，为了携带方便，促使铜币流通量逐渐扩大。尽管如此，随着商品交易量的扩大，仍需铸造大量的铁钱币供市场交易使用。二是在当时商贸业比较发达的地区，特别是发达的四川地区，交易所使用的钱币多为铁钱，携带多有不便，一些商贾便私造"钱券"，被称为"交子"，是我国最早的纸币，也是世界最早的纸币。纸币在四川地区最早的出现与使用，不仅有利于金属货币的安全，也为商品流通的扩展创造了有利的条件，因而得到了官府的认可与推行使用；随后在四川成都设立了管理机构"交子务"，专门进行"交子"的发行与管理活动，并推行到全国范围。但由于官府后来滥发纸币与严重减轻铜、铁铸币的重量，导致了严重的通货膨胀，并因官府把发行纸币作为掠夺手段，使"交子"不能如数兑现铸币，使纸币贬值越来越严重，而严重损害了人民的利益，阻碍了商贸业的发展，以致加速了宋代政权的灭亡。总之，商贸业的发展、商品交易规模与地区范围的扩展，促使作为金属货币符号的纸币的产生与流通，它虽具有促进商品流通的积极作用，又因官府发行政策不当而产生了重大的消极作用，但由此产生的新的纸币制度为尔后的元、明、清纸币制度的不断完善奠定了初步基础，并推进了整个货币制度的变革。

（6）对外贸易的较快扩展。宋代对外贸易的较快扩展是基于以下两个条件：国内商贸业的发达；宋代政府实行鼓励对外贸易的政策。宋代对外贸易的较快扩展主要表现在以下几个方面：一是贸易往来的国家范围大大扩展。该时期贸易往来的国家已遍及亚洲的主要国家，在南宋最发达的时期，已达 50 多个国家。西至大食（阿拉伯帝国）、忽思里（埃及）、层拔（坦桑尼亚）；南至麻逸（菲律宾）、阇婆（爪哇）、天竺（印度）；东至日本、朝鲜等国；还有同北方少数民族地区的边境互市贸易。二是进出口商品的品种增多、规模扩大。中国出口的商品品种主要有金、银、铜、铁、瓷器、漆器、绢布等；进口的商品品种主要有香药、犀角、象牙、胡椒、珊瑚、琥珀、珍珠、玛瑙等土特产品。三是造船业的较快发展。随着出口商品规模的扩展，并都由中国海船担任运输活动，从而大大促进了海船制造业的发展，并大大提升了造船技术水平，而处于当时世界造船业的领先地位。四是扩展进出口贸易港口与相关设施。除了扩建一些新的对外贸易港口外，着重扩大与优化了一些主要对外贸易港口的设施与条件，如当时的广州、泉州、杭州、明州等港口，不仅扩展了港口的海船停泊的容纳规模与货物的储存设施规模，同时还改善了货物的装运与人员的居住条件，即进行综合性进出口服务。五是加强对外贸易的管理。在北宋的宋太祖开宝四年（公元971年）就在广州设置了“市舶司”管理机构，不久，又在杭州、明州、泉州等地的港口设置了“市舶司”管理机构，以加强对外贸易的管理。市舶司的主要职责是管理船舶、征收舶税、低价收购舶货。总之，对外贸易商品品种、规模、区域范围、国别、设施条件与管理机构及职能等，都有了较大的扩展、提升与强化，使宋代的对外贸易获得了空前的发展。

（7）商业行会组织的扩大发展。随着商贸业行业与商工结合的手工业行业的扩展与其规模的扩大，商业的行会组织也相应产生与扩展。一是商业行会组织的类型已有“行”、“团”、“市”。“行”是某一行业的广泛而系统的行会组织机构；“团”是某一行业内少数人组成的群体组织；“市”是某一城市的市场区域中从事某一行业经营者的松散性组织。二是商业行业组织出现与形成的原因。其主要原因是一些商业和手工业经营者为了互相联系与协作，从而保护本行业的商业利益而设建；次要原因是官府为了有效管理商户并进行更多的榨取，而将其作为一种管理手段与工具给予认可与推动。三是商业行会组织机构内部的管理权。其内部管理的实权一般都操纵在“行老”等少数富商大贾手中，他们多与官府相勾结，控制入会商户，为官府的行业监管服务，同时，又利用行会组织随意敲诈中小商人，扩展自己的实力。四是商业行会组织的活动内容与方式。其活动内容主要是组织货源、分配商品和议定商品价格；其活动方式，是保护本行会组织成员的“行户”的利益，排斥非行户的其他同行业者的利益，甚至通过各种方式去剥夺他们的利益，进行行会组织利益的垄断。如以茶行行会组织为例，在进行“茶引”转售经营时，茶商拿到茶引后，需到南方产地去领取茶叶商品，如是参加了茶行组织的行户，可以取得特定店铺的担保，办理好有关手续，顺利取得茶叶商品；若没有参加行会组织的商户，因无特定行户担保，难以拿到茶商品，只好以低价把茶引转卖给参加了茶叶行会组织的茶商即“行户”，从而降低了这些茶商的营业收入，这实际上形成了茶商行会组织对茶叶商品经营的垄断。总之，商业行会组织的发展是商品交换活动与市场经营管理活动不断扩展与强化的结果，它对商业活动的发展具有推动与一定的制约作用，但从总的社会经济结构来看，是商贸业地位提升与自由经营商人阶层扩展的反映。

（8）官府对商贸业管理进一步的完善与强化。随着商贸业的快速发展，官府对商贸活动的管理体制与方式也进行了相应的调整。一是不断强化与完善对商贸业的直接管理。首先，不断健全管理组织机构，扩展其管理职能。在国内商贸管理领域，除设立统管机构对全国商贸活动进行统一管理外，在各大中城市也逐步设立管理机构对城市商贸活动进行更严格的管理，特别在一些大城市的固定集中交易市场区域，仍设立“市区”专管机构，进行较规范的管理；在对外贸易管理领域，在进出口港口设立了“市舶司”专管机构，对商贸活动进行全面管理。其次，开始扩展直接管理形式。除进行税收管理、官营直接管理外，还不断健全市场管理的法规，如“王安石变法”中的“市易法”等，进行法制约束。二是开始扩展间接管理形式。如通过商业行会组织的自我约束机制与管理办法，对“行户”的经营行为进行间接约束管理。同时，也注意运用传统道德约束商户的经营行为，而不过分损人利己，恶化社会经济关系等。

总之，两宋时期在促进农业发展的同时，采取了更多鼓励手工业与商贸业加快发展的措施，特别是促进对外贸易业加快发展的政策措施，使商贸业获得了空前的繁荣发展；并使新的服务业扩展与新的经营要素增长，从而使原始第三产业形态得以确立与形成，并构成了一个初步的原始第三产业结构体系。

3. 元朝时期

居于北方的游牧民族蒙古族经过内部争战，由其领袖成吉思汗于1206年完成统一，建立起蒙古汗国后，先后攻灭了西辽、西夏、金等国，并继续扩展自己的势力到黄河流域。1271年忽必烈定国号为元，1276年灭南宋统一了全国，建都大都（今北京），其疆域东、南到海，西到新疆，西南到西藏、云南，北到西伯利亚等广大地区。元朝统治者在最初南侵后，即将其所占地域的农耕土地变成牧场，企图以他们落后的生产方式与生活方式代替汉族进步的生产方式与生活方式。但在全国统一后的施政中，蒙古统治者逐步认识到必须恢复与发展汉族以农耕为主的农业生产方式，使民自耕自食，官府课以租税，既安民又利国。由此，元朝政府相继采取了恢复农业生产发展的措施，并进而采取了一些鼓励政策，如禁止毁农田为牧地、鼓励开荒增田、组织兴修水利以灌田等。使元初遭受破坏的农业生产得以恢复，并以汉族传统的封建制农业生产模式向前推进，使生产工具进一步更新，使经济作物的品种与种植面积扩大，如棉花、蚕桑、茶叶等种植面积的扩大。元代农业生产的恢复与一定程度的发展，为其手工业的发展奠定了物质基础。元代的手工业发展产生了如下两个变化：一是手工业的生产关系出现了倒退，即元代统治者把一些主要手工业集中于官府与贵族手中进行控制，并使大批工匠重新沦为工奴，从而把封建制退回到奴隶制；二是元代官营手工业获得了一定的发展，主要表现在行业分工更加细化、产品品种增多与规模扩大、生产技术有了进一步的提高，同时，民间私人独立经营的手工业还有一定的存在和发展，主要表现在生产技术提高、新产品品种扩展上，如棉纺织技术、印刷技术等有了新的发明创造。同时，随着元代统治者将统治区域向西部国家拓展，其陆路与海路国际交通条件也得以发展与优化。总之，由于元代在政治上的大统一与稳定发展，使农业、手工业生产也逐步获得恢复与发展，再加上国际交通条件的扩展与优化，为元代国内外商贸业的恢复与进一步发展创造了条件。其发展变化主要表现在以下方面：

（1）商贸经营机构与经营主体的变化。一是商贸经营机构领域的变化。在这一时期，除了自由商人经营机构继续保存和发展外，由于元初奴隶制的侵扰，出现了大量的诸王、大臣的官营机构；在内外贸易中，出现了更多的对外贸易经营机构；在地理分布上，虽遍布城乡，但更多地集中在大城市，尤其是当时的都城大都与进出口的海口城市，如杭州等；在经营形式上，除了独立经营的商贸机构外，出现了更多的手工业产销一体化的经营机构；商贸经营行业有了新的扩展，但一些重要行业有了更突出的发展，如棉纺织品业、牲畜品业、奴隶贩卖业、交通运输业等。二是商贸业经营主体领域的变化。在这一时期，虽然独立经营的自由商人仍广泛存在并有一定程度的扩展，但由于元初分封制的扩展，出现了大量的诸王、大臣的奴隶主与封建主相结合的经营主体，带有了明显的垄断性，并驱使更多的商业奴隶从事商贸经营活动，虽然后来统治者严法禁止，但“抑民为奴”的现象并未完全消除，呈现出一定的倒退状态。

（2）商品交换市场的发展变化。一是市场范围的扩展。在国内，已遍布城乡；在对外贸易中，随着元代统治区的扩展，不仅国别的数量进一步增多，更明显的是在这些国家的市场覆盖范围与商品交换规模有了进一步的扩大，当然，主要表现在一些主要商品品种上。二是城市市场基本保持了发达的状态。这主要表现在一些商品交换的中心城市上。其市场类型除了一些主要的产品市场，如米市、棉麻市、铁市、马市、猪羊市、牛驴市、骆驼市、珠子市、珊瑚市、果木市、鱼蟹市等带有浓重的游牧产品与主食产品市场外，还出现了进行奴隶公开买卖的“人市”，在交易中，由卖方出卖身契，经纳税由官府批准后成交，这类市场的出现，反映出元代商贸业的一种畸形发展。在城市市场的区位设置上不受限制，可在城市的各处设置，进行随地、随时交易。在城市市场的经营规模上，较宋代有了明显的增长。如当时的“大都”城市已成为陆路贸易中心，是国内商品最大的集散地，仅生丝一项商品，每天运进量即达千车以上，外国旅游者马可·波罗在《马可·波罗游记》中，就认为世界上各大城市都不能与它相比；再如，作为当时南方海、陆贸易中心的杭州市，据《元史·食货志》记载，在各行省的商税、酒醋课的征收额中，江浙行省占第一位，反映出它的市场商品交易规模之大，特别在元代经济中心南移之后，杭州城市市场交易规模都超过了“大都”这一城市。所有这些，都反映了大型城市作为地区、全国中心城市市场地位的进一步提升。

（3）商品品种构成的发展变化。一是商品品种的数量随着农业生产特别是手工业生产技术的提升，有了进一步的增加；但更明显的是对外贸易商品品种的扩展。二是商品品种的扩展在类型结构上有了如下的明显变化：主要生活必需品比重居于重要地位，主要表现在商品粮食类、棉麻织品类，特别是棉纺织品类比重的提升上；具有游牧族特色用品的牲畜产品的商品类型有了明显的扩展，不仅用于食品消费，还更多地用于农耕、交通运输的生产消费活动上，即扩大了生产资料商品的品种及其比重。三是最突出的变化是出现了“奴隶”商品品种。在元代以前奴隶所处的地位带有很大的强迫性与非商品性，而在元代，“奴隶”的数量有了更大的扩展，虽仍带有很大的强迫性与非商品性，但已开始出现了“人市”市场的交易行为，即奴隶可在“人市”自主出卖自身。它的买卖过程是先由奴隶提出卖身契，并亲自按上指纹，然后向官府纳税再由官府批准，最后双方成交。可见，“奴隶”已成为一种在市场上公开交易的商品类型，这种“商品”从传统意义上说，虽然是一种畸形商品，但可以把它视为是一种初始型的“劳动力商品”类型，或具有一定的“劳动力商品”因素。

（4）对外贸易与交通运输较宋代有了某些发展。一是对外贸易的发展。虽在整体上尚未超过宋代，但在对外贸易的区域范围与覆盖的国家数量及其域内范围上比宋代有了更大的扩展。在陆路对外贸易上，随着元代疆域横跨欧亚而向欧洲国家市场延伸；其出口商品品种更多的是中国的特产商品品种，如丝绸纺织产品类、瓷器产品类与中药材产品类等。同时，在海路对外贸易上，已更多地向波斯湾沿岸、阿拉伯半岛沿岸以及非洲沿海国家地区扩展，当时通过海路同中国相互通商的国家已达20多个，特别是把海上的对外贸易区域延伸至非洲地区，已超出了宋代的区域范围，其进出口的商品品种虽大致与宋代相同，但最突出的是中国的“奴隶商品”已成为主要向这些国家地区出口的规模较大的国际性商品，而成为中国劳动力商品国际市场的首先开发区域。二是对外交通运输业的发展。首先，陆路交通运输条件的进一步发展。一方面是交通运输路线向欧洲国家区域的延长；另一方面是形成了从中国大都城市经过沿天山北路与天山南路中经中亚、西亚，再到欧洲国家的两条畅通的“驿道”，从而成为同这些国家进行贸易往来的交通运输大通道，为陆路对外贸易的进一步扩展创造了有利的条件。其次，海路交通运输条件的改善与扩展。一方面表现为船舶制造规模与航海技术的扩展与提升，仍居当时世界的领先地位；另一方面则表现为进出口商品的海上港口不仅在数量上有了增加，而且在港口的设施条件上也进行了一定的优化。所有这些交通运输条件的扩展与改善，为海路对外贸易的发展提供了更加方便的条件，同时也促进了车船商品品种与交通运输服务业的扩展。

（5）商业行会组织的发展变化。随着商贸业的发展、商业行业的扩展，特别是官府对商贸活动科索的增多，商业行业组织继续存在并有一定的扩展。其主要变化表现在以下几个方面：一是行会组织的主要作用，不仅是维护同行的经营利益，而且更多是共同应对官府对商贸活动所进行的多种科索与摧抑政策措施及行为。二是各行会组织更加专业化、独立化，相互进行了信息保密与防护。由此，在各行会组织内部不仅进行了严格的管理，使行规更加优化；而且采用了各自行会组织的专业行语，当时被称为“市话”，各行业间彼此不相通用，从而加强了专业经营的细分化与竞争策略的保密化，推进了行业分工的发展。三是外商在国内进行商贸经营的人员规模有了明显的扩展，由于经营的商品类型与范围均不同，并出现同中国商人、国外商人间的竞争，也开始仿照中国的商业行会组织而建立起国外商人的商人组织，当时被称为“斡脱”，可把其视为国外商人联合会，其内部也有不同的行业类型。

（6）官府对商贸业管理的发展变化。随着元代统治者经历了由摧商、抑商到恢复与励商政策措施的转变，其官府对商贸业的管理呈现不同的状态，但从元代的整个情况来看，是宽、严并举的，在管理的要素上也存在一定的优化发展。一是加强对外贸易的管理。在一些重点商品进出口海港专设了“市舶司”管理机构，进行进出口商贸活动的全面管理，如在主要重点港口的广州、泉州、庆元等海港设立了“市舶司”，进行进出口税收、商品检验、车船的使用与港口设施的保护及使用等方面的管理，为海上对外贸易的扩展与有序进行创造了有利条件；同时，也加强了陆路对外贸易的管理，除税收外，还设置了国内外通行的“驿道”，进行了卫护管理，以保证商旅的安全通行。二是元代针对诸王、大臣在初期随意掠民为奴的情况进行了严格的法制管理，从而也限制了在商人中扩展商奴的趋势。三是加大对商贸业的税收管理，扩展了课税的种类，加大了对商人的盘剥。四是对特有商品品种也加强了管理，特别是对新出现的“奴隶”商品的贩卖活动进行了严格的管理。不仅在一些通都大邑设置了专营的“人市”由官府进行集中管理；同时，还设置了管理的程序，即进行奴隶买卖必须提交按有指纹的卖身契，然后按章纳税，并经官府正式批准，最后才能正式成交贩卖，以限制随意掠民为奴的现象发生。五是在推进商业行会组织发展的同时，也加强对商业行业组织的管理，主要是抑制富商大贾同官府诸王、大臣相勾结，操纵商业行会组织干扰朝政与掠民等过激的活动。

总之，元朝在改变初期的毁农、摧工、限商状况之后，采取了发展农业、扩展官营手工业与促进商贸业的政策措施，使商贸业获得了一定的发展。主要是城市商贸业、对外贸易业、商品品种构成、商业行会组织、商贸管理方式都获得了一定的发展变化。但总的来看，元代商贸业，尤其是商贸服务业的发展较两宋时期的繁盛状态有所回落，进展速度迟缓，甚至在一些要素上出现了明显的倒退与畸形变化。

从上述可见，封建社会中期原始第三产业的发展，是经历了一个由隋唐时期的较快发展、两宋时期的繁盛发展，到元时期的缓慢发展的历史进程。在每个历史时期，虽然发展速度不同、发展的重点不同、构成要素的起伏变化不同，但总的状态是向前推移，使其达到了前所未有的高度，呈现出繁盛发展的局面，从而使原始第三产业作为一个初始的独立产业形态已基本形成，只是在原始三大产业发展中仍处于极其薄弱的地位，其内部结构还极不完善。我们之所以分析研究其历史进程，是为了揭示在不同社会经济环境下社会生产力发展的不同状态、在不同社会生产发展水平下不同的三大产业状态，进而认识原始第三产业所处地位的成因以及第三产业内部结构的变化状况，最终掌握其发展的共同性与特殊性，在比较中准确地把握其发展的一般规律性。

（二）原始第三产业经济较快发展的基本状态

1. 原始第三产业作为一个初始的产业形态已基本形成

经过奴隶制、封建制社会初期社会生产三次大分工的深化发展，在封建制社会中期原始农业、手工业生产发展的基础上，使商贸、服务业也获得了相应的发展，并且由于该时期社会经济环境条件的变化而有了较快的发展，呈现出空前繁盛的局面，由此，使原始第三产业在三大产业中所处地位有了明显的提升，其作为一个初始的独立产业形态已基本形成。这主要表现在产业机构与产业活动范围的扩展、产业结构要素的发展与优化、产业功能作用的提升、产业体系的延伸等诸多方面。虽然作为原始第三产业主要形态的商贸业，在社会经济中仍处于极其薄弱的地位，但其基本构成要素已经形成。

2. 原始第三产业主体机构的扩展

该时期其主体机构的扩展主要表现在以下几个方面：一是经营业类型的扩展。国内商贸业向服务业开始扩展，出现了更多的服务业类型，不仅出现了更多的生活性服务业，如饭店、酒店、茶店、旅店、娱乐等经营业；还出现了更多的生产经营性服务业，如车船维修、房舍维修、商品储运等经营业；更产生了信用服务业，如抵押、汇兑、担保等经营业。二是国内商贸业向对外贸易业的迅速扩展。对外贸易业的扩展，不仅是国内商人向国外出口与由国外向国内进口商品的经营业的扩展，更明显的发展是国外商人进入境内从事固定与流动的进出口商品经营业，外商独立经营业的出现与扩展是产业形态的一个重大发展。三是流动性的商品贩运业向固定性商品经营业迅速扩展。这不仅表现在各城市集中经营“市区”内的固定经营业的迅速发展上；还表现在由城中“市区”向广大居民居住区的“坊”的固定经营业及向城市外部广大区域范围的固定经营业的不断扩展上，从而使具有固定场所的经营业发展成为一个主导型的经营形态。四是手工业兼营商贸业的扩展。大型手工业生产业不断独立化，但更多的中小型手工业则进行产销结合经营；同时，一部分大地主，除了经营农牧业外，也出现了兼营农工商的经营类型。总之，这些发展与变化，不仅使原始第三产业链向纵向延伸，出现了更多的行业类型与细化层次，而且开始出现横向扩展的趋势，形成初始的产销、国内外、农工商一体化的产业链形态，从而形成一定程度的横纵向“集合体”。

3. 原始第三产业经营主体的发展变化

这里主要是指从事原始第三产业经营者地位结构的发展变化。一是自由独立经营的私人商人阶层已居主体地位，在这一时期，通过官府驱使奴隶商人经营，到官府进行直接经营，再到大量的自由民进行独立自主经营的演进过程，其占绝大比重的经营者是具有自由民身份的独立自主经营的私商。尽管在元代初期曾经扩大了奴隶商人的比重，但其经营的主体仍是诸王、大臣的自主独立经营，尔后，独立私营商人又进行了扩展才使私营商人阶层主体化，从而使原始第三产业进入经济化的独立发展道路。二是封建私有制已居主体地位。随着私人商人阶层的主体化，导致了原始第三产业经营者可以自由支配自有资金、设施、经营队伍等经营要素，并逐步扩大了积累规模，而出现了更多的扩大经营的私有资产，从而推动了原始第三产业私有制的发展，并居于主体地位。正是由于这种主体地位，才使这些私商经营机构具备了自由“集合”的前提条件。这不仅表现在商业行业的宏观“集合”上，而且开始不断地表现在相关机构经营的微观“集合”上。也正是由于这些不同层次、不同范围的商贸经营机构的自由“集合”的出现与扩展，才为原始第三产业的初始独立产业形态的确立与形成提供了前提条件。

4. 原始第三产业规模的迅速扩展

原始第三产业规模的迅速扩大发展主要表现在以下几个方面：一是产业中的行业向纵向与横向扩展。向横向扩展，表现为物质产品经营的商业行业向国外互换的对外贸易行业的扩展，并进而向生产经营服务与城乡居民生活服务行业的扩展；向纵向扩展，表现在以上类型的分类行业向细化层次快速延伸。如在隋朝洛阳的“丰都市区”内就拥有“一百二十行，三千余肆”；在唐朝的长安设置的“东西两市区”内就各有220行；到南宋已在全国范围发展为440余行。当然，这里的行业划分大多按商品经营品种而划分的，尽管如此，已说明原始第三产业的发展规模达到空前的程度。二是产业经营规模的迅速扩展。这首先表现在所经营的商品品种的快速扩展上，已由农产品品种向更多的手工生产的品种扩展，并向服务产品品种扩展；由国内商品品种向国外进口商品品种扩展。其次反映在产业生产总值或商品流通总额的扩展上。当时，虽无准确的统计数据，但可从税收额、货币流通量等方面得到佐证，如在北宋仁宗以后，商税总额即达八百万贯，如按当时商税率的“过税”2%、“住税”3%的平均值2.5%计算，其商品经营额即高达三亿二千万贯，这里还不包括未能征税的商品经营额。三是产业经营活动区域范围的迅速扩展。已由城市中的“市区”向居民区、由城市向广大乡村、由国内向国外的广大空间区域自由扩展、延伸。特别是国际空间范围，已从邻近国家范围向广大亚洲区域国家，乃至非洲、欧洲国家的广大区域范围扩展，说明其产业国际化的发展已达到空前的高度。

5. 原始第三产业经济要素的扩展变化

原始第三产业的经济要素不仅有了扩展，而且其规模也有了进一步的增长，但其结构还很不完善，有些刚处于产生阶段。一是产品实体要素。构成商品物质实体的产品，已由生活消费品向手工业与农业生产资料消费品扩展。在生活消费品中，已由粮食产品向手工业产品快速扩展，出现了更多的棉、丝、麻等纺织产品商品；在生产资料消费品产品中，除了手工业生产所需要的多种原材料产品外，还快速地向所需生产工具产品扩展，同时，也向农耕生产所需工具的犁、耕畜等产品扩展，以及向车、船等交通运输工具产品迅速扩展。尽管这些产品的商品品种的销售规模不同、用途多样、质量款式多异，但从总体来看，较前有了较快的增长，使原始第三产业的经济组成要素的主体得以确立。二是资金支撑要素。资金来源的主要渠道仍是自有资金的投入，并随经营的扩展而积累增加；但已出现了信用借贷的资金来源，如原始的“当铺”抵押借贷形式等；官营产业资金主要是由官府的税收转化而成，并通过发行铸币而扩展。三是劳动力支撑要素。产业劳动力除了一定规模的"商奴"外，绝大多数是自由民，除了地主、退职官员与一部分自耕农作为独立自主的产业主或经营管理劳动者外，从事具体经营的劳动力主要是失去土地或弃农经商的自由农民，是被雇佣的劳动力。由于产业劳动力大多为自由民身份，使其规模随原始第三产业的发展变动而发展变动，从而使产业的发展得到了基本劳动力的保证，与之协调发展。四是物流支撑要素。随着商品实体要素的流动引起了物流的相应发展，这表现在以下几个方面：首先，海、陆交通大通道的扩展与畅通；其次，车、船等交通运输工具及仓储设施的优化与扩展；再次，海港数量与规模的扩展，以及陆上作为物资集散地城镇"市区"的优化与扩展；复次，物流的安全维护与管理的强化；最后，物流业作为一个独立的产业行业类型已经出现。所有这些发展变化，使物流要素成为产业发展的重要支撑力。五是信息引导要素。信息的引导力虽然还很薄弱，专营信息机构尚未正式形成，但由于行会组织的发展，在行会内的信息传递活动已经广泛展开，并通过行语，即"市话"形式进行信息传递；在相关机构之间还通过暗自交流去相互沟通有关信息。可见，信息流动已经出现，开始发挥引导产业活动的作用。六是劳务服务的商贸服务要素。服务要素包括生产经营服务与生活服务要素，生产服务虽然还很薄弱，但生活服务却有了较快的扩展，如餐饮、旅居、娱乐等服务要素；在生产经营服务中出现了交通运输工具维修、商品储存保管以及典当、抵押、中介等服务要素。服务要素的出现和发展，使产业活动有了更完备的内容与辅助力。总之，原始第三产业的经济活动已具有了产品、资金、劳动力、信息、服务等基本要素。使其初始的独立产业经济形态基本形成。

6. 原始第三产业组织的新发展

行业的细化扩展与市场竞争的显现，促进了行业自我保护组织的产生。在这一时期内，行会组织并未遍及所有行业，但在一些大城市"固定市区"内的一些主要行业先后组建了本行业的行会组织，这些行会组织多被富商大贾所控制，并被官府利用来作为管理产业活动的工具。尽管如此，行会组织的出现与扩展及其行会组织体系的初步形成，则是产业组织的一个新发展。

7. 原始第三产业宏观管理体制的发展

在这一时期，封建国家政府仍执行"重本抑末"政策，但在对原始第三产业进行严格控制管理的同时，也采取了一些励商政策措施与促进正常经营的法规办法。国家政府所采取的强化管理的主要措施有以下几个方面：一是在国内各大城市先是设立"固定市区"，专设管理机构与官吏依法进行全面严格管理。尔后，除在特设的"市区"进行管理外，放开"市区制"的限制向广大城市居民区与广大的城乡地区市场扩展，取消地区、时间的限制而自由经营。但采取了"市易法"与道德约束，促使经营主体依法、依德从事诚信经营。二是在主要进出口商品的沿海港口设立"市舶司"管理机构与"市舶使"管理官员，对海港活动进行严格全面管理；在陆路的边关要塞设立进出口商贸活动管理机构，并制定明确的法规进行严格管理，特别对边境不友好国家的互市贸易进行严格的管理，如《唐律》规定，不经允许而私渡边塞进行交易者给予重罚。三是进行税制管理。除进行重税管理外，还区别不同的商品品种、不同的区域范围实施不同的税率管理，以限制重要商品的出口与经营垄断。四是进行货币铸造与货币流通量的严格管理。不准私铸货币、乱发货币；规定币种与铸币的单位重量与质量；控制货币的发行量等，以保证货币流通量与商品流通量相适应。五是优化对官营专卖机构的管理。六是加强行会组织的管理，既控制行会组织的经营垄断，又利用行会组织促进正常的交易活动，稳定市场秩序等。

纵观封建社会中期原始第三产业发展的历史进程，是随着战争与稳定、封建政府的交替变革、各代政府所采取的社会经济体制的调整，特别是对发展商贸活动所采取的政策措施的调整，而不断发展变化的。这一发展变化，主要表现在原始第三产业各构成要素已不断出现，特别是其主要构成要素获得了进一步的提升与发展，并开始形成一个初步的体系，由此，原始第三产业作为一个独立的初始产业形态已基本形成，并呈现出前所未有的繁盛局面，为尔后的原始第三产业的进一步发展奠定了良好的基础。同时，这一时期原始第三产业的发展向我们揭示出以下几个基本认识：一是经济的发展源于社会生产力的发展；产业的分化与发展源于社会经济的发展水平；原始第三产业的发展基于第一、第二产业的发展水平。二是产业的发展基础是经济发展，但上层建筑对经济基础具有一定的促进与制约的反作用，即上层建筑的进退与状况又引起产业发展的起伏变化；由于人类社会生产力的不断发展，也必然推动经济发展水平与社会生产分工的发展水平，并不断提高各产业的细化发展，使上层建筑作不断的优化调整。三是存在决定人们的意识，不是意识决定存在，但意识并不同时反映存在；作为意识升华的思想、理论，虽不同时反映客观存在，并因各自的立场不同而有不同的观点，但必然最终反映客观存在，因此，在一定的原始第三产业发展的状态下，人们的原始第三产业经济思想观点呈现出各种不同的差异，并产生出对原始第三产业发展的不同反作用；而梳理这些不同的原始第三产业思想观点，评价它们的作用状态，将其推进到符合客观存在的基础上来，从而形成一个科学的理论体系以正确指导与推进实践的发展，就成为我们的一个重要的历史任务。

第二节 封建社会中期主要学派代表人物的原始第三产业经济思想

在封建社会中期，随着社会经济的发展，特别是原始第三产业经济的发展，一些经济思想家、经济改革家较多地展现出各自的原始第三产业经济思想，其中最具有代表性的有刘晏、陆贽、韩愈、王安石等著名人士。他们从不同的角度与层面，创新发展了原始第三产业经济思想观点，从而丰富了中国原始第三产业经济思想理论的宝库，为中国原始第三产业经济的发展作出了卓越的贡献。

一、刘晏的原始第三产业经济思想

刘晏（715～780 年），字士安，曹州南华（今山东省东明县）人，是中国封建社会时代杰出的理财家之一，也是封建社会中期原始第三产业经济思想的著名代表人物之一。唐肃宗时，任户部侍郎、度支郎中，代宗广德元年（763 年）任吏部尚书、同平章事，不久罢相，仍领度支盐铁转运租庸使及东部、河南、江淮、山南等道转运租庸盐铁使等职。“安史之乱”后，大力整顿十分紊乱的财政，理财达 20 年之久，其绩卓著，提出了一些创新性的思想观点。

（一）对原始三大产业间关系的思想

刘晏继承了“农本”的思想，主张大力发展作为原始第一产业的农业生产，要稳农、安农、兴农。但不完全片面的抑商、轻商，而注重“农商兼顾”，更多地发挥商业对促进生产与整个经济发展的作用。

他虽然主张对富商大贾垄断市场、囤积居奇以牟取暴利的行为，要通过国家对市场的宏观调控政策加以严格管理、进行有效的遏制，但不完全主张抑制工商业的发展、绝对轻商。他主张政府在对第三产业经济活动进行有效监督管理的基础上，使商人更多地进行独立经营活动，来取代或部分取代官营机构从事商业经营活动，而把商人视作国家推行“轻重”政策的助手，把工商业视为封建经济的必要补充。他认识到“商贾往来”能在一定程度上促进社会商品流通与整个社会经济的繁荣发展，因而，他主张积极鼓励商贾参与商品经济活动，并实施有力的宽松经济政策。例如，开放食盐流通渠道，让私营商贩发挥更大的作用；采取减税、增利措施，鼓励商贾深入农村去购粜粮货，调剂市场供求关系，以救农、利农等。由此，他从以往强调国家对商业、商人进行强烈抑制的思想，发展到抑、励并顾，适当发挥商业活动对社会生产与整个社会经济发展的一定促进作用的思想。这主要表现在他的理财观上，如他认为，国家理财不能片面地考虑通过对商贾的榨取去增加国家的财政收入，还应考虑财政税收政策要有利于社会生产的增长与经济的繁荣，特别是要有利于农业生产的发展与物资的余缺调剂，畅通其流通。因此，他主张在全国实行“常岁平敛之，荒年蠲救之”① 的政策，而力主通过政府发放贷款和用国家储备的粮食去交换其他农副产品等办法，去尽可能减轻自然灾害对生产与流通带来的不利影响，从而变水旱“二害”为农商“二胜”，保证百姓能够正常的从事“耕耘织絍”；同时，他力主官府所设的盐政机构要切实担负起对盐的生产、流通活动的检查、督促及技术指导责任，而不只是征收盐税而增加财政收入。从上述可见，刘晏在对原始三大产业关系的认识上，坚持重农，主张对商业活动加强宏观监督与调控，但不抑商与轻商；主张在国家对工商业加强宏观调控管理的基础上，让商人更多地进行独立经营，并部分地取代官府机构的直接经商活动。即他已明确地认识到“商贾往来”对促进商品流通及整个社会经济繁荣的积极作用，从而对三大原始产业关系的认识进行了一定的提升与创新。

（二）对原始第三产业中官营与私营商业关系的思想

刘晏主张官府对关系国计民生重要物资或产品，更多地进行直接控制管理，但在具体经营上，主张官营与民营相兼，更多地由私营商贩进行具体的销售活动。

1. 在榷盐制度上，他主张实行自由经营模式

唐初期，盐利归于各州县，到开元年间则由中央政府征收盐税，但不久又归于各州县；“安史之乱”后，在河北地区出现了以盐专卖来筹集军饷的情况，两年后唐朝政府就推行了盐由官营机构专卖的制度，在各产盐地区设置了盐院官吏，使盐户在其隶属管理下从事生产经营活动，在其他非产盐地区亦设官进行管理与设机构进行买卖，并大大提高了盐的销售价格。刘晏于公元760年兼任盐使后，即主张对此进行变革，并具体提出了如下改革的思想观点。

（1）确立以商人为主体的自由运输销售体系，取代官产、官运、官销一体化的专卖

① 《新唐书·刘晏传》。此部分引文多出自此书。

体系与政策。在盐的生产方面，主要依靠煮盐户自行生产，在盐官的监督下出售给盐商。在盐的销售方面，采取以下两种方式：①盐商按照官府既定的价格自由运销，并缴纳一定额度的盐税，或由官府统一收购煮盐民户生产的盐产品，收贮于官属盐场，然后，由民间商贾向盐场买盐，官府从购销差价中获得财政收入；②商贾购盐后，可以按照自己的经营意图运销全国各地。

（2）改革榷盐的管理机构与体制。他认为当时存在官僚机构臃肿、盐官与盐吏过多、办事效率低下、榷盐办理不善、费用过大、贪污过多等弊端，应立即加以改革。对此，他主张并采取了以下改进措施：首先裁减盐官、盐吏，精简官盐管理机构与经营机构。在产盐地区设置了十个盐监和四个盐场，盐监负责管理盐的生产与收购，并在产盐区内的适当地点设置盐的储存库场，集中收存盐产品，以供运销，从而把住货源环节；在非产盐区及销售地区均不设置盐官、盐吏。其次主张并建议唐朝政府颁布命令，取缔各地方政府和军队对食盐征收过境税的行为，鼓励私营商贾参加食盐的运销，以扩大食盐产品的流通领域。

（3）主张仿照粮食的“常平仓”制度，建立常平盐制，用以解决食盐产品供求不一致的矛盾。对此，他采取了以下改革措施：其一，由官营机构将收购的盐产品的适当部分运送至一些不产盐或运费高昂、商贾不愿贩销的边远地区，运收于官设的盐库即盐场，进行储备；其二，在盐产品供应紧张、价格高昂时，以平价出售，以抑制私营商贾高抬盐价、满足人们生活需求与扩大产品销路，并由此增加国家的一定财政收入，从而收到“官收厚利而人不知贵”① 的效果。

2. 在粮食的“常平仓”制度上，他主张对传统的体制进行完善

粮食常平仓制度，实际是粮食的储备制度，在西汉时期由耿寿昌首创。唐朝初期仍沿袭了这一制度，在全国各地设置了规模不一的粮食常平仓，在丰年以稳定的价格收储，在灾荒年则开仓以平价销售，用以解决社会上的缺粮问题，并抑制私营商贾的盘剥，有效地促进了粮食商品的流通，调解了粮食产品的供求关系，从而稳定了社会生产与生活秩序。但从“安史之乱”后，这一常平仓制度受到破坏，产生了消极后果。对此，第五琦于公元764年（广德二年）向唐政府奏请，建议“每州置常平仓及库使，自商量置本钱，随当处米物时价，贱则加价收籴，贵则减价粜卖”②。公元766年唐朝政府采纳了上述建议，正式设置了常平使，并委任刘晏与第五琦负责全国的常平管理工作。刘晏任职后，主张重视与发挥私营商人的作用，更多地依靠他们来搞活城乡粮食的流通。其最主要的思想观点是采取国家同商贾进行以粮食易货的办法，进一步完善粮食的常平仓制度。他针对当时的粮食常平仓多设置于城镇的集市里，使农民运销粮食费用大、耽误很多生产时间的状况，而主张采取以有利于商贾的条件，用粮食向其交换其它农副产品，以鼓励商人下乡购货粜粮的办法，而不赞成由官府发放救济粮，进行单纯救济的办法。为此，他力求采取扶助受灾农民恢复和发展生产，实行生产自救的原则，在每次灾情出现时，及时主动地采取减免赋税、发放贷款、平粜粮价，以及收购更多的其它农副产品等措施，既推进农民生产自救，又推进商贾对其它农副产品的运销以及其它手工产品的广泛交流，并减轻国家的财政负担。这种主张源于他的如下认识：荒年虽然粮食歉收，但其它农副产品仍有一定的产出

① 《新唐书·食货志》。

② 《唐会要》（卷八十八）；《册府元龟》（卷五百零二）。

量，如推进农民加大农副产品的生产量，用国家的部分储备粮按照对农民有利的价格同农民的农副产品相交换，一是解决了灾民缺粮的困难，使农民尽快恢复生产；二是可将换来的农副产品运销到粮食丰收的地区交换粮食，并调剂农副产品的余缺；三是还减少了国家财政的过重负担，是一举三得。他基于以上思想观点，采取了相应的实施办法与措施，使“粮食常平仓”制度得以完善，使国家的常平粮“不待令驱”而通过商人“散入村间”，从而收到扩大粮食流通、利国济民、变灾害为农工商交换之利的良好效果。

（三）对原始第三产业宏观调控管理的思想

为了发挥商业、商人的积极作用，使之成为国家推行“轻重”政策的助手，他提出了在加强对其宏观管理中，采取直接管理与间接管理相结合、控制与激励相结合的管理原则与管理政策，着重调节主要商品的供求与价格，从而保持各地商品供求平衡与价格稳定的思想观点。

1. 建立国家对商业宏观调控管理组织体系的思想

他主张国家除设置中枢调管机构外，要在作为各地经济中心的各主要城市设置管理粮食和其他商品的市场管理组织机构，即“巡院”，并设置主要的管理官员，即“知院官”，以形成商业的宏观调管体系。其主要职能有以下两点：一是各地管理官员必须系统搜集、掌握各地经济与市场信息，并按月、旬将当地有关的农业生产、粮食收购，以及其它商品的供求情况，及时向国家中枢管理机构进行汇报；二是国家中枢管理机构要及时汇集各地的经济与市场动态的情报信息，对其进行全面分析，进而根据各地“货殖低昂及利害”的情况，“权万货之轻重”，作出各地吞吐物资、调节供求的具体决策，从而“使天下无甚贵贱而物常平”①。

2. 对关系国计民生的重要物资进行官营专卖，更多地进行直接调控管理的思想

（1）对盐、粮食这些重要产品，主张由官营专卖，以有力地调节其市场供求，扩大国家财政收入。他提出了“因民所急而税之，则国用足”的主张，要求政府在选择专卖商品时，要选择“民所急”的商品，即广大人民群众所必需而又不易找到替代品的商品，也就是那些需求弹性小、提升价格也不致引起销售量锐减，而仍有最低消费量的商品。政府对这些商品进行专卖经营，既能保证人们的基本消费需求，又能较多地增加国家的财政收入。他认为，对盐、粮食产品进行官营专卖符合他上述提出的原则思想，能够运用国家的力量，掌控国家的经济命脉。

（2）对官营专卖商业经营活动，进行严格的统一管理。他主张严禁官府专卖商品的走私活动，以及地方官府机构的私征商税行为，并主张适当减轻盐商的税率。如在官营食盐的运销活动中，他提出“盐吏多则州县扰，出盐乡因旧盐置吏，亭户粜商人，纵其所之。江岭去盐远者有常平盐，每商人不至，则减价以粜民，官收厚利而人不知贵。晏又以盐生霖潦则卤薄，旷旱则溜坟，乃随时为令，遣吏晓导，倍于劝农。”② 首先，他认为应精设专卖管理机构，优选管理的官吏，提高管理水平，改变“盐吏多则州县扰，出盐乡因旧盐置吏”的状态。要更换与淘汰那些习惯于敷衍、推诿、欺瞒，乃至勾结、请托和其他营私舞弊行为的官吏，选拔那些有一定学识、脚踏实地办事、爱惜自己名节、廉洁奉

① 《新唐书·刘晏传》。

② 《新唐书》（卷五十四），《食货志》。

公的人士来充任，特别是对管钱、管物、管账等重要岗位的人员，要统统委任那些“新进敏锐”的士人充任。即通过上述的更新措施，组织和培养起一批善于经营的管理者，不仅要善于管理，而且还要善于引导，即如他上述所说的“乃随时为令，遣吏晓导，倍于劝农”。其次，他主张严禁食盐走私。为了加强缉私，他不仅提倡要优选廉洁奉公的管理官吏，进行统一管理；而且还提倡在“巡院”中专设缉私的机构，负责招募守法的商贾，并监管其推销官盐的业务活动，而不“纵其所之”。再次，他主张减轻盐商的税率。他不仅提倡在商人不去远销的非产盐区，要将常平的官盐以低价销售给消费的民众，即他所说“每商人不至，则减价以粜民，官收厚利而不知贵”。最后，还提倡对远销的盐商进行轻税减税，即如他所说“奏罢州县率税，禁堰埭邀以利者”①，要各道、县的行政管理机构罢免对盐商船舟过境及使用堰隶所加征的盐税，而使盐在离开官设盐场之后不再缴纳捐税，以便商贾畅通无阻地进行盐的运销。他为了鼓励盐商贩运的积极性，还主张以纳绢代盐价，并对绢价进行加价优惠，以增加对绢的货源控制量，更好地满足官府与人们对绢的需求，从而更加灵活地进行专卖管理。

3. 对货币流通量进行调控的思想

他主张调整国家的货币政策。首先，主张货币的名义价值接近于它的内在价值。要改变当时流行的以一当十的乾元重宝钱与以一当五十的乾元重轮钱，所造成的货币过度贬值的状态，力求达到以一当二和以一当三的水平，以遏制因过度减轻货币重量而引发物价暴涨的局面，使市场的供求关系保持稳定。其次，他从货币流通量应与社会商品流通量相适应的认识出发，主张封建政府不能以铸钱作为盈利的目的，而应以稳定市场的供求关系为主要目的，其铸钱币的多少应适应现实商品流通量的需要。因此，他把调控货币流通量与币值，作为官府调控市场与商业活动的一个重要手段。

总之，他在原始三大产业关系的认识上，主张以农为本，“农商兼顾”，更多发挥商业的积极作用；在对原始第三产业中官营商业与私营商业关系的认识上，主张官府对关乎国计民生的重要物品进行专卖经营，但在具体运营中，提倡官管、商销，使官营与民营相兼顾，更多地发挥商贾在运销中的作用；在对原始第三产业宏观调控管理的认识上，主张采取直接管理和间接管理相结合、控制与激励相结合的管理原则与管理政策，通过优化调管组织机构与人员、完善统一管理的办法、采用适度的货币发行量，去创新发展对原始第三产业的宏观调控管理体制。

二、陆贽的原始第三产业经济思想

陆贽（754～805年），字敬舆，今浙江嘉兴人，出生于地主官僚家庭，是唐朝原始第三产业经济思想的代表人物之一。他多从国家财政管理的角度出发，以国民财富、商品货币与价格等方面的问题为重点，论及社会生产与流通的关系问题，提出了他的原始第三产业经济思想观点。

（一）物质财富观

1. 财富的主要形态是物质财富

他认为，物质财富的增长是经济增长的基础；劳动是物质财富生产的源泉；在物质财

① 《新唐书》（卷五十四），《食货志》。

富生产中，劳动者劳动技能的熟练程度及其劳动效率的高低对物质财富的生产增长具有重大作用。他在其著作中指出："夫财之所生，必因人力。工而能勤则丰富，拙而兼惰则窭空。"① 即他认为，劳动者的技术高低及其勤惰状况，影响劳动生产率的高低，进而影响物质财富的生产数量。

2. 生产力动力论

他认为，要增加物质财富的生产量，就要进行社会生产专业分工，使各从业者各安其业，并进而提出了他的"以民为本"的思想，即要重视劳动者的作用，调动劳动者的生产积极性，保证民生。因此，他主张封建国家的执政任务就是要使"商农士贾，各有所专"，要使他们能够"咸安其分"，各自从事各业，搞好生产经营活动，促进社会经济的发展。由此出发，他提出了"生产力动力论"，认为"人者邦之本也，财者人之心也……其心伤，则其本伤；其本伤，则枝干凋瘁而根柢蹶拔矣"②。进而认为"故立国而不先养人，国固不立矣，养人而不先足食，人固不养矣"③。即他认为，人作为劳动者是国家的根本，他之所以从事生产劳动，是为了求财，求财是人的本欲，而财就是人赖以生存的物质资料，即衣食等维持生存之物；要使国安就必须先养人，而养人就是要保证人们有足够的衣食等生存资料。由此，他把"物质财富观"推延为人的"生存本源观"，进而推延出"民为邦本观"，最终发展为"生产力动力观"。从而得出了足食于民，人才能固养；人能固养，才能固国的结论。远远超越了"民为邦本"的伦理范畴，而将人们的存在与社会物质条件密切联系起来，进而提出了他的"求利观"。

（二）"求利观"

他认为追求物质财富和利润，是人们社会经济活动的主要目的，主张虚名实利相兼而行，既不虚名唯利，也不弃利唯名。他提出"诱人之力，惟名与利。名近虚而于教为重，利近实而于德为轻。专实力而不济之以实，则耗匮而物力不给。专虚名而不副之以实，则诞谩而人情不趋。锡货财，赋秩禀，所以彰实也。差品列，异服章，所以饰虚也"④。由此，他提出了地主阶级应厉行"虚名实利"的观点，打破了儒家不敢言利的束缚，从而跨出了儒家思想体系的范畴。但他并未抛弃儒家重义轻利的传统思想，仍然主张以义为本，他指出"夫理天下者以义为本，以利为末。本盛则其末自举，末大则其本必倾。自古及今，德义立而利用不丰，人庶安而财货不给，因以丧邦者，末之有也"⑤。可见，他从以利为主的"虚名实利相兼观"，进而提出了他的以义为本的"义利相兼观"。即在农民和工商业者的实际生产经营中，主张以求利为主；在国家的宏观调控管理中，主张以倡义为主，以义限唯利、非利，从而谋求社会经济的协调发展。达到人利厚，其财足；其财足，则人心归，从而实现"民为邦本"、民富国安。

（三）宏观调控政策思想观点

1. 开放山泽，让民自由生产经营，由政府加强统一管理的思想观点

他从增加人们物质财富和国家财政收入出发，主张政府开放山泽，由民从事生产经营

① 陆贽：《陆宣公奏议全集》（卷四），《均节赋税恤百姓第一条》。
② 陆贽：《陆宣公奏议全集》（卷一），《论两河及淮西利害状》。
③ 陆贽：《陆宣公奏议全集》（卷四），《均节赋税恤百姓第四条》。
④ 陆贽：《陆宣公奏议全集》（卷二），《又论进瓜果人拟官状》。
⑤ 陆贽：《陆宣公奏议全集》（卷四），《论裴延龄奸蠹书》。

之业。他指出“三代立制，山泽不禁，天地材利，与人共之”。主张政府放弃对山泽之利的垄断，允许人们自由生产经营；但不赞成完全的放任政策，而主张“兴榷管之法，以佐兵赋，以宽地征”①，要加强政府的宏观管理，制定相应的管理法规，特别是财税与土地使用方面的法规，将允许商民自由生产经营与政府的宏观经济管理有机结合，达到既有利于工商业的发展，又能增加政府的财税收入，从而巩固封建统治的目的。

2. 完善税收管理制度与政策，减少商业经营税负的思想观点

他主张减少税种，不以资产作为课税基础，并将原定的两税法即布税与绢税合并，由货币税改为实物税，以利于商贸业的发展，缓和社会矛盾，维护整个社会经济的稳定。

（1）减少商贸业税种，实行单一的农业税制。他主张“其京城及畿县所税间架、榷酒、抽贯、货商、点名等诸如此类，一切停罢。”② 即取消“稗贩夫妇，毕算缗钱”的行为，而改为以田亩为基础的单一农业税制。

（2）坚持实行按人丁及地亩数量征税制，改变以资产为课税基础的税制。他认为“不以务穑增其税，不以辍稼减其租，则播种多；不以殖产厚其征，不以流寓免其调，则地著固。不以饬励重其役，不以窳怠蠲其庸，则功力勤。如是，然后能使人安其居，尽其力，虽有惰游不率之人，亦已惩矣。”③ 即他认为税制以丁夫为本，可以减轻劳动者的税负、激励物质财富的生产，进而有利于工商业的发展；如按资产多少征税，不仅难以准确测定其数量，也不利于正当工商业的发展与整个社会经济的增长。

（3）改变原定的布税、绢税的征税价格基础，并实行实物税制。他针对两税法使商民赋税增加的种种弊端，主张将原定的两税法加以改变，即将规定征税的布、绢价格与现实的布、绢市场价格加以平均，按此平均价格，计算出货币税征收额，然后，按此货币税额折合为应缴布帛之实物数量，再按此定的实物数量各随乡土所出的实物交纳。以此免除货币税的不合理状态，以利于社会生产和商品流通的正常进行。

3. 控制货币的发行量，调节市场供求关系的思想观点

（1）主张封建国家垄断货币的发行权与铸造权。他主张“国专其利，而不与人共之”，“钱货者，官之所为也”④。即要由国家政府垄断货币的发行权。为了保证商品流通对货币流通量的需要，主张控制铸币材料，以保证有足够的铸币发行量，对此他提出要“宜广即山殖货之功，峻用铜为器之禁”，使钱货充裕，以利于商品流通，充分发挥商贸、服务业的功能作用。

（2）主张封建国家控制货币的发行量，平稳物价，促进市场的供求平衡。他认为“物贱由乎钱少，少则重，重则加铸而散之使轻；物贵由乎钱多，多则轻，轻则作法而敛之使重。是乃物之贵贱，系于钱之多少。铸之多少，在于官之盈缩。”即他认为，市场上商品价格的高低，取决于市场上货币流通量的多少，如货币供应量过多，则商品价格上涨，货币供应量过少，则商品价格下降；要保持市场商品价格的稳定，必须由官府根据商品流通量的多少去控制货币的发行量，对其进行扩大或收缩的及时调整，从而实现平贵

① 陆贽：《陆宣公制诰续集》（卷四），《议减盐价诏》。

② 陆贽：《陆宣公奏议全集》（卷一），《论关中事宜状》。

③ 陆贽：《陆宣公奏议全集》（卷四），《均节赋税恤百姓第一条》。

④ 陆贽：《陆宣公奏议全集》（卷四），《均节赋税恤百姓第二条》。

贱、准交易，进而调管商贸活动。

4. 通过政府对商品的直接收购与供应调管市场物价，以保持市场供求稳定的思想观点

他主张按照市场现时的市场价格去收购官府的所需用品，并按高出市场价格的高价，甚至“加倍之价”来收购某些重要物品，以刺激物质产品的生产与流通的增长。而不赞成当时封建官吏在进行“和市”或“和雇”时，以低价去强制收购谷物或征雇，而由此去抑制商品生产与流通的正常进行。同时，他还主张以茶税收入充作各道与市的官府机构的资金储备，要在饥荒年度由官府进行赈济或作为贷款，给商民以支持，并以此打击和阻止民间高利贷资本的过度盘剥，即使“蓄财自债者不能耗吾人”；而在丰收年度，则对多余的产品进行收购，即“优于价钱，广其籴数，谷若稍贵，籴亦便停。所籴多少，与年上下，在平谷价，恒使得中”。[①] 以此稳定物价与商品生产和流通的正常秩序，进而实现广大官民生活的稳定。

总之，他主张官府运用法规、税收、货币发行、直接收购与供应产品、信贷等调控的管理手段，对市场物价与市场商品供求关系进行多方面的宏观调控管理，以保证商贸活动的正常进行，维护社会经济与人民生活的稳定。

三、韩愈的原始第三产业经济思想

韩愈（768～824年），字退之，河南河阳人。出身于地主官僚家庭。是唐代著名的散文家、哲学家、思想家。曾任唐朝时期的宣武与宁武的节度使、监察御史、刑部侍郎、吏部侍郎。在其著述与奏议中，对原始三大产业间的关系与原始第三产业的地位、作用等提出了很多创新见解与观点，从而发展了原始第三产业经济思想。

（一）原始三大产业关系的思想观点

1. 农工商是人们赖以生存的不可缺少的三大经济活动部门

他认为：“古之时，人之害多矣。有圣人者立，然后教之以相生之道……寒然后为之衣，饥然后为之食。木处而颠，土处而病也，然后为之宫室。为之工以赡其器用。为之贾以通其有无。”[②] 即农工商都是人生之所需，各有自身的功能作用，农供食、工供衣与器、商通其有无，缺一不可。三者之间是相互联系、相互补充的有机整体，即他所说的“相生养”。这就把以前的唯农、重农思想，发展为农工商并重的思想。

2. 农工商并重是社会生产分工的必然要求与结果

他认为：“粟，稼而者也。若布与帛必蚕绩而成者也，其它所以养生之具，皆待人力而后完也。吾皆赖之。然人不可遍为，宜乎各致其所能以相生也。”[③] 即他认为，人们不可能都从事农工活动，必须择其能而专为之，然后，互通有无，进行相互交换，由贾而通之。这就说明，他已从社会生产分工的视角认识到农工商并存、并重的必然性，并进一步认识到一切生活资料都是人们劳动的成果；生产、交换、消费环节是相互依赖的关系。

总之，它不仅认识到农工商三大经济部门并存的必然性，而且认识到农工商三大经济

---

① 陆贽：《陆宣公奏议全集》（卷中），《均节赋税恤百姓第五条》。

② 韩愈：《韩昌黎集》（卷十一），《原道》。

③ 韩愈：《韩昌黎集》（卷十二），《圬者王承福传》。

部门之间的相互依存关系以及生产、交换、消费三大社会生产环节之间的有机联系，从而形成了他“农工商并重”的三大原始产业关系观，而改变了儒家传统的“重本抑末”观，或“重本抑商”观。

（二）重视原始第三产业发展的思想观点

1. 不赞成国家对食盐产品进行生产经营垄断并对其实行专卖的思想观点

他认为“盐商纳榷，为官粜盐，子父相承坐受厚利，比之百姓，实则校优。近既夺其业，又禁不得求觅职事，及为人把钱捉店，看守庄墱。不知何罪，一朝穷蹙之也。若必行此，则富商大贾必生怨恨。或收市重宝逃入反侧之地，以资寇盗，此又不可不虑者。”① 从他上述的认识中，可以看出：第一，他认为盐商为官府食盐专卖从事中间销售经营，从而形成销售垄断状态，会获得比百姓更多的优厚利润，而形成贫富的过大差异；第二，他认为由国家的官府机构直接的垄断食盐的产销经营，完全剥夺私营商人的销售经营权，并不允许他们从事其他行业的经营，而使其变成无职业的穷人，则必然使原有从事食盐销售经营的富商大贾产生怨恨与对抗，会收买重要财宝逃往他地，并资助寇盗以作乱，从而造成社会的不稳定；第三，主张食盐产品进行自由流通，要发挥富商大贾经营食盐销售的积极性，其坐享厚利未必均视为“弊”，即他所说的“……岁大丰，商贾之家，必有储蓄，举选者皆赍持资用，以有易无，未见其弊”，主张允许他们进行自由销售经营活动，而不应采取过分的打击压制政策。

2. 主张积极发展对外贸易的思想观点

他认为“蛮胡贾人，舶交海中，若岭南帅得其人，则一边尽治，不相寇盗贼杀，无风雨之灾，水旱疠毒之患。外国之货日至，珠香象犀，玳瑁奇物，溢于中国，不可胜用。”② 即他从发展对外贸易，既可以保证社会的稳定，又可获得外国的珍奇物品，以足国内之用的认识出发，积极主张开放国内市场，与国外的商贾进行贸易往来活动，推进对外贸易的发展。

（三）对国家进行原始第三产业宏观调控管理的思想观点

他针对当时社会上存在的物轻钱重的问题，提出了解决货币流通的调控措施，以正确处理货币流通与商品流通的关系。

1. 必须正确处理货币铸造与其流通的问题

他主张“禁人无得以铜为器皿；禁铸铜为浮屠、佛像、钟磬者；蓄铜过若干斤者；铸钱以为他物者；皆罪死不赦。禁钱不得出五岭，买卖一以银，盗以钱出岭及违令以卖者，皆坐死。五岭旧钱听人载出，如此则钱必轻矣。”③ 即他认为，采取上述管制措施，既可以控制货币材料以增加铸钱的数量，又可以防止流通中钱币的散失和损耗，从而增加货币的流通量，使之与商品流通量相适应，解决“钱重”的问题。

2. 采取货币名目主义的做法解决“钱重物轻”问题

他主张将钱币的名义价值增高，从而增加货币价值的总量。他认为“使一当五，而

① 韩愈：《韩昌黎集》（卷四十），《论变盐法事宜状》。

② 韩愈：《韩昌黎集》（卷二十一），《送郑尚书序》。

③ 韩愈：《韩昌黎集》（卷三十七），《钱重物轻状》。

新旧兼用之，凡铸钱千，其费亦千；今铸一而得五，是费钱千，而得钱五千，可利多也。”① 即主张在单位货币材料质量与重量一定的前提下，使它的名义价值增高，既可以节省钱币材料，又能增大其名义价值量，从而实现货币流通总量与商品价格总额的适应关系，以解决“钱重物轻”的问题。

总之，他明确提出了农、工、商三大原始产业应予“并重”的思想，这种“并重”的形成是社会生产分工的必然要求与结果，它们各作为社会生产过程的重要环节，是一个相互联系、相互补充的有机整体，必须充分发挥各自的功能作用；他针对传统的“重农抑商”思想，提出要重视原始第三产业发展的思想观点，特别提出了要改革国家对盐的专卖制度，主张在其销售环节由商贾自由经营，并主张放开国内市场，让境外商贾进入国内从事贩运贸易，积极促进对外贸易的发展，以优化原始第三产业的市场区域结构；主张国家要加强对原始第三产业进行宏观调控，认为国家调控的重点应放在货币铸造与发行的控制上，以确保货币流通量与商品流通量之间的适应关系，确实解决“钱重物轻”的问题，从而促进原始第三产业的正常发展。

四、王安石的原始第三产业经济思想

王安石（1021～1086 年），抚州临川（今江西临川）人，是北宋著名的政治家、文学家、经济改革家。宋神宗时，曾两次出任宰相，以大无畏的精神实行了全国的经济改革，史称“熙宁新法”。他面对当时的官僚地主和富工豪贾与中小地主和小私有者同封建国家之家的剧烈矛盾，以富国强兵为目的，从解决财政危机入手，进行了一系列的经济改革，以缓和阶级矛盾，挽救封建统治的危机，取得了明显的成效。在经济改革中，提出了一系列的原始第三产业经济思想观点。

（一）重视原始第三产业发展的思想观点

1. 重视商业与商品流通业的重要地位与作用

他在坚持以农为本思想的基础上，主张重视商业发展的重要作用。他认为，商业是社会经济发展中不可缺少的经济部门；商品流通的存在和发展对促进农业与手工业的发展、增加国家的财政收入、保证人们的生活需要都具有重大作用。他所主张与推行的“变法”，其核心是要调整与理顺商品流通中的各种关系，优化商品流通的结构，以充分发挥商业应有的作用，协调好原始三大产业之间的关系。

2. 更多地发展私人商业，让私商更多地进行自由销售经营

（1）在商品经营上。他认为，在经济生活中不能排斥私商的贩卖活动，如果私商人数过少，就会使商业趋于衰落，不利于社会经济的发展。他虽主张政府对盐、酒类重要商品进行专卖，但认为“榷法不宜太多”，要网开一面，去更多地利用私商的经营力量。一是针对当时国家政府对盐产品实行在重要地区进行分区专卖的情况，主张在不宜专卖的地区实行私商经营。二是对酒类产品，主张由私商包销的制度；对茶产品，主张改为官收茶税，由私商自行贩运的制度。

（2）在商品运输上。他主张充分发挥私商运输的作用，以防止官运耗损巨大、漕运吏卒舞弊等弊病。例如，他对粮食的漕运，曾招募商船与官船竞运，相互对证检查，以防

① 韩愈：《韩昌黎集》（卷三十七），《钱重物轻状》。

官运吏卒从中舞弊；同时，在每年粮食漕运常额运足之后，还募商船进行增运。这不仅是一种创举，而且是他重视私商贩运力量的一种表现。

3. 更多地发挥中小私商的重要作用

他在主张充分发挥私商作用的同时，主张对大商富贾与中小商人区别对待，要对中小企业经营者进行适当的保护，以更多地发挥中小商业的作用。如对茶产品的经营，他主张取消由大商人进行包销的办法，而采取官收茶税由各种私商自行经营的办法，就是基于他对中小商业有更多优点的认识。他认为大商人的包销办法有如下缺点：一是巨商人数少，易结伙迫使官府给予更多的优惠条件，且销售量难以扩大，易造成产品积压与陈损；二是巨商包销不仅以势压低产品购买价格，有损生产者的生产积极性，而且多采取强制配售其他质次、量短的产品，使购买者深受其害；三是包销制不仅手续繁多，增加官府管理人员与管理费用，而且不易把全部官茶包尽，从而造成财政收入损失。相反，他认为中小商人进行自由销售经营会有如下优点：一是不会形成垄断组织，对官府施加压力而减少财政收入；二是由于其经营人数众多、分散，因而会有更大的销售量，不仅能保证产品的质量，而且更能方便人们购买。由上述认识出发，他主张在私商经营中，要更多地发挥中小商业的作用，抑制私营巨商对商业经营活动的垄断。

（二）国家要对原始第三产业的发展进行宏观调控管理的思想观点

1. 调控管理商业的政策思想观点

他面对当时“形势之家”，即官僚地主、富工豪商同中小地主、中小商业者之间的矛盾，以及北方少数民族强大的军事威胁而造成国家沉重的财政负担与中小地主、中小商业者同封建国家之间的尖锐矛盾，提出了以挽救封建统治者危机为目的的“变法”思想与行动。他推行“变法”的基本思路是：由解决财政收入入手，实行国家对经济干涉的政策，尤其是由官府对商业经营活动进行干涉的政策，既要在发展官营商业的同时限制富商豪贾中奸商的不正当活动，特别是富商豪贾的商业兼并活动；又要在一定程度上实行经济开放政策，通过充分利用正当的私商，尤其是其中的中小私商，去推行商品流通的正常发展，达到“民不加赋而国用足”的目的。他在经济“变法”中所表现与反映的调控管理商业活动的政策思想观点，主要有以下几点。

（1）为了革除北宋时期初期设置发运使机构供应皇室和朝廷所需物资中的吏治腐败、监管不到位、损国害民等弊端，而提出了较汉、唐期间传统“贡输法”更富创新性的“均输法”政策思想观点。首先，他提出了国家控制轻重敛散之权的必要性与实施的有效性。他认为“夫以义理天下之财，则转输之劳逸不可不均，用度之多寡不可以不通，货贿之有无不可以不制，而轻重敛散之权不可以无术。”① “稍收轻重敛散之权，归之公上。而制其有无，以便传输，省劳费，去重敛，宽农民，庶几国用可足，民财不匮矣。”② 即他认为，要“便传输，省劳费，去重敛，宽农民”，必须由国家掌握“轻重敛散之权”，以防止与抑制富商豪贾“乘公私之急”而进行商业投机活动，尤其是要摧抑他们的商业兼并活动。其次，他在“均输法”的实施中，主张由国家先专拨现金和食物作为均输活动的垫支资本，以保证均输的正常进行。再次，他主张均输的实施范围要放在东南地区各富庶省份，而不扩及全国的各个地区，其主要思想是认为这些经济发达地区是国家物资与

①② 《王临川集·乞置三司条例》。

财政收入的主要供给地区，只有抓住了这些重点地区，才能使贡输活动取得更好的成效。

(2) 在“市易法”的规则与实施中，反映出他所具有的如下调管商业活动的政策思想观点：首先，他同意魏继宗的如下观点，即“京师百货所居，市无常价，贵贱相倾或倍本数。富人大姓皆得乘伺缓急，擅开阖敛散之权。当其商旅并至，而物来于非时，则明抑其价，使极贱而后争出私蓄以收之。及舟车不继而京师物乏，民有所取，则往往闭塞其蓄藏，待其价昂贵而后售，至取数倍之息。以此，外之商旅无所牟利，而不愿行于途，内之小民日愈睃削而不聊生。其财偏聚而不泄，则国家之财用亦尝患其窘迫矣……当此之时，岂可无术以均之也……宜假钱别置常平市易司，择通财之官以任其责，求良贾为之转易，审知市物之贵贱，贱则稍增价，贵则少损价，出入不失其平，因得取余息以给公上，则市物不至腾踊，而开阖敛散之权不移于富民。商旅以通，黎民以遂，国用以足矣”。[①]由此，他主张应当设立市易司机构去调节市场供求关系、掌控市场物价、摧抑富商大贾对市场的垄断，用以畅通商品流通，达到民安、国用足的目的。随后，他就在京师设立了“市易务”的管理机构。其次，他主张对在京师的行铺或牙人，要以其产业或金银作为保证金与五人以上的联保作为核准条件；行铺或牙人的职能是对外地行商运货物到达京师而售卖给官府市易机构所拥有的货物时，要按价分期付款，并支付相应的迟交款利息；官府市易机构出售所拥有的物资时不得获取过高利润。这里，反映出他通过官府市易机构进行以商制商、平抑物价、调节供求的调管政策思想。再次，他面对较为发展的商业行会组织及其被富商大贾操纵而出现的寡头垄断所造成的不良后果的现状，主张通过市易法进行摧抑，让所有的商业经营者都站在同一条起跑线上，进行公平竞争。如他以茶叶行业为例指出：“兼并之家，如茶一行自来有十余户。若客人得茶到京，即先食贵献设宴，乞为定价。此十余户与下户买卖均一，此十余户所以不便而为新法造谤论也。”[②] 在这里，反映出他要通过有效的管理政策与办法抑制兼并与垄断，从而进行市场公平竞争的商业调管政策思想。

(3) 主张通过役法改革中的“免行钱”的改革政策措施促进城市商业发展的商业调管政策思想。免行钱是他对役法改革的一部分，是与募役法相类似的经济措施。他针对京城肉商因负有免费对官府供应肉食的义务而产生的不堪供应之苦，自动要求交纳一定的现金来代替肉食食物的供应，经官府批准后形成了免行钱的交纳办法很有成效的情况，对都市商人必须向官府义务供应食物的原有规定也做了改革，将食物强制供应改为代金，而推行“免行钱”办法。这一办法的实施，免除了官吏的勒索，使商人获得了一个相对稳定的经营环境，特别是减轻了小商业者的沉重负担，从而促进了城市商业的发展；同时，还为官府增加了大量的财政资金收入，不仅可以用来及时支付官吏的俸禄，而且增加了财政的现金储备，更有利于对货币流通量的调节。

(4) 主张通过“青苗法”向农民贷放资金支持农业生产，并收回以粮食为主的实物产品，从而稳定粮食及其它农产品的市场价格，进而调节市场的供求关系。具体来说，“青苗法”是在春天由政府出钱向农民预购粮食及其它产品，在当年的夏秋两季收获后，按加收20%的利息以实物归还，实际是官府农贷和预购相结合的办法。在执行中，有一

① 《续资治通鉴长编》（卷二百三十一），《熙宁五年三月条》。

② 《续资治通鉴长编》（卷二百三十六）。

定的灵活性，即如果在收货时价格上涨，农民可按照较市价低的正常价格交纳现金，但折价部分不得超过原贷款的30%，还要以交纳实物为主。从“青苗法”的实施中，表现出他的通过官府农贷与预购相结合的调管政策，去控制粮源与平抑粮食市场物价，进而调管商业活动的政策思想。

总之，他主张通过经济“变法”的改革措施调管商业经济活动，提出了富有创新性的由官府调管商业活动的政策思想观点。

2. 建立摧抑商业兼并的宏观调控体制的思想观点

摧抑商业兼并是他原始第三产业经济思想的最主要的内容。他把打击兼并的思想贯彻到经济改革措施的各个方面，并提高到国家对原始第三产业经济活动进行宏观调控管理的体制层面。他反对兼并，主张抑制兼并，更主张抑制商业活动中的兼并。他认为兼并是不合理的行为，会破坏社会经济的顺利发展。他提出“赋予皆自我，兼并乃奸回。奸回法有诛，势亦无自来。”① 认为在商业经济活动领域，一些富商大贾通过兼并活动而形成垄断，对经济发展极为不利，因而，极力主张建立起国家的宏观调控管理体制。

（1）他认为官府必须控制国家的经济命脉，而要控制国家的经济命脉，必须把摧抑兼并，尤其是摧抑商业兼并，作为国家的一个重要职能。他指出“有财而不理，则阡陌闾巷之贱人，皆能私取予之势，擅万物之利，以与人主争黔首而放其无穷之欲。非必贵、强、桀、大而后能如是。”② 即他认为，自由放任必然会产生兼并，而导致操纵垄断的结果，官府必须摧抑兼并，不仅要摧抑“贵、强、桀、大”的兼并，而且要防止“阡陌闾巷之贱人”可能产生的兼并。

（2）他认为，在商业活动中，进行兼并而形成垄断的主体是富商豪贾，因而，他们应是摧抑兼并的主要对象。

（3）他认为，摧抑的根本措施不只是具体的调控管理政策，而应把主要注意力放在官府对商业兼并的摧抑体制的完善上。他主张设立相应的国家调管机构，如设立制置三司条例司机构，就是为了“摧抑兼并，均济贫乏，变通天下之财”；又如设立“交易务”机构，就是为了以商制商、调节市场物价。同时，主张设立必要的法规和条例，依法摧抑巨商的兼并行为，他所实施的“均输法”就是要从富商大贾的手中夺回轻重敛散之权；所实施的“市易法”是为了打击富人大姓，使他们不能“乘民之急，利数倍”，也就是他所说的“制商贾者恶其盛，盛则人去本者众；又恶其衰，衰则货不通，故制法以权之”。③ 即要制定法规，以权其衡，实现农与商、生产与流通的协调发展。

（4）他认为，要把摧抑商业兼并的体制建设重点放在货币制造与发行的控制制度上，尤其要放在财政税收的调控制度上。他主张规定“命官形势之家”要和一般人们一样负担起赋税，实现租税负担平均，使中小商业者的负担减轻，使富商大贾的负担加重，从而达到摧抑商业兼并的目的。不仅如此，他还主张以高税作为控制商贾人数的手段，在商贾人数过少时实行减税“恤商”而激励人们经商，在商贾人数过多时则加重商税使之无利可图而减少商贾人数，从而达到经商人数的规模适度。

---

① 《王临川集》（卷四）。

② 《王临川集》（卷七十二）。

③ 《王临川集》（卷八十二）。

可见，他主张建立起一个国家摧抑商业兼并的宏观调控管理体制，要通过一定的调管机构，利用法规、制度、条例、办法等手段体系，去实现摧抑商业兼并、实现原始第三产业协调发展的目的。由于当时的社会环境及他作为一个地主阶级的思想家，具有很大的历史局限性，其所做未及其所想，其所想也有很大的不完善性和不彻底性。但他却把建立国家对原始第三产业宏观调控管理体制的思想提到了一个新的发展高度，作出了一定的创新性贡献。

总之，王安石作为一个宋代封建经济的“改革家”，面对当时激化的阶级矛盾与民族矛盾的现实，站在维护与巩固封建统治的立场，以富国强兵为目标，主张从解决国家财政问题入手，实行经济干涉政策。他一方面针对当时富商豪贾从事商业兼并、形成垄断所造成的严重危害局面，提出要在一定程度上实行经济开放的政策思想，主张重视与推动商业的发展，要利用正当的私商，特别是其中的中小私商，发挥其应有的积极作用，而提出了一些创新性的重商、励商的思想观点；另一方面，又提出更加强烈的摧抑商业兼并，破除巨商豪贾垄断商业活动的思想观点，从而把加强国家调管原始第三产业经济活动的思想发展到了一个新的高度，并凸显了他的优化原始第三产业中大、中、小商业类型结构与国内商业、国际商业类型结构的产业结构思想。

五、卢世荣的原始第三产业经济思想

卢世荣，大名（今北京）人，出生年月不详，卒于1285年。他是元朝非常重视商业的思想家。由于他是当时封建经济的主管官吏，并因提出了一些不同于传统做法的政策思想观点而被反对者所攻击，其形象则在一些史书上被严重歪曲，其思想、言论在史书中也很少有记载，但其有价值的原始第三产业经济思想、观点仍反映在贬斥他的《元史·奸臣传》及《新元史·卢世荣传》① 所记载的“奏折”中。现抽绎出他如下与当时原始第三产业经济有关的一些思想观点。

（一）重视商业发展，尤其对外贸易发展的思想

1. 在国内商贸活动领域

一是主张对一些日用品和江湖、山地产品，由商人进行自由经营、由民自行买卖，国家不要加以管制。即如他所说的“怀孟竹货，从民买卖”、“江湖听民捕鱼，只纳渔课”等。二是主张对铁、酒等重要货物实行全面国家管制，杜绝商民自由经营。即如他所说的，对“京师富豪户酿酒酤卖，价高味薄，且深不时输”现象，要“一切罢禁，官自酤卖”，以优化市场秩序与供求关系；对于铁器“尽禁权势所擅产铁之所，官立炉鼓铸为器鬻之”，即由官府调节好主要生产工具的市场供应。三是在盐产品经营管理上，他主张官营与商营并行，要以商营为主，而以官营指导与控制盐价，采取官府掌握一定数量的常平盐，以及时调节其市场供应量，从而避免盐价高涨，造成民不得食、垄断商人牟取暴利的现象发生。

2. 在国际贸易或对外贸易领域

他主张积极发展对外贸易，尤其是海路对外贸易。在对东南方向上的海上对外贸易多有见地。他从对当时的泉州、杭州都是世界最大的贸易港口，外国贸易船只来往甚多，其

① 此部分引言均出自《元史·奸臣传》、《新元史·卢世荣传》。

进出口货物大多依靠外国商船运输并很少有本国制造的船舶经营远洋贸易的现状认识出发，明确主张对海外贸易实行国家垄断，以防止被西方商人资本进行垄断，从而保护本国对外贸易的利益。对此，他提出了如下对策：一是在泉州、杭州设立市舶都转运司机构，由国家垄断海上运输工具，要明确规定：只有获得官方船只、资金的商人才能从事海上贸易，并对所获利润按官七商三进行分配，即严禁私人从事海上自由贸易。二是要自制海船，保证其规模、质量，以保证海上对外贸易的使用。从上述对策措施可见，在当时的历史条件下，由本国政府操纵进出口贸易大权，对改变中国海外贸易的不利局面会起到重大作用。

总之，他从当时的实际情况出发，进行分别对待。对一些重要物品或货物由封建国家统一经营，以排除国内贸易被豪商富贾控制、海上对外贸易被西方商人资本垄断的状况发生；主张对山泽产品与一些日用小商品，要放手给商民去自由经营，以利于生产与消费。这种对商贸业发展实行“管放结合”的观点，尤其是实行一定程度“自由贸易”的观点，对原始第三产业经济思想进行了提升和发展。

（二）强化国家对商业活动实行有效调控的体制与政策的思想

他主张国家实施有效的宏观调控的体制与政策，以保证市场商品的适当供应量与货币流通量，平抑市场商品价格的过大波动，从而实现商贸业的稳定发展，并促进整个社会经济的发展。他的主要观点表现在以下几个方面。

1. 建立主要商品的“常平仓”体制

他主张对重要生活必需品的粮食与盐产品，建立“常平仓”制度。对粮食产品，他主张在丰收与价格低贱时进行大量收购，待粮价上涨时，按正常价格出售，不仅用以控制市场粮价，还可获得适当的国家财政收入，并保证市场供求的稳定，利于生产与消费；对于盐产品，他主张将全国盐产量的1/3作为各路的常平盐，盐商如增加盐价，政府就把手中的常平盐售出，把盐的价格稳定在一定的水平上，以保证民众的正常消费。

2. 建立稳定的货币制度

他的主张表现在以下三个方面。一是货币制度本身。他反对专以纸币作为流通工具，而主张增加金属货币，实行金属货币与纸币并行流通，以减少单一纸币流通对社会的压力，并用以抑制通货膨胀的趋势。二是财政开支的运行。他不主张依赖宝钞的发行取得收入，用以保证财政开支的做法，而主张通过扩大各项财政收入的做法，去保证财政的支出。三是关于物价的稳定。他主张充分发挥平准库及常平仓制度的作用，以稳定物价，从而稳定宝钞的购买力，最终稳定货币制度。他的这一货币、财政、物价相互配套组合的货币制度与政策思想，很有创新性，其最终目的都是为了实现市场物价的稳定。

总之，他的“常平仓制”与“货币制”的主张，都是对原始第三产业经济活动进行有效宏观调控管理的政策思想，并构成了一个初步的政策思想体系。

从上述可见，卢世荣的原始第三产业经济思想，代表着正在成长中的商人阶级的利益，反对封建富豪的商业经营者对商业活动进行垄断，并主张在一定范围内由商民进行自由经营，或自由贸易；在海外贸易领域，主张由官府自行经营，以有力地对抗国外商人资本对本国的侵蚀与损害；在国内商贸领域，主张加强宏观调控，实行“管放结合”，以推进商贸活动的有序发展与扩大发展。这些思想观点，不仅具有鲜明的时代特色，而且展现出原始第三产业经济思想的发展总趋势。因而，无论其思想观点能否得到当时的认可与实现，但他作为一个进步思想家的贡献还是应当被肯定的。

第三节　封建社会中期原始第三产业经济思想基本体系的形成

在该历史时期，随着封建社会经济的较快发展，尤其是原始第三产业经济的较快发展，推动原始第三产业经济思想进入了一个新的发展阶段。这些原始第三产业经济思想，不仅反映在封建政府所实施的各项经济政策中，更具体地表现在各个学派代表人物的原始第三产业经济思想观点中。按照原始第三产业经济的基本构成要素与原始第三产业经济思想理论体系结构的基本内容，可将该历史时期原始第三产业经济思想的发展归纳为如下基本状态，即已发展为一个原始第三产业经济思想的基本体系，在某些领域有了较多的创新发展，而成为我们的主要历史借鉴。

一、对原始三大产业经济发展关系的思想观点

在该历史时期，随着封建制的巩固与发展，"重农"思想仍处于主导地位。但随着农业产品品种及其规模的迅速扩展，推动原始手工业也获得了较快的发展，特别是一些丝、棉纺织品与特产手工业品的品种与规模有了较快的增长，其国内外商品市场有了较大的扩展，从而导致手工业生产地位的提升；在农业与手工业商品市场较快扩展的基础上，推动商贸、服务业也获得了相应的发展，特别是对外贸易业的较快发展，使人们对其重要地位的认识发生了重大变化。在一些封建地主阶级经济思想家中，除了仍然坚持"农业主导论"，而呈现"重农抑商"的思想观点外，更多地出现了"农末并重观"、"限商观"，以至出现了明显的反对"轻商"、"抑商"的思想观点，从而使"重商"思想观点有了更多的表现形式及反映。也正由于"重商"思想观点的演进，使对原始三大产业经济发展间关系的认识也发生了诸多变化与发展。

（一）坚持"以农为本"基础上的"农商兼顾"观

这主要表现在《新唐史·刘宴传》所载的刘宴的思想观点中。他继承了"以农为本"的思想，坚持大力发展作为原始第一产业的农业生产，要稳农、安农、兴农，但不完全片面的抑商、轻商。而主张"农商兼顾"，要更多地发挥作为原始第三产业的商业对促进农业生产与整个社会经济发展的重要作用。他认为，"商贾往来"能在一定程度上促进社会商品流通与整个社会经济的发展，因此，政府应在对原始第三产业经济活动进行有效监督管理的基础上，使商人能更多地进行独立经营活动，并取代或部分取代官营机构从事商业经营活动，而把商人视作国家推行"轻重"政策的助手，把工商业视为封建经济的必要补充。因此，他主张积极鼓励商贾参与商品经营活动，并由政府实施有力的宽松经济政策去推动商业的发展。如他主张开放食盐流通渠道，让私营商贩发挥更大的作用；采取减税、增利措施，鼓励商贾深入农村去购粜粮货，调剂市场供求关系，以救农、利农等；同时，他还主张，国家理财不能片面地考虑通过对商贾的榨取增加国家的财政收入，还应考虑国家的财政税收政策要有利于社会生产的增长与经济的繁荣，特别是要有利于农业生产

的发展与物资余缺的调剂，畅通其流通，以实现“农商”二胜，保证百姓能够正常从事“耕耘织纺”，以稳农。他在“重商”的基础上，也主张对富商大贾垄断市场、囤积居奇，去牟取暴利的行为，要通过国家对市场的宏观调控政策加以严格管理，进行有效的遏制，但并不主张完全抑制工商业的发展。从上述可见，他在对原始三大产业关系的认识上，是坚持重农，但不主张抑商与轻商，要在国家强化宏观调控管理的基础上，促进工商业的独立发展，进行“农商兼顾”。

（二）“农工商并重”观

这一思想观点，主要表现与反映在韩愈所著的《韩昌黎集》中。第一，他认为农工商都是人们赖以生存的、不可缺少的三大经济活动部门。他提出“古之时，人之害多矣。有圣人者立，然后教之以相生之道……寒然后为之衣，饥然后为之食。木处而颠，土处而病也，然后为之宫室。为之工以瞻其器用，为之贾以通其有无。”即他认为，农、工、商都是人生之所需，各有自身的功能作用，农供食、工供衣与器、商通其有无，缺一不可。其三者之间是一个相互联系、相互补充的有机整体，即他所概括的“相生养”关系。第二，他认为农工商并重是社会生产分工的必然要求与结果。他指出“粟，稼而者也。若布与帛必蚕绩而成者也，其它所以养生之具，皆待人力而后完也。吾皆赖之。然人不可遍为，宜乎各致所能以相生也。”即他认为，人们不可能都从事农工活动，必须择其能而专为之；然后再互通有无，进行相互交换，由商贾而通之。也就是他所概括的“相生”关系。他以上的农工商“相养”、“相生”关系论，不仅认识到农工商三大经济部门并存的必然性，而且还认识到这三大经济部门之间的相互依存关系，并进而认识到生产、交换、消费这三大社会生产环节之间的有机联系，从而形成了他的“农工商”原始三大产业的“并重关系”观。这就改变了儒家传统的“重本抑末”观或“重农抑商”观；把唯农、重农思想演进为农工商并重思想。但他并未否定“以农为基”的地位。

（三）限制工商业者过多的“限商”观

这一思想观点，主要反映在北宋时期出身于中小地主阶级家庭的李觏（1009～1059年，字泰伯）的原始第三产业经济思想观点中。他主张在“重农”的同时，更应“重商”，但在推进工商业的发展中，应协调好农工商三者之间的关系，应注意限制从事工商业者人数过多或规模过大的状态，使三大原始产业协调发展。他认为，“工之所作，贾之所鬻，商之所资”应是有用物品，而社会生产和销售这些有用物品，不需要过多的工商业者，即应当“用物有限，则工商亦有数”。因此，有必要加以适当的限制。同时认为，工商之民很多都放弃那些有用物品的生产与经营，而积极从事奢侈品的生产与运销工作，即工“意作技巧”、商“竞通珍异”，使其“物无益而利无算”，会最终导致工商队伍日益过分扩大。因此，他主张对此应加以限制。在限制工商之民过多状态的办法上，他不主张沿用战国以来通过国家政治法权驱民以归农的做法，而是主张运用经济手段间接地加以限制。即他所说的：“欲驱之商，则莫若复朴素而禁巧伪。朴素复则物少价，巧伪去则用有数。利薄而不售则或罢归矣，如此则工商可驱也。”[①] 其言是说，通过“复朴素”与“禁巧伪”来减少社会商品的需求量，从而降低商品价格并减少利润，甚至使其亏本，以促使工商业者改业为农。可见，他这种通过限制消费，以限制手工业生产量与市场商品供

① 李觏：《富国策》（卷四）。

应量，从而限制过多的从业商人数量的“限商观”，是一种创新性观点，不是传统的“抑商观”。可把它归结为三大原始产业“协调发展”观。

二、原始商业也是一个物质财富生产部门，也是一种产业类型的思想观点

在这一历史时期内，一些代表人物从商利观出发，认为从商同从事其他经济活动一样，都是为了追求物质财富，因此，商业也是一个重要的物质财富生产部门，也是一种产业类型。他们虽未明确地将其提到第三产业的高度，但已开始认识到商业也富有产业的属性，这可说是一个重要的历史贡献。

（一）认为商贾也是国民财富的生产者

唐朝陆贽认为，物质的生产是国民财富增长的源泉，劳动者的劳动技能、熟练程度及生产效率对物质财富生产的多少有很大的影响。他从此认识出发，主张封建国家所履行的主要职能应是使“商农士贾，各有所专”①，“咸安其分”，要充分调动他们从事社会生产与经营的积极性，并明确提出，要把商置于农士之前，商人是更为重要的国民财富生产者。

（二）认为工商业也是重要的物质财富生产部门

唐朝的杜佑认为，物质经济活动是社会全部活动的基础，封建政府应当扶植社会生产，鼓励工商业的发展，维护正常的社会生产活动与流通活动。由此认识出发，他进一步认为谷物、土地及劳动者三者的结合创造着社会物质财富，但工商业也是“技巧之作”，商贾“有行贩之利”②，即商业也是一个不可缺少的物质财富生产部门。

（三）认为商业是同农业相互依存的物质生产部门

唐朝的韩愈明确地提出了农业同工商业并重的思想。他认为，工商业同农业一样，都是重要的物质生产部门，它们之间是“相生相养”的关系，即互相依存的关系。无商，农就不能很好的发展。

（四）认为商业也是一个求利、生利的生产业

唐朝的白居易，大胆地提出了追求物质利益决定着人们生产、经营活动的目的与动机的观点。他由此物质利益原则的认识出发，提出了由于追求物质利益方式不同而形成了农工商的社会分工的观点，进而提出了商业经营也产生财富与物质利益，商业也是一种从事生产经营活动部门的观点。他通过对商品流通与货币流通关系的考虑，又进一步认为商品货币经济优越于自然经济，明确肯定了市场调节的积极作用，从而把商业推向了更加重要的地位。

由上述可见，他们的一个共同认识是认为商业也是社会生产的一个重要部门，既求利也能生利，是一个生产物质财富的产业，同农业与工业是相互依存的关系。这就标志着他们开始触及第三产业的基本内涵，具有一定的前导性。

三、原始第三产业经济组织产生与发展的思想观点

在这一时期，随着国家政府对抑末政策的放松，自由工商业获得了相对独立的发展，

① 陆贽：《陆宣公奏议全集》（卷四），《均节赋税恤百姓第四条》。

② 杜佑：《通典》，《食货四·赋税上》。

自由工商业者的社会地位也有所提升，特别在城市的市区中商业与贸易业的经营产业有了迅速的扩展，为原始商贸业的组织机构的建立与扩展创造了条件。商人阶级为了相互联系，保护本行业的商业利益，相继组建起行会组织。其主要职能是组织货源、分配商品和议定价格，为了垄断本行业的利益，往往排斥非行户的同业者，并同其他行会组织展开市场竞争。但由于它的集团性，也成为封建官府对商业经营者进行管制和榨取的工具。由于手工业的发展，特别私营手工业的发展，更多采取产销一体化的经营形式，因而，在商业行会组织组建的同时，也出现了工商业结合的行会组织。在隋唐时期，工商业行会组织达到了较高的发展水平，标志着工商业封建体制的初步形成；到了宋元时期继续演进，其行会组织主要有“行”、“团”、“市”等。随着工商业行会组织的不断建立与发展，一些经济思想家与经济政策思想家也进行了一定的思想反映，提出了一些有关行会组织管理与运行方面的思想观点。因所获资料不多，只简要述之。

在隋唐时期，一些大城市集中经营的固定“市区”，商品种类增多，商贸经营行业分化加快，出现了众多的细分经营行业，在各经营行业中，固定经营的商贸企业相对集中于同一市列而成为行肆。据《元河南志》（卷一）记载，当时唐朝的洛阳就分设了南北二市，只南市一处就有一百二十行、三千余肆。在这些行肆中，不仅有商业经营者，还有手工业的生产经营者，有的工商户达到了较大的经营规模。这些同一经营行业的商户，为了密切相互联系，保护同一行业的经济利益，在一些大商富贾的推动下，经过市区官管机构“市吏”的赞同批准，相继组建起一些商业、工商业行会组织机构，并随着市区商贸经营活动的不断扩展，其结构与参与者也不断扩展变化。工商业行会组织机构的发展，在一定程度上促进了私营商贸业的发展，由此也不断获得了官府管理机构的重视与利用，把工商业行会组织机构用作管理商贸经营活动的一种工具。一些经济改革家，提出了一些抑制富商大贾利用工商业行会组织进行兼并、垄断的思想观点，也同时提出了一些利用工商业行会组织辅助官营专卖活动的思想观点。由此，推动了隋唐时期工商业行会组织的优化发展。

据宋朝吴自牧所著《梦粱录》载，在临安城内设有经营米粮商品的行会组织，在临安城内外经销米粮商品的米铺大多加入了该行会组织，他们“每日专凭行头于米市作价，经发米到各铺出售”。它反映出在行会组织中，由行头垄断行业经营，不仅统一作价，还掌控货源，发放各行户经销。

宋朝的一些官营专卖改革家主张利用商业行会组织参与转售活动。如对茶的专卖，主张采用“茶引转售”方式，引入茶商品行会组织参与经销活动。其具体思想与操作方法是：商人领到“茶引”后，到南方去领取茶叶商品，如果是参与了行业组织的行户，可以取得特定店铺的担保，办理有关手续；如果是没有参与行会的茶商，因无担保，只能把“茶引”卖给参加了行会组织的茶商行户，如此，则减少了获得茶引商人的经营利润。这说明，商业行会组织因具有一定的信誉而发挥着担保的作用，又具有对非行户同行企业的相对垄断性。

宋朝的王安石，针对当时商业行会组织多由富商大贾操作的现象，主张通过“市易法”的实施加以改善，使中小商人更好地发挥作用。如他所说“兼并之家，如茶一行自来有十余户。若客人得茶到京，即先馈献设宴，乞为定价。此十余户所买茶更不敢取利，但将为定高价，即于下户倍取利以偿其费。今立市易法，即此十余户与下户买卖均一，此十余户所以不便而为新法造谤也。”① 即主张用两者“买卖均一”的办法，去限制大商人对行会组织的垄断，使茶商进行公平竞争。

总之，这一时期的一些经济思想家与经济改革思想家，提出了推进原始第三产业组织机构不断发展与其结构不断优化、作用不断强化的思想观点，尤其是对其管理实行控、用并行的思想观点。

四、关于原始第三产业经营的道德观

在该时期，随着商贸业的迅速发展，商贸经营活动已遍及全国城乡范围，并扩大到国际范围。在商贸经营活动中，出现了竞争与兼并，一些富商大贾为求大利而进行垄断经营，一些投机倒把的奸商为行唯利而违纪害民，引起了社会经济秩序的动荡；官府从增加国家财政收入与稳民促商的治国目的出发，不仅重视对治国道德的倡导，而且更为重视对商贸经营道德的倡导。与此相适应，一些经济思想家也开始重视如何把应有的社会道德贯彻于商贸经营活动中，从而形成了他们多类型的商业经营道德观，亦即原始第三产业的经营道德观。

（一）对儒商道德观的不同理解与应用

儒学的创始者孔子从治国的角度率先提出了以“仁、义、礼、智、信”为核心的社会道德哲学思想。随着商业经营活动的扩展，商人追求商利的状态日显，引起了社会矛盾的激化。他针对此状态，提出了他的“义利观”。他的本意是“以义限唯利”、“以义限非利”、“以义限过利”。并把此观从社会层面更多地引入商业经营活动中，演进为传统的儒商道德观。作为封建统治者出于稳国、安民的目的，把它倡导为“唯义”与“不利”，并把它作为“抑商”的教化手段，而被一些政治思想家所推崇。由此，反映在一些经济思想家的思想观点中，出现了不同的理解和认识，有的主张在商业经营中讲“义本论”、“唯义论”；有的讲“利本论”、“唯利论”；而更多的是讲“义利适兼论”、“先义后利论”。这些思想观点，也反映在该时期的一些经济思想家的商业经营道德观中。

在此，有必要对孔儒的“义利论”作以下简括性的表述。其原本观点是：“富与贵是人所欲”、“富可求也吾亦为”，揭示出求利致富是人的本性，主张“扬利论”；“不以其道得”、“不义而富且贵”，揭示出其途径不当，要“各安其分”，掌握适度；“无限逐利之为”属不义、“义而生利”利平民，属君子所为，应成为立政、为人的立足点；要励商重商“谋利富”、“义然后取”、售卖商品“不加饰”，即不搞欺诈行为，而成为一种商业道德的规范；要对自由商人“富而教之”，使其义利高展，倡扬“德比物贵”的商业文化；要“以禁齐众”、“不赦过”，形成一种商业活动管理规则等。最后，可统之为：逐利有度，先义后利，义利适兼与义、利、礼统顾而立管的商业道德思想体系。而其后的“唯义”、“唯利”的商业道德观，均不是孔、儒的商业道德观的本意或本质属性，是为其各自不同的目的而进行的曲解、传承。

（二）主要代表人物的商业道德观

1. “义本论”与“利本论”的商业道德观

宋朝的王安石提出了以义限富商大贾为求大利而垄断市场的观点。他针对当时“贡

---

① 《续资治通鉴长编》（卷二百三十六）。

输法”的弊端而主张改行“均输法”，以消除向朝廷贡输活动中的吏治腐败、富商大贾操纵市场以牟取暴利，导致损国害民的状态，而提出了如下思想观点：“夫以义理天下之财，则转输之劳逸不可不均，用度之多寡不可以不通，货贿之有无不可以不制，而轻重敛散之权不可以无术……富商大贾因时乘公私之急，以擅轻重敛散之权……凡籴买税敛上供之物，皆得徙贵就贱，用近易远。令在京库藏年支见在之定数所当供办者，得以从便变卖，以待上令。稍收轻重敛散之权，归之公上。而制其有无，以便传输，省劳费，去重敛，宽农民，庶几国用可足，民财不匮矣。”[①] 即他认为，要以“义”理财，以防止富商大贾“乘公私之急”而进行商业投机活动去牟取暴利为主要目的。由此而提出“均输”的主张。反映出他不以营官利为唯一目标，而是以“义”限富商大贾取“暴利”，以便利民为主要目标的思想观点。

李觏是宋朝公开言利的经济思想家，他不同意“贵义贱利”的思想观点，认为财富是成就一切事业的根本，主张“圣贤之君，经济之士”都应重视对财富的获取。他说：“儒者之论鲜不贵义而贱利，其言非道德教化则不出众口矣。然洪范八政，一曰食，二曰货；孔子曰，足食足兵，民信之矣。是则治国之实，必本于财用。盖城郭宫室，非财不完；羞服车马，非财不具；百官群吏，非财不养；军旅征伐，非财不给……舍是而克为治者，未之有也。是故贤圣之君，经济之士，必先富其国焉。”[②] 并由此得出如下结论：“人非利不生，曷为不可言”、“欲者人之情，曷为不可言”。他从上述思想观点出发，主张开放官营“专卖”制度，为富商大贾提供源源不断的利源；主张通过价格政策与一些办法对商人的投机倒把活动进行限制，为广大中小商业经营者提供更多的盈利条件。即他坚持“功利主义”的财富观、尽力谋取合理“商利”的商业经营观。

2. “先义后利”与“义利适兼”的商业道德观

唐朝的陆贽从两个不同的角度提出了他的商业道德观。一是从人的本性认识出发，他主张虚名实利相辅而成，即义利适兼，既不唯利，也不唯义。他认为“诱人动，唯名与利。名近虚而于教为重，利近实而于德为轻。专实利而济之以虚，则耗匮而物力不给。专虚名而不副之以实，则诞谩而人情不趋。锡货财，赋秩廪，所以彰实也。差品列，异服章，所以饰虚也。”[③] 二是从维护统治者利益，达稳国、稳秩的目的出发，主张倡义限利，先义后利。即主张“夫理天下者以义为本，以利为末。本盛则其末自举，末大则其本必倾。自古及今，德义立而利用不丰，人庶安则财货不给，因以丧邦者，未之有也。”[④] 即他认为，以先讲义为本，在立义的前提下去求利，只唯利而无义，就会使社会动乱而丧国；而主张倡导义商道德观，即传承儒家学派的儒商道德观。

宋朝的叶适，公开标榜“功利之学”，即把“义理”和“功利”统一起来，不能只讲“义理”而不顾“功利”。他不同意当时理学大师朱熹只讲“义理”不谈“功利”的思想。他认为，善于管理国家的人应该“务实而不务虚，择福而不择祸”[⑤]，没有“功利”的“义理”对于国家是毫无用处的。他虽然是站在国家理财的角度而提出的，但主

① 《王临川集·乞制置三司条例司》。

② 《李觏集·富国策》（卷六）。

③ 陆贽：《陆宣公奏议全集》（卷二），《又论进瓜果人拟官状》。

④ 陆贽：《陆宣公奏议全集》（卷四），《论裴延龄奸蠹书》。

⑤ 叶适：《水心文集补遗·奏劄》。

张应用于广泛的领域，也包括商贾经营领域。总之，他主张推行“义利适兼”的商贸经营道德观。

3. “荣辱观”与“利商观”

唐朝的杜佑作为知名的历史学家，也多有经济思想观点。他的经济思想观点是衣食“荣辱观”与官府的多商利的“商业管理观”。他主张调动私营商贩经营的积极性，追求合理的商利。他特别提出：“夫理道之先在于行教化，教化之本在于足衣食。易称聚人曰财。洪范八政，一曰食，二曰货。《管子》曰仓廪实而知礼节，衣食足知荣辱。夫子曰既富而教。斯之谓曰。”① 即他认为衣食是否充足，是作为人们知“荣辱”的基础，商人求利也是为达衣食足的，只有在达富的基础上教化以德才有效，即孔夫子所言的“既富而教”。同时，他主张在某些经济部门利用商贾，发挥其进行工商业经营的积极性。如在榷酒、盐铁、漕运、平准等方面，实行政府管理与商贾经营相结合，并不应对工商业者征收重税，避免导致“大贾蓄家”过分积累财富、一般工商业者破产流亡、国家贫穷的状态发生，即如他所说的“重敛则多养赢而国贫”，要保护广大工商业者的正当利益，以充分发挥他们的应有作用。可见，他主张商业经营者去获取应有的合理利益，在其衣食足的基础上去进行“荣辱”的教化，商业经营道德才能得以倡导、社会道德才能得以优化。

总之，这一时期的经济思想家，虽有“重义”、“重利”、“让利”等不同的商业经营与商业经营管理道德的思想观点，但居于主流的原始第三产业经营道德观，还是儒商的“义利适兼”、“先义后利”、“以义限唯利”的道德观。

五、优化调整原始第三产业经济结构的思想观点

这里所说的优化调整，主要是指通过改革与改进相应的商业法规政策、手段与具体办法、措施，去推进原始第三产业经济结构的优化发展，以改变产业经济要素间不适当的比例关系，使其更加协调、适当。所说的原始第三产业经济结构类型主要是指官营与民营商业结构、国内商业与对外贸易结构、商品经营与劳务服务经营结构、大型与中小型商业结构、商贸经营行业结构、商品类别结构、商贸业经营区域结构等结构类型。在这一领域的经济思想观点中，有的具有相对的统一性，有的又具有在不同朝代、不同代表人物间的差异性，但从总体状态与趋势而论，大多主张在重商、发商的前提下，力求优化其结构，以更好地发挥其应有的重要作用。

（一）调整官营与私营商业结构的思想观点

这里有两种不同的认识出发点，一种是从调整整个商业活动，掌管关系国计民生的重要商品的供求关系，并有利于增加国家的财政收入出发，主张保持官营商业的主导地位与适当发展；另一种是从加快整个商业的发展，既有利于稳定国家的财政收入，更有利于整个社会经济的较快发展与社会的稳定出发，主张改革官营专卖体制，适当压缩官营销售经营的规模，更多的让私商经营，并大力加快私商自由经营的规模，使私商在整个商业经营中占据主体地位。

1. 改革官营专卖体制，采取私商自由经营模式的思想观点

唐朝的刘晏主张改革官营榷盐制度，实行私商自由经营模式，促进私商的发展。唐朝

① 杜佑：《通典序言》。

在“安史之乱”后，官府推行了盐产品专卖制度，在各产盐区设置了盐院官吏，盐户在官吏的隶属下从事生产经营活动，在其他非产盐区也设置专卖经营机构，实行产销一体化官营制度。在刘晏兼任盐铁使后，即主张并实施了对榷盐制度的改革，即确立以商人为主体的自由运输销售体制，取代官产官销政策。其主要观点是：他认为官府对盐产品进行官产、官运、官销政策，使官僚机构臃肿、官吏过多、贪污过多、办事效率低下、费用加大，且运销不畅、供求失衡，影响民众对食盐消费需求的满足；因而，应在产盐区只设盐监机构负责管理食盐的生产与收购，在非产盐区及销售区均不设盐官，鼓励商贾进行食盐运销，由官府建立常平盐制进行宏观调控，既可平抑物价、保持市场供求平衡，又可满足各地对盐的需要，增加国家的财政总收入。由此，他主张在官营专卖中，要扩展私商经营，确立以私商为主体的自由运输销售体制，促进私商的发展。

宋朝的王安石主张减少官商的经营，扩大私商的经营，不排斥私商的扩展。在盐产品的经营上，由国家实行分区专卖，不宜专卖的，实行私商经营。在酒类产品上，采取私商包销的制度，即主张“榷法不宜太多”，要更多地利用私商的力量。

2. 取消官商专卖制度，完全由私商自行经营的思想观点

北宋的李觏从改善商业经济结构的角度提出了废除官商专卖制度的主张，他认为北宋的官商专卖制度存在以下弊端：官吏营私频多，产品质量低下；经营管理不善，亏损严重；官肆过少，民需不得满足；私贩众多，且违法难禁等。由此，他认为官营专卖，既不利于民，也无益于朝廷。因而，主张“一切通商，官勿买卖，听其自为”①，即主张废除官营专卖，让私商自行经营，扩大私商的发展。但主张官府加强税收管理，要向私商征收商税，以保证国家的财政收入，即他所说的“于商人自行之，既取其息，因取关市之税，是公利不减也”②。如此，既利国、便民，又推进了商业的繁荣发展与市场的开放。

3. 对重要商品实行全面国家管制、官商专卖，杜绝商民自由经营的思想观点

元朝的卢世荣处于当时的重商时代，他主张推进商贸业的发展。在国内贸易方面，他主张对日用品和江湖、山地产品实行私商自由经营，国家不要加以管制，如他提出“怀孟竹货，从民买卖”、“江湖听民捕鱼，只纳渔课”等。但对铁、酒等重要货物，则主张实行国家全面管制，并由官商进行专卖经营，杜绝商民自由经营。对于酒产品的经营，他主张“一切罢禁，官自酤卖”；对于铁产品的经营，他主张“尽禁权势所擅产铁之所，官立炉鼓铸为器鬻之”；而对盐产品，他主张官营与商营并行，实行以商营为主，而以官营指导市场盐价，即以官府设立常平盐调节市场供求、掌控盐价水平的做法，去调管私商的自行经营，推进其有序发展。在对外贸易方面，他主张对海上贸易实行国家垄断，主要是在东南方向的一些重要港口如泉州、杭州等港口，由国家设立市舶都转运司，垄断海上运输工具，只准许获得官方船只、资金的私营商人，在对其所获利润按官七商三分配后，才可从事海上贸易，严禁私营商人自由从事海上贸易。从而把本国的进出口贸易权控制在官府手中，并进行船只、资金、设施的官营活动。

从上述可见，在这一时期内，虽然对官营商业的认识，具有在不同领域、不同程度的存在与发展的思想观点，但有一个共同的趋向，即主张在国家政府的宏观调控下，在官商

① 《李觏集·富国策》（卷十）。

② 《李觏集·富国策》（卷九）。

的引导下，更多、更快地扩展私商的有序经营，使其处于原始第三产业的主体地位。

（二）调整国内商业与对外贸易结构的思想观点

对这一结构进行调整的思想观点，表现在国家政府的政策思想与一些代表人物的思想两个方面。在一些代表人物的思想中，主要反映在对两者所居地位与作用的不同认识上，并重点反映在是扩大、加快发展，还是限制、放缓对外贸易发展的思想观点上。该时期是我国对外贸易快速发展的时期，具有明确的推进对外贸易发展的政策思想，而在一些代表人物的思想观点中，表现得较为稀少，但也有一定的呈现。

1. 扩大海上对外贸易的思想观点

唐朝的韩愈在持有"农工商并重观"的基础上，主张大力发展商贸业，并加快私营商业的发展；同时，也主张扩展对外贸易业，特别是海路对外贸易业的发展。他针对当时的现状特别提出"蛮胡贾人，舶交海中。若岭南帅得其人，则一边尽治，不相寇盗贼杀，无风鱼之灾，水旱疠毒之患。外国之货日至，珠香象犀、玳瑁奇货，溢于中国，不可胜用。"① 即他认为，发展海上对外贸易可以使国外多种奇特商品品种流入国内市场，不仅可以满足人们对国外商品的需求，还可以推进国内商业的发展。因此，他主张积极发展同国外商贾的往来业务，扩展海路对外贸易。

2. 实行奖励对外贸易与调节货币国内外流通的政策思想观点

宋代的多数代表人物都主张实施奖励对外贸易的政策，大大扩展陆路与海路的对外贸易活动，使宋代的对外贸易业获得了空前的发展。主要的主张有：一是建立与健全市舶机构；二是大大扩展贸易往来的国家范围，波及多国；三是完善与扩展对外贸易港口，为海上对外贸易提供更多、更方便的设施与货物运输条件；四是大大扩展进出口商品品种，对外出口中国优势的工业及手工艺产品，对内进口国外的奇特土产品，进行广泛的多寡商品品种交流。以此拓展外贸业的发展，使国内市场向国外市场大大延伸。

处于该时期的沈括，在其所著的《梦溪笔谈》中，从货币流通的角度涉及到对外贸易的发展问题。他认为当时国内铜币多少的一个主要原因在于对外贸易的影响，要通过对进出口商品的调节，去调节国内市场的铜币流通量。主张在国内铜币量过多，导致物价上涨时，就要大力购买国外商品，使铜币外流、国内急需商品增多，这样就可使物价平抑。把发展对外贸易视为一个调节国内市场供求、繁荣国内商业的重要调节手段，从而形成了一种调整国内商业与对外贸易结构的很有见地的思想观点。

3. 扩大东南方向海上对外贸易的思想观点

元朝的卢世荣虽然主张由国家垄断东南方向上的本国商人海外贸易经营的管理活动，但他明确地主张扩展东南方向上的海上对外贸易的发展。这一方面表现在由官府管控下的国内商人对海外贸易的扩展；另一方面表现在主张对外商进出口的扩大发展上。元朝在对外贸易上，很多方面较宋代发达，不仅在陆路对外贸易上横跨欧亚，从京城大都出发分别沿天山北路与南路两大通道，到达中亚、西亚，再到欧洲；而且在海路对外贸易上也相当发达，建立了很多对外贸易港口，同海外通商的国家，东到日本、朝鲜，西到波斯湾沿岸、阿拉伯半岛及非洲沿海等国家。面对这一繁盛发达与外商对进出口海船实际控制的局面，他极力主张对我国商人海外进出口业务活动进行必要的控制，以防外商控制我国的对

① 韩愈：《韩昌黎集》（卷二十一），《送郑尚书序》。

外贸易活动。由此，他主张在重要的海港泉州、杭州设立市舶都转运司，负责制造与提供海上运输工具并提供所需资金，中国商人在获官府准许后，方可开展海外贸易活动，从而由官府操纵进出口贸易的主动权，大大推进海外贸易的发展，使国内商业更加繁盛。这一使原始第三产业由国内向国际延伸的思想观点是很有历史价值的。

从上述可见，在该时期内一些经济思想家从不同角度与层面，提出了发展对外贸易，扩展中国国外商贸活动领域，改善原始第三产业的内外发展结构的思想观点，对中国原始第三产业的优化发展作出了可贵的历史贡献。

（三）调整商品经营与服务经营结构的思想观点

在这一时期的经济思想家中，虽未有对此结构的明确思想观点，但也有一定的认识与见解，需要做适当的剖析与归纳，以揭示其端倪。现分隋唐与宋元两个时期进行概述。

1. 隋唐时期推进服务业发展的思想观点

隋唐时期是商品经济较快发展的时期，但仍是以物质商品经营的商贸业的发展为主体，服务经营业包括商务服务与劳务服务经营业的发展尚处于缓慢发展的状态，但均获得了一定的发展。因而，主张发展两种类型服务业的思想观点都有所显现。

唐朝政府的经济管理者已具有扶植旅店服务业发展的政策思想。据《通典》（卷十）记载“东至宋汴，西至岐州……南至荆襄，北至太原、洛阳，西至蜀州凉府，皆有店肆，以供商旅”。可见，在一些大型城市中，已大大推进了旅店服务业的发展。

刘晏主张发展常平仓服务业，以储备重要商品物资，为官府商品经营提供仓储设施服务条件。由此，也就推进了官营仓储服务业的发展。

陆贽主张在“和市”政策实施过程中发展劳务服务业，以提供自由雇佣劳动服务。他主张推行“和市”政策，即除法定的强制征课外，推行所有官府与百姓之间的交换一律按市场价格自由交换或买卖的政策。它是指将封建财政所需要的许多物资按照市场价格收购，并对所需的劳动力亦采取“和雇”（自由雇佣劳动）形式，达到如他所说的如下要求“一依市利，勿令官吏催遣，道路遮邀，但不抑人，自当趋利”。[①] 他认为，要保证“和市”政策的顺利实施，必须采取所需劳动力的“和市”政策，以提供自由雇佣的劳动力。即他主张建立与发展劳务服务业，进行多种劳务服务活动，诸如物资运输、储存等经营活动所需的劳务服务活动等。

2. 宋元时期推进服务业发展的思想观点

宋朝的王安石主张在他推行的“变法”中创立相应的服务业。一是在市易法中主张在京师设立行铺或牙人等中介服务业。这些牙人或行铺必须经过政府核准，要以其产业或金银作为保证金，并具有五人以上的联保，方可从事中介服务经营。其主要业务活动是在外地行商运销货物到达京城后如果来不及销售，愿意卖给市易务机构的，可由他们定价，并由市易务预支官钱购买，然后由他们分期付款，按偿付的不同时间给予不同的利息率，如此，该牙行具有了担保服务的功能。二是在“青苗法”中主张实行农业贷款办法，一年向农民贷款两次，随当年夏秋两季收获时，归还以粮产品为主的农产品实物，实际是官府预付货款收取粮食的办法，但要加收 20% 的利息。从事该项活动的官营机构实际上从事的是一种金融信用服务业。三是主张为防止官运漕粮耗损巨大等弊端，招募商船与官船

---

① 《陆宣公奏议全集》（卷三）。

竞运，相互对证检查，使官府漕运吏卒无法舞弊，并在每年漕运达到常额以后，还再招募商船增运二十余万担。这实际上形成了一个私营商船的租赁服务业。

《水浒传》中也反映了施耐庵发展多种类型服务业的思想观点。他因处于元朝，其思想观点代表着他对宋元时代服务业发展的认识与主张，并反映着元朝的现实存在。他发展服务业的主张与思想主要表现在以下几个方面：一是推进饮食服务业的发展，包括饭店业、酒店业、茶店业的发展。如史进到了渭州的表述，“史进便入城来看依然有六街三市，只见一个小小的茶坊在路口”；鲁提辖引李忠、史进“来到州桥之下，一个潘家有名的酒店，门前挑出望杆，挂着酒旌漾在空中飘荡”；林冲发配沧州，其恩人李小二向他告白道：“夫妻两个在营前开了个茶酒店”。从中反映出他主张发展饮食、酒茶店等饮食服务业的思想观点。二是推进旅店服务业的发展。由于贩卖业务活动的发展与人口流动的扩大，需要大大发展旅店业，他在书中多有表述。如鲁提辖拳打镇关西一段有云：“……只见鲁提辖大踏步走入店里面，高声叫道：‘店小二，哪里是金老歇处?’”三是推进产品运输服务业的发展。如在柴进拦截“生辰纲”贡品一段，描述了雇佣运送货物的脚夫进行货物运输的情况，反映着发展货运服务业的思想。

元朝的卢世荣主张在重要港口设立市舶都转运司机构，由国家垄断海上运输工具，只有租用官方船只与获得国供资金的国内商人才能从事海上贸易，不准租用外国商人的船只进行海上贩运活动。由此，也就形成了官营海上运输工具的租赁服务业，从中也反映出他主张推进服务业发展的思想。

总之，在这一历史时期，很多代表人物在主张发展物质商品经营业的同时，也都主张创建与发展商务服务业与劳务服务业，以扩大服务业在商、服业发展中的比重，改善原始第三产业经营类型结构。

（四）调整大型与中小型商业结构的思想观点

在这一时期，随着商贸业的快速发展，商业企业的规模也随之扩展，市场竞争也日益明显，商业兼并趋于激化状态，使富商大贾迅速扩展。他们有的同政府官员勾结，或利用经济手段，进入封建统治集团，进而扩展了商业企业的实力与经营规模，形成垄断性的大型企业，再加上官营专卖机构的集中经营，形成了原始型的经营集团机构，从而使大型商业企业占据主体地位。与大型商业相对存在的中小型企业，特别是个人商贩，虽然人数众多，但作为一种企业类型还很不完备，并处于被控制、被限制发展的状态，未获得充分的自由经营权。因而，大型与中小型企业结构需要优化调整。面对这一现状，一些经济改革家、经济思想家提出了调整商业企业规模结构，促进中小企业的发展，从而进行相对自由经营的主张与思想观点。

1. 抑制富商大贾兼并、垄断的状态，让中小商人更多进行独立经营的思想观点

（1）放松国家对重要产品的专卖制度，让更多的中小商人在官府的统一调控下进行自由贩运的思想观点。唐朝的刘晏主张对榷盐制度进行改革，采取由更多的私营商贩进行自由贩卖经营的模式，或确立以商人为主体的自由运输销售体制。具体来说是：取消官产、官运、官销的专卖政策，在盐的生产方面主要依靠盐民户自行生产，并可按照官府所规定的价格自由运销，但要缴纳一定数额的盐税，或由官府统一收购煮盐民户生产的盐，放于官设盐场，商贾向盐场买盐，官府从购销差价中获得财政收入；商贾买盐后，可以按照自己的意愿运销到全国各地，取消各地的过境税，以鼓励私营商贩参加食盐的运销，发

挥其作用，扩大食盐的生产与流通领域，从中体现出他要更多扩展中小商业经营的思想。同时，他主张对粮食由官府设立“常平仓”制，采取国家同商贾进行以粮易货的办法，以对商贾有利的条件向商贩交换农副产品，鼓励中小商人下乡购货粜粮，即他所说的“不待令驱”，就可推动中小商人“散入村闾”，取得农工商交换之利。从上述可见，他主张既达官营专卖的目的，又调动与发挥私营商人，尤其是中小私营商人经营的积极性，既扩大中小商人的规模，又限制大型私商的垄断现象发生。

（2）抑制富商大贾过分兼并垄断的状态，让更多的中小商人存在和发展的思想观点。在这一时期，面对商业的较快发展与富商大贾过分兼并集中的状态，很多经济思想家都主张抑制富商大贾对商业的垄断，排斥其阻碍中小商人扩大发展的政策思想，以让更多的中小商人在更广泛的领域发挥其促进生产与物资交流的积极作用。这一思想反映在以下代表人物的思想观点中。一是唐朝的杜佑，他从主张对工商业者进行轻税政策出发，认为官府对工商业者征收重税，会挫伤工商业者生产经营的积极性，并会造成“重敛则多养羸而国贫”①，即他认为会有利于“大贾蓄家”更多地积累财富而发展，会造成一般工商业者破产逃亡，最终导致国家贫穷。因而，他主张保护中小商人的利益，让中小商业获得广泛的发展。二是宋朝的李觏，他主张根据权势、财力的大小，把社会上从事工商业的人分为以下三种类型：①大商人资本集团，他们衣美食足，因富而通官，力过吏执，“以利相倾”，因拥有雄厚的资本，而获得了相当的政治地位；②拥有一定的财富，但不具有显赫权势，是通过正常的商品生产与流通而发展致富的商人；③小手艺者和小商贩是多由失去土地的农民转化而来的，他们的社会地位都相当低下。他实际上是把商人分为大、中、小三种类型，并具有不同的经营实力与不同的经济地位与社会地位。从这一分类出发，他提出了不同对待的思想，即主张对大商富贾，要加以限制；对一般中等商人，要大力保护与鼓励；对小商贩要驱其归农，以保证农业生产的劳动力不乏缺。可见，他调整原始第三产业大中小型的思想是限制大型与小型商业类型的发展、鼓励与推进中型商业的重点发展而加大其比重。三是宋朝的王安石，他从缓和当时“形势之家”，即官僚地主和富工豪贾同中小地主、小商业者之间的尖锐矛盾出发，主张抑制富工豪贾对小手工业者与小商业者进行残酷剥削与压榨行为，特别是富商大贾中的“奸商”行为，要采取“抑制兼并”的政策，更多地利用正当的私商，特别是其中的中小商人，促进商品流通的正常发展。为此，他在所实施的“均输法”中，主张国家掌握“轻重敛散之权”，以防止富商大贾“秉公私之系”进行投机倒把与商业兼并活动，为中小商业的发展提供较好的政策环境条件；在其推行的“市易法”中，针对商业行会多由富商大贾操纵的现象，主张通过“买卖均一”原则，让所有的商业经营者都站在同一的起跑线上，实际是使所有商业经营者进行公平竞争，以此抑制兼并，保护中小商人的利益，推进中小商人的正常发展。可见，他主张对富商大贾和中小私商要区别对待，对前者要采取摧抑兼并、消除商业垄断的政策；对后者要采取适当保护与推进发展的政策，使中小商业保持较多的比重与应有的地位。

2. 取消抑制商业兼并的政策，让商民更多进行自由经营的思想观点

宋朝的叶适既不主张抑商，也不主张抑制商业经营中的兼并现象。他认为抑末并非自古就有，士农工商各就其业是其社会职能，非有夺商利之举，“何名为抑”，即他否定有

① 杜佑：《通典》，《食货七・丁中》。

“抑商”思想。进而主张在政治上平等对待工商之民，要提高他们的社会地位，充分发挥他们的作用。因而，积极倡导官府不要限制工商业者的经营活动，要广开就业门路。他既不同意桑弘羊、王安石等人所推行的抑制商业兼并的政策思想，也不主张过分放纵。他指出“今天下民不齐久矣。开阖敛散轻重之权不一出于上，而富人大贾分而有之，不知其几千百年矣。而遽夺之，可乎？”① 即他认为富商大贾分享封建国家的轻重敛散之权是千百年来的既存事实，不能完全取消，也不能因其谋取大利就打击富商大贾的兼并行为。他还认为，兼并是商业活动的客观现象，它既有不利于中小商业发展的消极作用，又有带动中小商业发展的积极作用，如他所说的“大商则聚小家之所有，小舟亦附大舰而同营”。总之，他不主张对商业兼并完全实行摧抑政策，而要更多地让商民进行自由经营，让中小商业者在求小利到求大利的“利益观”的引导下不断扩展规模，从而推动中小商业的发展，使大中小商业的结构比重更加协调。

从上述可见，在该时期内的很多经济思想家从不同的角度都主张让私营商业更多进行自由发展，并通过相应的鼓励中小商业发展的政策去加快其发展，提升其地位与作用，从而完善大中小原始第三产业的类型结构。

（五）调整商贸、服务经营行业结构、商业类别结构的思想观点

1. 对调整商贸经营行业结构的思想观点

在这一时期内，商贸经营业获得了迅速的发展，特别是封建国家政府开始缓抑商贸业发展，并在不同时期与领域采取了励商政策，使自由商贸经营者的社会地位得以提升并使自由工商业获得相对独立的发展，为商贸经营行业的扩展创造了有利的条件。这里所说的商贸行业是指按经营商品的类别不同所划分的商贸企业的类型，它实际是商业企业具体部门的分类，不是指行业组织类型的分类。随着商品经济的发展，商品类型不断扩展，经营商品的企业类型也在不断扩展，并主要表现在大城市的固定“市区”的经营中。虽然在此时期的大城市所形成的商贸行业众多，如据唐史载：在商贸业发达的长安东西两市各有220行；在洛阳的南北二市，只南市就达120行、3000余肆。而有关如何优化行业结构的思想观点则不多见，但有一定的存在，只能按主要分类简要地加以提炼与概括。

在这一时期，经济思想家对商贸行业结构调整的思想观点，总的来说，是在主张保持关乎国计民生的一些主体、重点行业继续发展的基础上，扩展一些新的经营行业与开辟一些新的经营领域，满足人们对市场商品，包括有形商品与无形商品、物质商品与服务商品、农产商品与手工业商品、原材料商品与加工生产的商品等不同商品类型不断增长的需要。在主体重点行业中，主张不断细化发展，扩展新的经营行业；在一些新的经济活动领域，主张应时而进，创立与扩展更多新的经营行业，不断优化完善原始第三产业的行业结构体系。这里主要论及一些经济思想家对创建与发展新的商贸经营行业的思想观点。

唐朝的陆贽。一是主张开放山泽，让民众更多地进行自由生产经营，从而推进土特产原材料商品的经营行业的发展。二是主张通过“和市”政策的实施，推进“私雇”活动的发展，用以提供更多的可雇佣的劳动力进行物资的收购、运输、储存等劳务服务活动，从而推进劳务服务经营行业的创立及发展与货运服务业的扩展。三是主张通过推行“常平制”，实行以国存储备粮去换取市场较缺少的其他农副产品以供应、满足官府与市场需

---

① 叶适：《水心别集·财计上》。

求的方式，进一步扩展日用农副产品经营行业的发展，特别是各地特色农副产品商品经营业的扩展。四是主张通过“茶税法”实施中的以官府的茶税收入充作各道“和市”的资金储备，在遇荒歉年份时由政府办理贷款业务给商民，以打击和阻止民间高利贷资本的盘剥方式，去扩大官营信贷服务业的发展。

唐朝的李翱。作为唐朝著名的经济思想家，在其著作《平赋书》、《改税法疏》中，论及了他的财政税收观。他从“轻重论”观点出发，主张改变由农民“贱卖粟帛，易钱入官”的做法，而采取“天下不问远近，一切令不督见钱，皆纳布帛。凡官司出纳以布帛为准”的办法。即他主张发展物质产品的生产，扩大物质商品的流通，减少百姓的租税负担。也由此主张扩大物质商品经营行业的发展，增加更多的物质商品供应。

唐朝的韩愈。作为唐朝富于创新的经济思想家，主张更多地发展对外贸易业务活动，将更多的国外奇特商品引入国内市场。即他主张扩大国外进口奇特商品的商贸经营行业与国内出口优势土特产商品的商贸经营行业的不断发展。

宋朝的周行已。随着被称为“交子”的纸币的出现与流通，开始有了纸币的发行、兑换的管理与经营活动，官府对此设立了“交子务”机构进行专项管理与经营活动。周行已作为南宋永嘉学派的先行者，不仅作为一个货币金属论者主张扩大与发挥金属货币的信用经营行业，同时也主张发行“交子”纸币，作为金属货币的符号加以使用。他提出在铁钱流通地区发行以铜币作为准备金的“交子”，从而稳定币值并扩大纸币流通。由此，使他不仅主张发展官办金属货币的金融信用服务经营行业，而且也主张发展官办纸币的金融信用服务经营行业。

在元朝，其手工业虽然被严重摧残，官营操纵使民营大大降低，但农业仍居主体地位，有了一定的发展；商业活动继续扩展，特别是城市商业与对外贸易有了很大的发展。随着商贸业的发展，也使一些经济思想家提出了扩展商贸经营行业的主张与思想观点。一是随着棉花种植与棉纺织产品的迅速扩展，逐步取代了一些麻织品而成为广大城市人民的生活必需品，从而使棉纺织品经营呈现一种繁荣景象，因而使一些经济思想家提出了加快棉纺织品经营行业发展的主张。二是随着元朝奴隶贸易的盛行而出现了“人市”，实际是一种劳动力交换市场，使一些经济思想家提出了发展规范、自由交易的劳动力服务经营行业的主张，而改变进行奴隶贸易的畸形发展状态。三是元朝在正式发行不兑换的纸币，实行纯粹的纸币流通制后，经济思想家叶李提出了他的“钞币条画”① 主张，其实质是主张发行以银为基础的不兑换纸币，国家必须把金银集中存放于国库中，禁止私人买卖金银，但人民可保有金银向国家平准库买卖或兑换纸币。由此，他提出了发展官营纸币金融信用服务经营行业的主张。

从上述可见，在这一时期的经济思想家中，针对当时商贸业发展的实际情况，从不同的领域与不同的角度，提出了他们积极扩展新的商贸、服务经营行业的思想观点，以求推进原始第三产业行业结构的优化发展。

2. 对调整商品种类结构的思想观点

在这一时期，随着农业，特别是独立手工业的发展，商品种类有了很快的扩展；随着对外贸易的迅速发展，进口商品的种类虽仍以奇特产品为主，但随着国内市场的扩展，不

① 《新元史·食货志上·钞法》。

断增加了对新的进口商品品种的需求。由此引起了一些经济思想家对调整经营商品类别的思考，从不同的分类与角度提出了需要调整与优化商品类别结构的思想观点。其总的相同思想观点有：一是主张在商贸、服务业经营中，在不断发展物质商品类别、品种的同时，应适当发展商务服务与劳务服务商品类别与品种；认为服务业活动也生利、产生价值，也是商品。诸如货运服务、旅店服务、中介代理服务、金融信用服务、雇佣劳动服务等。二是主张在物质商品类别中，在不断扩展日用消费品商品类别的同时，应扩展生产消费品商品的类别。诸如手工业生产所使用的由铁、铜、木等所制作的设施、工具等。三是主张在重点发展生活必需消费品的同时，应不断扩展日用生活消费品的商品类别与品种，主要是衣、用的消费品商品种类与品种。诸如棉、麻纺织品；铁、铜、木、漆、瓷制的生活用具商品；装饰所用的香料、佩带物商品等。由此，其经营行业也应随之扩展。

总之，随着人们生产与生活水平的提高，其消费结构在不断变化，必然引起商品供给结构的相应变化，也必然引起原始第三产业产品类型结构的相应变化。这一变化趋势，也必然反映到一些经济思想家的思想认识中，从而使之提出调整商品种类结构走向的相应思想观点。

（六）调整商贸业经营区域结构的思想观点

1. 对国内外商贸经营区域结构调整的思想观点

在这一时期，大多经济思想家都主张在发展国内商贸活动的同时，积极扩展境外区域的商贸经营活动，以推进我国商贸活动的国际化发展。

唐朝的韩愈。主张积极发展对外贸易，特别是海上对外贸易，以扩展海外贸易的区域领域。他认为“外国之货日至，珠香象犀，玳瑁奇物，溢于中国，不可胜用”，即主张发展进口贸易以扩大国内外贸易往来的业务区域范围。

宋朝的一些经济思想家也主张区别不同的国家关系，积极扩展对友好国家的对外贸易区域范围，同更多的国家发展贸易往来活动。特别是宋朝政府也主张实施奖励对外贸易的政策，积极扩展对外贸易区域范围，同更多的国家发展贸易往来活动。据史载，当时同中国有贸易往来的国家已达50多个，遍及亚洲并波及非洲一些国家。

元朝的卢世荣。他主张积极发展官营海上对外贸易，并在国家的管制下推进国内商人的进出口贸易活动，使商贸业的经营区域范围向国外区域范围扩展。他的具体观点是：在泉州、杭州重要港口设立官营市舶都转运司机构，由国家垄断海上运输工具，只允许获得官方船只与所供资金，并对其利润收入按官七商三分配的国内私商从事海上贸易，严禁国内私人自由从事对外贸易。这是基于当时对外国商贸经营活动甚为发达，外商贸易船只来往很多，国内商人进出口货物大多依靠租用外国商船从事运输的情况，为改变中国海外贸易多被外商船只限制的不利局面而提出的，意在通过对外海船的自制自用，把国内对外贸易权控制在本国政府手中。但他主张推进国内私商大大扩展对外进出口贸易活动，并主张海外私商扩展对华的进出口贸易经营活动，使国内商贸活动更多地向国外的广大区域扩展，从而调整原始第三产业的内外贸区域结构。当时的国家政府也积极主张推行扩展国外贸易区域的政策，同更多的国家开展贸易往来活动。据史载，元朝通过海上贸易与之通商的国家即东到日本、朝鲜，西到波斯湾沿岸、阿拉伯半岛以及非洲沿海等地区和国家，已达20多个；元朝的陆路贸易，沿着天山北路与南路两条对外贸易路线，进行内外贸易交流，其交流的区域范围已达中亚、西亚、欧洲的多个国家。

由上述可见，该时期的一些经济思想家与一些经济政策思想家，从陆路与海路两个方面，提出了积极扩展对外贸易活动区域范围，同更多的国家进行更多的贸易往来活动，并把对外贸易的主动权操纵在国家政府手中的主张，从而扩大对外贸易在整个商贸经济活动中的比重，进一步优化原始第三产业的内外贸易区域结构，使国内商贸活动更多地向国际区域扩展。

2. 调整国内商贸经营区域结构的思想观点

在这一时期的经济思想家中，对此领域的思想观点虽未有系统明确的表述，但在论及相关问题时也多有涉及。这里所说的国内商贸经营区域结构主要是指城市区域与城外区域结构。在秦汉时期城市中的固定“市区制”，已随着该时期城市商贸活动的发展而不断改变，商贸活动已由“市”区向居民住区的“坊”扩展，使固定商户的经营活动与个人商贩的经营活动散落于大中城市的各个角落；同时，城市商贸活动不断向城外区域扩展，在小乡镇出现了集市贸易；流动贩运业已遍及全国范围。尽管如此，商贸经营活动仍多集中于大中城市，且多在繁荣的中心市场区进行。到了唐宋时期，随着国内外商贸业的空前发展，一些经济思想家在主张发展大中城市商贸经营活动的同时，则不断提出了要扩大城市外的广大区域的商贸经营活动，即向小城镇、边关、海港与广大乡村扩展的主张与思想观点。

唐朝的刘晏。他主张通过改革官营专卖制度建立“常平仓”制，让更多的私商在全国广大区域范围进行重要商品的贩运销售活动，并主张在商贾不愿运销食盐而去的边远地区建立常平盐制，进行官商直接经营，使商贸经营区域向广大农村与边远地区扩展。唐朝陆贽主张开放山泽，让人们自由生产经营，使商贸经营活动扩展于穷乡僻壤，以扩大商品流通的全国范围。

宋朝的经济思想家。他们更多地提出了扩大城郊乡镇与广大农村商贸经营的主张。他们不仅主张发展村镇的固定商贸经营，还主张更多地发展定期与不定期的集市贸易活动，使更多的私营贾商与流动的贩卖商深入广大的农乡区域从事商贩经营活动。北宋的经济思想家李觏，主张废除官营专卖商品，即“一切通商，官勿买卖，听其自为”，但官府要向其收税，使“公利不减”。即要通过放开官府专卖，使更多的商人在各地贩卖，扩大广大的经营区域，如他所说的“商人众而另售，则盐不毅杂”、“所主之地又贯于市人，则列肆多得斥，卖”。宋朝变法家王安石，在其变法的思想中，主要是抑制富商大贾对商业的垄断及所进行的兼并活动，主张利用正当的私商，特别是其中的中小商人进行商贸贩运经营活动，扩展广泛的经营区域，使农副产品进城，使手工业产品下乡，扩展城乡商品交流的范围。扩展商贸经营区域范围的主张，还反映在其他更多人的思想观点中，如张择端的“清明上河图”，就反映着他主张使小卖行贩遍布城乡的观点。《水浒传》也反映着施耐庵此方面的思想观点，如鲁智深下五台山去饮酒之处是一个偏处山野的小镇市，其经营则面向广大农村；在“二十回”中有如下一段记述“小喽啰道：‘朱都头（朱贵）探听得一起客商，有数十人结联在一块，今晚必从旱路经过，特来报知……。’可见，结成帮伙的贩运商人已进行长途贩运销售经营活动。以上这些都反映着施耐庵对扩展商贸经营区域的思想观点。

从上述可见，这一时期的经济思想家除了主张扩展大中城市固定市场区的集中经营外，还主张在广大的居民住区扩展广泛的固定与流动的商贸经营，更主张向城外的郊区与广大的农村乡镇扩展固定与流动的商贸经营区域，使商贸经营活动遍布城乡，从而改变原始第三产业经营结构过分集中于大中城市的状态，使其更加优化发展。

总之，在中国古代原始第三产业经济较快发展的这一历史时期，一些经济思想家对原始第三产业经济的结构要素，从不同的层面与角度提出了多有见地的优化调整的思想观点。这些思想观点，已构成了原始第三产业整体结构类型的基本思想体系，并提出了各类结构的优化发展方向或趋势，其中有些思想观点已孕育着现代第三产业结构理论思想的萌芽，具有很多的创新性。

六、国家政府对原始第三产业经济活动进行宏观调控管理的思想观点

随着原始第三产业在该历史时期的较快发展，商贸业与商品流通在社会经济中的地位日益提升，使封建政府日益重视对原始第三产业经济活动的调控管理，采取了多种相应的宏观调控政策措施，因而，也导致了一些代表人物有关国家宏观调控管理方面的思想观点的产生与发展。这些思想观点的形成具有多种原因与目的，因而，其思想观点又有多种不同的类型，也产生了不同的作用。概括这些不同的思想观点类型，有利于把握该时期原始第三产业经济思想的发展状态与趋势。

（一）建立国家对商贸业宏观调控管理组织体系的思想观点

1. 唐朝刘晏的宏观调控组织体系观

他主张首先由国家设置中枢调管机构，以进行统一的宏观调控管理；然后，要在作为各地经济中心的各主要城市，设置管理粮食和其他商品的市场管理组织机构，即“巡院”，并设置主要的管理官员，即“知院官”，以形成自国家到地方官府的商贸业宏观调管组织机构体系。该宏观调管组织机构的主要职能任务分为如下两个层次：一是在各地方的管理机构及官员，必须系统搜集与掌握各地的经济与市场信息，并按月、旬将当地的有关农业生产、粮食收购，以及其他商品的市场供求情况，及时向国家中枢管理机构进行汇报，并贯彻执行国家中枢管理组织机构下达的宏观调控政策措施。二是国家中枢管理机构，要及时汇集各地的经济与市场动态的信息情报，对其进行全面分析，进而根据各地“货殖低昂及利害”的情况，“权万货之轻重”，作出各地吞吐物资、调节供求的具体决策，然后，下达到各地方管理组织机构贯彻执行，从而“使天下无甚贵贱而物常平”。

2. 北宋王安石的宏观调控组织机构观

他主张革除北宋初期所设置的专供皇室和朝廷所需物资，而导致吏治腐败、损国害民的“发运使”机构。主张设立“市易司”机构，去调节市场供求关系、掌握市场物价、摧抑富商大贾对市场的垄断，用以畅通商品流通，达到民安、国用足的目的。在他的推动下，在京师设立了被称为“市易务”的管理机构，发挥着宏观调控的职能作用，并逐步创立起宏观调控管理体制。

3. 元朝卢世荣宏观调控海上对外贸易组织机构观

他主张积极发展对外贸易，尤其是海上对外贸易。为了有效地调管海上对外贸易，主张在主要对外贸易港口设立国家统管的“市舶都转运司”调管组织机构，由该管理机构统管海上运输工具的制造与使用，并建立起如下的管理制度：只有获得官方的船只、资金的商人才能从事海上贸易。其目的是不依赖外国商人的船舶，避免被其控制本国的海上对外贸易活动，而把控制权操在本国手中，以保护本国的对外贸易利益，从而调控本国的市

场供求关系与内外贸间的关系，使之优化发展。

（二）国家对商贸业进行宏观调控管理方式的思想观点

1. 实行直接管理与间接管理方式相结合的思想观点

唐朝的刘晏主张采取直接管理与间接管理相结合的宏观调控方式，着重调节主要商品的市场供求与价格，从而保持各地商品供求的平衡与价格的稳定。一是直接调管方式。他认为，应当主要应用于关系国计民生的重要物资或商品上。这种方式，他认为主要表现为以下两种类型：其一，对关系国计民生的重要物资或商品，如盐等产品，实行官营专卖方式，由国家专卖机构进行直接经营管理。他要求政府在选择专卖商品时，要选择“民所急”的商品，即广大人民群众所必需而又不易找到替代品的商品。因为，政府对这些商品进行专卖经营，既能保证人们的基本消费需求，又能较多地增加国家的财政收入。其二，对重要物资与商品，如盐、粮食等产品，设立国家专营的“常平仓”，以直接调管市场商品供求，稳定物价。二是间接调管方式。即对一些日常消费品，要在政府运用多种手段进行间接统管方式下，由私营商人按法定规则进行经营。

2. 实行国家间接统一管理方式的思想观点

唐朝的陆贽主张国家加强间接统一管理方式，即要在国家间接统一调控下，让人民自由生产经营，以更多地增加人们的物质财富和国家的财政收入。他所说的间接统一管理方式，是指国家通过多种间接调管手段所进行的统一管理方式。这些间接调管手段包括以下类型：法规管理体系；税收管理制度体系；货币发行管理制度体系；市场物价调管体系等。通过以上诸多调控手段体系去间接统一管理商贸经营活动，使之有序、有效的运行。

3. 运用国家的统一经济政策进行间接统管方式的思想观点

北宋的王安石主张国家采用系统的经济政策方式对商贸活动进行间接调控管理。其主要的出发点是消除富工豪商由于垄断行为而产生的同中小商业者之间的尖锐矛盾、解决财政收入不足的困难；而实行国家对商贸经营活动进行干涉的政策，从而达到既抑制富商豪贾的商业兼并活动，又在一定程度上实行经济开放政策，充分利用正当的私商，尤其是其中的中小私商，推进商品流通的正常发展，从而达到“民不加赋而国用足”的目的。他所主张采用与推行的商管政策有以下几项：一是实行富于创新的“均输”政策；二是实行“市易法”政策；三是实施“免行钱”的改革政策；四是实施“青苗法”政策等。

4. 实行由国家直接统一管理方式的思想观点

元朝的卢世荣主张在对外贸易领域，尤其是海上对外贸易领域中，实行国家对海上对外贸易的直接专管。他提出从商船的制造、使用，到海上贸易利润的分成，均由国家直接统一管理，实行国家对海外贸易的垄断。同时，主张对铁、酒这些重要货物实行全面的国家管制，杜绝商民自由经营。

从上述可见，在国家对原始第三产业宏观调控管理的方式上，具有不同的观点，并表现在不同的领域或结构要素上。但进行国家统一管理是共识，从总体上看，大都主张采用统一间接管理方式；在不同的行业管理上，则有不同的思想观点而各自纷呈。

（三）对国家调控管理商贸业所用调管手段的思想观点

1. 运用货币手段进行调控管理的思想观点

运用货币手段去调控管理原始商贸业的活动，可以说是一种共识，但在具体运作上，却有不同的思想观点。

（1）唐朝的刘晏。由国家对货币流通量进行调控的思想观点。他主张调整国家的货币政策：一是要使货币名义价值接近它的内在价值。即要改变当时流行的以一当十的乾元重宝钱与以一当五十的乾元重轮钱所造成的货币过度贬值的状态，主张力求达到以一当二与以一当三的水平，以遏制因过度减轻货币重量而引发物价暴涨的局面，从而使市场的供求关系保持稳定。二是从货币流通量应与社会商品流通量相适应的认识出发，主张封建政府不能以铸钱作为盈利的目的，而应以稳定市场的供求关系为主要目的，其铸钱币的多少应适应现实商品流通量的需要。即主张运用币值与货币发行量手段去调控管理好商贸与市场商品流通活动。

（2）唐朝的陆贽。由国家垄断货币铸造权与发行权，以调节市场商品供求关系的思想观点。他认为“钱货者，官之所为也”，要“国专其利，而不人共之”。由此，他提出了以下两个主张：一是主张由国家政府控制铸币材料，垄断货币的铸造权，以保证有足够的铸币量。二是主张封建国家垄断货币的发行权，控制货币的发行量，使钱充裕适当，以利于平稳市场物价，促进市场商品供求平衡，充分发挥商贸、服务业的功能作用。

（3）唐朝的韩愈。由国家控制货币越出国境并提升钱币价值的思想观点。他不仅主张由国家控制铸币材料，而且要由国家控制钱币的流通区域范围，即不准出“五岭”到本国境外，凡盗银币出境者“皆坐死”处罚。其意是防止在流通中钱币的散失与损耗，从而增加货币的流通量，使其与商品流通量相适应，并解决“轻重”的问题。同时，他与刘晏的“货币价值观”有所不同，主张采取“货币名目主义”的做法。即他主张将钱币的名义价值增高，从而增加货币价值总量，既可以节省钱币的铸造原材料，又可以增加货币的流通量，以解决其“轻重”的问题。

2. 运用税收手段进行调控管理的思想观点

（1）唐朝的刘晏。由国家运用税收手段对重要商品行业与重要商品经营活动进行调控管理的思想观点。他主张严禁官府私征商税行为，特别在对私商贩运国家专卖商品的经营中，要适当减少税率。如他提出要对远销的盐商实行轻税减税，即他所说的“罢州县率税，禁堰埭邀以利者”，禁止地方官府增加地方税与关卡，用以促进商人畅通无阻地进行盐产品的运销经营活动。

（2）唐朝的陆贽。完善国家税收管理手段，以减少商业经营税负的思想观点。他主张用完善的税收手段去调控商业经营活动，其基本思想是减少商业税种、降低商税率，以推进商业的发展，进而维护整个社会经济的稳定。一是主张减少商贸业税种，将原布税与绢税两税法合并，并由货币税改为实物税；二是主张实行单一的农业税制，按人丁及地亩数量征税，不以资产作为课税基础，以促进工商业的发展。

（3）宋朝的王安石。由国家运用税收手段摧抑商业兼并的思想观点。他的以征税手段抑制商业兼并的思想观点反映在以下两个方面：一是利用税收手段，实现租税负担平均，使中小商业者的纳税负担减轻，使富商大贾的纳税负担加重，从而达到摧抑商业兼并的目的；二是用税率作为控制商贾人数的手段，在商贾人数过少时，则实行减税，以“恤商”激励人们去经商，在商贾人数过多时，则加重商税，使之无利可图而减少商贾人数，从而保持经商人数的适度规模，防止出现商业垄断状态。

3. 运用商业法规与制度手段进行宏观调控的思想观点

在这一历史时期，随着原始商贸业的较快发展，其地位作用日益提升，特别是随着市

场竞争的加剧，一些富商大贾的垄断现象日益明显，在国家实行专卖的领域也出现了一些不规则的管理与经营行为，引起了人们对完善商业法规的重视。因而，也导致了人们要更好地利用国家的法制手段，去强化对商贸经营活动的统一调控管理思想观点的提升与发展。这些通过强化与完善国家调管商贸业发展的法制手段规范商业经营行为，并推进商业有序、稳定发展的思想观点，既反映在国家的励政实践中，又更多地表现在一些代表人物原始第三产业经济思想观点中。这些思想观点，在不同时期有不同的侧重点，并表现在不同的层面上。

（1）运用商业法规手段进行宏观调控的思想观点。运用国立法规去管理社会与经济活动是国家与地方官府的必要职能，而运用商业法规手段去调管整个商贸经济活动，尤其是经营管理活动，是其法规管理职能的重要表现。唐朝的经济思想家韩愈就认为“君者，出令者也；民者，行君之令而致之民者也”。① 即制定与贯行治国法规，是官府之职；又说“古之时，人之害多矣。有圣人立，然后教之以相生养之道……为之贾以通其有无”。② 即运用法规手段对商贸经营活动者进行管与教，才能更好地发挥商贸业经营活动的沟通物资与产品有无的功能作用。同时，特别应当指出的是在这一时期的经济思想家中，尤其是一些经济改革家中，大多主张建立与完善必要的调管商贸经营活动的法律与规定，以约束、鼓励有关的经营行为，并更多地提出了与时俱进的优化有关法规的思想观点。这里着重提及的是宋朝的王安石，他在其变法的主张中提出了具有创新内容的法规管理体系，主张推行“均输法”、“市易法”与“青苗法”。他在推行的“市易法”中，主张在京师及有关大城市创建“市易务”管理机构，由京师市易务机构首先制定与颁发具有十三项条款的“市易法”法规并加以实施。即由市易务管理机构依法调管商贸经营活动，抑制富商大贾的垄断行为，以平稳物价、调节市场供求关系，使其有序、有效进行。又如元朝的卢世荣，主张制定海上对外贸易的管理法规，由国家调管国内商人的对外贸易经营活动，把对外贸易的主动权控制在官府手中，以防止外商对本国海外贸易的垄断与干扰。

（2）运用商业管理制度手段进行宏观调控的思想观点。一些经济思想家主张运用官府的力量，通过建立与完善商贸管理制度去有效调管商贸经营活动，实现抑制商业垄断、调节市场供求关系、稳定物价，以达利民、稳国的目的。并就此领域的问题提出各自的具体思想观点。现仅就多数经济思想家的主要主张简述如下：①对关系国计民生的重要商品与一些主要商品实行官营专卖制度。主要是对食盐、铁器、酒等重要商品实行官营专卖制度。他们虽对具体项目、内容有不同的思想、见解，但大多认为应把其产销的主动权操纵在官府手中，主张设立与完善其官营专卖制度，通过制度管理去调控其具体产销活动，而不同意完全放手给私商进行绝对的自由经营。②对重要商品与一些主要商品实行“常平仓”管理制度。用国有资金储备盐、铁、酒、粮食等产品的足够货源量，根据市场的供求状况进行吞吐，用以抑制大商富贾进行垄断经营，实现其市场供求关系与物价的“常平”，既保证人们的消费需求，又保证国家的财政收入，即既利民又富国。③建立与完善对外贸易管理制度。包括海路与陆路对外贸易管理制度。主要是通过官府掌握交通运输工具与进出口商品品种的管控权，既掌握对外贸易的主动权，又调节进出口商品品种结构，有利于国内市场供求平衡，并优化对外贸易经营活动的秩序与规范。④建立与完善大中城

①② 《韩昌黎集》（卷十一），《原道》。

市固定经营的“市区”管理制度。按市场商品的类别进行分行列肆，进行有序买卖；严禁欺行霸市，维护商业经营道德，提供良好的服务。⑤发展与完善商业与工商业行会组织管理制度。抑制富商大贾对行业组织的垄断，保护中小行户的正当权益；推进其建立行规与经营行业规范；有效利用其功能为官府管控商贸经营活动提供助力；充分发挥行会组织的积极作用，推进商贸、服务业的发展。

总之，他们主张建立与完善诸多有益商贸业正常发展的管理制度，通过较为完善的商贸经营管理制度体系，既促进商贸业的繁荣有序的发展，又推进原始三大产业的协调发展。

从上述可见，一些经济思想家主张设立与完善有利于商贸业发展的法规与制度，并正确、有效地运用法规、制度手段在适当控制富商大贾进行垄断、兼并行为的同时，更多地让中小商贸经营者进行正当的自由经营，以促进原始第三产业的发展，由过分的抑制向放松的方向转化，给予其应有的重视与适当扩进空间。

4. 运用主要商品的“常平仓”储备足够商品货源的手段进行宏观调控的思想观点

官府直接进行主要商品的足量货源储备，及时有效地吞吐足够的储备量，是调控商业经营行为，实现市场供求与物价“常平”的重要手段。一些经济思想家在此方面提出了很有价值的主张与思想观点。

（1）唐朝的刘晏。积极主张并推行重要物资与商品的“常平仓”制，进行一定量的产品储备，以调节不同时期、不同地区的市场供求关系，既保证人们生活、生产的迫切需要，又抑制富商大贾的非法垄断，更有利于保证国家的财政收入，达到稳定社会经济发展的目标。一是认为建立重要物资的“常平仓”，进行必要的储备，可以“权万货之重轻”、“使天下无甚贵贱而物常平”①。二是在改革榷盐制度，主张采取自由经营模式的基础上，极力主张与倡导建立“常平盐”制，由官府设立“常平盐仓”，保持一定的储备量，并由官府运输部分食盐到一些不产盐或运费高昂而商贾不愿去的边远地区进行及时供应，保证消费；同时，在食盐市场供应紧张、价格高涨时节，将官仓储备食盐以平价出售，既保证了市场供应量，又平抑了商贾高抬盐价，也增加了官府的财政收入，即达到了他所说的“官收厚利而人不知贵”的效果。三是主张进一步完善唐初的粮食储备制度，即粮食“常平仓”制。面对“安史之乱”中“常平仓”制被破坏的局面，他赞同当时第五琦所提出的如下奏请“每州置常平仓及库使，自商量置本钱，随当处米物时价，贱则加价收籴，贵则减价粜卖”。② 随后在各州县设立了粮食常平仓，进行粮物储备，但进行了一些改革。由于他不主张以粮食储备单纯发放救济粮的做法，而主张采取国家同商贾进行以粮易货的办法，以对商贾有利的条件向商人交换农副产品，鼓励商人下乡购货粜粮，对缺粮地区进行粮产品供应；在粮产灾荒年，官府要采取减免赋税、发放贷款、平价粜粮的办法，特别要采取以部分储备粮按照对农民有利的价格与农民交换一些其他农副产品，然后再将这些农副产品运销到粮食丰收地区交换粮食产品进行再储备的办法。以此达到他所说的如下效果：“不待令驱”而通过商人“散入村闾”。不仅便利了粮食流通，有利于国计民生，而且使水旱灾害变成了农工商交换之利。四是主张将“常平仓”制度的有关原则应用于盐

① 《新唐书·刘晏传》。

② 《新会要》（卷八十八）；《册府元龟》（卷五百零二）。

粮产品以外的其他主要商品上，并采取有力的措施去调节这些主要商品的供求与价格，以保持各地商品的供求平衡与物价的稳定。由此，他主张在各主要城市设置“巡院”管理机构，按照各地“货殖低昂及利害”去吞吐物资，调节市场供求，“使天下无甚贵贱物常平”。[①] 从上述可见，他主张改革官府对主要商品的官营专卖制度，更多的由私商贩卖，但设立官营“常平仓”制去进行物资储备以调节市场供求，并使之扩展到其他主要商品上。从而通过一定的物资储备调控整个商业经营活动，实现各地区供求平衡、物价稳定。

（2）宋朝的李觏。从谷贱伤农、谷贵也伤农的认识出发，为了解决丰年与灾年的价格波动与季节性价格波动问题，实现“秋粜不甚贱，春籴不甚贵”，使农民不受到重大冲击，主张通过健全“常平仓”制度以稳定谷物价格。即要由官府设立谷物“常平仓”，掌握与储备相当数量的谷物商品资源，避免被商贾所控制，以及时调节谷物商品的市场供求，稳定其价格水平。他指出：“一郡之籴，不数千万，其余毕入于商人。至春当粜，寡出之则不足余饥也；多出之则计日而尽也，于是贾人深藏而待其尽，尽则权归于贾人矣。是数少之弊也。”[②] 其意是说，官府的谷物商品储量必须达到相当大的规模，保证有足够的市场供求调控度，否则，就会被私商所左右，达不到有效调控管理的目标。

从上述可见，一些经济思想家主张通过国家建立主要商品的储备制度，即“常平仓”制度，及时吞吐储备商品，更直接有效地调管原始第三产业的经营活动，保持市场供求与物价的稳定，以达到稳国、利民的目的。

以上所述的关于国家政府对原始第三产业经济活动进行宏观调控管理所用手段的思想观点，包括所运用的货币手段、税收手段、法规制度手段与物资储备调节手段，已构成了一个主要调控手段思想的初步体系，但尚有一些调控手段及其思想观点没有论及，如思想道德教育手段、具体政策手段等，这是因为一些经济思想家受当时历史条件的限制，尚未形成明确的认识。但总的说来，他们已站在战略的高度，进行颇具创新的思考，提出了运用这些手段更好地解决现实发展问题的见解，对推进原始第三产业宏观调控管理论的发展发挥了重要作用。

总之，这一时期的经济思想家，就国家政府加强原始第三产业经济活动宏观调控管理问题，从建立与完善调管组织机构体系、方式体系、手段体系诸领域，提出了各自的思想观点。他们从维护封建国家政府利益、维护商人阶层利益、维护广大民众利益的不同角度与出发点并围绕抑商、重商、励商的不同主张，提出了对该宏观调控管理体制各构成要素内容的不同见解，有的形成了共识，有的则有争议，提出了改进与优化的设想，多富有创新性，从而推进了其结构的优化发展。但从总的状态来看，已构成了一个原始第三产业宏观调控管理理论思想的基本体系，并在调管手段的运用上与更多进行励商、促商的调控方向上，提出与发展了更为突出的思想观点。可以说，这些思想观点体系，为以后该领域理论思想的发展奠定了很有价值的基础并提供了有益借鉴。

综上所述，封建社会中期的原始第三产业经济思想，在其初期产生与初步发展的基础上，随着原始第三产业的较快发展而获得了相应的发展，已形成了原始第三产业经济思想的基本体系。它既是原始第三产业经济结构不断优化发展的反映，又推进了其不断发展完

① 《新唐书·刘晏传》。
② 《李觏集·富国策》（卷六）。

善，发挥着重要的引导与推动作用。原始第三产业经济思想理论体系在该时期的基本形成，表现在该体系构成要素的基本形成上。具体包括：一是原始第三产业在三大产业关系中所处地位的思想，由重农抑商到农商兼顾、农商并重论；二是原始商业也是一个物质财富生产部门、一种产业类型，把原始商业归类为原始第三产业形态；三是产业组织论，虽只提及工商业行会组织论，但已有产业组织要素；四是原始商业经营的道德观，虽偏有重点，但已涉及产业文化要素的核心；五是产业经济结构论，已基本涉及产业结构的主要要素，即所有制、国内外经营类型、物质与非物质经营形态、大中小企业类型行业与产品类型、经营区域范围等结构要素；六是产业经济活动的宏观调控管理论，涉及组织机构、调管方式、调管手段等要素。即已基本形成从产业地位、性质、组织、文化、结构到宏观管理体制的思想理论的基本体系。在各构成要素的思想观点中，提出了很多创新性的见解，有的走在国际原始第三产业经济思想的前列，成为现代第三产业经济思想的萌芽。可以说，该时期的经济思想家，为我国原始第三产业经济思想的发展作出了突出的贡献。

第六章　封建社会晚期原始第三产业经济思想及其体系的进一步发展

第一节　封建社会晚期原始第三产业经济的进一步发展

一、封建社会晚期原始第三产业经济活动进一步发展的历史时期及其社会政治、经济条件

（一）封建社会晚期原始第三产业经济进一步发展的历史时期

中国封建社会晚期，经历了明朝与清朝两个朝代。1368 年明太祖朱元璋推翻了元朝的统治，建立起明朝，定国都南京。明成祖朱棣（1360～1424 年）继位后，于 1421 年迁都北平，称为北京，以南京为留都。明末爆发了农民大起义，李自成率军于 1644 年攻进北京，明朝灭亡，共历 16 帝、277 年。1616 年女真贵族努尔哈赤建立起后金，1636 年皇太极即位，改国号为清，1644 年入关，攻进北京后则定都北京。清朝前期，为维护各民族的团结与祖国的统一进行了长期的斗争，历经康熙、雍正、乾隆三朝，先后镇压了一些民族上层分子的阴谋叛乱活动，使我国统一的多民族国家得到了进一步巩固和发展。到 18 世纪，已是当时亚洲东部最强大的封建国家。自 1840 年鸦片战争以后，由于外国资本主义的侵入，使中国逐步变成半殖民地半封建社会。1911 年资产阶级领导的辛亥革命推翻了清王朝的统治，结束了经历两千多年的封建君主制度。清王朝共历 11 帝、276 年。自 1840 年鸦片战争后，中国由古代社会进入了近代社会，这里所说的明清历史时期，以此为界。

（二）封建社会晚期原始第三产业经济活动进一步发展的社会政治、经济条件

1. 封建制社会制度继续巩固与发展，近代资本主义社会制度因素开始滋长

明朝建立以后，仍坚持与推进封建君主专制制度，继续巩固封建地主土地私有制。整个社会经济形态，仍是封闭式的小农经济，并处于绝对统治地位，商品经济虽有一定的发展，但仍处于从属地位。

清朝建立之后，继承与发展了封建君主专制制度，封建地主土地私有制与占主体地位的小农经济得以巩固与发展。在地主顽固势力的推动下，逐步恢复了原有的封建经济关系，并在康熙王朝后期实行了闭关锁国政策，将中国同世界其他国家隔绝，也同时与刚兴起的资本主义社会经济制度隔绝开来。但到清朝后期，随着西方资本主义国家商品生产的

发展与对外贸易的扩展，西方国家的先进技术与思想文化要素也不断传入中国，使清朝政府也放松了对外贸易的封锁，但闭关锁国的政策与小农经济形态仍顽强地保留着。

2. 封建国家政府所采取的经济政策

明清两朝国家政府，仍传承与实行重本抑末政策，或重农抑工商的经济管理体制。封建统治者运用政权力量、封建法令去强力推行这一政策，并运用税收、货币等经济手段保证其贯彻执行。推行这一政策的主要目的是巩固封建统治，保证国家的财政收入。在重农政策上，主要是巩固封建地主阶级的土地私有制，保持自给自足的自然经济形态，对自耕农有所扩展，使小农经济居于主体地位；对手工业采取了一定的放松与鼓励措施，但由于限制农民弃农从末，作为农业副业的手工业生产有了一定的发展，而作为独立手工业的发展处于迟缓状态；对商贸业则采取了多种限制政策措施，不仅倡扬重义贱利的商业道德观，还运用货币、税收手段抑制商贸业与商品流通的自由发展，而更重要的是采取了封建制的"闭关锁国"政策，限制对外贸易的发展。虽然在明朝有过郑和下西洋的行动，但它只是出于外交的考虑在一定范围的探索，并未真正开放中国的对外贸易活动；而到了清朝初期以后则严格地推行了闭关锁国政策，采取了多种限制对外贸易的政策措施，从而抑制了对外贸易的扩展，隔绝了与国外的商贸交流，使其未形成自由发展的状态，相反，把自给自足的自然经济形态推向了顶峰，最终归结到维护落后的封建体制上。由此，也严重阻碍了资本主义萌芽因素的发展。也正是由于这一经济政策或经济体制，导致了西方的资本主义国家利用武力打开中国封闭的大门，实行商品与资本的侵入，并引起代表新兴商人阶层利益的资产阶级的辛亥革命。

3. 社会经济发展的基本情况

明初采取了恢复与发展社会经济的政策，在稳定发展的基础上，到明朝中期，开始注重发展同南洋一些国家的通商交流活动，在一定程度上也促进了国内经济的发展。到明朝后期，由于封建统治者的腐败而引致了农民大起义，使社会经济受到了一定的破坏，并导致明朝的灭亡。在农民起义领袖李自成率军攻破北京后，处于北方的满族统治者乘机南侵入关而攻破北京，并继续南下统一了全国，建立起清王朝的统一政权。在清朝初期，采取了恢复与发展社会经济的政策措施，但由于继续传承与实行"重本抑末"的经济政策，所以仍重点采取一些励农政策措施，而对工商业仍实行抑制其发展的政策措施，特别是抑制独立手工业的发展与对外贸易的发展，明显地推行闭关自守的经济政策，并在清朝中期与后期继续延伸，从而阻碍了商品经济的产生与发展，使工商业困守在封闭式的小农经济的结构里。但从明清时期的总体来看，在农业发展的基础上，手工业也获得了一定的发展，在农业、手工业发展的基础上，商贸业也有一定的发展，不过是处于缓慢的发展状态中。

（1）农业生产的发展情况。一是农业生产品总量有所增加，特别是粮食产品总量有较大增长。在明朝的嘉靖、万历年间，全国的粮食产品总量达696亿公斤，较宋朝的最盛时期增长了50%左右。二是单位面积产品有所增加。特别是粮食年平均每亩产量由宋代的2石左右，增为明朝末年的3石以上。三是农业生产技术有所提高。在明清时期，农业生产日益朝着集约化经营方向转化，劳动生产率不断提高，经济作物有了较快的增长。特别是中原地区，已成为商品棉的主要产地，在其他一些地区已出现了桑、麻、茶、烟叶等经济作物的专业种植区与专业生产经营户；同时，还从国外引进了一些新的农产品品种。

这在一定程度上改善了农产品品种结构。由于农业生产的发展，使农产品商品品种与商品量均有了一定的扩大，并由此促进了手工业生产的发展。

（2）手工业生产的发展情况。一是手工业生产品种有了较快的扩展。特别是制瓷、冶铁、棉丝纺织品等重要产品的品种有了较快的扩展；同时，还出现了一些新的加工生产品种。二是手工业产品总量有了较大的增长。而尤以棉、丝纺织品的产品总量增长为最大。三是手工业生产技术有了很大的进步。特别表现在制瓷、冶铁、棉丝纺织品的生产技术的提高上。四是出现了专业生产区域与规模、数量较大的专业生产户。如景德镇的陶瓷业、广东佛山的炼铁业、东南区域的制茶业与棉纺织业等，不仅形成了独立手工业的生产名区、名地，还出现了专业手工业的名牌产品与数量众多的手工业专业生产户，如仅福建建瓯一县的茶厂即达千余家。五是由于产品品种的扩展与生产技术的提高，使手工业生产的内部分工加细，出现了更多的生产经营行业。如在纺织手工业内部出现了纺织、纺机、织机的专业生产分工；在棉纺织手工业内部，出现了轧花、纺纱、织布和染等专业化生产分工。从而使手工业生产内部的专业生产行业向细分化方向扩展，也由此使手工业的商品量与商品品种迅速扩展，最终又推动农业生产不断专业化与商品化，并为商贸业的发展提供了前提与基础条件。六是专业手工业的发展在一定程度上又促进了作为农业副业的家庭手工业的发展。主要表现在为其提供先进的专业生产技术与应用其初加工产品作为原材料上。作为农业副业的家庭手工业的发展，也为市场商品货源的扩大提供了重要条件。

（3）商贸业的发展情况。在农业与手工业发展的基础上，商贸业也获得了一定的发展。主要表现在以下几个方面：一是城乡商品生产的种类与数量不断增多，使商品流通进一步扩大，推进了商贸经营业的扩展。这一方面表现为农业产品总量的增加与农业的副业手工业产品的增加；另一方面表现在专业手工业产品种类与数量的增加上。这些产品种类与数量的增加，使市场的商品供应量增加，从而扩大了商品流通的规模与范围，由此，要求商贸经营业也随之相应发展。二是城乡居民随着农业与手工业的发展与货币收入的增长，对商品需求的品种与数量增多，包括生活消费需求与生产消费需求的规模、结构的扩展，特别是随着城镇人口的不断增长，城市居民对商品需求规模与品种结构的快速扩展促使商贸业不断扩大经营规模、品种、地区范围。由于商品供应与商品需求的扩展，为商贸业的发展提供了客观条件。

总之，明清时期，随着农业的发展与专业手工业的迅速扩展，使商品生产迅速扩大，从而促使商品交换与商品流通规模相应扩大与国内市场进一步繁荣。特别是城市商业区继续扩展，且行业增多，促使商业资本进一步增长，并开始向生产部门转化，进行产销结合。所有这些状况，为商贸业的发展，既提出了客观要求，又提供了客观条件。

二、封建社会晚期原始第三产业经济的进一步发展

在这一时期，随着原始第一产业与第二产业经济的发展，原始第三产业经济要素也获得扩大发展，其中有些经济要素与要素结构不断向近代扩展，从而使原始第三产业经济的发展进入了一个新的重要历史时期。其发展的基本状态主要表现在以下几个方面。

（一）原始第三产业经营主体要素的扩展

1. 一些地主富农日益成为商品生产与商品经营者的主体

随着农业生产技术的提高与土地使用的集中，劳动生产率也相应提升，从而使商品生

产扩大。特别是农副业生产的不断专业化分工，使农副产品的商品率扩大，一些地主富农开始致力于商品生产与商品销售相结合的商品经营活动，而使其成为商贸经营者的一种新的主体形态。据史载，只苏南常熟谭氏兄弟就雇乡民百余人“凿其最佳者为池，余则周以高睦，辟以耕，岁入视平壤三倍；池以百计，皆畜鱼，池让架以梁为茇舍，畜鸡豕其中，鱼粪又易肥。塍让植梅桃诸果属，其污泽则种菰芘菱芡，可畦者皆以千计，凡鸟凫昆虫之属，悉罗取而售之”。[①] 像如此生产经营形态的业户在江南地区已经广泛出现。这说明，一些地主富农开始成为进行综合性的商品生产与商品经营一体化的商贸经营的主体，是原始第三产业经营主体的新扩展。

2. 独立的手工业生产者与农业副业的家庭手工业生产者更多地成为商贸经营的主体

一是独立专业化的手工业的加快发展，特别是城市独立手工业的加快发展，不仅使商品生产规模与产品品种较快发展，而且出现了更多的产销一体化的经营形态，使更多的独立手工业者，成为商品经营的主体，从而使商贸经营的主体向手工业生产者扩展。二是作为农业生产副业的家庭手工业者，已不断冲破自给自足的自然经济模式，向商品生产与商品经营相结合的形态扩展，从而更多地成为商贸经营的主体。据史载，在上海一县就“民间于秋之后，家家纺织，赖以营生，上完国课，下养老幼”、“农暇之时，所出布匹，日以万计”。[②] 这说明，在广大农村作为农业副业的家庭手工业已得到相当扩展，尤其湖南、江西、四川、山东等省区的棉花、桑茶、蔗糖、水果、烟草等农副业家庭手工业商品的种类、规模已有了较大的扩展，从而使这些农副产品的生产者更多地进行直接销售，从而成为商贸经营的主体。总之，以上商品经营主体的扩展，使原始第三产业的经营主体向手工业生产者延伸，使原始第三产业链向工商一体化方向延伸。

以上商贸经营主体由专营商贸经营者向农商一体化、工商一体化的经营主体的扩展，不仅发展了原始第三产业经营主体的结构要素与结构状况，而且出现了原始第三产业的横向组合趋势，改变了单一纵向组合的形式，形成了产销一体化的原始第三产业链形态，是这一时期的一种新的发展。

（二）原始第三产业经营行业结构要素的扩展

在这一时期，由于农业与手工业的内部生产分工细化、商品种类增多，使商贸业的内部经营分工也不断细化，从而增加了一些新的行业，并使其更多地向生产消费品经营行业扩展。

1. 生活消费品商品经营行业的扩展

一是主要生活消费品经营行业的扩展。由原主要生活消费品的铁器、铜器、盐、酒、茶、烟、谷物等，向更多的棉、丝、麻纺织品，陶、瓷制品等经营行业扩展。二是由主要生活消费品向更多新的日用消费品，如蔗糖、果品、番薯、玉蜀黍、猪、鱼等商品经营行业扩展。

2. 生产消费品商品经营行业的扩展

一是主要生产消费品经营行业的扩展。由原主要生产消费品的铁、铜等金属、器皿等，更多地向木制、陶瓷等生产器皿经营行业扩展。二是由主要生产消费品向更多的配套

① 《常昭合志稿》（四十八卷），《轶闻》。

② 《请预为采办青兰布匹折》，《文献丛编》第三十二辑，《苏州织选李熙奏折》。

产品与辅助产品，如纺机、织机、采茶机、播种机等农业与手工业生产用具及搬用机械的配件等经营行业扩展。

3. 由物质商品经营行业向服务经营行业的扩展

一是出现了金融信用服务经营业。随着货币银行本位制的实施，铜钱币与钱钞币的流通均以白银币为准进行折算支付，尤其是官吏的薪俸、国库的开支均以白银币支付。为了使用的方便，信用机构除原有当铺外，出现钱庄、银号与票号等金融信用服务机构，由这些信用机构发放会票、银票、钱票等兑换券，使其在广大的市场流通范围内执行货币的职能，随时可在金融信用机构兑换成白银货币，从而向近代银行服务经营业演进。二是出现了城市房地产服务经营业。在一些大中城市，由私人资本投资建造房屋、库房等设施，向用户出租或售卖，由此形成了房地产品服务经营业。三是出现了更加细化的农机具与手工机具的维修服务业、货物装运服务经营业、文化娱乐服务经营业等。

以上这些经营行业的扩展，使原始第三产业的行业结构发生了较大的变化。总的趋势是由生活消费品经营行业向更多的生产消费品经营行业扩展；由主要生活与生产消费品经营行业，向新的、更具特色的细化经营行业扩展，特别是向国外引进的新产品种类经营行业的扩展；由物质商品经营行业向商业服务与劳务服务经营行业扩展。这些经营行业的扩展，使原始第三产业经营行业结构不断优化，并向近代化推进。

（三）原始第三产业行业组织的发展

在这一时期，随着商贸与服务业的发展，商业资产也随之增长，特别是大商人资本积累更加集中，在其推动与组织下，商业行会组织更加完善与细化。一个明显的变化就是冲破了唐宋时期局限于城市内部的状态，而扩展至全国范围，建立起地区性与全国性的商业行会组织；并且更加紧密与强大，其集团性更加突出；大商人对行会组织的控制也日趋强化。当时，在全国范围依据其商人的籍贯，将行会组织又组建起分地区的“帮口”，如浙商帮、徽商帮、晋商帮、陕商帮等。由于全国性行会组织与地区性“帮口”组织的建立与发展，商人阶层的队伍更加强大、商人资本的规模也有了明显的扩展，这不仅出现了商人资本向生产部门的转化并加强了对生产过程的直接控制力，而且开始滋生出集团化经营的因素。

（四）原始第三产业经营区域结构要素的扩展

在这一时期，由于商品生产与商品流通规模的不断扩大，使商品流通区域结构要素也发生了较快的变化，呈现了由城市向广大农村、由集中生产区向偏僻地区、由国内向国外经营区域扩展的趋势。

1. 由城市经营区域向广大农村经营区域扩展

由于城市独立手工业的发展，特别是其生产规模化的发展，使众多的特色手工艺产品品种由城市向广大农村区域扩展。如农业及副业所用的生产工具及特色纺织品、陶瓷制品等生活消费品由城市向乡村的扩展，并且在一些乡镇出现了定期与不定期的集市贸易。

2. 由集中生产经营的商品供应区域向广大城乡的消费区域进行长途贩运经营

由集中生产经济作物的区域与集中生产手工艺产品的城市群体区域，向分散的广大城乡区域进行长途贩运经营，或进行批发经营，或由零售商贩进行贩卖经营。如当时的江、浙、鄂、鲁、豫、冀等地区，已成为商品棉的主要集中生产区域，其棉原料商品及其棉纺织商品则远销全国各地；又如制茶业多分布于福建、湖南、云南等地，仅福建建瓯一县的制茶厂就不下千家，其茶产品商品则分销于全国各地。

3. 由国内经营区域向国外经营区域的扩展

在这一时期，明朝注意扩展对外贸易活动；清朝虽采取了“闭关锁国”政策，但对外贸易仍有一定的发展。从总的情况来看，对外贸易有所增强，尤其是私商的海外贸易远达西洋、东洋、南洋多个国家，如广东的蔗糖已远销东、西两洋。至于西北、西南的陆地对外贸易，则保持着与多个国家的往来交易关系，并有一定的扩展。总之，经营区域由国内向国际范围进行了一定的扩展。

以上这些经营区域的扩展，不仅扩大了原始第三产业经营区域结构要素，而且还优化了其结构组成状态，呈现了由城市向农村、由集中向分散、由国内向国际的区域结构优化发展的趋势。

（五）国家政府对原始第三产业经济活动的宏观调控管理

1. 运用货币发行手段对其进行调控管理

明朝初期即已使用白银铸币，到明朝中期其使用更为普遍。到清中期以后，白银铸币使用量减少，但在市场上的一切商品交易均采用白银计价，用铜币与钱钞按白银折价支付货款。不仅如此，在江南某些商品经济发达地区，其田税、手工业税、商税、海关税等大部分也以白银折纳。国家政府通过对银币的价值规定与发行量，去控制货币的流通量，从而调节市场商品供求关系与物价水平，而其中特别加大了对纸币流通量的调节力度，严禁私制与使用。为了进行以白银货币为本位的货币流通，还允许使用兑换券到钱庄去兑换白银货币，从而建立起货币信用制度。这时期的信用系统所发放的兑换券主要有会票、银票与钱票。

2. 对国外贸易经营活动的调控管理

明清时期，国家政府对国际贸易活动的调控管理实行以下两种管理形式：一种是专制政权所控制的海外贸易，它多以国外朝贡关系形式进行，即国外朝贡珍奇物品给本国，国内回赐重要物品给国外；另一种是私营商人所进行的海外贸易，多采取限制性管理形式。朝贡形式的对外贸易，自明朝洪武初年至永乐、宣德年间最为繁盛。此后逐渐衰落，到嘉靖年间达到最低点。自嘉靖之后，在部分地区与领域放松了“海禁”，允许民间私人商贾进行海外贸易活动，使其占有了海外贸易的重要地位。清朝初期以满族贵族为主体的封建政权为稳定统治，推行了“闭关锁国”政策，但自康熙王朝统一台湾以后，逐步开放了“海禁”，允许沿海地区居民从事私人对外贸易活动，并对这些贸易活动采取了减免税收的优惠政策，使沿海地区的对外贸易活动得到了一定的恢复与发展。但由于清朝政府一直推行“海禁政策”，使大小商人同政府统治者之间、同从事外贸经营活动的封建地主之间的矛盾日益激化，并由此出现了更多的走私贸易活动，反映了扩展对外贸易经营活动的客观要求与发展趋势，也因此促使封建政府进一步放松“海禁”，并采取了一定的默许态度。尽管如此，封建政府仍强力抑制对外贸易的自由发展，控制其对商品种类、规模与区域的扩展。

总之，明清时期，虽然加强了对原始第三产业经济活动的调控管理，尤其是对海外贸易经营活动的限制性管理，但国内外商贸活动仍有一定的发展，呈现了不可阻挡的发展趋势。

由上述可见，这一时期的原始第三产业经济扩大发展的基本情况可以概括为如下几

点：一是原始第三产业的经营主体不仅是独立的商务服务业经营者，还有一些农业地区的富裕农民以及独立生产的手工业者，由于进行农产品与手工产品的产销一体化经营，而成为商贸业的经营主体，并使原始第三产业链向生产领域横向扩展；二是原始第三产业的经营行业不仅由生活消费品经营行业向生产消费品经营行业扩展，而且在生活、生产消费品经营行业内部也不断细化发展，并且由物质商品经营行业向商业服务与劳务服务行业扩展，从而使原始第三产业经营行业结构不断优化；三是作为原始第三产业组织的行会组织由城市区域扩向全国范围，并在各省区形成不同的“帮口”，从而使原始第三产业组织向集团化方向扩展；四是原始第三产业经营区域由城市扩向广大乡村、由国内扩向国际区域范围、由集中生产经营区向国内外市场分散经营区扩展，从而对商品流通的广度与深度进行扩展，并在更广的区域范围进行产业“集合”；五是国家政府除应用法规、税收等手段对原始第三产业进行调控管理外，更多地应用货币手段与商贸政策手段进行宏观调控管理，虽然仍奉行传统的“重本抑末”政策，尤其是“闭关锁国”的“海禁”政策，对国内外自由贸易进行一定的抑制，但在商品生产发展的客观要求推动下，使封建统治者在维护封建经济制度与封闭式的小农经济结构的基础上，仍然采取了一些励商、发商的政策措施，使原始第三产业经济获得了一定的发展，使其向近代演进。当然，应当明确指出，商品经济的发展仍被局限在一个狭小的范围内，在社会经济中只占很小的比重，属于小商品经济类型，离资本主义的商品经济尚有很远的距离。因此，原始第三产业经济形态尚未有根本性的变化，但已滋生出很多的新发因素，从而使一些经济思想家产生了一些各有见地的原始第三产业经济思想。

第二节 封建社会晚期主要学派代表人物的原始第三产业经济思想

一、丘濬的原始第三产业经济思想

明朝丘濬（1420～1495年），字仲深，号深庵，广东（今海南省）琼州人。曾著《大学衍义补》，是一部为封建统治者提供“治国平天下”的统治要术的著作，涉及很多领域的问题，其中也涉及诸多商业经济思想方面的问题；这些商业经济思想，既记录了前人的有关言论，特别是儒家学派的商业经济思想，但更多的是他自己独立的商业经济思想观点，因此，该著作可称为一部重要的历史文献。他作为一个创新学派的代表人物，更多地从维护商人阶层的利益出发，阐述他的商业经济思想观点，为原始第三产业经济思想的发展作出了诸多创新贡献。现择述其主要思想观点。此部分引言均出自其著作《大学衍义补》①。

（一）重视原始第三产业发展的思想观点

他是一个传统重农轻商观点的修正者，在维护封建地主阶级利益的基础上，更多地反

① 丘濬：《大学衍义补》。

映了富商大贾的利益要求，主张更多发展民间商业，维护商人阶层的应有利益。一是认为商业在社会发展中具有同农业同等的重要地位。他说："所谓财者，谷与货而已。谷所以资民食，货所以资民用，有食有用，则民有以为生养之具，而聚居托处以相安矣。洪范八政，以食与货为首者，此也。"即他认为农与商具有同等地位，甚至进一步认为"食货者，生民之本也"。二是认为商业的发展是增加国家财政收入的重要途径，商业是繁荣市场经济、方便人们生活的重要经济部门。他指出"有者得以售，无者得以济，斯民之各遂其欲"、"以有易无"，"各得其所"。即通过商业开展商品流通、进行市场交换，实现互通有无，各得其所，是不可缺少而且重要的。同时，通过商业活动，国家可获得更多的财政收入，即他所说的"则国用有余"。三是认为国家政府不应对商业活动进行过多的行政干预，进而主张将传统的官营专卖经营下放给民间商贾经营，即反对官府对盐铁、茶等商品的经营进行垄断。总之，他主张重商、发商，不同意轻商、抑商，要使农商并重、并存。

（二）主张改善原始第三产业经济结构，发展对外贸易的思想观点

他认为，在使中国的商品于国内得到满足的同时，应去扩展国际市场，发展国际范围的贸易，使其占据应有的地位。如他所说"自足自用，固无待于外卖，而外卖所用则不可无中国物也"。因此，他主张开放海禁，以扩展国际贸易。同时，认为开放海外贸易、扩展国际市场，国家政府还可以从中抽税，是增加政府财政收入的有效途径，如他所说"不扰中国之民，而得外帮之助，是亦足够用之一端。"但他主张在发展海外贸易中对不同国家应区别对待，即对友好交往国家要开放，但对寇盗国家要进行封闭，如对当时的"仁巧而国贫穹，屡为沿国之患"的倭奴，则不与其进行贸易。

（三）对原始第三产业经济活动进行宏观调控管理的思想观点

他认为国家政府对商贸业进行宏观调控管理是其应有的职能，是"王政"，即政府管理所不可缺少的领域。他指出"周官于市肆一事，设官如此其详，所以使民懋迁其有无也。有者得以售，无者得以济，斯民之各遂其所欲，是亦王政之一端也。"但他不主张官府进行商贸业调控管理的目的是完全出于封建统治者的利益，只立足于增加官府的财政收入，而去运用国家政权进行行政经济剥夺，从而阻滞商贸业的正常发展。而主张利用各种调控管理手段，协调市场商品供求关系，稳定物价，保证人们的商品需求，促进商贸业的正常发展，既增加国家政府的财政收入，又利民、稳国。如他在批评宋朝王安石的市易法时所说："天生众民，有贫有富，为天下王者，惟省力役、薄赋敛、平物价，使富者安其富，贫者不至于贫，各安其分，止其所，得矣。乃欲夺富予贫以为天下，乌有是理哉？吁，以人君而争商贾之利，可丑之甚也。"即不同意官府与商贾争利而抑制商业经营的合理发展。由此，他明确地树立了国家政府对商贸活动进行宏观调控的指导思想与基本原则。以下阐述他的国家政府对商贸业经营活动进行宏观调控管理所用手段的思想观点。

1. 运用货币金融手段进行调控管理的思想观点

他主张由国家政府控制货币的发行与流通，实现货币流通与商品流通的适应关系，保持市场物价的稳定与维护商贸业的正常发展。首先，他主张由国家政权控制货币的铸造发行权，坚决反对"驰钱禁"，认为"钱币乃利权所在"，必操国家手中；同时，要用它来调节市场商品流通，以保持商品的适当价格水平，并将调节物价所得的适当利益转为国家稳定的财政收入。其次，是为保持货币流通与商品流通的适应关系，主张保持货币的真实

价值，不仅反对以谷帛为币，而且要铸造足值的金属货币，即要重新铸造合于标准的铜钱去替换过去的旧铜钱，并不赞同政府发行不兑换铜钱的纸币在市场进行流通，认为这不符合等价交换原则，应当“必物与币两相当值”。由此认识出发，他提出了以铸银币为基础的货币三本位制，即银币为上币、钞为中币、钱为下币，要以同银币的兑换办法去调节钱币的流通量，不使之通货膨胀，从而保持物价的稳定，使商贸活动有效而正常的进行。

2. 运用官营“常平仓”去储备主要商品足量货源的手段，调控市场商品供求关系的思想观点

他主张按照商品经济的自然法则，使买卖双方平等自愿地进行商品生产与商品交换；不赞成官府以特权、不平等的身份去参与商业经营活动。由此认识出发，他从以下方面提出了自己的主张。一是主张对盐、铁、茶等重要商品的官营专卖，更多的让给私商去自由经营，国家不必过多的干预；对其它商品更应由私商自由经销。即如他所说“天地生物以养人，君为之禁，使人不得擅其私，而公共可也。乃立官以专之，严法以禁之，尽利以取之，固非天地生物之意，亦岂上天立君之意矣！”他要求封建政府放弃对盐铁等重要商品的垄断经营。二是主张对一些主要商品，尤其粮食商品，由官府在各地设置“常平仓”，储备足够数量的商品货源，以调节市场商品供求，稳定物价。他认为“上之人制其轻重之政，而因时以敛散，使米价常平以便人。是虽伯者之政，而王道亦在所取也。”即由官府设置常平机构，进行商品储备，以及时吞吐储备商品，调节市场供求，“务必使钱常不至于多余，谷常不至于不给，其价常平”，从而抑制富商大贾乘机垄断市场的行为。

3. 运用税收手段调控管理的思想观点

他站在维护商人阶层利益的立场，从鼓励民营工商业发展的认识出发，既主张要由官府征收相应的税收，以保证国家的财政收入，并调节市场商品供求，调管私营商人，尤其是富商大贾的不法经营行为与过分的商业兼并行为，但又不主张政府对私商实行重税政策。如对酒商品要“人民自为之”，官府只可“度其所卖之多寡以定其税”，不能任意的提高酒税。不仅如此，他还主张改变“复税制”，即改变按照商品生产过程进行层次收税的办法，如他说“酒者，以谷为之，县官既已取谷以为租税矣，及其选谷以为酒，而又税之，则是一物而再税也，可乎？”即他认为再继征酒商品经销的商业税是不合理的。同时，他不反对官府通过税收手段去抑制富商大贾乘机搞非法的垄断经营活动，但不同意运用税收手段去抑制商人的兼并行为与储存商品的经营策略，即不能采取重税政策去“摧抑商贾居货待价之谋”。总之，他主张官府运用税收手段，去采取更多的励商、促商的调管政策与方法，从而调动商业经营者的积极性，使其进行有序、有利的经营，以推进商业的发展。

从上述可见，他提出了“以食与货为首者”的农商并重观，认为商业是一个“互通有无，各得其所”的不可缺少的重要经济部门，官府对商业活动不应进行过多的行政干预，要让其自由经营发展，而不主张抑商；他主张大大扩展海外贸易，向国际化方向发展，并区别不同的外交关系，采取区别对待政策；主张国家政府运用多种调管商贸经营活动的手段促进商贸业的正常发展，实现市场商品供求平衡、物价稳定，以利国利民。这些思想观点都具有创新性，是一种重商，尤其是重私商论。即他认为，原始第三产业是一个独立的产业形态，同第一产业并重、并存；原始第三产业的国内外结构应向国际化方向扩展；国家政府应通过多种经济手段对原始第三产业经济发展进行宏观调控管理，在调控中

促进其发展。

二、黄宗羲的原始第三产业经济思想

明朝黄宗羲（1610～1695年），字太冲，号梨洲老人，浙江余姚人。他有多部著作，但其《明夷待访录》① 是他的主要经济论著。他是当时杰出启蒙思想家代表者之一。他具有强烈的爱国主义和民族主义思想，反映了正在不断成长中的工商业者的利益和要求，提出了一些反对传统教条的启蒙思想观点，推进了原始第三产业经济思想的发展。

（一）从人的利益观引出原始第三产业的盈利观

1. 自私自利是人的本性观

他以自私自利的资产阶级人性论作为自己的理论基础，认为追求私利是人类的本性。他指出“有生之初，人各有私也，人各自利也。天下有公利而莫或兴之，有公害而莫或除之。”因此，人们“不享其利”是不合乎人性要求的。由此认识出发，他主张“人各得自私也，人各得自利也”。

2. 不同意封建君主唯己私利观

他批判封建君主专制制度所产生的只许君主本身自私自利，把全国产业视为自己的财产，而不允许全国其他人自私自利，去追求与拥有自己产业的统治行为。他认为这是封建统治者侵犯人们权利，使人们成为封建统治者“囊中私物”行为。他主张封建统治者要拥有私利，但要适度，不要垄断天下之利，不要“使天下之人不敢自私，不敢自利”。

3. 商业营利观

他不同意官府向人们征收私有财产税，认为这是一种“不仁之甚”的暴政行为，不应把天下的“产业”视为君主的“产业”，而任意取敛。他从自私自利的市民阶层的人性论出发，深刻地揭示了传统的重本抑末、贵义贱利思想观念的实质。他认为历代所有被推崇的重本抑末、贵义贱利观念的实质，是夺取广大人民利益为统治阶级所有，特别是夺商人之利为官府所有。他主张应允许私营商人去追求自己应有的私利，不要抑制商业的发展与对商利的追求。

（二）对原始三大产业发展关系的思想观点

他彻底否定了以工商业为末业的传统观点，提出了“工商皆本”论。认为工商业同农业一样，都是本业，具有同等地位，主张农工商并重发展，不应对工商业进行抑制。他说“夫工固圣王之所欲来，商又其愿出于途者，盖皆本也。”但他把商业活动中的“习俗”、“蛊惑”、“奢侈”的服务经营业视为传统抑制的“末业”，并认为对其抑制具有合理性。这一认识说明，他已意识到商业经营中存在着商品经营与服务经营、为生产服务的经营与为非生产服务的经营等不同类型，是很可贵的。但他认为，只有为生产领域服务的商品流通是合理的，可以增加国民财富，而为非生产领域服务的奢侈性、迷信性的商品流通则无利于国民财富的增长。这一认识有其片面性，说明他对服务业的基本内涵及其发展的必然性尚未有深刻的认识。

（三）运用货币手段对原始第三产业进行宏观调控管理的思想观点

他主张完善货币制度，搞好货币流通，以调节好与商品流通的协调关系。他在完善货

---

① 黄宗羲：《明夷待访录》。

币制度上，主张废除金银货币，采用钱钞，实行以钱为主的货币流通体制；要求国家政府在财政税收方面采用谷帛和货币并用的制度。他认为，若以白银作为主要货币，则会导致白银供不应求，成为“天下大害”，使市易无资，影响商品流通。主张“使货物之衡尽归于钱”，使钱作为唯一的价值尺度。同时，主张发行纸币，并可向官府兑现钱币，以便携带方便而行远。

从上述可见，他从人的自私自利观，引出商人也必逐商利观，君主更为自私自利而垄断全国之利观，最后归结到官府要正确处理商利与国利间的关系，要给商贾以应有的私利，不要过分抑商，要放开私商经营，使商业更自由的发展；由商人逐利观，引出了他要改变传统的重本抑末、贵义贱利的思想观点，而要提倡“农商皆本”、重商的思想观点，从而使原始三大产业共同协调发展；主张官府用货币手段，并通过改善货币流通体制，去调管原始第三产业经济活动，保持货币流通与商品流通的适应关系，促进社会经济的发展。他的上述思想观点，多具有创新性，在一定程度上推进了原始第三产业经济思想的发展。

三、王夫之的原始第三产业经济思想

王夫之（1619～1692 年），跨明清两朝，字而农，号姜斋，湖南衡阳人。其著作甚丰，多达 100 余种。其商业经济思想主要集中在《黄书》、《读通鉴论》、《宋论》中。是启蒙思想家之一，是代表中小地主阶级利益而又具有市民意识的进步思想家。他以社会经济的历史进化论为立足点，提出了原始第三产业经济方面的一些思想观点。

（一）原始第三产业经济应处地位与三大产业经济关系的思想观点

1. 商业在社会经济发展中应具地位的思想观点

他认为，商业及商品流通是与人们的社会生产活动及人们的生活密不可分的，在社会经济发展中居于重要地位。如他所说“商贾贸贩之不可缺也，民非是无以通有无而赡生理，虽过缴民利，而民亦待命焉”①、“金粟交裕于民，厚生利用并行，而民乃以存”②。其言是说，没有商业从事互通有无的商品交换，人们的生产与生活就无法进行，人们就难以生存。同时，他进一步认为商业的发展推动商品流通正常进行，还会增加国家的财政收入，即“金钱内集，民给而赋税以充”。他最后将自己的观点归结为：通过商业经营活动可使“天下交相灌输，而后生人之用全，立国之备裕”③，即商业发挥着多方面的重要作用。

2. 农商应有关系的思想观点

王夫之坚持以重本抑末观念为准绳，主张重农、抑制工商业的发展。他的抑商观是建立在肯定商业重要地位与作用基础上的。他主张“抑商”是源于以下认识：一是认为“农人力而耕之，贾人诡而获之”、“贾人富于国，而国愈贫”、商人是“贫人以自富”的剥削者，因而，“商贾者，王者之所必抑”。二是认为暴君与污吏往往同商贾相勾结，去盘剥老百姓，会导致“人主移于贾而国本凋，士大夫移于贾而廉耻丧”，因而，主张开明的封建政府就不能扶植该商贾的发展。三是认为强豪富贾，往往对一些重要商品进行垄断

① 王夫之：《宋论》。

②③ 王夫之：《读通鉴论》。

经营，有损于农业生产与农民的利益，即他所说的"富民大贾操利柄，以制耕夫之抑给，而军国之盈垄杳不与之相与，则逐末者日益富，力田者日益贫"[①]。因此，他主张必须由国家进行干预，由官府进行直接控制，实行专卖经营，以限制和打击豪民大贾的垄断经营。因而，他所主张的"抑商"，主要是针对以上状态而提出的，其中主要是为抑制豪民大贾的经营垄断、非法经营行为而提出的。因此，在农商关系上，他由于过分评价商贸经营中的消极作用与以农为本的自然经济形态占主要地位的现状，而坚持以重本抑末的观念为准绳，提出重农抑工商的思想。即他坚持认为农业为本业、工商业为末业，应把商业的发展归结到保证与促进农业的发展上。

（二）完善原始第三产业经济结构的思想观点

1. 发展对外贸易的思想观点

他在主张适当发展国内商贸业的同时，也主张扩展对外贸易，使商贸经营活动范围向国外区域延伸。首先，他认为对外贸易是不可缺少的，发展对外贸易有活跃内外商品交流、互通有无的积极作用。其次，他认为国家对中外贸易不应加以禁止，而且也不能完全禁止，应实行自由通商政策，更多地发展中外贸易往来，使国内商贸活动范围向国外范围扩展。他指出："禁止于关渡之面，则其售之也愈利，皇皇求利之民，四出而趋荒险之径以私相贸，虽日杀人而固不可止。"[②] 即他认为，对外贸易是必然存在的经济活动，官府加以禁止也不会将其消除，反而会引起私相贸易、内外勾结，产生消极作用，不如使之合法经营，有利于发展正常的中外贸易往来，推进国内商贸业的扩展。

2. 坚持对重要商品实行官营，由国家政府进行直接控制的思想观点

他主张抑制强豪富贾对关系国计民生的盐、茶等重要商品进行垄断经营，而应通过国家进行官营，由政府进行直接控制。如他指出"唯海之有盐，山之有茶，农人不得而有也，贫民不得而擅其利也……富民大贾操利柄以制耕夫抑给，而军国之盈杳不与之相与，则逐末者日益富，力田者日益贫"。[③]为了抑制富商大贾对这些商品的经营垄断，他主张必须由国家进行干预，进行官营，直接对其控制与调节，不主张由私商进行自由经营。

（三）国家政府运用有关手段对原始第三产业经济活动进行宏观调控管理的思想观点

1. 运用税收手段调管的思想观点

他主张要对政府不宜于直接经营的商贸活动要通过税收杠杆进行调节管理。他认为，自古以来是"兵车之赋，出于商贾，盖车乘马牛，本商之所取利，而皮革、金钱、丝麻、竹木、翎毛、布絮之类皆贾之所操"[④]，因此，国家的军器费用应由商贾负担，其他货物税更应由商人缴纳。他不仅主张通过征收商税去减少农民的税收负担，还主张通过税收去调管富商大贾进行的垄断经营与过度兼并的行为，要做到"人各效其能，物各取其所有，事各资于所备"。即要进行合理、合法经营，以保持良好的经营秩序。

2. 运用官府储备货源进行物价常平手段调管的思想观点

他不同意政府运用行政手段干预物价的做法。如他反对政府运用政府干预的价格政策去平准粮食价格，而主张让其自由波动。他指出："丰岁谷熟而减其价，则粜者鹿集，谷

①③ 王夫之：《宋论》。

② 王夫之：《读通鉴论》。

④ 王夫之：《噩梦》。

日外出而无以待荒；岁凶谷乏而减其价，而贩者杜足，谷日内竭而不救其死。”① 即由于政府人为地压低粮价而必然造成的后果。鉴于此，他主张政府运用“常平仓”制去储备重要商品的货源，特别是粮食的货源，随市场供求关系去吐吞储备货源，使物价保持常平。通过“常平仓”制，努力达到金钱贱而粟粜贵，将商贾的利益转移给农业部门，实现他的“重农”观。

从上述可见，他承认原始第三产业居于重要地位，并发挥着重要作用，但他仍主张“农本、工商末”论，即第一产业为本业，第二、第三产业为本业的辅助业；在调整原始第三产业内部结构上，主张扩展对外贸易，使其向国际范围发展，坚持官营重要商品的经营，不完全放手由私商经营；在原始第三产业的宏观调控管理上，主张更多地运用税收手段与物资储备手段进行调控管理。

四、王源的原始第三产业经济思想

处于明清之际的王源（1648～1710年），字昆绳，直隶大兴（今北京市大兴县）人。王源是“四存学派”，后又称“颜李学派”的主要成员。“颜李学派”由颜元（1635～1704年）创建，由其门徒李塨（1659～1733年）加以发扬光大，是一个注重实际，专务“经世”、“经济”的重要学派，对工商业经济尤为重视。王源作为该学派的主要成员，全面为商业辩护，坚定地保卫商人阶层的利益，虽没有建立起自身的完整理论体系，但在他的主要著作《平书订》一书中，提出了一些与原始第三产业经济有关的思想观点，并进行了一定的创新发展。

（一）关于原始第三产业经济地位与三大原始产业经济关系的思想观点

1. 商业所处地位的思想观点

他主张调整原有商人阶层所处的社会地位。他修正了李塨的观点，不赞成他农、礼、兵、刑、工、货六部的国家机构设置顺序与六卿之列的顺序，而主张把商部的结构顺序排列在工部之前，把传统士农工商社会阶层序列改为士农军商工序列，把商人阶层的社会地位提升至工以上，即他反对传统的轻商观念。他认为“本宜重，末亦不可轻。假令天下有农而无商，尚可以为国乎？”② 由此认识出发，他还主张让商人跻身于士大夫之列，成为社会经济生活和政治生活中的重要阶层，并进一步主张商贾应参与国家与社会政治经济管理事务，要求政府专设商业部，由商人代表去主管国家商业经济工作。如他说“故吾于建官之法……置大司均（即商业部长）以备六卿。货财者，与食并重者也，乌可置之六卿之外乎？”③ 可见这些主张，反映了新兴市民阶层的力量正在成长，要求与士大夫平等，也反映了商业在社会经济中的重要地位正在进一步提升。

2. 农商关系的思想观点

他在反对轻商的同时，在对待农商关系上始终认为应把农业生产放在首位来对待，即以农业为首，商居次。他认为商虽不可轻，但农更为重，故主张“重本而不轻末”论。同时，他也主张发展工业，即他所说的“工虽不及农所生之大，而天下货物非工无以发之、成之，是亦助天地也”。即认为，应将三者的地位排列为农、商、工的顺序地位，仍

① 王夫之：《读通鉴论》。

②③ 王源：《平书订》（十一卷）。

坚持“以农为本”的思想，商工业的发展必须以农业发展为前提。

（二）关于优化原始第三产业结构要素的思想观点

1. 扩展城市宅地、房产服务经营业的结构要素思想观点

他在坚持“以农为本”思想的基础上，提出了“有田者必自耕”的主张。要充分利用劳动力发展农业生产，使农民安心务耕；不同意不自耕的地主乃至士商工和官僚等阶层获得占有土地的资格。但他主张对城市中的宅地实行自由买卖的政策，他认为，城市宅地不同于农村耕地，政府不能采取与农村耕地一样的土地改革政策。他说：“野外不令有私地，而城中不能尽公。不如听人私相买卖，建造收其房租为便。”① 即主张在城市中推行宅地商品化政策，任人自由买卖，并可允许其拥有者自由建造房屋，从事房地产经营业务。可以说，当时他已主张创立与发展城市房地产经营业，使其向近代第三产业结构要素房地产服务业推进。

2. 扩展商业经营行业结构要素的思想观点

他认为，除农民及少数独立手工业生产者外，其余均属于商人的范围，不仅包括手工生产与销售经营结合者，还包括“客店、船户、渔户、车夫、骡夫、猎户、樵夫”等类型的商人，由此，他把商业经营业，又扩展到多种商业服务与劳务服务业的范围，并主张扩展服务业的行业类型，向近代商服务业的结构要素扩展，即优化发展原始第三产业中的商品实体与服务经营行业的要素结构。

3. 明确区分商业经营形式结构要素的思想观点

一是虽从税制改革的认识出发，但把商业明确的划分为行商与坐商两种类型，对行商经营者实行更灵活的征税办法，以促进行贩经营的区域范围。二是在论及商税征收对象时指出，除耕地农民及少数独立生产的手工业者外，均属于商人、商业的范围，即把产销一体化的手工业，也纳入商业的范围。可把此思想观点归结为将原始第三产业链向原始第二产业范围延伸的观点，是最初的产业横向组合观的雏形。

（三）关于国家政府对原始第三产业经济宏观调控管理手段的思想观点

1. 运用商业税收手段进行调管的思想观点

他为了优化对商业经营活动的有效管理，不采取过分夺取商贾之利的税收政策，而提出了一套商税改革方案，由政府采用实施。其基本思想是既增加国家财政收入又利于商业的发展。其改革方案的主要内容有：一是将商业分为行商和坐商两种类型，对其实行不同标准的课税。在本县区内，对行商不以原报资本利润额纳税，而按每次交易资本额的1%为标准纳税；所贩商品在外县出售后，再随时征收其所得利润额10%的税额。对坐商，所征税率为全年资本总额的1.2%及全年利润额的10%，并在年终一次性交纳。二是为防止商人漏税，或隐匿资本额，而将商人按所报资本数额多少分为上、中、下三个层次，每个层次又分为3个等级，共9个等级，按层次享受不同奴仆拥有人数的差异；按等级享受礼节、服装、乘马等不同的尊卑差异待遇。以此，鼓励其实报资本额而保证国家应有的税额。三是对盐商、茶商、酒商、烟商实行按物征税制度，以保证国家掌握这些商品的使用量，并调节其商品的供求关系。四是对商人的经营亏损状况进行不同的税收管理政策。对经营不足本者，即出现亏损时，可免除课税，并由政府给予适当的补贴，使其维持经营；

① 王源：《平书订》，《制田上》。

对仅足本者，即不盈、不亏的商人，给予免税处理。即他所说的便商措施“使商无所亏其本者，便商也。贵则减价以卖，又便民也，而官又收其利也”实现“三利”共举。

2. 运用法规手段进行调管的思想观点

他主张完善钱法制度以调管商业活动。他认为，钱法与商税制度一样，必须进行相应的改革。认为“钞法必不可行”，应当实行钱物交换和物物交换相互并存的制度，但“不得以银为交易”。他主张大小钱币应和白银保持一定的比率，并在不同范围实行不同使用的制度。在官民之间，政府向民间课税除买铜以银外一律用钱；民间老百姓向政府易物，除买盐以银外亦一律用钱；民间交易，可以用钱，也可以实行物物交换，但不能用银。他不主张政府发行纸币并使其在社会上流通，他认为纸币流通会使某些商人坐牟厚利。为此，对于铜钱，他主张其含铜量的价值应与其名义价值相一致，并杜绝私铸铜钱行为。

3. 运用盐产品官营储备手段进行盐产品调管的思想观点

他对盐商品的经营，主张实行“唐刘晏之制”。他说：“商无定所，盐无定商，而无盐处亦用常平盐法，尽除今日之弊，则上下交利，而商民俱便矣。”[①] 即主张对盐商品实行由商人自由运销的制度，但对无盐之处，要由官府设立盐的常平仓，以储备足够盐商品货源，去及时供应其需求，进行适当的调剂。

从上述可见，王源在其原始第三产业经济思想中，提出了“重商”观与“重本而不轻末”论以及把商置于工之前的三大产业位序论；提出了扩展与调整原始第三产业中的服务经营业、劳务服务经营业、行商与坐商经营业、产销一体化经营业的结构要素及延伸的思想观点；提出了国家政府运用商业税收手段、法规手段、物资储备手段，对原始第三产业进行宏观调控管理的思想观点。其中有不少创新性见解，推进了原始第三产业经济思想的发展。

五、蓝鼎元的原始第三产业经济思想

处于清朝早期的蓝鼎元（1680～1733 年），字玉霖，别字任庵，号鹿洲，福建漳浦人，属封建士绅。他从工商业者的利益出发，对当时清朝政府所推行的闭关锁国政策多有批判，提出了一些很有见地的原始第三产业经济思想，主要反映在他所著的《鹿洲全集》[②] 中。此部分所述的一些引言均出自此书。其主要思想观点表现在以下几个方面。

（一）重视商业与商品流通的思想观点

1. 他认为商业与商品流通具有重要地位与作用

他从“财用”，即国家财政收入是国家之大事的认识出发，认为商业所从事的商品流通是国家财政收入的重要来源，应当重视商业所进行的商品流通的重要地位与作用，要发展商品交换活动。他指出：“古者关市并设，而常开关以通市，而工之出于市者已多，以是国用有由足也。不作无益害有益，不贵异物贱用物，初未尝以奇技淫巧长其奢靡，而招徕鼓舞于以征百货之流通焉。”即他认为，自古以来就实行开关通市，使国用充足，因此，扩大百货流通的发展有利于互通有无，增加国家财政收入，国家应给予足够的重视，要“大开禁网，听民贸易”。

---

① 王源：《平书订》，《财用下》。

② 蓝鼎元：《鹿洲全集》。

2. 他认为商品生产的发展，是商品流通发展的基础与前提

他认为，商品流通的发展是以手工业产品、农副产品生产的发展为前提的；而手工业产品、农副产品的市场实现，是借助于商品流通来完成的。即已认识到商品生产与商品流通的相互依存关系，进而主张要重视手工业与农副业商品生产的发展。他指出："生财之大道在百工，故通功易事，明主不敢一日壅其源。"因此，国家政府要重视商品生产的发展，尤其是重视手工业商品生产的发展，把握生财的主要来源。

从上述可见，他认为商业与商品流通具有重要的地位与作用，有利于手工业生产的发展与增加国家的财政收入；商品流通以商品生产为前提，而商品的出卖又以商品流通为条件，两者之间存在相互依存关系，提出了商品生产基础论。

（二）三大原始产业经济关系的思想观点

他认为，手工业商品生产居于主体地位，主张大力发展手工业商品生产，为商业所从事的商品流通活动提供货源，同时，又带动农副业商品生产的发展。他指出："有百工以佐庶民之不逮，而农无余粟，女无余布，则劝者日劝而长有以养天下之欲。有庶民以济百工之不及，而货不弃地，力求于己，则足者日足而常有以给天下之求。"即他认为，发展手工业商品生产，既有利于发展农业的商品生产，又利于促进商品交换的发展，最终能满足整个社会生产、生活的消费需求；农副业商品生产与商品流通的发展，又能促进手工业的发展。

从上述可见，他的观点中已体现出原始的"重手工主义"思想，是原始三大产业间以手工业商品生产为主体的协调发展论。

（三）调整原始第三产业经济结构的思想观点

他主张扩展对外贸易，使国内商贸活动与商品流通向国外区域扩张，改变内外贸易结构。他不赞成当时清政府所推行的闭关锁国、控制对外贸易发展的保守政策，主张解"海禁"，让民间从事海外通商贸易活动。这是基于以下几点认识：一是认为发展中国与外国的贸易往来，可以达到"以海外之有余，补内地之不足"，具有必要性。二是可以通过对外贸易往来，将国内无关紧要的商品输往国外换取更大利润，既富国又裕民。如他说："内地贱菲无足轻重之物，载至番境，皆为珍宝。是以沿海居民，操作小巧技艺，以及女工针凿，皆于洋船行销，岁收诸银钱货物百十万，入我中土，所关为不细矣。"即他认为，充分利用沿海居民的闲置劳动力，从事手工业商品生产，将手工艺商品运销到所需国家，可换回巨额的货币财富，于国于民均有利；同时，通过对外贸易互通有无，可以换回国内所缺乏的物品，以补国内之不足。即阐述了发展对外贸易的重要性。三是实行"海禁"政策，禁止民间从事海外通商贸易活动，会对社会经济的增长造成严重后果。他指出"既禁以后，百货不通，民生日蹙，居者苦艺能之罔用，行者叹至远之无方"、"沿海居民，萧索岑寂、穷困不聊之状，皆因洋禁"。即认为，这会造成居民失业、穷困不堪，还会造成大量的劳动资料与生产工具闲置，由此产生很多不安定因素，不利于整个社会经济的发展。总之，他基于以上的认识，主张放海禁，发展对外贸易，使国内商贸区域向国外区域扩展，改善原始第三产业的经营区域结构。

（四）调控管理原始第三产业经济发展的思想观点

他不赞成国家政府实行"海禁"，完全禁止对外贸易活动的调管政策，而主张放开民间的对外贸易经营活动，以推进国内外互通有无的贸易往来。但他主张在对外贸易中，应

采取区别对待的调管办法，要因国而异、因情而异，对友好国家进行开放，对敌对国家要进行封锁与限制；或对平等交换的国家推进其发展，对进行掠夺的新兴资本主义东方的日本强国，到处侵略扩张，应采取限制政策。他指出“其舟坚固，不畏飓风，炮火军械，精于中土，性情阴险叵测，到处窥觊图谋人国。”应拒绝同其进行不平等的贸易。但对南洋诸国则不同，如他所说“自开辟以来，未尝侵扰边境，贻中国南顾之患，不过货财贸易，通济有无。”由此认识出发，他主张发展与南洋诸国之间的通商往来，要改变对“南洋严禁”的调管政策。从上述可见，他已认识到抵制西方资本主义国家向中国进行殖民掠夺，进行不平等贸易的必要性。

总之，他已认识到发展原始第三产业的必要性与重要性；提出了商品流通的产业形态，并认识到商品生产是商品流通的基础与前提；在原始三大产业关系中，提出了第二产业主体论，前推第一产业，后促第三产业的协调发展观；主张发展对外贸易，扩展国际活动范围，改善第三产业发展的国内外区域结构；主张同平等互利国家开展互通有无的对外贸易活动，而对新兴资本主义国家通过对外贸易进行殖民掠夺的行为，实行抵制与禁止的严格管理政策，把对外贸易作为主要调管对象领域，以维护国家的独立发展。

第三节 封建社会晚期原始第三产业经济思想及其体系的进一步发展

在该历史时期，随着社会经济与原始第三产业经济活动的进一步发展，促使一些经济思想家对原始第三产业经济活动进行了较深入的思考，从不同的立场与视角提出了相关的原始第三产业经济思想观点，从而丰富与进一步发展了原始第三产业经济思想，其中有不少创新见解，成为很有价值的历史借鉴，现综述如下。

一、对原始三大产业经济发展关系的思想观点

在该历史时期，随着社会生产力的发展，社会生产分工更加细化与专业化，使产品交换在更大范围与层次上展开，从而使商品生产与商品交换的发展成为一个必然的趋势。作为从事广泛商品交换活动的商贸、服务业，即原始第三产业经济形态，在整个社会经济发展中的地位与作用也必然不断提升，作为其客观反映的产业经济思想也必然随之发展而演进。其主要表现是重商思想的浓化与提升，由此引发了一些经济思想家对传统的“重农抑商”观点的质疑乃至批判，并进而对原始三大产业经济发展间的关系提出了较多的新见解，丰富了原始三大产业经济发展间关系理论思想的宝库。现简要揭示不同学派的主要思想观点。

（一）坚持“重农抑商”的思想观点

这一思想，表现在明清之际王夫之的见解中。他是一个代表中小地主阶级利益而又具有市民意识的进步思想家，既坚持“重农抑商”观点，又有新的发展。

1. 商业及商品流通在社会经济发展中居重要地位

他认为，商业及商品流通是与人们的生产活动及人们的生活密不可分的；没有商业从

事互通有无的商品交换，人们就难以生存；商业的发展推动着商品流通的正常进行，还会增加国家的财政收入。即他所说的“商贾贸贩之不可缺也”，“金粟交裕于民，厚生利用并行，而民乃以存”，“金钱内集，民给而赋税以充”。

2. 以“重农抑商”观点为准绳

他主张重农，抑制工商业的过度发展与不适当发展。他是在肯定商业重要地位与作用基础上提出的“抑商”观，而之所以要抑商，是基于以下认识：首先，他认为“农人力而耕之，贾人诡而获之”，商人是“贫人以自富”的剥削者；其次，他认为，暴君与污吏往往同商贾相勾结去盘剥百姓，从而导致“人主移于贾而国本凋，士大夫而移于贾而廉耻丧”；再次，他认为强豪富贾多对一些重要商品进行垄断经营，从而有损于农业生产与农民的利益。可见，他的“抑商”观，不是针对商业发展的积极作用提出的，而是针对某些消极作用提出的，这是他“抑商”观的新视角。但他坚持以农为本业，以工商为末业，把工商业的发展归纳到保证和促进农业生产的发展上。

可见，他的原始三大产业经济发展关系观是第一产业为本业，第二、第三产业为辅业的本辅关系观。

（二）重本而不抑末的思想观点

这一思想表现在明清之际王源的见解中。他是一个坚决维护商人阶级利益的重商学派的代表人物之一，主张“农本”，但不同意“抑末”。

1. 他主张调整原有商人阶层所处的社会地位

要把传统的士农工商社会阶级序列顺序改为士农军商工顺序，把“商”置“工”前。他认为“本宜重，末亦不可轻。假令天下有农而无商，尚可以为国乎?”从此认识出发，主张让商人跻身于士大夫之列，成为政治生活中的重要阶层，进而要求国家设立商业部管理机构，由商人代表去主管国家的商业经济工作。可见，他把重商思想提到了一个新的高度，并孕育出商业是比工业更为重要的一个产业部门的思想观点。

2. 主张重本而不抑商、轻商

他认为，商虽不可轻，但农更为重，要以农为首位，商居次位。同时，也主张发展手工业生产，认为“工虽不及农所生之大，而天下货物非工无以发之、成之，是亦助天地也”。因而，他把原始三大产业经济的地位关系，定位为农、商、工的地位顺序。即坚持以农为本前提下的农首、商次、工再次的主次关系观。

（三）农、商并重的思想观点

这一思想，表现在明朝丘濬的见解中。他是一个传统重农轻商观点的修正者，在维护封建地主阶级利益的基础上，更多地反映了富商大贾的利益要求，主张更多发展民间商业。一是认为商业在社会经济发展中具有同农业同等的重要地位，甚至进一步认为“食货者生民之本也”，这主要是从商业是国家财政收入的重要途径而言的，他明确地认为，商业是繁荣市场经济、方便人们生活的重要经济部门。二是主张对商业活动进行自由放任，使私商自主独立经营。既不要对一些商品进行官营专卖，也不应对民间商贾经营进行过多的行政干预，使其充分发挥应有的作用，给予其应有的经济地位。总之，他主张农商并重、并存，不同意轻商、抑商，从而把原始第一产业与第三产业置于同等独立发展的地位。而对原始第二产业没有论及。

（四）工商皆本，农工商并重的思想观点

这一思想表现在明朝黄宗羲的见解中。他是一个具有强烈爱国主义与民族主义的经济思想家，代表了正在成长中的工商业者的利益和要求。他提出了“工商皆本”论，同农本一样，都是本业。因而，在中国的历史上，第一次提出了农工商并重的同等地位观。一是认为工商业同农业一样都是“本业”，具有同等地位，应并重发展，不应把工商业视为末业而抑制其发展。他说“夫工固圣王之所欲来，商又其愿出于途者，盖皆本也”。他由此彻底否定了把工商业作为末业的传统观点，从而把原始三大产业置于同等地位，而持并重观。这是对三大原始产业关系观的新发展。二是开始意识到在商业经营中存在着商品经营与服务经营、为生产服务与为非生产服务经营的区别。但他不主张发展奢侈性、迷信性的服务经营业，还存在其片面性的认识。

（五）手工业商品生产居于主体地位的“重工”思想观点

这一思想表现在清朝蓝鼎元的见解中。他是一个从工商业者利益出发，对清朝政府所推行的闭关锁国政策多有批判的进步经济思想家。他提出了“商品流通论”与“重工”观。一是以商品流通活动为主体，论及商业与手工业的发展问题。他认为商业所从事的商品流通活动是国家财政收入的重要来源，应重视商品流通的重要地位与作用；商品流通发展的基础与前提是手工业、农副业的商品生产，而手工业、农副业所生产的商品的市场实现，是借助于商品流通活动所完成的，因此，他认为商品生产与商品流通是相互依存关系，由于认为商品生产是基础，故主张国家财政需重视商品生产的发展。但在商品生产中，他认为“生财之大道在百工，故通功易事，明主不敢一日壅其源”，即要把手工业的商品生产置于主体地位，从而形成了他的“重工”观。二是由于他坚持商品生产基础论与重视手工业生产发展观，因而主张大力发展手工业的商品生产，并使其居于主体地位。他认为，大力发展手工业的商品生产，既有利于发展农副业的商品生产，又有利于商品流通的扩大发展。最终体现出他早期的“重手工生产主义”思想，并提出了以手工业商品生产为主体的原始三大产业经济的协调发展关系观。

从上述可见，这一时期原始三大产业经济发展关系的思想观点，呈现了如下的演进过程：农本工商末→重本不轻末→农商并重→农工商皆本并重→工主促农商。这是在由传统的农本工商末的关系观向以工为主体、为主导的协调发展观推进。总之，原始第三产业经济形态作为一个独立的产业经济形态而存在的思想已经出现；重工主义已开始萌芽。

二、对原始第三产业经济本质属性认识的思想观点

在该时期，出现了大胆揭示原始第三产业经济本质属性的思想观点。主要反映在明朝经济思想家黄宗羲的有关见解中。

（一）从人的私利“本性”观，引出“商利”属性观

1. 自私自利是人的“本性”观

他认为，追求私利是人类的本性，“不享其利”是不合乎人性要求的，因而，主张“人各得自私也，人各得自利也”。但他反对封建君主只许自身自私自利，把全国的产业均视为自己的财产，不允许全国人民去追求并拥有自己的财产。他认为这是封建统治者侵犯人们应有权利的行为。

2. 商业活动能产生商利，商人追求商利是正当的行为

他把人们追求私利的“本性”观引入商业经营活动领域。首先，认为商业经营活动能产生利益，商人从事商业经营活动就是要追求私利与拥有私利。因此，他不同意官府向人们征收私有财产税，认为这是一种“不仁之甚”的暴政行为。其次，认为历代所推崇的“重本抑末”政策，其实质是夺取广大人民的利益，尤其是私营商人的利益归官府所有。由此认识出发，他主张允许私营商人去追求与拥有自己应得的私利，不要抑制商业的发展与限制私商对商利的追求，认为他们经商活动的实质也是一种求利、求生的活动。

（二）原始第三产业经济的本质属性是一个能产生物质与精神财富的独立经济形态或部门

他从人的“私利”本性观引出商利观，认为商业经营活动能产生利益，即能产生物质财富与精神财富。他虽没有深入而明确地揭示商业经济活动的本质属性，但已意识到商业经营活动是一个能产生财富的经济活动，商业也是一个独立的社会生产形态或经济部门，因而，也是一种独立存在的产业形态，可以说，他已初步揭示了商业作为原始第三产业的本质属性。

三、对完善原始第三产业经济结构的思想观点

对原始第三产业经济结构，可按不同的标志划分出多种结构类型，而每一个结构类型又包括多种结构要素，并呈现不同的组合状态。所谓结构完善，是指组成要素齐全、每个要素所处的地位与比重趋于合理，能促进整个经济体系高效而顺利的运行。在这一时期，一些经济思想家从不同的视角，提出了完善原始第三产业经济结构的多种思想观点。现作如下归纳概述。

（一）对官营与私营结构调整的思想观点

在这一时期，对官营与私营商业结构的调整有以下两种不同的思想观点：一种是主张将传统的官营专卖经营下放给民间私人商贾进行独立自由经营；另一种是坚持主张由国家政府对关系国计民生的重要商品进行直接控制，实行官营，其他商品由私商经营。

1. 取消传统的官府专卖经营，下放给民间商贾自由经营的思想观点

这是明朝的丘濬在维护封建地主阶级利益的基础上，为更多地反映富商大贾的利益要求而提出的。他认为，商业的发展是增加国家财政收入的重要途径，农与商具有同等地位，甚至认为“食货者，生民之本也”，是繁荣市场经济、方便人们生活的重要经济部门，应听其自由放任。因而，他反对官府对盐、铁、茶等商品的经营进行官营垄断，主张下放给民间商贾进行独立经营，以扩大私营商人的经营范围，从而更充分地发挥商业的作用。

明朝的黄宗羲从他的自私自利的人性论出发，认为商人追求自己的商利是一种正常行为，封建统治者不要唯有自利而完全剥夺商人的私利，应当放手让私商去自由经营取利，解除对官营商业经营的垄断。

2. 坚持对重要商品由国家政府进行直接控制，实行官营专卖经营的思想观点

这是明清之际的王夫之在代表中小地主阶级利益，又具有明确的市民意识的前提下提出的。他的主要出发点是要抑制强豪富贾对关系国计民生的盐、茶等商品的垄断经营，以防其伤农害民，而主张通过国家进行官营专卖，把直接控制权操纵在国家政府手中，而不

赞成由私商完全进行自由经营。

以上结构调整的思想观点各有其理、各有其利弊，但总的趋势是要更多扩大民间私人商业的经营比重，以扩展其自由经营的领域。

（二）对国内商贸经营与对外贸易经营结构调整的思想观点

在这一时期，随着社会经济的发展，国内商贸业也有了一定的发展，在客观上提出了扩展国际贸易的要求。但由于封建制的巩固与完善，特别是清朝实施了闭关锁国的政策，加强了"海禁"，以控制对外贸易的发展。由此引起了一些经济思想家的批判，相继提出了扩展对外贸易的主张，使商贸经营区域更多由国内向国际范围延伸，从而改善原始第三产业经济活动的国内外区域结构。

1. 主张大力扩展海上对外贸易，向国际贸易范围发展

这一思想主要反映在丘濬、王夫之、蓝鼎元等人的经济思想观点中。他们认为，在使中国的商品于国内得到满足的同时，应去扩展国际市场，发展国际范围的贸易活动，并占据自己应有的地位。其主要根据有以下几点：一是认为外国不可无中国之货；二是认为可增加政府的财政收入；三是认为可获得国内所缺的货物与技术；四是认为通过内外互通有无的商品交流，有利于促进国内商品生产的发展与人们生活需求的满足，并活跃国内商贸活动。总之，认为对外贸易是不可缺少而且必然存在与发展的经济活动，如禁止与限制对外贸易，反而会引起内外勾结、私相贸易，产生诸多消极的后果。因而，都主张放开"海禁"，实行自由通商，更多地发展中外贸易往来，使国内商贸活动范围向国际范围扩展。

2. 主张在对外贸易中实施区别对待的政策，有控有放

这一思想主要反映在丘濬的对外贸易思想观点中。他从国家经济安全的角度，提出了在扩展对外贸易中应根据不同国家同中国不同的友好关系及其不同的行为，而加以区别对待的思想观点，即选择适宜的对外贸易对象国家与区域范围。他认为，要对友好交往的国家进行开放，实行平等交易；而对一些寇盗国家要进行封闭，不与之通商往来。因此，他主张同南洋一些友好国家扩展贸易活动，但对当时行盗为患的日本倭贼，则不得与之进行贸易往来。这反映出他已有对外贸易中反经济侵略的意识。

从上述可见，他们主张调整原始第三产业经济活动的国内外区域范围结构，要在扩大国内区域范围的同时，更大地扩展国际的经济活动区域范围。

（三）扩展商贸经营行业结构、形态结构、形式结构的思想观点

在这一时期，有关这一领域的思想观点主要反映在王源等人的有关经济思想中，特别是集中反映在王源所著的《平书订》中。

1. 扩展商贸经营行业结构的思想观点

他认为，除农民及独立手工业工人生产者外，其余均应视为商人，不仅包括手工业产品生产兼营商品销售者，还包括客店、运输、猎物、柴草等广泛的经营者。由此，他把商贸经营行业由多种物质商品经营行业扩展到多种商业服务行业与劳务服务行业，从而向近代服务行业方向扩展。

2. 扩展商贸经营形态结构的思想观点

他认为，商贸经营不应仅限于一般商品与服务业的形态上，还应向其他要素扩展。他主张在农民占有自耕土地的同时，要在城市对宅地实行自由买卖的政策。他认为，城市中

的宅地不同于农村的耕地，应当“听人私相买卖”，实行商品化政策，不仅可以自由买卖宅地，而且可以让其拥有者自由建造房屋设施，从事房地产经营业务。由此，他主张发展城市房地产租赁服务业，使之成为一个新的商贸经营形态，可将其视为一种把物质商品向生产要素房产商品扩展的新观点。

3. 扩展商贸经营形式结构的思想观点

他从税制改革取向的视角，把商贸经营的形式明确地划分为行商与坐商两种类型。主张扩展行商的比重与活动区域范围。同时，他主张把产销一体化的手工业也纳入商贸业的经营领域，不仅要扩展商贸业的包含范围，而且把产销横向组合的形式视为原始第三产业的一种结构类型，即主张将原始的第三产业链向原始的第二产业范围延伸。

总之，他主张调整原始第三产业的行业结构、经营形态结构与经营形式结构，扩充新的结构要素、改善结构要素的比重，向优化方向发展。

以上所述的优化调整原始第三产业经济的所有制、地区活动范围、行业、形态、形式等结构的思想观点，反映了其结构变化的基本趋势，既推进了原始第三产业经济的发展，又丰富了其经济思想体系的内容，从而走向一个新的发展阶段。

四、国家政府对原始第三产业经济活动进行宏观调控管理的思想观点

在这一时期，一些经济思想家从不同的角度、层面、类型提出了加强与优化国家政府调控管理原始第三产业经济发展的思想观点，并多有创新见解，发展了宏观调控管理的理论思想体系。现归纳为如下几个方面。

（一）宏观调控管理的指导思想与原则

这一领域的思想主要反映在丘濬的有关思想观点中。他认为，国家政府对商贸活动进行宏观调控管理是其必有的职能，必须进行适当有效的调控管理。而要进行调控管理，就要首先树立正确的管理指导思想与明确其应坚持的基本原则及实现的目标。对此他提出了自己的如下思想观点。

1. 调控管理的指导思想

他认为，不应完全出于封建统治者的利益，立足于增加官府的财政收入，而运用国家政权的行政权力过分进行超经济的剥夺，去阻滞商贸业的自由正常发展。主张国家政府利用各种调控管理手段，协调市场商品供求关系，保持市场物价的稳定，保证人们的市场商品需求，促进商贸业的正常发展，达到既增加国家政府的财政收入，又利民、稳国的目标。

2. 调控管理应坚持的原则

主张既管，又放；既控，又励；既保证国家政府的合理财政收入，又保持私商的正常合理收入；既运用行政法规手段，又更多地运用货币发行、税收、物资储备等经济手段；既抑制不正当的经营行为，又鼓励正当的经营行为；既利民生，又利稳国等调控管理原则。即应坚持不过分与商贾争利而抑制其合理发展的基本原则。

3. 调控管理的基本目标

应是既利国，又利商、利民，促进整个社会经济的协调发展。即他所说的“使富者安其富，贫者不至于贫，各安其分”，不要“以人君而争商贾之利”，“使民迁其有无”，促进商贸业的正常发展，从而实现整个社会、经济的协调发展。

（二）宏观调控管理应该应用的手段与方式

在这一时期，一些经济思想家主张针对不同的层面与项目领域，采取不同的调管手段与方式。各有所见，既有统一性，又有差异性。现归纳概述如下。

1. 运用法规手段进行统一调控管理的思想观点

这一领域的思想主要反映在王源的思想观点中。他主张国家政府采用统一的法规手段调控管理商贸经营活动，并主要表现在“钱钞”的法规管理上。他认为，国家政府应当完善“钱法”制度去管理商贸活动。他主张改变当时“钞法”制度，实行“钱物交换和物物交换”并存、并行的制度，即应使大小钱币与白银币保持一定的兑换或折算比率，并在不同的范围进行不同的应用。如在官民之间，政府课税一律用铜钱，百姓向官府购物，除买盐用银币外一律用铜钱；在民间进行互相交易，可用铜钱，也可物物交换，但不能用银币；不赞成官府发行纸币并在市场上流通，认为这会使某些商人坐牟厚利，并会产生私印行为；对于铜钱，他认为其含铜量应与名义价值相一致，其价值均应以银为本位，按一定比率折算，并完全杜绝私铸铜钱的行为。总之，他不主张以银币为主要币种在市场上流通，但主张实行以银币为本位，按一定比率折算，由国家保持足够的银币准备金，以供兑换的“币法”制度。

2. 运用货币金融手段进行宏观调控管理的思想观点

这一领域的思想主要反映在丘濬、黄宗羲等经济思想家的思想观点中。他们主张通过货币的发行量，去调管货币的市场流通量与商品流通量的适应关系，用以保持市场物价的稳定，从而调管好商贸业的经营活动。

（1）丘濬的思想观点。一是主张由国家政府控制货币的铸造权与发行权，严禁私铸。二是主张国家通过调控货币的发行量，使货币流通量与商品流通量相适应，以保持市场物价的稳定，从而调管商贸经营活动。三是为保持货币流通量与商品流通量的适应关系，主张保持货币的真实价值，铸造足值的金属货币，去替换不足值的旧铜币，并禁止不兑换铜钱的纸币在市场上流通。四是要发行以银币为本位的、可兑换的铜制货币，并“必物与币两相当值”，以抑制通货膨胀，保持物价稳定，使商贸活动有效而正常的进行。

（2）黄宗羲的思想观点。一是主张废除金银货币，不予在市场上流通，而实行以铜钱为主体的货币流通体制。即主张“使货物之衡尽归于钱”，将铜钱币作为唯一的价值尺度。但主张在国家财政税收方面，可采用谷帛和货币并用的制度。二是主张发行纸币，在市场上流通，并可向官府的金融机构按比率兑换为钱币，以便于携带而行远，方便商人从事商贾活动。三是主张完善货币制度，搞好货币流通，调节好货币流通与商品流通的协调关系，促进商贸活动的正常发展。

3. 运用税收手段进行宏观调控管理的思想观点

这一领域的思想主要反映在丘濬、王夫之、王源等经济思想家的一些思想观点中。其基本观点是合理税收，有重有轻，协调好各方利益，促进商贸活动的正常发展。

（1）丘濬的思想观点。他站在维护商人阶层利益的立场，从鼓励民营工商业发展的认识出发，既主张官府征收相应的商税，以保证国家的财政收入，并调节市场商品供求关系与调管富商大贾的不法经营行为，特别是其过分的商业兼并行为；但又不主张官府对私商实行重税政策。不仅如此，他还主张改变当时的“复税制”，即按商品生产经营过程层层收税的制度；同时，也不同意官府运用税收手段“摧抑商贾居货待价之谋”，即储存商品以待价的经营策略。相反，他主张官府运用税收手段，更多地采取励商、促商的税收政策与办法，从而调动商贸经营者的积极性，使其有序、有利地进行经营活动，以推进商贸业的繁荣发展。这都表明了他充分发挥税收手段功能作用的观点。

（2）王夫之的思想观点。他主张对不宜政府直接经营的商贸活动，要通过税收杠杆进行调节管理。一是认为，国家的军器费用应由商贾负担，其他的货物税收更应由商人缴纳。因为他们尽操各种商品经营之利，并且是历来的惯例。二是认为，通过征收商税可以减轻农民的税收负担，有利于本农。三是认为，通过税收手段去调控管理富商大贾的垄断经营与过度商业兼并行为，不仅可以促使其进行合理、合法经营，以保持良好的商业经营秩序，还可以有效地保护中小商人的应得利益，以做到“人各效其能，物各取其所有”，进行公平竞争。表明了他要利用税收手段去重点调控富商大贾垄断、兼并行为的观点。

（3）王源的思想观点。他为了维护商人阶层的利益，主张官府不要采取过分夺取商贾之利的税收政策与办法，而应实行便商、利商的税收政策。一是区别行商与坐商提出了一套征收税率的具体方案，区别资本额与营利额，提出不同的税率，按税率纳税。二是鼓励其实报资本额，以确保国家应有的征税额，采取给予其不同社会地位待遇的办法，以鼓励其据实纳税。三是根据商人经营的亏损状况进行不同的征税办法。对不盈利而仅保本者，给予免税处理；对出现亏损者，不仅免税，而且要由官府给予适当的补贴，使其维持正常的经营。可见，他主张通过税收手段，去实现便商、便民、便官的“三利”共举的目的，其观点的重点在于励商、护商。

4. 运用物资或商品储备手段，通过吞吐方式调控管理市场商品供求关系，实现物价常平的思想观点

这一领域的思想主要反映在丘濬、王夫之、王源等经济思想家的一些思想观点中。

（1）丘濬的主要思想观点。他主张对重要商品，尤其是粮食商品，由官府在各地设置“常平仓”，以储备足够数量的商品货源，根据市场供求情况去及时吞吐储备的商品，以保持物价的稳定与人们的需求，并有效抑制富商大贾乘机垄断市场的行为。

（2）王夫之的主要思想观点。一是反对官府运用行政手段干预物价的做法，特别是干预粮食价格的做法，而主张让其随市场供求状况自由波动。认为官府人为地压低物价会造成众多不良后果，应采取经济手段去加以调节。二是主张官府运用“常平仓”制储备重要商品，特别是粮食商品的足量货源，随市场供求关系去吞吐储备货源，调节市场供求关系，使物价保持“常平”。即通过“常平仓”制，努力实现“金钱贱，而粟米贵”，将商贾的利益转移给农民，以实现他的“重农观”。

（3）王源的主要思想观点。一是主张对盐产品实行由私营商人进行自由运销的制度。二是主张在无盐处，或私商不愿去经常运销的地区，由官府设立盐商品的“常平仓”，以储备足够的盐商品货源，由官营储备机构按正常价格及时供应人们的日常需要，从而调节好盐商品的市场供求关系，既能保证官府的一定财政收入，又利民、促商。

此外，还有一些经济思想家主张国家政府通过有关经济政策调管商贸活动。如蓝鼎元就主张清朝政府放松“海禁”，采取区别对待的政策，推进国内外互通有无的贸易往来，从而扩展对外贸易的区域与规模。

从上述可见，一些经济思想家主张国家强化与优化对原始第三产业经济活动的宏观调控管理。认为应首先明确宏观调控管理的指导思想、原则与目标；其次，要充分、有效、

适当地运用法规、货币发行、税收、物资储备等手段，通过相应的制度与政策措施，多层面、多领域、多角度地进行宏观调控管理，从而形成一个宏观调控管理的手段与方法体系。这些思想观点，已把原始第三产业经济思想体系中的宏观调控管理思想体系提升到一个新的发展高度，并闪现出很多创新见解。

总之，在这一时期，随着封建制的巩固与发展，自然经济仍占主导地位，小农经济仍是主要形态。因而，“重本抑末”的传统经济体制与经济思想仍占统治地位，特别是清朝政府推行“闭关锁国”的方针，使商品生产与商品交换被局限在一个较小的范围内。但商品经济仍有一定的发展，随其发展使商贸业也有相当的发展。特别是国外贸易的扩展，使国外的一些商贸经营方式与经营思想也不断渗透到中国。这一客观存在，激励着一些经济思想家对商贸经济活动进行多种思考。一些经济思想家在保守传统“重本抑末”思想的基础上，开始进行诸多改进、创新的思考；也有一些经济思想家开始批判传统的思想观点，而主张与时俱进，构建符合现实需要的理论思想体系。虽然具有不同认识上的差异与由此产生的不同思想观点，但在总体上来说，已使原始第三产业经济思想的基本体系获得了进一步的发展与完善。这一体系包括如下结构：一是原始三大产业经济的地位与关系，已出现了原始三大产业独立并存的思想，重商思想强化，重手工业主义已有呈现；二是原始第三产业的内涵属性，是一个独立的经济形态，是一个产生物质与精神财富的生产部门；三是原始第三产业经济的结构，已提出了多种结构类型与要素，并提出了优化完善的不同方向与趋势；四是原始第三产业经济组织，虽未及细化，但已在产业行业结构思想基础上，涉及行会组织机构与其功能、作用问题；五是国家政府对原始第三产业经济活动宏观调控管理，提出运用多种手段、方式、政策措施的具体运作的思想观点。因此，可以说这一理论思想体系的发展，已奠定了向其近代理论思想体系推进的良好基础，并孕育了现代理论思想的诸多要素。

第三篇　近代半殖民地半封建社会时期的第三产业经济思想

第七章　近代社会前期第三产业经济思想的转变与发展

第一节　近代社会前期第三产业经济的发展

一、近代社会前期第三产业经济发展的历史时期及其社会政治、经济条件

（一）近代社会前期第三产业经济发展的历史时期

该时期是从1840年中英鸦片战争开始至戊戌变法于1898年9月失败而结束，可把它分为以下两个时期。

1. 鸦片战争至太平天国农民革命运动时期

该时期从1840年中英鸦片战争开始至1864年太平天国革命运动被镇压而止。可把它划分为两个阶段，即鸦片战争与太平天国革命运动阶段。

第一阶段，鸦片战争阶段。是1840～1842年英国对中国发动的侵略战争。该战争因围绕鸦片贸易侵略而展开，故称鸦片战争。从18世纪末起，英国就对中国实行侵略政策，向中国大量输入鸦片毒品商品，既毒化中国人民，又使中国的大量白银外流，导致中国银价飞涨，使人民的负担加重，并加深了清朝政府的财政危机。由此，清道光帝于1838年底派湖广总督林则徐为钦差大臣赴广东查禁鸦片贸易；1839年3月林则徐励职赴任广州，严厉禁烟，没收了大量鸦片烟，在广州虎门海滩当众销毁了不法商贩贩运的鸦片烟商品，并多次打退了英军所进行的武装挑衅。1839年10月，英国政府借口保护通商，正式决定出兵侵略中国。1840年英国在美法两国的支持下，在多地连续发动了侵华战争，7月英军攻占定海，8月北犯大沽；1841年1月进逼广州，继于8月、10月又攻陷厦门、宁波等地；1842年6月又攻占了上海等地，8月初英军舰又侵入南京江域。在英军的威逼下，道光帝被迫命耆英、伊里布等于8月29日在英舰上与英璞鼎查全权公使签订了丧权辱国的中英《南京条约》，鸦片战争随之告终。从此，中国由封建社会一步一步地变成了半殖民地半封建社会，其鸦片战争也成为中国近代史的开端，也由此进入了由完整的封建经济向资本主义经济演进的时代。

第二阶段，太平天国农民革命运动阶段。鸦片战争后，西方资本主义国家打开了清朝“闭关锁国”的大门，进行不平等的贸易掠夺，清王朝更加腐败反动，使民族矛盾与阶级

矛盾日益激化，由此激起了农民的武装起义。1843年（道光二十三年），在洪秀全的率领下创立了拜上帝会组织，先行开展秘密的反清革命活动。经过准备，于1851年1月11日（道光三十年十月初十）在广西桂平县金田村正式举行武装起义，建号太平天国。9月攻克永安（今蒙山）后初建起革命体制。经过不断扩展，于1853年3月攻占了南京，随后在此建都，命名为天京。此后，举行北伐与西征，不断扩展。在其推动下，各地的天地会与捻党等组织也先后发动武装起义，在广大地区响应与配合太平军作战，使太平军占领了多个城市与大片领土。面对农民革命的浪潮，清政府进行了严厉的镇压，西方国家的侵略者也支持清政府镇压革命运动，于1862年（同治元年）同太平军在上海、宁波展开激战。在中外反动势力联合进攻下，原占的城市相继失守，1864年7月天京被湘军攻陷，太平军虽继续奋战但不支。至此，历经14年的太平天国农民革命运动以失败而告终。

2. 洋务运动至戊戌变法运动时期

该时期从1861年洋务运动正式开始到1898年“戊戌政变”而止。可把它分为洋务运动与戊戌变法运动两个阶段。

第一阶段，洋务运动阶段。从19世纪60年代至90年代兴起的洋务运动，旧称“同光新政”，或自强新政，是清政府统治集团在镇压太平天国革命运动中产生的一批带买办性的官僚军阀，他们以“自强新政”为名，所掀起的采用一些资本主义国家先进生产技术，以保护其封建统治的运动。代表人物在中央有奕訢，在地方有曾国藩、左宗棠、李鸿章等；中法战争后，又出现了以张之洞为代表的洋务派势力。在洋务派的推动下，1861年（咸丰十年）清政府设置总理各国事务衙门后，洋务派的各个代表人物陆续设立了相关的洋务机构，主要是官办的洋务军事工业经营管理机构；从70年代起，又开办设立了一些官督商办的非军事的先进工业管理机构与经营企业；1885年（光绪十一年）以后，又采用官商合办方式开设了一批工矿等企业。由于这些新创办的企业机构在技术与原料上大都依赖外国，从而加强了西方帝国主义国家对中国政治、军事和经济的控制，因此阻碍了中国民族资本的发展。由于洋务派坚持对内镇压人民、对外依赖洋人的方针，使这一洋务运动不但没有达到所谓的“求强”、“求富”的目的，反而加速了中国社会半殖民地化的过程，特别在1894年的中日甲午战争遭受日本毁灭性打击后，最后以失败而告终。

第二阶段，戊戌变法阶段。戊戌变法是近代资产阶级改良主义运动。随着洋务运动的兴起与失败，引起了一些新兴资产阶级代表人物改良主义的思考。他们以多种方式进行思想启动，同时，也引致清朝统治者开始接触西方资本主义的思想，并注意国内新出现的改良主义思潮。应运而生，作为近代资产阶级改良主义运动领袖人物的康有为（1858～1927年），鉴于民族危机的日益加深，于1888年第一次上书清光绪帝，提出“变成法”、“通下情”、“慎左右”等主张，以图中国的富强，但被一些保守派官僚所阻挡，未达光绪帝手。1895年《马关条约》签订时，他又与梁启超等变法派人物联合发起《公车上书》，并于1898年4月在北京成立了保国会，提出了“保国”、“保种”、“保教”的宗旨，接着，于该年6月向光绪帝上书，光绪帝接受其建议，正式宣布变法。但在变法运动开始后，就遭到了保守派的坚决抵抗，同年9月保守派发动了“戊戌政变”，康有为逃亡国外，变法运动宣告失败。

（二）近代社会前期第三产业经济变化发展的社会政治、经济条件

该时期，是中国社会经济状况发生剧烈变化的时期。首先，由古代社会进入近代社会，其主要标志是由封建制社会进入半殖民地半封建制社会；其次，由占统治地位的自给自足的自然经济形态向资本主义的商品经济形态演变；再次，西方的先进科学技术不断被引入中国，推动了中国以军事工业为主体的近代工业的发展，使以手工业生产为主要形式的原始第二产业向以机器制造业为主要生产形式的近代工业演进；最后，中国的国内市场变成了国外资本主义国家商品的倾销市场，在被掠夺中导致了国内外民族矛盾与阶级矛盾的剧烈变化，产生了反帝反封建的武装斗争、农民革命与改良运动，促使政治制度、经济结构、产业形态、产业经济思想诸多方面发生变化，最终引起中国新兴资产阶级的旧民主主义的革命运动，彻底推翻了清朝政府的封建统治。以下分两个时期概述其社会经济发展变化的状况。

1. 鸦片战争至太平天国农民革命运动时期社会政治、经济的发展变化状况

（1）鸦片战争的动因、过程及其发展。一是鸦片战争的动因。在国内，清朝政府在所谓“康乾盛世”之后，大力推行“闭关锁国”政策，使种植业和家庭手工业相结合的自给自足的自然经济形态仍居统治地位，商品经济虽在沿海地区有一定发展，但处于极其薄弱的状态，不仅保持着传统的社会经济的特点，而且其封建统治更加强化与反动，封建地主阶级对农民的剥削更为沉重，商业资本与高利贷资本利用多种手段加强了对农民与手工业者的盘剥，使阶级矛盾日益激化；在国外，随着资本主义生产方式的发展，一些西方先进的资本主义国家，尤其是英国，经过产业革命，社会生产力获得了巨大的发展，商品生产快速增长，为了加快资本的巨额积累而大力扩展与掠夺国外市场。此时，英国殖民者为侵入中国的广大市场，采取以其殖民地印度为鸦片生产基地、以鸦片作为对华主要贸易“商品”的方式，力图以此打开中国“闭关锁国”的大门，从而掠夺中国更多的财富。在其鸦片商品大量非法侵入中国市场后，不仅对中国整个民族的生存构成了严重的威胁，而且导致中国大量的白银外流，使对外贸易的出超变为入超，加剧了政府的财政危机，从而使正常的商品生产与商品交换不能进行。面对英国侵略者这一非法鸦片贸易的侵入所造成的严重后果，引起了中国当时朝野中禁鸦片的请求与抵抗行动。鉴于此，清朝统治者派主张禁烟的官僚林则徐赴广东处理禁烟事务，他赴任后，没收与烧毁了大量鸦片烟商品。由于中国采取了严厉的禁鸦片烟行动，促使以英国为首的西方殖民主义者明确地认识到单凭正常的商品输出难以打开中国封闭的大门，从而占领中国的广大市场，于是决心用武力侵入打开中国封闭的大门，逼迫中国政府承认鸦片贸易，进而使其他广泛的贸易合法化。二是鸦片战争的过程。英国侵略者首先进行军事挑衅，遭到中国抵抗而返回，随后于1840年正式发动武装进攻，第一次中英鸦片战争正式爆发。由于清朝政治、军事腐朽与科技、经济发展水平落后，其战争以中国失败而告终。英国侵略者强迫清政府签订了中国近代史上第一个不平等条约，即中英《南京条约》；接着，又在英、美、法等国的武力胁迫下，相继签订了《虎门条约》、《望厦条约》、《黄埔条约》，以及之后的《天津条约》、《北京条约》。通过这些条约，中国市场的封闭大门被彻底冲开。三是鸦片战争的后果。从总的情况而言，使中国进入半殖民地、半封建社会状态，使中国的政治、经济关系发生了一系列的重大变化，进入了由完整的封建经济向资本主义经济逐步演进的时代。具体来说，表现在以下两个方面：①消极后果。通过诸多不平等条约，使中国割让了香港、九龙等地，

并开放了沿海诸多城市、区域为通商口岸；攫取了协定关税、领事裁判、沿海自由航行，以及片面最惠国待遇等特权；进行巨额赔款；使大量白银外流，加重了清政府的财政危机；中外的不等价交换与清政府转嫁财政负担，使人民的负担加重；中国人民的财富被国外侵略者大量掠夺，导致人民更加贫困，从而激化了民族矛盾与阶级矛盾。②积极后果。通过国外新兴资本主义国家的入侵，引入了先进的科学技术、近代文化思想，从而促进了社会生产力的发展；通过国内外贸易的发展，促进了国内商品经济的发展，造成了对国内自给自足的自然经济形态的新的突破口，使资本主义因素逐步扩展，向资本主义商品经济形态演进；使东方沉睡的雄狮觉醒，增强了中华民族富国强兵的反国外侵略者的民族主义意识与人民解放的反封建统治的革命意识，从而促进了整个封建社会政治、经济的大裂变，向近代社会文明推进。

（2）太平天国农民革命运动的动因、过程及其后果。一是太平天国农民革命运动的动因。在国内，封建地主阶级对农民的盘剥日益加重；清政府在鸦片战争中的军事开支与战后巨额赔款，沉重地压在农民身上；商人与高利贷资本的盘剥又直接与间接地转嫁给农民，从而把越来越多的农民逼向绝境。在国外，由于资本主义国家的入侵，既割地、赔款，又加大了对农民的掠夺，清政府的腐败无能，既激化了反国外侵略的民族精神，又增加了反封建统治的革命要求。由此导致了以洪秀全为首领的太平天国农民武装大起义，掀起了太平天国农民革命运动。二是太平天国农民革命运动的基本过程。太平天国于 1853 年 3 月建都南京，命名为天京，随后向广大地区延伸。在太平天国革命运动的鼓舞和影响下，其他一些农民革命组织相继成立，并配合太平天国，相继发动了农民武装起义而遍及大半个中国。其主要宗旨是抗捐、抗租税、平分土地、推翻封建统治。但随着反封建、反外国侵入斗争的深入，国内封建统治者联合外国侵略势力，将太平天国农民革命运动于 1864 年镇压下去，太平天国宣告失败。三是太平天国农民革命运动的后果。主要表现在以下几个方面：①促使清政府对某些经济政策进行了正反两个方面的调整，但最终是动摇了清王朝统治的基础，加剧了清政府的财政危机；②太平天国颁布与实施了一些有利于社会经济发展的政策措施，使占领区的社会生产有所恢复与发展，特别是制定了以平分土地为中心内容的《天朝田亩制度》，使其社会经济关系发生了一定的变化，尤其在太平天国后期，洪仁玕提出了中国近代第一个具有明确资本主义色彩的文献《资政新篇》，更推动了反封建斗争的深入发展；③增强了广大人民的反国外侵略的意识与奋发图强的心理。

总之，这一时期使中国的社会经济关系与阶级关系发生了很大变化，主要是由完全的封建制社会形态开始转变为半殖民地半封建制社会形态，既因此引起了强烈的反侵略、反封建的斗争，又因此引起了学习西方资本主义先进科学技术与文化思想的洋务运动，把资本主义社会经济因素推向扩大发展的阶段。

2. 洋务运动至戊戌变法运动时期社会政治、经济的发展变化状况

（1）国外资本主义列强割取了在华的诸多特权。自鸦片战争后，资本主义列强相继割据了中国的香港、澳门、台湾等地，还迫使中国签订了诸多不平等条约，通过这些条约攫取了在华的诸多特权。如驻华领事特权、关税优惠权、在华开办工商企业权，以及在一些港口的驻军权、移民权等特权，使中国丧失了诸多独立自主权。

（2）资本主义列强迫使中国市场向国外全面开放。鸦片战争后，西方资本主义列强相继侵入中国，扩大在华势力，不仅迫使中国在海上对外开放，而且迫使中国在陆路也陆续对外开放，使国外商品与工商企业的经营活动不断向国内延伸。到19世纪末，中国的广大领土都向外敞开了大门，使中国同国外的商业世界发生了全方位的广泛联系。出现了如下状况：一是使进出口贸易有了较大的增长，但由过去的顺差变为较大的逆差；二是在进口货物中，鸦片商品仍占很大比重，棉制品、棉纱成为进口的大宗商品种类，并以很快的速度增长，到1885年超过鸦片商品而居第一位，1864～1898年，鸦片、棉制品、棉纱三项商品已占中国进口贸易总额的50%～90%，使其棉制品、棉纱品在中国市场占有了重要地位，具有强大的竞争力，从而迫使中国的棉花原料产品成为出口的重要商品。由此，中国的进出口贸易的支配权被以英国为首的资本主义列强所操纵。

（3）资本主义列强的侵入，导致了中国民族资本主义近代工商业的兴起，促进了中国资本主义商品经济的发展。一是清政府的一些官僚，在屡败于西方先进资本主义工业国家的惨痛教训中，逐步认识到大机器工业生产比中国传统手工业生产的优越性，掀起了学习西方资本主义国家先进科学技术、创建资本主义工商业的所谓"洋务运动"。在代表封建官僚资本集团的被称为"洋务派"的推动下，由国家投资先行创办了近代军工企业，如枪炮企业、造船企业，铜、铁金属冶炼企业等，以及传授西方先进科学技术与理论知识的"洋学堂"教育机构等。二是一些民营资本家仿照西方资本主义企业模式，以私人资本投资形式，创建起资本主义类型的私营工商企业及相关事业机构。三是为适应资本主义国家在中国进行贸易活动与创建资本主义工商企业活动的需要，以私有资本创办了进行代理、代办的中间商企业，或以个人劳务形式从事代办、经纪人活动，被称为买办资本企业或事业。由此，初步形成了中国被称为官僚资本、私人资本、买办资本的三大资本形态，并由这三大资本初步创建起中国民族资本主义企事业的结构体系，推动中国开始走向近代资本主义商品经济的发展道路，至少是从此时开始起步，由此也使中国民族资产阶级成为一个初步独立的政治力量。

（4）随着资本主义列强的侵入与内外贸易的交流以及国内外人员的往来，西方资产阶级哲学、政治学、经济学等学说或理论思想逐渐传播到中国，为中国的资产阶级建立自己的世界观提供了思想材料，特别是使一些学者、思想家更多地接受了西方资本主义的理论思想，要求中国改变现存的封建经济体制，进行"变法"，从而产生了学习西方的政治经济理论以求自强的主张，也由此使他们成为了早期的资产阶级改良主义者，并集聚为一个群体，被称为"变法派"。在他们的推动下掀起了"戊戌变法"运动，以求增加更多的资本主义因素，向近代资本主义社会经济制度演进，但遭到了封建制保守派的顽强抵制和反对，而最终失败。尽管如此，在中国新兴资产阶级中，已形成了向近代资本主义发展的意识，尤其在其先进代表人物中，已形成了一个推翻封建制度进行资产阶级革命的思潮，为尔后的"辛亥革命"运动奠定了理论思想基础。

总之，在这一历史阶段，中国的社会政治、经济状况发生了重大变化，已由封建制社会转变为半殖民地、半封建社会，资本主义列强不仅割占了中国的一些领土，攫取了在中国的诸多特权，而且把中国的广大国内区域变为他们倾销商品、掠夺重要资源的市场，使进出口贸易产生了巨大的逆差，从而使民族矛盾激化；资本主义列强的入侵，使资本主义的商品经济严重冲击了自给自足的小农经济，并导致了中国新兴民族资产阶级的产生，推动了近代大机器工业的发展与资本主义商品经济的发展，也因此把中国的商贸业推向资本主义发展道路。这一变化，使新兴资产阶级与封建地主阶级的矛盾激化，不仅产生了官僚资本集团发展资本主义企事业的“洋务运动”，而且激进了资产阶级知识分子代表人物所形成的“改革派”或改良主义集团，掀起“戊戌变法”浪潮，使封建社会经济制度处于瓦解的边缘。

二、近代社会前期第三产业经济的较快发展

（一）近代社会前期第三产业经济较快发展的历史进程

在原始第三产业经济形态基本形成与发展之后，随着古代社会向近代社会的演进，也即由完善的封建社会制度演进为半殖民地、半封建社会制度的前期阶段，使近代第三产业经济形态开始形成，并具有明显的时代特征与历史阶段性。现按前期阶段的历史进程，概述其发展的不同状态。

1. 鸦片战争前后的近代第三产业经济发展状况

（1）清政府所实施的第三产业经济政策。清王朝经过所谓的“康乾盛世”之后，自给自足的自然经济结构更加完善，商品生产与商品交换虽有一定的发展，但仍坚持实施传统的重本抑末政策，使工商业的发展处于迟缓状态。特别在对外贸易上，大力推行“闭关锁国”政策，限制国内外商品交换的扩展。封建地主阶级加重了对农民的剥削，各级官吏贪污勒索现象更加明显，并相互勾结，盘剥农民；同时，地官商开始结合，商人资本与高利贷资本也居奇操纵，更加重了对农民与手工业者的剥削。在官府、地主、高利贷资本与垄断商人资本的多层、多方式的盘剥下，不仅破坏了社会生产力的正常发展，更阻碍了城市工商业的发展，使社会阶级矛盾趋于激化。

（2）西方资本主义国家的贸易侵略对第三产业发展的影响。以英国为首的西方资本主义国家，经过第二产业的“产业革命”，以机器工业为核心的社会生产力获得了巨大发展，从而也促进了商品生产与对外贸易的快速发展，他们积极向东方国家市场扩展，推行殖民主义。尤其是英国，它为了打开中国“闭关锁国”的大门，首先以其殖民地印度所生产的鸦片产品为对外贸易商品，冲进中国的市场，进行对外贸易掠夺。鸦片商品非法侵入中国市场，导致了中国大量白银外流，不仅造成了国内银根削减，出现了“银荒”，而且使中国的对外贸易由出超变为入超，不仅使广大民众深受其害，而且加重了清政府的财政危机，并因银贵钱贱，出现物价上涨，使国内的商品生产与商品交换无法正常进行，从而激化了民族矛盾，引起清朝政府与民众的反鸦片贸易掠夺的高潮。

（3）中国反鸦片贸易的掠夺导致英国以武力打开中国广大市场的鸦片战争爆发。中国反鸦片贸易掠夺的运动，使以英国为首的西方殖民主义者明确地认识到，只靠正常的商品输入难以打开中国市场封闭的大门，决心用武力侵略强迫中国开放广阔的国内市场，随后于1840年发起了侵略中国的鸦片战争。由于清朝政治军事腐败、科技经济实力落后，战争以中国失败而告终。此后，在英、美、法等殖民主义国家的武力胁迫下，相继签订了诸多不平等条约，以割地、开放通商口岸、协定关税、沿海自由航行、片面最惠国待遇等方式，向西方殖民地国家开放了国内广大市场，导致了以下两个后果：一是通过不平等条约使外国侵略者取得了内河航运、内地自由通商、管理中国海关等特权。在很大程度上影响和控制了国内商贸业，尤其是对外贸易业的发展，并通过不平等的贸易活动，进行资本主义的经济侵略与掠夺，使中国的商贸业具有了半殖民地的特征。二是促进了中国对资本主义商贸业经营方式与思想的引进，加速了中国商品交换与对外贸易的发展，并向近代资

本主义商贸业类型演进，在很大程度上冲击了中国传统的抑商政策，而转向资本主义商品经济的新时代，开始出现近代资本主义的商业文明，向市场国际化推移。

总之，鸦片战争时期，促进了中国的商贸业由附属于自给自足农业的状态向相对独立状态的转化，即使其由原始形态向近代形态开始转变，逐步具有了近代资本主义商品经济的因素。

2. 太平天国农民革命运动时期近代第三产业经济发展状况

（1）太平天国所实施的第三产业经济政策。太平天国在其占领区颁布与实施了一些有利于社会经济发展的政策措施，这主要表现在1853年（咸丰三年）颁布与实施的《天朝田亩制度》中，该制度虽以平分土地为中心内容，但在其中也提出了以取消私人工商业为主要内容的城市管理政策规定，即不允许私人在城市从事商业经营活动，而允许在广大农村区域恢复与发展商品流通。由于该城市管理政策难以推行，所以于1853年末改变了上述政策，并采取了轻税的便商政策，使商品经济日益繁荣发展。到了太平天国后期，通过对《资政新篇》所提出的改革方案的实施，采取了更多鼓励私营商贸业、商业服务业，尤其是正常的对外贸易业发展的政策措施。使当时的沿海地区“百货川流，万商云集”；在各地城市中，“城市富民往来贸易，货物充斥”①。说明太平天国时期采取的近代第三产业经济政策取得了显著的成效。

（2）清朝政府所实施的第三产业经济政策。清朝政府为了解决当时面临的财政困难，巩固封建统治，而在其统治区内仍然坚持“重本抑末”的政策。但在国外商业资本的冲击下，对原始的封闭市场进行了一定的开放，使原始第三产业有了较快的发展；同时，为了解决财政困难，也采取了相应的发展第三产业的政策措施。一是在1853年特别制定了《推广捐例章程》。规定商民只要按例缴纳捐数就可捐得官衔，从而使官商结合。二是增加纸币发行量、加铸大钱币，从而造成通货膨胀，以增加财政收入。三是在某些省份发放票证，以按期照数偿还为借口向商民借款。四是为增加赋税，实施了厘金制度。厘金制度是一种以商品为征取对象的新增赋税制度，它的厘金税率一般为商品额的5%，个别省份在10%以上。在实施中，许多省份为多收厘金而广设卡局，层层抽收，使商民深受其害。厘金制度虽增加了清朝政府的财政收入，但严重阻碍了货币资本的积累，阻碍了商品流通的发展。总之，既有促进，又有阻碍，其趋势是向近代商品资本经营方向推进，使第三产业经济形态具有了半殖民地、半封建社会经济形态的诸多要素。

3. 洋务运动至戊戌变法时期近代第三产业经济发展状况

（1）国外资本主义列强攫取了在中国的诸多商贸特权，并侵入广大国内市场，在一定程度上控制着中国的商贸经营权，把中国的商贸业推向半殖民地状态。一是1858～1898年迫使中国同各列强先后签订了有关对外商务的条约及附件近50个，增开商埠30多处②。获得了关税优惠权、商品进出口自由权等特权。二是在国内开办了诸多国外投资的工商企业，在国内广大领域进行商品购销活动，使进出口贸易有了较快的增长，但出现了较大的进出口贸易逆差。据统计，1864年的进口货值为46210000海关两，到1891年的进口货值增为162102000海关两；而中国的出口货值1864年为48655000海关两，表现为

---

① 彭泽益：《中国近代手工业史资料》（第1卷）。

② 严中平：《中国近代史统计资料选辑》，第768－796页。

顺差，到1894年的出口货值为128105000海关两①，虽有了增长，但出现较大的逆差。说明西方资本主义列强对中国实施商品倾销、在对外贸易中处于优势地位的状态已经呈现。三是国外资本主义列强以国家、私营投资形式，在中国国内创建起资本主义经营方式的商贸企业，虽然促进了中国官营与私营资本主义商贸企业的发展，但同时也展开了市场竞争，阻碍了中国民族商贸业的自由顺利发展。四是国外资本主义商贸经营观念与经营方式的传播，既有破解中国传统观念与方式的积极作用，特别是促进自给自足的自然经济形态向资本主义商品经济形态转变的积极作用，也有摧抑中国手工业与农业副业生产存在与发展的消极作用。

（2）在国内，新兴的私营资本主义商贸、服务业开始出现；特别是通过官僚资本集团所推行的“洋务运动”，使官营资本主义商贸业开始产生，并有了一定的发展。但这些私营与官营民族资本主义商贸业大都分布在东南沿海地区及大中城市中，区域分布结构不够优化；私营独立经营的商贸、服务业仍居主体地位并有了一定的发展，其资本主义经营因素开始滋长，但因其处于小型、分散、传统经营的状态，在市场竞争中与新兴、外来的资本主义商贸、服务业相比处于劣势，其产业组合尚不明显，经营方式落后、守旧。

（3）清朝政府在国外资本主义商贸业侵入之后，虽然仍坚持重本的政策，但已开始接受资本主义商品经济的思想，采取了一些推进资本主义工商业发展的政策。在对外贸易上，采取了保护民族商业资本的政策，特别是传统的商贸业的政策，力求保护国内商贸业的独立性。在国内商贸业发展政策上，立足于保护自给自足的农业的发展与促进官僚资本集团通过“洋务运动”对先进机器工业的加快发展，在商品生产发展的推动下，也采取了一些鼓励商贸业发展的经济政策措施，改变着传统的行业结构、产品结构、区域结构、经营方式结构等结构要素，向近代商贸、服务业发展方向推进。

（4）在发展近代商贸业、促进资本主义经济发展过程中，在封建统治集团内部存在着不同的认识与主张，即保守派与改革派的分歧。保守派对采取保护与鼓励近代商贸业发展的政策措施采取了反对与抵抗的行动，这主要来源于他们对自身政治权力的保护与对封建制经济的思想认识。“洋务派”作为统治集团内部的官僚资本主义集团所推行的“洋务运动”，其基本目的是要发展先进的军事工业，以期生产出先进的武器装备，改变被动挨打的局面，并不完全主张发展资本主义商品经济，改变封建制的政治体制。正因如此，使一些先进知识分子运用资本主义的理论思想组成早期的资产阶级改革派或改良派，掀起了“戊戌变法”运动，去冲击保守派的思想与主张，以期推向近代资本主义发展道路，但遭到保守派的坚决反对而失败。尽管如此，“戊戌变法”运动在一定程度上起到了思想启蒙作用，并反映在近代商贸业发展领域，促进了近代第三产业经济思想的发展，也因此为推进第三产业经济的发展提供了思想基础、动力与方向。

总之，这一时期是古代第三产业经济向近代第三产业经济转变的重要时期。对外贸易有了很大的扩展，私营商贸业有了较快的发展，近代资本主义商贸业开始增长，从而使商贸业的经济地位更加重要。

（二）近代社会前期第三产业经济较快发展的基本状况

这一时期是由古代完善的封建制向近代资本主义制的转化期，表现为半殖民地半封建

① 姚先高：《中国近代对外贸易史资料》，第1541页。

的社会经济形态。民族矛盾与阶级矛盾、统治阶级内部的矛盾激化；封建制居于统治地位，但殖民地统治与农民革命政权统治在部分地区存在与发展；自给自足的小农经济居于主体地位，但资本主义的商品经济不断产生与发展，并在一些地区居于主体地位。因而，呈现出转变性、多阶段性、多元性、多形态性、多要素性的复杂状态。这一社会政治、经济发展的复杂状态，导致了该时期第三产业经济发展的复杂状态，因而，在这里将按照一些主要要素的转变，概括第三产业经济发展的基本状态。

（1）以自给自足的小农经济为主体，实行“闭关锁国”的政策；因西方新兴的资本主义国家鸦片贸易侵略，进而通过鸦片战争的武力侵略形式，打开了中国封闭市场的大门；通过诸多不平等条约控制了中国的对外贸易主权，并向国内广大市场渗透，进行商品倾销与贸易掠夺。既推进了中国资本主义商品经济因素的增长，破解了以自给自足的小农经济为主体的经济形态，又摧抑了中国传统手工业与商贸业的发展，使之处于市场竞争的劣势地位，但也促进了中国的商贸业向国外市场延伸。

（2）随着国外资本主义商贸业的侵入、先进工业产品的倾销、商品经济因素的扩展，使中国的封建政府在坚持“重本”政策的同时，采取了更多的“发商”、“重商”、“便商”政策；使太平天国的农民革命领袖由取消私商的政策转向“便商”、“励商”的发展商贸业的政策。

（3）随着国外资本主义国家对中国的商贸侵入，不仅引入了他们的资本主义工商业在中国从事资本主义商品生产经营，而且也促使中国开始发展近代民族资本的工商业。这不仅表现在太平天国后期的工商业政策上，更表现在清政府官僚资本集团所推行的“洋务运动”的实施政策上，他们在大力发展以现代军事工业为主体的官营资本主义大机器工业的同时，也重视官营近代资本主义商贸、服务业的发展。在“洋务运动”的推动下，中国的私营资本主义工商业也开始出现与发展，并更多引入国外的先进科学技术与生产经营的方式、技艺等，从而促使中国商贸经济结构进行优化调整。如所有制结构更多地向私营扩展、行业结构更多地向服务行业扩展、商品结构更多地向近代大机器工业产品扩展、内外贸结构更多地向外贸扩展、经营形式结构更多地向产销结合的形式扩展、经营类型更多地向近代资本经营扩展等。

（4）随着近代资本主义商品经济的滋生与发展，特别是中国同国外的商品交流与文化交流的扩展，不仅引入了国外的先进科学技术，而且也引入了国外资本主义的思想理论与文化，增强了发展资本主义商品经济的意识，特别引起了一部分先进知识分子要由封建制向资本主义制转变的思考，由此导致了早期资产阶级改革派所发起“戊戌变法”运动。该运动虽在封建官僚保守派的坚强抵制下失败，但由此掀起了中国商贸经营者向资本主义商贸经营形式、方式、实质等要素转变的学习与效仿的浪潮，从而也引起了一些经济思想家对如何发展近代第三产业经济的诸多思考，并分别提出了自己的主张或思想观点，以推进其发展。

总之，这一时期的近代第三产业经济的发展，处于由古代社会向近代社会转化初期的状态，虽然社会经济环境错综复杂、条件多变，但基本的趋势是向资本主义商品经济类型转化，其经济地位的独立性更加明显，作用更加重要，产业化要素更加扩展，产业经济思想不断向近代化提升，从而进入一个新的历史发展时期。

第二节 近代社会前期主要学派代表人物的第三产业经济思想

中国在由古代社会进入近代社会后，其政治经济制度由完善的封建制度向半殖民地、半封建社会制度转化。表现在社会经济制度上，则由自给自足的封闭式的小农经济开始向近代资本主义商品经济转化。由于其处于这种转化的前期阶段，社会经济形态仍然是以自然经济为主要形态，但资本主义商品经济因素开始萌芽并有了一定程度的发展，从而使原始的第三产业经济形态向近代形态演进。由于客观存在决定人们的认识，因而，该时期的第三产业经济思想，也必然会发生相应的变化。但因在不同的发展阶段与不同的区域具有不同的发展状态，使不同的阶级代表人物对第三产业经济发展的认识具有不同的类型，因而，出现了不同学派代表人物的第三产业经济思想体系。现按封建地主阶级改革派、农民阶级革命派、官僚资本洋务派、资产阶级改良派的分类，来概述其主要学派代表人物的第三产业经济思想观点。

一、封建地主阶级改革派主要代表人物的第三产业经济思想

（一）林则徐的第三产业经济思想

林则徐（1785～1850年），字元抚，又字少穆，福建侯官（今福建福州）人，是清末政治家、民族英雄，历任东河河道总督、江苏巡抚、湖广总督等职，曾与龚自珍等提倡经世之学，其主要著作有《林文忠公政书》、《云左山房文钞》、《云左山房诗钞》、《四洲志》等。他是中国近代前期先进的政治家、思想家，并重视现实的经济问题，在处理政务中发表了不少涉及商品流通、商贸业发展的独特主张和见解。他既坚决反对与抵御外国资本主义对中国的侵略，尤其是鸦片贸易的侵害与剥削，又以开明的眼光与态度向西方资本主义国家学习先进的思想与科学技术，尤其是商贸业向近代发展方面的思想观点。他虽站在封建地主阶级的立场坚持传统的“重本抑末”主张，但在一些方面提出了改革创新的思想观点，从而推动原始第三产业经济思想向近代形态演进。

1. 对三大产业经济地位及其相互关系的思想观点

（1）坚持“农本论”。他认为“农为天下本务，稻又为农之本务”①，即坚持“农本论”、“粮本观”。他从裕国便民出发，主张采取兴修农田稼穑水利、开垦荒地、减赋、改善漕运等发展农业生产的政策措施，去大力推进农业的发展，以确保整个社会经济发展所必需的坚实基础。

（2）坚持传统的“重本”思想，而不抑制正当的商业的发展。他认为，商品经济在社会生活中占有重要地位，工商业与农业存在着相互依存关系，工农业生产对商品流通具有制约作用。如他所说，社会经济繁荣是“由于百货之流通，挹彼注兹，尚堪补救”所

① 林则徐：《林文忠公政书》（甲集）。

致；工农业不发展会使“布匹丝绸销售稀少，权子母者即无可牟之利”[①]。基于上述认识，他在 1849 年任云贵总督时，就向清王朝提出了准许商民经营银矿的主张。他指出“有土有财，货源恶其弃于地，因利而利，富乃使之藏于农，果能经理得宜，自可推行无憋”、“似仍招集商民，听其朋资伙办，成则加奖，歇亦不追”[②]。即要求清政府准许商民开办近代工矿企业，并可进行合资合伙自由经营，成功者还要给予奖励。尔后，他还建议清政府放宽对商民自由买卖铅矿与铅产品的限制，并为其提供更多的有利条件。可见，他不仅主张发展近代工矿业的工业生产，还主张大力发展产销结合、工商结合的产业形态。

（3）主张鼓励商民自由经营商贸业，并扩展相关的商品运输服务业。他不仅主张发展国内商贸业，而且还主张发展对外贸易业。在对外贸易问题上，他采取区别对待的态度。一是主张对侵略性、有害性的商品贸易要加以禁止，如鸦片贸易。他认为，这些贸易对中国的经济发展与中华民族的健康会造成严重的危害，必须反对倾销与贸易侵略，对其进行严格的封锁与抑制，从而保护本国的根本利益。二是不主张完全实行如同顽固保守人物所坚持的那种封关禁海，禁绝同外国的一切贸易往来的政策，而应把正当的对外贸易与非法的鸦片贸易相区别，把其他国家的平等贸易与英国的贸易侵略相区别，应积极开展对中国有利的对外贸易。他指出“封关禁海之策，一以绝诸夷生计，一以杜鸦片之来源，虽若确有把握，然专断一国贸易，与概断各国贸易，揆理变势迥不相同”、“今若忽立新章，将现未犯法之各国夷船与英吉利一同拒绝，是违抗者换之，恭顺者亦换之，未免不分良莠，事出无名”[③]。即主张区别正当的对外贸易与非法不利的对外贸易。进而认为，开展正常的对外贸易往来对中国有利，不仅可增加国家税收，华商亦可获利，要摆脱“闭关锁国”传统观念的束缚。同时，还主张商民从事海运服务业与国内商品运输服务业，以推进商品流通。

由上述可见，他坚持“农本论”，但不主张抑制正常工商业的发展；主张发展私营工矿业，向近代工业生产业推进；主张抑制不利于中国的海外贸易，尤其是侵略性的中英贸易，而扩展有利于中国的多国平等贸易，以扩展国内外的商品交流；认为商服业所从事的商品流通在社会经济发展中占有重要地位。总之，是认为农为本业，工业与商业具有独立地位，三大产业之间是互相依存的关系。

2. 对优化完善第三产业经济结构的思想观点

（1）在所有制结构上。他主张更多地发展私人商贸业，不仅在国内领域使私营商人更多从事自由经营；而且在对外贸易领域，也应更多地扩展正当的互通有无的私营对外贸易业，不只让外国商人获利，也更多地让中国商人获利，以增加中国私人商业资本的积累。

（2）在内外商贸结构上。他主张在发展国内商品流通、促进商贸业发展的基础上，除禁止非法的鸦片贸易与抵制新兴资本主义国家的侵略性贸易外，应更多地扩展正常的对外贸易往来，推进中国的国内商贸业向国际化方向扩展。

（3）在商贸经营形态结构上。主张在发展物质商品经营形态的基础上，更多地向商

① 林则徐：《林文忠公政书》（甲集）。

② 林则徐：《林文忠公政书》（丙集）。

③ 林则徐：《林文忠公政书》（乙集）。

贸服务业与劳务服务业扩展。如他主张发展国内的漕运业与对外贸易的海运业，以促进商品流通规模与地域范围的扩展；同时，他面对当时钱票作为信用流通工具的现实，主张维护与发展私营信用票据服务业，以发挥其通畅货币流通的积极作用。

（4）在产销经营形式结构上。他主张在扩展商贸业独立销售经营的同时，更多地促进近代工业生产企业进行产销一体化经营。如他主张私营商人自由创建近代银矿开采业与铅矿开采业，不仅可直接推销银产品与铅产品，还可放宽对商民自由买卖铅矿的限制与对银矿的“歇而不追”的政策，使其产销更紧密的结合。

总之，他已具有优化完善第三产业经济结构的有关思想观点，使其向近代发展要素扩展，从而缩小同先进资本主义国家第三产业经济结构间的差距。

3. 开展第三产业经济国际竞争的思想观点

（1）爱国主义与反国外贸易侵略的思想观点。他作为一个政治家积极倡导爱国主义。不仅在军事领域反对国外的武装侵略，更加重视在商贸领域的反贸易侵略。而对西方资本主义国家所推行的殖民主义，尤其是首先通过对外贸易的掠夺而侵入落后国家的市场，通过控制进入国的经济命脉而最后控制其政治的战略与策略，他主张对其进行坚决的抵抗，以保护本国的利益。这首先表现在对资本主义先导国家英国的鸦片贸易侵略上。他清醒地认识到“鸦片流毒中华，每年外溢金银数千万，漏卮不塞，足以贫民”[①]、“若犹泄泄视之，是使数十年之后，中原几无可御敌之兵，且无可以充饷之银”[②]。即认为这种非法的掠夺性鸦片贸易对中国的经济、军事、政治以及民族健康会造成严重的危害，而坚定地主张禁止这种祸国殃民的鸦片贸易，彰显了他反贸易侵夺的爱国主义精神与意识。

（2）发展平等的对外贸易关系，以夷制夷的思想观点。他主张同互通有无、平等贸易的国家发展贸易关系，并通过这种贸易协作去抵制一些资本主义国家的贸易侵略或掠夺。他明确指出：“自英夷贸易断后，他国颇皆欣欣向荣。盖逐利者喜彼绌而此盈，怀忿者谓此荣而彼辱。此中控驭之法似可以夷制夷，使其相间相睽，以彼此之离心，各输忱而内向。若概与之绝，则觖望之后，转易联成一气，勾结图私。”[③] 即他主张利用同中国平等贸易的国家，包括一些资本主义国家，通过协作共利的合力去共同抵制英国的贸易垄断与掠夺。可把它视为是一种反贸易垄断的竞争策略思想，如他所概括的“用诸国以并拒英夷，则有如踣鹿”[④]。

（3）在贸易与市场竞争中，学习西方资本主义国家先进的知识与技术的思想观点。他当时虽对资本主义商品生产与商品流通未有深刻的认识，并怀有“天朝无所不有”的保守思想，但在与外国商人接触的过程中，使他逐步地认识到“天朝也有不如夷”的地方，激起了他要向西方国家学习先进知识与技能的意向。因而主张摆脱闭关自守的观念，鼓励中国商人发展对外贸易，掌握国外贸易经营之术，同外国商人进行有效的市场竞争。即如他所说“利之所在，谁不争取……且闻华民惯见夷商获利之厚，莫不歆羡垂涎，以为内地人民格于定例，不准赴各国贸易，以致利数转归外夷。”[⑤] 即主张要经商、学商、争利。

从上述可见，他倡导爱国主义，反对国外商业资本对中国的非法贸易掠夺；主张形成

① 林则徐：《林文忠公政书》，《与胞弟林元抡书》。

②③④⑤ 林则徐：《林文忠公政书》（乙集）。

国际贸易伙伴并学习国外经商之术，同贸易侵略者展开有效的市场竞争，维护中华民族的利益以推动中国原始第三产业经济向近代化发展。

4. 对第三产业经济活动进行宏观调控管理的思想观点

（1）运用货币手段调控管理的思想观点。他主张封建政府运用货币的铸造与发行权调控货币流通量，进而调管商品流通量，从而调控管理国内外商贸经营活动，以保证官府的财政收入、商贸业的繁荣发展、整个社会经济的稳定。①针对当时的白银危机提出了自己的对策观点。当时，在白银货币使用上出现了如下状态：在内外商贸中，已使用大量外国银币，但出现了外国银币的名义价值已超出其实际含银量，致使外国商人以输入外国银币换取中国实量银锭而输出国外的办法来剥削中国，针对此种银币流通状态，有人提出“禁用洋钱”。②随着鸦片走私使中国的银锭大量外流而出现银荒并出现银贵钱贱现象，有人认为这是“用银太重”而“用钱太轻”所致，主张提升钱的重量。他针对上述两种状态提出了自己的对策观点：一为“禁用洋钱”不符合商品流通的需要，也不能使用国家政权的行政力量硬性规定比价以致禁止使用，而主张“听从民便”，即如他所说“无如闾阎市肆，久已通行，涨落听其自然，恬不为怪，一旦勒令平价，则凡生意营运之人，先以类价收入洋钱者皆令以贱价出之……恐民间生计因而日绌，非穷蹙倒闭，即抗阻不行”。[①] 但要采取如下对策：要对洋银流通“稍视限制”、“以截其流”，“不得以色低平短之洋钱，反浮于足纹之上”，即主张使洋钱同中国的纹银交换比例同其含银量相适应，保持两者间合理的兑换比例；同时，要由政府自铸与发行足够的中国纹银数量，使其在市场上广泛流通，从而抵制与排挤洋银币在市场的流通量，即如他所设想的“欲抑洋钱，莫如官局先铸银钱，每一枚以纹银五钱为准，轮廓肉好，悉照制钱方式……初行之时，洋钱并不必禁，俟试行数月，察看民间乐用此钱，再为斟酌定制”[②]。从而提出了中国自铸贵金属计量货币，并以足够的流通量去排挤名义价值超出实际含银量的外国银币在国内市场的流通量的主张。二为要解决中国的“银贵钱贱”问题，他仍坚持以银为币，不赞成片面地提升钱的重量。为此，主张广开银矿，并仍由民间自由开采，以增加银的原材料，并由官府铸造更多的足值纹银，以充分的流通量在市场流通，从而弥补因鸦片输入导致白银大量外流的空缺，缓解“银贵”状态。同时，他针对白银外流难以完全阻止的状态，也主张适当增大制钱的流通量以减轻银荒的困难，即如他所说“银钱相辅而行，利散于民，而权操自上，果能广用钱之路，自足持银价之平”[③]。③针对当时货币流通的混乱状态，他主张使用“钱票”作为信用流通工具，以促进商品流通的正常发展。所谓钱票，是由某些商人，特别是经营货币信用业务的私商所出具的一种票据，是一种具有信用货币性质的流通工具，它由出票人对其所出具的票据承担兑付现金的义务，并凭出票人的信用在市场上流通，类似于现代银行的“支票”，而不是正式的纸币。在清乾隆年间，钱票已在某些城镇流通，至道光年间则更加广泛，对促进货币流通与商品流通的正常发展起到了一定的推动作用。但当时有些人把因鸦片走私所引致的银荒与银贵钱贱现象归咎于上述的钱票制度，而要求禁止其流通。他不同意这种观点或主张，而认为钱票早已使用与流通，并未引起钱银比价波动，现时所出现的银贵现象与钱票的使用无关；相反，认为在当时白银短

---

①② 林则徐：《林文忠公政书》（甲集）。

③ 林则徐：《林文忠公政书》（丙集）。

绌的情况下，钱票的流通对维护商业活动、调剂商品流通的正常进行具有更多的积极作用，所以主张继续推行钱票的流通，即如他所说“查近来，纹银之绌，凡钱粮、盐课、关税一切支解，皆已极费经营，犹借民间钱票通行，稍可济民用之不足。若不许其用票，恐捉襟见肘之状，更有立至者矣”。[①] 由上述可见，他主张运用货币发行与货币信用工具手段去调控货币流动量与商品流通量的适应关系，从而调控管理第三产业的经济活动，以促进社会经济的稳定发展。

（2）运用税收手段调控管理的思想观点。这主要表现在通过“敛从其薄”，只征收15%的赋税，以鼓励商民经营银矿、铅矿及其产品的主张上；并且还主张裁减以各种名目勒索商民的浮费、杜绝使用非法手段去侵占商民正当利益的行为，用以推进商贸业向近代工矿产品经营领域扩展，并促进产销一体化的发展，使第三产业进行横向组合。

（3）运用经济政策手段调控管理的思想观点。这主要表现在对外贸易的调控管理上。他主张发展同互通有无、平等交换国家的贸易关系，并形成合力，实行“以夷制夷”的竞争政策；同时，坚决实施反对以英国为首的资本主义国家的侵略性的贸易，尤其是严禁英国的鸦片侵害贸易的政策。即通过区别对待的经济政策，去扩展中国的对外贸易，从而推动第三产业经济活动向国际市场范围延伸，而改变闭关锁国的状态。

从上述可见，他主张封建政府采取货币、税收、外贸经济政策等手段，通过既有限制又有鼓励、既直接又间接的调控管理方式，将第三产业经济的发展推向近代发展阶段。

总之，他坚持“农本论”，但认为工商业具有独立的地位，应当利商，应保持三大产业间的互相依存关系；主张完善第三产业经济结构，更多地向私营、商服业、对外贸易、工商结合、产销结合方向扩展；主张反贸易侵略、促进互利合作、开展同外商的竞争，保护本国商民的利益，维护国家的经济独立，倡导商贸爱国主义；主张国家政府运用货币、税收、经济政策手段去加强对第三产业经济发展的宏观调控管理，使第三产业向近代形态演进，以发挥其更大的作用。

（二）魏源的第三产业经济思想

魏源（1794～1857年），字默深，湖南邵阳人，出身于地主阶级家庭。是近代地主阶级改革派中最杰出的思想家与资产阶级改良派的先驱。其著作颇丰，先后著有《古微堂集》、《元史新编》、《圣武记》、《海国图志》、《魏源集》等多部著作。其中的《海国图志》、《魏源集》具有明显的中国近代进步思想。他对近代中国第三产业经济思想的发展作出了多方面的贡献。

1. 对三大产业经济地位及其相互关系的思想观点

（1）“重本”而不“抑末”的思想观点。他站在维护封建统治与地主阶级利益的立场，仍然把农业视为“本”业，把工商业视为“末”业，保留着传统的“农本”观念，并从“财富观”的视角，把农业生产的物质财富看作“本富”，而把金银货币财富看作“末富”，即“食先于货”。他指出“语金生票死之训，重本抑末之谊，则食先于货”[②]，由此，他主张将农业生产放在首要位置，大力发展农业，做到“有田富民”；同时，他又指出：“天下有本富有末富，其别在有田无田。有田而富者，岁输租税，供徭役，事事受

① 林则徐：《云左山房文钞》，《复邵蕙西中翰书》。
② 魏源：《魏源集》（下册），《军储篇一》。

制于官，一遇饥荒，束手待尽，非若无田富民，逐什一之利，转贩四方，无赋敛徭役，无官吏挟制，即有与民争利之桑、孔，能分其利而不能破其家也。是以有田之富民可悯更甚于无田。"[①] 即认为，有田之富民，即本富者，较之无田之富民，即末富者，其生存状态更加不利而可悯，要求统治者采取更多的减免"本富"者的赋税负担的改革去巩固地主阶级的农业经济，而首先保护"本富"，改变末富优于本富的状态。他虽主张"本富"，但不主张"抑末"，即不主张轻视"末富"。认为工商业的发展，在社会经济发展中，尤其在当时商品经济发展中，起着重要的作用，主张利商与便商，更多地发展近代采金业，即工矿业。

（2）农工商业并重、"本末相辅"的关系观。他从对商品货币经济的认识出发，提出了"采金"与"屯垦"并重、"本末相辅"[②] 的主张，认为除发展农业生产外，还必须重视货币流通；同时，又明确地提出了"货先于食"的观点，把商品货币流通置于更加重要的优先地位，突破了传统的"本末"关系观。如他指出"语金生票死之训，重本抑末之谊，则食先于货；语今日缓本急标之法，则货先于食。"[③] 即在近代初期商品货币经济条件下，解决面临的商品货币流通问题，比解决农业与粮食问题更为重要，是要先行解决的问题。因而，具有很大的启蒙性。

总之，他主张"重本"而不"抑末"；认为农、工、商之间，既各自独立存在，又相辅相成；商贸业所从事的商品流通活动对农业生产的发展具有一定的引导作用，即"货先于食"。可把它视为是一种"以第一产业为本业，三大产业相互协调发展的关系观"。

2. 对优化完善第三产业经济结构的思想观点

（1）在所有制结构上，或官营与私营的结构上。他主张更多地发展私营商业，特别在漕运领域要更多地发挥私商的作用，将官运改为商运。他认为，在漕粮的运输中，商运更具优越性，如他所说"官若竭，非商不为功也"[④]，在漕运的运输中，要革除"中饱之弊"，他认为只有"让利于商贾"，"归于纳课漕运之商"，才有利于扩大食盐的运销，增加国家的税收。同时，他还主张让商民更多地开采银矿，使其产销结合，进行矿产品的自由销售经营，提供更多的铸造银币的原材料，这样更有利于官府银币的铸造与发行，以更有效地解决当时银币危机。即如他所说"官不禁民采，则荷锤云趋，裹粮骛赴，官特置局，税其什之一二，而不立定额，将见银之出不可思议，税之入不可胜用"。[⑤] 这说明他主张将民营商业向重要的矿产品经营领域扩展，以促进近代工矿业的发展。

（2）在国内外经营领域结构上。他主张更多地扩展正常的对外贸易，反对西方资本主义国家侵掠性、有害性的对外贸易，把中国的对外贸易扩展到更广阔的国际范围，以利于商品的内外交流。他抨击"闭关自守、盲目排外"的愚昧政策，要求发展与其它各国的正当商业贸易往来，并明确主张向西方国家学习先进的科学技术与经商之技，把中国推向近代富强发展之路。一是提出了"师夷长技以制夷"的观点，并从此观点出发，提出了"自修自强"的对外贸易主张。他认为，在不损害国家主权的前提下，去发展同其他

① 魏源：《魏源集》（上册），《默觚下·治篇十四》。

② 魏源：《圣武记》（卷四），《乾隆戡定回疆记》。

③ 魏源：《圣武记》，《军储篇一》。

④ 魏源：《魏源集》（上册），《海运全案序》。

⑤ 魏源：《魏源集》（下册），《军储篇二》。

各国的贸易通商，不仅有利于中国的经济发展，也有利于中国政治、军事的发展，把发展对外贸易作为“制夷”和“富国强兵”的重要手段。二是主张禁绝鸦片贸易。他认为鸦片贸易是“竭我之富济彼之强”、“毒华民而耗银币”，要求政府将鸦片贸易同正常的其它贸易区别开来，严禁鸦片输入，去发展正常的贸易往来，以利于中国社会经济的发展。

从上述可见，他主张优化调整第三产业经济结构。要更多地增加民营商贸业的比重；更多地发展正常的对外贸易范围与规模；向民营商业资本、国际贸易资本积累方向演进。

3. 对优化完善国家政府对第三产业经济进行宏观调控管理的思想观点

（1）利用货币手段进行调控管理的思想观点。他针对当时西方资本主义的英国率先通过侵略性的鸦片贸易而导致中国白银货币危机的状况提出了以下主张：一是主张以“白银为币”，不同意当时有人提出的“废银行钞”的意见。其理由是：一为“货币者，圣人所以权衡万物之轻重”，“绝非易朽易伪之物”而“必皆五行百产之精华”①，并列举了古代多使用白银为币之例，即认为货币材料本身必须具有不易腐朽和珍贵的特征，可把它视为“金属货币主义观”，因而，他主张以白银币为本币。二为不应无限制地发行不兑换银币的纸币，认为不能兑换的纸币犹如“无田无宅之契，无主之券，无盐之引，无钱之票”，若滥发纸币“以百十钱之楮而易人千万钱之物，而后利归于上，利归于上者害必归下”，会引起“物价腾踊十倍”、“百货遂涩而不行”②，最终导致“尽驱银于西洋，弃货财以资敌国”的后果。即他认为，发行不兑换银币的纸币在市场流通不符合商品流通的规则；不依据商品流通的实际需要量而过多地滥发纸币，会引起市场物价的飞涨与商品流通不畅，阻碍商品经济的发展；由于对外贸易必用银币，使中国白银大量外流，从而使中国的货财流向敌国，被敌国所侵害掠夺。二是主张“货源莫如采金与更币”③。即主张任商民开采银矿增加铸造银币的原材料，铸造足用的银币，以扩大银币的储备量与发行量，不发行不兑换银币的纸币，并控制纸币的发行量，抑制市场物价的上涨，使货币流通量与商品流通量相适应，使内外贸的进出口量保持平衡，以防白银大量外流、财富资敌。

可见，他主张通过货币铸造与发行手段，采用适宜的货币制度，去调控管理第三产业经济的发展，以保持其应有的地位与作用。

（2）利用税收手段进行调控管理的思想观点。这主要表现在货物运输业与金属矿产品的产销经营业上。为了促进粮、盐货物运输业的发展，除主张由商民进行更多的经营外，认为应当革除正常商税之外的“舞弊之收费”，以利纳课之商，促进商贸业的发展。为了鼓励商民进行银矿产品的开采与运销，认为可“税其什之一二，而不立定额”，达到“将见银之出不可思议，税之入不可胜用”④的效果。即他认为，采取适当税率以利商人，既有利于促进工矿商品经营业的发展，又有利于国家税收总量的增长。

可见，他主张运用税收手段，制定适当的税收制度，采取有利于商人的税率，这样既增加急需商品的供应，又增加国家的税收，从而保持第三产业经济与整个社会经济的稳步发展。

（3）利用有关经济政策手段调控管理对外贸易的思想观点。一是主张改变闭关锁国、

---

①② 魏源：《魏源集》（下册），《军储篇三》。

③ 魏源：《魏源集》（下册），《军储篇四》。

④ 魏源：《魏源集》（下册），《军储篇二》。

盲目排外的贸易政策，以扩大对外贸易的发展，从而发展中国的商品经济与国际商品流通，但要针对正常的贸易与非法侵害性的掠夺贸易而采取区别对待的政策。对正常的对外贸易，要采取扩大发展的政策。在进口贸易方面，他主张凡有利于中国国计民生的物资均可输入，如洋米、铅、铁、硝、布、洋船、洋炮等商品物资，即“有益于中国之物”，“可多运多销”①；在出口贸易方面，他主张积极扩大中国丝、茶等优势产品出口品种与规模的政策，用以换回中国所需要的奇缺物资，特别要获得先进的工业生产技术，最终要扭转中国对外贸易的逆差，而使其处于顺差状态，改变白银大量外流的情况，以有利于中国国内外贸易扩大发展。对侵害性的对外贸易，要采取禁止与抵制的政策。如对鸦片贸易，他主张严加禁绝。认为这种贸易是“竭我之富济彼之强”、“毒华民而耗银币”，使中国处于“藩决膏殚”的危险境地；并认为这种掠夺侵害性贸易是造成中国白银大量外流、导致进出口贸易逆差的主要原因。因而主张禁绝此种贸易，以利于中国国内经济的发展，保护中国的贸易独立。二是主张实行“师夷长技以制夷”的对外贸易政策。他认为中国要“自修自强”，一要通过对外贸易去学习掌握西方国家的先进科学技术，包括先进的工业生产技术与商贸经营的知识、技术，改变中国被动挨打的局面；二要通过同国外的正常贸易往来，形成互利的贸易交往关系，去抵制一些资本主义国家的贸易掠夺，即采取贸易合作去进行竞争的政策，而抵制不平等的贸易侵略。

可见，他主张运用外贸政策手段，去“制夷”和“富国强兵”，通过“自修自强”，去力争进出口贸易的顺差，从而促进中国第三产业经济的独立发展，向近代产业形态演进。

总之，他坚持“农本论”，但不主张抑制工商业的发展，认为工商业具有自身的独立的地位与作用，三大产业之间是相互依存的关系，商贸业对农业生产具有引导作用；主张优化调整第三产业经济的内部结构，更多地向私营商贸业、正常的对外贸易业扩展；主张国家政府运用货币手段、税收手段、对外贸易政策手段去调控管理第三产业经济的发展，保护其独立性，促进商品经济的近代化，实现富国强兵的发展目标。

二、农民阶级革命派主要代表人物的第三产业经济思想

（一）洪秀全的第三产业经济思想

洪秀全（1814～1864年），广东花县人，出身于中农家庭，是一位受过传统封建教育的下层知识分子。他面对当时国内外矛盾，尤其是国内阶级矛盾不断加剧的状况，产生了代表农民阶级利益的革命思想，并于1851年作为农民革命领袖领导了农民大起义，创建了太平天国的农民政权，控制了江南大部分地区。在他执政时，制定了《天朝田亩制度》，并制定了相应的实施政策，具体体现了他的经济思想与具体的第三产业经济思想。他的经济思想的基本特征是在汲取前人思想的基础上，继承和发扬了以往农民革命的平均思想，同时，又接受了来自西方传进的基督教思想，由此形成了在领导农民反封建剥削和外国侵略斗争中的自己独立经济思想观点，并具体反映在他的第三产业经济政策思想中。

1. 对三大产业经济地位及其相互关系的思想观点

可把他在这方面的思想观点，分为以下两个层面或两个发展阶段：一是在纲领性文件

---

① 魏源：《海国图志》，《筹海篇四》。

中所反映的思想观点。二是在纲领性文件实施中所体现的具体发展、改进的政策思想观点。

（1）在他领导制定与颁行的《天朝田亩制度》纲领性文献中所主张的思想观点。该制度所要解决的核心问题，虽是土地制度问题，但涉及整个农业经济的发展问题及其同工商业的关系问题。一是提出了以平均主义为核心的农业社会主义思想。他在《天朝田亩制度》中规定“务使天下共享天父上主皇上帝大福，有田同耕，有饭同食，有衣同穿，有钱同使，无处不均匀，无人不饱暖”①。他这一思想，是把基督教义中上帝面前人人平等的思想与中国古代大同思想相结合而提出的，企图建立起一种由国家政权对社会产品按绝对平均主义原则进行分配，并集中支配和管理所有剩余产品的国家所有制的经济制度。所以，他这一思想可归纳为是一种以平均主义为核心的农业社会主义思想。其实质或结果，是废除地主对土地的占有，并平分一切财富与劳动产品，从而取消或排斥商品货币经济，实现管制区内广大群众物资供给与消费的平等。二是提出了一幅以一家一户为生产单位的、农业与家庭手工业以及副业相结合的小农经济的发展蓝图。他在《天朝田亩制度》中规定除耕种之外，“凡天下树墙下以桑，凡妇蚕绩缝衣裳。凡天下每家五母鸡、二母彘，无失其时”、“凡二十五家中陶冶木石等匠，俱用伍长及伍卒为之，农隙治事”②。这一规定，实际是把社会生产组织形式构建为以家庭为生产单位的农业、手工业、副业相结合的形式，不仅没有独立的手工业，更没有独立存在的商贸业，实际是一种排斥与取消商品生产与商品交换的古代的自然经济形态。由此，实行了取消私营商业与手工业的政策。可见，《天朝田亩制度》所反映的产业经济思想，是一种平均分配社会产品、进行平均消费的“唯农”产业论，独立的手工业与商贸业产业形态不复存在。

（2）社会经济政策转变调整后的思想观点。由于《天朝田亩制度》在实施中取消了商贸业的存在与发展，而严重阻碍了社会生产的发展，特别是明显破坏了广大人民原有的正常生活秩序，因而，遭到了广大市民与商人、手工业者的强烈抵制与抨击。面对这一实际状况，作为太平天国领导者的东王杨秀清为适应客观要求，而奏请他改变原有禁止私营工商业活动的经济政策，允许市民与私营工商业者开展商品生产与商品经营活动，实施士农工商“各安恒业”与“照旧交粮纳税”的经济政策③。他适时地采纳了杨秀清的奏请主张，于1854年后使之成为太平天国全面推行的经济政策，从而形成了他的允许、保护与鼓励私营商业和手工业发展的政策思想，由此产业经济思想的转变，促进了商品经济和资本主义萌芽的成长。

由上述可见，他由“唯农”论向农工商“各安恒业”观的转变，反映出他所主张的三大产业独立发展、相互依存的思想。

2. 对优化完善第三产业经济结构的思想观点

（1）在所有制结构上。于太平天国定都天京前，主张将所有商贸业收归太平天国所有，实行官营，而取消私营。如在颁行的《百姓条例》中规定“铺店照常买卖，但本利皆归天王，不许百姓使用”。在定都天京后所颁行的《天朝田亩制度》中，则主张采用统

① 《天朝田亩制度》，《太平天国》（第1册）。

② 《天朝田亩制度》，《太平天国》（第1册），第322页。

③ 《东王杨秀清奏请良民照旧交粮纳税本章》，《太平天国文书汇编》，第168－169页。

一分配的供给制而取消了商贸业的独立存在和发展。在调整与转变经济政策后，则主张保护与鼓励发展独立的私营工商业，即主张“商者商而贾者贾，尽可乐业以如常”。

（2）在内外贸结构上。他在太平天国革命前，就主张中国实行对外开放的政策，即在“不侵害别人所有”利益的前提下去扩展国际间相互贸易交流。在太平军攻占江南地区后，面对国内外商品交流较发达的局面，他逐步认识到与外国进行“商贾流通”有利于促进中国经济的发展，能够达到“物阜民丰”的目的。特别在经过太平军与官府、地主武装的频繁战争后，使他充分而明确地认识到需要筹集大量资金去国外购买先进的火药、大炮等军用物资的重要性，从而促使他与其他领导人坚持实行扩展正常对外贸易活动的政策主张。

由上述可见，他主张更多地发展私人商贸业与对外贸易业，使第三产业经济向更广泛的国内外领域扩展，以促进商品流通规模的增长与经济繁荣。

3. 对第三产业经济活动进行宏观调控管理的思想观点

（1）他主张实行凭照制度，照章纳税，以增加军费。如史载“每年遵照天朝定制完纳银米，不得违误”。[①] 即要求商人按章进行登记，凭营业执照与管理规则进行商品生产与经营，并照章纳税。

（2）他主张坚持“平买平卖”原则，反对商贾进行垄断经营。一是规定“商贾贩卖”必须“平价交易，不准低昂其价”；二是以法令形式，严格要求太平军官兵遵守公平买卖原则，不得“恃势抢民货物，不依平买给价”。

（3）主张在商品经营的种类上进行区别管理。一是为了保证占领区的军需民用，将粮食商品的流通范围限定在辖区内，不得外流；二是禁绝鸦片贸易及奢侈品贸易，以保证人们的正常生活消费。

（4）主张发展对外贸易，但要采取区别对待的政策。一是主张鼓励与保护中外商人进行合法贸易，特别要多引进国外的先进产品与科学技术，即“凡外国人技艺精巧，国法宏深，宜先许其通商”，注重引进国外的先进武器等军用物资；二是主张禁止侵略性、有害性的外贸活动，特别是鸦片的进口贸易，认为它是一种害国害民的不正当贸易，坚持禁绝鸦片贸易的通商政策，严厉打击鸦片走私活动；三是主张实施海关自主的政策，保护国家独立自主的权利，反对贸易侵略。在太平天国占领区内，不畏外国侵略者的威胁，夺取了被外国侵略者攫取的部分海关权利，维护国家关税的自主权，拒绝其非法要求。如在太平天国通商政策中明确规定“通商者务要凛遂天令”[②]，即入关商船必须无条件地接受入海关检查、交验合法证件、按章纳税，对违令者取缔一切贸易关系，并对拒不纳税者给予货物的扣留等。反映了他具有反贸易侵略、维护国家海关主权、保护合理正常通商关系的思想。

由上述可见，他主张运用税收手段与经济政策手段对第三产业经济活动进行调控管理，具有既促进独立商贸业的发展，又反对商贾的垄断经营；既促进正常对外贸易的发展，又反对国外的商贸侵略；既发展商品的互相交流，又重视引进国外的先进科学技术；既保护国家的独立自主权，又促进国内经济的发展等思想观点。

① 《太平天国》（第2册），第877页。

② 《太平天国文书汇编》，第302页。

总之，他的第三产业经济思想经历了一个渐进的过程。在三大产业关系上，由“唯农论”到三大产业独立发展、相互依存观；在第三产业经济结构上，由官营论转变为私营论、由开放论转变为区别对待观；在第三产业调控管理上，主张运用税收与经济政策手段，促进公平合理的商品生产经营，反对国外的贸易侵略，保护国内第三产业经济的独立发展，实现富国、强兵、利民的目标。

（二）洪仁玕的第三产业经济思想

洪仁玕（1822～1864 年），小名谦益，号吉甫，广东花县人，是洪秀全的族弟，曾在家乡任过塾师，1843 年参加了洪秀全领导的拜上帝会。1853 年赴香港接受西方传教士的基督教洗礼，受聘任教士达 4 年之久。在此期间，受西方文化熏陶，逐步具有了资产阶级思想倾向。1859 年他回到天京后，洪秀全见其在外见多识广，遂封为军师、干王，并授权总理朝政之职。1864 年天京失陷后，被地主武装在江西石城俘获，遂在南昌就义。他著有多部著作，主要有《资政新篇》、《英杰归真》、《军次实录》、《逐妖檄文》、《自述》等。他的代表作为《资政新篇》，是由他提出，经洪秀全批准颁行的新施政纲领，其核心是要模仿西方资本主义国家，进行一系列社会、政治、经济制度改革，建立资本主义性质的新式企业，奖励私人投资兴办民族工商业，使中国朝着资本主义道路发展，因而，它是一部要求发展资本主义的进步文献。在该文献中，他最先提出了全面发展资本主义经济的思想，而超出了当时地主阶级改革派的经济思想，同时，也反映出他近代先进的第三产业经济思想。他主要反映在其代表作《资政新篇》① 中的第三产业经济思想观点，表现在以下几个方面。

1. 对三大产业经济地位及其相互关系的思想观点

他从对国际范围必然由古代自给自足的自然经济转向近代资本主义商品生产与商品流通的大趋势的认识出发，主张在发展农业生产的同时，要更多地发展近代资本主义的工业生产业与商贸经营业，尤其要大力发展近代资本主义重工业生产业，实现由手工业向大机器工业的转变。

（1）提出了发展近代大机器工业生产的思想。他认为西方资本主义国家工业生产技术先进，工业产品精美，尤其是机器产品优良，是重要的物质财富，中国应当重视和学习西方先进的机器工业生产技术。首先，提出了他的财富观。他认为“夫所谓上宝者，以天父上帝、天兄基督、圣神爷之风，三位一体为宝”；“中宝者，以有用之物为宝，如火船、火车、钟镖、电火表、寒暑表、风雨表、日晷表、千里镜、量天尺、连环枪、天球、地球等物，皆是探造化之巧，足以广闻见之精。此正正堂堂之技，非妇儿掩饰之文，永古可行者也”；“中地素以骄奢之习为宝，或诗画美艳，金玉精奇，非一无可取，第是宝之下者也”。即他将财富分为三类：一是上帝、基督、圣神所倡导的精神财富；二是近代机器工业生产的“有用之物”，即近代工业生产的物质财富；三是中国所惯以生产的文化、艺术奢侈品财富。其次，他在上述上、中、下三层次财富观的基础上，明确提出中国要建立与发展近代工业，以生产更多的机器工业产品，从而提出了他的工业产品物质财富观。这就把过去的农产品物质财富观推进为工业品物质财富观；把重农主义、重手工主义，推进为重大工主义，并把近代大机器工业的发展置于重点发展地位，从而加快推进资本主义

① 洪仁玕：《资政新篇》。

工业商品生产的发展。

（2）重视与发展商贸、服务业的思想观点。他在主张重点发展近代资本主义工业商品生产的基础上，提出了相应发展近代资本主义商贸经营业，尤其是新型服务业的思想。首先，加快对外贸易业的发展。他反对闭关锁国的保守政策，主张对外开放，发展正常的对外贸易政策，引进西方资本主义国家的先进科学技术与先进机器产品，推进中外正常的经济贸易交流，同时，明确主张维护国家的主权，反对侵略性、有害性的国外进口贸易，尤其是鸦片贸易。如他认为“外国人技艺精巧”，拥有先进的科学技术与先进的工业产品，中国人应当学习、引进与效仿，应当“许其通商”，“并教技艺之人入内，教导我民”；认为鸦片贸易有害中国，要严加禁止。其次，要努力发展国内的商贸业，尤其商业服务业。他认为应当推进国内商品流通的发展，兴建资本主义类型的商贸企业与新型的商业服务企业，进行更广泛的商品交换经营活动。如他提倡修筑四通八达的铁路、公路，“以为全国之脉络”，要疏通河道，以便互通有无等，即要发展近代交通运输服务业。同时，主张“兴银行”，即发展近代金融服务业；建立近代邮政、保险公司等，即发展近代信息、信用服务业。总之，他主张通过近代商贸业与商业服务业的发展，去推进商品流通的发展。

从上述可见，他主张在发展第一产业即农业的基础上，要把手工业推进为近代大机器工业，并把其置于重点发展地位，即更重视第二产业的发展，形成了他的“重大工主义”；为了促进工业商品生产的加快发展与整个商品经济的发展，而相应发展近代商贸业与商业服务业，即主张相应发展近代第三产业。从而形成了他的以第一产业为基础、以第二产业为主体、加快发展第三产业的三大产业地位观与相互关系观；并从物质财富观出发，形成了他的近代大机器生产的工业品物质财富主体论，从而把工业品的商品交换置于更加重要的地位。

2. 对优化完善第三产业经济结构的思想观点

（1）在所有制结构上。他主张鼓励私营商民投资兴办近代工商企业，并进而主张除为政府传递公文而设的邮政企业要由国家兴办之外，其余的商贸企业及商贸服务企业均应由商民自由投资兴办，即主张大力发展近代资本主义的私营商贸、服务企业。为此，他在《资政新篇》中的“法类”部分，提出了建立近代资本主义企事业的具体实施方案，而修改了洪秀全的空想平均主义思想及士农工商“各安恒业”与“照旧交粮纳税”的政策。他在该实施方案中具体提出了如下思想观点：一是“兴器皿技艺，有能选精奇利便者，准其自售”。二是“兴宝藏”，即准许私人投资兴办采矿企业，生产销售各种矿产品。三是“兴银行”，即准许私人开办金融信用机构，以便利商品流通等。可见，他主张私营商贸企业向广泛的领域与行业范围扩展，尤其是向商贸服务业范围扩展。

（2）在商贸行业结构上。他主张在扩展物质商品经营行业的同时，更多地向生产要素经营行业扩展，即向商贸服务行业扩展。他在上述实施方案中，具体提出了如下思想观点：一是要“兴车马之利”与“兴舟楫之利”，修筑四通八达的铁路、公路，并疏通河道，为商品流通创造便利的交通运输条件，即要兴办交通运输业。二是要“兴银行”，发行“银纸”，即纸币，以便利商品流通，即要求发展金融信用服务业。三是要兴办近代邮政、保险公司，以及“书信馆”、“新闻馆”等服务企业机构。即主张发展保险服务业、信息服务业等服务行业。可见，他为了推进商品流通的顺利发展，在主张推进物质商品经营行业扩展的同时，还要加快商贸服务行业的扩展，使社会再生产要素的市场化范围，由物质产品要素向资金、物流、信息等要素市场化方向扩展。

（3）在内外贸区域结构上。他主张在发展国内商贸、服务经营活动范围的同时，更多地扩大对外贸易的区域范围，使国内市场向国外市场延伸，认为通过正常的内外贸易交流，引进国外的先进科学技术、能源及急缺产品，并经过仿效与改进，可以优化中国的产品结构，促进中国商品经济的发展，从而振兴中国的社会经济，达到国富民强的目的。但他反对西方国家的不正当的侵略性贸易，主张保护民族利益与国家主权。总之，他主张扩展与国外的正常贸易交流，发展有利于中国的对外贸易业，扩大外贸结构比重。

（4）在产业形态结构上。他主张在发展独立商贸及商贸服务经营业的同时，去扩展产销结合的生产经营业。如在《资政新篇》中规定矿产品的分配“采者获十之六”，由其自行销售；对火车、轮船、器皿、技艺产品等，则听任商民“自创”、“自售”等。即主张更多地发展近代产销一体化经营的工矿业，使商贸与工业生产业进行横向组合。

（5）在商贸业投资结构上。主张更多地发展合资经营的私人商贸业。如对银行业，规定“或三四富民共请立，或一人请立，均无不可”，对“书信馆”、“新闻馆”也应“准富民纳饷禀明而设”等。即可采取多种投资形式兴办近代商贸业与商贸服务业。

从上述可见，他主张优化近代第三产业结构，由官营向私营，由物质商品经营向服务商品经营，由国内经营区域向国外经营区域，由独立销售经营向产销结合经营，由个人独立投资经营向合伙、合作投资经营等产业结构要素扩展，即使其向资本主义商品经济结构类型演进。

3. 对商贸及其服务经营业进行资本运营的思想观点

他从投资来源、结构及其目的认识出发，提出了他的资本运营的思想观点。他认为，兴办近代各种商贸及其服务业企业，同兴办近代工业生产企业一样，其目的都是要追逐利润，使投资增值，最终追求财富的增长，而不是古代互通有无的产品交换。他初步认识到，近代的商品经济是资本主义的商品经济，是追求私利的经济，因而，极力主张保护私有权利，使其获得应有的收益。这一思想观点，明确地反映在《资政新篇》的有关规定内容中。如在其论及发展矿业生产时，提出“招民探取者”可获取开矿收入的2/10；在论及发展火车、轮船等制造业时，提出“准其自售”并对“首创至巧者赏以自专其利”；在论及发展银行业时，提出可在发行银纸（即纸币）的过程中，通过“银货相易或纸银相易”，使其“每两取息三厘”。

上述对近代第三产业进行资本运营的思想观点，不仅已认识到近代第三产业经济追逐利润的本质属性，而且已觉察到第三产业经济活动会产生自身的经济价值或收益，已构成一个独立的产业经济形态，从而把中国的第三产业经济思想提到了一个新的发展高度。

4. 对第三产业经济活动进行宏观调控管理的思想观点

他为了推进中国近代资本主义商品经济的发展，除主张大力推进以大机器工业为主体的商品生产外，还主张积极发展商业资本，促进中国近代资本主义商贸业与商贸服务业的相应发展。他面对中国封建制自给自足自然经济占统治地位与外国资本主义商业资本侵入所带来的积极作用与消极作用的现实，认为，要保持中国的主权与商贸业的独立发展，从而促进中国近代商品经济的发展，以振兴中国的社会经济，达到国富民强的目的，就必须由国家对商贸、服务业的发展进行必要而有效的宏观调控管理。由此，提出了他的如下宏观调控管理的一些思想观点，并主要反映在他的代表作《资政新篇》中。

（1）运用货币手段调控管理的思想观点。他主张进行货币金融体制改革，实行银币与纸币共同流通，但要规定适当的兑换比率，以适应商品流通的需要。如他主张“兴银行”，建立近代银行信用业，准其发行“银纸”，即作为金属货币符号的纸币，进行“银货相易或纸银相易”，并准许其“每两取息三厘”；同时，还主张由私人创办资本主义类型的私营银行企业，以推进银行信用业的发展，从而推动商品流通的正常进行。

（2）运用税收手段调控管理的思想观点。他主张通过规定适当的税率去调控管理商贸经营活动，既有控制，又有激励，保护经营者的合法、合理的私有权利，以促进其正常经营。如对矿产生产经营，其产品分配“总领获十之二，国库获十之二，采者获十之六”；对机器生产经营业，“准其自售”，并对“首创至巧者赏以自专其利”，进行免税奖励；对国外进口贸易，必须依据“一定之章程”照章纳税，以维护中国的主权和民族利益等。

（3）运用法规、政策手段调控管理的思想观点。他主张运用法规与经济政策手段，通过建立明确的规章制度，去调控管理商贸经营活动。如对矿产经营业，“有民探出者准其禀报，爵为总领，准其招民采取”，并给其“总领获十之二”的产品分享权；对创建私人银行业，规定“或三四富民共请立，或一人请立，均而无不可”、“倘有百万家财者，当将家赀契式禀报入库，然后颁一百五十万银纸”。在对外贸易领域，主张区别对待：对互通有无的正常贸易鼓励发展，并积极引进先进科学技术、产品与经营知识，即“得有各项技艺认为法则”；反对西方国家的贸易侵略，特别要严格禁止侵害性的鸦片贸易。为了保护中国的主权，抵制不正常的进口贸易，规定中国与外国的通商往来只能在中国准许的指定口岸进行，任何外国商人“不得擅自入内地”贸易。在指定口岸进行内外通商往来，必须依据“一定之章程”、“一定之礼法”进行，进而提出实行“与番人并雄之法”，即同外国商人进行必要与可行的市场竞争与商品竞争，并倡扬中国的商业经营道德，提出“若不失信义二字足矣”。

从上述可见，他为了推进近代第三产业经济的发展，主张国家采取切实可行的货币、税收、法规与商业政策等手段，通过一定的规章、制度、方法去调控管理第三产业经济活动，从而推进中国初始的资本主义商品经济的成长与发展。

总之，他在英国资本主义殖民统治的香港居留、任教期间，先行掌握了西方资本主义社会经济知识的基础上，面对太平天国初期实施《天朝田亩制度》不适应现实情况而必须加以及时修正改进的需要，特别是对太平天国所辖的东南沿海地区商品经济比较发达、外国商业资本不断渗入、自给自足的自然经济逐步解体等发展趋势的较深刻的思考，使他形成了中国必然走上资本主义商品经济发展道路的认识。由此认识出发，提出了他的大力发展近代资本主义大机器工业生产为主体的商品生产论与创建、发展资本主义私营商贸企业及商贸服务企业，以推进资本主义商品流通的商业发展观。在此商业发展观的指导下，主张建立近代资本主义商品经济的新秩序，从而提出了他的近代第三产业经济的一些思想观点。他的这些近代第三产业经济发展观，更多地反映在他的资本主义商业发展观中，不仅修正与发展了太平天国领导人洪秀全的思想观点，而且也超出了地主阶级改革派的思想观点，而站在了当时的前列。他的资本主义大机器商品生产主体观；大力发展近代资本主义私营商贸与商贸服务企业的商贸发展观；积极发展正常的对外贸易，引入先进的科学技术与机器工业产品，优化中国的商品结构与商贸经营结构等结构优化观；商贸业也是一种追求利润、增加财富、产生价值的独立产业形态观；通过近代诸宏观调控管理手段，维护国家主权与商贸独立自主权、与外商开展市场竞争并倡扬“信义”的商业经营道德观；把中国的社会经济引向资本主义商品经济发展道路，达到国富民强发展目标的宏观调控管理观等思想观点，都具有先进性与创新性。虽然这些先进性的思想观点与太平天国农民革命的性质有所脱离，并在当时尚不具有完全落实的客观条件，但它已反映出中国近代资本主义商品经济发展的趋势与方向，标志着中国近代第三产业经济思想已进入到一个新的发展阶段，发挥着启蒙的积极引导作用。

三、官僚资本洋务派代表人物的第三产业经济思想

随着该时期第三产业经济的发展，清政府的官僚资本集团面对国内落后、国外先进，而被西方产业革命后兴起的资本主义国家利用先进的军火与机器工业品侵入中国，使中国处于被动挨打的现状，引起了他们学习西方先进科学技术知识、兴办近代资本主义工商业的思想，随而掀起了所谓的“洋务运动”。其主要典型代表人物为曾国藩、李鸿章、张之洞等。他们虽非为经济思想家，并未形成较系统的第三产业经济思想体系，但在他们的有关著作与政策实际推行过程中，反映出诸多这方面的思想观点。洋务运动首先由曾国藩倡导发起，经过早期的李鸿章与晚期的张之洞的实施而进行。现只概述两人的近代第三产业经济思想。

（一）李鸿章的第三产业经济思想

李鸿章（1823～1901 年），号少荃，安徽合肥人，出身于官僚地主家庭。1899 年任商务大臣，署两广总督，次年实授两广总督；后调任直隶总督兼北洋通商大臣，并与庆亲王同被任命为议和全权大臣于 1901 年 9 月签订了《辛丑条约》。其著作为《李文忠公全集》。他从 19 世纪 60 年代开始投身于洋务实践活动，陆续主办了江南制造局、金陵制造局、开平煤矿、天津电报局、津榆铁路、上海机器织布局等大型重要军工企业和民用品企业，也兼及一些中小型工矿企业。他是洋务派早期的主要代表人物之一，在洋务活动中发挥了重要作用。其近代第三产业经济思想主要反映在以下几个方面。

1. 关于三大产业地位及其相互关系的思想

（1）主张积极发展近代资本主义大机器工业生产，尤其是军事工业生产，提出了他的重大工生产主义。一是在肯定传统农业必须继续发展的基础上，主张学习西方的先进科学技术，发展机器工业生产，创建资本主义的工业企业，尤其是重工业企业。他认为“洋机器于耕织、印刷、陶埴诸器皆能制造，有裨民生日用”[①]，即主张发展新式民用工业企业；进而认为“船炮机器之用，非铁不成，非煤不济……诚使遴派妥员招揽商人购买机器开采”，即主张发展新式军事机器工业及为机器工业提供原材料的铁矿、煤矿等矿产开采业，也就是以军事工业为主体的新式重工业企业。二是主张使生产民用产品的轻工业与生产军用产品以及大机器产品的重工业相互配套发展。如他所说，要使电报、铁路

① 李鸿章：《李文忠公全集》。

“无事时运货便商，有事时调兵通信，功用最大”、“无事时可运官粮、客货，有事时装载援兵、军火”。即发挥其民用与军用两种功能作用、满足轻工业产品与重工业产品两种产品需要，以推动工业商品生产的发展。

（2）主张积极发展近代民族资本主义商贸业，尤其是对外贸易业。在他推行的“洋务运动”中，除主张重点发展资本主义重工业外，还主张加快发展民族资本主义的商贸业，以促进商品流通的发展。一是从一切经济活动都是为了“求富”或“兴利”的“求富”论出发，认为商贸活动也是求富、兴利之业。认为“中国富农大贾必有仿照洋机器制作以自求利益者，官法无从为之区处”。即认为发展投资增值的资本主义工商业是一个必然的趋势；又说“夫欲自强，必先裕饷，欲浚饷源，莫如振兴商务”。即认为要增加国家财政收入、充足军费，就必须发展商贸业，以增加税收。二是要发展对外贸易业。他认为国外资本主义国家的商贸侵略，获得不平等的贸易特权，对中国的社会经济的独立发展不利，但也促进了中国对外贸易与国内贸易的发展，即他所说的“然溙口通商，于中国利害参半，未为全失”。因而，主张借鉴“洋务”，发展本国的民族资本主义商贸业，通过与洋商分利的手段，同外商展开竞争，“使货物精华与彼相符，彼物来自重洋，势不能与内地自产者比较，我利日兴，则彼利自薄”，从而使中国新兴的商贸业处于竞争优势地位。总之，他已认识到，随着资本主义商品生产的发展，资本主义的商贸业也必然随之发展，其地位与作用日益重要，是一个新型独立产业形态。

（3）在一定领域，仍存在重农抑商的思想观点。在通商口岸，主张对华商“仍应逢关纳税，遇卡抽厘”，以榨取华商来保证清政府的财源；在对待厘金问题上，认为“与其病农，莫如病商，犹得古人重本抑末之义”。即反映出他仍有“重农抑商”思想，但不是全面抑商。

从上述可见，他存在一定的重农抑商思想，主张继续发展农业，使之处于基础地位；主张发展近代资本主义大机器工业，尤其军工重工业，使之处于优先发展地位；主张相应发展近代资本主义商贸业与服务业。可把他的三大产业经济思想归结为：三大产业均处于各自独立发展的地位；第一产业为基础，第二产业为重点，第三产业相应发展；由重农向重工的近代产业经济思想的初步发展推进。

2. 关于调整近代第三产业经济结构的思想

（1）在所有制结构上。他主张区别对待。一是在传统领域，主张更多地发展私营商贸业；二是在近代领域，主张更多、更快地发展官营资本主义商贸业，推进商品经济的发展。

（2）在内外贸易结构上。他主张扩展对外贸易业，并与洋商展开一定程度的竞争，而不固守于国内市场。即主张“通商各口皆可就近广为运销”，使“洋煤不阻自绝，船厂亦应用不穷”。为此，他主张改进出口产品结构，在扩大土特产品出口的同时，更多地出口近代工业产品，达到他所说的“盖土货多销一分，即洋货少销一分，庶漏卮可期渐塞”的目的，即既可以扩大中国新型工业产品的出口量，又可改变进出口的逆差状态。

（3）在商贸业与商贸服务业的行业结构上。他主张更多地发展近代资本主义的商贸服务业，如货物运输业，包括海路航运与陆路铁路运输业；电报信息业等近代商贸服务业，从而促进近代商贸业与近代工业商品生产的发展。

总之，他主张改进近代第三产业结构，促进商品生产，搞好商品流通，使财富日增，以“富”求“强”，把第三产业经济推向资本主义商品经济的发展方向。

（二）张之洞的第三产业经济思想

张之洞（1837～1909年），字孝达，号香涛、香严、壶公、无竞居士等。直隶南皮（今河北南皮）人，出身于官僚家庭。其著作汇辑为《张文襄公全集》。曾任湖广总督，创建了多类近代资本主义机器工业企业及一些商贸、服务企业，是洋务派后期的首领人物，对“洋务运动”发挥了重要引导作用。其近代第三产业经济思想主要反映在以下几个方面。

1. 关于三大产业地位及其相互关系的思想

（1）关于三大产业地位的思想观点。一是于1889年提出了“以工为本”的思想。认为“百工之化学、机器、开采、制造为本，商贾行销为末”、“工者，农商之枢纽也，内兴农利，外增商业，皆非工不为功”。[①] 即明确提出了他的“工本论”、“工主论”，形成他的“重大工主义观”，而把近代资本主义的大机器工业置于主体或核心地位，使三大产业经济结构向近代工业化为主体方向扩展。二是在工商关系的各自地位上，虽然认为要“以工为本”、“以商为末”，但不轻商、抑商而忽视商业的应有独立地位。他的这一观点，是从强调商品生产对商品流通的决定作用角度提出的，即如他所说“工商两业相因而成，工有成器，然后商有贩运，是工为体、商为用也”。认为，只有工业先生产出商品，才有销售商品的商业活动，是产在前、销在后。但他又从消费需求决定商品流通，商品流通又反作用于商品生产的角度，提出了“商为主、工为使”的观点，认为“其精于商术者，则商先谋之，工后作之。先察如何器利用，何货易销，何物宜变新式，何法可轻成本，何国喜欢何物，何术可与他国争胜，然后命工师思新法，创新器，以供商之取求，是商为主工为使也”。即从市场需求决定商品销售、商品销售决定商品生产的市场商品“需求决定论”而提出的“商主工从”观。说明他明确地认识到在资本主义的商品经济中，商业已处于重要地位。

（2）关于三大产业相互关系的思想观点。他从上述商品生产与商品流通关系的认识出发，并从市场商品供求日益由农产品转向现代工业产品的现状认识着眼，提出了他的三大产业关系观。他认为农工商各业都处于各自的独立地位，都是“阜民兴利”的基础，即都是产生财富的经济部门，它们之间是相互影响、密切相关的依存关系。因而，他指出“为政以利民为先，然必将农工商三事合为一气贯通讲求，始能阜民兴利”；并进一步指出“大抵农工商三事，工钝则病商，工商聋瞽则病农，三者交病，不可为国矣”。即提出了以工业为主体的农工商协调发展观，否定了传统的“重农抑工商”或“重本抑末”观。

从上述可见，他认为农工商都是独立的产业经济形态，其地位是第一产业为基础、第二产业为主体、第三产业为支撑；三大产业之间是相互协调发展的关系；由重农主义演进为重大工主义，把现代工业商品生产置于资本主义商品经济的“枢纽”地位，把商品流通置于市场商品需求与商品生产供应的中间环节，对商品生产具有重大的反作用，从而把三大产业经济“关系论”提到了一个新的高度。

---

① 张之洞：《张文襄公全集》。

2. 同国外开展产业竞争的思想

他从保护国内市场、富国强民的思想出发，提出了与国外商品开展竞争，以抵制外国商品倾销于国内市场进行贸易掠夺的产业竞争思想。当时，西方资本主义国家主要利用其先进机器生产的工业产品与资本主义的商贸经营方式，通过不等价交换进行掠夺，因此才引起了“洋务运动”，以兴建先进的近代工商企业去生产经营自己的先进工业产品与之展开竞争，改变劣势地位。正是这一战略思考与残酷的现实，才使他明确提出与“外货”展开竞争的思想观点。首先，他主张积极发展中国的近代资本主义工商业，生产经营有利于国计民生，并能与国外洋货进行竞争的先进工业产品。如他指出“总之，欲养穷民，查荒地不如劝百工；欲塞漏卮，拒外人不如造土货。富民富国，确实可凭。”这里的“百工”就是各种类的资本主义工商企业；这里的“土货”，就是中国自己生产的自有新产品。其意是，中国要欲富强必须走近代资本主义工业化的道路，通过兴建近代资本主义工商业，进行先进商品生产经营，同洋货进行优势竞争才能达到目的。其次，要展开必胜的竞争，就要掌握商品竞争的现状，了解自己土货的优劣与洋货的优劣，并发现竞争的空间，去采用相应的对策。因而，他提出“查各关贸易册中每年出口易销之土货，则加工精造之，以广其出，进口多销之洋货，则加工仿为之，以敌其入”。即要不断生产先进产品超越洋货的质量与规模，形成出口顺差，既保护国内市场，又扩展国外市场，才能“塞漏卮”与“养民”，从而最终变被动为主动，达“富国富民”之目标。从上述可见，他已具有明确的开展商品、市场、产业竞争的思想观点，由此也揭示出他的“洋务运动”所推行的发展近代资本主义工商业的战略出发点与战略归结点，其该思想观点是当时最先进的第三产业经济思想观点。

3. 对第三产业经济活动进行宏观调控管理的思想

他主张采用有关经济政策手段，通过多种方式去推动商贸业的扩大发展，把中国的商贸、服务业推向近代的发展道路。

（1）他主张采取权与利分开、以官护商的政策。即要实行“商得其利，官收其功”的管、放结合政策。他指出“中国上下之势太隔，士大夫于商务尤不考究，但有征商之政，而少护商之法。西人常论中国商人最工贸易，国家不为保护，任其群起逐利，私作奸伪，不顾全局，以致百业皆衰。”从此认识出发，主张要使商人放手经营，取得应得的合理盈利，即“商得其利”；但要加强对商人经营活动的管理，既要保护其合法、合理的经营，取得其合理盈利，即进行“护商”；又要限制其不法、不合理的经营，即进行“管制”，以取得官府管理的功效，发挥其管理的功能作用，即“官收其功”。主张“管”、“放”分开，但又有效结合；在管理中要“护”与“限”并行，但更多地行“护”，实行“以官护商”的政策。他为了具体实施“以官护商”的政策主张，提出要采取官督商办与官商合办的形式兴办某些纯商办形式所不及的企业，但要把控制权操在官府手中，对于官、私合资的股份制现代企业，私人股商只能按股分利。

（2）他主张适应大势，实行“开门通商”的对外贸易政策。他面对西方资本主义国家通过武力打开了中国封闭的大门，并通过对华贸易将先进商品侵入中国广大国内市场，尤其是在华创立起西方资本主义的工商企业，在有损中国的主权与经济利益的同时，又把中国推向近代资本主义商品经济的发展道路的现状，产生了适应大势、避害趋利、扩展有利于中国发展的对外贸易政策的思考。于是，在积极发展中国资本主义工商企业的同时，提出了实行“开门通商”的对外贸易政策的主张。一是主张多产国货，力争扩大商品出口外销，不坐等外商的贸易掠夺。二是主张“开门通商”，进行全面贸易开放，引入外资、外商在华生产经营。如他面对当时俄国企图独占中国东北三省的状况，为换取其他资本主义国家的支持，以逼俄国归还东北三省，而奏请清政府在该地区首先建立“经济特区”实行全面开放的“开门通商”试行政策。他提出“莫如将东北三省全行开放，令地球各国开门任便通商，所有矿务、工商、杂居各项利益，准各国人任便公享，我收其税”的实施政策主张；同时，还提出了具体实施办法，即“其利与各国共之，而管辖之权仍自我操之；一切利益，我收其税，讼狱巡捕，我司其权，官由我设，兵由我驻，地主之权，丝毫不失”。他的先行试办东北三省“经济特区”实行全面开放的政策设想，虽具有先进性与有利性，但在当时的条件下难以被接受与付诸实施。

（3）他主张推行中外合资兴办近代资本主义工商企业的政策。他认为，外资在中国兴办新式企业“于中国有益”，既可以通过“洋商开一厂，则华工习一法；洋商创一货，则华民用”；还可以增加税收总额，而有利于国计、民生。由此认识出发，他主张采取允许外商在华进行中外合资形式设厂造货的政策，认为这样做，既可以引进国外资金以增加投资，解决投资的困难，又不侵害中国的管理主权，而扩大了近代企业的发展规模，对中国有利。

总之，他作为晚期“洋务派”的代表人物，提出了第二产业“主体论”、“重大工主义观”与“第三产业反作用论”；提出了以市场商品竞争为核心的“第三产业竞争论”；提出了“护商”与“官商”相结合、试行“经济特区”进行全面对外经济贸易开放、推行“中外合资经营”的引资形式等管理政策观点。这些思想观点，具有多方面的创新，并构成了晚期“洋务派”具有代表性的思想体系，把近代第三产业经济思想提升到一个新的发展高度。

四、资产阶级改良派主要代表人物的第三产业经济思想

随着官僚资本洋务派所推行的“洋务运动”的扩展与中国民族资本主义工商业的兴起，中国的大门不断向外全面开放，促进了经济、文化、人才的全面交流，因而也不断引进西方资本主义的思想、理论与文化，从而引起一些先进知识分子对近代资本主义社会制度同中国封建社会制度进行比较的思考，使他们逐步认识到由封建制社会转向资本主义制社会、由自给自足的自然经济转向资本主义的商品经济，是历史发展的必然趋势与方向，从而主张推进这一转变。因而，形成了代表中国新兴资产阶级利益的“维新变法”改良派，掀起了推进清朝封建政府扩展资本主义因素发展的改良运动，并主要表现在“戊戌变法”运动中。组成资产阶级改良派的主要代表人物，前期有王韬、马建忠、薛福成等，后期有康有为、梁启超、谭嗣同等。他们的改良思想涉及领域广泛，也涉及以商贸业为中心的第三产业经济发展的一些思想观点。现只选两个主要代表人物康有为、梁启超，概述他们有关第三产业经济的思想观点。

（一）康有为的第三产业经济思想

康有为（1858～1927年），原名祖诒，字广厦，号长素，后改更生。广东南海人，故又称康南海。出身于封建仕宦家庭，在海外15年，先后游历了欧、亚、美洲等31个国家，1913年归国定居于上海，从事职业与学术活动。曾任《不忍杂志》主编，具有广泛

的西方资本理论思想，著作颇丰，达100多种，主要代表作有《新学伪经考》、《孔子改制考》、《日本明治变政考》、《戊戌奏稿》、《礼运注》、《大同书》、《物质救国论》、《理财救国论》、《金主币救国论》等。后被上海共和编译局于民国三年汇编为《康南海文集》。其经济思想，尤其第三产业经济思想，主要反映在后三部著作中。他是资产阶级改良派的先驱代表人物。

他从封建制要走向资本主义制的趋势认识出发，提出了"物质救国论"，并从变革封建经济制度必须以政治改革为前提的思路，提出了必须要"变政"，即进行经济基础与上层建筑的全面改革的思想。并从当时封建统治的现状出发，主张在封建皇帝及各级封建官吏的领导下，扩展资本主义的政治、经济要素，进行适当的改革，即"维新变法"，从而掀起了"戊戌变法"运动。在他的"维新变法"思想中，涉及有关第三产业经济方面的思想，现概述如下。

1. 关于三大产业地位及其相互关系的思想

（1）关于三大产业所处地位的思想观点。一是认为农、工、商是生产物质财富的三大独立经济部门。首先，他提出了人们的"求利"观，特别是追求"物质利益"观，认为人的本性就是要追利，而首先是要追求物质利益。他指出"人之欲甚多，然大者莫如饮食，男女为其切于日用也。"① 因此，"普天之下，有生之徒皆以求乐免苦而已，无他道矣"。② 可见，他否定了传统的"禁欲"、"贱利贵义"观点。其次，他认为要求得物质利益，就要发展能产生物质利益的生产活动，而能产生物质财富的就是农工商等社会生产部门，从而提出了他的社会经济部门划分观。他指出"民之欲富而恶贫，则为开其利源，厚其生计，如农工商矿机器制造之门是也。"③ 在他于1895年的第二次要求变法上书中，更明确地提出了"养民之法"在于务农、劝工、惠商、恤穷的主张。可见，他主张破除传统的重本抑末的思想，而提出发展追求物质财富的资本主义工商业，从而使农工商三大产业共同独立发展的思想。二是认为在农工商共同发展的基础上，要大力发展以资本主义的机器工业生产为中心的近代工业，提出了"工业主体观"。他作为中国主张实现资本主义工业化的第一人，提出了以机器工业产品为主体的"物质财富观"，认为要富民强国，就必须大力发展现代工业，增产更多的工业物质产品。他指出"今而欲救国乎，专从事于物质足矣，于物质之中，先从事于工艺兵炮之至粗者亦可支持焉。"④ 接着又指出"……如农工商矿机器制造之门是也。"即他认为，工业产品不仅是物质产品的主要形态，而且是人们精神生活的重要基础，只有大力发展资本主义的机器工业生产，增产更多的工业品物质财富，才能使人们与国家更快地"求利致富"。从上述的认识出发，提出了他的"重大工主义"与"以工立国"观，而否定了以前的"以农立国"、"以商立国"观。从而提出了他的三大产业中的第二产业"主体"观与军事机器生产或重工业生产的重点发展观。如他所说的"定为工国，而讲求物质"⑤。

（2）关于三大产业相互关系的思想观点。一是认为"农工者尤万宝源"，而"农工因

① 康有为：《礼运注》，《康南海文集》（第8册）。
② 康有为：《大同书》，古籍出版社1956年版。
③ 康有为：《康南海文集》（第8册），上海共和编译局民国三年版。
④ 康有为：《物质救国论》，上海广智书局1910年版。
⑤ 康有为：《戊戌变法》（第2册），上海人民出版社1957年版。

流通增长”①，即他肯定农工生产是物质财富产生的源泉，也即商品产生的源泉，而商品流通是建立在农工业商品生产基础上的，但从事商品流通活动的商业能促进农工业生产的发展，是其增长发展的必要条件，两者是紧密相关的。二是在农工商关系上，他虽认为农工业两者都是商品生产部门，并把工业生产置于社会生产的中心地位或主体地位，但仍将农业排在工业之前，即把农业作为提供工业产品原材料的经济部门，是工业生产的前提或基础。由此，他认为农工商的关系应是以农业为基础、以工业为主体或中心、以商业为支撑的三者协调发展的关系。

总之，他认为三大产业都是产生物质财富的社会生产部门；工业处于中心或主体地位、农业处于基础地位、商业处于保证农工生产发展的支撑地位；三者是相互依存、协调发展的关系。

2. 重视近代第三产业经济发展的思想

（1）他主张兴商、发商，否定“重本抑末”思想。他在《戊戌变法》的“养民之法”中，提出实行“惠商”的政策思想；并主张更多地发展交通运输、金融信用、邮政信息等商业服务行业，以更好地促进商品流通的顺利进行与扩展。

（2）他主张发展新兴的资本主义工商企业，进行求利、求富的资本运营。明确提出“农工商矿机器制造业”的发展是致富求利的源泉，要为工商业的发展开辟道路，使“商货四达”。

（3）他从资本主义商品经济的发展必然导致商品流通的广泛扩展，也必然引起商品市场扩展与进行市场竞争的认识出发，更加重视资本主义商贸业发展的重要地位与作用，认为它是满足消费、促进生产的中心环节。指出中国贫穷的原因在于“商务不兴，财源漏泄之故”②，并明确指出“商之用在工”，即商业对工业的发展具有保证作用，没有商品交换的经营业，进行商品生产的工业就无法生存。他从上述思想认识出发，提出了“并争之世，必以商立国”③ 的观点，即认为，在商品市场展开兼并、竞争的时代，必须把商贸业的发展置于中心地位，即要更加重视商业的发展在资本主义商品经济中的重要作用。但不是主张把商业的发展置于社会生产发展过程中的主体地位，只是主张商品生产必须围绕商品实现而进行。

总之，他主张“重商”，反对“重本抑末”，但仍主张以农业为基础、以工业为主体，把传统的商贸业推向资本主义商品经济的发展阶段，使第三产业经济具有更多的近代发展因素。

3. 国家运用有关手段对第三产业经济活动进行宏观调控管理的思想

他主张进行资本主义的改良，要首先“变政”，即变革政治制度与相应的管理制度，其中包括推动商贸业发展的管理制度与办法。要通过这些管理制度与办法，去调控管理商贸业的资本主义发展，从而优化改进近代第三产业经济结构。他的变革主张有以下几个主要方面。

（1）创立系统的管理机构体系。一是在中央设立一个“制度局”总体机构，然后再分设与原“部”、“寺”相当的十二个“局”，其中包括农局、工局、商局、铁路局、邮政局、矿务局等直接管理经济活动的管理机构。二是在各省、道、府、县各级政府机构分

①②③ 康有为：《戊戌变法》（第2册），上海人民出版社1957年版。

设“民政局”统管机构，分层管理相关经济活动。在推动全国统一进行政治文化改革的同时，进行经济改革，包括商业管理体制的改革，以加强对商业经济活动的调控管理，使“商货四达”。

（2）扩展与创发新的第三产业类型。一是创建与发展中国资本主义的新式工商企业，进行资本增值运营。二是兴修铁路、开发矿产资源、兴办新式学堂、制造机器轮舟、开发铸银改变钞法、扩展邮政等业，即创建与扩展新式的交通运输、教育、银行信用、通信等服务业，使第三产业经济结构更多地向服务业领域扩展。三是强调经营管理人才的培养。他主张通过国家开办新型“学堂”，即教育机构，培养适用的人才。认为人才是诸业兴旺的关键，更是资本主义工商业发展的关键。他指出“必使全国四万万之民皆出于学，而后智开而才足”；若“天下民多而士少，小民不学，则农工商贾无才，产物成器，利用厚生，既不能精”①。认为只有兴办新式教育机构，培养有新学识技能的人才，使“民智大开”，才能提高工商业经营管理的水平与成效。可见，他主张国家发展进行新式教育的各类学校，培育高质量的人才，以改善商贸业的经营管理人才队伍结构，适应近代第三产业发展的需要。

总之，在这一领域虽未涉及更多的内容，但他把改变第三产业经济调整管理体制置于战略地位，并把提升从事第三产业经济管理与经营活动的人才质量结构置于重点地位，是抓住了核心。

从上述可见，他作为“戊戌变法”的倡导者与“维新变法”改良派的后期的主要代表人物之一，其近代第三产业经济思想有了一定的创新发展。他提出了“重工观”，尤其是“重大工观”，提出了以农业为基础、以工业为主体、以商业为支撑的“三大产业地位论”与三大产业相互依存的“协调发展观”；他抛弃了传统的“重本抑末观”，主张大力推进资本主义商贸业的发展，并从资本主义商品经济中的竞争必然展开的认识出发，提出了商贸业的“中心地位观”，体现了他对近代第三产业经济必然加快发展的认识；提出了他的政治、经济制度变革中的第三产业经济管理体制改进的战略思想、大力推进商贸服务业发展的第三产业发展重点论与提升经营管理人才质量的先导论。从而把第三产业经济思想提到近代发展的新高度。

（二）梁启超的第三产业经济思想

梁启超（1873～1929 年），字卓如，号任公，是广东新会人，出身于小地主家庭，曾随康有为学习四年。1896 年，任上海《时务报》的主笔，发表过《变法通议》等多篇宣传变法的论文，后又创办了《清议报》、《新民丛报》等多种报刊，其间曾与孙中山有所接触交往。其著作颇丰，最后汇辑为《饮冰室文集》。他是 19 世纪末中国资产阶级维新派的著名思想家、西方资产阶级理论学说的通俗宣传家，也是当时中国近代第三产业经济思想的先进代表人物。对中国第三产业经济思想的发展作出了诸多创新性贡献，具有自己的理论思想体系。

1. 关于三大产业地位及其相互关系的思想

（1）提出了近代社会经济部门分类观。一是从近代商品经济发展的角度，对“商务”与“经济部门”的用语做了区分。他认为，进入近代社会后，很多经济思想家把一切新

① 康有为：《戊戌变法》（第 2 册）。

式企业，不管其性质类型同不同，都视为或称为“商务”，而没有对其进行明确的解释或概念界定，也没有对“商务”与“商业”、“商业”与其它经济部门作出明确的区分。他虽没有诠释“商务”，但他认为“商务”同“商业”不同，商业是一个社会经济部门，商务不是指一切新式企业，而是指其进行的商业活动；除商业部门外，还有其他经济部门。二是第一次把社会经济部门区分为农业、矿业、工业、商业及交通运输业等不同的经济部门。他指出“西人言富国学，以农矿工商分为四门。农者，地面之物也；矿者，地中之物也；工者，取地面地中之物而制成致用也；商者，以制成致用之物流通于天下也。”即他从物质产品的生产与物质商品流通的不同形态，划分出农业、矿业、工业、商业及交通运输业四大经济部门。实际是把农产品与矿产品的生产业视为原材料的生产业；把原材料加工为成品的加工生产业视为工业；把工业生产品进行买卖交换及进行转运流通的商业及交通运输业视为商业。并认为上述四大业，都是独立的社会经济部门，从而提出了他的“社会经济部门分类观”①。

（2）提出了四大产业相互关系观。他认为农、矿、工、商四大经济部门既独立存在，又相互联系、相互制约、相辅相成，即如他所说“四者相需，缺一不可”。他具体指出“尽地力者，农矿工之事，观时变者，商之事也。两者相须而成，不可偏废。”即各有自己的职能，并分为产品生产职能与商品流通职能，相互依存与协调发展。

（3）主张大力发展机器工业，“必以工立国”，把中国变成工业化国家，从而提出了他的大工业主体观与重大工主义。一是认为工业机器力是重要的生产力、机器工业生产形式是重要的物质财富生产形式，如他所说“原之大小，不以地为界，不以人为界，不以日为界，当以力为界。凡欲加力使大莫如机器。”即他认为物质财富的产生不在于自然界的形态，而在于它所产生的地力、人力、阳光照射力，也不完全在于这些自然力，还有工业机器力，并且是最大的生产力。从而把发展大机器工业去提高机器工业生产力，视为提高社会生产力的重要手段与途径，可补地力、人力之有限性。二是从生产力的角度出发，认为机器工业部门处于主体与先导地位，即他所说“各种机器，农矿工之机器也。修通道理，利便转运，商之机器也”。发展机器工业生产，不仅可以提高劳动生产率，增加更多的物质产品，“足供吾国人所求而有余”，还可以增强对外的商品竞争能力，即“且对外可以为战”。总之，他主张“重工”，发展了康有为提出的“定为工国”的思想，把发展机器工业提高到社会经济发展的主体地位。

（4）认为商业是一个独立的经济部门，具有重要的地位与作用。他认为商业离不开工业，工业又离不开农业与商业，商业必须以工农业生产为基础；商业担负着工业品、农产品及其他原材料产品的交换与流通职能。他指出，“举国贫民皆可以仰糊口于工厂，地面地中之货赖以尽出，一国之货财，赖以流通”；又指出，“凡富者莫善于出其财以兴工艺贸易，子母相权已可以获大利，而佣伴衣食于足焉，工匠衣食于足焉”。可见，他主张以发展机器工业生产为中心，相应地发展商贸业，以促进商品经济的发展，既促进工业生产，又满足人们的消费需求。但他不同意一些人的“以商立国”的思想观点。

（5）认为资本主义经营方式的农业是工商业发展的基础。一是认为农业为工业生产提供着原材料，为商业提供着重要的货源，仍是一个重要的物质生产部门，为人们提供着

① 此部分引文均出自梁启超：《饮冰室文集》，中华书局 1926 年版。

重要的衣食之源。他列举了在西方资本主义商品经济国家仍把农业作为重要的物质生产部门的现实，以及在中国更加重视农业的必要性，如他指出："欧洲商务最盛，其利不过农政十分之一耳。稼植之富，美国为最，每里所产，可养人二百。故中国患不务农耳，果能务农，岂忧贫哉。"即他主张在中国仍应重农、发农。二是不主张发展现存的自给自足的小农生产，认为这种小农生产的存在和发展，必然限制机器工业的发展与大量商品的出口，"无术以致富"，而主张发展以出售获利为目的经济作物的农业生产，即资本主义经营方式的近代先进农业生产。总之，他主张重视近代农业生产的发展，把它置于近代工商发展的基础地位。

从上述可见，他提出了近代社会经济部门分类观，提出了四大经济部门的划分观，由于农业、矿业实际是广泛的农业，实际提出了农、工、商三大独立经济部门观，从而形成近代产业的三大类型观；提出了近代第一产业为基础、第二产业为主体、第三产业为支撑的三大产业地位观及三大产业相互依存的协调发展的关系观。否定了"以农立国"、"以商立国"的思想，提出了"定为工国"的思想，由过去的"重农主义"、"重商主义"观，发展为"重工主义"观，把第三产业经济发展观推向近代资本主义商品经济的发展阶段。

2. 重视近代第三产业经济发展的思想

（1）主张发展中国新兴的资本主义商贸业。他从人的追逐私利性与资产阶级利己主义的观点出发，认为追逐财富利益是一种正常的状态，而资本主义的商贸活动能够产生财富。所以，他主张振兴资本主义的商贸业，以求富国强兵。他要求清政府去消除不利于商贸业发展的阻力，并保护资本主义商贸业的成长与发展。首先，他认为在当时的商贸业发展存在诸多不利条件与阻力，政府应当利用国家政权力量去消除这些阻力。他指出："所谓阻力，铁路不通，内河轮船不行，市镇中马路不修，故西人一日可运之货，我至十日或半月始克运，运费视物之本价，动增数倍，而道中存积，顷刻坏损，以至百货不能出境，阻力一也；逢关纳税，遇卡抽厘，黠吏需索，插手留难，或扣勒数日，犹不放行，坐此霉烂积货，耽误市价，阻力二也；既无商会，不能相联，西商窥其情实，阴持短长，任意涨落，故延时日以老吾师，阻力三也。三者不去，则息币留货之弊，无自而免，然去此非藉国力保护不为功也。"可见，他认为当时存在的交通运输不畅，使货物流通缓慢、货物残损、成本增高；税收繁多，官吏勒索；无商会机构进行合作，使外商乘虚而入，去操纵市场物价等现象，最后会导致货币不能流通、货物积压不能及时销售的后果。由此，他主张国家政府要采取相应的政策措施去消除这些阻力与不利的条件，从而促进近代商贸业的发展，并与外商展开有力的市场竞争。其次，他认为政府应学习西方资本主义国家鼓励富人进行投资去开办工商业的励商政策。他指出，应像西方国家那样"尤视富人为国之元气"；要鼓励中国的富人"出其资本兴制造等事，以求大利"；同时，他批判了一些富人窖藏保守财富的观念与行为。他认为，保藏财富"以私子孙，己身不食重肉，妾不衣帛，犹且以是市俭名天下，雍全国之财，绝市之气，此真世界之蠹贼，天下之罪人也"。即他反对"守财"思想，而主张采取发展与保护商业资本的政策，鼓励富人将财富投入流通，兴办资本主义的工商业，通过工商业的发展，促进商品流通的扩展与商品经济的发展，使第三产业经济结构向产销结合、工商一体化方向推进。

（2）主张扩展对外贸易，延伸中国的国际市场。他在当时，针对封建顽固派鼓吹

“锁港闭关”思想，提出了他的进行开关、实行自由通商的思想，允许各国与中国进行自由贸易往来，即他主张“举全国而口岸之”。但在进行国内外自由通商的贸易活动中，要保护本国民族工商业的利益与发展，主张平等互利，反对国外的贸易掠夺。对国外资本主义国家进行不平等贸易时，要用“税利以左右之”。即主张通过进出口的不同税率，调管进出口贸易活动，而不是绝对的自由贸易，把“开”与“管”进行结合。总之，他主张发展对外贸易，与外商进行市场竞争，把第三产业经济活动更多地扩展到国际领域。

由此可见，他主张发展近代的资本主义商贸业，尤其是对外贸易业，在政府的保护下进行平等互利的广泛商贸往来与商品交换，把中国的第三产业经济推向资本主义商品经济的发展阶段。

3. 国家运用有关手段对第三产业经济活动进行宏观调控管理的思想

（1）运用税收手段进行调控管理的思想观点。一是对国内民族商贸活动要实行轻税、减税政策，主张改变“逢关纳税，遇卡抽厘、黜吏需索”的状态。二是对国外商人的进出口贸易，通过不同的税率管理，进行平等互利的自由贸易往来，以保护民族商业与民族商业资本的发展，即主张用“税则以左右之”。

（2）运用教育宣传手段鼓励私人资本举办近代商贸企业的思想观点。一是倡导“致富观”，引导私人资本将财富运用于增值的资本主义工商业的运营中，而不要单纯地保守储藏，主张改变“以是市俭名于天下，雍全国之财，绝廛市之气”以私子孙的“保财”状态。二是引导与鼓励中国的商民向西方国家学习，创立与发展资本主义的新式工商结合、产销一体化的企业，推行先进的经营管理方法，特别是他所称的“转运之法”、“销售之法”与市场行情，去进行资本运营，“以求大利”。

（3）运用行政手段推动商业行会组织的发展，形成集团合力，同国外商人展开有利于中国商品经济发展的商贸竞争的思想观点。他主张政府采取推进新式商业行会组织发展的政策，改变当时“既无商会，不能相联，西商窥其情实，阴持短长，任意涨落”的状态，即要通过商会组织的协调，形成集团合力，抵制外商操纵市场物价的行为，以利于中国市场供求与物价的稳定，推进国内商品流通的正常发展。

（4）运用经济政策手段推动资本主义经营方式发展的思想观点。一是在工业领域，主张政府采取鼓励以机器工业生产为主体的工商结合、产销结合为经营方式的经济政策。二是在农业领域，主张政府采取鼓励发展资本主义经营方式的农业，并推进其农、工、商联合生产与经营方式的经济政策。三是在对外贸易领域，主张政府采取扩展自由贸易的经济政策。

由上述可见，他主张政府运用多种手段进行宏观调控管理，以推进近代第三产业经济规模、结构、形态、组织、运营方式等要素的优化发展，使其走向近代资本主义商品经济的发展方向。

总之，他提出了经济部门分类观，认为商业是其中的一个独立经济部门，即近代第三产业经济部门，并把农业视为基础产业、把工业视为中心或主体产业、把商业视为支撑产业，提出了三大产业地位观，以及三大产业相辅相成、协调发展的关系观，最终形成重大工主义与“以工立国”观；他虽主张“以工立国”，但不抑商，而重视发展近代资本主义商贸业，尤其是对外贸易业，更加注重保护与发展商业资本，把第三产业经济推向近代资本主义商品经济发展道路；他主张国家通过多种手段对第三产业经济活动进行宏观调控管理，以优化第三产业经济的要素结构，把其产业链推向工商结合、农工商结合、中外结合的近代产业形态发展方向上去，增加了某些现代第三产业经济的内涵，对完善第三产业经济思想体系作出了较多的贡献。

第三节 近代社会前期第三产业经济思想的转变与发展

由于国外资本主义列强的商品输入与战争侵略，导致国内资本主义商品经济的产生与半殖民地的出现，中国由封建制社会开始转向半殖民地半封建制社会。在这一转变过程中，民族矛盾与阶级矛盾不断激化，不仅激起中华民族反国外资本主义列强侵略的斗争，而且激起国内民族资产阶级与广大农民阶级反封建统治的斗争，要求改变传统的封建制的政治、经济制度，转向近代资本主义商品经济的发展道路。但在转变的形式、方式、内容上，各个不同阶级与政治派别从各自的政治、经济利益出发，而有各自的思想认识与具体选择。因而，形成了封建地主阶级改革派、农民阶级革命派、官僚资本洋务派、资产阶级改良派的政治经济思想体系，并集中反映在各个派别主要代表人物的政治、经济思想中。由于客观存在决定人们的意识、经济基础决定上层建筑，因而，这一时期经济思想的产生与形成，其源头在于资本主义商品经济的存在与发展；当然，外国资本主义制度与思想文化的不断传入，又推动着这一时期经济思想的转变。在经济思想转变中，又必然导致产业经济思想，尤其是第三产业经济思想的转变。虽然各个学派的产业经济思想与第三产业经济思想各有不同，但在基本趋势上也有共同性，揭示着第三产业经济转变与发展的大潮流。因而，在论及该时期的第三产业经济思想体系时，既要揭示各个学派的特有思想内容，更要概括其共有的思想内容，以反映第三产业经济思想发展的历史进程。

一、对三大产业经济地位及其相互关系的思想

（一）对三大产业经济应居地位的思想观点

1. 各学派的不同思想观点

（1）封建地主阶级改革派的思想观点。一是坚持“重本”，而不“抑末”，主张“重农、发工、励商”。如林则徐认为“农为天下本务，稻又为农之本务”，即农业是社会经济发展必需的坚实基础；认为工商业在社会经济中占有重要地位，主张让商民开办近代工矿企业，并可进行合资合伙自由经营，以提供更多的商品货源；同时，认为社会经济之繁荣是“由于百货之流通”所致，主张鼓励商民自由经营商贸业，大力扩展产销结合、工商结合的产业形态。即主张以第一产业为“本业”，相应发展第二、第三产业。二是仍把农业视为“本业”，把工商业视为“末业”，重本而不抑末。如魏源从“财富观”的视角，把农业生产的物质财富看作“本富”，而把金银货币财富看作“末富”，即“食先于货”，主张将农业生产放在首要位置，要大力发展农业；但不主张轻视“末富”。认为工商业的发展在当时商品经济发展中起着重要的作用，而主张更多地发展近代工矿业；主张要利商与便商，发展商品流通、重视货币流通，但要防止“末富”优于“本富”的状态。

即主张第一产业为本业，使之处于优先发展的地位，更多地发展近代第二产业，相应发展第三产业，它们都是独立存在的产业经济类型。

（2）农民阶级革命派的思想观点。一是由“唯农”论转变为农工商“各安恒业”观。如洪秀全在《天朝田亩制度》中提出了“唯农”论，主张建立起一种对土地与农产品按绝对平均主义原则进行分配的国家所有制的经济制度，实行取消私营手工业与商业的政策，实际是一种以平均主义为核心的农业社会主义思想，使独立的手工业与商贸业的产业经济形态不复存在；但因难以推行实施，尔后改变了原有禁止私营工商业存在与发展的经济政策，又推行允许市民与私营工商业者开展商品生产与商品经营活动，使士农工商“各安恒业”与“照旧交粮纳税”的经济政策，从而由“唯农”论转变为“农工商并重”论。即由“唯第一产业”论转变为“三大产业并重”论。二是以发展农业为基础、以发展近代大机器工业商品生产为重点、相应发展近代商贸业的“主次地位”观。如洪仁玕从对国际范围必然由古代自给自足的自然经济转向近代资本主义商品经济的大趋势认识与他的“财富三大分类”观出发，认为在发展农业生产的同时，要重点发展机器工业的商品生产，并相应地发展近代资本主义的商贸业，尤其是新型的服务业，以推动资本主义商品流通的顺利进行。从而把重农主义、重手工主义，推进为重大工主义，最终形成了他的社会商品生产过程中的第一产业为基础、第二产业为主体、第三产业为条件的“三大产业地位”观。

（3）官僚资本洋务派的思想观点。一是在肯定传统农业必须继续发展的基础上，要重点发展近代资本主义的机器工业，特别是重工业，以推进工业商品生产的加快发展；同时，要积极发展近代民族资本主义的商贸业，尤其是对外贸易业，以促进中国国内外商品流通的发展，从而求富、图强。即李鸿章所主张的以传统第一产业为基础、以资本主义化的第二产业为重点、以国际化的资本主义第三产业为支撑的三大产业地位观。二是以农业为基础，“以工为本”、“以重工业为主体”、“工前商后”、“工为体商为用”。这一“三大产业经济地位观”主要表现在张之洞的产业经济思想中。他从积极发展近代资本主义商品经济的主张出发，从社会商品再生产过程的环节着眼，认为农业处于基础地位，“工者农商之枢纽也”，“百工之化学、机器、开采、制造为本，商贾行销为末”，即工业商品生产决定商品流通，因而，产在销前、工为体而商为用、工为本而商为末；同时，又从消费需求决定商品流通、商品流通又反作用于工业商品生产的角度，提出了“商为主、工为次”与“商前工后”的“商主工从”观，即他已经认识到商贸业所从事的商品流通是处于商品消费与商品生产的重要中介地位。总之，他明确地提出了以第一产业经济为基础、以第二产业经济为主体、以第三产业经济为支撑的三大产业经济地位观，把李鸿章的第二产业经济“重点”发展论，提升为“主体”论，从而形成了他的“重大工主义”。

（4）资产阶级改良派的思想观点。他们虽有各自不同的具体见解，但在一些基本问题上具有共同的思想观点。这里着重归纳他们共有的思想观点。一是认为整个社会制度必然由封建制度转向资本主义制度；整个社会经济形态必然由自给自足的自然经济转向资本主义的商品经济。因而，不仅要“变经”，而且要“变政”、“变思”，即要进行“维新变法”，走向资本主义发展道路，扩展资本主义发展的政治与经济要素。二是从“物质财富观”与“物质利益观”的认识出发，认为农、工、商三业都是生产物质财富的三大独立

经济部门，主张破除传统的“重本抑末”思想，积极发展追求物质财富的资本主义工商业，而使农、工、商三大产业共同独立发展。三是在三大产业经济共同发展的基础上，要大力发展以资本主义机器工业商品生产为中心、为主体的近代工业，实现资本主义的工业化，提出了“工业主体观”、“重大工主义”，要实行“以工立国”，否定了过去的“以农立国”、“以商立国”论；从社会商品再生产过程必经环节的认识出发，认为农业不仅为农民提供自给性消费产品，而且为工业生产提供原材料商品、为商贸业提供商品销售货源，因而，处于资本主义商品经济发展的前提与基础地位；认为商贸、服务业所从事的商品流通活动，是推进农工业商品生产增长与满足人们市场商品需求的重要支撑条件，处于不可缺少的中介地位。总之，他们的三大产业经济地位观，是以第一产业为基础、以第二产业为主体、以第三产业为支撑或保证条件的既各自独立又相互协调发展的地位观。

2. 三大产业经济地位思想的演进及趋势

（1）三大产业经济地位思想的演进过程。其基本演进过程：坚持传统的“重本”但不“抑末”—由“唯农”到“农工商并重”—“农基、工重、商末”—“农基、工主、商支”。在“农本”论中，由自给性农业向商品性农业、资本主义商品性农业过渡；在“工业”论中，由“工末”论向“独立”论、“工重”论、“工主”论过渡；在“商业”论中，由“商末”论向“商独”论、“重商”论、“条件”论、“支撑”论过渡。

（2）三大产业经济地位思想的发展趋势。认为整个社会经济形态必然由自给自足的自然经济转向资本主义商品经济的发展道路。在资本主义的商品经济发展中，农业作为社会商品生产的起点或前提，必须由自给性农业转向更多的商品化农业；工业商品生产必然成为社会商品生产的主体，必然由原始的手工业生产转向近代机器工业生产，尤其是大机器工业生产，使重工业生产转向重点发展地位；商贸业作为资本主义商品流通的经营业，必然由互通有无的物质商品交换转向广泛的商品交换，并向国外领域延伸以扩展对外贸易，从而成为社会商品生产与市场商品需求的枢纽或中间环节，处于联络商品产销、供需的必备条件与支撑地位。总之，认为三大产业经济的地位，必然呈现第一产业为基础、第二产业为主体、第三产业为支撑的发展趋势。

（二）对三大产业经济相互关系的思想

1. 三大产业都是独立的经济部门或类型，都应发挥自己应有的职能作用

首先，都认为农、工、商业是相对独立的经济部门，或社会经济类型。无论从“财富观”、“社会生产环节观”、“资本主义社会商品生产环节观”哪种认识出发，都认为农、工、商业产生财富，是独立存在的环节。尽管它们的地位有先后、主从的不同，但都有各自的经济职能，都必然发挥自己的职能作用。其次，在财富产生与商品生产及流通过程中，都是一个必不可少的要素，共同构成了一个整体系统体系，并按照整体系统的运行程序依序进行。

2. 三大产业在资本主义商品社会生产过程中，是一个相互依存、相互制约的协调发展关系

（1）从生产决定论出发，认为无农业提供原材料商品，则无工业商品生产；而无工农业商品生产，则无从事商品交换与流通活动的商贸业；而无商贸经营业，则无法满足人们对市场商品的需求。从市场商品消费需求决定论出发，无商品需求，则无商贸业的存

在；而无商贸业从事商品流通，则农工业商品生产就无法生存与发展。即认为三大产业之间存在着作用与反作用、相互依存与制约的关系。

（2）要保证资本主义商品社会再生产的顺利进行，必须保持三大产业相互适应与协调发展的有机统一关系。以工业为主体的商品生产的发展，必须有足够的农产原材料商品的供应，也必须有相适应的商贸业的商品流通规模的支撑，否则，就会使产、供、销失衡，使市场商品供求失调，就会阻碍商品经济的正常发展，产生不良的后果。

总之，各学派在基本思想上，都认为三大产业之间应保持相互依存、协调发展的经济关系，并充分发挥各自的职能作用。从而引出如何充分发挥第三产业经济职能作用的思想观点。

二、对优化完善第三产业经济结构的思想

（一）在所有制结构上的思想观点

1. 封建地主阶级改革派的主要思想观点

他们从维护封建地主阶级利益出发，主张在保持官营商贸业发展的同时，要更多地发展私人商贸业。不仅要促进独立经营的私人商贸业的发展，而且还主张促进地主兼营商贸业的发展。不仅在国内领域扩大私营商贸业的自由经营，把一些官营商贸业改为私人经营，如主张把官营漕运业改为私营商运业、将银矿开采业的官营垄断改为适当扩大商民的开采经营并进行产销结合，为官铸银币提供更多的原材料；而且还主张私商在对外贸易领域的扩大发展，通过增加商业资本的积累，培植民族私营商业资本企业同外商的竞争实力，让中国商人获得更多的对外贸易利益。

2. 农民阶级革命派的主要思想观点

他们的思想，经过了如下的转变过程。一是在前期阶段主张将所有商贸业都收归国有，进行官营垄断，取消私人商贸业的存在与发展；尔后，又主张在产品的分配上实行统一分配的供给制，取消独立商贸业的存在与发展。二是在后期阶段主张对前期的经济政策进行调整，恢复商贸业的存在与发展。除官营商贸业外，要保护与鼓励独立的私营商贸业的发展，即主张“商者商而贾者贾，尽可乐业以如常”，即要积极发展近代资本主义的私营商贸业与商业服务业，并可自由经营产销结合的工矿企业与开办私营金融信用服务业，使私营商务服务业向广泛的领域与行业扩展。

3. 官僚资本洋务派的主要思想观点

他们从官僚资产阶级的利益出发，主张既保护封建统治者的利益，又更多地保护官僚资本的利益，具有两者结合的特点。他们主张要积极发展民族资本主义的商贸业，但要在不同领域区别对待。一是在传统领域，即在国内物质商品交换、手工业与农业商品交换、分散的小规模商品交换领域，除保持一定的官营商贸业外，主张要更多地发展私营商贸业。二是在近代领域，即在以机器工业商品生产为主体的资本主义商品经济领域，除继续发展大型、近代化的私营资本主义商贸业外，主张更多、更快地发展官营资本主义商贸业，特别是要加快发展以大机器工业商品生产为主体的产销结合的官营商贸业，使官有商业资本经营的比重有明显的增长。

4. 资产阶级改良派的主要思想观点

他们从新兴资产阶级的利益出发，不仅主张大力发展适应大机器工业商品生产发展需

要的民族资本主义商贸业的发展，而且主张更多地发展私营资本主义的商贸业。他们把民族资本主义商贸业分为如下两种类型，即官营与私营。在近代大机器工业所产商品经营领域，主张发展近代大机器工具、机械商品的官营商贸经营业，尤其是其产销结合的商贸经营业，以控制先进重工业商品的经营权；而在其他领域，则主张更多地发展私人资本的商贸经营业，使“商货四达”，以利于农业产品的商品化与同外国资本主义商贸业展开有利于中国资本主义商品经济发展的市场竞争，以促进民族商业资本的增长。

从上述可见，尽管存在着“消商”、“唯官商”、“重私商”、“重官商、轻私商”诸多不同的认识，但处于主流的基本思想观点是要在重要的近代先进机器商品与重要资源经营领域，继续保持与发展官营资本主义商贸业；而在广大的其他领域，是要大大扩展私营资本主义商贸业的发展，使其占有较大的比重，走上私营资本主义商贸业占主体地位的发展道路。即大大扩展第三产业经济发展中的私营第三产业经济所占的比重。

（二）在优化国内外贸易结构上的思想观点

各学派虽然在不同的层面与要素上各有不同的认识，但共有的基本思想观点主要有以下几个方面。

1. 改变闭关锁国、封闭对外贸易的政策，不断扩大对外贸易的国际范围与比重

主张在发展国内商品流通，促进国内商贸业发展的同时，要向外开放，扩展进出口贸易，推进对外贸易的发展。要向西方学习先进的科学技术知识与经商经验，扩展国内外互通有无的商品交换，发展国内的资本主义商品经济。因而，主张对外开放，出口中国的优势产品，引入国外的先进产品，尤其是大机器产品，使中国的商贸活动向国际范围扩展，以扩大对外贸易的比重。但强调发展正常的、平等互利的进出口贸易，要严禁非法且有害中国人民的鸦片贸易并抵制国外资本主义国家的侵略性贸易，保护国家的商贸主权，并同外商展开有利于中国的商贸竞争，促进民族资本主义商贸业的加快发展，从而实现“物阜民丰”、“富国强兵”。

2. 优化进出口商品类别结构，改变进出口贸易的逆差状态

普遍认为，要消除不平等贸易，除抵抗国外资本主义国家的武力侵略外，还要展开同洋货的有效而有力的竞争，即要优化进出口商品类别结构，实现进出口贸易的平衡并力争顺差。在如何优化进出口商品结构上，多数人认为应作如下选择：一是在进口商品类型上要注重进口国外的先进机器工业产品，尤其是大机器工业生产的产品，然后运用引进国外的先进科学技术与先进机器设备，对中国特色原材料进行生产加工，从而生产出再生产品而出口国外市场，形成产品竞争优势，既抵制外商洋货在国内市场的扩展，又使本国的产品更多进入国际市场。二是在出口商品类别上尽量减少属于原材料型的“土货”低价出口国外，要选择优质特色的初加工产品类型，找到市场竞争的空间，形成价格优势以扩展国外市场。如有的人所说的“对出口易销之土货，则加工精造之，以广其出，进口多销之洋货，则加工仿为之，以敌其入”。即实现进出口顺差，既保护国内市场，又扩展国外市场，变被动为主动，达“富国富民”之目标。

总之，主张抵制外国资本主义国家的贸易侵略，在平等互利的基础上积极扩展对外贸易的国际范围与规模，同洋货展开竞争，力争实现进出口贸易的顺差，使国内外商贸结构不断优化发展。

（三）在优化商贸经营形态结构上的思想观点

1. 在社会生产要素经营上向非物质商品经营要素扩展

主张以物质商品的经营为主体，但要向资金、货运、劳务、信息等要素的经营扩展，以形成一个畅通社会商品流通的完整结构体系，去促进社会再生产的顺利进行。既促进商品生产的发展，又满足市场的商品需求，保持市场商品供求的适应关系。

2. 在经营行业上由商贸业向商贸服务业与劳务服务业广泛扩展

主张继续扩大发展经营物质商品的商贸业，但为了推进物质商品实体流通的顺利进行，必须相应发展商贸服务业。一是要发展铁路、公路、河运、海运等交通运输服务经营业。二是要发展金融信用服务经营业。三是要发展新式教育业。四是要发展邮政、保险、书信馆、新闻馆等信息服务经营业。五是要发展商品存储服务经营业等。同时，为了发展商贸业与商贸服务业，还要相应发展劳务服务业，如车船维修业、货物装卸业、餐饮旅居业等劳务服务经营业。总之，通过上述的扩大发展，形成一个相互适应的结构体系，以保证整个社会商品流通的顺利运行，向近代化发展。

（四）在优化商贸与服务经营形式结构上的思想观点

1. 推进纵向组合经营

主张将产业链向纵向组合体系延伸，即扩展商贸、商服、劳服一体化经营体系。一是将商贸的物质商品经营与商贸服务的经营相结合。二是将商贸服务业与劳务服务业经营相结合。通过多种结合经营形态，扩展或延长产业链，以优化产业经营形态结构体系。

2. 大力推进横向组合经营

主张在发展独立商贸、商服业经营的同时，要大力发展产销结合的商贸、商服经营形态。这里的产销结合，主要是指先进的机器制造业、矿产业，同时也包括手工业与农业。在机器工业生产中，为了使其产品顺利地进入市场，并排除中间商的垄断，要进行自产自销，直接进行商品销售的经营活动；在矿产的开采、生产中，将矿产原料进行自我生产加工或自行直接销售市场，而从事商品销售经营。即他们所说的听任商民“自创”、“自售”，“采者获十之六，由其自行销售”。可见，主张更多地发展近代产销一体化经营的工矿业，使商贸与工业生产业进行横向一体化组合，从而优化近代商贸业经营形态结构。

（五）在优化商贸业投资结构上的思想观点

1. 推行中外合资去兴办近代资本主义工商企业

这一思想主要反映在官僚资本洋务派主要代表人物张之洞的主张中。他认为，外资与中资合资，共同在中国兴办新式企业“于中国有益”，既可以“洋商开一厂，则华工习一法”、“洋商创一货，则华民晓一用”，又可增加税收总额，即既可以增加投资，解决投资困难，又不侵害中国的管理主权，而扩大了近代企业的发展规模，对中国有利。因而，主张推行中外合资去兴办新式资本主义工商企业的政策。

2. 发展国内多种投资形式的商贸经营业

一是要推行多人合资、股份投资与合伙投资的商贸经营业，其投资的资本形态，既多为货币资本，又可为实物资本与劳动力资本。二是通过银行借贷形式取得贷放资金，进行投资而兴办新式商贸经营业。这些投资形式不同，导致了企业管理形式、经营方式的创新发展。

总之，主张采用不同的投资形式，去优化商贸业的投资结构，把商贸经营业推向近代资本主义的发展道路，而进行资本运营。

由上述可见，该时期的第三产业经济思想家，提出了由封建制自然经济转向资本主义商品经济，必须不断优化第三产业经济结构的思想。其优化发展的方向就是更多地扩展私营、外贸经营、服务经营、组合经营、联合投资经营所占的比重，使整个第三产业经济结构体系不断合理化，而更好地发挥其应有的职能作用，走向新的历史发展阶段。

三、对第三产业经济活动进行宏观调控管理的思想

（一）创立健全而系统的宏观调控管理机构体系的思想观点

康有为主张创立一个从中央到省、县的多级统一管理机构体系，由中央机构决策，进行分部、分级具体管理，即通过经济、商贸管理体制改革，强化与优化对第三产业经济活动的宏观管理。其具体主张有以下几点。

1. 创立中央政府统一管理机构

他主张在中央政府先设立一个“制度局”总体统一管理机构。在“制度局”下分设与原“部”、“寺”相当的十二个“局”，包括农局、工局、商局、铁路局、邮政局等，由各局直接分管各自部门所属的经济活动。对于第三产业经济活动主体的商贸活动而言，“商局”是其直接管理机构，要制定与实施应有的管理法规、制度、政策与办法，对其进行统一宏观管理。

2. 创立地方政府机构中的分级统管机构

他主张在各省、道、府、县各级地方政府机构中分设“民政局”独立统管机构，并按中央“制度局”所设的分管机构体系去分设各级“民政局”的分管机构体系，形成自中央到地方的统一管理部门机构体系。从商贸活动的调控管埋机构方面来说，就是要创立各级地方政府中的“民政局”所分设的“商局”直接管理机构，用以对第三产业经济活动进行直接管理，贯彻落实中央“商局”的管理规定与要求。

总之，他主张进行商贸管理体制改革，加强对商贸经济活动的统一宏观调控管理，以推进第三产业经济活动有序、有效的发展。

（二）运用货币发行与管理手段进行宏观调控管理的思想观点

在该时期内，大多经济思想家都主张各类政府运用货币的铸造与发行权去调控货币流通量，通过调控货币流通量调控市场商品流通量，从而调控管理国内外商贸经营活动，以保证官府的财政收入、商贸业繁荣发展、整个社会经济的稳定。但由于他们的出发点不同、侧重点不同，而有各自的不同认识，导致在货币种类选择、运用方式、货币政策等方面，存有不同的思想观点。

1. 对货币类型选择的思想观点

在货币类型的选择上，具有不同的认识。这种不同的认识出自不同的调控管理思考，尤其是对运用不同的货币类型进行货币流通，从而调控商品流通活动的思考。

（1）主张发行足质、足量银币进行调控管理的思想观点。封建地主改革派的林则徐，主张发行足质、足量银币在市场上广泛流通，以调控管理商品流通，从而调控管理商贸经营活动。他的这一主张是基于以下认识而产生的：一是在当时的内外商贸中已使用大量的外国银币，但是其名义价值已大大超过其实际含银量，通过同中国实量银锭相交换，尔后将其输出国外的办法，来剥削中国，由此导致一些人发出“禁用洋钱”的呼声。二是随

着鸦片走私活动的扩展，使中国的银锭大量外流而出现“银荒”并出现银贵钱贱现象，有人认为这是“用银太重”而“用钱太轻”所致，从而主张提升钱的重量。他面对上述状况，一是认为“禁用洋钱”不符合商品流通的需要，不应由国家政权利用行政手段去硬性规定比价，以致禁用，而应“听从民便”。二是认为要解决中国“银贵钱贱”问题，仍应坚持以银为币，不赞成片面提升钱的重量。而要解决上述问题，他主张采取以下货币发行政策：一是要规定洋钱币同中国纹银币的合理兑换比例，使两者的实际含银量相适应，同时要由中国政府自铸与发行足质、足够用的纹银币，使其在市场上广泛流通，从而抵制与排挤洋银币在市场上的流通量。二是主张中国仍以银币为主要货币，为解决铸银币原材料的不足，要广开银矿，可听任民间自由开采，以增加其供给量，从而由政府铸造更多的足值纹银，弥补银币大量外流而产生的空缺，以缓解银缺、银贵所出现的“银荒”状态，同时，也主张增大铜制钱币的流通量，使其与纹银“相辅而行”，以减轻银荒的困难程度。三是为推进金属货币的顺利流通，主张由经营货币信用业的私商发行具有信用货币性质的流通工具——票据，即“钱票”，它实际是一种银行的信用“支票”，可以兑换现金，但不是正式的“纸币”。认为通过此种“票据”的流通使用政策或制度，可对货币流通与商品流通的顺利进行起到积极的推动作用。

（2）主张以白银币为本币，不同意“废银行钞”。地主阶级改革派的魏源认为白银作为货币材料具有不宜腐朽与珍贵的特征，主张以白银币为本币；认为发行不兑换银币的纸币在市场上广泛流通，如同“无田无宅之契，无主之券”，故滥发纸币会引起物价上涨，使商品流通不畅；认为国内若用纸币，而对外贸易必用银币，会使中国的大量白银外流，从而使中国的货财流向敌国，被其侵夺。因而，主张“货源莫如采金与更币”，即主张任商民开采银矿，由政府利用充足的白银原材料去铸造足用的银币，从而扩大银币的储备量与发行量；主张不发行不兑换银币的纸币，即使发行可兑换的纸币也要控制其发行量。总之，要使货币流通量与商品流通量相适应。

2. 保持足够的货币流通量的思想观点

（1）货币的发行量必须与商品流通量相适应。认为货币的发行量必须与市场商品流通量相适应，要根据商品流通量的需要，而控制货币的发行量，过多时回笼，不足时投放，并要保证货币的实际价值与名义价值相适应。

（2）国家政府要在货币发行机构保有一定的银币储备量。不仅可随时调整市场的货币流通量，还能为兑换银币提供信用保证，确保市场商品物价的稳定。

（三）运用税收手段进行宏观调控管理的思想观点

1. 采取轻税政策以促进商贸业发展的思想观点

总的思想，是要“敛从其薄”，以低税率征税办法鼓励商民的商贸经营活动，使其经营资本不断积累增加。但在不同时期，有不同的领域侧重点。一是为了鼓励商民去经营金属矿产的开采及其产品的销售活动，主张以只征收15%的赋税税率征税，并主张裁减各种名目的浮费，以减轻商民的税费负担。二是为鼓励商民扩大货物运输的经营业，主张减轻对粮、盐货物运输业的税负，并主张革除正常商税之外的舞弊收费，以促进其加快发展，保证广大民众对重要生活消费品商品的消费需要。三是对近代机器生产经营业的“首创至巧者赏以自专其利”，即进行免税奖励。

2. 实行“凭照制度”，以促进商贸业正常发展的思想观点

这主要表现在农民阶级革命派洪秀全的经济思想中。他主张推行“凭照制度”，照章纳税。即要商人按章进行登记，凭营业执照与管理规则，按政府所制定的统一纳税办法或规定进行定期纳税，并采取银米两种税负类型，以增加军费开支。洪仁玕则主张规定适当的税率，既有控制，又有激励，进行区别对待，以保护经营者合法、合理的私有权利，以促进其正常经营。

3. 实行对国内外商人不同的征税政策

这主要反映在资产阶级改良派梁启超的思想观点中。

（1）在国内民族商贸领域。他主张对国内民族商贸活动实行轻税、减税政策，要改变“逢关纳税，遇卡抽厘，黜吏需索”的状态，以促进民族商贸业的发展，增强与外商进行竞争的实力。

（2）在对外贸易领域。他主张对国外商人所进行的进出口贸易活动采取不同的税率政策。一是要采取同国内民族商业经营活动的不同征税率，即要加大其征税率，以消除对国内市场的垄断，并推进民族商贸业的经营活动扩展到更广大的国外市场。二是对国外商人的进出口贸易活动也实行不同的征税率，对正常贸易的国家与商品种类实行低税率，对掠夺性的国家与商品种类实行高税率。

总之，他主张用“税则以左右之”，从而促进平等互利的自由贸易往来，以保证民族商贸业与民族资本的独立发展，并增强其在国内外市场的竞争力。

从上述可见，主张运用税收手段，制定与实行各种不同的征收税率政策，以促进民族商贸业的发展，抵制外商的不平等贸易，增强其在国内外市场同外商的竞争力，从而优化第三产业经济结构。

（四）运用法规与行政手段进行宏观调控管理的思想观点

1. 采取法规手段以促进商贸业发展的思想观点

主张建立明确的规章制度去调控管理商贸经营活动。一是对矿产经营、创建私人银行要规定管理规则。二是对进出口贸易要建立管理规则，只准外商在中国准许的指定口岸进行，任何外商“不得擅自入内地”进行贸易。三是要制定“与番人并雄之法”等。

2. 采取行政手段，加强商贸活动宏观管理的思想观点

一是建立完善的商贸活动行政管理的组织机构体系。二是严格审批与管理商业行会组织的活动，并推进行会组织形成集团合力，同外商展开竞争，改变当时“既无商会，不能相联，西商窥其情实，阻持短长，任意涨落”的状态。

（五）运用相关的经济政策进行宏观调控管理的思想观点

1. 主张采取权与利分开、以官护商的经济政策

实行“商得其利，官收其功”的管、放结合的政策。主张改变官府管理者“不懂商务，而行征商之政”，导致群起逐利、私作奸伪，以致百业皆衰的状态。要使商人放手经营，取得应得的合理盈利，即使“商得其利”；同时，要加强对商人经营活动的管理，既要保护其合法、合理的经营，即进行“护商”，又要限制其非法、不合理的经营，即进行“管制”，以取得官府管理的功效。从而使管、放结合，护与限并行，即实行“以官护商”的经济政策。

2. 主张运用经济政策手段推动资本主义经营方式的发展

（1）在工业领域。主张政府采取鼓励以机器工业生产为主体的工商结合、产销结合为经营方式的经济政策。

（2）在农业领域。主张政府采取鼓励发展资本主义经营方式的农业经济政策，推进农工商联合、农商联合生产经营形式，进行资本运营。

3. 主张适应大势，实行开门、通商的对外贸易政策

（1）实施海关自主的政策。主张收回海关的管辖权，拒绝侵略性的非法要求，要照章纳税，接受入关的检验。要通过保护对外贸易自主权，实施保护民族商贸活动的经济政策，促进对外贸易独立而有益的发展，更多地扩展中国商品在国外的市场范围与数量规模。

（2）改变闭关自守、盲目排外的贸易政策，积极扩大对外贸易的发展。但在进出口商品的种类上，要实行区别对待的对外贸易政策。主张进口有利于国计民生的商品物资，尤其是国内急需的先进机器工业产品，如机械产品、军工产品等；在出口商品上，要多扩大中国优势的特产品，如丝、茶等商品的出口量。要力求进出口平衡与出超。

（3）在对外贸易中，要采取区别对待的政策。对友好国家，要发展互通有无、平等交换的贸易关系，并形成合力，实行“以夷制夷”的竞争政策；对以英国为首进行资本主义贸易侵略的国家，要实行抵制并反对其侵夺性贸易，尤其要严禁其侵害性的鸦片贸易的政策。

（4）采取更多引入外资、外商在中国国内进行合资生产经营的政策，这样既取得了直接管理主权，又增加了国家的财政收入，更加速了新型工商业的兴办发展。

（5）创办经济特区。主张把中国当时的东北三省首先创办为经济特区“试验区”。引入各国外商，由中国进行统一管理，统一收税，“其利与各国共之”，“地主之权，丝毫不失”。在当时虽难实行，但其思想颇具创新性与先进性。

（六）运用教育宣传手段进行宏观调控管理的思想观点

1. 主张国家积极创办新型学堂

要求国家大力发展新式教育机构，并通过传授西方的先进科学技术与文化思想，培养更多的适用的高质量的人才，使“民智大开”，使“诸业兴旺”。要把近代经营管理人才的培养，视为资本主义工商业发展的关键。已具有“以人才立国、兴企”的思想，故主张教育先行，通过教育机构培养大量的先进人才队伍，而优化商贸业经营管理的队伍结构，从而把商贸经营活动推向近代资本主义商贸业的发展方向。

2. 主张国家采取多种宣传、教育形式去引导与推动商贸业近代化发展

（1）要在国内外商贸活动中，积极倡导中国的优秀商业道德，大力传播“诚信”的道德文化，即所说的“若不失信义二字足矣”。通过倡导道德文化去优化商贸经营活动的秩序与氛围，消除不利的行为。同时，也主张学习西方先进而适用的商业思想文化，扩展与外商的正常交往。

（2）主张引导与鼓励中国的商民向西方国家学习，更多地创立与发展资本主义的工商结合、产销结合的新式商贸企业，并推行先进的经营管理之法，进行资本运营，“以求大利”，加快转变传统的经营管理方式，使其近代化。

（3）主张倡导“致富观”。引导私人资本家与地主将财富运用于可增值的资本主义商

贸业经营中，改变“以私子孙”的“保财”状态，促进资本主义商贸业的扩大发展。

从上述可见，该时期的经济思想家都认为，国家要优化与完善对近代第三产业经济活动的宏观调控管理，以加快其健康而顺利的发展。并从当时的实际情况出发，主张运用健全管理组织机构、货币发行、征收税费、法规制度与强化行政约束、创新经济政策、发展新式教育、广泛宣传引导等管理手段，有针对性地对第三产业经济活动进行有效的宏观调控管理，从而把中国的第三产业经济推上近代资本主义商品经济的发展道路。可以说，他们在这一领域的思想已构成了一个初步的体系，并出现许多创新观点。

现对该时期第三产业经济思想的转变与发展趋势做如下简要概括：随着国外新兴资本主义国家对中国的军事、经济侵入与思想文化的渗透，引致中国开始由封建制经济向资本主义商品经济转变，从而引起经济基础与上层建筑两个层面的变革，由此也必然导致经济思想尤其第三产业经济思想的转变。这一转变不仅表现在要加快以经营近代机器工业商品为主体的商贸业发展的思想上，更表现在努力发展独立民族资本主义商贸业的思想上，因而，也必然引发反抗国外资本主义国家的商贸侵略，维护民族资本主义商贸经济利益，以平等互利为原则与之展开商贸竞争的“商贸爱国主义”思潮。同时，由于资本主义商品经济各构成要素的扩展，必然产生更加重视商贸业的重要地位与职能作用的思想，由此也不断形成了第三产业也是创造财富的独立产业形态；三大产业既独立并存又相互促进与协调发展；要优化第三产业经济结构与强化及完善国家的宏观调控管理体制，从而把第三产业经济推向适应资本主义商品经济发展等诸多思想观点。其中，特别要指出的富有创新性与趋势性的思想观点是：由“重本抑末”转向农基、工商并重；第三产业经济是资本主义商品经济发展中的能创造财富与价值的独立产业经济形态；第三产业经济活动必然向以国外领域扩展，在平等互利的基础上展开有效的国际竞争；第三产业经济的经营类型必然由商贸业向商贸服务业与劳务服务业扩展，所有制类型必然向以私营资本为主体扩展；国家的宏观调控管理必然采取鼓励正常经营、限制不合理的经营、反对与抵制国外的侵略掠夺性经营的法规、政策等思想观点。总之，为近代第三产业经济思想体系的初步形成，已奠定起一个多方面的基础。

第八章　近代社会中期第三产业经济思想体系的初步形成

第一节　近代社会中期第三产业经济的进一步发展

一、近代社会中期第三产业经济发展的历史时期及其社会政治、经济条件

（一）近代社会中期第三产业经济发展的历史时期

近代社会中期，是指资产阶级民主革命派进行辛亥革命的时期。辛亥革命的历史时期，一般是指从资产阶级民主革命派发起者与领导人孙中山于1894年在美国檀香山创立中国第一个资产阶级革命团体“兴中会”开始，到1912年2月被迫辞去大总统职务，改由袁世凯充任，至此，中华民国临时政府的实权就为袁世凯所组建的北洋军阀政府所控制，宣告辛亥革命失败而止。在该历史时期，可分为如下几个发展阶段：一是辛亥革命的准备阶段。孙中山于1892年在香港西医书院毕业后即开始在澳、广地区参与政治活动，随后，于1894年赴美国组建了中国第一个资产阶级革命团体“兴中会”，准备阶段即已开始。1894年10月组织广州起义失败后赴日本，随后于1905年在日本东京将兴中会与华兴会联合组成中国的革命同盟会，任同盟会的总理，提出了“驱除鞑虏，恢复中华，建立民国，平均地权”的资产阶级民主革命政治“纲领”，并提出了“民族、民权、民生”的“三民主义”学说，继续推进资产阶级民主革命活动，进行推翻封建统治的武装起义准备工作。二是辛亥革命的进行阶段。1911年利用清政府出卖中国铁路修筑权给外国人而激起广大人民反抗的时机，于10月10日正式发起了武汉的武装起义，即史称的辛亥革命。武装起义取得了成功，立即成立了湖北军政府，各省相继发动起义，共有17个省宣布独立，使清政府的统治土崩瓦解。孙中山于1911年12月被17个省的代表在南京推选为中华民国的临时大总统，并于1912年1月1日于南京正式成立中华民国临时政府而宣布就职。清朝皇帝于当年2月12日宣布退位，至此，清王朝被彻底推翻，其封建政府统治宣布结束。三是辛亥革命宣布失败阶段。由于北洋军阀袁世凯拥兵自雄，再加上资产阶级民主革命派的妥协，使孙中山被迫于1912年2月13日辞去中华民国临时政府大总统职务，而由袁世凯充任后，则自行宣布称帝。孙中山在全国虽然掀起了反袁世凯称帝的运动，于1912年8月25日将中国的革命同盟会改组为国民党，并

任该党的理事长，但因反袁称帝运动失败而逃亡日本，“辛亥革命”也因此宣布失败。

（二）近代社会中期第三产业经济活动发展的社会政治、经济条件

1. 中国的国外政治、经济环境

（1）国外主要资本主义国家政治、经济的重大变化。一是国外主要资本主义国家，尤其是西方主要资本主义国家的政治制度已趋巩固；社会经济制度更加完善，资本主义商品经济由自由发展阶段走向垄断阶段，进而走向帝国主义发展道路；其明显的特征是资本高度集中而形成生产高度集中及资本的普遍化。二是外国资本主义国家对国外的殖民主义扩张。在更多地采取武力手段，即侵略战争的形式外，在经济侵略形式上则更多地采取资本输出的方式，即在其他国家扩展直接的商品生产经营，进行资本垄断，从而控制他国的经济命脉以至政权，实行殖民地与半殖民地化。三是大力发展资本主义的教育机构，培养高级专门人才，并更多地吸引国外留学生留学学习，播种国外资产阶级革命的种子；采取多种形式与方式向国外广泛宣传资本主义的思想文化、制度、经营方式，以推进国外的资产阶级民主革命，解除政治、思想、经济方面的封锁，以形成一个广大的资本主义国际市场，而转化国内的商品生产过剩危机。

（2）国际资本主义国家间的政治、经济关系。总的来说是既竞争又协作。一是资本主义的国际市场竞争加剧，一些先进的资本主义国家力图帝国主义化，为了进行对国际市场的垄断，以取得更大的国际市场占有率而展开竞争。二是在对外殖民地侵略与打开封建制国家市场大门的共同利益上，又进行联合与协作，包括军事、经济、思想的广泛领域，进行相互支持与利益分享，即进行资本主义的瓜分。

2. 中国的国内政治、经济发展状况

（1）中国的半殖民地半封建制社会形态进一步演进与变化。一是国外的一些主要资本主义国家通过诸多不平等条约瓜分中国市场，并力图控制中国政治、经济发展之后，继续向中国进行更深广的殖民主义侵略。这主要表现在日本为了转嫁国内商品生产过剩的经济危机，在其他主要资本主义国家的支持下，于 1894 年发动了侵华的“甲午战争”，逼迫清政府于 1895 年（光绪二十一年）4 月 17 日与其签订了极损中国主权的《马关条约》，既割地赔款，又给予其在内地的生产经营特权；还有，于 1901 年（光绪二十七年）在英美主要资本主义国家的组织下发动了历史上的八国联军直攻北京的战争，逼迫清政府与这些国家签订了丧权辱国的《辛丑条约》，获得了在中国内地诸多生产经营的经济特权与干预中国政府活动的诸多政治特权。总之，国外资本主义国家通过军事、直接资本投资与商品贸易等方式，使中国的社会经济更加半殖民地化。二是中国的清朝封建政府更加腐败无能，变成了帝国主义统治中国的工具，引起了统治集团内部地主阶级保守派、改革派与资产阶级改良派的分化及其斗争的激化，特别是握有军权的官僚在中央与地方控制着政府的活动，而日益出现官僚资本及其地方割据；随着民族资本主义商品经济的发展，新兴的资产阶级形成，使民族资本日益扩大，从而掀起了推翻封建统治的资产阶级民主革命的风潮，要求发展资本主义的商品经济，冲破自给自足的自然经济的束缚，并反对国外资本主义国家对中国的贸易侵略。总之，使中国的半封建制社会形态更加明显，清政府的封建统治处于被铲除的边缘。

（2）中国的资本主义商品经济获得了较快的发展。一是发展包括农、工、商、矿、交通运输的“实业”。二是重点发展以先进机器生产商品的工业。三是相应发展从事商品

流通的商贸业，并注重发展民族对外贸易业。四是促进农业的商品生产发展，在保证农民自给性需要的同时，向市场扩展工业生产用原材料与广大公众所需的农产商品。五是中国的市场更加向外开放，国外的资本主义工商企业在中国境内不断扩展，民族的商贸业与国外的资本主义商贸业的竞争及国内外市场商品竞争日益展开。

（3）西方的资本主义思想文化与科学技术知识相继传入中国，改变了中国的传统状态。一是通过多种方式，包括教育方式，将资本主义的理论思想、文化、制度、生产经营方式、科学技术等要素传入中国，引起了中国理论思想体系、生产方式、生产技术的变革。二是形成了一个先进的资产阶级知识分子阶层，出现了彻底推翻封建统治、建立资本主义制度的资产阶级民主革命的集团，通过国外的支持不断展开了反帝、反封建的民族资产阶级民主革命运动，但遭到了国内保守派的坚决抵制与国外帝国主义的阻挡。因而，导致民族矛盾、阶级矛盾、社会矛盾激化，使中国处于一个由半殖民地半封建制社会向资本主义社会转化的错综复杂的状态。

总之，中国近代社会中期第三产业经济的发展，处于以上所述的国内外政治、经济、思想大变革的复杂环境之中。但总的大环境是近代资本主义商品经济的发展。它的发展，必然引致第三产业经济的发展，但会具有中国特有的发展状态。

二、近代中期第三产业经济的进一步发展

（一）民族商贸业的较快发展

1. 商贸经营企业数量规模扩大，经营行业扩展

一是随着资本主义商品经济的发展、商品流通规模的不断扩大，引致从事商品流通活动经营的商贸企业数量规模增长，并遍布于全国的城乡，虽然呈现向城市集中、向东部沿海地区集中的状态，但逐渐向广大村镇与中西部地区延伸；国营大型商贸企业在不断扩展，而私营商贸企业则有了更快的扩展，尤其中小型企业扩展更为迅速，更多地向城乡居民住区、交通枢纽、沿海港口扩展。二是商贸经营行业的明显扩展。随着以大机器工业商品生产为主体的所谓“实业”的振兴发展，工商结合与农商结合进行商品销售的商贸经营也不断扩展；随着先进工业商品种类的扩展，出现了新型商品种类的商贸经营行业，如工农业生产所用的机械工具商品，航海、铁路、航空所用的运输工具商品，石油化工、西药化学等近代化工商品，棉纺织等商品种类的专营商贸行业；随着商品经济的发展，物质商品经营行业则向商贸服务类行业扩展，如交通运输服务业、银行金融服务业、中介代理服务业、建筑维修服务业、通信服务业、教育与人才培养服务业等商贸服务行业迅速发展。三是劳动力或劳务服务行业也随之产生与扩展。

2. 商贸经营企业的投资形式趋于多样化

一是官僚资本、私人资本、买办代理资本这“三大”资本投资经营的商贸、服务业同时并存与发展。官僚资本投资，形成了国有或官营商贸经济类型；私人资本投资，形成了私有或私营商贸经济类型；中介代理商投资，形成了多种买办代理经营的商贸经济类型。二是独资、合作投资、股份投资的商贸经营形式同时并存与发展，独资经营的商贸业处于普遍的状态。

3. 商贸业经营的商品种类有了新的扩展

一是在商品种类上，虽然仍以农产品与手工业产品商品为主体，但近代机器工业生产

的先进工业产品商品种类有了明显的扩展，并以棉铁工业所产商品为主要商品种类。二是在商品的精细加工度上，虽然初产的农产原材料商品与粗加工的手工业原材料商品仍占较大比重，但近代机器工业生产的精细加工的工业产品商品种类迅速扩展，包括机械工具、化学、纺织品等商品种类。

4. 对外贸易业有了迅速的发展

一是进出口的海运航口不断增多、航空运输条件与铁路运输条件不断改善，为进出口商品贸易的扩大开辟了道路。二是进出口的商品种类结构发生了变化。在出口贸易上，虽然中国的出口商品仍是以农产与手工业产的原材料产品与初加工产品为主体，但深细加工的机器工业产品，尤其是深加工的特产商品的比重不断增加。三是进口贸易的商品，仍以各种棉制品为主，但煤油、纸张、化学、染料等商品种类的比重在增加，尤其是车床、纺织机、电动机等各种机器商品的进口量有了较快的增长，即以工业品为主体。据史载，甲午战争前夕，中国共辟有34个商埠，1896～1913年，其开辟的商埠达到了83个，到1913年即达到了103处①；在中国的出口商品中，农产品与手工业产品在1903年的出口商品总值中共占77.1%，在1910年的出口商品总值中共占80.7%②，尔后，细加工产品的出口比重日渐上升，尤其是机器工业产品与矿产品的所占比重逐年增长。

（二）国外资本主义国家在中国国内进行商贸侵略的发展

1. 国外的一些主要资本主义国家继续发动侵略战争，对中国进行更深广的商贸侵略

（1）日本发动甲午侵略战争，逼迫清政府签订了不平等的《马关条约》。当时的日本由资本主义阶段开始进入帝国主义阶段，为了转移国内生产过剩经济危机而于1894年发动了侵华的甲午海战。由于清政府腐败无能，此战以中国失败而告终，日本逼迫清政府于1895年（光绪二十一年）4月17日签订了丧权辱国的中日《马关条约》（原名《马关新约》）。该条约共11款，主要内容是割让台湾、澎湖列岛、辽东半岛给日本；赔偿日本军费2亿两白银；开放沙市、重庆、苏州、杭州为商埠；允许日本人在中国通商口岸任意设立领事馆和工厂及输入各种机器；片面的最惠国待遇等。总之，日本的商贸业更广泛地侵入中国的广大区域。

（2）八国联军发动直接侵入清政府国都北京的侵华战争，划分出属于各自的商贸区域范围。1901年（光绪二十七年）英美主要帝国主义国家组成了所谓的八国联军发动了攻占北京的战争，逼迫清政府于1901年9月7日签订了不平等的《辛丑条约》，共12款。其主要内容是：进行赔款；将北京东交民巷划分为国外使馆界，各国驻兵管理，不许华人居住；各国军队驻扎在北京和从北京到山海关沿线的12个重要地区；外国人认为各个通商章程中应修之处或其他应办的通商事项，清政府要概允商议；要清政府永远禁止反对外国的各种组织与活动等。由此，把中国变成了彻底的半殖民地社会，使清政府变成了国外帝国主义统治中国的工具，把中国的广大区域变成了国外资本主义国家自由进行商贸经营的场所，任意设立工商企业，并划出各自的主要活动区域，使中国的民族资本主义工商业处于被打击排挤的不利地位。

---

①② 严中平等：《中国近代经济史统计资料选辑》，科学出版社1955年版。

2. 国外资本主义国家与主要帝国主义国家由商品贸易输入为主转变为资本直接输入、在中国直接开办工商企业

（1）在商品进出口贸易方面。在进口商品领域，由过去的以棉制品、煤油、纸张、化学品、染料等商品为主，转向以车床、纺织机、电动机、军用工具等各式机械品，即先进工业产机械产品为主。在出口商品领域，除外企出口自产的部分先进工业产品外，更多地出口中国产的棉花、丝、茶等特产原料产品及制成品，尤其是矿产原料产品。即把中国变成国外先进工业产品的倾销地与中国特产优质原材料的掠夺出口地。

（2）在中国国内进行资本直接输入，开办外资的工、商、矿、银行、铁路等生产经营企业。各国外列强在各自的势力范围内以直接投资方式开办工厂、矿产、商贸、银行企业与修筑铁路，兴办沿海及内河航运业等，并以较大的规模、较快的速度向前推进。据史载，只厂矿一项直接投资，1896～1900年即增设厂矿29家，投资总额为2426万余元；1901～1911年间在华增设的厂矿为91家，投资总额为7396万余元。[①] 他们直接投资设立的厂矿不只进行生产活动，还进行产销结合的商贸经营活动，直接垄断产品销售与出口活动。同时，还直接开办了大型国外资本主义的商贸业，专营商贸经营活动，从而瓜分中国的商品市场。

总之，国外帝国主义国家与资本主义国家，通过发动战争、商品进出口、资本直接投资形式，在华发展侵略性的商贸业，瓜分中国的国内市场，同中国的民族资本商贸业在国内外范围内展开竞争，严重阻碍着民族资本商贸业的扩大发展。

（三）中国进出口贸易发展的不利状态

1. 进出口商品的类别不同

中国的出口商品种类多为低价的重要原材料资源，包括农副产品、矿产、水产、林产、山产等重要原材料资源，以及部分特产初加工产品。中国进口的商品种类，多为高价的重工业机械产品与深细加工的轻工业产品。两者呈现不等价交换的剥夺与被剥夺的状态。

2. 对外贸易总额虽有增长，但呈现入超状态

据史载，1895年中国的商品出口净值为143293000海关两，到1912年增为370520000海关两；1895年中国的进口商品净值为171697000海关两，到1912年为473097000海关两。[②] 可见，中国商品的出口额有了明显的增长，但商品进口额有了更快的增长，使商品进出口额的入超程度更加扩大。这种入超的增长，不仅导致了中国进出口商品物价的差价不断扩大，使金银货币大量外流，而且使中国商品在国内外市场的竞争中处于劣势地位，从而使中国的民族资本主义商贸业处于被困压的缓慢发展的状态中。总之，中国的对外贸易业，是在不等价交换、被困压的状态下发展的，由此，也导致国内民族资本商贸业处于缓慢发展的不利状态。

从上述可见，中国近代社会中期的第三产业经济虽然有了较快的发展，但处于外国资本主义在华强大实力的困压之中，不仅使中国的民族资本主义商品经济缓慢发展，而且使整个政治、经济处于被其控制的状态。这就必然引起中华民族反对外国资本主义经济侵略的浪潮，尤其是一些先进资产阶级知识分子首先形成了反帝、反封建的资产阶级民主革命思想并积极开展实际的革命活动。其中也必然涉及关于民族第三产业经济发展的理论思

---

① 汪敬虞：《中国近代工业史资料》（第2辑）（上册），中华书局1962年版。

② 严中平等：《中国近代经济史统计资料选辑》。

想，把其推向新的发展阶段，从而发挥其前导作用。

第二节 近代社会中期主要学派代表人物的第三产业经济思想

一、资产阶级改良派主要代表人物张謇的第三产业经济思想

该时期，资产阶级改良派的代表人物虽然有多人，但具有更多第三产业经济思想特色的代表人物主要是张謇。他是一个由封建士绅转变为民族资本家而从事实业的领袖人物，因而，成为上层民族资产阶级的政治代表。

张謇（1853～1926年），字季直，号啬庵，江苏南通人。光绪年间获状元。早年入淮军将领吴长庆幕，驻浦口。1882年随吴军到朝鲜。为对付日本的侵略，曾提出自己的主张和见解，但为持妥协政策的李鸿章所不满。1884年离开军队，此后10年时间在赣榆、崇明教书。1895年开始创办企业，其一生集股创办了40家左右的工商企业和16家垦牧、盐垦公司。他与军阀官僚保持着密切联系。长期主张走资产阶级改良道路。其主要著作有《张謇函稿》、《张謇日记》、《啬翁自订年谱》等，最后合辑为《张季子九录》。他的第三产业经济思想，多反映在该著作中。在辛亥革命前后其一贯坚持的三项基本主张是振兴实业、发展教育、地方自治。其思想的核心，是主张在政治改良的前提条件下，通过振兴工商业，去发展民族资本主义，从而达到自强、求富的目的。其有关第三产业经济的思想，主要反映在以下方面。

（一）明确区分了“实业”与“商务”两个术语，提出了其“含义”观

他明确主张用“实业”一词来概括资本主义农工商业，并用“实业”一词来代替洋务运动以来常用的“商务”一词。

1. 区分“实业”与“商务”两个术语的思想

他首先主张区分“实业”与“商务”两个不同的术语及其含义。他明确指出“实业者，西人赅农工商之名，义兼本末，较中国汉以后儒者重农抑商之说为完善，无工商则农困塞”①，又指出“实业在农工商”。即他认为，在西方不用农工商之名，也不提倡中国的“重农抑末”、“义兼本末”② 的儒学思想，而注重“实业”，所谓实业，就是农工商业。他主张用“实业”一词来概括农工商诸业。他的这一思想，是从近代资本主义商品经济的角度而提出的，虽未明确提出“产业”的用语，但已意识到它的产生财富之业的要素。

2. 用“实业”代替“商务”术语的思想

他主张修正自19世纪后半期中国的一些经济思想家通常所使用的“商务”的用语及其概念。他在1895年替张之洞所拟奏疏中指出“世人皆言外洋以商务立国，此皮毛之论

① 张謇：《文录》，《张季子九录》。
② 张謇：《自治录》，《张季子九录》。

也。不知外洋富民强国之本实在于工”[①]。即他已经认识到资本主义商品经济的发展核心是资本主义工业商品生产的发展，西方所掀起的“产业”革命，其实质是以机器工业的发展为重点的工业革命，而不是以商品交换活动的“商务”活动为主体。因而，他明确主张要用“振兴实业”来代替“振兴商务”的用语与做法，由此，更加明确地表述了发展民族资本主义经济的思想，并内含了“以工立国”，否定“以商立国”的思想。

（二）明确提出了农工商三大产业地位及其相互关系的思想

1. 关于三大产业所处地位的思想

在农工商所处地位上，首先，重视农业的基础地位。他从农业为工业提供原材料的角度，提出了“工商之本在农，农困则工商之本先拨”[②]，并进而认为立国之本不在兵，也不在商，而“在乎工与农，而农为尤要。盖农不生则工无所作，工不作则商无所鬻”[③]，即提出以农为本，为国民经济基础的观点。其次，在工商地位上，他从农业为工业提供原材料，而工业又为商业提供制成品的社会生产过程认识出发，主张国家要富强必须优先发展新式工业，即先发展以机器为主要生产工具、进行资本主义商品生产的工业，只有工业发展了，才能带动商业的发展，由此，提出了他的“工业主体论”或“工业中心论”，从而排斥“商业中心论”。他列举了欧美与日本各国，均是“先图工业”，使其发挥“转换生熟之货，沟通农商之邮”作用的前例，并进而提出“一机所成，小者当人工数十，稍大者当牛马数十，更大者当数百或至千，其力均，故其成也精，其用常不息，故其出也夥，其母本㬮而俭，故其卖也常以市……得倍息”。[④]即他特别强调了机器工业生产能增加产量、提高产品质量、降低生产成本、扩展稳定的商品市场、获得更多的投资利润。从而，他最终认为，中国必须把优先发展机器工业置于经济发展的根本地位，视为繁荣商业经济的关键，即他所说的“工而成，商而通”[⑤]，工业生产商品、商业流通商品，一前一后、一主一从，最终形成了他的“工主”论，或“大工主义”观。最后，认为商业也是社会经济发展所不可缺少的重要经济部门，具有对工农业生产发展的促进作用，有其自身的独立功能。他指出“农不出则乏其食，工不出则乏其事，商不出则三宝绝，虞不出则财匮少，四者民所衣食之原”[⑥]；又指出“凡觇国之贫富，皆商力之所至以为衡”[⑦]。即认为商业也是社会经济活动的一个组成要素，具有协调农工关系、产销关系，使其均衡发展的功能。

总之，他提出了在社会经济发展中，农为基、工农为本或工为主体与中心、商为末的“三大产业地位”观。

2. 关于三大产业相互关系的思想

他认为农工商三业均是社会经济发展所必不可少的经济部门，它们是一个相互依存、协调发展的有机统一体。他指出“民生之业农为本，殖生货者也。工次之，资生以成熟

① 张謇：《自治录》，《张季子九录》。

②⑦ 张謇：《政闻录》，《张季子九录》。

③④⑤ 张謇：《实业录》，《张季子九录》。

⑥ 张謇：《文录》，《张季子九录》。

者也"[①]，商为末"是本对末而言……有先后而无轻重"[②]。即他认为，在社会再生产过程中，是按照农、工、商的过程顺序进行的，把商业排在末位，只是有先后之分，而无轻重之分，它们均有自己的独立经济职能或功能，即分别提供原材料、进行工业生产加工、进行商品流通的各自独立经济职能。它们之间既分工又协作，相互依存，形成一个商品经济的统一有机整体，从而提出了三大产业的协调发展观。

（三）重视发展第三产业经济的思想

1. 重视商业对工农业商品生产发展的促进作用

他虽不主张"以商立国"观，而主张"以工立国"观，但不忽视商业发展对工农业商品生产发展的重要促进作用。他在这方面提出了诸多重商观点，如"工而成，商而通"、"商不出则三宝绝"、"有先后而无轻重"、"凡觇国之贫富，皆商力之所至以为衡"等。即主张发展新型的资本主义商业，以促进商品流通的发展，从而促进工农业生产的发展，尤其是近代资本主义工业商品生产的发展。

2. 主张改变商品结构，尤其是对外贸易商品结构，从而改变商品经营结构

一是主张重点发展先进的棉铁产品的生产，以更大的规模投向国内外市场。首先，他认为棉铁产品与国计民生有密切而重要的关系。棉花及其制成品是人们生活的必需品；铁是制造生产工具的主要原料，是制造机器工具的基础，而机器工具又是人们生产与生活的重要必需品，特别是先进的大机器工具产品是生产发展的巨大推动力。因此，主张重点发展棉铁两类产品的生产，以满足社会生产、生活消费的主要需要。其次，他认为，棉铁商品是进出口贸易的主要商品品种，尤其是其先进的商品是国外进口的主要商品品种，要改变中国不利的局面，抵制国外资本主义的经济侵略，就必须大大扩大棉铁商品在市场中的比重。如他在研究海关贸易情况后发现进口商品多以棉纺织品与钢铁制品为主，而将其称为"至柔"、"至刚"两种物质产品。从而觉察到，中国要堵塞漏卮，收回利权，就必须从棉铁两类商品生产的扩展着手，由此提出"则以我国实业，当从至柔至刚之两物质，为应共同注意发挥之事"[③]。后来，他深刻地认识到棉铁是国外资本主义经济侵略的主要商品，而明确地提出"为捍卫图存之计，若推广植棉地纺织厂是；又惟有开发极大之富源，以驰逐于世界之市场，若开放铁矿，扩张制铁厂是"[④]。即主张重点发展棉铁工商企业，生产经营棉铁商品，以巨大的先进商品规模，同国外资本主义国家在广大的世界市场中展开竞争，以使国家富强。由此，他于1910年正式提出了"重棉铁主义"，主张发展实业，以棉铁业为中心，实施"棉铁政策"，以此改变商品结构与经营结构，提高国际市场竞争力。二是在对外贸易中，除重点发展棉铁商品生产，以扩大出口商品规模外，还强调更多地出口深加工的工业产品，而尽量减少原材料产品的出口比重。他提出"以生货与人而我失工之利，以熟货与人而我得分人之利"，即认为若要取得更大的利益，就不能以出口原材料为主，即以"生货"为主，而要以出口工业制成品为主，即以"熟货"为主，如此，才能与先进工业国家相抗衡，只有分其工业制成品之利，才能取得大利。由此，他主张模仿日本，提出"日本以商业抗欧洲，输出数骤赢，皆制造品，不愿以生货

①③　张謇：《实业录》，《张季子九录》。
②　张謇：《文录》，《张季子九录》。
④　张謇：《政闻录》，《张季子九录》。

供欧厂也"[①]。即要改变原材料供应国的地位，为出口贸易提供更多的先进工业制成品，在占领国内市场的同时，大大扩展国外市场，占据市场竞争优势地位。总之，他主张优化国内外的商品经营结构，尤其是国外市场的商品经营结构，大大扩展工业制成品的商品经营比重，提高其国内外市场的商品竞争力，以富国图强。

从上述可见，他重视第三产业的发展，主张优化其产业的内外贸易结构与产品经营结构，重点发展棉铁产品的经营业与工业制成品的经营业。

（四）重视发展教育业去培养人才，提高第三产业经营管理水平的思想

1. 重视培养高质量经营管理人才的思想

他从国家的竞争，尤其是资本主义商品经济中的市场竞争，归根结底是人才竞争的认识出发，明确提出大力发展新式教育业去培养出高质量的适用人才队伍的重要性。在1895年，他就明确地指出"人皆知外洋各国之强由于兵，而不知外洋之强由于学。夫立国由于人才，人才出于立学，此古今中外不易之理"[②]。不久，他又指出"世界今日之竞争，农工商之竞争也。农工商之竞争，学问之竞争"[③]。即他认为，要振兴实业就必须先发展新式教育业，去培养出一批具有先进经营管理知识和科学技术知识的高级人才，方可取得成功，并在国际贸易与国际市场竞争中处于优胜的有利地位。说明他已认识到对外贸易与国际市场的竞争的实质，是人才的竞争与教育的竞争，已开始具有了"人才强国"、"科教兴国"的意识，产生了要首先提高第三产业经营管理队伍的人才质量，优化其人才结构与知识结构，从而提高第三产业经营管理水平的思想，以求将其推向国际化的发展道路。

2. 实行实业与教育业并重发展的思想

他把实业与教育业视作"富强之大本"，主张实业与教育业并举，认为两者是相互依存与相互制约的关系。他指出"有实业而无教育，则业不昌"[④]，即不通过发展新式教育业，就培养不出适应需要的合格人才，就不能创建与发展新式实业；而发展教育业其经费来源必须以发达的实业为基础，因而"不广实业，则学不昌"[⑤]。他重视教育对实业发展的重要作用，但在两者关系上，认为"实业是教育之母"，即发展教育，要以实业为基础，而教育的发展又推动着实业的发展，两者相互作用而共同发展。由此，反映出他已意识到教育业是一种生产人才产品的产业，人才产品具有强大的生产力，开始闪现出他的"重教"、"重科"思想。

总之，他从"人才强国"、"教育兴国"的观点出发，已认识到对外贸易竞争、国际市场竞争应归结为人才竞争，从而反映出他的大力培养第三产业经营管理人才，优化其队伍结构重要性的思想。

从上述可见，他作为该期资产阶级改良派的主要代表人物，发展了以往改良派经济思想家的某些第三产业经济思想。他区分了"实业"与"商务"两个术语的含义，用"实业"代替"商务"，把实业归属为农工商业，已孕育了"产业"的含义；在三大产业地位上，他提出了以农业为基础、以工业为主体、以棉铁工业为中心、以商业为支撑的"农工本、商为末"三大产业地位观；提出了三大产业独立并存，按农工商的顺序相互依存、协调发展，共

①④⑤ 张謇：《政闻录》，《张季子九录》。

② 张謇：《新闻录》，《张季子九录》。

③ 张謇：《教育录》，《张季子九录》。

同组成有机统一整体的发展关系观；重视商业在资本主义商品经济发展中的重要作用；主张优化商品结构，从而优化商品经营结构，大大扩展新式工业产品的结构比重，尤其是棉铁产品的结构比重，把新式工业制成品商品经营置于主体地位；主张大力优化提升第三产业经营管理队伍结构，把发展新式教育业去培养高质量的人才队伍置于重要地位，已具有“人才强企”的意识。总之，已形成了初步的第三产业经济发展的战略思想体系。

二、资产阶级民主革命派主要代表人物孙中山的第三产业经济思想

孙中山（1866～1925 年），名文，号日新，后改号逸仙，字德明。广东香山县（今中山市）人，出身于贫民家庭。1897 年后曾在日本开展中国的革命运动；甲午战争爆发后，在檀香山宣传革命，并创立兴中会；1895 年在香港创立兴中会总部；1905 年从欧洲向中国留学生宣传革命主张后又回到日本，随后联合华兴会、光复会与兴中会几个革命组织，创立了中国革命“同盟会”的统一革命组织。他主张进行推翻清政府封建统治、建立中华民国的资产阶级革命，在 1895 年于香港成立兴中会总部任领袖后，即正式提出了“驱除鞑虏，恢复中华，创立合众政府”的革命主张；在 1905 年成立中国革命同盟会并被推选为该会的总理后，即制定与实施了该革命组织的“驱除鞑虏，恢复中华，创立民国，平均地权”的资产阶级革命纲领，并随即创办了其机关报的《民报》，他在该报的发刊词中第一次公开提出了“三民主义”学说；1914 年他在日本又成立了中华革命党，并创办了《民国》杂志，继续进行反袁世凯与北洋军阀政府的斗争。他多有著述，后合辑为《孙中山选集》与《孙中山全集》。他作为资产阶级的政治革命家，虽多具政治革命思想，但也涉及广泛的经济思想，其中多反映出他有关第三产业的经济思想，并多具有创新性。其第二产业经济思想主要有以下几个方面。

（一）对三大产业地位及其相互关系的思想

1. 他提出了以“民生论”为中心的经济思想

一是提出了人类社会进化论。他认为人类社会是一个不断进化的过程，经过了由低到高的发展阶段，并可按不同的标志进行分类。他按社会经济形态分类，提出了如下进化观，即由“太古吃果实时代”、“渔猎时代”、“游牧时代”、“农业时代”，到“工商时代”[①] 的演进过程。二是认为民生是“社会进化的原动力”、“是经济的中心和种种历史活动的中心”、“民生就是人民的生活，社会的生存，国民的生计，群众的生命”[②]。他在“民生论”的基础上建立起自己的经济思想体系。三是对“经济”提出了自己的定义，即“不外乎生产、分配二事。生产即物产及人工制品，而分配者，即以所产之物，支配而供人之需也”[③]。可见，他是按西方资产阶级经济学说，将生产要素分为土地、人工、资本三个相互结合的基本要素。但他认为按这三个基本要素进行产品分配是不合理的，明确地指出“富者愈富，贫者愈贫，阶级愈烈愈远，平民生计遂尽为资本家所夺矣”[④]。因此，他主张改变这种不合理的社会财富分配关系，确保平民的生计。四是从对“经济”的上述认识出发，提出了资本主义条件下的社会商品生产过程观。即生产，是“物产及人工

①② 孙中山：《三民主义·民生主义》，《孙中山选集》（下卷），人民出版社 1956 年版。

③ 孙中山：《孙中山全集》（第 2 卷），中华书局 1981 年版。

④ 孙中山：《在上海中国社会党的演说》，《孙中山全集》（第 2 卷）。

制品”的产出活动；分配，是“以所产之物支配而供人之需”；交换，是“供人”；需，即人们的消费需求。这实际上反映出他的资本主义社会商品生产的“四个环节观”，即生产—分配—交换—消费，或生产—流通（分配、交换）—消费。说明他已经认识到资本主义条件下的社会生产关系与资本主义的社会生产以商品生产、商品流通为特征，也由此产生了必须变革不适应资本主义生产力发展的封建主义生产关系的思想，明确地提出了反封建专制、平均地权以变革土地所有制，通过“三民主义”来为中国民族资本主义的发展开辟道路的主张，并把“民生主义”作为反帝、反封建的经济纲领，大力发展民族资本主义工商业经济。

从上述可见，他从“民生主义”出发，主张发展资本主义的商品生产与商品流通，大力发展本国的民族资本主义工商业经济，为中国民族资本主义的发展开辟道路，从而在此思想基础上，也提出了他的与近代三大产业发展有关的经济思想观点。

2. 关于三大产业地位的思想观点

（1）主张振兴实业的思想。他所说的实业，包括农业、工业、商业、矿业与交通运输业。他认为，要改变中国贫穷落后的状态，就必须振兴实业，故指出“要想达此目的，就要办理铁路、开矿、工商、农林诸伟大事业”①；进而指出“建设之首要在民生，故对于全国人民之衣食住行四大需要，政府与人民协力共谋农业之发展，以足民食；共谋织造之发展，以裕民衣；建筑大计划之各式屋舍，以乐民居；修治道路、运河，以利民行”②。同时，他还认为，要振兴实业，就要注重采用机器生产，因为，它能使生产力增长，增加商品数量，提高商品质量，节省人力消耗而减少生产成本，增强商品的竞争力，改变中国长期处于农业国的落后状态。

（2）关于三大产业地位的思想。①他认为农业生产是人们的衣食之源，是工业生产所需的一些原材料的供给者，并且是市场重要生活用品的商品提供者，因而，是社会经济发展的基础，是重要的物质生产部门。为了发展农业生产，他还提出了如下主张：一要平均地权，变革封建土地所有制；二要改革农业技术，发展商品性的农业生产，增加农业商品比重，改变自给自足的状态。②他认为工业生产处于社会经济发展的重点地位，特别要重点发展近代大机器工业，推动资本主义工业商品生产向资本主义商品经济主体扩展。由此，他提出了如下思想观点：一是劳动价值论。认为“货物是由人工造成的，货物有大小长短轻重的不同，所费人工便有多少的不同，要恰恰报酬那种人工的多少，因之货物的价值便应该有多少的分别”③。即认为劳动力付出劳动的多少就应在该商品的价值中得到体现，并成为劳动力报酬多少的准则。二是机器工具是重要的社会生产力论。认为“要实行民生主义，就是用国家的大力量，买很多的机器……用机器去制造货物”④，即大力发展机器工业生产力，以提高劳动生产率，生产更多的商品。③认为商业与流通环节，是能创造剩余价值或利润的重要而独立的社会经济部门，明确地认识到商业也是一个独立的产业经济形态，具有重要的经济地位。其具体的思想观点是：一是商业所从事的商品流通

① 孙中山：《在安徽都督府欢迎会的演说》，《孙中山全集》（第2卷）。

② 孙中山：《建国大纲》，《孙中山选集》（下卷）。

③ 孙中山：《知难行易——民国十年十二月九日，对桂林学界欢迎会演说词》，《总理遗教全集》。

④ 孙中山：《女子要明白三民主义》，《孙中山选集》（下卷）。

活动，也是一种社会生产活动，能创造价值与剩余价值。他以纺织生产业为例，阐述了他的这一思想，他说“就纺纱制布而论，我们便要想想布和纱的原料，由此我们便要推及棉花……棉花收成之后，都要运到工厂内来纺纱织布；布和纱制成之后，再运到各处市场去卖，自然要想到那些运输的轮船火车……布和纱制成之后，社会上除了工人之外，假若其余各界的人民都不穿那种布用那种纱，布和纱当然不能畅销；布和纱没有大销路，纱厂布厂的资本家怎么可以多赚钱，可以多取盈余价值？……由此可见所有工业生产的盈余价值，不专是工厂内工人劳动的结果；凡是社会上各种有用有能力的分子，无论是直接间接，在生产方面或是在消费方面，多少都有贡献”①。即他认为，商业也是一个创造价值与剩余价值的重要经济部门，商品流通也是社会再生产的一个重要环节。二是商业也是一种实业，要大力发展近代资本主义商业，促进商品流通的发展。

总之，他提出了以农业为基础、以工业为主体、以商业为支撑的三大产业地位观，指出要大力发展资本主义商品经济，并特别提出了商业也是一个能创造价值与剩余价值的独立产业经济形态。

（3）关于三大产业相互关系的思想观点。他认为三大产业之间是既独立存在又相互依存与制约的关系，是社会经济发展的有机集合体。农矿业提供原材料、工业进行加工制作、商业进行交换与流通、消费实现产品价值，共同形成了一个商品社会再生产的有机协调的整体过程。一是如他在上述纺织业举例中所述：农业生产棉花原料—商业流通棉花—工业生产加工成纱与布成品—商业运销市场—社会大众购买消费。即他认为农工商三大产业是一个有机协调的系统，缺一不可；商品生产与商品流通相互制约，为社会经济发展所必需，缺一不可。二是认为商品的社会总价值是由农工商三大产业人工劳动共同创造的。农业人工劳动创造原料价值；工业人工劳动创造工业制成品增加价值；商业人工劳动不仅实现工业制成品的价值，而且还创造新价值与剩余价值。因而，他已认识到，农工商人工劳动虽创造的价值量不同，但都是创造商品社会价值的构成要素，是相互协调、制约的关系。

从上述可见，他认为要改善民生，必须发展资本主义的商品经济，必须大力发展资本主义商品生产与商品流通；必须构建以农业为基础、以机器工业为主体、以商务服务流通业为支撑的商品社会生产的有机结构体系，实现三大产业之间的协调发展，以创造出更多的高质量的商品，满足人民大众不断增长的生活消费需要，从而振兴中华民族。由此，也反映出他重视近代第三产业经济发展的思想。

（二）重视发展第三产业经济的思想

1. 提出了“时代论”与“实业观”

一是他认为，人类社会的经济形态，经过“太古吃果实时代”、“渔猎时代”、“游牧时代”、“农业时代”，已经进入了“工商时代”。他所说的“工商时代”，就是发展资本主义商品生产与商品流通的时代。发展商品生产，不仅要大力发展以机器工业为主体的工业商品生产，而且要推进农业的商品化生产；商品生产的发展，必然推进商品流通的发展，而商品流通的发展，必然要求从事商品流通活动的商贸、服务业的相应发展，不仅要保持工商业的密切协调关系，而且会出现工商业一体化的状态。因而，他认为近代社会经

① 孙中山：《三民主义·民生主义》，《孙中山选集》（下卷）。

济的发展，必然是进入从事商品生产与商品流通相结合的“工商时代”。二是他主张发展“实业”。这里所说的实业，不仅包括工商业，而且是以机器工业为主体的近代商品化的大工业与从事广泛商品流通活动的近代大商业，是以近代大工业、大商业为核心的实业。因而，他把商业视为一个重要的实业类型，要通过商业去促进与支撑工业商品生产的扩大发展。总之，通过“时代论”、“实业观”反映出他重视近代资本主义商业发展的经济思想。

2. 大力发展民族商业，反对外国资本主义贸易侵略

他从改善民生，维护国家主权的思想出发，主张大力发展民族商贸业，增强我国商品的市场竞争力，抵制外国资本主义的商贸侵略。

（1）主张在大力发展近代机器工业生产，以增加质高、量大商品的基础上，去增加国内外市场商品的竞争力，特别是在国外市场的商品竞争力，改变外货进口超过国货出口的状态，要使中国的对外贸易形成出超。因而，主张发展对外贸易，扩展中国在国外的市场。

（2）主张抵制与反对外国资本主义的贸易侵略。他对输入中国市场的外国货物做了估计，认为由于洋货输入，使中国要损失5亿元左右，若加上其他经济损失，则每年可高达12亿元。因此，他在主张扩大中国对外贸易额的同时，强调“打破一切不平等的条约，收回外人管理的海关”，即收回利权，并实行关税保护政策，“来抵制外国的洋货，保护本国的土货”①。以此来保护民族商业的独立快速发展。

3. 主张扩展商贸业的经营行业或类型，向宽广的商贸、服务业领域延伸，以优化商贸业的结构

他特别注重加快发展交通运输业，为扩大商品流通开辟广阔的道路。如在其《实业计划》中提出：一要修筑铁路，建立起一个把全国联系起来的铁路运输体系；二要开发海港，建立一个畅通国内外的完整海运体系；三要治理江河水系，组成一个内河航运体系；四要修建遍布全国的公路网，组成一个通达众多城区的公路交通运输体系。这些交通运输体系，不仅利于民行，而更重要的是为货物与商品的国内外运输开辟广阔的道路，从而促进商品流通的扩展；同时认为，这些交通运输体系的建设与运营，形成了多类型的商贸服务行业与劳务服务行业类型，从而使从事物质商品经营活动的商贸业向商务服务与劳务服务经营领域扩展，也因此优化了第三产业的经济结构。由此，也反映出他优化产业经济结构的思想观点。

4. 主张大力发展教育事业，培养出掌握先进科学技术知识的高质量的人才队伍，以提升工商业的经营管理水平

他认为，要振兴民族工商业，就要学习与掌握西方资本主义国家的先进科学技术知识与经商技能，就要培养高质量的人才队伍。因而，就要以西方的教育模式为榜样，改革中国的教育制度，创建新型的学校与采取新的教学内容与方法；通过教育制度改革，去培养适应近代工商业发展的适用人才，并发挥其才能，以提升工商业的生产经营与管理水平，同国外商贸业展开竞争。他明确指出，要使“人能尽其才，地能尽其利，物能尽其用，

① 孙中山：《三民主义·民生主义》，《孙中山选集》（下卷）。

货能畅其流”①，即把人才培养与人才智能的发挥置于首要地位。可见，他主张扩大发展教育服务业，提高商贸经营人才队伍的质量，即优化第三产业的经营管理队伍结构。

从上述可见，他重视民族资本主义商贸与服务业的发展，把其视为一个能产生价值与剩余价值、保证民生需要的“实业”，是一个独立的社会经济部门，是资本主义商品经济发展的重要组成要素；主张保护民族商贸业的发展，收回本国利权，同国外商贸业展开竞争，反对与抵制外国资本主义的商贸侵略，并向国外市场扩展；主张扩展商贸服务业与劳务服务业的类型与领域，从而优化其经济结构；特别是主张发展新型教育业，大力培养先进人才，充分发挥其在商务服务业经营管理中的作用，从而优化其人才结构，通过人才领先，去推进近代民族商务服务业的快速发展，从而振兴中华民族。这些，都从不同的层面，反映出他重视第三产业发展的思想观点。

（三）运用多种手段与经济制度，对第三产业进行宏观调控管理的思想

1. 运用货币发行手段，调节市场商品供求关系，从而调管商贸经营活动

一是他主张改革货币制度，发行纸币。首先，他认为“钱币者，百货之中准也”、“金钱之能力乃由货物之买卖而生也”②，即认为货币是百货的代表，是其“价格代表”。其次，主张实行纸币流通制度，他指出“在工商已发达之国，财货溢于金银千百万倍，则多以纸票代之矣”③，即主张效法西方国家发行纸币，将其作为金银货币的代表，在市场上进行流通。二是他认为纸币的发行量必须以金银货币的多少为依据，即如他所说的“货物越多，则钱币因之而多”④。就是要把纸币的发行量限制在百货流通所需要的货币量范围内，以保持货币流通量与商品流通量的相互适应关系，避免通货膨胀，维持物价稳定，以促进商贸业的正常发展。

2. 运用国家的“常平仓”制度，调节市场供求适应关系

为了维护市场物价的稳定，保证民生之需与商贸业的正常运行，他主张效法汉代桑弘羊的均输平准法，建立“公仓”储存制度，即如他说“尽笼天下之货，卖贵买贱，以均民用，而利国家，卒收国饶民足之效”⑤。就是要通过常平仓制度，在市场货币不足而商品滞销时，由国家收购低价商品，加以储存，以抑制市场物价过于下降；在市场商品短缺，供不应求而导致物价上涨时，则由国家将所储备的商品以平价出售而投向市场，以抑制物价上涨。即主张通过国家的商品储备制度所进行的商品吞吐方式去保持市场物价的“常平”，进而调管商贸经营活动的正常进行，避免商人对物价的垄断，达到既利民又稳国的目的。

从上述可见，他主张国家推行纸币发行制度与商品常平仓制度，以调控管理市场货币流通量与商品流通量的适应关系，从而保证市场物价的稳定，防止不法商人对商品与物价的垄断，使商贸业的正常经营具有良好的市场环境与条件，从而推动商贸业的繁荣发展。由此，也反映出他已具有国家强化对第三产业经济活动的调控管理的思想。

总之，他从“民生主义”出发，主张发展资本主义的商品生产与商品流通、大力发展本国的民族资本主义工商业经济；主张振兴包括农业、工业、商业、矿业与交通运输业的“实业”，认为以农业为基础、工业为主体、商业为支撑，共同构成了中国的三大产业

① 孙中山：《上李鸿章书》，《孙中山全集》（第1卷）。

②⑤ 孙中山：《建国方略·孙文学说》，《孙中山选集》（上卷）。

③④ 孙中山：《钱币革命》，《孙中山全集》（第2卷）。

结构体系，它们之间是一个相互依存、协调发展的关系，商贸产业所从事的商品流通，是联结社会生产与消费的中介环节，也是联结工业与农业生产的纽带，是一个能产生价值与剩余价值的相对独立的社会生产部门或社会生产要素；重视与主张近代第三产业经济的加快发展，提出了“工商时代”观与发展本国民族资本主义“商业论”，主张反对外国资本主义的商贸侵略，收回利权、开展竞争、独立发展；主张优化第三产业经济结构，由商贸业向商贸服务业、劳务服务业领域扩展，并主张发展教育服务业，大力培养高质量人才，优化商贸业经营管理队伍结构，进行人才领先；主张国家运用货币发行手段、商品储备手段，通过“纸币制度”、“常平仓制度”等制度与方式，去调控管理第三产业经济活动，从而把第三产业经济的发展推向近代资本主义商品经济的新阶段。

三、资产阶级民主革命派主要代表人物章太炎的第三产业经济思想

章太炎（1869～1936年），名炳麟，字枚叔，号太炎，浙江余杭人。1906年赴日本，参加了孙中山组建的“同盟会”，主编其机关报《民报》。于1900～1908年，发表了不少政论文章，大力宣传资产阶级民主革命思想。其著作颇丰，主要代表作有《訄书》、《章氏丛书》、《章氏丛书续编》、《章氏丛书三编》等。他虽有个人的一些独立见解，但基本上属于资产阶级民主革命派的人物，其第三产业经济思想虽有历史传承的某些因素，但其政治思想与经济思想仍是资产阶级民主革命派的思想体系。他的第三产业经济思想主要表现在以下几个方面。

（一）对三大产业地位及其相互关系的思想

1. 对三大产业应居地位的思想

他主张进行资产阶级的民主革命，推翻封建专制社会制度，建立资本主义社会制度，发展资本主义的商品经济，推进资本主义工商业的加快发展。但在三大产业经济地位上，提出了自己的独立见解。

（1）保留着“农本”思想。这主要反映在以下两个方面：①他剖析了西汉时期桑弘羊的均输法所倡导的重商思想。他指出“天地有百昌以资人用，待工而成，待商而通。……弘羊之均输非苟法也。……察弘羊病，在知商而不知农。十式，农家也，故导之以衣租食税，以为本议。租税出于谷，谷出于力耕，力耕出于重农，是为知本。然则商非自能通也，孳殖于农，而裁制于工，已则转之。诸农之所隶籍者，一切致筋力以厚其本，则百货逢涌，不知其所尽，而商旅通矣”①。其意是说，桑弘羊提出实行均输法以发展商品流通、扩展商贸业发展的主张，是合理而应当的，但认为他是“在知商而不知农”，没有以农为“本议”去论及。即他认为应当在“以农为本”的前提下去发展商业，从而反映出他坚持“以农为本”观。②他从衣食租税的来源与工商业发展的基础角度，去阐述“农本观”。认为“租税出于谷，谷出于力耕，力耕出于重农，是为知本”、“以厚其本，则百货逢涌，不知其所尽，而商旅通矣”②。即他认为，农业是租税的来源，是百货产生的基础，只有在农业发展的基础上，制造百货的工业才能发展，而只有在农工业发展的基础上，才能产生货物流通，才能产生与发展商贸业，因而，他主张“以农为本”。在这里，我们对他的“农本观”应做以下全面的理解：他所说的“农本”不是传统的重农主义的“农

①② 章太炎：《明农》，《訄书》。

本论”，而是从农业是社会生产的基础角度提出的，实际是“农基论”；他所说的“农本”是指在资本主义商品经济条件下的“农本”，其农业是要发展资本主义的商品性农业，不只局限于“粮本论”，而是要发展广泛的商品化的农林牧副渔业的大农业生产，要向市场直接提供农产商品，包括生活资料与工业生产所需原材料的生产资料。因而，工业、商业的存在与发展都必须建立在“农本”前提的基础上。总之，他的“农本观”，可以理解为是在资本主义商品经济条件下的社会生产“农基观”，或社会商品生产的“起点观”。

（2）他主张大力发展以机器工业为主体的工业商品生产。一是认为只有扩大发展工业商品生产，才能有更多的商品量与商品品种。二是认为只有采用机器工具，特别是大机器工具，去发展先进机器工业商品生产，才能生产出物美价廉的大批量商品。三是认为只有生产出物美价廉、多品种高质量的工业商品，才能满足国内商品需要，并扩大出口商品贸易，去抵制外货进口所进行的贸易侵略，即如他所说的“以成大群，而后与西商格拒”、阻止“金币之泄于异域”，从而振兴民族经济。可见，他主张把机器工业商品生产，置于商品生产的主体地位。

（3）他主张发展资本主义的商贸业。一是认为发展商贸业可以满足人们的商品消费需要，提高其生活水平。二是认为发展商贸业可以畅通商品流通，促进工农业商品生产的发展。三是认为发展对外贸易，扩大商品出口，不仅可与西商竞争，减少金银货币外流，还可增加国家收入，振兴民族经济。因此，他主张扶植与保护民族资本主义商贸业的发展。

从上述可见，他提出了资本主义商品经济条件下的三大产业地位观，即以第一产业为基础、以第二产业为主体、第三产业相应发展的观点。

2. 对三大产业相互关系的思想

（1）他认为三大产业的关系，是按照社会商品生产过程各环节的顺序而依序进行的协调发展关系。他指出“夫天地有百昌以资人用，待工而成，待商而通”①。即按农提供原料、工加工制造商品、商流通商品至消费的环节，而依序进行的相互依存的整体过程。

（2）主张发展商品化的农业，在保证农民自给性的需求的同时，更多地向市场提供工业生产所需的原材料商品与人们所需的农产商品；然后通过“通商惠工”去发展工业商品生产与商品交换；通过商业的商品交换去促进农工业的商品生产与满足人们的商品消费需要。即认为三大产业之间是相互依存、相互制约的有机联系关系。

从上述可见，他认为三大产业之间是相互依存、协调发展的关系，共同构成了商品经济发展的整体系统。

总之，他认为三大产业具有各自的职能地位，即农为基础、工为主体、商相应发展，是相互依存、协调发展的关系，共同构成了资本主义商品经济的整体。他虽保有“农本”思想，但不是传统的“重本抑末”思想，他虽提出“农本”，是让人们不要忽视农业的基础地位、前提地位，而强调“工业主体论”；他虽有抑制大商业资本对商业与市场进行垄断的思想，但不是对整个工商业发展的“抑制”，相反，他主张大力发展资本主义的工商业，即第二产业与第三产业，而具有更多的因素思考。

---

① 章太炎：《明农》，《訄书》。

（二）重视第三产业经济发展的思想

1. 主张在发展私营商贸业的同时，去发展一定范围的国营商贸业

一是他主张积极发展私营资本主义形式的商贸业，进行资本化运营。二是主张在一定范围内适当发展国营资本主义商贸业，采取国家资本主义所有制形式，实行雇佣劳动制，使“佣人”成为国营商贸企业的经营者，并“使佣人得分赢利”①，即按劳分配；同时，主张形成较大的规模，同国外资本主义商贸企业进行竞争，即他所说的“以成大群，而后可与西商格拒”②；并要通过国营商贸企业，去抑制私营工商业间的兼并、垄断活动。

2. 主张抑制私营工商业发展中的大资本过分集中，而进行兼并与垄断的状态，保护中小企业的正当权益

一是他认为，在中国资本主义商品经济刚起步阶段，不能像西方资本主义国家那样，去无限制地发展大资本企业，否则，会造成不良的后果，即如他所说“乃使豪强兼并，细民无食，以成他日之社会革命”③。因而，主张抑制豪富工商业者，扶植与赈济贫弱的中小工商业者。二是主张限制“职商”或商民参与国家政权，以避免他们利用政治特权去谋取不正当利润，造成有损中小企业与国家经济稳定发展的行为发生。在这里，已闪现出他的防止大资本垄断、官僚资本过度滋长的思想观点。

3. 主张发展对外贸易，同西商展开竞争，抵制外资的贸易侵略，维护民族商业的独立发展

一是主张通过发展商品化农业与大机器生产的工业，去生产出大批量的物美价廉的优质商品，在满足国内消费需要的同时，去扩大商品的出口货源，从而扩大对外贸易的发展。二是主张通过对外贸易同西商展开市场竞争，形成商品进出口的出超，阻止“金币之泄于异域”，以振兴民族经济。

从上述可见，他重视近代第三产业的发展，主张私营与国营兼有，但更多地发展私营；进行第二与第三产业相结合的横向发展，但以纵向发展为主要形式；进行由国内领域向国外领域扩展，推进其国际化；抑制大资本的过分兼并与垄断，促进中小型产业的发展，使其产业类型结构合理化；使第三产业民族化与独立化。

（三）对第三产业进行国家宏观调控管理的思想

1. 运用财政税收政策手段保护与促进民族资本主义工商业的发展

一是主张消除不利于工商业发展的传统“厘金”制度，而采取差额税率办法，即如他所说“工商转贩一物而远近贵贱不同”、“相地而差赋税”④ 的办法，去按照商品产地远近的不同，征收高低不同的税率，以促进工商业的全面发展。二是主张实行西方资本主义国家的累进征税法，即按照经营额、利润额的规模大小不同而征收不同的税率，其规模越大征收的税率越高，使不同收益的经营者承受合理的纳税负担，并使一部分高收入的经营者将其一部分收益转归国家所有，既减缓大资本的过分积累而形成的资本垄断，又增加国家的财政收入去发展公益事业，还保护了中小企业的发展。

---

① 章太炎：《五无论》，《民报》（第 16 号）。

② 章太炎：《明农》，《訄书》。

③ 章太炎：《讨满洲檄》。

④ 章太炎：《代议然否论》。

2. 采取防止商民参与政权，进行官商勾结，从事非法经营的政策

他把将与政府有联系且享受特权的商人和开办新式企业的商业资本家，统称为"职商"，要防止他们通过各种办法进入政权领域，以权进行非法经营活动，从而干扰商业的正常运行。一是要防止一些大职商利用国家授权成立商会行业团体，从而垄断行业经营。二是防止一些大职商利用同政府官员的联系，建立直属国家商业管理机构的私营大工商企业，以获得更多的超常经营条件。即如他所说的"或有开矿、筑路、通航、制器、直隶属于商部者"，要防止他们"所至阻挠吏治，制皂政权"、"有欺罔赃私之事，长吏诃问，则直达商部以解之"；要避免"权倾督抚"① 的现象发生，以保持商业经营的正常秩序，优化商业经营道德。

由上述可见，他主张通过有关经济制度与经济政策等管理手段与方式，去适当发展国营商贸业，并大力发展私营商贸业；抑制一些私营大资本企业通过资本积累与拥有不正当的权利，去进行经营垄断与行业垄断，导致中小企业难以进行正常经营与"贫富悬隔"的状态出现。从而促进近代第三产业的加快发展。

总之，他从资本主义商品生产的过程论出发，提出了第一产业为基础、第二产业为主体、第三产业相应发展的产业地位观与三大产业相互依存而协调发展的关系观；从第三产业处于社会商品生产与社会商品消费中介地位的认识出发，主张重视第三产业的相应发展，要建立多种所有制、多种规模、多种市场区域范围、多种经营方式的第三产业的合理而优化的结构体系；从振兴民族第三产业独立发展的思想出发，主张大力推进第三产业国际化，同国外资本主义的第三产业展开竞争，抵制其贸易侵略，保护民族经济的独立发展；从推进第三产业顺利而有效发展的思想出发，主张国家通过多种手段与经济制度、经济政策等，加强对第三产业经济发展的宏观调控管理，特别是利用税收手段与限制商民利用非正常的行政权力，进行垄断经营与非法经营，以保证第三产业的顺利发展。特别要指出的是，他强调要从本国当前的实际国情出发，发展独立的民族第三产业经济，既不简单地传承历史，又不简单地照搬西方资本主义商品经济发展模式。可以说，他的近代第三产业经济思想具有更多的先进因素。

第三节　近代社会中期第三产业经济思想体系的初步形成

一、各学派代表人物第三产业经济思想的差别性与统一性

在中国由古代封建制社会向近代半殖民地半封建制社会演进的过程中，经过了近代社会前期阶段而进入了中期阶段。在中期阶段，随着社会生产商品化的发展，引致了资本主义商品经济因素的增长，使商品生产与商品交换向更深广的方向扩展，特别是西方资本主义商品经济发展所滋生的资本主义理论思想，包括资产阶级政治革命思想与资本主义商品

① 章太炎：《革命之道德》，《民报》（第8号）。

生产经营思想相继传入中国，引起了一部分先进知识分子思想的重大变化，掀起了由封建制社会向资本主义制社会演进的思潮。但由于他们的阶级出身不同、直接接受西方资本主义理论思想的程度不同，因而，对中国转向资本主义社会制度途径的认识就出现了差异，形成了资产阶级改良派与资产阶级民主革命派两大派别。虽然以张謇为代表的资产阶级改良派的改良思想仍在延续，但以孙中山、章太炎为主要代表人物的资产阶级民主革命派的思想在该时期则居于主导地位。以孙中山为主要代表人物的资产阶级民主革命派主张彻底推翻封建制度，建立资本主义制度，大力发展资本主义商品经济，提出以改善“民生”为主旨的“民族、民权、民生”的“三民主义”。

由于张謇等改良派主要代表中国民族资产阶级上层，即大资产阶级的政治经济利益，孙中山等民主革命学派主要代表中国民族资产阶级中下层的政治经济利益，因而，不仅在政治思想上有不同，而在经济思想上也有不同，自然在第三产业经济思想上也会存有不同，并会反映在不同层面、不同领域的思想观点上，即使同为资产阶级民主革命派代表人物的孙中山与章太炎等人在第三产业经济思想上也会存有不同的思想观点。但总的来看，他们都主张发展中国资本主义商品经济、发展民族资本主义工商业经济、发展近代民族资本主义第三产业经济，把传统的自给自足的自然经济形态推向近代的商品经济形态，把“农业时代”推向“工商时代”，将传统的“重本抑末”思想体系，推向“农基工商重”的思想体系。正是由于这一共识，而形成了近代第三产业经济思想体系的基础，使第三产业经济思想体系的初步结构得以形成。

二、三大产业地位及其相互关系的思想

（一）人类社会由农业时代进入了“工商时代”，商业也是一个“实业”类型

1. 资本主义商品经济发展的必然性

（1）社会进化论。人类社会是一个不断进化的过程，按社会经济形态分类经过了从“太古吃果实时代”、“渔猎时代”、“游牧时代”、“农业时代”到“工商时代”的演进过程。民生是社会进化的原动力，是社会经济活动的中心，是社会与人们生存的生命；社会经济活动包括社会生产与社会产品分配两大活动内容，其社会生产的基本要素是由土地、人工、资本这三大要素所构成的，其社会产品分配应按这三个基本要素进行合理分配，要避免贫富分化过大与不适合民生的状态产生；要优化民生，就要由封建制自然经济转向资本主义制的商品经济，发展商品生产与商品流通。

（2）资本主义商品生产过程论。其社会商品生产过程，要经过依序进行的商品生产、分配、交换、消费四个环节，即“物产及人工制品”的产出活动、以供人所需的商品分配活动、分别支配的分配活动、相互交换商品的供应活动、进行商品消费以满足人们需求的活动。即资本主义的社会生产关系与社会生产活动是以商品生产与商品流通为特征的。

2. 资本主义的实业论

（1）实业的要素及其地位。主张发展实业以改善民生、振兴民族资本主义经济。所说的实业，是指农业、工业、商业、矿业与交通运输业，即能够满足人们食、衣、住、行四大需要的事业，要政府与人们共同协力共谋去加以推进。要发展农业以足民食、发展织造业以裕民衣、发展建筑业以乐民居、修治道路与运河以利民行。而要改善民生，就要大

力发展商品生产与商品流通；要发展商品生产就要大力发展机器商品生产，以提高商品质量、扩大品种、增长数量规模、提升商品的国际市场竞争力；要发展商品流通就要发展民族商贸业，扩大对外贸易，既促进商品生产又满足市场商品需要。总之，要改变自给自足“农业立国”的落后状态，实行“工商立国”。

（2）对“实业”与“商贸”进行明确的区分。一是主张用“实业”来概括资本主义的农工商业。所谓“实业”，就是能够产生财富之业，农工商业都是产生财富之业，故为实业。对“实业”虽未称为“产业”，但已意识到它的产业含义，并分为“三大产业”形态。二是主张将“商务”用语改为“实业”用语。认为“商务”用语，易片面地理解为商贸经营活动；而用“实业”用语，会明确地认识到资本主义的工商业是“实业”的核心，特别是资本主义大机器商品生产业是实业的主体，使人们由片面的“以商立国”转向以“以工立国”为重点，进行以大机器工业商品生产为重点的工业革命，即西方所掀起的“产业革命”，以大力发展商品生产与商品交换，走向资本主义商品经济的发展之路。

（二）对三大产业应居地位的思想

1. 第一产业即农业基础论

总的来说，第一产业的农业生产被认为是人们的衣食之源，是工业生产所需原材料的供给者，是市场生活消费品的商品提供者。因而，第一产业是社会经济与社会商品经济发展的基础，是重要的社会物质生产部门，但在具体的表述与内容揭示上，存在以下几个类型。

（1）资产阶级改良派的思想观点。一是从农业为工业提供原材料的角度，提出了“工商之本在农，农困则工商之本先拨”。认为立国之本“在乎工与农，而农尤为重要”。二是从社会生产过程的角度，认为农业为工业提供原材料、工业又为商业提供制成品，商业为市场提供商品销售供应以满足人们消费需要，即“农不生则工无所作，工不作则商无所鬻”。由此，认为要以农为本，把农业视为社会经济与商品生产、交换的基础，主张发展商品性农业。

（2）资产阶级民主革命派的思想观点。一是孙中山的思想观点。认为农业是重要的社会物质生产部门，不仅满足农民自己的需要，而且向工业生产部门提供生产所需要的原材料商品；同时，还直接向市场提供人们所需要的农产商品，进行生活消费。因而，农业是社会商品生产与整个社会商品经济发展的基础。二是章太炎的思想观点。他虽仍然保留着“农本”的提法，但不是传统的“农本”观、“粮本”论。认为农业是租税的来源、是百货产生的基础；只有在农业发展的基础上，制造百货的工业才能发展，而只有在农业、工业发展的基础上，才能产生货物流通，即商贸业。即他认为，农业是工业、商业发展的前提或起点，工商业的发展必须建立在这个“农本”的基础上，因而，他的“农本”思想仍然是社会商品生产的“基础”论。

2. 第二产业即工业主体论

（1）要大力优先发展新式工业。即优先发展以机器为主要生产工具、进行资本主义商品生产的工业；实行由手工业生产为主的形态向以大机器工业生产为主的形态转变。一是认为大机器工业可以大大提高社会生产力、提高劳动效率。二是认为大机器工业生产可以生产物美价廉、质量高精的商品。三是认为大机器工业生产可以生产出大批量的商品与品种众多的商品。总之，认为近代资本主义的大机器工业生产，能够增加商品产量、品种，提高商品质量，降低商品生产成本，增强商品市场竞争力，获得更多的投资利润，是社会商品的主要提供者。

（2）借鉴西方先进资本主义国家发展资本主义商品经济的先例。认为欧美与日本各国均是“先图工业”，使其“转换生熟之货，沟通农商之邮”，只有进行资本主义商品生产的工业发展了，才能带动商业的发展，“工而成，商而通”，一前一后，一主一从。即都是把工业商品生产置于商品经济发展的“主体”地位。

（3）认为以大机器工业生产的商品在国际市场上具有强大的竞争力。认为大机器工业生产的工业商品，具有多方面的市场竞争优势，可以“以成大群，而后与西商格拒”，阻止“金币之泄于异域”，从而振兴民族经济。因而，要重点发展资本主义的大工业商品生产，把工业产业的发展置于关键地位。

总之，各学派代表人物，虽分别提出了工业发展的“优先论”、“关键论”、“主体论”、“中心论”，但其共识是：要以近代大机器工业商品生产为中心，实行“以工立国”，把作为第二产业的工业置于资本主义社会商品生产与商品经济发展的“主体”地位，为从事商品流通活动的商贸服务业即第三产业，开辟广阔的发展道路。

3. 第三产业即商业支撑论

（1）商业是一个独立的社会经济部门与能创造价值及剩余价值的实业形态。一是认为商业所从事的商品流通活动，也是一种社会生产活动，是社会生产过程的一个不可缺少的重要环节；商业也是一个独立的社会经济部门。工农业所生产的商品“无商不通”，工业商品生产所需的原材料商品“无商不给”，国内外交流的商品“无商不达”，即商业具有连接农工、产销的独立中介功能。二是认为商业劳动也是一种社会劳动形式，因而，商业也是一个能创造价值与剩余价值的经济部门，一种“实业”类型。如孙中山所说的“所有工业生产的剩余价值，不专是工厂内工人劳动的结果；凡是社会上各种有用有能力的人，无论是直接间接，在生产方面或是在消费方面，都有多少贡献”；如张謇所说的“商不出则三宝绝”。

（2）商业的存在和发展，可以提供商品供应，满足人们的市场商品需要；还可提供多种商业服务与劳动服务，为人们的吃、穿、住、用、行创造多种方便条件，提高人们的生活水平。

（3）商业的发展促进着对外贸易的发展，而对外贸易的发展，可以扩大商品出口，不仅可与西商展开竞争，减少金银货币外流，还可增加国家财政收入，振兴民族经济，抵制外货进口所进行的贸易侵略。

总之，认为商业即第三产业的存在与发展，既促进与支持农工业商品生产的发展，又为人们的市场物质商品与非物质商品需求提供着供应条件，更为国内外商品与物资交流进行着沟通，从而发挥着社会商品生产与社会商品消费的支撑作用，如张謇所说的“凡觇国之贫富，皆商力所至以为衡”，即居于资本主义商品经济发展的协调支撑地位。

由上述可见，该时期的经济思想家从不同角度与层面反映出他们以第一产业为基础、以机器生产为中心的第二产业为主体、以第三产业为支撑的三大产业所居“地位”观。

（三）对三大产业应有关系的思想

1. 三大产业是按照社会商品生产过程依序进行的相互依存、协调发展的关系

章太炎认为“夫天地有百昌以资人用，待工而成，待商而通”；张謇认为“民生之业农为本，殖生货者也。工次之，资生以成熟者也”、商为末“是本对末而言……有先后而无轻重”；孙中山以纺织品为例，认为农业生产棉花原料、商业流通棉花、工业生产加工成纱与布成品商品、商业运销纱与布到市场供大众购买消费。他们都认为农业提供原材料、工业加工制造为成品商品、商业进行商品交换流通供应商品消费，依序完成社会商品生产过程，共同构成了社会商品经济活动的有机整体。三大独立产业是相互依存、相互制约、协调发展的关系。

2. 三大产业经济活动共同创造了商品的社会总价值与剩余价值

（1）在资本主义商品经济中，要发展商品性的农业。一是认为农业是一个包括农林牧副渔等的大农业。二是认为既要保存解决农民自给性的产品需要的自给性农业，又要更多地发展商品性的农业，向市场提供更多的工业生产所需要的原材料商品与大众所需要的农产生活消费品商品，即要发展商品化的第一产业。

（2）三大产业经济活动共同创造了商品的社会总价值。如孙中山所述的棉花实例反映的“劳动价值论”：农业人工劳动创造原材料价值；工业人工劳动创造工业制成品增加价值；商业人工劳动不仅实现工业制成品价值，而且还创造新的价值。即他认为，三大产业人工劳动所创造的商品价值量虽然大小不同，但都是商品社会价值量的构成要素，并是一个相互依存的协调关系。

由上述可见，该时期的经济思想家，都认为三大产业之间既相对独立存在与发展，又按照商品经济与社会商品生产运行过程依序相互依存、协调发展，共同构成了资本主义商品经济发展的有机整体。

总之，该时期的三大产业经济地位思想，是以第一产业为基础、以第二产业为主体、以第三产业为支撑；三大产业相互关系是既独立存在与发展，但又构成为一个相互依存、相互制约而协调发展的有机统一的资本主义商品经济整体。

三、重视发展第三产业经济的思想

（一）“工商”时代论与“商业”实业观

1. “工商”时代论

认为该时期，已经进入人类社会经济发展的“工商”时代，也就是发展资本主义商品生产与商品流通的时代。发展商品生产，不仅要大力发展以机器工业为主体的工业商品生产，而且要推进农业的商品化生产。农工业商品生产的发展，必然要求相应地发展从事商品流通活动的商贸、服务业，并会出现工商业一体化发展的状态。

2. “商业”实业观

认为商业同农、工、矿、交通运输业一样都是实业形态，并且认为商业作为“实业”，不仅是商品交换业，而是一个包括商贸、服务业在内的从事广泛商品流通活动的大商业，而且是一个工商结合、共为实业“核心”的实业。

（二）商业对农、工业商品生产具有重要的促进与支撑作用

1. 对商品化农业的促进作用

一是推销农副产品商品以作为工业生产所需的原材料。二是推销农副产品商品到国内外市场以直接供应人们的生活消费需要。三是为农副业生产提供生产资料，包括生产工具、设施等。

2. 对工业商品生产的促进作用

一是向工业商品生产供应所需的多种农产原材料。二是为工业生产的商品进行国内外市场交换与流通，以促进其扩大再生产，即“工而成，商而通”。

（三）优化完善商贸业结构

1. 优化完善国内外商贸结构，大力发展对外贸易业

主张在促进国内商贸业发展的同时，大力扩展对外贸易的规模，扩大国外商品市场的领域范围。一是用中国大机器工业生产的大量先进商品去扩大对外贸易，以增强在国际市场中的商品竞争力，改变商品进出口的入超状态，而力争出超，既减少金银货币的大量外流，又保护民族商业的繁荣发展。二是“打破一切不平等的条约，收回外人管理的海关”，既要收回利权，又要实行关税保护政策，“来抵制外国的洋货，保持本国的土货”。即主张抵制外国资本主义的贸易侵略，保持本国市场的独立性，防止外商对中国国内市场的垄断，以促进本国商品经济的正常顺利发展，从而振兴民族经济。

2. 优化完善商业行业结构，更多地发展商贸服务业

主张扩展商贸经营行业或类型，更多地向商贸服务业行业领域扩展。一是大力发展交通运输业，为商品流通提供更优越的条件。发展交通运输业，包括修筑铁路、公路体系与开发海港、河运体系等，不仅为商品运输与人员往来提供更方便的条件，而且由此形成多类型的商贸服务业，如运输工具维修业、仓储保管业、通信业、设施服务业等商贸服务行业。二是大力发展培养高质量商务服务业经营管理人才队伍的教育业。通过近代教育业的发展，培养出多方面适用的高质量的人才队伍，以快速优化其经营管理队伍的结构。三是发展银行金融业等服务业。四是发展劳务服务业。

3. 优化所有制结构，适当扩展国营商贸业

主张积极发展私营资本主义商贸业，进行资本化经营，向私人资本主义商贸业为主体的方向扩展，并要采取多种投资方式，包括独资、合资、联资等。同时，主张在一定范围与一定行业去适当发展国营资本主义商贸业，由国家投资兴办重要的大型商贸经营企业，尤其是对外贸易企业，实行雇佣劳动制，使“佣人”成为主要的经营管理者，并进行按劳付酬，即所说的“使佣人得分赢利”；还主张通过规模化经营同外资企业展开竞争，并抑制国内私营大工商企业进行过分的商业兼并与垄断，以维护稳定的商品流通与市场活动的经济秩序。

4. 优化经营规模类型结构，促进中小型商贸业的稳定发展

主张抑制私营资本过度集中，从而避免形成私营大商贸企业的经营垄断状态，尤其在中国资本主义商品经济刚起步阶段，要防止西方资本主义国家已出现的无限制地发展私人大资本企业而造成的诸多不良后果，即如章太炎警示的“乃使豪强兼并，细民无食，以成他日之社会革命”。为了促进中国资本主义商品经济的发展，主张更多地发展私营中小型商贸业，保护其正当的权益并为其创造良好的经营条件，使其向广大区域延伸，以利于

农工商品生产的广泛发展与改善“民生”。

5. 优化商品种类结构，重点发展关乎国计民生的先进商品品种

一是主张重点发展先进的棉铁商品种类。认为棉铁商品既是人们重要的生活必需品，又是农工商品生产所需的重要生产资料。特别是铁制商品，既包括工业商品生产所需的重要原材料，又包括农工业生产所需要的生产工具、机器设备等，尤其是大机器工具商品，它是社会商品生产发展的巨大推动力。同时，认为先进的棉铁商品又是进出口贸易的主要商品种类，要扩大中国商品的出口与防止国外的贸易侵略，就必须大大扩大先进棉铁商品在国内外市场销售商品中所占的比重。为此，主张重点发展棉铁两类商品的生产与商贸经营活动，而提出“重棉铁主义”。二是主张更多地生产经营深细加工的先进工业产品商品种类。要在扩大其国内市场销售量、提升其商品销售比重的同时，大大扩展其在对外贸易商品中的比重，尽量减少出口贸易中原材料商品所占比重，以大大提升民族商贸业的经济效益，并获取国际市场竞争中的优势地位。即他们所说的“以生货与人而我失工之利，以熟货与人而我得分人之利”，把原材料称为“生货”，把工业深细加工后的成品商品称为“熟货”，要大大扩展“熟货”在对外贸易中的商品比重。总之，要重点扩大先进棉铁商品种类的比重与优先提升工业深细加工的商品种类比重，以优化商品种类结构，促进商贸业的发展。

由上述可见，在该时期闪现出大力优化第三产业经济诸多结构的思想，从而把第三产业经济结构理论提升到一个新的发展阶段。

四、国家对第三产业经济发展进行宏观调控管理的思想

（一）运用国家财政政策，保护与促进民族资本主义工商业发展的思想

在总结与借鉴中外财政税收管理政策思想的基础上，提出了现实的管理政策思想。一是主张消除不利于工商业发展的传统“厘金”制度，而实行“差额税率”制度。要按照商品产地远近的不同，去征收高低不同的税率。因商品产地远近不同，商品的生产成本与运输成本不同，其商品价格、利润率也就不同。因而，同样的经营额就应征收不同的税率，即要远低、近高。如他们所说“工商转贩一物而远近贵贱不同”，要“相地而差赋税”，以促进商贩远地贩销，进行广泛的商品流通。二是主张实行西方资本主义国家的“累进征税”制度。即按照经营额、利润额规模大小而征收不同的税率，其总额规模越大，其征收的税率就随之增长。其目的是要通过不断累进其税率，使不同的收益经营者承受不同的纳税负担，使税负合理化，从而保护中小企业的生存发展。同时还抑制大资本企业的过分资本集中而形成经营垄断与兼并，并转增国家财政收入去发展公共事业，最终形成资本主义商品经济的顺利发展，使商安、国富。

（二）运用国家的货币制度，去调节市场商品供求关系，促进民族资本主义商务服务业发展的思想

为了保证商品流通的正常进行，从而保证与促进商贸、服务业的正常顺利发展，主张保持适当商品流通规模所需的货币流通量，而实施如下的货币制度与政策。一是主张改革货币制度，进行纸币流通，发行适量的纸币。在对货币是商品“价格代表”认识的基础上，借鉴了西方资本主义国家以纸币作为金银货币的代表而在市场上进行流通的制度，而主张发行纸币。其纸币的发行量，要以金银货币为基础，并限定在“百货”流通所需要

的范围内，保持纸币流通量与商品流通量之间的适应关系，避免通货膨胀，保持市场商品物价的稳定，从而促进商贸、服务业的正常发展，进而促进资本主义商品经济的顺利发展。二是实行纸币兑换制度与商品保证制度。国家的纸币发行机构，必须保有相应的金银货币储备金以支撑纸币的发行量，并要保证纸币对金银货币的兑换率，还要提供必要商品保障的“国库”。为了保证纸币的适度发行量，严禁私人制造与发行纸币。总之，主张国家发行纸币，为商贸服务业的发展创造方便条件，并调控整个国家商品流通活动的正常进行。

（三）运用国家的“常平仓”制度，调节商品物价，促进商贸业正常发展的思想

为了保持市场商品供求的适应关系，保持市场商品物价的稳定，从而保证民生之需与商贸业的正常发展，主张实行国家的商品“常平仓”制度，建立起商品“储备库”。即如其所说“尽笼天下之货，卖贵买贱，以均民用，而利国家，卒收国饶民足之效”。这里所说的“常平仓”制，是指国家设立商品的储备库即“常平仓”机构，在市场货币流通量不足而导致商品滞销时，由国家收购低价商品加以储存，以抑制市场物价过于下降；在市场商品短缺、供不应求而导致物价上涨时，国家则将储备商品按平价投向市场，以抑制物价上涨。即通过国家商品储备的“常平仓”进行商品吞吐量的调控，而保持市场物价的“常平”状态，从而避免商人利用市场物价的波动去进行非法与非正常的经营，既利于保持商贸业的稳定发展，又利民、利国。

（四）限制商民参与政权活动，进行商民勾结，从事非法经营的思想

有的经济思想家把与政府有联系且享受特权的商人与开办新式企业的私营商业资本家统称为“职商”。主张防止他们通过各种办法进入政权机构或政权活动领域，利用行政权力进行非法经营活动。一是主张防止一些大职商利用政府授权成立行业商会组织去垄断行业经营。二是主张防止一些大职商利用同政府官员的联系，建立直属国家管理机构的大私营工商企业，以获取超常经营权力与条件，而取得超常收益。三是主张防止一些大职商利用各种手段进入有关政权机构，然后利用政治权力，避开政府管理机构的干预管理，而进行自由经营，去牟取暴利，扰乱正常的商业经营秩序。总之，要防止商人参政、用权，去开展非法的商业经营活动，以维护商业经营活动有序而正常的发展。

（五）运用国家政府的力量，抵制外国资本主义的外贸侵略，保护国内民族商业独立发展的思想

一是主张废除不平等的条约，收回外人的海关管理权，实行关税保护政策，“来抵制外国的洋货，保护本国的土货”，从而保护民族资本主义商贸业的独立与快速发展。二是主张大力发展大机器工业商品生产，生产更多的先进工业商品，提供国内外市场。既在对外贸易中减少原材料的出口，扩大先进工业商品的比重，形成商品进出口的顺差即出超，推进在国外市场的竞争优势，更多地扩展国外市场，从而促进民族对外贸易业的扩大发展；又在国内市场采用多种类的国产先进工业商品同外商进口商品展开竞争，以维护民族商业的主体地位与独立地位。总之，通过国家的保护政策，为民族商贸业提供国内外经营的有利条件，推动民族商贸业在国内外领域的扩大发展。

从上述可见，该时期的经济思想家主张国家采取多种经济与行政手段，运用多类型的制度与政策方式，调控管理第三产业经济活动，使其规模不断扩大、结构不断合理、活动区域不断延伸、市场竞争力不断提升、经济效益不断提高，促进商品生产与满足市场商品

消费的职能作用进一步发挥，力图把第三产业经济推上民族资本主义商品经济独立发展的道路。

综上所述，可以对该时期各学派的第三产业经济思想作出如下概括：资产阶级改良派与资产阶级民主革命派，虽然在政治革命思想上存在着保留封建统治制度与彻底推翻封建统治制度的根本区别；在发展资本主义商品经济制度的认识上也存在着深广度、着重点、彻底性、先进性的众多差异；在发展资本主义商品经济条件下的第三产业经济思想上，也存在各自不同的具体独到见解。但在发展民族资本主义商品经济与独立的民族第三产业经济上，则具有更多的共同思想认识，从而构成了一个近代社会初步的第三产业经济思想体系。首先，都认为第三产业经济是一个独立的产业经济类型，都重视第三产业经济的发展，由传统的“重农抑商”转向“农基、工主、发商”，都认为商业经济活动在中国资本主义商品经济与社会商品生产发展过程中，具有促进商品生产、供应市场商品需要的中介支撑作用，即农、工、商三大产业组成了一个相互依存、协调发展的有机统一的社会商品经济活动整体。其次，都认为人类社会已经进入“工商时代”，商业也是一种创造价值的“实业”，实际是一种产业类型。无商业的存在与发展，农工业商品生产就不能正常进行，商品流通就不通畅，民生所需就得不到满足，即商品经济发展，第三产业经济就应相应地扩大发展，就要优化完善第三产业经济的内部要素结构，扩展其深度、广度。最后，都认为国家必须采用多种手段与方式，去调控管理第三产业经济活动，协调好多种关系，促进民族第三产业经济的独立有效发展，形成与外商的竞争优势，从而推进民族资本主义经济的加快发展。

第九章　近代社会晚期第三产业经济思想体系的发展

第一节　近代社会晚期第三产业经济的较快发展

一、近代社会晚期第三产业经济发展的历史时期及其社会政治、经济条件

（一）近代社会晚期第三产业经济发展的历史时期

该历史时期，可总称为中华民国时期，是中国半殖民地半封建社会的晚期，是从辛亥革命失败的1912年起，到中华人民共和国正式成立的1949年止的历史发展时期。根据该时期政治制度的变革进程，又可分为以下具体历史发展阶段。

1. 中华民国的北洋军阀北京政府统治阶段（1912～1928年）

1912年1月1日，孙中山在南京宣誓就职中华民国临时政府大总统后，清朝皇帝于1912年2月12日被迫宣告退位，标志着封建帝制被推翻，结束了中国长期存在的封建统治制度，从而建立了资产阶级统治的政权，但其统治政权并未正式确立。由于北洋军阀袁世凯拥兵自雄，迫使孙中山辞去大总统职务，中国当时的政权随即落于袁世凯于1912年3月在北京组建的地主、买办联合专政的北洋军阀政府之手。袁世凯强迫国会选任他为正式大总统，不久，又解散国会进行独裁专制，并于1915年12月建立“洪宪帝制”。由于人民的反对，特别是资产阶级民主革命派在各地掀起了反袁讨袁的运动以至战争，迫使袁世凯于1916年3月22日宣布取消帝制，仍任大总统。但各地军阀乘机拥兵自雄，相继扩展自己的势力范围，并在袁世凯于1916年6月6日忧惧而死后，争继大总统职位，加剧了各地军阀割据混战的局面。该阶段到1928年建立国民党统治的政府而止。

2. 中华民国的国民党南京政府统治阶段（1928～1949年）

孙中山在1912年2月13日辞去中华民国临时政府大总统职务后，继续进行资产阶级民主革命活动，在反袁战争中成立了国民革命军大元帅府，任命于1908年加入同盟会的蒋介石为大元帅府大本营参谋长。孙中山1925年病逝后，大元帅府改组为由国民党掌握政权的国民政府。当时，蒋介石任国民政府委员，国民革命军总司令，从而掌握了军政大权，并经过率军北伐与同共产党公开破裂的“清党”行动，于1928年在南京正式成立了由国民党专权的国民政府，而出任国民政府主席，中华民国时期从此正式开始。自此之

后，蒋介石进行独裁统治，经反共内战、抗日战争、解放战争，到 1949 年 10 月 1 日在北京成立了由共产党领导的中华人民共和国，推翻了国民党反动派统治的中华民国，使中国进入现代社会主义建设时期。

（二）近代社会晚期第三产业经济发展的社会政治、经济条件

1. 国际政治经济环境

（1）先进资本主义国家走向帝国主义发展阶段。资本主义商品经济的发展，推动了资本的相对集中，使一些大资本集团开始垄断大型工商企业与市场活动，并大幅度地向国外市场扩张。代表资产阶级利益，特别是大资产阶级利益的资本主义国家政府，为了转移国内不断增长的生产过剩的经济危机，在大力扩张国际市场的同时，力图支持本国的大资本企业垄断国际市场，进行更深广的经贸侵略，以称霸世界而进入国际帝国主义的发展阶段。同时，资本主义商品经济的发展，引致了狭隘的民族主义的产生与发展，从而推动了殖民主义的扩张，都力图把落后国家变成自己的殖民地。在帝国主义国家竞相争夺世界市场、进行民族侵略的过程中，各地掀起了马克思的共产主义革命运动，列宁于 1917 年首先在俄国进行了社会主义的"十月"革命，建立了无产阶级专政的苏维埃共和国，引发了国际范围的反帝国主义侵略的风潮。同时，在帝国主义国家内部，一些后起的帝国主义国家如德国、日本、意大利等国，为了转移本国的生产过剩经济危机，而展开了与早期帝国主义国家英国、美国、法国等国的国际市场竞争，企图垄断国际市场，统治世界。由此，不仅使国内阶级矛盾激化，而且使国际民族矛盾激化，进而形成联合集团，进行集团对抗与扩张。

（2）世界经济危机引发第二次世界大战。由于资本主义国家的生产过剩经济危机，促使他们大力扩展国际市场，以转移经济危机到国外落后国家市场，使其变为各自的殖民地市场，由此，引发了重新瓜分世界市场的剧烈争斗。后起的德、意、日等国，为了冲破早起的英、美、法等国对国际市场的垄断，相互结成法西斯联合集团发动了第二次世界大战，以武力扩展自己的势力范围。在欧洲，德、意法西斯国家发动了对英、法、苏联等国的战争；在亚洲，日本先行对中国发动了侵略战争，夺取了苏联在中国东北地区的市场，组建起"伪满洲国"政权，接着，又于 1937 年向中国华北、华东等广大地区发动进攻，企图灭亡中国，变成他的殖民地，并清除各列强在华的势力。这不仅引起了中国的全面抗日战争，而且也引起了作为当时帝国主义国家首领美国的阻挡。日本帝国主义在发动对华侵略战争的同时，向东南亚地区和国家发动了全面侵略战争，并于 1941 年 12 月发动了直接进攻美国的太平洋战争。美国作为当时帝国主义的首领国家，为了维护国际市场的霸权地位，而迅速组成了以美、英、法、苏联、中国为主要国家的反法西斯战争国际同盟，由此，第二次世界大战在全世界的广大地区全面激烈地展开，经过长期的战争，以德、意、日的投降而告终。1945 年 8 月 15 日，日本宣布投降，中国取得了抗日战争的胜利，但国内的政治与经济斗争在继续进行。

2. 国内社会政治形态的交替变革

（1）资产阶级民主革命的起伏。一是以孙中山为首的资产阶级民主革命派经过"辛亥革命"，虽然推翻了清王朝的封建统治政权，但很快被官僚军阀袁世凯所建立的北洋政府所代替，而宣布失败。但他们继续在国内外推进资产阶级的民主革命运动，其革命的主要对象是代替地主、买办阶级利益而进行联合专政的北洋军阀政府及各拥兵割据的地方军

阀专制政权，其实质仍是反封建统治的资产阶级民主革命。在以蒋介石为首的国民党反动派建立国民政府而正式创立中华民国后，标志着官僚资产阶级已掌握了全国的领导权，进行官僚资产阶级的专政，使中国走向资本主义的发展道路。二是北洋军阀政府的开创者袁世凯虽然力图重新称帝而建立封建制政权，但因资产阶级民主革命派所组建的国民革命军的讨伐战争与各地军阀政权之间的分割战争，使其最终彻底失败。但又导致了两种状态长期并存的局面，即各地军阀政权形成了不同的派系，并相互进行割据战争；国民政府虽力图统一全国政权，但又遭到一些地方军阀的抵抗，而发生同各派系军阀政权之间的战争与争斗，致使相互间的争斗与战争连续不断。三是日本帝国主义发动了侵略中国的“九一八事变”，在其武力支持下又建立了“伪满洲国”的封建帝制政权，使东北三省地区殖民地化，迫使东北军撤离到中国的西北部地区，而形成实际的地方割据，并发生了“西安事变”。总之，并未彻底改变半封建制社会的状态，资产阶级的民主革命并未彻底完成。

（2）帝国主义对中国的战争侵略与割据继续进行。他们不仅仍在以武力割据被侵占的台湾、香港、澳门等地区，并支持日本帝国主义连续发动被称为“九一八事变”与“七七事变”的侵华战争，在占领中国的东北地区后，向中国的广大地区进攻，企图灭亡中国而使其变成完全的殖民地国家。由此，引起了全国的抗日战争，而沦陷区变成了日本帝国主义的统治区，从而使中国的半殖民地状态更加深广化。

（3）国民党反动派所控制的国民政府企图消灭谋求全国解放的共产党，而发动了反共的国内战争。二者关系由合作到分裂，国民党反动派迫使中国共产党发动了南昌武装起义、秋收农民武装起义，建立了井冈山根据地，创立了苏维埃政权；国民党军队要剿灭井冈山根据地，又迫使工农红军通过长征到日本侵略者的敌后延安等地创立了抗日的边区根据地政权。为了共同抗日，在中国共产党的推动下二者进行国共合作形成了抗日统一战线，但经过八年抗战取得抗日战争胜利后，蒋介石领导的国民党又发动了内战，由此导致了由中国共产党领导的解放战争，彻底推翻了国民党的反动统治，而解放了全中国。至此，使中国由半殖民地半封建制社会转向社会主义社会，取得了反帝、反封建的彻底胜利，建立了统一的中华人民共和国。

3. 国内社会经济发展的复杂状态

（1）资本主义商品经济获得了较快的发展。它表现为中国民族资本主义商品经济与国外资本主义国家在华的侵略性的资本主义商品经济两种类型经济的两种发展状况。①中国民族资本主义商品经济的发展。一是资本主义商品生产的发展。在工业生产领域，主要是近代机器工业商品生产与矿业原材料生产有了快速增长；有特色的纺织业与化工业等轻工业商品生产也有了明显的提升。在农业生产领域，虽然在总体上说，仍是以自给自足的自然经济形态为主体，但作为剩余产品的农产种植产品与作为副业的手工业产品的商品性生产也有了一定的增长，更应重视的是资本主义经营的农业商品生产开始产生与滋长，主要表现在私资经营的独立农林牧副渔业的商品生产上。二是从事商品流通资本运营的商贸、服务业有了相应的扩展。随着资本主义的社会商品生产的快速发展，引致社会资本投入商品流通的经营活动，从而推动从事商品流通资本运营的资本主义商贸、服务业的相应发展，使其经营行业扩展、规模扩大、经营范围由国内延伸至国外。特别是推动一部分私人资本扩大了在国外领域的直接投资，而建立起在国外直接生产经营的民族资本化的工商企业，出现了华侨资本商品经营国际化的趋势。②国外帝国主义与资本主义国家在华侵略性的资本主义商品经济的发展。一是他们通过军事、政治手段在中国攫取了种种特权，不仅在沿海港口建立了进出口贸易经营机构进行进出口商品流通活动，而且在国内广大地区进行外资直接投资而创立了工、矿企业与商务服务企业，进行垄断性的商品生产与经营。二是在他们直接统管的地区与占领地区，如港、台地区与东北地区、华北地区，建立了各自统治区的外资工、商、矿、银行等业的生产经营企业，直接从事外国资本主义的商品生产经营活动。总之，国内外投资的资本主义商品生产与商品流通的加快发展，在一定程度上冲破了中国自给自足的自然经济的严重束缚，而大大推动了资本主义商品经济的发展。

（2）统治区的多种类型导致了资本主义商品经济发展的地区分割。①统治区多种类型的产生与形成。一是国内不同政权所建立的统治区，包括国民政府在较大范围内建立起的统治区、北洋军阀政府及各地区的军阀割据所形成的统治区、东北“伪满洲国”政府所建立的统治区、共产党领导的苏区根据地政府及抗日边区政府所管理的地区。二是这些不同的政权管理区具有各自的政治、经济制度，因而，导致了资本主义商品经济发展的不同水平与类型，具有不同的商品流通范围，未形成一个统一的资本主义商品交换大市场，处于被分割的状态。②由于一些地区割让给有关帝国主义国家进行直接统治管理，如香港、台湾、澳门及一些港口地区（大连、旅顺等港口），则实行各自的政治、经济管理制度，从而形成各自资本主义商品经济的发展类型与特点。总之，中国的商品经济与市场是在一个被不同地区分割的状态下而存在与发展的，从而导致了不同的投资类型与商品生产、经营形式。

（3）多种资本投资类型并存，导致了资本主义商品生产经营形式的多样化。①多种资本投资类型并存。一是在民族资本类型上，出现了官僚资本、私人资本、买办资本这三大资本并存的局面。官僚资本，是官府所拥有而被官员所支配的资本；私人资本，是私人个人或团体所拥有而由自己独立自由支配的资本；买办资本，是帮助国内外资本家或企事业机构从事商品买卖、提供商务与劳务服务的中介代理服务的资本，它既有官僚资本又有私人资本、既有货币资本又有劳动力资本与实物设施资本，是一种混合型的服务资本。二是国外资本，虽然其主要形态是私人资本，但也存在一定的国有资本类型。②不同的资本类型具有不同的投资方向与生产经营业态、形式、方式等。一是在国内领域，官僚资本主要投向占主体地位的重工业、矿业、对外贸易业、交通运输业、银行业等行业的商品生产经营企业，多采用先进设施进行集中化、规模化的商品生产经营；私人资本则投向广泛的商品生产与经营行业，并积极向国外的领域延伸，寻找有利的发展空间，去创立华侨资本的工商企业，但多投向所谓的“南洋”国家；买办资本也投向广泛的中介代理服务领域，但较多地投向商贸、服务领域，并多进行分散经营。二是国外资本在中国国内的投资，虽从进出口贸易领域入手，但主要方向是投向掠夺中国重要资源、控制中国经济命脉的重要经济领域，进行掠夺性的资本主义商品生产经营，包括先进的工矿业、交通运输业、金融银行业等。

4. 各类政府对经济活动的不同管理体制

（1）国民党统治的国民政府经济管理体制。基本上是中央集中管理与各省分级管理相结合的管理体制。中央政府制定与颁行统一的经济法规与经济政策，各省遵照执行，但在一定领域内，各省又有各自的独立权，具体采用必要的补充规定与办法。如在税收政策、货币发行政策、物资分配政策上，实行统一的管理政策与办法，由中央政府制定统一的税种、税率，发行统一流通的货币，进行统一的军用物资与重要物资的分配等；但在商业经营活动管理与税费的征收上，各省又有一定的独立性、自主性。

（2）共产党领导的抗日边区政府经济管理体制。虽然有统一的管理政策与要求，但多为分散管理，可按各自管理区的具体情况灵活处置，如当时的晋察冀抗日政府就发行了“边币”在本管理区进行流通，供商品交换使用；其税收管理是规定每人、每户缴纳一定数量的公粮实物，并折合为一定数量小米品种，然后由政府去进行所需品种的交换；对商业活动的管理，基本是实行自由经营的政策；对工业与手工业的管理，除军品物资由政府直接统一管理外，其他则自由生产经营。

（3）在国外帝国主义国家的统治管理区的经济管理体制。一是在直接独立的统治区，多实行统一的集中管理，制定统一的经济法规与经济政策。二是通过直接与间接控制的伪政府进行统一管理，制定统一的经济法规与经济政策进行直接管理。

从上述可见，该时期中国第三产业经济的发展处在一个动乱变革、错综复杂的国际、国内政治经济环境中。在国际范围内，资本主义国家进入帝国主义发展阶段，在国际市场上既有垄断又展开剧烈的竞争，为了转移国内生产过剩的经济危机，不仅使用经济贸易手段，而且采取军事战争手段，去重新瓜分国际市场、扩大殖民地区域范围，并相互联合为集团而发动了第二次世界大战，严重阻碍了国际商品流通的正常进行；在国内范围，由于国外帝国主义国家的经贸侵略，推动了资本主义商品经济的发展，引致民族资产阶级的民主革命运动，推翻了清王朝的封建帝制统治，但引致了军阀混战与共产党领导的工农革命运动，从而出现了国、共两党所领导的军队之间的国内战争。随着日本帝国主义对中国的大规模的战争侵略，引起了中国全面的抗日战争，形成了国统区、列强统区、日伪统区、解放区、军阀统区的多类政权形式，全国的统一政权并未真正形成，中国仍处于半殖民地半封建社会形态。由此，把中国的统一大市场分割为不同类型的区域市场，从而阻碍了商品流通在全国范围的顺利进行，也因此导致了第三产业经济错综复杂的发展状态。

二、近代社会晚期第三产业经济的较快发展

近代社会晚期第三产业经济的发展经过了两个阶段。在这两个发展阶段，由于社会经济环境与条件不同，其发展的状态呈现诸多差异与特征，需分别进行概述，以揭示其发展进程。

（一）中华民国北洋军阀的北京政府统治阶段

1. 资本主义商品经济发展的基本情况

（1）资本主义工业商品生产的较快发展。辛亥革命后，在国内掀起了实业救国的高潮，即在外国资本侵入中国而兴办资本主义工矿业的同时，也激起了中国民族资本振兴新式工业的积极性，使中国走向工业化的发展道路，从而使工业商品生产有了较快的增长。这主要表现在以下方面：一是工矿企业数量的年平均增长率，1912～1920 年，较 1912 年之前增长了 13.8%[①]。二是新创办的棉纺织企业达 40 家，并由沿海地区向内地延伸；其他工矿企业，如制铁、水泥、制革、造纸等企业也都有了明显的增长，其结构比重的顺序

① ［法］白吉尔：《中国资产阶级的黄金时代》（1911～1937 年），张富强等译，上海人民出版社 1994 年版。

是以棉织及其染业为首，而后依次为铁、电力、面粉、烟草、制革等工业企业[①]。三是工矿企业的资本额偏低。1912～1920 年，在所有工矿企业中，资本额超过百万元的公司只占 2%～3%[②]；所有工矿企业的平均资本额更低，据统计，到 1919 年，在工商部门注册的新式工厂共有 335 家，其资本总额为 13322 万元，平均每家资本额仅为 39.2 万元[③]。在矿业企业中，煤矿开采业的产值占首位，到 1927 年铁矿企业的产值只占煤矿企业产值的 13.6%[④]，说明机器制造业还没有达到应有的高度。总之，尽管工矿业企业的平均资本额偏低、大型企业所占比重不高、铁矿及机械制造企业的产值尚未居于首位，但其行业类型的广度有了明显的扩展，中国的工业企业及其工业生产正在向近代工业化方向扩展，使工业商品生产有了较快的增长，从而为经营工业商品的商贸经营业的发展开辟了道路。

（2）资本主义农业商品生产的初步发展。该历史阶段的农业生产从基本状态而论，仍处于自给自足的自然经济状态，但商品性农业有了一定程度的发展。它表现为以下两个不同的层面。一是商品互通有无的传统型商品交换。它表现在农民所从事的种植业与家庭副业的商品生产上，即将满足自给性需要外的剩余产品通过直接集市交换或出卖给自由独立经营的商贩进行贩销经营。由于先进生产工具、生产技术的扩展与市场商品交换的发展，使农民劳动生产率提高，并向有利可图的产品种类扩展，以扩大产品出售量，从而引致商品市场的比重上升。如当时居于主导地位的棉纺织业、面粉加工业等资本主义工业商品生产的快速增长，就引致农民加大了对棉花、米麦等农产品种类的生产量，以供应其生产所需的原材料，从而扩大了农业的商品性生产。二是资本主义工业商品生产的发展，扩大了对农矿业生产的原材料商品的需求量，引致了一些大地主、大商人对农产与矿产原材料商品的资本化集中生产经营，建立起专门生产农矿原材料商品的开发区域或初产品的加工生产企业，从而推进了农业生产商品化的比重，并使资本主义农业商品生产有所滋长。总之，资本主义工业商品生产的发展推动了资本主义农业商品生产的一定发展，而农业商品生产与资本主义农业商品生产的发展，又推动了农产商品商贸经营业的相应发展。

（3）资本主义商贸服务业的缓慢发展。由于国外资本主义商贸业侵入国内，并拥有诸多特权，特别是国外资本直接投资而在中国开办了一些大型工矿业与交通运输业，从而控制着中国的商品流通活动，因而，阻碍着民族资本主义商贸业的顺利发展。但由于国内外商品生产与贸易的发展，也推动着民族资本商贸业、商贸服务业获得了一定的发展。一是在企业所有制类型上，除少数官办企业之外，大多为私商商办企业，还有一些官商合办企业，并出现了官督商办的运营形式。其中，私营民族资本商贸企业占较大比重，并有了较快的扩展。二是在通商口岸，国外私商的进出口贸易有了迅速的扩展，进口的商品多为先进机械产品与化工产品，而出口产品多为中国的重要矿产资源与特有农产原材料商品。中国私营商贸企业多出口中国利用国外先进生产技术所生产的再生产品，如棉织商品、盐产品等商品及煤、铁初加工原材料商品等商品；而进口的商品仍多为国外先进的机电机械、工具、轻化工等商品，其进出口贸易虽有增长，并向广大的国际范围扩展，但仍处于

①②③ 骆清华：《五十年来之中国经济》，文海出版社 1983 年版。
④ 黄彬维：《五十年来之中国工矿业》，文海出版社 1983 年版。

入超的状况，与外商的国内外市场竞争更加激化。三是多属小型的、贩运性的商贸企业。四是政府虽对商贸、服务业活动的行政管理机构做了一些组合调整，但一直没有形成一个严密、有效的集中统管机构，去形成一个统一的市场运行机制与制度体系。因而，政府虽采取了一些保护与鼓励民族商贸、服务业发展的政策、措施，但难以达到所期望的成效。总之，该时期的商贸、服务经营业随着资本主义商品生产的发展与国外资本主义商贸业的侵入，也在缓慢扩展，并日益进行资本化经营，从而促进了中国资本主义商品经济的发展。

2. 资本主义商贸业发展的基本特征

（1）处于一个半殖民地半封建制社会经济发展状态中。不仅被自给自足的农业自然经济所分割，而且被资产阶级民主革命派、各地官僚军阀派、外国帝国主义侵略者自主分管的地区所分割，既没有形成一个在全国行政的集中统一的中央政府，也没有在全国形成一个畅通无阻的商品流通渠道与市场体系，更没有完全握有对外贸易进行自行进出口的主动权，从而使商贸经营业处于资本主义工业商品生产与自给自足农业生产及国外帝国主义侵略性商贸业所控制的夹缝中，既有促进其发展的因素，又有更多的限制其发展的因素，具有明显的地区分割性、不平衡性与传统的互通有无性，资本主义自由经营的商贸业尚未真正形成。

（2）政府的政治经济管理体制具有明显的交叉性。一是政治管理体制是由封建制清帝统治与民国北京政府的北洋军阀统治相交叉与转换。既有浓重的封建政治制度色彩，又有旧民主主义革命的政治制度因素。表现在管理思想上，既保留着传统的封建制管理思想，又引进了国外资本主义制的管理思想，形成了在不同层面的交叉，但向后者做起伏扩展。二是社会经济管理体制的不统一性、不完善性。没有形成一个自上而下的系统的行政管理组织机构体系；没有建立起一个完善的经济法规、制度体系；没有建立起一个完善可行的经济政策体系，也难以贯行于各经济地区、各经济领域。三是商贸经济管理体制不完善。商贸行政管理组织机构，虽然存在不同的行政管理部门，但处于分割管理的状态，没有形成一个统管的行政管理机构，未组建起中央政府的商务部与省、区的商务厅、局机构体系。袁世凯虽推动了该管理机构的改组，但只是把工商部与农业部合并为农商部，而在各省区政府设立了实业厅主管机构，既未独立，也未形成由中央到地方的管理机构体系。在管理制度上，各地方政府具有很大的自主性、分立性，因而，其商业经济政策、措施又有很大的差异性与灵活性。

（3）商贸业的发展结构错综复杂，具有很大的不合理性。一是在所有制结构上，虽存在外资、官资、私资、合资等投资形式，但在资本经营上，是外资操纵、官资垄断、私资被阻、合资初显、官督商办。二是在内外贸结构上，是外商自由、民族商贸被限、官僚大商对重要商品尤其对军工物资多予垄断。商品进出口长期处于入超状态，在国际市场竞争中民族贸易处于被动地位，扩展迟缓、区域范围狭小。三是在城乡区域结构上，商贸业多集中于大中城市，并偏集于沿海地区；在广大农村，尤其是边远地区的农村，商贸业的发展极为低下，不仅固定的商贸经营企业较少，而且城乡交流的贩运贸易也不通畅，并被不同的经济区域所分割，不仅未形成一个通畅的商品流通体系，也未形成一个高水平、均衡稳定的城镇商贸网络体系。四是在商贸行业组织结构上，虽然在一些行业领域存在着商会组织，但极为弱小，其职能未能充分发挥，在多数地区与行业尚未建立起自护、自利的商业行会体系。五是在经营思想与经营方式结构上具有中国传统的、国外资本主义的、中外结合的多元结构状态，但资本主义的先进经营思想与方式有了明显的扩展，向近代化推进。

总之，该历史发展阶段，第三产业经济的发展具有交叉性、不平衡性、分割性与多元性等诸多特征，是对半殖民地半封建经济的一种具体表现或反映。它尽管呈现着一个缓慢、曲折的发展状态，但民族资本主义商贸业仍获得了一定的发展，并在某些领域与层面获得了较快的增长，而向近代第三产业经济类型推进。

（二）中华民国国民党的南京政府统治阶段

1. 资本主义商品经济发展的基本情况

（1）资本主义商品生产处于缓慢而落后的发展状态。一是农业商品生产的发展。虽然该时期因封建生产关系仍占统治地位与耕作技术及耕作方法落后，而仍处于自给自足的自然经济基本状态，但由于国外资本主义商贸业的侵入与中国近代机器工业商品生产的促动，农业和家庭手工业相结合的自然经济开始逐步解体，从而使农产品商品化有所扩展，特别在沿海地区，其扩展日益明显。据对 1921～1925 年安徽等 7 省 17 处 2866 家农户的调查，农产品出售部分已占 52.6%[①]。这说明，虽在广大地区，其出售商品仍占很小的比重，存在很大的不平衡性，但已呈现出增长的趋势，并在自产自销扩展的同时，更多地通过中间商人进行贩卖销售。二是工矿业商品生产的发展。虽然同国外先进资本主义国家机器工业商品生产相比，还处于极为落后的状态，但随着对国外先进机器工具、设备与生产技术的不断引进，使民族资本主义工业商品生产也获得了一定的发展，其生产规模与商品品种也有了一定的扩展，不仅为国内资本主义商贸业的发展提供了更多的商品经营货源，而且为对外贸易的发展提供了更多的深细加工的商品货源支撑力，并通过更多的中外合资、国内合资、股份投资的合作经营，而促进了产销结合、工商结合的商贸经营形式的扩展。据 1936 年统计，美国的棉布产量为我国的 2.3 倍；钢产量为我国的 117 倍，如按人均产量计算，则为我国的 418 倍[②]。这说明，我国的先进工业产品同国外先进工业化国家相比确有巨大差距，但同中国的原有发展水平相比，则有了明显的提升。截至 1943 年，我国的钢产量由 1936 年的 41.43 万吨，提升为 92.3 万吨；到 1942 年，我国的原煤产量由 1936 年的 3956 万吨，提升为 6188 万吨[③]。这说明中国某些主要工矿产品量在不断提升。三是工农业产业结构在不断调整。据统计，在抗日战争前近代工业产值只占工农业总产值的 10%，其余为分散落后的小农经济和手工业生产的产值；在工业内部，虽然重工业有了较多的发展，但轻工业仍居主体地位，1936 年的统计资料表明，生产资料工业的产值仅占工业总产值的 23%，其余为消费资料工业的产值[④]。但随着机器工业的发展，尤其是大机器工业生产的发展，使工业产值与重工业产值在逐步提升。不过，在不同的地区有升、有降，且增降幅度也有很大的差异。

（2）资本主义商贸业的不同程度的发展。在国内，由于国外资本主义商贸业的不断侵入，大大摧压了民族资本主义商贸业的顺利发展，但随着国内资本主义商品生产的一定

① 卜凯：《中国农家经济》。

②④ 《我国的国民经济建设和人民生活》。

③ 《统计工作》，1957 年第 14、第 15 期。

发展与国内外商品交流的扩展，也有了一定程度的发展。表现在国内，是中小型私人资本商贸业有较快的增长，但在不同地区又有不同的增减状态；表现在对外贸易领域，总体上看呈增长趋势，但在不同国家、不同商品种类上，又呈现错综复杂的状态，既表现出不平等贸易的特征，又引致华商直接投资于国外国家而出现更多的华侨商业资本经营。总之，在商品进出口贸易上，仍呈现入超状态；在国内商贸经营上，民族资本商贸业仍处于被外国资本控制的状态，处于一个狭小的空间内，没有形成一个全面、统一、顺畅的商品流通体系。

2. 资本主义商贸业在不同地区的发展状况

（1）国民党南京政府统治区。一是对资本主义商贸业实行集中统一的管理体制。设立了由中央到地方政府的商务管理机构体系，制定了相应的管理法规制度、管理政策及办法。二是实施鼓励民族资本主义商贸业发展的政策。重点发展官僚资本的商贸业，包括大机器工业产销结合的商贸业；允许与鼓励民族私人资本商贸业的广泛自由发展，但都要服从于国内外战争的需要。三是在对外贸易政策上，允许与鼓励民族资本主义商贸业的进出口商品经营，包括直接向国外投资进行工商业经营。但采取区别对待的政策，即发展同友好国家与地区间平等互利的对外贸易，限制同敌对国家与地区的对外贸易；在进口商品贸易上，更多地进口国外的先进工业机具、设备，尤其是军用武器与物资；在出口贸易上，扩大中国优势资源的深细加工的产品出口。四是在商品结构上，采取重点鼓励扩大工矿、交通与水电设备及器材商品经营的政策；对轻工业商品，采取加大对棉纺织品、化工产品等商品经营的政策；对农产商品，除发展自销与商人贩销外，则采取低价统购的政策。总之，其商贸业是处在一个国内外战争中而具有多类型、多形式的错综复杂的发展状态。

（2）在日本帝国主义统治区与占领区。这里的统治区，是指“伪满洲国”的东北地区；其占领区是指“七七事变”后向关内进占的广大地区。其商贸业的基本发展状况主要表现在以下几个方面。一是日本帝国主义者通过在其侵占地区建立伪政权而进行殖民地统治，获取了对其统治区的商贸直接管理权，建立起有利于其侵略性的资本主义商贸管理体制，不仅大力支撑其侵华战争，而且促进其国内资本主义商品经济的发展，解决生产过剩经济危机，并迅速形成在亚太地区市场的垄断地位，而成为帝国主义强国。二是向统治区大量输入其国内生产过剩的近代工业商品，扩展其在中国的商品销售市场，并大力推进其民族私人资本在其统治区进行直接投资，而先行建立外资独立经营的先进的机器制造业，尤其是矿产开采业，既把统治区变成其商品的市场倾销地，又变成他们对重要矿产资源与奇缺农产资源的掠夺地，从而进行直接与间接的贸易掠夺。三是允许在其控制与操纵下的中国私人资本商贸业与商贸服务业的一定存在与发展，但多处于附属与买办经营的地位；特别是对劳务服务业的发展，尽管允许存在，但在其外资官营企业中并不实行完全的自由雇佣制，而实行军国主义的强迫劳动制，通过武力抓捕强壮劳动力的方式去进行服罪式劳动服务。据史载，在日本侵占的华北解放区周围的日占区内，被抓捕的壮丁就有近340万人，不仅在中国国内，而且多在朝鲜与日本国内进行劳务服役活动，从而严重破坏了劳务服务经营业的正常发展。总之，在日本帝国主义的侵略地区使商贸业处于殖民地化的形态。

（3）在共产党领导的农村革命根据地与抗日边区及以后的解放区。一是社会经济形态的转变。1927 年 10 月 27 日由毛泽东领导的秋收起义部队走向井冈山创建了第一个由共产党领导的农村革命根据地，开始出现了新民主主义经济；在 1937 年抗日战争开始后，共产党领导的抗日武装则深入敌后开展抗日活动，相继创立了以陕甘宁边区为核心的诸多抗日边区，组建了共产党统一领导的边区政府，而后形成了解放战争时期的解放区政府体系。由此，出现了比较完善的新民主主义经济体系。这一新民主主义经济体系的主要特点是：一为消灭买办、封建的生产关系，保持一般资本主义的生产关系，即要取消帝国主义的特权、没收官僚资本、进行土地改革和保护民族工商业的发展；二为多种经济成分并存，既有国营经济、合作经济、个体经济，又有民族资本经济，是一个共同的组合体；三为社会主义经济因素居于领导地位，为由封建制经济与资本主义经济彻底转向社会主义经济准备基础条件。这一社会经济形态的转变，也使该地区的商贸业由半殖民地半封建经济类型转向新民主主义的发展类型，使其诸多因素发生了新的变化。二是重视农业生产的发展，把自给性的农业生产放在第一位，特别重视粮食产量的加快增长。为了促进农业生产力的加快发展，而不断深化土地所有制改革，消灭土地的地主所有制，并鼓励自耕农发展家庭副业与自由销售剩余产品。为了提供其自由销售的条件，而推进定期集市贸易的发展，以致庙市、年货市等多种农村集市贸易形式出现。三是没收官僚资本及敌伪财产，而变为国有财产，取消帝国主义的特权，而建立起国营经济。既创立与发展国营工业企业，包括机器工业与手工业企业，并在保证军需外，还进行商品性工业生产；同时，还创建与发展国营商贸业，发展同区外的商品交换。如在解放战争时期，政府对东北解放区工矿业进行较大的投资，使其产量与商品量有了较快的增长。四是允许与鼓励独立经营的私营工业的发展，除手工业生产外，还允许在城市中发展机器工业商品生产，进行自产、自销。五是允许与鼓励私营商贸业的发展，包括贩运业与固定经营业，特别在大城市为固定的私人商贸业的恢复发展创造诸多条件，并发展多种形式的集市贸易市场。六是为了促进商品流通，还发行了边区的货币，如当时的晋察冀边区就发行了纸币进行流通；同时，还发展多种商贸服务业，如餐饮、旅居业等。总之，这一时期在共产党领导的地区，建立起初步的新民主主义的商贸管理体制，实行以国营为领导、国营与私营并存、固定经营与贩运经营并存、独立经销与产销结合经营并存的商贸业发展的政策；实行以农业为基础、为主体，相应发展工业与商贸业的经济政策。

从上述可见，在这一历史发展阶段，历经了国共两党的国内战争、抗日战争、统一全国的解放战争，并形成了国统区、敌占区、解放区的不同政府管制区域。由于战争纷呈、区域分割、政治经济体制多样，其商贸业的经济性质、形式、结构等都存在不同的差异，并处于区域分立的状态，尚未形成一个全国统一的商品流通与大市场体系，致使资本主义的商品经济处于缓慢的发展状态中，整个社会经济仍处于自给自足的自然经济形态。在资本主义商品经济发展中，存在着官僚资本、私人资本、买办资本、国外资本的资本经营形态与国营、私营、外资经营的多种经营形式；在不同地区之间存在着很大的不平衡性与经济结构的差异性，对外贸易受到很大的限制，基本为帝国主义国家所操纵，在各管制区间的相互贸易也受到诸多限制。尽管如此，在该历史阶段中，各地区的资本主义商贸业仍然获得了较快的发展。就三大产业经济地位及其发展趋势而言，第一产业经济为主体、为基础，商品化程度有所增长；第二产业经济有较快的发展，尤其是机器工业商品生产有了更快的发展；第三产业虽处于曲折的发展状态中，民族对外贸易被限制在一个较小的范围内，但从总体上说，仍然获得了较快的发展，其经济地位有了明显的提升。由于第三产业经济呈现错综复杂的曲折发展状态，而引出不同政治与学术派别的不同的第三产业经济思想，既有统一性，又有诸多差异性。

第二节　近代社会晚期主要学派代表人物的第三产业经济思想

一、民国北京政府执政时期主要学派代表人物的第三产业经济思想

（一）官僚军阀派袁世凯的第三产业经济思想

袁世凯（1859～1916年），字慰廷，号容庵，河南项城人，世称袁项城。1882年，随吴长庆赴朝鲜平乱，在朝鲜度过了12年的政治生涯。1875～1907年在清朝迁任直隶按察使、工部右侍郎、直隶总督兼北洋大臣、政务处参预政务大臣、练兵大臣，直至督办商务大臣、电政大臣、铁路大臣、军机大臣兼外务部尚书等。在此任职期间，不仅从事军务、政务，还从事过商务管理，并废科举，办各类学堂，培养专门人才。1911年辛亥革命爆发后，清政府又任命他为湖广总督，并由其统领北洋军镇压辛亥革命运动，至此，他就取得了清政府统治下的全部权力。1912年2月15日，南京参议院应孙中山的咨请，选举他为中华民国临时大总统，清皇帝彻底退位，进而又控制了中华民国临时政府的统治权。1915年5月9日袁世凯接受了日本帝国主义灭亡中国的《二十一条》。1915年12月中旬，他颁布了帝位申令，以拥有的武力宣布称帝，于1916年元旦举行了登基大典，下令1916年为洪宪元年，随后改总统府为新华宫。由于旧民主主义革命派与各地军阀反对袁世凯称帝，并举行了“讨袁”战争，迫使袁世凯做了83天洪宪皇帝后，于1916年3月22日宣布退除帝位，并于1916年6月6日身亡。

袁世凯作为一个政治人物，在清末归属于封建地主阶级保守派、在民国初期归属于官僚军阀派，后世对他的历史评价多有争议。他虽跨越两个时期，其政治经济环境又有差异，但他毕竟经历了政治经济活动管理的实践活动，而有自己的政治经济思想认识，其中也包括他的产业经济思想与第三产业经济思想，并在一定程度上转化到他的产业经济政策的制定与实施中。因此，在这里着重揭示他的第三产业的产业结构、产业组织、产业政策等方面的主要思想观点，从而概括该时期、该派别的基本思想观点的类型或特征。

1. 关于三大产业经济地位及其相互关系的思想

（1）三大产业并重观。他认为农工商是当时中国经济的三大类型，应三者俱重，共同发展，但有先后之分，各自又有不同的发展重点。①他认为应把农业的发展置于中国经济近代化发展的战略之首。他在1902年上奏清廷时提出“直隶地瘠民贫，非讲求地理，振兴实业，不足资生计而裕度支。查外洋虽以工商立国，而尤注意于务农……”[①] 即他主

① 廖一中、罗真容：《袁世凯奏议》，天津古籍出版社1987年版。

张把发展农业置于首位。为了促进农业的发展，认为应采取以下对策措施：一是认为官府应设立农业专管机构，通过严密的管理去促进近代农业的发展，并于1902年在保定设立了农务局，"委道员黄璟管理局务"[①]。二是认为农业的发展，必须依靠农业科技的进步，必须创办新式教育，因而，提出了"科教兴农"的思想。随后在保定创办了我国最早的高等农业学堂，培养多层次、多专业的学生，并将毕业后的学生分配于他在直隶地区各地所倡办的农会机构，用以普及与改良农业生产技术，推动农业生产的发展。三是主张注重农业实验与使用科学。认为"惟农功必期实验，考察不厌精详"[②]，到1911年仅直隶一个省区就设立了32个农业试验场。四是在于1912年接任民国临时政府大总统后，继续推行其以农为首的思想。设立了中国农工银行以筹集农业发展基金；并重视水利建设，把水利视为农业的命脉；还主张清丈地亩、均定农业赋税，既促进农业生产的发展，又增加政府的财政收入。即主张通过以上措施，使农业向近代化迈进。②认为应积极推进与保护资本主义工业的发展，尤其是加快推进其重工业的发展。他面对西方产业革命风潮引致中国对先进机器的引进与勃起发展近代先进工业生产的洋务运动，而认为中国必须加快发展近代工业，尤其是其中的重工业。为此，他主张采取以下对策措施。一是认为要首先颁行一系列的经济法规，使工业实业经营者有法可依、有章可循，并保护与奖励其发展，从而为其扩大生产经营提供一个良好的社会经济环境。二是认为要建立与完善一套工业事业的行政管理机构，去保证经济法规、条例的切实贯彻执行，并实行统一管理与分省管理相结合的管理体制。总之，要通过经济法规与管理机构的建立去推进民族资本主义工业的发展。③认为要积极发展商贸业，以发挥其促进工农业商品生产的重要作用。为了促进商贸业的扩大发展，他主张采取以下对策措施：一是建立与完善保护与鼓励商贸业发展的法规、条例。二是为了切实有效地贯彻执行有关法规、条例，必须建立政府的商务行政管理组织机构，并建立与完善商务总会的组织机构。三是要实施"通商惠工"的经济政策，以加快商贸业的发展。总之，他已具有明确的重商思想。

从上述可见，他的三大产业经济地位观可归纳为：三大产业并重，是社会经济发展中三个独立存在而不可缺少的产业经济类型；按照社会生产过程的环节分是第一产业居首位，第二产业必须建立在第一产业发展的基础上，第三产业必须建立在第二产业发展的基础上；既不重本、唯农，也不轻农而"工商立国"。

（2）三大产业经济发展关系观。他虽未明确论及三大产业经济发展间的关系，但从三大产业经济地位观中，已闪现出他的三大产业经济既独立存在，又相互依存、协调发展的观点；必须按社会商品生产过程依序进行，并相互适应，各自发挥应有的职能作用，共同推进资本主义经济的发展，加快中国经济近代化的进程。

2. 优化完善第三产业经济结构的思想

（1）关于所有制结构。他主张发展多种所有制形式的商贸经营业，包括官营、私营、股份制合作经营业。他认为，在发展官营企业的同时，要更多地发展私营企业，并推动股份制合作的经营企业的发展。

（2）关于经营规模结构。他主张发展新式的民族资本的大型经营企业，但不赞成大型私人资本经营企业进行垄断；要更多地发展中小型私营经营企业，并按照既定法规进行

---

①② 廖一中、罗真容：《袁世凯奏议》，天津古籍出版社1987年版。

自由经营，以鼓励人们去创办更多的企业。

（3）关于产业结构。他主张在通过股份制合作形式扩展产业链纵向组合的同时，要更多地扩展产销结合的横向组合，尤其是新式工业的产销横向组合，推进其产销一体化的发展，以延伸产业链。如他大力支持的启新洋灰公司，就是这种产销一体化、工商结合的生产经营企业，并被发展为该行业的支柱性产业。

（4）关于经营类型结构。他不仅主张发展国内商业，而且也主张发展民族对外贸易业，还主张保护华侨商人的利益，去扩展私营华商在国外的投资，兴办华侨商人企业；主张在发展商贸业的同时，推动金融信贷业、邮政业、交通运输业等多种服务业的发展，从而扩大产业领域。

（5）关于产业组织的发展。他认为应当建立与发展行会组织，协助政府进行商贸活动的管理，他并组织企业形成合力搞好经营活动。如在他的推动下建立了商务总会组织，在政府农商部的管理下，组织各个企业遵照政府制定的法规、条例、办法去开展经营活动，并维护企业应有的权利。

从上述可见，他重视第三产业经济的发展，特别是其近代化的发展。在诸多产业结构类别上，主张扩展新的结构要素，从而优化完善整个第三产业的结构体系，以发挥第三产业在推动整个社会经济近代化发展中的重要作用。

3. 政府对第三产业经济发展进行宏观调控的思想

（1）建立与完善行政管理组织机构。为了优化完善对第三产业经济活动的宏观调控管理，他主张先行建立商贸活动的行政管理组织机构体系，并不断进行完善。在民国初期，由他主持在政府设立了工商部与农业部管理机构，为了使农商更好地结合，在他担任大总统后，于1914年将两部合并为农商部，由大总统直接领导；同时，还主张在地方各省级政府设立实业厅主管机构，隶属于中央农商部，负责对省级工商实务的具体管理。即主张建立与完善既统一管理，又因地制宜的分级管理的商贸业的行政管理组织机构体系。

（2）运用法规手段进行宏观调控管理。为了规范与强化对商务活动的宏观调控管理，他主张建立一个完善的管理法规体系。既有约束，又有鼓励与保护；既依法行政，又使商贸经营者遵法而行，从而规范商贸业的管理行为与经营者的经营行为，使其有序、有效地运行。在他的主张与推行下，先后颁行了《公司条例》、《商人通例》、《公司条例施行细则》、《公司注册规则》、《公司保息条例》、《保护华侨条例》等有关的一系列新的经济法规、章程和条例。通过上述法规、条例的严格实施，建立起一个基本的法规体系与法治管理运行体系，从而规范了市场活动秩序，而取得了很好的成效，推进了商贸业的振兴与发展。

（3）运用税收手段进行宏观调控管理。他主张规范税收制度，制定统一的税种、税率，照章纳税，不得乱收赋税；对一些重要而急需的经营活动给予赋税支持，实行减免税收的优惠办法。如在1906年，接到启新洋灰公司申请“照纳正税，沿途概免重征，并豁免出口税项……以保商业而挽利权”的呈文后，他随即作出了如下批文：“应准援照成案，无论运销何处，只令完纳正税一道，值百抽五，沿途关卡验明放行，免于重征，俾得推广销路。”① 说明他已具有完善税收制度，扩大商贸业发展的思想。

① 南开大学经济研究所、南开大学经济学系：《启新洋灰公司史料》，北京三联书店1963年版。

（4）通过经济政策手段进行宏观调控管理。他主张通过多种经济政策的制定与实施去调控管理商贸经营活动。一是主张实行保护与扶持商贸业的多种“通商惠工”政策，以加快商贸业的发展。他主张运用政府所管资金为新型私人资本商业垫支创办资金，以支持其顺利发展。如他为刚创建的启新洋灰公司解决企业资金不足的困难，而垫拨了官有银钱资金，使其迅速创建与投入运营。二是主张支持商办企业所生产的新型产品的销售经营活动。要首先启动有关官办机构去购买使用，同时，也要推动商办机构去购用，从而畅通其新产品销路，避免利源外溢。即如他说的“一体遵照购用，以保利权”①。可见，他已具有通过政府采购措施去支持民族资本主义商贸企业顺利发展的思想。

由上述可见，他主张政府通过行政机构的行政管理、法规管理、税收管理、经济政策管理等管理手段，去强化与优化对近代第三产业经济发展的宏观调控管理活动，从而使其振兴与发展，走向近代资本主义商品经济的发展道路。

总之，袁世凯作为该时期官僚军阀派的政治家在政治思想与行为上尽管有不同的评价，而在产业经济思想上又有诸多不完全性、明确性，不具有系统的第三产业经济思想体系。但在其进行统治管理的实践中，必然要处理有关第三产业经济活动的诸多问题，也必然要表达他的思想观点并进行决策，因而，也必然闪现出他的有关第三产业经济的思想观点。归纳起来，他的主要产业经济思想观点可概括为：三大产业并重，相互依存而协调发展；重视近代第三产业的发展，要不断扩展其新的产业结构要素，不断优化第三产业结构体系；政府要通过多种手段，对第三产业经济活动进行宏观调控管理；要把第三产业推向近代化的发展道路。应当说，他的第三产业经济思想中，也有诸多创新性，并更具有实践性。

（二）封建经济改良派章士钊的第三产业经济思想

章士钊（1881～1973 年），字行严，号秋桐，湖南长沙人，清代秀才。清末任上海《苏报》主笔。辛亥革命后曾任广东军政府秘书长，在段祺瑞执政的政府中任司法总长兼教育总长。曾任大学教授、校长及律师等职。中华人民共和国成立后，曾任政务院法制委员会委员、全国人民代表大会常务委员会委员等职。他是中国近代著名的政论家、社会活动家和学者，也颇有经济思想。他的著作颇丰，在学术上多有建树。其产业经济思想，主要反映在《章士钊全集》的《农国辩》、《调和立国论》等篇章中。

1. 关于三大产业经济地位及其相互关系的思想

（1）三大产业经济地位的思想。一是提出了“以农立国”论。他于 1922 年秋赴欧洲进行考察回国后，即提出了“以农立国”的主张。认为中国应以自己的传统文化为方向、走农业文明的发展道路，不应片面地以西方文化为方向、走工业文明的老路去建设“工国”。为此，他对“农国”与“工国”的含义提出了自己的见解。他指出“然则农国者何也？曰：农国对于当今之工国言之。凡国家以其土之所出人工之所就，即人口全部，谋所配置之，取义在均，使有余不足之差，不甚相远，而不攫国外之利益以资挹注者，谓之农国。反是而其人民生计，不以已国之利源为范围，所有作业转向世界市场权子母之利，不以取备国民服用为原则，因之资产集中，贫富悬殊，国内有劳资两极，相对如寇佳谁

① 南开大学经济研究所、南开大学经济学系：《启新洋灰公司史料》，北京三联书店，1963 年版。

者，谓之工国。建国之本原既异，所有政治道德法律习惯，皆缘是两岐”①。即他所说的“农国”，是立足于本国所拥有的土地及其他资源，对全国人口进行合理分配，通过各自的劳动而取其所得，使其有余不足不相差甚远，而不靠夺取国外的利益去求少数人的自富。而他所说的“工国”，是不以本国的资源为依据而求本国范围之利，而是实行资本运作，一切作业活动都是为在国际市场中取得增值大利，而造成劳资两极分化、贫富悬殊，形成盗寇的无德行为。他在对“农国”、“工国”进行定义与相互比较之后，认为西方工业国家为谋取利润，而无节制地生产和争夺，并去侵夺殖民地作为原材料产地与商品倾销地，是一种不道德的经济发展模式。而主张自立、自给，在一定区域的一定时间内的产出物恰好保证本土基本生活需要的“以农立国”。以上说明，他重视农业生产的发展，把农业作为“立国”之本，作为社会经济发展的基础。二是主张“以农立国”，但不排斥工业生产的发展，只是要采取不同于西方资本主义工业化的工业发展模式。在他设计的以“农村”为基本单位进行自治的农业发展模式中指出“改良农村方法，兄弟（章自称）所理想的地方非常小，顶好以村为单位”②，在这自治村里面，也允许有工业的存在，不过这种工业是在农国精神之下的工业，是“以供给日用不可少之需要”，其“功用不出本土”③的“小工厂”。但要在各村自治成功后由村联成县，由县联成省，由省联成国，由此推广到全国，形成全国的工业发展模式。从以上的主张中，可以看出他具有以实现各村自给为目标的工业发展思想，而把工业作为自给自足农业的辅助性的生产业，是一种农本、工辅的农、工产业地位观。三是在“农本”、“工辅”的基础上，主张发展商贸流通业。他在制定“农村自治制度”的设计中指出“找一块小地方，越小越好，将这地方的出产通通计算起来，一年能够有多少产物，价值多少，以价值作标准，发行一种村券。……这种村券不以金钱为本位，是以物产为本位的，一村的出产由公共保管，设一公共买卖社，除掉要应用的以外，由公家以纸币收买，以所余的，运到各处去发卖，村里没有的，到各处买置回来，这村内的人民，各按各人所能工作的，在应受教育年龄期限内的，要强迫去受教育，在村内的，人人有饭吃，人人有工作，再计算一年的工作量，能作多少，要设法子使他年年推广，人民的生活程度就要提高”④。可见，他主张以一个农村区域为范围，发行以物质产品为本位的纸币，设一公共买卖社机构，用“村券”的纸币去收买农户自用以外的多余产品在村内交换，然后，再将本村多余的产品运到各地农村去发卖，并将本村没有而需要的产品，从外地各处买置回来，再由农户按各自需要去购买使用。这说明，他主张以纸币为媒介在农村的区域范围内与各地农村之间进行商品交换、商品流通，并由农村“公共买卖社”的商贸经营机构去从事商贸经营活动。由此，可把他的这一商业经济地位思想归结为处于农、工生产业补充地位的思想。在这里，我们暂不对他的“农村自治制度论”作过多剖析，可把他的三大产业地位论归结为第一产业为本位、第二产业为辅助、第三产业为补充的思想。

（2）三大产业经济相互关系的思想。他从上述三大产业地位思想出发，认为农业生产满足基本需要；工业生产是“以供给日用不可少之需要”；商贸经营是将多余的工农业

①③ 章士钊：《农国辩》，《章士钊全集》，上海文汇出版社2000年版。

② 《章行严昨日讲演记》，《大公报》，1922年10月9日。

④ 章行严：《农村自治》，《大公报》，1922年10月13日。

产品运出区外、区内缺少的产品从区外购进。因而，认为三大产业之间是相互补充的关系，是按照第一、第二、第三产业的顺序依序进行的，是以满足需求为目标而协调发展的。

2. 关于第三产业经济发展的思想

（1）主张发展自给自足农村经济下的小商品经营业。他主张“以农立国”，不赞成以“工商立国”。其实质是主张发展自给自足的自然经济形态的农业，不赞成发展以资本主义工业商品生产为主体的资本主义商品经济，把商贸业视为一种互通有无的商品交换的贩运业，是一种原始形态的小商品的经营业。

（2）主张商贸业的经营区域范围，以“村内”的经营区域为主体、为基础，然后向县、省、全国“村”的贸易点延伸。他不主张发展资本主义的对国外的贸易，认为它会产生诸多消极后果。他指出“欧洲各国家，以工业为立国之中心，故有不合理之竞争。且因有多数大规模之工厂，其出品过剩，乃不得不谋销于国外，致生国际间之竞争。欧洲大战原因虽多，而其根本不外乎英德两国之工业竞争”[①]。并又提出“自十八世纪以来，欧洲机械渐兴，工业日茂，厂肆兼立……稍加造作，旋又往售，生熟出入，利每十倍。因乃本土殷繁，冠冕一世，增造富族，豪侈无伦，如是者百余年，迁流之极，弊不胜言。……其在国内，贫富两阶，相去太殊”。[②] 即认为，发展资本主义商品生产，造成国内商品过剩，而通过对外贸易去高价运销国外，剥夺其他国家，必然造成国际间的商品竞争，不仅引起国际战争，而且会导致国内贫富两极分化，使阶级矛盾激化。因而，不仅成为他不主张发展资本主义工业商品生产的依据，也成为他不主张发展资本主义对外贸易思想的依据。

（3）主张在村的区域范围内建立商贸经营机构。他在“农村自治制度”中提出“设一公共买卖社”经营机构，去负责“村区”内的商品余缺调剂，并负责到区外进行商品余缺调剂的购销经营活动，以保证需求。

（4）主张发展新式的工商业行会组织。他十分信奉潘悌的“基尔特式的社会主义理论”，即由劳动者按行业划分而建立基尔特（行会组织），去掌握生产资料并管理生产经营活动，实行行业自治，使各基尔特的最高联席会议成为国家的最高权力机构。他的这一思想虽脱离实际而难以实现，但从中所闪现的发展行会组织机构、维护工商企业的应有权益、协助政府加强对工商业管理的思想，是符合发展趋势的。

从上述可见，他主张发展改良的以自给自足农业为主体的自然经济，而不同意发展以盈利为目的的资本主义工业商品经济，更不同意发展引起国际市场竞争而导致国际战争与国内贫富两极分化的掠夺式的对外贸易经济。而主张在自给自足自然经济与资本主义商品经济之间找到一个以“村域”经济为基点、以国内为范围的“农本、工辅、商补”的经济发展模式。即提出了第一产业为本、为基，第二产业为辅助，第三产业为补充的三大产业地位思想与三大产业依序协调运行的相互关系思想。认为第三产业经济是一个相对独立的经济类型，应当存在与发展，并提出了建立特色商贸经营机构、改变经营区域结构与经营方式、建立新型行会组织等发展第三产业经济的思想。可把他视为是一个保守与改良相结合的产业经济思想家，试图寻求一种摆脱传统封建制与正在流行的资本主义制约束的新

① 章士钊：《今日以后之中日关系》，《章士钊全集》，上海文汇出版社 2000 年版。

② 章士钊：《农国辩》，《章士钊全集》，上海文汇出版社 2000 年版。

型发展模式。

二、民国国民党南京政府执政时期主要学派代表人物的第三产业经济思想

（一）旧民主主义革命派蒋介石的第三产业经济思想

蒋介石（1887～1975年），浙江省奉化人，名中正，原名瑞元，谱名周泰，学名志清。1907年入保定全国陆军速成学堂。1908年留学日本，随即于该年在日本加入孙中山组建的同盟会，于1910年毕业于日本振武学校。辛亥革命后，即追随孙中山从事旧民主主义革命，曾参加反对袁世凯的活动。1923年赴苏联考察学习，1924年回国后就任黄埔军校校长、国民革命军第一军军长。1926年先后制造“中山舰事件”、“整理党务案”，开始打击共产党和革命势力。后任国民政府军事委员会主席、国民革命军总司令、国民党中央执行委员会常务委员会主席。1927年发动了“4·12”反共政变，在各地清党，第一次国共合作公开破裂。1928年就任南京国民政府主席，使中国进入国民党南京政府统治阶段，之后，不断发动新军阀混战。1936年“西安事变”后，被迫进行第二次国共合作，进行联合抗日。1937年“七七事变”后，进行抗日战争。1938年任中国国民党总裁，之后，又任国防最高委员会主席等职。1945年日本投降后，撕毁国共两党的“停战协定”，向共产党领导的抗日解放区发动进攻。1948年擅自召开第一届国民大会，当选为国民党政府的“总统”。但在共产党领导的解放战争的压力下，于1949年1月21日宣布引退辞职，由副总统李宗仁代行“总统”职权。1949年国民政府败退台湾后，他又继任国民党政府“总统”与国民党总裁，于1975年4月5日逝于台北。他在文章著作方面多涉及政治军事问题，涉及经济类的著作不多，其主要经济类著作是他于1943年所写的《中国之命运》一书。

蒋介石是一个政治人物，不是一个经济思想家。但在他于1928年就任南京国民政府主席立政之后，必然要面对重要的经济领域问题而实施相应的经济政策与社会经济的总体管理体制，这就必然反映出他的经济思想观点，也包括他有关产业经济与第三产业经济的思想观点。这些产业经济思想观点，虽未形成一个完整的体系，但因他处于统治地位，其思想观点必然起重大的引导与决定作用，不仅影响实际经济活动的发展，而且也反映着该派别的主要第三产业经济思想观点的基本状况。因此，有必要概述其有关第三产业经济的思想观点，从而进一步揭示该时期该派别的第三产业经济思想体系。

1. 三大产业地位及其相互关系的思想

（1）三大产业地位的思想。他从实践孙中山提出的“实业计划”与“民生主义”出发，而倡导“国民经济建设运动”，认为经济建设的中心是发展“实业”，而经济建设的目的是解决“民生”问题。从此出发，他认为要制定与实施具体的“实业计划”，去推进农工商业的发展，从而提出了他的产业地位思想。他指出“我们中国经济建设的计划，对于民生的福利，必须达到我们国父手订的国民政府建国大纲第二条规定的标准”。为此，他进一步指出“建设之首要在民生。对于全国人民之衣食住行四大需要，政府当与人民协力共谋农业之发展，以足民食；共谋制造业之发展，以裕民衣；建筑大计划之各式房舍，以乐民居；修治道路，以利民行”①。他虽从人们生活需求的构成要素论及农工业

① 蒋介石：《中国之命运》，正中书局1943年版。

的问题，而未涉及商业问题，但已反映出他具有以农为首、以工商而继之，以农工业生产为前提、以商业而继之的农工商、产供销的顺序发展观。由此，我们可对他的三大产业地位观作如下进一步的揭示。一是农首论。认为足民食是人们的首要与基本生存需要，说明他具有“粮本”思想，而粮食产品主要由农业生产提供；工业所产衣制品之原料也主要由农业及其副业提供。因此，他已具有农业处于社会生产与社会商品生产的前提与首要地位的思想。二是重工论。认为人们的日用生活必需品，要由工业生产所提供，而且解决人民住、行需要的建筑、交通运输的设施、工具、材料等生产资料物品也须必由工业生产所供给。因而，他明确指出“中国之‘自力更生’尤以工业化为当务之急。故今后国民的经济建设，更应以发达工业经济为基础”[①]，即他主张把工业化作为中国未来经济发展的战略方向。可见，他把近代工业经济的发展置于近代商品经济发展的基础与中心地位。三是商业相应发展论。他虽未直接明确地论及商贸业的发展地位问题，但在发展交通运输业、金融业、信用业等经济政策主张中，也多涉及商品流通、货币流通问题，从中也闪现出他的相应发展商贸业的经济思想观点。

（2）三大产业相互关系的思想。他从需求论出发，按食、衣、住、行的需求顺序，将三大产业的位序排列为农、工、商的产业顺序，而依序运行，即相互依存、协调发展。但以工业为中心、以重工业为重点，带动农、商两端，从而推动整个国民经济的加快发展。

总之，他主张以第一产业为首、第二产业为中心、第三产业相应发展；在三大产业之间，以第二产业为基础、为中心去带动第一产业与第三产业，而相互依存、协调发展，共同构成一个近代资本主义商品经济的整体运动。

2. 重视商贸业发展及优化其经济结构的思想

一是认为经济计划必须以包括商贸业的“实业”计划为准则，要实施实业计划，首先要有“实行实业计划的人才和完成实业计划的物资”[②]。而这些物资，需由商贸流通业中介供应；所需的人才，包括商贸业、交通运输服务业、电信服务业、金融服务业、建筑与维修服务业等所需人才的提供。二是重视金融服务业的发展。要兴建银行，发展资金储备业务，以信贷形式扩大生产经营的资本来源。三是发展产销联合经营业。要推进工商联合、农商联合，特别是工商联合，以进行更多的直接销售经营。四是实行“资本国有化，享受大众化”[③]。要更多地发展国有资本的生产经营业，但也同时发展私人资本的生产经营业。五是废除各种不平等的条约，使民族经济独立自主地发展。六是加强政府对商贸服务业的管理，使其有序运行。

总之，他重视第三产业经济的发展，并不断完善其产业结构，尤其是推进商贸经营业更多地向商贸服务业领域扩展，并把货币资本经营的金融信贷业置于更加重要的地位。

3. 政府对第三产业经济发展进行宏观调控管理的思想

（1）运用立法与计划手段，进行宏观调控管理。他认为，经济建设必须依靠实行计划经济、国有经济，并加强法制，才能保证其顺利进行。如他所说“经济不仅为各项建设之重点，而且为一切建设之先务。……我们要以计划经济和社会立法，使每个国民的生活与生存，都有保障，务必做到‘资本国家化，享受大众化’之目的，尤须以计划经济

①②③ 蒋介石：《中国之命运》，正中书局1943年版。

和社会立法实现民主主义之和平的普遍的革命”①。同时，他还进一步认为，要以对中国的历史发展进程、现有实际国情与世界发展大趋势的研究成果为依据，坚持由小到大、由近及远的实施原则与有重心、有基点的推进程序，去制定与实施经济计划及法制。可见，他已明确地表述了为实行计划与法制管理，而必须具有的指导思想、目的、依据、原则、程序的系统理论思想观点。在这里，应当指出的是，他虽主要指的是国民经济建设计划和社会立法，但因第三产业经济是社会经济的重要组成部分，故也反映着他对第三产业经济必须进行计划及法制宏观管理的思想观点。

（2）运用经济政策手段，进行宏观调控管理。他主张在生产、流通、分配、消费诸环节，实施经济统制政策。他主张并号召节约储蓄，以筹集生产经营所需资金，加快经济的发展，尤其是工商业的发展。他指出“良以节储运动，一方面厚集人民财力，固为完成现代建设所必需；一方面砥砺节俭，尤属复兴国家民族之要图，近之则充实前方抗战之补给，促进后方经济之安定，远之则开发蕴藏之资源，巩固民生之基础，均必取径于节约储蓄，而后能步步踏实”②。即主张通过节约去增加储蓄，以扩大生产经营所急需的投资资金，去促进经济的发展。在他的推动下，制定与实施了《节约建国运动大纲》、《节约建国储金条例》、《外币定期存款办法》等，以扩大投资来源。

（3）发展教育事业，培养高质量、大规模的人才队伍，从而提高生产经营的管理水平，促进经济的发展。他重视对高质量人才的培养，为了培养人才主张加快教育尤其是高等教育的发展。他指出“实业计划的推行，要有大中各级学校教养的人才……我们现在的学校不是能够训练这些人才，来供经济建设之用”③。并详细比较了当时中国大学专科的学生人数与实际需要的人数之间的巨大差距，而提议在抗日战争期间“务必要赶快加强教育，扩展学校，来准备充分的人才”④。即他主张发展新式教育，建立更多的大专学校，培养急需的适用人才，为实业的发展，也包括第三产业的发展，提供人才资源支持。

（4）完善商贸行政管理机构，加强对商贸活动的统一管理。在他的推动下，国民政府于 1932 年 1 月发布了《调整中央行政机构令》，其中也对商贸行政管理机构进行了优化调整。将原贸易调整委员会改为贸易委员会，隶属于财政部；将原军委对外贸易委员会和经济部的国际贸易局合并；将原属军委的农业调整委员会管理的农产品出口业务，改由调整后隶属于财政部的贸易委员会办理⑤。这一行政管理机构的调整，虽未建立起一个全面统一的中央政府集中管理的贸易部，但由于较之前相对集中，使商贸业的行政统制力度加大，不仅有利于商贸业的健康有序发展，而且也加快了国家垄断资本的形成，推进了资本主义商品经济的发展。

总之，他主张加强政府对第三产业经济活动的宏观调控管理，要运用计划、法规、经济政策、宣传教育、行政等手段，通过管理体制、方式、方法的不断改进与完善，提高其管理的成效，推进第三产业经济的近代化发展，更好地发挥其改善民生的作用。

从上述可见，他虽是一个政治人物，在政治思想与行为上实多批判，但在他行政过程中，对经济活动的管理必然反映出他的产业经济政策思想与主张，这些思想与主张也必然包括第三产业经济的思想观点。在这一思想领域，既有缺失也有偏颇，但在三大产业地位

①②③④ 蒋介石：《中国之命运》，正中书局 1943 年版。
⑤ 虞宝堂：《国民政府与民国经济》，华东师范大学出版社 1998 年版。

及相互关系、第三产业经济要素优化组合调整、政府对第三产业经济进行宏观调控管理等方面，也有他的独立思想观点，不仅有他的特性，也反映着历史发展的大趋势。

（二）旧民主主义革命派经济思想家刘大钧的第三产业经济思想

刘大钧（1891～1962年），江苏丹徒人。1911年北京京师大学堂毕业后留学美国密歇根大学。师从著名经济学家亚当斯（1851～1921年）及泰勒（1855～1932年），专攻经济学与统计学。1916年回国后先后出任清华大学教授、中国经济学社社长、国民经济研究所所长、重庆大学商学院院长等职，并先后主持《经济统计月刊》、《中外经济周刊》、《国民经济月刊》等杂志。此外，他还曾数度入阁，先后出任北京政府经济讨论处调查主任、国民党南京政府立法院统计处处长、国民党资源委员会委员、中央银行经济研究处专门委员等职。1947年后移居美国。他是中国20世纪20～40年代民国时期的著名经济学家，他的著作颇丰，主要代表论著有《中国工业与财政》（1927）、《外国在中国的投资》（1929）、《国民经济建设运动之理论与实际》（1936）、《中国工业发展之方针》等。在他的经济思想中，多涉及产业经济思想与第三产业经济思想，并突出表现在产业结构、产业组织思想领域。是属于中国更多引进近代西方经济思想因素的旧民主主义革命派的经济思想家。

1. 关于中国工业化及经济管理体制的思想

（1）中国社会经济发展的工业化含义及其模式。一是关于中国社会经济工业化发展的必然性及其含义。他认为，国际与中国社会经济的工业化发展是一个必然的趋势。他在学习与掌握西方经济学说思想的过程中，认识到以机器工具生产为中心的社会生产力增长的“产业革命”，必然引致社会生产结构与需求结构的变化。在生产结构上，必然大大扩展以机器工具为支撑的工业生产的发展而逐步工业化。因而，在他的经济思想论述中，不仅使用了“产业”、“工业化”的术语，而且有着自己的理解与认识。他认为，“工业化”的概念是“各种生产事业机械化及科学化，而其组织与管理科学化及合理化”①。二是将工业化内涵归纳为以下10个要素内容，即工业本身的机械化与科学化、矿产的大量开发、运输事业机械化与动力化、各种生产事业以工业为中心而发展、动力之普遍利用、大规模生产、产品标准化、事业组织及管理科学化与合理化、各种生产事业资本化、工业都市形成。他认为“工业化”是一个具有广泛含义的概念，不同意将其强调为单纯发展工业的片面工业化观点。为此，他明确指出“一般论者，对于工业化犹视为工业本身之发展，而不知其他一切经济事业，组织以及政治，社会文化等，在工业化时代中，亦与前此者迥异，唯此种变迁大半属于渐进性质，而时间先后尤不一致，故一般人不易感觉耳”②。从他的上述“工业化”思想中闪现出工业化的主体要素是以工业为中心，进行生产机械化、管理科学化、运行资本化的中国工业化“基本模式”思想。

（2）中国应有的经济体制与经济管理体制。①工业化必然引致经济体制与组织形式的变革。他提出了计划经济与自由经济体制关系的思想：一是他认为中国的工业化必须走按计划发展的道路，由政府进行必要的统一计划指导与管制，但不是绝对的、无所不包的一切计划统制。他指出“并非一切皆有计划，或一切皆无计划，因吾人既不愿有极端的统制，亦不希望理想的自由与完善的竞争”③，即他所说的计划经济体制，“并不由政府统

①②③ 刘大钧：《工业化与中国工业建设》，商务印书馆1945年版。

制一切经济行为，更不必由国家经营一切企业”①，而是要加强政府“有意识有组织的指导”②。实际是由政府对社会商品经济活动进行一定干预的思想。二是他认为工业化必然导致商品经济的发展，而商品经济必然导致资本运营而促进资本主义商品经济的发展，最终导致市场自由竞争，而形成自由经济形态与自由经济体制，要更多地由市场利益自发调节市场商品供求关系，以实现资本增值，追求更多的私人利益，由此，必然出现诸多消极后果。因此，他主张中国工业化的成果能为人民所共同拥有，必须限制私人利益的过大化，从而主张正确处理政府计划管理体制与资本主义商品经济运行体制之间的协调关系，而不放纵资本主义商品经济绝对自由化的发展。为此，他作出了明确的思想表述“吾人所谓计划经济之功用，在以有意识与有组织之指导，代替放任政策之听其自然，以联系各种经济活动，使其向工业化的方向迈进，增进国家利益，代替联系、无规则的私人牟利行为而已”③。即要建立一个在国家宏观计划指导下的自由经济适度发展的资本主义商品经济体制。②工业化必然引起政府与企业关系的变化。一是认为在资本主义商品经济自由发展中，国家必须直接控制关乎国计民生的重要经济部门与生产经营企业，以掌控国家的经济命脉，因而，主张国家对重要经济部门和企业实行官营或垄断专卖。二是认为在非官营或专卖领域以外的其他一些重要经济部门与企业，政府有责任进行统制与管理，但不主张管得太紧。三是对非重要经济部门与中小企业，主张采用更多的间接调控管理方式，进行宏观调控管理，使其有序而协调地发展，即如他所说的“凡合于国营之原则，而事实上可以统制达到目的者，皆可以统制代之。相同的，凡应统制之事业，而可以监督或管制方式代替者，亦可不加统制”④。实际是要国家实行大计划管理、企业进行小自由经营的经济管理体制。

总之，他认为工业化必然促进资本主义商品经济的发展，商品经济必然形成自由经济，自由经济必然引致企业的过度自发经营行为，而导致经济秩序混乱与分配不公，因而，国家必须进行统一的计划指导与强化对社会经济活动与企业生产经营活动尤其是商贸、服务业的经营活动，进行直接的统制管理与间接的宏观调控管理活动。由此，形成了他不断优化第三产业经济活动宏观调控管理的思想。

2. 对三大产业经济地位及其相互关系的思想

（1）关于产业分类的思想。他在 1935 年 4 月至 1937 年 7 月于南京国民政府发起的“国民经济建设运动”中，提出把国民经济各部门划分为农业和垦牧业、矿业和工业、商业、交通及金融业四大经济部门或产业类型的思想。一是他所说的农业是指广大地区的种植业；所说的垦牧业，主要是指边远地区的林牧业。他主张发展农业生产与林牧生产，改变阻碍农业生产的诸多不利因素；要鼓励国民开发边疆经济的精神，并由政府采取移民边疆、投入更多资源于边疆的政策，以“开拓边疆、从事垦牧”⑤，使中国更加强盛。二是他所说的矿业是指广泛的矿产开采业，而煤铁矿产开采业尤为重要。认为矿产是整个经济发展的重要条件，要加快发展，主张“必一般资本家与企业家能对此种事业冒险投资，矿产始能开发”⑥；他所说的工业，包括传统工业与新式工业、官营工业、重工业与轻工业。在主张加快官营新式工业，尤其是其重工业发展的同时，要鼓励发展私人工业。即认

①②③④ 刘大钧：《工业化与中国工业建设》，商务印书馆 1945 年版。

⑤⑥ 刘大钧：《国民经济建设运动之理论与实际》，国民经济建设委员会 1936 年版。

为政府“只应偏重基本工业及重工业为人民所不能举办或不能获利者，此外，则仍以奖励人民自办为是”①，并进而把工业依序划分为消费品工业（轻工业）、半制品工业、基本工业（重工业），然后才是工业原材料供给。即如他所说的“必消费品工业先发展，然后半制品工业及基本工业始能立足，而后原料自亦易于开发与改进，以供给此种工业之需要”②。三是他所说的商业，是中国长期传承的商贸业与商贸服务业，要持续发展，但对当时的商人构成作了如下剖析“商贾之成巨富者历史中屡见不鲜，即以近年而论，国内之富豪仍大数为商人，而海外华侨经商致富者亦多，其在近年受外国政府压迫以前，南洋各埠之商业，大部分操纵于华商之手”③。通过对商人类型的如上划分，而对商业的类型进行了如下划分：独立经营的商业、从事农工业生产的地主与富豪进行产销结合的商业、国外华侨资本经营的商业等商贸经营业。四是他所说的交通及金融业，均属于社会生产要素的流通渠道，即交通业是人与商品实体的流通渠道、金融业是资金的流通渠道，两者都是商品经济发展不可缺少的要素，也是构成一国经济结构的重要组成部分。他的以上经济部门或产业类型划分思想，是基于对社会生产过程的要素及其运行程序的认识而提出的，即农、牧、矿业是工业原材料的供应业，工业是产成品的加工制造业，商业、交通运输业、金融业是商贸流通业，实际仍可归类为第一产业、第二产业、第三产业三大产业类型。

（2）关于三大产业经济应具地位的思想。可把他的思想分为如下两种类型：按社会生产过程分，是农首、工中、商末；按轻重分，是农基、工主、商支。其具体思想观点可表述如下：一是他十分重视农业，强调“在推进工业化之时，各种产业，尤其农业，本身之利害必须顾及”④，为适合工业化之需要，要“使农业本身渐具工业形态”⑤。即要创立适应工业化需要的农业，并使农业生产工业化，要先行发展适应工业化需要的近代商品性农业生产。二是认为重视与加快工业化的进程是中国与国际经济发展的必然趋势，因而，主张重点加快新式工业的发展。他指出，自清末以来政府通过官营企业的示范并引入新式工业之后，“人民从事新式工业者已日渐增多”，但鉴于他们财力有限，政府要加大投资，偏重于基础工业与重工业的加快发展，而把重工业置于重点发展地位，即他所说的，政府“只应偏重基本工业即重工业为人民所不能举办或不能获利者”。三是他不赞成中国长期传承的轻商观念，并彰显了近代商业发展的重要作用，而主张政府加强对商贸、服务业的管理与支持，把商贸、服务业推向近代化的发展道路，用以推进工农业资本主义商品生产的加快发展。总之，他认为三大产业经济地位，应是以第一产业为首、为基础；以第二产业为中心、为主体、为主导；以第三产业为支撑。

（3）关于三大产业经济相互关系的思想。他虽未直接而明确地表述三大产业经济相互关联的思想，但也涉及这方面的有关内容：一是认为中国要实现工业化必须重点发展新式工业，进行以机器为主要生产工具的工业商品生产，而要重点发展机器工业商品生产，就要“改良耕种之方法，选择适宜之农产”、“改变农民思想僵化，不肯采用新式耕种方法，或改种他种农产”，从而改变中国“农产品质尚不及工业国家之所产，每亩之收获量

①②③ 刘大钧：《国民经济建设运动之理论与实际》，国民经济建设委员会1936年版。

④⑤ 刘大钧：《工业化与中国工业建设》，商务印书馆1945年版。

亦常相形见绌"[①] 的状态，以适应新式工业发展对农产原材料的需要。二是为了发展新式工业，政府要采取诸多鼓励与支持农业发展的政策措施，尤其是在资金运用上，不能为发展工业而"使资金尽为工业所吸收，致使农贷工作因而中辍"[②]，即要保持资金运用在农、工两业上的平衡关系。三是认为商贸业是市场商品供求的调剂者，政府要通过统制措施去优化对商贸业的管理，防止因商业获利较大导致中间商太多，最终使消费者负担过重，损害消费者利益，也损害农、工生产者利益，即要保持产、供、需之间的相互适应与协调发展关系。四是认为交通与金融业和商业关系密切，"如运输不便，则货物自难流通"[③]；认为金融业对其它产业的影响十分巨大，要搞好协调，主张"政府与私家银行共负调整金融之责任"[④]。总之，他认为三大产业经济之间，应保持相互适应的协调发展的关系，以实现商品产、供、销之间的平衡。

由上述可见，他从对社会生产过程的组成要素的认识出发，把经济部门或产业类型划分为农、工、商三大产业经济形态，并依序构成为第一产业、第二产业、第三产业；在三大产业所处经济地位上，认为第一产业为首、为基础，第二产业为中心、为主体、为主导，第三产业为支撑；在三大产业相互关系上，应保持相互适应、协调、平衡的关系，形成一个有机的社会商品经济运行整体，以保证人们的社会消费需要。

3. 对优化第三产业经济结构的思想

（1）在行业结构上。他主张在推进从事物质商品经营的商贸业发展的同时，去加快交通运输业、金融业、仓储业等商贸服务业的发展。认为"交通为经济命脉"、"交通建设推进较快，而一切事业皆易于发展"；"金融业的稳定发展，对其它产业的发展至关重要"。

（2）在所有制结构上。主张在发展重要物品官营商贸业的同时，去更多地发展私营商贸经营业；并主张华侨私商在国外直接投资，从事海外商贸经营业；也主张发展合作形式的商贸经营业。

（3）在产业链的组合结构上。主张在由商贸经营业向商贸服务经营业纵向组合延伸的同时，向工商产销结合、农商产销结合的横向组合的方向延伸，扩大产销一体化发展，以促进资本主义大型工业集团与新型农场的增长。

（4）在经营组织结构上。注重发展国营重要物资储备机构，由各地方政府设立"社仓"，即古代的"常平仓"机构，进行重要产品，主要是粮食产品的储备，以调节市场商品供求、平抑物价；主张将私营金融机构吸引到金融管理委员会机构中，使"政府与私家银行共负调整金融之责任"；主张发展私营的行会组织机构，除进行自理、自律、自利外，要协助政府进行统制管理。

（5）在内外贸易结构上。主张发展国际贸易，保护国内贸易，开展抵制洋货运动；主张吸引正当外商来华投资设厂，在中国的统制管理下进行正常的商品生产经营。

（6）在经营设施与管理水平结构上。主张对经营设施进行工业化改造，提高其科技水平；要培养出更多的先进企业家与技术人才，使经营管理科学化、合理化。

总之，要在各个经营领域与组成要素上进行工业化改造，使第三产业经济的诸类结构

---

①③④ 刘大钧：《国民经济建设运动之理论与实际》，国民经济建设委员会 1936 年版。

② 刘大钧：《工业化与中国工业建设》，商务印书馆 1945 年版。

进一步优化，从而推进其向近代化发展。

4. 国家对第三产业经济进行宏观调控管理的思想

（1）运用国家的统一计划措施，去指导第三产业经济活动，从而协调好同其它产业经济发展间的关系与第三产业内部各行业、各要素间的发展关系，以推进资本主义商品生产与整个商品经济的发展。

（2）运用国家的法规、制度手段，去规范第三产业经济活动，尤其是企业的经营活动。既约束其不法失规活动，又鼓励其正常的与创新有关的经营活动，将其纳入国家统制管理的体制内。如他主张制定经营活动“规则”、“商品质量标准”、“各种检验办法”、“市场价格管理办法”等，要对商人掺杂使假、操纵市场价格、违反经营原则等行为，由政府加以“监督改进”① 与对市场的“适当统制”②，使其自行正常发展、繁荣昌盛。

（3）建立国家的物资储备库，去调剂人民生活必需品的市场供求，并稳定市场商品物价。他主张“各地方政府应仿照古代社仓办法，建筑仓库，存储粮米，以调剂需供，此商业之应行统制者一”③。

（4）运用金融手段，给予所缺资金支持。主张在企业缺乏经营资金时，“亦须政府或金融界予以协助”，给予贷款支持；主张适当发展私营金融业，并使私营金融经营机构参与到金融管理委员会中，使“政府与私家银行共负调整金融之责任”④。同时，还主张吸引私人投资进入交通运输支线的建筑与经营事业中，以畅通市场商品运输，加快市场商品流通，如他所说“交通为经济命脉，政府本应先行统制，然为积极进行建设起见，仍不妨奖励人民从事合作”。

总之，他主张运用计划指导、法规、政策诸手段，强化与优化国家对第三产业经济发展的直接统制与监督相结合的宏观调控管理体制，去推进近代第三产业经济的加快发展。

从上述可见，他从中国的实际国情出发，吸引了国外的一些近代经济思想，而提出了自己的一些经济思想与产业经济思想，并具体涉及第三产业经济思想。他首先引入了西方“工业化”与“产业革命”的有关理论，但提出了自己对“工业化”概念的界定与组成要素的见解，而形成了一个中国应倡行的“工业化”基本模式；从此“工业化”基本模式的构想出发，提出了在国家统一计划指导下的市场自由经营的经济发展体制与由国家运用统制及监督控制方式去调控企业自由生产经营活动的经济管理体制；从社会商品生产过程与社会生产分工的认识出发，吸收了西方的“产业革命”的有关理论，提出了他的“经济部门或产业类型划分”观，将其归结为农、工、商，即第一产业、第二产业、第三产业的三大类型，并提出第一产业为首、为基础，第二产业为主体、为主导，第三产业为支撑的经济地位观与三大产业经济相互协调、平衡发展的关系观；为了发挥第三产业的重要职能作用，提出了他的优化调整第三产业经济结构要向纵向与横向两个方向延伸的思想；为了推进第三产业经济的顺利、有效的发展，而提出了国家运用多种手段，并通过直接统制与间接调节两种方式，对第三产业经济活动进行宏观调控管理的思想。可以说，他是一个近代社会时期多具独立与先进见解的产业经济思想家。

①②③④　刘大钧：《国民经济建设运动之理论与实际》，国民经济建设委员会1936年版。

三、共产党领导的新民主主义革命时期主要代表人物的第三产业经济思想

（一）共产党领导的抗日边区时期邓小平的第三产业经济思想

邓小平，1904 年生于四川省广安县协兴乡牌坊村，取名邓先圣。在攻读重庆留法预备学校期间，即参加学生的抵制日货、声讨卖国贼的活动。1920 年到法国留学后，于 1922 年参加旅欧中国共产主义青年团，1924 年转为中国共产党党员。1926 年 1 月由法国转赴苏联，在莫斯科中山大学学习。1927 年离苏回国，从事革命活动。1929 年在广西发动了百色武装起义，创立了中国工农红军第七军，任军政治委员、前委书记，并于 1930 年发动了龙州起义，在广西右江地区创立了革命根据地。1933 年任中共江西省委宣传部长，并任《红星》报主编。1934 年随中央红军长征，任中共中央秘书长。1938 年任八路军一二九师政治委员，与师长刘伯承一起在太行区开辟晋冀豫边区抗日根据地。1942 年任中共中央北方局太行分局书记。1945 年在中共第七次全国代表大会上当选为中央委员，1952 年任政务院副总理。在抗日根据地领导经济建设中，已闪现了他有关第三产业经济发展的思想。其主要有以下几点。

1. 积极发展商品经济的思想

（1）发展资本主义商品生产的思想。他认为发展资本主义的商品生产是社会经济发展的必然趋势，不仅要发展简单的商品生产，而且要发展资本主义的商品生产。他指出“共产党在本质上不应该反对资本主义。因为不管在哪种社会中，都应该发挥个人的创造力和提高生活水平”①；接着又指出“社会的变革只能是渐进的，而且要在变革的过程中，告诉人民执行什么样的政策，才会给他们的经济和政治利益带来好处。社会主义需要民主和经济实力，社会主义只能靠‘资本主义的生产’才能建立”②。即主张从现实情况出发，发展资本主义的商品生产，在促进社会经济发展中，去满足人们的生活需要，提高人民的生活水平，提高边区的经济实力。

（2）发展商品交换的思想。他主张进行边区同区外的商品交换，以调节边区的市场商品供求，使自给性的生产同商品交换结合，以更好地满足边区人民的生活需要。他指出“尽管太行行政区需要进口些火柴，但是它能够生产足够的粮食来满足本地人民的需要，并且还能出口一些自己制造的简单的商品”③，即在立足生产自给性粮食产品的基础上，去发展其他一些生活必需品的进出口贸易或区内外的商品交换活动，把经济搞活。

（3）正确处理经济、生产与取得政治及军事胜利之间关系的思想。他主张正确处理经济建设与政治革命、军事战争之间的关系。认为，要取得政治革命与抗日、解放战争的胜利，就必须发展经济，要发展经济就必须发展工农业生产与商品交换，为战争提供有力的经济支持；同时，还主张发展教育事业，为经济建设与取得战争胜利培养人才队伍，最后取得政治革命的胜利。他在 1943 年 7 月发表的《太行区的经济建设》一文中，特别引用了毛泽东的如下一段重要指示，即“战争、生产、教育是敌后的三大任务”，并具体指出“我们的一切为着战争的胜利，生产可以保障战争的胜利，教育则为战争、生产服务，

①③ ［澳］大卫·古德曼：《太行根据地篇》，《邓小平政治评传》。

② 邓小平：《太行山的经济建设》，《邓小平文选》（第 1 卷）。

把三者密切地结合起来，就是不可战胜的力量”[①]。

(4) 认为发展生产，特别是发展资本主义的商品生产，从而加强经济建设，具有不可忽视的重要性。他认为“社会主义需要民主和经济实力，社会主义只能靠‘资本主义的生产’才能建立”，并明确提出“百倍的加强经济建设的领导，应该是今后始终贯彻的方向”[②]。即主张把经济建设与商品经济的发展置于重要地位。

2. 边区政府调控管理商品生产经营的思想

(1) 运用货币手段进行调控管理。边区政府要建立与优化管理严密的信贷货币系统，运用信贷与货币发行手段，调控管理好商品生产经营与商品流通活动。在他的主张与推动下，创立了冀南银行，发行了在市场流通的边区纸币，以促进边区的商品流通，调节市场的供求关系，从而推进商品生产的发展。

(2) 运用税收手段进行调控管理。主张边区政府要建立自己的税收管理体制，通过税收政策去推进商品经济的发展。首先，他主张并实施如下税收政策，即按照个体商品生产经营前几年的平均生产经营额纳税，纳税后的剩余部分都归生产经营者个人所有。其次，对农业生产者，主张推行“责任制”，其具体实施办法是通过同生产者签订一个合同，把公有土地承包给个人，按土地亩数缴纳租金或实物，其超出合同承包租金额以外的任何剩余部分都归承包生产者所有，以发展商品性的农业生产经营，促进商品交换的发展。最后，主张不断降低税率，以扩大商品生产经营规模。

(3) 运用奖励手段进行调控管理。边区政府要建立奖罚制度，鼓励优秀的生产经营者。他于1943年9月21日在一二九师生产会议上的报告中指出“建立赏罚制度……规定个人生产模范、劳动英雄给予100～200元的奖金。有些同志说这是否过高了，不高。是由于其劳动所获得的，又不是贪污所得，应该的。对于懒惰不积极的，要给予处分，懒惰、生产不好的单位必须自己吃苦。否则，赏罚不明，就不能将一个工作做好”。[③] 即他主张，不仅在私人个人的生产经营企业推行奖罚制度，而且要在公有制的生产经营单位实行奖罚制度，以鼓励个人与企业积极扩大生产经营规模，以满足人们的市场商品需要，增强边区的经济实力。

从上述可见，他主张积极发展资本主义的商品经济，把工农业的商品生产置于前导地位，相应发展从事商品交换的商贸业，扩大边区的商品进出口贸易；认为商品经济的扩大发展，不仅能更多地满足人们的市场商品需要，而且可以增强边区的经济实力，以支持政治革命与抗日战争取得胜利，因而，要正确处理好生产发展与政治革命、抗日战争之间的关系；并主张积极发展教育事业，培养从事生产经营与抗日战争所需的实用人才队伍；主张通过边区政府制定与实施信贷货币、税收、奖罚的管理制度与政策，去调控管理商品生产与经营活动，去推进商品经济的发展。从而闪现出他重视第三产业经济发展的思想及其宏观调控管理的思想。

(二) 共产党领导的抗日边区与解放区时期陈云的第三产业经济思想

陈云，男，江苏省青浦县章练塘镇人，1905年6月13日出生于一个农民兼手工业者的家庭。曾读过私塾、小学、商业学校，勤于自学。1935年9月，代表中共访问团去苏

---

① 邓小平：《太行山的经济建设》，《邓小平文选》（第1卷）。

②③ ［澳］大卫·古德曼：《太行根据地篇》，《邓小平政治评传》。

联莫斯科向共产国际组织汇报工作后，即去有关地区考察学习，接着，在1936年，于莫斯科列宁学校留学一年，研读列宁主义、政治经济学、社会发展史、中国革命问题等重要课程，具有良好的马列主义理论基础。少年时期因其家庭经济困难，在学校学习时间不长，于1919年12月就职于当时的上海商务印书馆，从事较多的具体劳务工作，接受了诸多革命思想，随于1925年八九月间加入中国共产党。1927年就任青浦县农民革命军总指挥部政治委员，参与领导1928年的"秋收"农民起义后，先后任中央江苏省常委暨农委书记与江苏省委书记、在上海组建的中共临时中央政治局成员、中央苏区的"中华全国总工会中央执行局"党团书记与临时中央政治局成员、中央政治局常委会委员；1935年遵义会议后任中共中央组织部长，随红军长征去延安，不久即去苏联访问留学，1937年11月经新疆返回延安，仍任中央组织部长至1944年初；为适应经济工作需要，于1944年3月调任为西北中央局委员，开始主持边区的财经工作；1945年4月中共第七次代表大会上当选为中央委员、中央政治局委员，不久，又增选为中央书记处候补书记，更多地参与了中央的重大决策活动。更值得提出的是，随着革命形势的顺利发展、解放区的扩大，财经工作提上重要议程，他的工作任务发生了向财经工作的重大转移，即鉴于东北区解放战争与经济建设的重要性，中央于1945年9月委任他为中共中央东北局常务委员会委员，去北满与南满创建坚固的根据地，并把其工作的重点放在主持东北区的财经建设工作上，为此，特任命他为中共中央东北局常务委员会委员、副书记，主兼东北局财政经济委员会主任，负责推进东北区财经建设与发展工作；随着全国大部分地区的解放，全国经济的恢复与发展的重要性更加突出，中央又于1949年4月决定由他任中央财政经济委员会主任，去赴北京主持全国的财经建设工作。由于他善于调查研究，提出了诸多切实可行的财经政策与实施措施，又由于他勤于思考、富于总结，又提出了诸多创新性的理论观点，因而，在财经领域多有著述与论见，不仅提出了近代的经济发展理论思想，而且也多涉及产业经济与第三产业经济发展的理论思想观点，从而成为该历史阶段第三产业经济思想的主要代表人物。现揭示他如下主要产业经济与第三产业经济的理论思想。

1. 对三大产业经济地位及其相互关系的思想

（1）主张鼓励农业生产的发展。他认为农业的发展不仅能保证广大农民的自给性基本生活需要，尤其是对粮食产品的生活需要，而且还能以缴纳公粮的方式保证军需与城市居民的基本生活需要，并且还可将剩余农产品同区外物资进行互通有无的商品交换，是支持抗日战争与解放战争取得胜利的经济基础。主张通过各种政策与措施去促进农业生产的发展，以保证军需、民用，并为发展工业与商贸业提供更多的原材料与商品供给。

（2）主张积极发展公营、私营与合营的工业生产。不仅要发展手工业生产，更要积极发展机器工业生产；不仅要发展公营工业生产，而且要积极发展私营与合作经营的工业生产；不仅要发展日用必需品的工业生产，还要发展商品性的工业生产，以扩大对区外的商品出口量，保证城市人口对日用工业品的生活需要。

（3）主张积极发展区内商贸业并大力发展对区外的贸易业。他主张采取鼓励区内商贸业发展的政策与保护商品出口的对外贸易业的政策，并对进口贸易采取严格管制。他指出"边区的内部贸易是完全自由的，对外贸易基本上也是自由的（只有在封锁环境下，

为了保护食盐出口才实行统销）”①。为了促进商品生产与保证人民的基本生活消费需求，主张积极发展边区政府公营贸易公司和盐业公司的商贸经营业，以发挥他所说的“保护边区人民（特别是盐户和脚户）的利益，平定物价，调剂市场，购进必需品，抵制奢侈品，发展边区生产和贸易”② 的功能作用。总之，他虽未明确提出三大产业所处的地位，但已反映出他已具以第一产业为基础、积极发展第二产业的商品生产、相应发展第三产业的经济思想；同时，也从农业为工业提供原材料商品、为商贸业提供农产日用品商品，工业为商贸业提供内外贸商品，商贸业又为农工业的生产商品开辟市场的认识中，反映出他已具有三大产业间是相互依存、制约而协调发展的关系思想。

2. 对发展第三产业经济与优化其产业结构的思想

（1）主张积极发展管理区的商贸业，以促进工农业商品生产与保证人民的市场商品需求。一是不仅要发展区内的商贸业，而且要发展进出口的对外贸易业。二是不仅要发展公营与私营的商贸业，而且要大力发展合作社的集体经营的商贸业。三是在以国营商贸业为主导的基础上，实行私营与合营商贸业的自由经营，并鼓励农业与手工业生产者自由销售其剩余产品。四是在发展机械商品商贸经营业的同时，要更多地发展日用工业品商品的商贸经营业。五是在发展物质商品商贸经营业的同时，也注意发展商贸服务业，如边区银行业、运输业等，还有劳务服务业，如“脚户”搬运业等。

（2）主张发展多种教育形式，培育商贸业的经营人才，以提高商贸业的经营管理水平。一是要吸收一些高中、大学毕业的知识分子从事经贸工作。二是知识分子要到实践中去努力学习，掌握实际操作知识技能，向工农干部学习实践经验。三是工农干部要努力学习文化知识，做到后来居上，认为他们“应该有信心，可以学好，而且可以成为全才。只要自己立志，党可以帮助。……主要不是进学校，而是靠自修”。③ 四是要“在做专门技术工作的同志之间提倡合作，在学术上可以自由争论、研讨，工作上要互相合作共同为革命服务，于革命有利”④。

（3）在白区发动群众抵制日货，进行反贸易侵略的思想。他认为，日本帝国主义强盗，强暴地占领了东北三省、热河，并向华北扩展，其他帝国主义亦加紧进行瓜分中国的活动；国民党无耻的投降和彻底的出卖，引起了广大工农劳苦群众以至小资产阶级的高度愤恨，激发了直接的、剧烈的反日反帝反国民党的斗争。因此，他主张除了在白区进行政治斗争外，“要组织起群众的御侮自救会和检查日货队，检查日货、没收日货”⑤。即他主张在白区组织群众进行反日贸易侵略的斗争，从而保护民族商贸业的发展和国内市场的独立性。

总之，他主张发展第三产业经济，去促进第一产业、第二产业经济的发展并保证人们对市场商品的需要；主张通过完善第三产业经济结构要素体系，去促进第三产业的加快发展，特别提出发展教育业去培养更多高级适用人才，提高经营管理水平，从而推进第三产业经济与革命事业的发展；主张发展对区外的商品进出口交流，以互通有无，并推进白区群众抵制日货、开展反日本贸易侵略的运动，以保护民族经济发展的独立性，特别是第三产业经济发展的独立性。

---

①②③④　陈云：《陈云文选》（1926～1949 年），人民出版社 1984 年版。

⑤　陈云：《建立白区工作的几个重要问题》，《陈云文选》（1926～1949 年），人民出版社 1984 年版。

3. 政府对第三产业经济发展进行宏观调控管理的思想

（1）不断完善管理法规制度，优化对商贸业发展的调控管理思想。一是优化劳动法在实施中的管理。他主张依据实际情况具体贯彻执行于1931年11月中华苏维埃工农兵第一次全国代表大会通过并在同年12月1日颁行的《中华苏维埃共和国劳动法》的有关条文规定。如他认为，在一般城市和地区不能“机械地执行只能适用于大城市的劳动法，使企业不能负担而迅速倒闭”，“不能不顾实际情况，不体现出各个企业的不同工人的具体要求，千篇一律地抄录劳动法”①。二是优化完善合同法的条文内容。为了正确处理企业职工与雇主的经济利益关系，促进企业经营活动的有序规范运行，中央政府提出在革命根据地的企业中由职工与雇主订立集体条约的规定，即签订合同的法规。他针对当时在实际中存在的诸多共性问题，主张加以完善，规定明确而规范、实用的具体条文，并亲自去汀州考察，指导有关机构重新制定了适合实际而又有弹性的《劳动合同》典规②。

（2）要正确处理财政与金融、贸易关系的思想。他认为三者之间是互相联系、协调发展的关系，但有主、有从。如他所说“基本上是金融、贸易为了财政，这是大政方针。但有时财政要服从金融贸易”③，并认为“财政收入主要是靠税收”④，在税收中盐税要占较大比重，其他是公营贸易公司的营业收入。因而，要节省财政支出，以防因财政支出过多，引致机关、部队搞黄金走私，而过多地垫支与发行边币，影响商品流通；要防止财政透支、“开空头支票”，以稳定物价。

（3）控制货币发行量去大力抑制市场物价飞涨的思想。他主张平抑市场物价过度上涨，保证市场商品供求适应关系与人民生活的稳定，促进商贸业的正常发展。他面对当时东北解放区物价上涨的现状，认为“物价暴涨及由此而来的工人实际工资降低，工人不安，公营企业商品售价太低发生赔本现象”⑤。并具体提出如下观点：一是认为物价波动的原因有两个：一为大量增发了纸币，而增发纸币的原因在于军队人数迅速增长而使开支增长，但又无物资作为支付手段，导致平均物价指数上涨了三倍半；二为去年粮食歉收，故货币发行量激增而粮食处于供应量不足而导致粮食处于求大于供的状态，从而引起了物价暴涨。二是认为粮价飞涨，造成了以下结果：一为使公营企业中获固定货币工资者的实际收入下降，而使实际生活水平下降；二为因要稳定物价，坚持公营企业的牌价基本不动，而造成了公营物价过低，导致了亏损，既不利于生产发展，又促使自己配给粮物外流；三为公家如按市价统购，农民会囤粮不卖、私商也会乘机囤积，而影响自由流通等。三是认为要抑制物价，特别是粮价的飞涨，就要采取以下政策措施：一为控制货币的发行量；二为适当提高职工工资，按实物折算；三为适当提高供应物资的物价；四为鼓励农民自由出卖粮食、禁止私商囤积粮食等。通过上述诸政策措施，去力求市场物价的平涨而不暴涨。以上思想观点，说明他已明确地认识到要保持货币流通量与市场商品流通量，即市场商品供求适应关系的重要性；保持市场物价的相对稳定，对促进生产发展与提高人民生活水平的重要性；调控商贸经营活动，对稳定物价、保持市场商品供求平衡所具有的重要作用。

（4）运用经济政策手段调控管理商贸活动的思想。主张努力发展抗日边区的国民经济，全面贯彻执行“自力更生”的方针，通过发展生产的途径，解决财政困难，减轻人

①②③④⑤ 陈云：《陈云文选》（1926～1949年），人民出版社1984年版。

民的负担，实现丰衣足食。一是采取鼓励发展农业生产的政策。他主张通过制定与实施农贷政策、奖励移民政策、变工政策等，去促进农业生产的发展，从而在满足自给性需求的基础上，去扩大区内商品交换与对区外的贸易活动。其具体措施是：一为“要奖励植棉和提供纺织”①；二为组织变工队去支持农民的生产；三为组织“边区的部队、工作人员和学生，大家动手生产”②，通过进行自我生产，更多地提高自给率，减少农民缴纳公粮的税收负担等。二是积极发展公营、私营和合营的工业，生产更多的日用品，如纸烟、毛巾、袜子、火柴、生铁、肥皂、纸张、食盐、瓷器、化学产品、棉纺产品等，尽量在日用工业品自给的同时，扩大其向区外的出口量。三是实行管理进口，保护出口，发展内部贸易的政策。他指出“这是为了在严重的封锁情况下，保证以输出边区的产品（主要是盐），换取抗战和民生所必需的物资（布匹等），同时也是为了扶植边区的实业，繁荣边区的市场”。为此，特别强调要打破“国民党当局千方百计封锁边区食盐出口”③ 而控制日用必需品进口的政策与行为。他对此特别提出，“边区的内部贸易是完全自由的，对外贸易基本上也是自由的（只有在封锁环境下，为了保证食盐出口才实行统销）。边区政府领导下的贸易公司和盐业公司，是为了保护边区人民（特别是盐户和脚户）的利益，平定物价，调剂市场，购进必需品，抵制奢侈品，发展边区生产和贸易。这又和国民党当局的各种统销专卖机关专为少数人发财，囤积居奇，抬高物价，摧残人民企业的做法，完全相反”④。这不仅表明了他边区政府应实施商贸管理的政策思想观点，还对国民党当局封锁边区进出口贸易的政策与其管治区的商贸政策进行了明确的批判，并进行了两区间的相互对比，从而阐明了抗日边区政府所实施的商贸管理政策的正确性。四是组建与发展合作社经济组织，优化其管理。他认为，在抗日边区组建与发展合作社经济组织具有重要作用，可以“使边区人民群众通过合作社的方式，组织起来，发展生产、运输，开展内部贸易，兴办许多社会福利事业。合作社政策是正确的，必须坚持下去”⑤，但他认为尚存在一些必须通过优化管理加以解决的问题，而明确指出“今天我们的合作社中间，还有摊派股金、业务不精、人选不当、领导不强等缺点，必须加以纠正。边区政府对一切有利于发展边区经济的事业，不论是公营、私营或合营，都予以帮助，而对合作社特别予以减税的优待”⑥，即主张通过优化管理与减税优待等鼓励政策，推动各阶层人民群众积极参与合作事业，以促进合作经济的发展，尤其是边区内合作商贸业的发展。

（5）建立工会组织机构去正确处理不同行业的经济利益，并保护企业正当权益的思想。①认为工会不应对“城市中的商店、作坊提出过高的经济要求，去机械地执行只能适应于大城市的劳动法，使企业不能负担而迅速倒闭；不问企业的工作状况，机械地实行八小时和青工六小时工作制；不顾企业的经济能力，强迫介绍失业工人进去”⑦。如果这样做，会“使许多企业和作坊倒闭，资本家乘机提高物价，并欺骗工人，使工人脱离党和工会的领导”，会“破坏苏区经济的发展，破坏苏维埃政权”⑧。②主张党和工会对经济斗争的领导，必须纠正官僚主义。要重新审查各业集体合同的具体条文，要“审慎的了解各业的每个商店、作坊的经济能力，依照实际情形，规定适合于每个企业的经济要求。

①②③④⑤⑥　陈云：《陕甘宁边区的财经问题》，《陈云文选》（1926～1949 年），人民出版社 1984 年版。

⑦　陈云：《苏区工人的经济斗争》，《陈云文选》（1926～1949 年），人民出版社 1984 年版。

⑧　陈云：《陈云文选》（1926～1949 年），人民出版社 1984 年版。

不能不顾实际情况，不体现出各个企业的不同工人的具体要求，千篇一律地抄录劳动法”①,即要工会按实际情况区别对待。对故意停止营业而搞破坏活动的资本家，要加强监督与阻止；“对于确实为没有来货，无货可售，或生意清淡，店铺、作坊将要倒闭的资本家，工会应该领导工人要求他们继续营业；同时，应该领导工人在自愿的条件下，减少一部分工资，以企业不致倒闭为度”②，即采取一些挽救缓冲办法。

总之，他主张抗日边区与解放区政府为了推进第三产业经济的加快发展，而通过完善管理法规制度、采取可行而有效的各种经济政策、实施多种管理办法，去宏观调控管理第三产业经济的协调发展，而充分发挥其作用。

从上述可见，他作为新民主主义革命派的经济思想家，为了取得抗日战争与解放战争的胜利和保证人民群众的生活需要，而从当时的实际情况出发，吸收了国外资本主义经济发展与社会主义公有经济发展的有关思想，融合于中国传统的经济发展思想中，而形成了自己的第三产业经济思想体系。其第三产业经济思想主要表现为：以第一产业为基础，相应发展第二产业、第三产业，三大产业相互协调发展的三大产业的地位观与相互关系观，即既不“农本工商末”，也不“重本抑末”；从既保证财政收入以支持战争胜利，又促进生产发展与保证人民生活水平的认识出发，主张兼顾第三产业经济要素的主要与次要作用的发挥，完善其结构要素体系，向薄弱方面强化发展，即立足于本区、国营、教育培才、独立自给，而适当发展对外贸易、私营与合营的商贸经营业，自培人才教育活动、生产自救，去增加财源，调剂余缺的市场交换，而在力求经济与贸易独立的基础上，开展反国民党贸易封锁与反日本帝国主义的“洋货”侵略的活动；在允许与鼓励商贸业即第三产业经济相对自由发展的基础上，主张政府通过完善法规制度、财政与经济政策、具体实施办法、行业工会组织机构，并采取直接与间接方式、约束与鼓励机制，去宏观调控管理第三产业经济活动，从而把政府统管与人民民主自由相结合的思想，反映与应用于第三产业经济发展领域，把其推向新民主主义经济体制的发展方向上去。

第三节 近代社会晚期第三产业经济思想体系的发展

这一时期是由近代社会转向现代社会的过渡时期。在该时期内，自给自足的自然经济、民族资本主义商品经济、国外侵入的国际资本主义商品经济并存；封建官僚军阀政府、国民党资产阶级政府、国外帝国主义殖民地统治政府、共产党领导的边区与解放区民主政府并存；封建保守主义、资产阶级的旧民主主义、无产阶级的新民主主义、帝国主义的殖民主义的意识形态并存；传统的历史思想文化、国外传进的资本主义思想文化、从国外学习与引进的共产主义与社会主义思想文化并存。由于上述多种经济、政治、思想、文化诸要素并存，并在不同地区、不同历史阶段分别处于各自的主体与辅助地位，因而，引致不同的政治、经济思想家具有各自的政治、经济思想体系，而反映在产业经济思想与第三产业经济思想上，也具有各自学派的理论思想观点。虽然差异永存，但客观存在决定意

①② 陈云：《陈云文选》（1926～1949年），人民出版社1984年版。

识、经济基础决定上层建筑，因而，社会经济发展的大潮流与趋势，必然引致主体理论思想的产生与发展，并会因人们思维的主动性而创新发展，去反作用于客观存在而引导社会客观存在向必然发展趋势推进。因此，在我们归纳该时期第三产业经济思想发展过程中，则主要揭示其共同性、主体性、主流性的产业经济理论思想观点，并注重反映自我创新性的与学习引进国外先进性的理论思想观点，以准确把握第三产业经济理论思想发展的历史进程，特别是本国的自有历史发展进程。

一、政治、经济思想家对国外产业经济思想的学习与引进

（一）学习及引进的途径与方式

1. 直接学习与引进

该时期政治、经济思想家的主要代表人物，大多通过在国外留学、考察、从事军事与经济文化诸实际活动，而直接获取了国外的政治、经济、文化等理论思想，有的吸收为自己的理论思想基础，有的吸收为自己理论思想的重要构成要素。如蒋介石曾留学日本，赴苏联考察学习；刘大钧曾留学德国；袁世凯曾赴朝鲜从事军务；陈云曾去苏联留学学习等。

2. 间接学习与引进

该时期的大多数政治、经济思想家，除直接在国外学习、考察、实践外，多通过各种传播媒体，如报刊、书籍、广播、会议等去间接接受、学习国外的理论思想文化，而注入自己的政治、经济思想观点中。如章士钊、马寅初等通过高等教育活动讲授西方政治、经济理论课程，而学习西方著作所反映的经济思想观点；邓小平、陈云等多通过马克思、列宁的著作，学习与掌握其理论思想观点，并通过实践活动去创新发展，而形成自己的思想观点。

3. 应用与反映的方式

该时期的一些主要政治、经济思想家，大都通过自己的著作、行政文件、实施方案、会议讲话文稿等方式加以引用与吸收，并通过归纳、分析、批判等方式加以创新发展，整合于符合中国实践与发展趋势的理论体系中，而具有时代与不同学派的理论思想特征。

（二）学习与引进的主要产业经济理论思想

1. 关于经济制度方面的

一是关于资本主义的经济制度。就是要发展资本主义的生产资料私有制与资本主义的商品经济体制；实行国家资本主义的计划统制制度与自由资本主义的自由放任制度；发展资本主义的工业商品生产、大力扩展国际市场、开展国际市场竞争，开发国外殖民地资源等。二是关于社会主义的经济制度。就是要发展社会主义的生产资料公有制与计划经济体制；实行产品统一分配制度，由国家垄断同资本主义国家进行商品交换的活动。

2. 关于产业经济方面的

一是在资本主义国家领域。就是以机械生产变革为中心的“产业革命”理论与资本主义“工业化”理论；以工业生产为主体的资本主义商品生产理论；以资本增值为核心的国际商品交换理论等。二是在社会主义国家领域。就是社会生产工业化理论；农业生产集体化理论等。

3. 关于产业经济类型划分方面的

一是产业概念理论。一种是财富产生论；一种是产品价值创造论。二是产业分类理论。主要是工业、农业生产论。即由重商主义、重农主义、重手工业主义到重大机器工业主义的重点产业论。虽也引进了商贸业发展的理论思想，但由于国外对第三产业理论尚未普及，故在引进的理论思想中较少见相关理论，但因涉及到三大产业关系，内外贸易关系，尤其是中国的实际问题，已产生了自生的第三产业理论思想，需要尽力揭示与归纳。

以上所述的主要学习与引进的国外经济制度理论思想与产业经济理论思想，虽在一些主要学派的产业经济思想中有所反映与显现，但均不成系统，也未简单地照搬，大都依据中国的实际国情应用于各自的理论思想体系中，而成为其构成要素，如有的学者所指出的中国“后发外生型”[①] 理论思想的构成要素，已成为中国近代产业经济思想家们研究与认识中国近代社会产业经济历史发展问题开启另一扇大门的钥匙。

二、中国近代社会晚期第三产业经济思想发展的基本状态及其趋势

（一）三大产业经济地位及其相互关系的思想

由于中国封建制的自然经济与资本主义商品经济并存的客观存在，特别是在引进资本主义社会商品生产过程理论中的生产、流通、消费三环节及其商品生产决定论、商品消费需求决定论等理论之后，使中国传统的产业经济思想发生了诸多变化，并使代表不同阶级利益的经济思想家的三大产业经济地位观及其相互关系观，呈现出多元化或多样化的状态，但又反映着共同的认识与基本发展趋势。由于篇幅所限，这里着重揭示其共同性、基本趋势性的思想观点。

1. 三大产业经济地位的思想

在这一时期，由于西方“产业革命”的兴起，国内引入了西方“工业化”的实践经验与理论思想。在引入中国的过程中，一些思想家与经济学者虽使用了“产业”的术语，但多用于工业化理论思想领域，在涉及中国工业化的理论思想中，引起了对工业与农业地位认识的差异，但均未从产业经济学的角度，使用“第一产业”与“第二产业”的术语，更没有使用“第三产业”的术语，因而，对产业经济地位的思想认识多限于农业与工业，实际是第一产业与第二产业经济地位的认识上，不仅对商贸业的地位较少论及，更没有从三大产业的角度去论及农、工、商业的经济地位，而把思考的重点多放在农、工业为主导产业的领域内。但由于商贸业的实际存在与作用，以及西方商贸经营理论思想的变化与适应工业化发展的新的商贸经济理论思想的产生与发展，从而形成了一个独立的经济理论思想领域，而这一领域的经济理论思想也都不同程度地表现与反映在各学派代表人物的经济思想中。故要用力去对其加以揭示，作出归纳与概括，从而构建三大产业经济理论思想体系与第三产业经济自身的经济理论思想体系，改变其反映薄弱的状态，给予其应有的地位。以下将就不同的层面与视角，概括主要学派的“三大产业”经济地位思想。

（1）关于主导产业的经济思想。该时期的产业经济思想主要代表人物，对中国应以何种产业为主导产业分为两大学派，并发生了激烈的争论，而各有不同的出发点与依据。主要是对“以农立国”，还是“以工立国”，即是以“农业”为主导产业，还是以“工

---

① 孙智君：《民国产业经济思想研究》，武汉大学出版社 2007 年版。

业”为主导产业的不同认识而展开，从而反映出他们的第一、第二产业的不同重点地位思想。以下就两次争论加以具体表述。

1）第一次争论。首先，是经济思想家章士钊提出了“以农立国”的思想。他一直在宣扬其“农村立国之义”，并于1928年8月12日在上海《新闻报》公开刊登了他的《业治与农（告中华农学会)》一文，明确提出“吾国当确定国是，以农立国，文化治制，一切使基于农”的主张，此文发表之后，获得了多位学者的赞同，如积极响应者董时进，于1923年10月25日即在《申报》发表了《论中国不宜工业化》的文章，论述了不宜“工业化”与“以农立国”的五个理论依据。但很快引起了另一学派很多人的不赞同反应，如学者杨杏佛，于1923年10月28日即在《申报》发表了《中国长能为农国乎》的文章，认为中国农业与工业均不可偏废，主张要“工业与农业应并行不勃，相得益彰”，即认为两者处于同等重要地位；而另一位学者恽代英，也于1923年10月30日在《申报》发表了《中国可以不工业化乎》的文章，提出“中国应成为工业国”① 的主张，并作出以下肯定的结论：中国唯有工业化才能在世界强国之林生存乃至发展下去。由此，反映出两大学派的不同思想观点。

2）第二次争论。20世纪30年代初，又从对中国工业化应选何种途径的不同认识出发，引发了中国应该要“以农立国”，还是要“以工立国”的第二次争论。这次论战的原因，不仅是原争论并未形成统一的认识，两大学派在坚持己见，而且是因帝国主义列强的经济侵略、国民党政治腐败与军阀争战，使农村土地兼并成风、阶级矛盾激化，再加连年水旱灾害，使农村经济濒临崩溃的状态。由此，引致了一部分学者要解决现存问题并选择经济发展途径，必须要“以农立国”的呼吁及主张，从而使第二次论战复起。“以农立国”学派的主要代表人物是章士钊、梁漱溟、晏阳初等人，他们主张要复兴农村、振兴农业，以带动工业发展；“以工立国”学派的主要代表人物是吴景超、李大钊、陈序经等人，他们主张加快发展工业，特别是振兴都市工业，以救济农村与农业。因而，可以说第二次论战，是围绕迅速挽救农村经济危机，是要先发展农业，还是要先发展工业；是要以农业为主导，还是要以工业为主导问题而展开的。其论战的主要舞台是《独立评论》杂志。现简述两大学派主要代表人物的具体思想观点。一是梁漱溟作为“以农立国”学派代表的思想观点。他认为，中国尚未具备走资本主义经济工业化发展之路的条件。一为中国没有一个近代工商业赖以发展的政治环境，表现为政府无法维持安定的政治秩序，也不能采取保护与奖励的政策措施。二为中国农业有基础，有现成的土地可供使用；而工业没有基础，缺少生产资本与机器设备条件。三为“中国根干在农村，乡村起来，都市自然繁荣”；如先发展资本主义的都市经济，片面地发展工商业，“农业定规要打破”，故要先发展农业，“救济乡村，即救济都市”②。他根据上述认识，认为乡村建设运动是中国经济建设的必然路向，不能走像日本那样的近代资本主义的道路。他最后的结论是：中国经济的发展，只能走先发展农业、以农业促发工业的道路，而不能先走工业化的道路。即主张先“以农立国”，重点发展第一产业，尔后去发展第二产业，提出了“第一产业主导论”。二是吴景超作为“以工立国”学派代表的思想观点。他在1934年发表的《发展都市以救

① 李向民：《大梦初觉》，江苏人民出版社1994年版。

② 梁漱溟：《往都市去还是到乡村来》，《乡村建设》，1935年第6期。

济农村》一文中，认为中国经济建设的方向，应是利用机械生产，大力发展工业。他指出“由农业引发工业”的经济方向，既不能挽救中国农村之经济，也不能繁荣中国之都市。应反其道而行之，走“发展都市以救济农村”的道路，才能拯救中国，并提出了如何发展都市以救济农村的具体办法①。有的学者如陈序经在其刊发的《乡村建设理论的检讨》一文中，则着重对梁漱溟的“乡村建设”理论进行批判，他指出“乡村建设运动，在名词上虽是很新颖，在理论上却有了多少复古的倾向”②，并最后断言，中国只能追随西方工业化的道路，而主张“以工立国”，把第二产业作为主导产业。

从上述可见，该时期的经济思想家对中国社会经济的发展道路具有不同的认识与选择，主要分为“以农立国”与“以工立国”两大学派，各有自己的认识与理论、实践依据。引起公开论战的动因虽是如何迅速解决当时的“农村经济危机”问题，但根本的原因在于中国是一个历史悠久的农业自然经济大国，农业是解决民生的基础，因而，“重农”思想十分浓重；而发展工业，实现资本主义工业化，不仅是国际经济的发展趋势，也必然是中国作为农业国的发展趋势，具有先进性与必然性，是提升民生水平的条件和方向。正是由于这一客观现实，才引起人们在这一历史阶段应是“以农立国”，还是“以工立国”的不同认识与争论。但我们从两个学派的不同认识与理论思想中发现，在强调各自的“重点论”的同时，都闪现出“先与后”的思想，而不是绝对的“唯重点论”。如“重农”学派的章士钊提出“一切使基于农”，梁漱溟则提出“先发展农业，以农业促进工业，而不走先工业化的道路”；如“重工”学派的杨杏佛提出“工业与农业并行不勃，相得益彰”，恽代英提出“唯有工业化，才能在世界强国之林生存乃至发展下去”，吴景超提出走“发展都市以救济农村的道路，才能拯救中国”等思想主张。可见，“重农”思想，多是从现实出发而提出的；“重工”思想，多是从发展趋势出发而提出的，具有先与后的不同认识、基础与主体的不同认识。从发展的顺序而论，多反映出“以农业发展为基础”、“以工业发展为主体”，两者虽有先后之分，但是在相互作用中发展的。由此，我们可把两大学派的产业经济发展趋势观，归结为第一产业为基础、第二产业为主体的思想。应当指出，他们只把产业限定在农业与工业生产领域，并限定在第一产业、第二产业的哪个产业应为“主导产业”的争论上，并未提及第三产业的问题及其地位问题；同时，还应提出的是，这一争论虽未反映政治思想家的认识，但也必然引起他们的思考，并具有他们的思想观点。

（2）关于三大产业经济地位的思想。在这一时期，不同政治派别与学术派别的政治与经济思想纷呈，反映在产业经济思想上也是纷争不断、自持观点。不仅表现在著述、言论、公文中，而且表现在行政、政策、办法与行动的实践中。在三大产业经济地位的思想认识上，各派别各有所见，但也有相似性或共同性。现做如下的归纳揭示。

1）封建军阀派代表人物的三大经济地位思想。一是袁世凯的思想。他作为一个政治思想家，由于执政于民国北洋政府而多涉及经济、商贸问题，而必然产生与形成有关第三产业经济的思想。在三大产业经济地位思想中，他主张把经济结构分为农工商三大类，并认为农工商三者俱重，但认为农业居首位，即基础地位，工商业依序相应发展，可把其归

① 吴景超：《发展都市以救济农村》，《独立评论》，1934 年第 9 期。

② 陈序经：《乡村建设理论的检讨》，《独立评论》，1936 年第 5 期。

结为三大产业并重思想。二是章士钊的思想。章士钊不属于军阀派的政治人物，而是属于该时期的经济学者，其经济思想具有明显的传统色彩。在其三大产业地位思想上，明确地主张“重农”而提出了“以农立国”论，即坚持以第一产业经济为主体、为主导，第二、第三产业经济为辅助的三大产业的地位思想。

2）旧民主主义革命派的代表人物的三大产业经济地位思想。一是蒋介石的思想。他作为一个执政的政治人物，必然要涉及对整个国家经济与商贸业发展的规则设计与实施问题，也必然形成与反映出他的有关三大产业应居地位的思想，并具有指导性与主流性。由于他多引入西方的资本主义商品经济发展思想，特别是工业化思想，因而，主张发展以工业为主体的“实业”。反映在三大产业经济地位思想上，他主张以农业为基础，但要进行科技改造与商品经济改造；以现代工业为主体、为中心，大力发展资本主义的工业商品生产；加快发展资本主义的商贸业，以支持与促进工农业生产的发展。即是以第一产业为基础，第二产业为主体、主导、中心，第三产业为支撑的三大产业地位思想。二是刘大钧的思想。他作为一个经济思想家，多从经济发展的角度观察产业经济发展问题，并把资本主义的工业化作为一个重点思考对象，把经济体制与经济管理体制的内容作为研讨的中心。由此引发出他的三大产业经济地位思想。在这里，可把其思想归纳为以下两种类型：一为按社会商品生产过程分，是农首、工中、商末；二为按轻重作用的不同分，是农基、工主、商支。我们在这里，只从后一种分类去归纳他的三大产业经济地位思想，即第一产业为首、为基础，第二产业为主体、为主导，第三产业为支撑的思想。

3）新民主主义革命派代表人物的三大产业经济地位的思想。一是邓小平的思想。他认为“社会主义需要民主和经济实力，社会主义只能靠‘资本主义’的生产才能建立”；“要发展经济，就必须发展自给性及商品性的工农业生产与商品交换，为战争提供强有力的经济支持”；“尽管太行行政区需要进口些火柴，但是它能够生产足够的粮食来满足本地人民的需要，并且还能出口一些自己制造的简单的商品”等。可以把他的基本思想揭示为：在以发展粮食生产为主体的自给性农业生产基础上，去发展商品性的工业生产与农业生产，而相应地发展从事商品交换的商贸经营业，即以第一产业为基础，去相应地发展第二、第三产业的三大产业经济地位思想。二是陈云的思想。他主张鼓励发展能够满足人们基本生活需要的农业生产、积极发展多种所有制的工业商品生产、相应发展区内与对外从事商品交换的商贸经营业。以此，可将他的基本思想归结为：以第一产业为基础，积极发展以机械工业生产为主体的第二产业，相应发展第三产业的农基、工主、商支的三大产业经济地位思想。由上述可见，陈云与邓小平三大产业经济地位思想的差别，在于由较小的抗日边区向较广大的解放区扩展后，更加注重发展工业商品生产，使第二产业的主体地位日益显现。

综上所述，可把该时期的三大产业经济地位思想类型及其演进过程概括为：第一产业为主导，第二产业、第三产业相应发展；三大产业各自独立，并行发展；第一产业为基础，第二产业、第三产业相应发展；第一产业为基础，第二产业为主导，第三产业为支撑，相互协调发展。但可将处于主流的思想归纳为：第一产业为基、第二产业为主、第三产业为支。

2. 三大产业经济关系的思想

对该时期三大产业经济关系或产业关联的思想，各派别代表人物虽各有所见，但可归纳为如下几点。

（1）从社会商品生产过程看。是依据农业提供工业生产所需原材料商品、工业生产进行商品加工制造而提供产成品、商贸经营进行商品交换与商品流通，从而供应市场商品需求，即三大产业经济活动之间是一个相互适应与协调并依序推进的过程，而共同组成相互依存、相互推进的社会商品生产有机整体，但农业起始发与决定作用。

（2）从社会商品再生产过程看。是商贸经营业根据市场商品需求，提供商品供应，并根据商品供应去购买工业生产与农业生产所生产的商品；工业生产与农业生产根据商贸经营业所能购买的商品规模与种类进行商品加工制造与培植；农业生产根据工业生产所需的原材料商品与商贸经营业所需的市场经营商品去从事农产业商品的生产，三者之间是一个按比例协调发展的关系，共同组成商品经济的有机整体。即三大产业经济活动之间，是一个从市场商品需求出发，而由商贸经营业推动商品生产业，即反向依序推进的三大产业相互依存、协调发展的关系。

（3）从产业主导论来看。一是农业主导论。强调第一产业的决定作用，要使第二产业、第三产业根据第一产业的发展去依序相应发展，但要保持相互适应关系。二是工业主导论。强调第二产业的决定作用，要求第一产业、第三产业根据第二产业的发展需要去相应发展，并保持三大产业之间相互适应与协调发展的产业关联思想。

（二）推进第三产业经济发展及其经济结构优化完善的思想

1. 在所有制结构上

（1）坚持发展国营商贸业。不管哪个地区的何类代表人物，都主张保持与发展国营商贸业，只是其类型与强度不同、领域不同。一是在民国北京政府管制区的封建军阀派袁世凯，为了巩固自己的统治，主张对重要商品由国营商贸机构进行经营，实行官僚资本垄断。所说的重要商品是指军用物资、矿产资源、车船交通工具等，所说的商贸机构主要是轮船招商局、银行、汉阳钢铁公司、开滦煤矿公司等经营机构，并通过商业行政机构的严格管理，去控制重要商品的流通活动。二是在民国南京政府管制区的旧民主主义革命派蒋介石，为了推行他的“实业救国计划”，主张加快发展资本主义的工商业，尤其是官僚资本的工商业，把商贸业的发展置于重要地位。为了加快工业化的发展，他特别强调“我们要以计划经济和社会立法，使每个国民的生活与生存，都有保障，务必做到‘资本国家化，享受大众化’之目的”①，即主张把主要资本控制在本国内与国家政府手中，建立起国营公营业，从而把重要商品生产与流通活动控制在政府手中，即由政府掌握国家的经济命脉。三是在抗日边区与解放区的新民主主义革命派陈云，为了抵制国民党政府与外国帝国主义国家的经济封锁与贸易侵略，增强支持战争胜利的经济实力，主张保持国营商贸业的主导地位，尤其是对区内外进出口贸易的国营商贸业的主导地位，要把重要商品的经营权掌握在国营商贸经营机构手中，而支持军需民用，保持独立自主的经济地位。总之，都主张保持与发展进行重要商品经营的国营商贸业，以握有对整个商贸活动的主动控制权。

（2）积极发展私人资本商贸经营业。各个派别的代表人物大都主张积极发展与保护私营商贸业，以发挥其促进商品生产发展、满足人们生活消费需要的重要功能作用，即使

---

① 蒋介石：《中国之命运》，正中书局1943年版。

是“重农”学派也是如此。袁世凯在主政期间，就制定与颁行了诸项励商、保商的法规、条令，如《通饬重农保商令》、《商人通例》、《商事条例》等，实施了“通商惠工”政策、“官为商助”政策等，从而促进民族私人资本商贸业的发展；蒋介石在主政期间，主张加快发展私人资本商贸业，并采取了“节约以增加储蓄”的政策办法，给私营工商业发展以资本支持，并通过发展交通运输、进行产销联合、稳定币制等政策、办法，为私人资本商贸业的发展创造有利条件；在解放区的陈云，主张在以国营为主导的基础上，积极发展私营商贸业，进行自由经营，并采取鼓励农民与手工业者自由销售其剩余产品的政策。

(3) 推动各种合作形式的商贸业的发展。这里的合作形式，包括私人合资、官商合资、中外合资、私人投资官府助办等形式；在经营机构上，包括合作经营公司、商业合作社等。但不同区域的代表人物有不同的主张，如在边区与解放区的陈云主张发展集体投资的合作社，而禁止外资、中外合资的私营商贸业的发展。

总之，大都主张以国营为主导，积极发展私营，适当发展多形式的合资、合作经营，使多种所有制的商贸业并存发展。

2. 在经营行业结构上

(1) 商贸业的经营行业。主张在发展生活消费品经营行业的同时，更多地扩展生产资料的经营行业，如机械产品、化学产品、矿产品等经营行业，即更多地向重工业产品商品经营行业扩展。

(2) 商贸服务经营行业。为了促进商品流通的顺利发展，大都主张加快银行金融、交通运输、仓储、维修、代理代办、邮政、教育等服务业的发展。特别是要加快高等教育服务业的发展，以培养各类高级人才，提升商贸、服务业的经营管理水平，已成为各派代表人物的共识，反映出他们已具有“人才立国”、“人才强企”的思想。另外，还主张适当发展劳务服务业，如货物搬运业等。

总之，大都主张在细化发展物质商品经营行业的同时，去加快商贸服务业行业的发展，为畅通商品流通开辟道路。

3. 在内外贸结构上

(1) 大力发展民族资本对外贸易业。各派代表人物都不同程度地主张发展本国、本地区的对外贸易业，扩大互通有无的进出口贸易。在民国的北京及南京政府管制区，不仅主张扩大对外出口贸易，还主张鼓励民族私商资本向国外直接投资兴办商贸业，并采取保护华侨商人正当权益的政策，如袁世凯就颁行了《保护华侨条例》。在不同的管制区之间，陈云就主张发展同白区的重要商品交流，购进必需品、出售剩余产品，提出“对外贸易也是基本自由”① 的思想。

(2) 对外资商贸业的进出口经营。不同派别有不同的思想观点。民国的北京与南京政府的学派代表人物，多主张在保护民族经济独立发展的前提下，去适当扩大国外商人的进出口贸易，包括在其管制区内进行直接投资经营，主要是铁路交通、矿产业等重要工业产品的产销结合经营。而在抗日边区与解放区的代表人物，则主张反对国外帝国主义的经济封锁与贸易侵略，禁止外商在区内从事商贸经营活动，并主张动员整个民族抵制帝国主

① 陈云：《陈云文选》(1926～1949年)，人民出版社1993年版。

义的外贸侵略。如陈云，就主张动员白区民众展开反对日本侵略者进行商贸侵略的抵制“洋货”运动①。但整个说来，大都主张适应工业化发展的大趋势，去引进国外的先进工业产品，尤其是机械产品，出口中国的优势特产品，力求进出口平衡，以自立、自强。

总之，在主张发展国内民族商贸业的同时，去扩大发展民族的对外贸易业，从而扩大国际市场的范围，去促进国内资本主义商品经济的发展；要限制与削弱帝国主义国家对中国的外贸侵略，力争独立与自强。

4. 在城乡区域结构上

基本表现为两大学派的思想，二者有各自的不同侧重点与相互关系的认识。

（1）先行发展大都市的商贸业及其体系。“以工立国”派，主张先行“都市”化，重点发展大中城市的商贸业，以支持城市工业商品生产的发展，然后带动农村经济商品化的发展，而逐步推进农村商贸业的发展。其实质是以城市商贸业的先行发展为中心、为主体，以城市带动农村商贸业的发展，并组成以大中城市为载体的城市商贸经营体系，而形成全国商品流通的主渠道。

（2）以发展“村”镇商贸业为基点，然后形成“村”镇相连的全国商贸业经营体系。如章士钊从“以农立国”的主张出发，提出了将“村”设计为农村自治的基本单位，在村的区域内，设置公共买卖的机构，从事区内与对区外的商品交换，然后通过由村联成县、由县联成省、由省联成全国商贸经营体系，同时，也将各大中城市作为一个区域单位点的商贸经营业纳入该体系中。这种商贸经营业发展模式，反映出他的以“村镇”为基点的“小镇市”化为重点、为基础，以大中“城市”为组成要素的商贸业经营体系的思想。

总之，在城乡区域结构上，主张向乡村的区域范围扩展，发展乡村的固定商贸经营业，并通过对城市固定商贸业联结的贩运业的扩大发展，使农业产品进城，使工业产品入乡，从而不断形成全国范围的商品流通体系，促进工农业商品生产的发展，满足人们的市场商品需求。

5. 在产业组合形式结构上

（1）在纵向组合形式上。主张在第三产业内部，更多地使产业链由批发与零售经营业的各自独立状态向批零相结合的一体化方向发展，并应表现为不同的组合方向。一是在重要农产品商品领域，主张由分散经营的零售业与贩卖经营的商贩业，更多地向以批发业为主体的批零业一体化的方向扩展。二是在新式、先进的工业产品商品经营领域，主张由集中经营的批发销售经营业更多向批零兼营的商贸经营业方向扩展。三是在商贸与服务业经营领域，主张使商贸的物质商品经营业更多地向两者相结合的经营方向扩展，如在销售车船交通运输工具的同时，也自设其专门维修养护的服务经营机构，形成商品销售与售后维修服务一体化的经营业。

（2）在横向组合形式上。除主张推动进行商品集中生产的农业生产机构向产销一体化的生产经营业，即第一产业与第三产业横向组合的方向发展外，还主张加快推进重要商品生产的先进第二产业与第三产业的横向组合发展。如袁世凯就主张推进当时的私营“启新洋灰公司”进行产销一体化生产经营，并采取由公立机构通过最初的“公购”形式

① 陈云：《陈云文选》（1926～1949 年），人民出版社 1993 年版。

去购买、使用，而扩大其商品销路。如他在当时支持该公司产销一体化生产经营的批文中指出“各铁路局查照购用，以挽利权，并咨胡、唐大臣一体饬道”①。抗日边区的陈云，主张发展产、供、销一体化的集体生产经营的“合作社”形式，去进行三大产业之间的横向组合，他指出“边区人民通过合作社的方式，组织起来，发展生产、运输，开展内部贸易，兴办许多社会福利事业。合作政策是正确的，必须坚持下去”②。从上可见，发展三大产业之间的横向组合一体化，已形成一种共识。

总之，在产业组合形式结构上，主张第三产业向纵向与横向两个组合方向扩展，在继续推进纵向组合的同时，更多地注重向第一、第二产业，尤其是第二产业横向组合方向扩展，从而加速推进以工业商品生产为主体的近代资本主义商品经济的发展。

6. 在产业组织结构上

这里所说的产业组织，主要是指商贸业的行会组织所表现的企业联合形式。一些主要代表人物从不同的角度与出发点，主张扩展与强化商贸业的行会组织，以改善其组织结构。

（1）主张扩展由政府直接管理下的“官管商本”的行业组织机构。这种主张主要反映在执政者的代表人物思想观点中，其目的是为了发挥商贸行业组织的“助政”作用。在联合形式上，还分为工商联合、商商联合。如袁世凯，就主张建立工商联合的“商务总会”，去加强对商贸业的控制，并助推私营商贸企业的发展；蒋介石主张将原只办理有限具体业务的中央、中国、交通、农民四大银行组成的“四行联合办事处”组织，扩大为四行“联合办事总处”③ 组织，由政府直接“总揽一切事务”。

（2）主张优化私营商贸业的行会组织机构。一些经济思想家，从形成行业合力、保护企业权益、增强行业竞争力的认识出发，主张优化发展多类型的商贸业行会组织机构，包括专营商贸业务、产销结合业务的企业联合组织机构。如刘大钧，就主张除将私营金融机构吸纳到官管“金融管理委员会”机构，使“政府与私家银行共负调整金融之责任”④外，去更多地发展私商行会组织机构，除协助政府进行统制管理外，去更多地进行自理、自利，形成集团合力。

总之，在产业组织结构上，主张更多地优化完善商贸业的行会组织机构，既发展较为独立的私商行会组织机构，又要发展政府直接控制的商贸业行会组织机构，并防止被大型私商进行垄断与被官府的完全控制，以形成一个维护行业利益的联合体；并主张向合作社联合管理组织与职工工会组织不断延伸发展。

7. 在经营设施与管理水平结构上

（1）主张将工业化普及到商贸经营管理领域。要对商贸经营业所运用的机械、设施、工具、技术、工艺等，进行近代工业化的改造。如刘大钧所说的“各种生产事业机械化及科学化，而其组织与管理以科学化及合理化”，逐步改变传统的落后状态。

（2）主张“科教立国”、“人才强企”，提高商贸业的经营管理水平。要通过发展教育事业，去培育拥有近代科学技术与管理知识、技能的高质量的经营管理队伍与更多的先

① 南开大学经济研究所：《启新洋灰公司史料》，三联书店 1963 年版。

② 陈云：《陈云文选》（1926～1949 年），人民出版社 1984 年版。

③ 虞宝棠：《国民政府与民国经济》，华东师范大学出版社 1998 年版。

④ 刘大钧：《国民经济建设运动之理论与实际》，国民经济建设委员会 1936 年版。

进企业家，而增强同国外的竞争力、保护民族商业的经济利益、促进民族资本主义商品经济的发展。这一思想，已成为该时期政治思想家与经济思想家的共识。

总之，主张改善商贸经营业所有设备、设施、工具、手段的科技水平与提升经营管理队伍的经营管理活动能力，使之更加科学化、近代化，从而优化第三产业的科技结构与人才结构，把商贸业推向适应资本主义商品经济发展的道路。

从上述可见，在该时期的第三产业经济思想发展中，各派主要代表人物，虽在不同要素系统的结构中，各有自己的侧重点与具体优化的思想观点，但都主张按照发展的大趋势去不断优化发展薄弱的结构要素，去优化整个第三产业经济结构体系，而促进第三产业经济的快速发展。

（三）国家对第三产业经济进行宏观调控管理的思想

1. 运用计划手段，进行统一计划管制的思想

这一时期从国外引进了“计划经济体制”思想，即要在国家的统一计划管制下使经济活动自由发展，经济活动当然也包括商贸服务业的经济活动。这一思想，突出地表现在刘大钧的经济思想中，他认为，政府进行统一计划管制，是“有意识有组织的指导”；“并非一切皆有计划，或一切皆无计划，因吾人既不愿有极端的统制，亦不希望理想的自由与完善的竞争”；“并不由政府统制一切经济行为，更不必由国家经营一切企业”。实际是主张由政府通过统一计划的制定与实施，对商贸经济活动进行指导与约束，将其纳入整个社会经济活动的协调发展中，即后来人们所说的“对资本主义的自由商品经营活动，由国家进行必要调控干预”的思想。

2. 运用法规制度手段，通过颁行比较完善的法规、条例、制度体系，去规范商贸经营活动与行为的思想

这里所主张推行的法规、制度体系，不仅包含约束机制，也包含诸多激励机制；既有政府对重要商品经营垄断的规定，也有反私营大型企业进行垄断经营的规定，还有反国外资本进行贸易侵略与垄断的规定。总之，是既要管住，又要放活，以保证政府统一管制计划的实现。在这一经济思想中，袁世凯表现得比较突出，他不仅主张颁行基本的法规条例，还主张颁行有关商贸业发展的具体法规条例，如他主持颁行了《通饬重农保商令》①、《公司条例》、《商人条例》、《公司注册规则》、《商业注册规则》、《商事条例》② 等法规、条例，以加强对商贸业的调控管理。还有经济思想家刘大钧，主张制定进行商贸经营活动的具体《规则》，如“商品质量标准”、“各种检验方法”、“市场价格管理办法”等，由政府“适当管制”、“监督改进”③。

3. 运用金融货币手段，通过货币发行与资金支持去推进商贸业顺利发展的思想

一是主张控制货币发行量去平抑物价上涨，保持市场物价的基本稳定状态。二是鼓励人民节约以增加储蓄，为商贸业的发展提供资金贷放支持。三是主张政府与金融界联手，对重要经营项目给予投资与贷放资金的共同支持。如袁世凯就主张对新创办的启新洋灰公司，由官营银行给予暂垫款支持，在接到该公司请求资金支持的报告后，即作了“由银

---

① 归安、于有朋：《袁大总统书牍汇编》，广益书局 1914 年版。

② 廖一中、罗真容：《袁世凯奏议》，天津古籍出版社 1987 年版。

③ 刘大钧：《国民经济建设运动之理论与实践》，国民经济建设委员会 1936 年版。

钱所备垫款，以资接办，仰候分饬遵照"[①] 的批示。蒋介石主张人民通过节约支出以增加银行储蓄资金，去提供工商企业筹建与发展所需投资资金，并为此提出了《为节约建国储蓄告全国同胞书》的讲话，在他主持与推动下，还制定了《节约储蓄纲领》、《建国储蓄纲要》、《节约建国储金条例》等条例、办法。陈云主张发行在边区与解放区流通的纸币，并控制其发行量，以保持与市场商品流通量的适应关系，从而保持市场物价的基本稳定，抑制市场物价飞涨。

4. 运用税收手段，通过赋税征收办法去调控管理商贸经营活动的思想

在赋税征收办法上，表现为支持重要的从事正常经营的工商企业的发展与约束和限制非正常经营活动的扩展这两种出发点思想。一是主张对新型的产销结合的重要工商企业，给予更多的赋税优待支持。如袁世凯，对新建的产销结合的启新洋灰公司所呈报的只招纳正税一项而免纳其他杂税的请求，就批示为"应准援照成案，无论运销何处，只令完纳正税一道，值百抽五，沿途关卡验明放行，免于重征，俾得推广销路"[②]。二是主张只缴纳营业税，不缴纳营利所得税。如邓小平，主张建立抗日边区自己的税收管理体制，要不断降低税率，以扩大商品生产经营规模，提出"按照个体商品生产经营者前几年的平均生产经营额纳税"，纳税后的剩余部分都归生产经营者个人所有，即不再缴纳所得税；而对土地承包者，按法定合同缴纳承包租金或实物后的剩余部分，由自己支配，如进行销售不再纳税，即以上述办法促进私人商贸经营业的发展，搞活商品流通。又如陈云，为了鼓励"合作社"形式的商贸业的发展，主张"特别予以减税的优待"[③]。

5. 运用经济政策手段，通过灵活制定与实施有关政策措施去调控管理商贸经营活动的思想

在通过政府实施应变性的调控管理政策上，有多种思想认识。有的主张因商品重要性不同而分别采取；有的主张因管制区的不同而分别采取；有的主张因进出口不同而分别采取；有的主张因战争的状态不同而分别采取；并分限制与鼓励两种政策类型。虽然其政策管理思想的出发点、侧重点、方式有所不同，但大多主张采取推进商贸业发展的经济政策。一是袁世凯主张"通商惠工"、"官为商助"政策。二是章士钊主张"兴农自给"、"适发商贸"、"控制贫富两极分化与过度贸易争夺"的政策。三是蒋介石主张采取"发工兴商"、"重点鼓励产销结合的重工业商品经营"的政策。四是刘大钧主张采取"国家对重要部门和企业实行国营或垄断专卖"、"对私商进行非法经营与垄断予以限制"的政策。五是邓小平主张采取"励商"政策。六是陈云主张采取"励商"、对重要商品的出口"实行统销"、对帝国主义通过进口贸易进行掠夺实行"限制"的政策。总之，我们虽未全面而具体地揭示各个派别的调控管理的产业政策思想，只是重点归纳了政策思想的不同类型与侧重点，但是，也可从中反映出该时期出现了诸多调节、控制经贸业发展的产业政策思想，并具有时代性、差异性的特点。

6. 运用行会组织手段，通过组建不同的行会组织机构类型与其运行方式去调控管理商贸业发展的思想

一是主张组建多类型的行会组织机构，包括官办商会吸纳私办商业加入、私办独立商

---

①② 南开大学研究所：《启新洋灰公司史料》，三联书店 1963 年版。

③ 陈云：《陈云文选》（1926～1949 年），人民出版社 1984 年版。

会由官府监督、私办相对独立商会、相关商会联合会、工商联合会以及合作社联合会、职工工会等行会组织机构类型。二是主张根据不同的行业组织机构类型，采取不同的运行方式，但都必须遵行既定的行会组织章程。有的要在官办活动中参与、有的要在官方监督下进行自律活动、有的要在统一章程约束下进行自理活动、有的进行相关行会组织的协作活动。

7. 运用行政管理手段，通过行政管理组织机构体系进行统一管制的思想

一是主张建立系统完善的商贸业的行政管理机构体系。要对原有混杂的行政管理机构进行调整重组；对原未设立的行政管理机构加以补建。即要组建起一个自上而下的统一行政管理机构体系，改变混杂、缺层、分立的行政管理机构设置状态。二是主张优化与强化行政管理机构的职能，推行有效的管理办法与措施，协调好产销、销销、销消之间的关系，使商贸经济活动有计划地协调发展。

由上述可见，该时期的政治与经济思想家，都主张采取诸多手段，通过诸多方式与办法去调节、控制第三产业经济活动，以推进其有效而顺利地发展，更好地发挥其作用。

对该时期的第三产业经济思想的发展，可作出如下归纳。一是随着中国社会政治、经济的国内外环境的变化，中国的资本主义商品经济获得了较快的发展，商贸业的经济地位得以提升，使人们对其重要性的认识不断提高，而成为该时期第三产业经济理论的思想演进的“内生”因素，但在其演进过程中，又通过学习、传播等多种途径，引进了国外的资本主义商品经济发展的理论思想，尤其是产业经济理论思想，而成为该时期第三产业经济理论思想快速演进的“外生”因素，这两个因素的结合，不仅推进了对现实的认识，而且还形成了超现实的超前理论思想，从而加快了发展的步伐。二是“内生”与“外生”的第三产业理论思想因素，反映在一些政治思想家与经济思想家的思想中，存在着诸多差异性，这是由于他们所代表的阶级利益不同、政治集团利益不同、认识的角度不同、对外生因素的理解与掌握程度不同，而形成与产生的。尽管各个派别代表人物的产业经济理论思想多有差别，并各持己见，但必然会反映出符合主流发展趋势的共有思想认识，而成为新的理论思想体系的构成要素。三是尽管各个派别均未形成各自科学系统的理论思想体系，但可把他们特有的与创新性的思想观点揭示为一个历史时期的特有思想的表征，由此，我们特作如下归纳揭示：一为三大产业经济地位及其相互关联的思想。都认为第三产业是一个客观存在的独立产业形态；大多倾向于第一产业为基础、第二产业为主体、第三产业为支撑；无论生产决定论还是需求决定论，都认为三大产业之间是社会商品生产过程中依序进行的相互依存、协调发展的三大环节或要素。二为第三产业经济活动是其多种构成要素组成的体系。整个体系的有效运行决定于其构成要素组合的合理化，因而，都主张扩展其组合要素、强化薄弱的组合要素，从而集合为第三产业经济结构理论体系。三为必须强化与优化政府对第三产业经济活动的宏观调控管理。虽强调不同的侧重点，但都主张组成为一个科学、有效的调控管理体制。这种归纳出的思想虽与现代第三产业经济理论思想存在较大的差距，但已形成一个基本的理论思想体系，展现出第三产业经济地位、产业关联、产业形态、产业结构、产业组织、产业政策、产业调控管理等诸项基本内容。因此，我们可以说，中华民族也有自己特有独立的近代第三产业经济理论思想体系，并向现代方向继续转变与发展，而具有自己的创新点。

总之，该时期处于近代社会向现代社会的转变时期。面临国内外战争、政权变革、

封建制自然经济与资本主义商品经济并存的国内政治、经济环境与西方国家经过以机器工具为核心的“产业”革命所展开的“工业化”，导致资本主义商品生产飞快增长，为其扩展国际市场而进行战争与外贸侵略的国际经贸环境，不仅引致中国政治、经济制度的变革，也推动了中国工业化与资本主义商品经济的发展，从而推动民族资本商贸业的较快发展；民族商贸业的发展，表现在不同的要素上，最明显的是私人资本商贸业的较快发展与对外贸易的广泛扩展、在国内外领域的民族商业资本企业同国外资本主义国家的商贸企业开始展开了激烈的竞争，实际是展开了一场商贸战争；资本主义商品经济的发展，引起了传统的商贸理论思想的变革，也引进了国外资本主义商品经济理论，尤其是产业经济理论思想，从而推进了中国传统第三产业理论思想向近代第三产业理论思想的演进；在不同派别的第三产业经济理论思想中，因有多种原因而有不同的反映与表现，尽管如此，其居于主流趋势的近代基本理论思想体系不仅已经形成，而且还有一定的创新发展。其主要创新点表现为：由重农、重商论演进为“工业主体论”、“主导论”；由商贸“主体论”，向商务服务业领域扩展；将官营、官管思想，转向官府统一计划管制下的自由发展方向。总之，该历史时期使封建制自然经济形态下的原始第三产业经济思想体系向近代资本主义社会经济形态下的第三产业经济思想体系快速转变，并对第三产业经济的发展发挥着一定的引导与推动作用。

第四篇　现代社会主义社会建设时期第三产业经济思想的发展

第十章　中华人民共和国社会主义社会计划经济建设时期第三产业经济思想的转变与发展

第一节　社会主义社会计划经济建设时期第三产业经济发展的状况

一、第三产业经济发展的历史时期及其社会政治、经济环境条件

（一）第三产业经济发展的历史时期

该时期是从1949年10月1日中华人民共和国成立至1978年12月中国共产党十一届三中全会结束，宣布“改革开放”前的时期。对这一时期的称谓，因划分的标志不同而有所不同。如按社会革命的性质分，可称为由新民主主义革命向社会主义革命的转化期；如按社会形态分，可称为社会主义社会的初期；如按社会经济发展形态分，可称为社会主义计划经济建设时期。这里，是按社会形态与经济形态相结合，而将其划分为中华人民共和国社会主义计划经济建设时期。由于该历史时期处于政治、经济的转化期，为了反映历史进程与产业经济思想的转变状态，拟将该历史时期划分为以下两个历史发展阶段。

1. 国民经济恢复阶段（1949～1952年）

该阶段，是由中国共产党领导的新民主主义革命，经过反封建的战争、抗日战争、解放战争，于1949年10月1日建立中华人民共和国开始，经过对资本主义工商业的改造、进行土地改革而铲除土地地主所有制、推行农业合作社制、创建国营与集体经营的工商业的公有制经济，至1952年迅速恢复被战争破坏的整个国民经济，而巩固共产党领导的人民民主政权的历史阶段。

2. 社会主义计划经济正式建设阶段（1953～1978年）

该阶段，是从1953年制定与实施第一个五年计划开始，经过对整个社会生产与分配实行统一计划管制、进行“一化三改”、开展“大跃进”、创建“人民公社”、开展“文化大革命”运动，以完善生产资料公有制与巩固共产党领导的无产阶级专政，至1978年中国共产党十一届三中全会宣布进行“改革开放”，而进入特色社会主义建设的历史阶段。

（二）第三产业经济发展的社会政治、经济环境条件

1. 国际社会政治、经济环境状况

国际社会政治、经济环境状况，可做如下的基本概括：经过第二次世界大战的胜利，由流血战争转变为冷战状态，但局部国家或地区的流血战争仍在不断发生；战败国家与后进国家致力于巩固国内政治稳定与经济发展；先进的帝国主义国家致力于科技与商品经济的发展，而更积极地扩展国际市场，展开激烈的国际市场竞争；社会主义国家组成以苏联为主导的社会主义阵营，在意识形态、政治制度、科学技术、军事等方面，展开两大阵营间的对抗；帝国主义国家对中国进行经济封锁，并仍霸占中国澳门与中国香港的领土；在美国帝国主义支持下，为国民党所统治的所谓中华民国政府仍占据台湾，而分立于中华人民共和国管理之外；马列主义理论思想与社会主义政治体制及社会主义计划经济体制，在国际范围进行广泛的传播，并引进中国；国外的经济理论思想，尤其是西方政治经济学与经济学的理论思想，开始引入中国；等等。

2. 国内社会政治、经济环境状况

国内外战争导致了国民经济的惨重破坏。在马克思的共产主义革命论的指导下，中国共产党于1921年成立。在中国共产党的领导下，举行了南昌武装起义与“秋收”农民武装起义，建立起革命武装，创建了“井冈山”苏维埃革命根据地。经过反国民党反动派“五次”围剿的第一次国共内战，在“遵义”会议后，由毛泽东率胜长征至日本侵略者的敌后，创建了以陕甘宁抗日边区政府为核心的抗日边区政府体系，展开了全面的抗日战争，经过八年抗日战争，到1945年8月15日日本宣布投降而取得了抗日战争的胜利。由于国民党反动派夺取抗日战争的全面胜利成果，而引起了第二次国内战争的解放全国的解放战争，共产党领导人民陆续建立起多处解放区政府，致力于发展解放区的经济建设，经过三年的解放战争，覆灭了蒋朝政权，而于1949年10月1日创建了由共产党领导的中华人民共和国中央人民政府，开始进行新的经济建设。但所面对的经济状况，是长期国内外战争所造成的极其衰退和落后的局面，因此，全力恢复被战争破坏的国民经济，就成为一个紧迫的任务。

（1）经济恢复阶段的社会政治、经济环境。一是建立起由共产党领导的、进行人民民主专政、广泛统一战线的政治体制，彻底完成了新民主主义的革命任务。二是创建与完善人民民主专政的经济基础。①振兴发展农业生产，在全国范围内进行土地改革，铲除土地的地主所有制，实现耕者有其田，推进农业合作社制，发展集体性的农业；②对私人资本主义的工商业进行公有制改造，加快发展国营与合作经营的公有制工商业，使国营工商业处于领导与主体地位，允许小型私人工商业的存在与一定的发展，包括城乡个体经营与集市贸易。三是组建政府的工商行政管理机构，制定与实施工商业生产经营活动的管理法规、制度、政策、办法，强化对工商业的直接管理。四是积极发展教育事业，培养更多的新型人才。五是创建人民银行机构，发行在全国流通的人民币纸币，促进商品、物资在全国范围内的流通等。由于全国大陆统一、政治与经济环境稳定、工农业生产迅速发展，虽然在国外援助朝鲜进行抗美战争消耗了大量的人、财、物力，但国内的整个国民经济获得了迅速的恢复与一定程度的发展。

（2）实行社会主义计划经济正式建设阶段的社会政治、经济环境。一是为了加速社会革命的进程，实行了由新民主主义革命向社会主义革命的迅速转变。在调整政治体制的

同时，吸收了当时苏联实行社会主义计划经济体制的经验，于1953年起制定与实施了第一个五年计划，从此，中国开始进入社会主义计划经济建设阶段，按照国家的统一计划进行产品生产与物资分配。二是为了加快计划经济的发展，首先采取了“一化三改”的经济发展总路线与重要方针。即如毛泽东主席所说的“从中华人民共和国成立，到社会主义改造基本完成，这是一个过渡时期。党在这个过渡时期的总路线和总任务，是要在一个相当长的时期内，基本上实现工业化和对农业、手工业、资本主义工商业的社会主义改造”。① 该社会主义建设的总路线，于1953年正式公布实施。三是为了加快计划经济的发展，而大力推行了“大跃进”运动。不仅扩建国营农场，采取科技种田的措施，而且掀起了大炼钢铁，以发展重工业的工业化运动。四是创建与推行“人民公社”的政治与经济体制。实行生产资料公有制与社会产品分配的“吃大锅饭”的生活消费方式，将商品流通转变为国营机构的物资统配方式。五是于1966年5月开展了“文化大革命”运动，以巩固苏联式的社会主义政治、经济体制，消除资本主义商品经济因素的滋长及由于连续多年多种矛盾激化，使国民经济处于迟缓发展的状态。六是1971年以后经过整顿，使国民经济获得了稳定发展。在国家五年计划的指导下，强化了“以农业为基础、以工业为主导、重点发展重工业”的经济发展模式对策措施的实施，使整个国民经济更好地走向有计划按比例发展的道路。七是通过与多国建立外交关系，引进了西方经济与思想文化要素。

从上述可见，该时期第三产业经济的发展，面临着复杂多变的国内外环境；在环境因素中既有不利于发展的方面，也有有利于发展的方面。我们着重于揭示有利于第三产业经济发展的环境因素，并系统归纳该历史时期第三产业经济发展的基本状况。

二、第三产业经济发展的基本状况

（一）国民经济恢复阶段商贸业的发展

1. 大力发展国营商贸业

（1）没收官僚资本企业和征用帝国主义在华企业，改造为社会主义国营企业。为了推进原有解放区国营商贸业的发展，加快国民经济恢复的步伐，中央政府采取了没收官僚资本企业与征用帝国主义国家在华开办的企业，而改造为国营企业的政策。一是没收官僚资本企业。这里所说的官僚资本，是指国民党的国家资本与四大家族的私人资本，而国家资本实质上就是四大家族的官僚资本。他们通过官僚资本投资，兴办了商贸业及商贸服务业企业，对诸多行业进行垄断经营，而成为国家垄断资本主义企业，并由此成为国民党反动统治的经济基础。因此，必须将其没收而改造为社会主义国有企业。1949年颁行的《共同纲领》明确规定“没收官僚资本归人民的国家所有”。二是接管与征用日、德、意等帝国主义国家在华投资而设立的企业。据1949年底的统计，被没收的官僚资本企业（其中包括抗日战争胜利后由国民党政府接收的日、德、意各国在中国的国办企业）达2858个，其中包括相当多的商贸企业。在接收这些企业后，将其进行了民主改造，而成为社会主义国营企业。

（2）依靠内部积累资金，去扩大发展社会主义国营企业。它表现为以下两个方面：

① 毛泽东：《毛泽东选集》（第五卷），第89页。

一是恢复和改建原有的国营企业；二是投资兴建新的国营企业。据统计，截至 1952 年底全国已建立了 3. 2 万家国营商业企业，比 1950 年增加了 3. 7 倍；国营商业在批发总额中的比重，从 1950 年的 23. 2%，上升到 1952 年的 60. 5%；国营商业在零售总额中的比重，则由 1950 年的 9. 7%，上升到 1952 年的 18. 2%①。

2. 继续推进私营商贸业的优化发展

（1）继续发展原有的私营商贸业。原有的私营商贸业，既包括原有解放区的，也包括新中国成立后全国的。所说的继续发展，是由于它们在国民经济中具有重要作用，又由于它们存在诸多弊病，需要通过合理调整措施去推进其正常发展。据统计，在 1950 年全国私营商业占批发总额与零售总额均为较大比重。但其存在着一些半殖民地半封建经济的一些特征：①商业资本与金融资本不仅所占比重太大，且带有严重的投机性；②内部结构畸形化，不仅多经营奢侈品，而且还买空卖空、囤积居奇，因不适应需求而不断停业、歇业。同时，它们作为民族私人资本企业，对政府存有不信任与恐惧感，需要改善政府同民族资产阶级的关系。因此，采取了以下四方面的调整措施，以推进其继续正常发展：一是调整国营与私营商业之间的关系，包括调整加工订货与收购方式、调整价格和商业营业范围等。二是调整税收办法，包括税目、税率、计税方法等。三是调整劳资关系，推行“公私兼顾，劳资两利”的政策，经过协商去签订集体合同，以协调劳资关系。四是调整产销关系，即推动私营商贸业“面向生产”、“面向农村及人民消费需要”等。即通过以上诸项调整政策、措施、办法去推动原有企业的正常发展。

（2）推进新办私营商贸业的发展。不仅在城市允许和扩大适应生产与人民生活需要的私营商贸企业的发展，而且推动私营商贸业向广大农村延伸，以沟通城乡的商品与物资交流。

3. 积极推进社会主义集体制的农村供销合作社与城市消费合作社商贸经营业的发展

一是在各级政府商业管理机构的领导管理下组建起城市消费合作社联合社与农村供销合作社联合社，在各联合社的统一管理下，再分设各层次的合作社经营企业。二是城市消费合作社主要是提供城市居民的生活消费品供应；农村供销合作社，既提供农村居民的生活消费品供应，又提供农业及其副业的生产资料供应，还担负收购与外销农村手工业、农副业商品的购销业务活动。三是从事合作社经营的商贸业，既是一个集体经济类型而成为社会主义公有制的组成部分，又是国营商贸业的一个有力助手。它发挥着沟通城乡、产销、国私经济关系的重要作用。

4. 逐步扩展商贸服务业的发展

（1）组建了国营中国人民银行机构，并在全国范围内形成由上至下的经营管理系统，负责货币发行，代理国库储备、现金调剂、转账结算、信贷等经营管理活动。

（2）推动交通运输业的恢复与发展。一是集中力量修复铁路，改善铁路客运与货运；二是恢复水运，尤其是海运，不仅要疏通渠道，还要增加运输船只与工具设施；三是修复与扩展公路运输，大力增加运输车辆、装卸工具与货物储存设施。

（3）扩展国有物资与商品的储备库机构，为货物分配与商品流通创造便利条件。

① 《新中国商业史稿》。

5. 建立了由中央到地方的商贸及其服务业的行政管理机构与管理规章制度

一是设立了中央政府的贸易部与各省、市、县政府的贸易厅、局行政管理机构，对各类商贸经营机构、企业进行统一管理。二是颁行了有关商贸业管理的法规、政策、办法，对违规经营活动进行严格的约束。

总之，在该历史时期，着重对原有商贸经营业进行改组，促进其恢复；着重发展国营商贸经营机构与企业；推动合作社商贸经营机构与企业适当发展；逐步发展与完善商贸服务经营业。其发展的基本态势，是经过恢复、改组、创建，由萧条到开始繁荣；由分散、分割的经营管理状态，转向由政府统一行政管理机构进行统一管理的有序运行状态。但因原有商贸业的改组尚需深化，新建的国营商贸业网络体系尚未形成，新发展的合作社商贸业处于初建、试行而所占比重甚小的状态等，从而导致社会主义商贸业还未取得实际的绝对优势，公、私营之间关系尚待协调，私营商贸业的经营行为有明显的资本主义自由化倾向，而存在投机性、无序性、盲目性。更值得指出的是，由于经济恢复的重点在于农、工业生产，而使商贸业处于薄弱而缓慢发展的状态中。

（二）社会主义计划经济建设阶段商贸业的发展

从 1953 年开始，实施了第一个五年计划。这标志着我国进入了社会主义计划经济正式建设时期，也标志着由新民主主义革命转向社会主义革命，使政治与经济制度均不断进行变革。这一革命变革的时期被称为过渡时期，预计为 15 年。其变革的实质是有步骤地把生产资料私有制改造为社会主义公有制。这一变革反映在经济领域，就是要在国家统一计划指导下，转入以社会主义工业化为主体的经济建设。这个社会主义经济建设的总任务，就是“不仅要发展以重工业为基础的工业体系，而且要把包括农业在内的国民经济转移到大生产的技术基础上来，把包括多种经济成分的国民经济改变成为单一的社会主义经济”①。对以上过渡时期社会主义计划经济建设的总任务的贯彻实施，导致了该阶段商贸业发展的巨大变化。这一发展变化的基本状况主要表现在以下六个方面。

1. 商贸业所有制的变革

一是重点发展国家所有制的商贸业，使其处于主体与领导地位。二是通过对私营资本主义商贸业的改造，即采取赎买、公私合营等形式，使其一部分转为国营企业，一部分转为公私合营企业，形成各种形式的国家资本的企业。即以公方为主、为领导，将私方资本转为国家资本，国家以支付其利息形式，偿付私人投资；后经人民公社制的变革，全部收为国营企业资本，截至 1956 年，独立经营的私营商贸业，因国家实行产品统购统销制，而处于消失状态。三是积极发展集体所有制的城市消费合作社与农村供销合作社商贸经营业，使其成为社会主义公有制的组成部分，后经计划分配制度的强化与人民公社制的实施，其在很大程度上属于国家所有制或国营的性质。

2. 商贸业行政管理机构与经营管理机构的变革

一是国家为了加强对商贸业的统一计划管理，进一步完善其行政管理机构，而建立了从中央政府到省、市、地、县政府的商业部、局管理机构，以贯彻落实国家的五年计划与年度计划要求，并具体管理国营与合作社商贸业的经营活动。二是不断建立与完善国家商业行政机构直接管理下的商贸业经营的综合管理机构。即在城市设立计划物资公司、零售

① 李富春：《关于发展国民经济第一个五年计划的报告》，1955 年 7 月 5 日。

公司、消费合作社联合社；在农村设立供销合作社联合社等，具体分别管理所属的经营企业单位或机构。三是在经营综合管理的机构下，再设立各自的具体业务经营企业，进行具体的产品与商品供销活动。

3. 商贸业经营形式的变革

它经过了如下两个阶段。一是在计划经济初期，实行对重要生产资料统一计划收购与统一计划供应方式，对生活消费品实行统一计划指导下的自由经营。二是在人民公社化后，实行对生产资料与生活消费资料的统购、统销方式。在农村则推行“吃大锅饭”共同消费方式，其农产品商品统销方式已不存在，而对重要的工业生产的消费品则实行凭计划分配的“票券”进行购买，由农村供销社经营机构进行产品供应；在城市则推行重要消费品凭“票券”供应外，进行自由购买。实际上，商贸业的经营形式是统购、统销的形式；商品经营的形式，已被产品计划分配形式所代替。后经调整，城乡居民的消费品计划经营形式有所放松。

4. 商贸业经营行业的变革

一是在商贸经营业领域。由轻工业产品经营业向重工业产品经营业大大扩展，主要是钢铁产品、煤炭产品、化工产品、交通运输器械产品、机床及加工设备等产品经营行业；在轻工业产品领域，相应发展纺织产品、为农业服务的轻工产品经营业。二是在商贸服务业经营领域，主要增加更多的物资储运、教育邮电等服务经营业；消除歌舞、游乐、餐饮等奢侈性服务经营业。三是对外贸易经营领域。封锁对帝国主义阵营国家的商品贸易，开展对社会主义阵营国家的互通有无的产品交换与物资援助的经营业务活动。

5. 商贸经营方式的变革

一是进行产销分离。工农业生产机构专事生产经营活动，而产品分配与储运经营则由独立的物资与产品供应的商贸经营机构进行，即物流独立化。二是批发经营表现为物资计划调拨；零售经营表现为门店分配与销售两种方式，即凭产品计划“供应券”领取与支付货币购买，而产品计划“供应券”是指专供特定产品分配的特批“领取单”，如香烟产品，给消费者每月一张领取单，按级别以不同产品品种、质量发给，然后去零售专供门店领取并付款，其他一般消费品则直接在门店付款购买。

6. 商品物价变动方式的变革

一是商品物价由过去随市场供求关系的波动而波动的自由价格，转变为统一的计划产品价格，一切物价由政府统一规定。二是产品价格的制定依据，不完全依照产品生产成本加流通费用来确定，而更多地考虑产品供应量的充足程度因素，对其中的重要产品采取稳定价格与限量供给，对一般产品除适当升降价格外，更多的是增减供应量，并采取集中生产消费与集体公用生活消费方式。

总之，该历史阶段的商贸经营业不再是以私有制为主体的资本主义商品经营业，而是以国有制为主体的公有制的社会主义计划产品分配经营业；商品流通渠道，已转变为有计划的物资流通渠道；商品销售经营企业成为领取计划产品分配的门店；对国外的商品贸易已基本消除，隔绝了与资本主义世界的商品贸易关系。整个经济体制是社会主义的计划经济体制，使商品经济要素基本被革除。

第二节　社会主义社会计划经济建设时期主要代表人物的第三产业经济思想

一、政治、经济思想家刘少奇在经济恢复阶段的主要第三产业经济思想

刘少奇（1898～1969 年），是中国共产党和中华人民共和国的主要领导人之一，中国杰出的无产阶级革命家、政治家和理论家。湖南宁乡人。1920 年加入中国社会主义青年团，1921 年到莫斯科东方共产主义劳动大学留学学习，同年加入中国共产党，1922 年回国后即从事革命工作。1925 年在第二次全国劳动大会上当选为全国总工会副委员长，1927 年在中共第五次全国代表大会上当选为中央委员，开始领导工人罢工运动与从事党的秘密工作。他在 1931 年 1 月中共六届四中全会被选举为政治局候补委员，并任中共中央职工部部长、全国总工会党团书记。1935 年在遵义会议上支持毛泽东的主张，并随军长征后，先后任华北区中共中央代表、北方局书记。1937 年抗日战争爆发后，则参与开创敌后根据地与开展游击战争。1942 年回延安后，先后任中共中央书记处书记和中央革命军事委员会副主席、中共中央委员会书记。1949 年中华人民共和国成立后，先后当选为中央人民政府副主席、全国人民代表大会常务委员会委员长、中共中央副主席；1959 年当选为中华人民共和国主席、国防委员会主席。可见，他在国民经济恢复阶段，参与了党和国家重大经济工作的决策，提出了诸多经济理论思想，从中也反映出他有关第三产业经济方面的理论思想，并主要反映在由中共中央文献编辑委员会所编的《刘少奇选集》（上卷、下卷）与中共中央文献研究室所编的《刘少奇论合作社经济》等著作中。

他从当时中国由新民主主义革命转向社会主义革命、由长期战争转向恢复经济繁荣，并准备开展社会主义经济建设，以及商品经济不发达、自然经济为主体的实际国情出发，遵从中华人民共和国成立后所实施的《共同纲领》的精神与“公私兼顾、劳资两利、城乡互助、内外交流”的新民主主义的指导方针，在参与党和国家重大经济决策并具体领导国民经济恢复与发展的工作过程中，闪现了诸多政治、经济理论思想，特别在其经济理论思想中，他作为一个政治思想家，较多地从政治角度去论及经济理论思想问题，但其中也渗透与包含着有关产业经济与第三产业经济发展的理论思想，并具有时代特征与创见性。在这里，着重归纳与揭示他在经济恢复阶段有关第三产业经济发展的主要理论思想，不仅由此反映其时代特征、历史作用，而且表述中国第三产业经济理论思想发展与演变的进程，并提供当前发展的有益借鉴。

（一）三大产业经济地位及其相互关系的思想

1. 关于国民经济构成类型划分的思想

他认为，整个社会经济按社会生产分工来划分或区分，可分为如下经济类型，并应有各自的不同经济地位。他使用了“国民经济”的术语，并提出自己的区分标准。其具体分类是“①大的工业与大运输业和广大的小手工业与小规模的运输业。大工业与大运输业的主要部分是操在国家与合作社手中，只有一部分或一小部分为私人资本家所经营，但广大的小手工业与小规模的运输业，则为独立的小生产者及私人资本所经营……在国民经济中还处于重要的地位。②极广大的个体的小农业。由国家与合作社经营的农业，只占极小的部分。这些个体的小农业是可以逐步地走向集体经营的方向的。③国家经营、合作社经营与私人经营的大商业和广大的私人经营的小商业及小贩。对外贸易与银行，则操在国家手中。在建设初期，还存在破坏性旧式的投机商业，私人经济亦在基本上带有投机性……总而言之，中国还是一个小生产占极大优势的国家，还是一个农业国。在这样的国家中，千千万万的分散的独立小生产者，是经过一种商业关系把他们联系起来，并使他们与工业联系起来，构成国家和社会的经济整体。……那么，商业就在这种经济体系中占有极端重要的地位，足以决定小生产者的命运"①。即他主张把整个社会经济体系，划分为工业、农业、商业三种经济类型，也即三大产业经济类型，并按所有制性质划分出各自的结构要素与其结构的基本发展方向，从而为分析其三大产业经济地位及相互关系提供了初步的基础。

2. 关于三大产业经济应具有地位的思想

（1）关于农业经济的地位。他认为，中国是以自然经济为主体的经济类型，还是一个以"小生产占极大优势的国家，是一个以自给自足为主体的农业大国"。农业人口在全国人口中占极大比重，他们的生产与生活消费需要多依赖于自给，市场商品购销只占极小的比重；城市人口的需要，多靠国家征收的农副产品物资的供给与城市手工业产品的市场供应去满足；而工业生产所需要的原材料，大部分由国家征收农民生产的农副土特产品去供应。也就是说，农业所生产的农副土特产品，在全国人民生活消费品中占有极大比重，在工业生产所需原材料与初加工产品中也占有较大比重。因而，他认为，中国新民主主义经济的发展还必须建立在以农业为本业、为基础上，即认为农业仍处于国民经济发展的基础地位。

（2）关于工业经济的地位。他认为中国的工业虽有一定的发展，但所占比重不大，需大大发展，使其占据主体地位，向工业化推进。他指出"中国的大工业还很少，特别是重工业基础还很弱，国家手中的生产品远不能供给国家和人民的需要，大量的生产品，特别是能供给市场的商品，还操在私人资本家、富农及小生产者手中。……要从根本上改变这种情况，必须大大地发展中国的工业，但发展中国的工业，特别是要建立中国重工业的基础"。② 为此，他提出"要大力发展工业，并优先打造重工业的基础"，使工业居于主体地位，向工业化方向迈进。

（3）关于商业经济的地位。他认为，中国的商品经济未获得充分的发展，中国的商贸业也未获得较快的发展，因而，在中国个体农民生产与家庭手工业生产广泛存在的状态下，需要通过商贸业的商品交换活动把它们联系起来。他指出"在这样的国家中，千千万万的分散的独立小生产者，是经过一种商业关系把他们联系起来，并使他们与大工业联系起来，构成国家和社会的经济整体。……那么，商业就在这种经济体系中占有极端重要的地位，足以决定小生产者的命运"③。即他认为，商业是不可缺少的经济类型或部门，处于联结生产与消费、联结工业与农业的重要辅助地位。

由上述可把他的三大产业经济地位思想归结为：第一产业处于基础地位、第二产业处

①②③ 中共中央文献研究室：《刘少奇论合作社经济》，中国财政经济出版社 1987 年版。

于主体地位、第三产业处于辅助地位，从而形成了他的“三大产业经济地位观”。

3. 关于三大产业经济发展关系或产业关联的思想

他认为三大产业经济是各自独立存在，又相互依存、相互作用，而协调发展的关系。

（1）生产决定论。他从马克思的社会再生产的生产决定论出发，认为社会生产决定分配、交换与消费；生产产生价值、流通实现价值。即生产起决定作用，是起点；流通是中介；消费是终点。整个社会生产是按照生产—交换—消费的环节依序运行的。

（2）从事流通活动的商业处于联结生产与消费的中介地位，而作用于消费与生产。他认为，商业所从事的商品交换与流通决定着商品消费，但没有论及商品消费也反作用与决定商品交换与流通；认为商业所从事的商品交换与流通，反作用于生产，表现在推销工农业所生产的商品与供应工农业生产所需原材料及其他生产资料这两个方面，既具有促进、引导的作用，又有限制的作用。即供、销适应，起积极的推动与引导的作用；供销不适应，起消极的制约作用。

（3）工农业必须协调发展。他认为，农业生产必须能供应工业生产所需要的原材料与初加工的农副产品原料；工业生产必须供应农业生产所必需的生产资料，特别是家庭副业生产所必需的生产工具与设备等手工业生产的生产资料。即要保持工农业生产发展间相互依存的协调关系，特别在当时工业生产尚不十分发达的情况下，要把工业生产更多地置于农副业及家庭手工业发展的基础上。

由上述可见，他认为三大产业之间应是既各自独立发展又相互依存的作用与反作用的相互协调发展关系，是按照农业—工业—商业的顺序，依序运行而协调发展的国民经济整体系统。工业的主导作用尚未形成。

总之，他提出了国民经济的三大经济类型观，实质是三大产业经济观；提出了第一产业为基础、第二产业为主体、第三产业为辅助的三大产业经济地位观；提出了三大产业经济依序运行的相互依存、相互作用的协调发展观。

（二）对第三产业经济结构不断调整与发展的思想

1. 对商贸业所有制结构进行调整的思想

他认为，在新中国成立后，为了实现由新民主主义革命向社会主义革命的转变，进行社会主义建设，必须经过经济恢复阶段。在经济恢复阶段，必须对资本主义工商业进行社会主义改造，从而建立起社会主义的经济体制。为了创建社会主义经济体制，必须调整经济成分结构，其中也必然涉及商贸业所有制结构的调整，从而提出了他的调整商贸业所有制结构的思想。

（1）关于社会经济成分的分类及其组成结构的思想。他认为，在人民解放战争胜利后，要实行土地改革，把土地平均分配给农民以消灭封建主义；要没收官僚资本归国家所有，以消灭官僚资本主义。他特别指出“中国的人民解放战争，在战胜帝国主义、封建主义及官僚资本主义的统治之后，除开建立新民主主义的政治以外，必须建立新民主主义的经济”①。认为这种新民主主义经济的社会构成应该包括如下成分：一是国家经济，它是领导的成分；二是由广大的小生产者及广大的消费者在国家领导之下组织起来的合作社集体经济，它是国家经济的极广大而可靠的同盟军；三是私人资本主义经济及其他被允许

① 中共中央文献研究室：《刘少奇论合作社经济》，中国财政经济出版社 1987 年版。

设立的外国私人经济机关的私人经济，它在目前整个国民经济中，是一个不可缺少的部分，其适当发展对国民经济是有利的，但它同国家经济与合作社经济开展竞争，其发展方向是要走旧资本主义道路，因而，国家既要严厉限制其商业投机行为，又要允许在适当范围内进行有利于国家之发展，要由国家经济和合作社经济与之进行一种和平的经济竞争。在新中国成立之后，他进而把国民经济的成分构成划分为以下五种类型，即“（一）国营经济；（二）合作社经济；（三）国家资本主义经济；（四）私人资本主义经济；（五）小商品经济和半自然经济”。① 他认为，在以上五种经济成分中，国营经济居于国民经济的领导地位，是社会主义经济；合作社经济是国营经济的同盟者和带有决定意义的助手，是在各种不同程度上带有社会主义性质的经济；国家资本主义经济也可在一定程度上成为国营经济的助手，是十分接近于社会主义的经济；小商品经济及半自然经济则是一种动摇的力量；私人资本主义经济则是资本主义发展趋势的基础。

（2）对商业所有制结构进行调整的思想。他认为，应在国家统一计划指导与国家的统一领导下，去调整原有的商业所有制结构。要通过大力发展国有制商业、积极发展集体所有制的合作社商业、适当保留与发展私有制商业，去创建以国有商业为主体与领导、以集体所有制合作社商业为辅助、以私有制商业为补充的商业所有制结构体系。一是他主张大力发展国营商业，使国营商业处于商贸业发展的主体与领导地位，认为：它会促进社会生产的发展、满足人们的消费需要；会在支持与推动供销合作社商业的发展、引导私营商贸业的发展方向中，发挥其积极作用。为此，要完善国营商业的经营管理体制，采用新的经营方式与方法，去提高经营水平与效能；要协调好国营商业与供销合作社商业、私营商贸业发展间的关系，从而建立起社会主义商业发展的新体系，以推进整个国民经济的迅速恢复与发展，加快向社会主义计划经济建设的转变。二是主张积极发展集体经济性质的合作社商业，特别是供销合作社商业的完整体系。他认为，国家商业在短时间内尚不能在极广大的范围内迅速发展，而处于主体与领导地位，因而，“必须在极广大的范围先行建立合作社商业，以便国家商业与合作社商业实行一种恰当的分工，然后结合起来，去消灭当前社会上的投机商业”。② 并准备在将来与旧的资本主义私人商业进行有力而有效的经济竞争与市场竞争。同时认为，合作社商业是劳动群众共同投资举办的一种集体经济组织形式，在组织上它是独立的，必须向自己的社员负直接责任。一方面，它与国营贸易机关有区别；另一方面，它应该与私人商业划清界限。不能把合作社商业机构看成是国家贸易机关的附属机关或分支机构，而要它们用全力或主要的力量去办国家贸易机关所要办的事。合作社商业机构必须与国营贸易机关结成密切同盟，应尽力接受国家委托办理的各种事务，但这要与合作社为社员办理供销业务的基本义务相适应或大体相适应。三是主张保留与适当发展私营商业，逐步对其进行社会主义改造。他认为，在新中国成立后要发展新民主主义经济，实行“公私兼顾”的方针政策，特别是私营工商业的大量存在，在自然经济的状态下，仍然发挥着重要的商品生产与商品交换的作用。因而，主张“不独是发展国家的与合作社的工商业，就是私人资本主义的正当工商业也要发展；不独是要发展私人的正当工业，就是私人的正当商业，也还需要有适当的发展。……但是，这些发展必须是有轻有重，有大有小，而不能是平等看待及平均发展的。在这里，特别对于私人资本主义

①② 中共中央文献研究室：《刘少奇论合作社经济》，中国财政经济出版社 1987 年版。

商业的发展，值得注意”①。即不要忽视私营商业的存在与适当发展，但要“严格禁止其投机商业行为”，并要进行“社会主义改造”。最后，他作出了关于国营、合作社营、私营商业发展的如下结论：“我们今天发展社会的商业，主要的应该是发展国家商业与合作社商业，而不应该是发展私人资本主义的商业，特别不应该去帮助投机商业的发展。就是说，应该由国家商业及合作社商业在极广大的范围内去执行普遍商人的社会分配任务，从而保护小生产与其他劳动人民的利益，并促进新民主主义经济的发展。”②

2. 对商贸业城乡结构调整的思想

他主张对商贸业的城乡结构进行重大调整。要在重视与继续发展城市商贸业的同时，更注意农村商贸业的扩大发展，以扩大与活跃城乡商品交流，去促进工农业生产的发展与满足城乡人民的消费需要。

（1）要继续推进城市商贸业的扩大发展。他认为，中国的城市，尤其是大中城市会继续扩大发展，人口会继续集中与扩大其规模；原有工业生产中心、交通运输枢纽的经济功能会逐步增强；商品交流与物资交流的中心地位会继续提升；尤其是私营的大批发商业与零售业多集中于城市，特别是沿海地区的大中城市，是对外贸易的主要经营地；处于商贸业主体与领导地位的国营商贸业，将主要集中于城市，以控制全国城市这个商品流通中心的体系，而有力地调节全国的市场经营活动，从而调节全国的商品、物资交流活动。因而，他主张继续扩大发展城市的商贸业，尤其是重点发展国营商贸业，对私人资本主义商贸业进行社会主义改造，转变为国家资本主义商贸业，并积极发展城市的集体所有制的合作社商业，更好地满足城市人口的生活消费需要与工农业生产的生产消费需要；同时，他主张大大扩大广大农村的商贸业，主要发展农村的合作社商业，即农村的供销合作社，去促进农业生产的发展、活跃城乡物资交流与商品交流。

（2）要积极发展农村的供销合作社商业，以活跃城乡商品与物资交流。他主张“在农村，尤其是新区的农村，先行发展供销合作社”。一是要按照自愿原则，大力宣传合作社的优越性。二是制定完善的规章制度。三是允许所有的人入社，包括地主、富农分子，但他们必须守法，并不得掌握合作社的领导权。四是临时来居住的外地客人，不要吸收他们入社，但可临时按照社员待遇对待他们。五是以集镇或区为单位或联合几个乡村为单位去建立基层合作社，在若干适当地点去设立分店。六是要以商品生产高度发展的地区，即所谓商品经济作物地区，作为建设和业务经营的重点。七是发扬社区民主，建立合作社的代表大会制，组建合作社的理事会与监事会，保证合作社的业务经营能够按照多数社员的要求和意见去进行。八是要认真地选择、培养和训练合作社的干部，组成一支具有高度政治觉悟的热情又精通业务的干部队伍，以优化与强化对合作社商业的经营管理。

总之，他主张在继续扩大发展城市商贸业的同时，去加快农村商业的扩大发展。但在城乡商业结构的调整中，其所有制的城乡结构应当转换为：在城乡重点发展国有商业与集体制的合作社商业；在广大农村则重点推动发展集体所有制的农村供销合作社商业。

3. 对商贸业经营形式结构调整的思想

一是在继续扩大发展批发商业的同时，对某些重点物资与商品实行国家“配给制”，即统一计划分配。二是适当发展零售商业。三是允许贩运与集市交易的“自由市场”的

①② 中共中央文献研究室：《刘少奇论合作社经济》，中国财政经济出版社 1987 年版。

一定存在与发展。四是适当发展“租让、加工、订货”的国家资本主义的经营形式。五是发展合作社商业的“代购、代销”的经营形式等。总之，使商贸业的经营形式更加多样化。

4. 对国内外商贸业结构调整的思想

一是大力发展国内商业、贸易业，优化商贸业的所有制结构、城乡地区结构、经营形式结构、商品类型结构，以促进工农业生产的发展、满足人们的生活消费需要，向社会主义的商贸业发展形式转变。二是继续扩大发展对外贸易，但在确保我国经济独立发展的基础上，调整对外贸易的国家区域结构与进出口商品类别结构。一为在国家区域结构上。对敌对与不友好国家，抵制或消除其贸易制裁、侵夺，以至于停止其相互贸易，如当时的美国等帝国主义国家；对一般关系国家仍保持平等互利的对外贸易关系；对友好的苏联与东欧社会主义国家，则要积极发展相互援助的对外贸易关系。二为在进出口商品类别结构上。对一般关系国家，主要是进口中国缺少的先进工业产品，尤其是先进的机器设备，而出口的商品，则应是主要的优势特产品，包括工业制成品与农产原材料产品；对友好的苏联、东欧国家要相互调剂余缺商品，进行互援、互助，在进口贸易上，他特别提出要争取“苏联及东欧各国无产阶级对中国无产阶级的援助……这种援助我想有以下几方面：（一）经验上的援助；（二）技术的援助；（三）资金上的援助。此外在物资方面似应实行某种程度和范围内的经济互助”[①]，并认为这种互助的物资、产品中，应主要进口先进的工业产品，尤其是先进的重工业机械产品，而出口中国的先进轻工业产品与特色农副业原材料产品等。总之，他主张在扩大发展国内必需的商贸业的同时，去适当扩大发展对外贸易，尤其是对友好国家的平等互利、互援的对外贸易，把进口先进的重工业产品置于优先与重点地位，为促进中国以重工业为重点的社会主义工业化的发展创造条件。

5. 对商贸业与商贸服务业结构调整的思想

他主张在发展必需的商贸业的同时，要更多地优化发展商贸服务业。这里所说的商贸服务业，是指为物流与商流服务的经营业，包括银行金融业、交通运输业、仓储业、商贸设施建筑业、邮电信息业等。在扩大发展服务经营业中，他特别注重发展银行金融业、交通运输业、仓储业。他在发展与优化银行业，以搞好货币发行、控制好市场货币流通量以调控好市场商品供求关系的思想中，特别提出“银行事业必须由国家统一的经营，但除国家的总银行之外，还必须建立工业、农业、商业、交通、储蓄等各种专业银行，并在国家机关、人民中建立巩固的信用制度”[②]。这不仅表明他重视银行业的发展和优化银行服务业的内部经营结构，而且也反映出他要优化调整所有服务业的所有制结构、内部经营结构及其职能结构等结构，从而把整个商贸服务业结构的优化调整推向新的发展阶段。

总之，他主张对第三产业经济结构，按照新民主主义经济发展的需要进行优化调整。在所有制结构上，要重点发展国有制、大力发展集体制、适当发展私有制；在城乡结构上，继续发展城市商贸、服务业，积极发展农村的商贸业；在经营形式结构上，积极扩大批发经营业、适当发展零售业、允许自由经营业的一定存在与发展，促进加工订货与代购代销经营形式的广泛创新发展；在内外贸经营结构上，重点发展国内商贸经营业、适当发展对外进出口贸易经营业；在商贸业与商贸服务业的经营结构上，在重点发展物质产品的

---

①② 中共中央文献研究室：《刘少奇论合作社经济》，中国财政经济出版社 1987 年版。

商贸经营业的同时，去相应发展多类型的商贸服务经营业，并不断优化调整各服务经营业的内部行业经营结构。通过以上诸结构的转变调整，以适应国民经济的恢复发展及由新民主主义经济向社会主义经济转变发展的需要。

（三）对第三产业链进行横向与纵向延伸的思想

在归纳与剖析他的有关第三产业经济思想时，发现在他特别重视发展集体所有制的合作社经济的思想中，特别闪现着他的有关产产联合、产销联合、销销联合与消消联合的思想观点。究其实质，是包含着将商贸业的经营活动同生产活动一体化、商商一体化、产销一体化的思想。因而，从第三产业经济学的观点剖析，也可以视为是一个创新性的第三产业链向横向与纵向延伸发展的思想体系，故在这里特别给予着重的归纳与剖析。

1. 关于建立与发展合作社经济的基本理论思想

（1）组建合作社组织体系的必要性及其地位与作用。一是他强调组建合作社组织体系的必要性。所谓合作社是由劳动者为了更好地进行生产与消费，在自愿的前提下，以各种出资方式，而组成的产产、产销、产消相结合的合作群体，是一种由劳动者组成的集体经济组织，属于社会主义的经济成分。由于它能够形成集体合力去推进国民经济的社会化发展，因而，他特别强调组建合作社组织体系的必要性。他认为“合作社这一个组织形式，是无产阶级及其领导的国家去帮助、教育、组织与改造千千万万的小生产者最主要的形式。可以说，如果没有合作社，如果不把合作社办好，因而使全国极大多数的劳动人民获得极大的利益，并取得他们有力的支持和拥护，如果不把全国绝大多数（如果不是全体的话）的小生产者都组织到各种各样的合作社中，那么，无产阶级和共产党就无法系统地去领导、组织与改造千千万万的散漫的小生产者，他们就有可能被投机资本及旧资本主义成分吸引过去或处于其控制之下，而成为旧资本主义的后备军。……因此，合作社办理得好坏，对于新民主主义国家建设的成败起着决定作用。不论在现在及将来，我们都不能不十分重视合作社”①。由此他主张，在新民主主义的国家中，合作社应该成为全体人民所易于接受和了解的一种经济组织形式和一种普遍的社会制度。应该采用各种适当的方式，很有条理地、很周密地、在自愿的条件下，将一切消费者与绝大多数的小生产者组织到各种合作社中去。二是合作社应有的地位和作用。他作出了如下的概括表述：“对合作社在国民经济建设中以及在由新民主主义过渡到社会主义中的地位和作用问题，要这样提出：没有合作社，无产阶级就不能在经济上领导农民，不能实现无产阶级与农民的联合，这在新中国的经济建设中是一个带决定性的问题”②。接着他指出“与投机资本斗争，与旧资本主义成分斗争，并组织小生产最后在极广大的范围内彻底改造小生产成为大生产，这就是合作社在无产阶级领导下的新民主主义国家制度下的客观历史作用与历史任务”③。

（2）合作社应有的类型与职能。一是消费合作社。其任务是供给社员各种生活必需品，使社员避免商人的中间剥削。它应该与国家商业机关结合并与国家商店一起，成为新民主主义社会中主要的分配机关，而消费合作社则主要担负零售任务，协助国家商店，实行国家的消费品配给制经营。二是农民、独立的小手工业者及家庭手工业劳动者的供销合作社。其任务是供给社员所需要的生产资料和销售社员所生产的商品。它是在个体的独立小生产者私有财产基础上集体经营的一种最初级的生产合作社，并可进一步划分为农业供

①②③ 中共中央文献研究室：《刘少奇论合作社经济》，中国财政经济出版社 1987 年版。

销合作社与手工业供销合作社两种类型，而农业供销合作社又可再划分为综合的农业供销合作社及各种专业的农业供销合作社，如棉花、烟叶、花生及盐业、渔业、畜牧业等专业供销合作社。各专业类供销合作社在供给社员所需要的生产资料商品外，还要运销社员的生产品，故要有一种特别合同加以约定，即该类供销社一般不应兼营消费合作社，不去负责供应社员生活资料商品，但应与消费合作社及国家商店联系，去推销社员的生产品。为此，他特别指出“消费合作社尚未组织好，农村中的供销合作社如果组织好了，就应代办消费合作社，供给社员生活资料，但须另外订立关于消费合作社供给的特别规章”①。三是农业与工业的生产合作社。他认为农业合作社应划分为如下三种具体类型：一为劳动互助社，又名变工队或换工队，是在私有财产基础上的劳动互助组，其生产资料和生产品都归个人所有，是一种初级的农业生产合作社；二为集体农场；三为农业公社。后两种是农业生产合作社的高级形式。他认为城乡的工业生产合作社，可划分为个体组合的手工业生产合作社、较高级的集体生产的手工业生产合作社、采用机械生产的工业合作社类型。在这些城乡工业生产合作社类型中，“其社员应全部参加社内生产劳动（但可有一两个管理人），不在社内劳动的人，不能作社员，亦不得作股东分红利。这种合作社不得雇佣正式工人参加生产，但得雇佣小工及做饭人等来辅助生产，但也不得超过社员的十分之一至五分之一”②，否则，就不能按合作社待遇。他认为，这些农业与工业的生产合作社，“应分别加入各种供销合作社，成为供销合作社的下层基础组织。它们自己不应再有单独的上级组织”③。此外，他还主张组织其它的合作社，例如信用、医药、房屋合作社等。

（3）国家经济与合作社经济的关系。他认为，两者同等重要，必须有机地联系在一起。他指出“新中国的国家经济是无产阶级手中的基本工具，而合作社是劳动人民的集体经济，他与国家经济相结合，建立同盟，就能向社会主义发展。只有国家经济而没有合作社，国家经济就无所作为；只有合作社经济而没有国家经济，合作社就要走资本主义道路。因此，无产阶级有了政权，有了大工业，还要有合作社，才有社会主义前途”④。

总之，可以视为他主张在国家的组织与支持下，在国家经济的领导与配合下，组建起一个广泛而结构严密的合作社经济体系，使第三产业经济活动或第三产业链向横向延伸与纵向延伸，形成一种新型的“组合”体，共同打造一个新的“价值链”，是一种创新理论思想的反映，展示着其发展趋势，是第三产业集团化发展的一种“特有”形式。

2. 关于着重组建与发展供销合作社商业的思想

在主张大力而广泛地组建合作社经济组织体系的同时，他又进一步提出着重发展合作社商业的思想，并提出在城市着重发展消费合作社，在农村着重发展供销合作社。要通过农村供销合作社的组建与发展，去更快地发展农村商业，以扩大城乡商品交流，更好地满足农民的生产与消费需要，反过来去促进城市经济的发展。他特别指出“在目前时期，我们应该注意去普遍地组织农业中的劳动互助组与手工业中小型的生产合作社，但是我们尤其应该注意去普遍地组织消费合作社与供销合作社”⑤。

（1）合作社商业经营的性质及条件。他认为合作社商业的营业“决不能和投机商人以至普通商人一样，贱买高卖以盈利为目的。它如果以盈利为目的，就与商人无异，就失

①②③④⑤ 中共中央文献研究室：《刘少奇论合作社经济》，中国财政经济出版社 1987 年版。

去了合作社经营商业的任何价值，并增加市场的投机性，害处极大。且因它不如投机商人善于经营，必致失败”①，因此，他特别指出“合作社对社员必须做到高买贱卖，这是合作社存在并得以发展的基础。……它可以尽量显著地做到这点。……其条件如下：（一）因为它从生产者及国家商业机关直接定货又直接送到消费者手中……它只除去成本及运费等出卖，可不计算利润。（二）它有固定的社员作主顾，可免滞销等损失，又可不要广告及装潢等费用。（三）它有雄厚的资金、全区全国的统一组织，商情消息灵通，营业和组织可以大大地合理化。（四）新民主主义的国家及国家经济机关在资金、税收、运输、定货及其他许多方面给以经常的帮助及优先权。因此，只要它是善于经营的，它就可以在显著的标准上对社员做到贱卖高买。……投机商人就不能操纵市价”②。

（2）供销合作社的经营范围。他认为，首要的任务，“是供给社员所需要的生产资料与生活资料，推销社员所生产的商品（例如农民的粮食、棉花，手工业者的成品）……在它有力量时还可以雇请工人办理各种工厂、作坊，制造社员所需要的货物，建立运输事业及其它事业，办理社员的储蓄、借贷及兴建水利、房屋，办理医药、澡堂等。为了统一地有秩序地办理这些复杂的业务，这种合作社的内部应该实行必要的严密分工，以便分头经理各种业务”③。

（3）通过交易合同方式，正确处理各产业、各行业间的经营关系或经济关系。他认为“在经营中必须与国营商业机关或生产机关直接订立交易合同，并酌量与私人资本家直接订立交易合同，同时与小生产者（大多是社员）直接订立交易合同”④，通过这些直接交易合同，从上述各类型机构、企业，去购买社员群众所需要的各种货物，经过运输，分配到一切社员所需要的地方，出卖给社员；同时，收集社员所生产的原料，经过集中或再经过运输，出卖给国家的商业机构，以供国家工厂消耗。即主张通过上述直接订货交易，在全国或地方的范围内，实行统一的经营，或在其统一的指挥之下分头经营，以在广大的范围内，于生产者同消费者之间担负起社会分配和运输的任务，既为社员服务，又为非社员的生产者与城乡居民的生产与生活消费服务，把产产、产消、城乡的经济关系直接联系起来。

总之，他虽然较多地从社会经济成分的角度论及了合作社商业的性质、地位、作用、类型、职能、经营范围及其经营的运行等问题，但也渗透着合作社商业，尤其是供销合作社商业，作为一个商贸业的类型或新兴行业，而使第三产业经济结构进行转变与发展的思想；特别是其经营结构由商品购销经营活动向生产活动扩展，而形成自身产、供、销、消一体化的思想以及同工农业生产活动更多地联合与结合而形成与外部工农业生产的产销、产供一体化的思想，从而闪现出他的第三产业链向纵向扩展与向横向延伸的思想，最终闪现出他已包含了第三产业经济集体化，也可以说是新型集体化发展的思想。尽管他并未直接明确地从产业经济学与第三产业经济理论角度去论及合作社商业，尤其是供销合作社商业的有关理论思想，但他已有产业经济理论的思考与阐述。我们特引述他下边一段可贵的思想表述作为佐证，即要“按各个产业部门实行适当的分工，建立各种公司或托拉斯，在统一领导之下去进行分别的经营。国家经营的各产业部门，必须统一地实行经营企业

①②③④　中共中央文献研究室：《刘少奇论合作社经济》，中国财政经济出版社 1987 年版。

化，使该产业部门的各工厂有平均的利润，而不应使各个工厂和企业去单独地经营企业化”①。他的这段表述，虽然是从应建立管理企业的有关职能部门，去管理各社会生产要素，而为各生产、经营企业专心于各自的经营管理活动创造条件的角度提出的，但也反映出他已具有一定的“产业”经济理论思想。正由于此，才使我们成为对他集体化合作社商业进行上述第三产业经济理论思想分析的依据和进行揭示归纳的思考。

（四）加强国家对第三产业经济进行宏观调控管理的思想

1. 强化国家对整个第三产业经济活动进行调控管理的思想

（1）建立国家对整个商贸、服务业进行统一领导管理的组织机构体系。他认为，在全国范围内，要强化国民经济的组织与计划，即要建立一切经济部门的管理、监督机关，并使这些机关分布于全国各地，在统一领导和统一计划的指导下进行工作，特别要加强整个国民经济的生产与分配的组织性与计划性，以避免资本主义经济中所固有的无政府状态和经济恐慌。由此，他主张在商业经济部门，要加快组建强有力的统一领导管理组织机关与制定、实施统一的计划，去领导、管理与监督整个国家的商业经济活动。一是组建由中央到地方的商业统管的领导机构体系。即要组建由国家商业部到省市、地、县的商业厅、局领导组织机构体系，并健全其各级机构的内部职能管理部门。其职责任务是统管全国的商业经营活动，但主要负责对国营商业的管理，并兼管农村供销合作社商业的经济活动。二是组建由中央到地方的合作社商业统管的领导机构体系。即要组建由全国的合作总社到各省市、地、县的各级联合社领导组织机构体系，并健全其各级机构内部的职能管理部门。其主要职责任务是负责对集体商业经济活动的管理，但在农村的供销合作社商业经济活动要由国家商业部管理机构体系进行兼管，其意是搞好城乡结合、工商结合，以更好地活跃农村商业经营与商品交换活动，更好、更快地促进农村经济集体化的发展。三是各个国营与合作社的商业企业要在全国统管与分部门统管下，进行各自独立经营，并健全企业内部的统管组织机构体系与企业的经营组织体系。

（2）制定与实施统一的指导计划体系。一是要在全国统一的经济计划指导下，去分别制定商业部、合作总社分部门的商贸、服务业的统一发展计划。二是各部门所属的各级领导管理机构，要按照各部门的统一指导计划，去具体制定各级领导管理机构的指导计划。三是各经营企业、机构，要按照领导管理机构的统一计划要求，具体开展经营活动，并制定与具体实施企业的经营计划，以强化其经营活动的组织性与计划性。

（3）建立完善而严格的法规、制度体系。一是建立国家管理商业、服务业的法律体系。包括总的法规与分项法规体系。二是制定有关管理章程。如私营企业管理章程、合作社管理章程等。三是制定有关的管理制度。如进出口商业管理制度、私营企业管理制度、合作社企业管理制度等。

（4）运用各种经济政策手段，建立健全的经济政策管理体系。一是由国营商业掌管主要物资与商品，并对主要短缺商品实行统一配给的政策。二是稳定市场物价，以调节市场商品供求的政策。三是运用减税与投放资金去支持合作社商业发展的政策。四是运用限制性的经济政策，包括增税、限价、停业等政策，去限制与消除私营商业进行投机倒把经营活动的政策。五是鼓励私营工商业转向国家资本主义商业经营的政策。六是对进出口贸

① 中共中央文献研究室：《刘少奇论合作社经济》，中国财政经济出版社 1987 年版。

易更多地发展同友好国家互通有无、相互援助的合作交流经营活动的鼓励与支持政策等。通过以上各种统管商业、服务业市场经营的政策与办法，以稳定市场物价、保持市场供求平衡与整个市场经营活动的有序运行。

（5）在各类商业管理部门以至企业建立完善的共产党组织及其领导机构。以加强党的领导，把握商业、服务业的社会主义发展方向。

（6）建立工会组织机构，以保护劳动者的合法权益。特别主张在合作社商业机构与企业中创立劳动者代表大会体制，要组建从基层开始，到区、县、市、省以至全国的定期代表大会及代表会议组织体系，授予应有的权力。可以把它视为是一个创新发展的行会组织体制，用以协助政府对合作社集体商业进行有效的监督、管理。

总之，他主张通过行政、计划、法规、制度、经济政策、党的组织与工会、代表会等手段，形成一个宏观调控管理的综合体系，以有效的激励机制与约束机制，去调控管理第三产业经济活动，顺利实现第三产业经济的发展目标，推动新民主主义经济向社会主义计划经济转变。

2. 运用各种手段，去强化与完善国家对合作社商业进行宏观调控管理的思想

（1）建立与完善合作社的管理组织机构体系。他认为，应该组建自上而下的合作社组织机构体系。国家首先要组建合作总社，其次“再在各省及地区党委所辖的各县、各市、各区建立省社、县社、市社、区社，最后到各村与各工厂、机关、学校、街道去建立基层的合作社，并征求社员”。[①] 即他主张组建由上层、中层、基层这三个层次所组成的全国统一的合作社组织机构体系，去进行有机统一的管理活动。

（2）制定与实施统一完善的管理规章制度体系。他主张建立比较完善的统一法规制度体系。一是先由国家制定与颁行统一的合作社管理与经营法规制度体系。二是所有合作社组织机构，包括具体经营机构，“必须遵守总社颁布的统一的章程进行组织及营业，否则，即不得加入合作社联合社，并不得使用合作社这个名称”[②]。三是“社员个人与工作人员亦必须遵守章程，否则应受到处分或开除出社”[③]。即主张建立统一的法规制度或“章程”，去进行调控管理。同时，他还主张具体地制定统一完善的合作社组织的运行章程。他认为，这一合作社组织运行的统一详细“章程”应包括如下内容，即“除开明确规定它的任务、经营业务的方针、范围及有关社员、组织系统等条款以外，还必须规定合作社内部严格的制度及严格的纪律。这种章程必须经政府批准，并由政府制定关于合作社的法律，严格保障这种章程的实行，同时，规定国家税收、经济、运输等机关及银行对于合作社的优待，并严格保护合作社的财产，由各级人民法院审判那些侵犯合作社财产及贪污有据的罪犯，令其赔偿”。[④]

（3）制定与实施有关的管理政策。一是国家对合作社贷款、利息、运输、税收等方面实行支持的管理政策，使之适度、有效、有序地进行，以保护市场供求平衡、公私兼顾，既促进合作社商业的发展，又保证国家的财政收入的稳定，更保证金融业的正常运行。二是制定与实施价格优待政策，搞好政策管理。一为国营贸易机关批发给合作社的若干主要货物，在价格上给予优待，但在全国各地应有适当的大体统一的规定；二为合作社要按照优待价格向国营贸易机关购进批发货物的数量，必须有一定的限额，并须保障这些

①②③④ 中共中央文献研究室：《刘少奇论合作社经济》，中国财政经济出版社 1987 年版。

货物只能供给社员的需要，不得流入市场；三为对联系社员群众密切、办理完善的合作社给予较高的优待，其目的，是要使合作社必须将国家给予优待价格的货物限量平均配售给社员，以促进合作社的发展与其同国营经济的更加密切的结合。三是在货物购销管理政策上，即国营贸易机关与合作社商业机构在收购物资、向工厂订货及推销货物的管理政策上，要在保持国家物资分配平衡的计划前提下，互相协商，照顾双方的需要和困难，适当地加以分配并互相配合地去进行，而不要只顾一方面，不顾另一方面。合作社所掌握的物资，凡是为国家或其他合作社所需要、在市场上又缺少者，应优先地卖给国家或其他合作社，并须降低利润若干，不得抬高物价、不得优先卖给私商。

（4）建立完善的共产党组织及其领导机构。他认为“在合作社的各级领导机关及工厂中，必须建立共产党的组织，并在各级代表大会、代表会议及委员会中建立健全的党组织。为使我们党能够供给合作社这一个庞大组织的健全的骨干，党应征调一大批有能力的干部，给予足够的训练，然后介绍他们到合作社区工作”①。其意是加强党对这一经济组织的领导，将其纳入新民主主义经济的发展中。

（5）建立完善的合作社的行会组织体系。他主张组建从基层开始，到区、县、市、省以至全国的定期代表大会及代表会议体制，“由代表大会选举各级合作社的委员会，由各级委员会任命合作社的经理及其他主要办事人员，由经理总理业务，并可雇请其他的办事人员、雇请工人。在合作社的社员大会、各级代表大会、代表会议及委员会整个组织体系中，应实行严格的民主集中制，少数服从多数，下级服从上级。上级组织不独是可以决定下级合作社的经营方针和制度，批准和修改下级的经营计划，干涉其定价，审查其账目，而且在上级认为下级经营错误时，可以停止其营业，解散其组织，重新加以组织”②。

总之，他主张国家加强对第三产业经济活动的宏观管理，要通过国家统一领导管理的组织机构体系，在统一计划的指导下，运用法规、制度、政策等手段，分别对不同的经济成分与行业部门进行直接与间接的调控管理，使之充分发挥积极作用、减免消极作用，实现由资本主义商品经济的市场自由竞争向社会主义计划经济的统管模式的不断转变，从而使其由新民主主义经济类型向社会主义经济类型过渡，加快促进国民经济的恢复与发展，更好地发挥其新的功能作用。

由上述可见，他作为一个政治家、政治思想家，在该历史阶段，以马列主义、毛泽东思想为指导，借鉴苏联社会主义计划经济建设的经验、合理吸收西方资本主义国家有关产业经济发展的理论思想，从中国的历史发展、国民经济的恢复与社会主义社会的发展方向的实际国情出发，在参与重大经济决策并主持全国经济建设领导工作的过程中，必然要提出与实施他的经济建设的理论思想，其中也必然涉及有关产业经济与第三产业经济转变与发展的理论思想。由于其处于国家经济建设的领导地位，而使其该方面的理论思想更具有代表性或主体性。应当说，他并未直接地论及产业经济，尤其是第三产业经济的发展模式，但在他的经济理论思想中，已包含和闪现着产业经济的丰富而创新的思想要素。可把它揭示与归纳为以下几个方面。第一，他从社会生产分工理论与社会再生产过程理论的认识出发，按照历史的发展过程，提出了农业、工业、商业三大社会经济部门，或社会生产的三大形态，并揭示出这三大形态在国民经济恢复与发展的现代社会经济建设中所应处的

①② 中共中央文献研究室：《刘少奇论合作社经济》，中国财政经济出版社 1987 年版。

地位是“以农业为基础、以工业为主导与中心、以商业为辅助”，即“以第一产业为基础，第二产业为主导、为中心，第三产业为辅助”的三大产业的“地位观”。同时，他从社会再生产过程的理论出发提出了他的生产决定论，即生产决定流通与消费；在生产领域，从农业生产开始，为工业生产提供基础条件，而处于主导地位的工业生产又以极大的反作用，促进与制约着农业生产；在流通领域，是工农业生产决定着流通活动，而流通活动的发展状态又反作用于生产，但认为流通又分为产品流通与商品流通，而商品流通具有对生产的更大反作用。由上述认识出发，他闪现出“三大产业”的产业关联的“既各自独立存在，又相互依存、互相作用，而依序进行的协调发展”的“关系观”。第二，他重视商业，即第三产业的存在与一定的发展，认为在该历史阶段其仍具有重要的地位与作用，但必须对其结构进行转变调整。首先，要由资本主义商品经济向社会主义计划经济类型转变，要先行调整其所有制结构，使国营商业为领导、为主体，使集体制的合作社商业为辅助，使私营商业为补充；要广泛发展合作社商业，对私营商业进行社会主义改造。其次，要对其城乡、行业、内外贸、经营方式等结构，即要对第三产业经济结构，进行向社会主义计划经济建设方向的转变调整。第三，他强调国家要优化、强化对第三产业经济活动的宏观调控管理：一为实行组织化与计划化，建立国家统一领导管理的组织机构体系，并实施统一的计划指导。二为通过法规、制度、经济政策等手段，进行有效的调控管理。可以说，他在推进该历史阶段第三产业经济由新民主主义经济类型向社会主义类型转变发展中，已形成一个基本的理论思想体系，并具有自己的独立的创新见解，如在主张大力发展集体化的供销合作社商业与适当发展国家资本主义商业的思想中，闪现着他要使第三产业链通过产销一体化、销销一体化、销消一体化发展，向纵向与横向延伸，而形成创新性的“集体化”发展的思想。因而，他不失为一个该历史阶段第三产业经济思想发展的主要代表人物之一。

二、经济思想家陈云在经济恢复阶段与计划经济建设阶段的主要第三产业经济思想

陈云，在中华人民共和国成立后任中央财政经济委员会主任、政务院财政经济委员会主任、中共中央书记处书记、政务院副总理等领导职务，主管财政经济方面的工作，更多地参与了中共中央、政务院对财政经济方面的重大决策，并在多个方面提出了自己的主张与建议以及具体实施方案与办法。他的主要著作有《陈云文选》第一卷与第二卷，由人民出版社分别于1984年、1995年出版，还有反映他业绩的《陈云传》，分上、下卷，由中共中央文献研究室编写，由中央文献出版社于2005年出版。1952年8月随周恩来总理出访苏联，除参加有关经济谈判外，还学习与借鉴了苏联进行社会主义经济建设及实行计划经济方面的理论思想及实践经验。在他的著作与传记中，反映着他的丰富而广泛的经济理论思想，其中也涉及有关第三产业经济发展方面的理论思想并多有创新见解，是该历史发展时期第三产业经济思想的主要代表人物。由于该历史时期经历了由经济恢复到进行社会主义大规模计划经济建设的根本转变两个不同的历史发展阶段，因而，特将其第三产业经济思想分以下两个阶段加以概括与揭示，以反映其第三产业经济思想转变的过程与内容。

（一）经济恢复阶段的主要第三产业经济思想

他从当时由新民主主义革命转向社会主义革命、由长期战争转向恢复经济繁荣并准备开展社会主义经济建设的实际情况出发，遵从中华人民共和国《共同纲领》规定的精神与“公私兼顾、劳资两利、城乡互助、内外交流”的新民主主义的指导方针，在他所主持的财政经济工作的进程中，对多领域与方面的活动进行了重大决策并采取了相应的重点实施举措，从中反映出他所具有的较系统的经济理论思想，其中也闪现着他的产业经济与第三产业经济的理论思想，虽然并不系统与完整，但在当时具有明显的代表性。现对其理论思想作出如下的归纳与揭示。

1. 三大产业经济地位及其相互关系的思想

（1）三大产业经济地位的思想。①重视农业与农业生产的发展，把农业置于国民经济发展的基础地位。首先，他认为农民在中国的人口中占有极大比重，他们的生活保证与不断改善，是国家稳定与经济发展的关键；其次，认为农业产品，尤其是粮食与棉产品，不仅是农民的衣食之源，而且也是城市人口的衣食之源；最后，认为农产品是工业生产发展的重要原材料来源，也是商贸业经营的重要物资与商品的重要构成部分，特别是粮食、棉纱产品是当时稳定市场物价的重要品类。正是由于他的上述的基本认识，而主张大力发展农业生产，以生产更多的粮棉等农副土产品，不仅改善农民生活，而且更好地稳定当时飞涨的市场物价，促进工商业繁荣发展。他特别指出“扩大农副产品的购销，不仅是农村问题，而且是目前活跃中国经济的关键。……城市的繁荣是农村经济转动的结果。农副土产品卖出去了，就增加了农民的购买力，促进城市工商业的发展，减少或消灭城市的失业现象，城市购买力也跟着提高。工商业繁荣，又增加了国家的税收，减少了财政上的困难，物价更趋稳定”①。同时，他还认为，进行土地改革是为了废除封建土地所有制，实施农民土地所有制，以解放生产力，发展农业生产，让农民过上好日子。由此，他又指出“农村土改后，天下最大的事情就是如何搞好农村的农业生产，因为老百姓每天所最关心的就是他们的收成好不好，以及自己的东西是不是可以卖出去等问题”②。从上述可见，他从商品流通的角度，认为农业处于基础地位，工业生产与商贸经营活动的发展，是在农业生产发展的基础上进行的。②主张加快发展以机器为生产工具的工业，突出地发展重工业。他主张将手工业更多地转换为现代机器工业，提高生产效率与产品质量；在工业的发展中，注意把握两个重点，即在轻工业中注重发展棉织衣服类等产品，在重工业中，注重发展机械产品与军工产品，意在保证人民的基本生活需要与支援完成全国彻底解放的解放战争及新爆发的抗美援朝战争。同时，主张为推进社会主义工业化建设创建必备条件。③主张继续发展商贸流通业，推进城乡与国内外的物资及商品交流，特别注重保持市场货币流通量与商品流通量的适应关系。把平抑物价上涨以稳定人民的生活与经济发展，作为当时财经工作的重点去抓。他认为商贸流通业的存在和发展，既有利于工农业生产的发展，也有利于满足人们的多种生活消费需要，还有利于增加国家的财政收入。但他主张更多地发展国营商贸业，使其处于领导地位，对私营与个体商贸业进行社会主义改造，将自由商品交换更多地转变为物资分配型的统购、统销与对国外的互通有无的易货贸易，从而

---

① 《陈云文选》（第二卷），人民出版社 1995 年版。

② 《政务院第六十一次政务会议记录》，1950 年 12 月 1 日。

使商贸经营业日益转变为从属工农业生产发展的地位，使资本主义的商贸经营业开始萎缩。总之，他在三大产业经济地位上的认识可以基本概括为：以第一产业为基础，加快第二产业的发展，以第三产业为辅助。认为第三产业经济的功能要发生较大的变化。

（2）三大产业经济相互关系的思想。他着重从社会生产过程的顺序，以及生产环节决定论的认识出发，认为三大产业经济的关系是从农业生产开始，继而是工业生产，再到商贸经营，最后到最终消费，而依顺序协调运行的过程，它们之间应保持一定的比例关系。但商贸业所从事的物资与商品流通，只在一定程序与范围上对工农业生产起一定的反作用，包括积极与消极的反作用，并可被人们用相应的管理手段加以调节与控制，而不是完全的自发调节。即要保持有计划的按比例发展。

可见，他仍持农本与粮本论、加快发展工业、重点发展重工业、相应地发展商贸、服务业的三大产业地位观；认为三大产业之间应保持统一计划指导下的相互协调发展的关系。

2. 优化调整第三产业经济发展的思想

（1）统筹协调商贸业发展关联关系的思想。他主张协调好多种经济关系，包括公营与私营、公营与公营、私营与私营、工业与商业、城市与乡村、各区域、进出口、中央与地方等方面之间的关系，既分工又协作，搞好统筹兼顾，全面发展。并提出了一系列的解决与处理办法，使之在统一管理下，因地制宜地去开展管理与经营活动①。一是在公营经济与私营经济关系上，主张“公私两方面要同时发展，国家必须占一个相当的比重”，资本家“可以发展，但我们也要发展，而且我们要有更大的发展”。在城乡商品交流关系上，他主张搞好大城市作为交通中心与商业中心的建设，不仅要搞好各大城市之间的商贸交流，而且要搞好城乡之间的物资与商品交流，通过大城市的商贸交流中心带动全国的物资与商品交流，如此，农民“就要喊万岁”。二是在中央与地方的管理关系上，主张将一些中小企业更多地交由地方政府去管理。如他提出“土产公司即可由地方去领导”，“在中央的领导下尽量发挥地方的积极性”。三是在工商业关系上，他主张商业企业要及时收购农副土特产原材料商品，以供应工业生产企业的原材料需要，同时，要及时收购工业生产企业所生产的加工产品，及时推销供给城乡生产者与居民。如他针对当时纺织生产企业所需棉花原料供应不足的困难，为保证其生产正常发展，而提出“扩大棉田种植面积，增加棉花总产量”、“规定最低棉价，反对投机商人压价，国家保证以定价收购”、“发动存棉机关售棉、调棉支持纱厂生产”等对策措施，以支持纺织工业生产企业的生产，从而保证全国对棉纺织品的需要。四是在进出口贸易关系上，他主张扩大同中立国家，尤其是苏联与东欧国家的进出口贸易，并主张更多地出口中国的特优产品。如为了打破以美国为首的帝国主义国家对中国的物资封锁与禁运，加强国防建设，并应苏联要中国开辟橡胶生产园，以供给其橡胶产品的要求，而主张发展中国的橡胶生产基地。在他的推动下，于云广地区很快发展起橡胶种植业，并准备向苏联出口橡胶产品，换取其军工机械产品。又如，在出访苏联期间，签订了多项进出口贸易合同。总之，他主张协调好各方面的经济关系，紧密第三产业内各要素间以及同其他产业间的关联度，以充分发挥第三产业经济的职能作用。

---

① 《陈云传》（上卷），中央文献出版社 1995 年版。

（2）调整公营与私营商贸业发展结构关系的思想。他主张遵从“五种经济成分统筹兼顾，分工合作，各得其所”① 的发展新民主主义经济的基本原则，在保持私营商贸业适当发展的同时，去重点加快公有制商贸业的发展，尤其是加快其中的国营商贸业的发展，并使其处于主导地位，还要尽力创造条件去推进城市消费合作社、农村供销合作社等集体所有制的商贸业的发展，从而使公有制的商贸业占有较大的比重。对于私营商贸业，要保护其应拥有的权益，允许其存在并适当发展，要采取扶持的政策，帮助其解决经营中的某些困难，推动其有关结构的优化调整，如进行公私合营、产销分离等，逐步对其进行社会主义改造。为了优化发展私营商贸业，他主张采取如下具体的对策办法：一是在中财委机构下，设立私人企业管理局机构，专门管理与指导私营工商业的商贸经营活动；二是划分公营与私营商贸企业的经营范围，主要是商品种类范围；三是实行适当的减税、增加贷款、加工订货、救济失业职工等支持、帮助的政策措施；四是没收与改造官僚资本企业，接管和征用帝国主义在华的企业，保护民族资本主义商贸业的独立发展，并支持本国的民族私营商贸业在国际市场中同外商的竞争；五是适当委托私营对外贸易企业代理国营企业进行出口外销经营；等等。总之，他主张全面贯彻当时毛泽东主席提出的如下指示“调整公营企业与私营企业以及公私企业各部门的相互关系，克服无政府状态”②，认为应积极发展国营商贸业，使国营商贸业居于主导地位，但不主张国营经济无限制发展，要鼓励私人企业适当发展。他明确指出，调整工商业“解决的是‘公私兼顾’，把过去不适当的要加以修正”，“要了解私人不能挤，不能少”③，即主张积极发展公营商贸业，使国营商贸业居于主体与主导地位，而相应发展私营商贸、服务业，实现“公私兼顾”。

（3）优化完善内外贸易发展结构，扩大对外贸易发展的思想。他根据《共同纲领》关于“中华人民共和国在平等和互利的基础上，与各外国的政府与人民恢复并发展通商贸易关系”的规定，主张发展国营、私营企业的对外贸易活动，特别是对国外友好国家的平等互利的外贸交流活动。进口国内所缺少的重要商品品种，出口中国多余而具有优势的商品物资，并力求保持进出口的平衡。但主张打破帝国主义国家对中国的经济与市场封锁，防止私营商业企业进行非法进出口的对外贸易活动，以保证国内的商品与重要物资的需要，维护市场物价的稳定。一是在恢复经济时期，为了稳定市场物价，鼓励私营商业大量进口国内所缺少的商品物资，限制国内供应不足的商品物资出口。二是在对私营工商业进行调整时期，特别是在抗美援朝战争开始后，面对帝国主义国家，特别是美国与日本国家对中国的经济与市场封锁，而采取停止向美日国家购买商品，而转向欧洲英镑区国家进口急需商品，并将在中立国家的外汇存款立即购买急需商品回国；在出口贸易上，暂停出口许可证形式的现汇贸易，以免出口外汇遭受冻结，而更多地采取实物交换的易货贸易，并尽量缩小同资本主义国家易货贸易结算的差额④。可见，他主张扩展对外贸易，但在对外贸易形式上要由外汇的现汇结算更多地转向易货贸易，并尽量减少同资本主义国家的进出口贸易，而更多地扩展与苏联、东欧国家的进出口贸易。

---

① 中华人民共和国《共同纲领》第二十六条。

② 《人民日报》，1950 年 4 月 15 日。

③ 《中央财委第十九次委务会议记录》，1950 年 4 月 15 日。

④ 《中央财委对美帝封锁我经济的七项对策》，1950 年 12 月 12 日。

（4）优化调整商贸服务业行业发展结构的思想。他主张调整与优化商贸业的行业结构，除优化商贸业的主体结构外，需要更多地发展商贸服务行业，改变服务业发展落后的状态。一是在批发与零售业的结构上，在推进城乡零售业发展的同时，更多地扩大批发销售业的发展，加强物资商品在全国各地区间的交流。二是在固定经营业与贩运经营业结构上，要更多地发展固定经营业的门店与仓储库，缩小自由流动的贩运业，特别是小商贩的零散贩运业。三是在发展实物形态商贸经营业外，要更多地发展水运、海运、铁路、公路、航空等交通运输服务业；完善与扩展银行、信贷等金融服务业体系；在更多地发展食饮、旅居、洗染等服务业外，要取消奢侈性消费的歌舞厅与一些投机性的服务经营业。四是要特别重视发展教育事业，培养出更多的高质量的人才，使其掌握先进的科学技术知识，提高管理能力，他特别指出“要建设好我们的国家，提高广大人民的生活水平，需要发展工业，这就需要技术。我们有勇敢战斗的精神，这很好，但还不够，还要掌握科学技术，并且发扬中国的优秀文化”①，要“将党外有经验的人才看作是我们国家的财产”②；并主张邀请苏联的专家到中国传授先进的科学技术知识。总之，他提倡重视技术、尊重人才、培育人才、发展教育事业。

（5）优化调整城乡商贸业发展结构的思想，他赞同“工业品下乡，农副产品进城，城乡物资交流”③ 的提法。但他认为物资作为一种实物形态，有产品与商品的区别。物资产品，是指由国家统一掌控并进行计划分配调拨的产品，其流通是一种产品流通；而商品是一种在市场进行购销而进行交换的产品，其流通是一种与货币相伴的商品流通，是由商贸业的经营活动来完成与实现的。因而，商贸业在城市与农村的功能与作用是不同的。他认为，虽然农村人口占极大比例，但其生活消费品大部分可通过自给而解决，而城市人口虽然比重不大，但其生活消费品均须通过市场购买才能解决，同时，现代化工业尤其是重工业生产，其原材料供应与商品销售的相当大的部分是通过商贸业经营由市场购销而解决，更明显的是大中城市多为交通运输的枢纽、货物运输的中心。由此，城市商贸业就具有在区域商品流通中的重要地位。他从这种中心城市的商贸中心地位的认识出发，主张更多地发展城市，尤其是大城市的商贸与服务经营业，以更好地疏通地区与全国商品的流通渠道，以及国际的商品流通渠道，从而推进国内城乡地区的物资与商品分配交流以及国内外的物资交流。但他更主张发展农村的供销合作社的商贸经营业，搞好“农产品进城，工业品下乡”，满足农副业生产发展与农民生活水平提高的需要。

（6）对重要消费品实行统购统销的思想。为了准备第一个五年计划的大规模经济建设与解决紧迫的重要消费品市场供求失调问题，他主张对粮油棉等重要消费品首先试行统购统销的方式。他首先提出了“征购”与“配售”的术语，即由国家经营机构进行统一征收与收购，然后进行统一分配与销售，如他所说“又征又配，农村征购，城市配给硬性办法”④。所谓“征购”，就是既征又购。征，是指国家统一征收的公用物资；购，是指生产者在缴纳国家统一征收的物资外，可以自行支配而销售的物资，由国家加以统一收购，不准许私商私人收购。所谓“配售”，即既配又售。即由国家统一分配重要物资，按

---

①④　《陈云文选》（第二卷），人民出版社 1995 年版。

②　陈云：《在全国交通会议上的讲话记录》，1949 年 11 月 19 日。

③　《陈云传》（上卷），中央文献出版社 1995 年版。

规定标准统一调拨使用；售，是对调拨外的部分，可在市场出售，但要由国家统一销售，不准私商、私人进行销售经营。由于当时试行的范围是从农副产品开始，故而提出“农村征购，城市配给”。后经毛泽东主席提议与章乃器先生建议，将“征购”改为“计划收购”，将“配售”改为“计划供应”，并简称“统购统销”。他主张对统购统销方式的实施进行逐步推进。首先，要从粮食这个基本而主要的生活必需品开始。他认为“国以人为本，民以食为天”、“粮食是稳定人心的关键物资”，国家要保持足够的粮食储备，把征收公粮作为第一要事去抓，“对粮食不能随便分散使用，必须集中使用于各大区之间，使用于各大城市的调剂，并且作为今后货币回笼的一个主要手段”①。后来，他面对粮食供应的紧张状况，认为在征收公粮之外，可以对农民手中的一部分自留粮食，由国家征购一部分，即如他所说“做到价格公平合理，并只购农民余粮中的一部分，则征购是可能的”②。即主张在对公粮进行“统筹统支”办法外，适当地购买农民一部分余粮，然后在城市再进行市场统一销售，即后来所称的“统购统销”。他的建议获得毛泽东主席的赞同后，经中央政治局讨论决定，而进行了正式实施。即1953年10月下发的《中共中央关于实行粮食的计划收购与计划供应的决议》中，把他的四项建议正式确定为“计划收购，计划供应，由国家控制粮食市场和由中央对粮食实行统一管理与调度的四项政策”，并对这“四项政策”，做了如下的评价表述：“上述四项政策，是相关联的，缺一不可的……有利于粮食的节约；并且是把分散的小农经济，纳入国家计划建设的轨道之内，引导农民走向互助合作的社会主义道路，和对农业实行社会主义改造，所必须采取的一个重要步骤，它是党在过渡时期总路线的一个不可缺少的组成部分”③。由此开始之后，在他的主张与推动下，接着对食油、棉花、棉布及一些重要副食等进行了统购统销，不断扩展了其品种范围。由此可见，他不仅主张转变商贸业的购销经营方式与经营的主体，而且主张转变商贸业的管理体制，即由资本主义的自由经营体制，转向社会主义的计划管理体制。

由上述可见，他重视商贸业的存在与发展，认为它是社会再生产的一个不可缺少的环节，因而，也是一个独立的产业形态。不仅要协调好其与其他产业发展间的关系，而且要协调好第三产业内部的各种结构关系，使各组成要素相互适应发展，使其所有制、内外贸、行业、城乡、经营方式等结构不断趋于合理化，以适应社会经济由资本主义商品经济形态向社会主义计划经济形态转化的需要，走向一个新的发展道路。

3. 完善与强化国家对第三产业经济活动进行宏观调控管理的思想

（1）建立与完善国家的宏观调控管理机构，实行分工协作，搞好统一管理。第一，他主张必须首先建立与不断完善国家对商贸业进行宏观调控管理的行政管理机构体系。要在国家政务院下设立财政经济委员会，在其统管下，分设财政部、贸易部、对外贸易部、中央人民银行等分部门管理机构，各部门要进行协同管理，形成一个统一的管理机制，并由中心城市指挥全局、各大市场决定小市场的步伐。第二，不断强化贸易、银行、财政这三大职能管理部门或管理机构间的分工协作管理，以不断提高其管理效能。为了充分发挥上述三大职能部门的功能作用，他主张在当时进行以下分工协作，搞好国家的宏观调控管

① 陈云：《电报手稿》，1949年12月28日。

② 陈云：《给毛泽东并中共中央的报告》，1952年1月15日。

③ 《中共中央关于实行粮食计划收购与计划供应的决议》，1953年10月16日。

理活动：一是要注重贸易。就是要摸清国营商业、供销合作社商业手中掌握了多少物资，进而估算出市场上的私营商业有多少囤积物品，做到知己知彼，然后把国家掌握的物资，通过国营批发机构与交易所机构去大量低价抛售，促使私营工商业企业也随之降价抛售，使市场物价渐趋稳定。二是要靠银行。即由银行向私商贷款限制其数量规模，减少货币投放，使一些商业资本家只能依靠自有货币资金在市场上流通，同时，要加速货币回笼，由银行按期催收私营工商企业的贷款，从而缩减市场的货币流量。三是要靠财政。即对一切能收回的税收，要坚决及时收回，而“对一些能缩减的财政费用开支坚决减少”[①]。可见，他主张通过以上三个国家管理机构的协同调控管理，使市场货币流通量与商品流通量保持适应关系，从而使暴涨的市场物价回落，并趋于稳定。第三，以各大城市为中心，进行统一行动，从而带动各中小城市以及全国各地区，形成波及效应，“而回落与稳定全国的物价水平”[②]。即要在全国各主要城市由国合企业同时大量抛售粮食、棉布、煤炭等主要物资，造成市场上商品供应量充足的趋势，给私营商业造成其抢购物资，以期进一步抬高物价的巨大压力与沉重的打击，从而遏制其抢购抬价的经营行为。

（2）建立与完善法规调控管理体系。他不仅主张建立与完善“全国统一”的商贸业管理机构，还主张迅速制定与完善进行管理的法规、条例、办法体系。如他提出“在管理工作上，中央规定全国统一的税则、税目、税率及管理制度、税收任务，具体工作还是由地区财委办”[③]；在他的主张与推动下，国家政务院陆续颁发了《关于统一全国国营贸易实施办法》、《关于全国仓储清理调配办法》、《关于统一国家公粮收支、保管、调度办法》等规定[④]，以及中财委发出《关于抛售物资、催收公债、回笼货币、稳定物价》的指示等。通过以上法规、办法对商贸经营活动进行统一管理，以规范其经营行为，达到发展目标。

（3）完善税收制度，以调控管理商贸经营活动。他主张增加城市的工商税收，以增加财政收入；减少货币发行量，去扭转通货膨胀局面。为此，他特别指出“要解决财政困难，单靠多发票子不行，主要应靠增加税收。过去农业税比重过大，今后要增加城市税收，使它在三年内与农业税收取得平衡，甚至超过农业税”[⑤]。为了搞好税收，他主张先整顿税政、统一税制、制定税收管理办法，特别是城市工商税收管理办法。他对城市工商税征收办法提出了如下两点具体要求：一是改变对城市行商、摊贩免征税的规定，要在先加强管理的基础上，去逐渐征税；二是提高税率，即对“仍低于或仅达于国党时代税率者，如盐税、烟税、工商税、薪资所得税等”[⑥]，提高其税率。为了搞好税收工作，他特别强调指出“为了完成税收工作，全国各大城市及各县的人民政府必须委任最好的干部担任税务局长”[⑦]。即要建立与完善税收行政管理机构与管理队伍，加强对工商业的税收管理，以调控管理工商企业的生产经营活动。

---

① 姚锦：《姚依林百夕谈》，《传记文学》，1995 年第 12 期。

② 《薛暮桥回忆录》，天津人民出版社 1996 年版。

③ 陈云、薄一波：《给西南财委的电报》，1950 年 1 月 11 日。

④ 《政务院第二十二次政务会议记录》，1950 年 3 月 3 日。

⑤ 《陈云文选》（第二卷），人民出版社 1995 年版。

⑥ 陈云、薄一波：《财经旬报》，1949 年 12 月 26 日。

⑦ 陈云：《关于统一国家财经经济工作的决定》，1950 年 3 月 3 日。

（4）运用金融货币手段，调控管理商贸经营活动。他主张控制货币发行量，并采取发行公债、增加货币储蓄存款等办法，以回笼货币，从而减少货币流通量，去平抑物价的上涨，从而控制私营商业趁机抬高物价的经营行为。面对当时物价飞涨的局势，他认为解决物价上涨的根本对策是缩小财政赤字，即多收入，少支出，防止因货币发行过多，而使单位货币过于贬值，导致物价过多上涨。如在 1949 年 11 月 15 日中财委第四次委务会议的总结讲话中明确指出物价上涨“根本原因在于财政收支不平衡，为此我们的方针应在如何减少赤字，使物价平稳上升，其办法：（一）少用……（二）多收：1. 增加城市税收。2. 举办公债……（三）加强管制：组织群众来管制与监督私商”①。并在之后三天周恩来总理主持召开的政务院第六次政务会议上所做“关于物价问题的报告”中进一步指出“减了税便要增发钞票，金融物价便要波动。倒不如多抽税，少发票，金融物价少波动，这样对工商界来说也较有利”，并“主张发行折实公债，按各时期的不同价格，折实收款，又按各时期的不同价格，折实还债……发行公债，对目前的财政、金融都很有帮助的”②，“从全体人民的利益来说，发行公债比之多发钞票要好些”③。即他主张少发放货币、多回笼货币，保持适度的货币流通量。

（5）建立国营的重要物资储备机构，以及时调节市场供求，控制私商的投机倒把经营行为。他主张根据人民的消费需要并掌握重要商品、物资的经营主动权，而更多地建立国家的重要物资储备库机构，并按照物资的不同类别建立相应的国营公司而及时吞吐物资、商品。要在按照计划统一调配国家机构所需的物资外，还要适当投放市场，调节市场商品供求，以平抑市场的物价波动。如在 1949 年 8 月，他在由其主持召开的上海财经会议上，提出“建立全国性的花纱布公司与中纺公司归中央纺织工业部统一领导……建立全国性的土产公司，负责推销各地丝、茶、桐油等类特产”④。并由这些国营公司建立物资储备库，以储备足够的物资，去调节市场供求。他还主张重点建立独立的国家粮食、纱布等重要物资的储备机构，主要负责其分配与调拨使用，同时，要根据市场的需要进行商品供求调剂，以控制私商进行囤积、抬高市场物价的经营行为。

（6）综合运用各种手段，形成配套体系，通过抑制物价飞涨，去调节控制商贸业的经营活动。他面对新中国成立初期物价暴涨的状态，主张运用诸项手段的综合体系，通过平抑物价去调控管理商贸经营活动，把对商贸活动管理的理论思想推向新的发展阶段。现概述以下主要方面：一是增加重要物资与商品的生产量，搞好各地区间的余缺调剂。他面对解放初期国民党统治区长期存在通货膨胀与物价上涨的局面，主张采取抑制物价的措施，不断使其回落。为此，他在全面分析其动因的基础上，提出“通过收缩银根，调运粮棉，抛售物资”的措施去稳定市场物价。如指派曹菊如从东北调运粮食进关时指示“你坐镇沈阳，东北必须每天发一列车的粮食至北京，由北京在天坛打席囤存粮，必须每天增加存粮席囤，要给粮贩子看到，国家手上真有粮食，粮价不能涨，使奸商无隙可乘！”⑤ 同时，指派钱之光等到大城市去调整纱布存量，以及时调节供给，并使华中棉花

---

① 《中央财委第四次委务会议记录》，1949 年 11 月 15 日。

② 《政务院第六次政务会议记录》，1949 年 11 月 18 日。

③ 《陈云文选》（第二卷），人民出版社 1995 年版。

④ 陈云、薄一波：《中财委八九月份工作综合报告》，1949 年 10 月 3 日。

⑤ 吕克白：《陈云与新中国经济建设》，中央文献出版社 1991 年版。

东运，保证沿海城市生产纱布所需的原料，以生产更多的纱布，保证市场的供应；为了保证棉产区的棉花产量的增长，将所掌控的公粮拨送棉产区进行销售，以保证其对粮食的需求。可见，他主张通过对重要生活消费品采取增加生产量、国库储备量、市场销售供应量的措施与方法，去调节市场商品的供求关系，使之不断保持适应状态，而平抑市场物价的飞涨。二是创建市场信息机构，及时掌控市场供求的信息与各地的物价信息。他主张创立在国家贸易部管理下的全国市场物价涨落的信息机构，以及时而迅速地掌握全国各地市场商品供求情况及市场物价的变动情况，并迅速采取调节措施加以控制。一要各地及时提供物价报告，包括“官价”（国营商业抛售价）与“黑价”（市场通行价格），并估计两者在市场成交额中的比例。二要在各地计算物价平均指数时，必须估计若干物资有余或不足，特别是大城市统一物资价格涨落对当地广大地区该物资价格涨落的影响程度①，然后，根据各地的物价信息，由中央管理机构迅速由外地调拨所缺物资，并确定物资“开牌”价格，以及时平稳各地物价。三是控制货币发行量并回笼市场货币流通量，以控制通货膨胀。他主张在增加商品市场供应量，缩小商品供不应求差距，而平抑物价上涨的同时，还要调控货币发行量，适当收缩银根，以保持市场货币流通量与商品流通量的协调关系。为此，他向各地发出了“十二条指令”②，其中的第六至第十条是要紧缩银根、控制货币发行量的内容。一要“人民银行总行及各主要分行自电到日起，除中财委及各大区财委认为特殊需要而批准者外，其他贷款，一律暂停。在此期间，应按约收回贷款”；二要“各大城市应将几种能收缩银根作用之税收，于11月25日左右开征”；三要“工矿投资及收购资金，除中财委认可者外，由各大区财委负责，自此到达日起一律暂停支付”；四要“中财委及各大区财委对各地军费（除去仓库建筑等）应全部拨付，不得扣押，但请当地党政军当局叮嘱部队后勤负责同志，不得投入商业活动”；五要“地方经费中，凡属可以迟发半月或20天者，均应延缓半月或20天”。由上述5条指令内容可见，他主张通过银行机构减少贷款与收回已贷款、开征与增征有关税收、减少对国营工矿业建设的投资与延缓对私营工矿业赎买收购的资金支出、限制军事机构将资金投入商业活动、迟发地方政府公共用费等诸项措施、办法，去压缩市场的货币流通量，调节市场商品供求关系，使市场物价回落而趋于稳定。四是集中抛售大量紧缺商品物资，以迅速平衡市场供求，形成一种稳定态势。他在新中国成立初期抑制全国物价猛涨时，所下发的十二条指令中的第十一条，指示各地国营贸易公司“目前各地贸易公司，除必须应付门售者外，暂时不宜将主要物资大量抛售，应从各方调集主要物资于主要地点……于全国各主要城市一齐抛售。为了解各地准备情况及避免抛售中此起彼落，各地需将准备情况报告中财委，以便大体上统一行动日期”③。即他主张由主要城市的国营贸易经营机构在一定时间内调集大批商品物资，并在全国统一时间内进行大量抛售，以迅速回收货币，既满足需求又迅速平抑物价的暴涨状况，收到明显的成效。五是控制与打击私商囤积居奇进行投机倒把的活动，以稳定市场经营秩序与市场物价。他主张加强对私商的管理，并更多地采取经济政策措施去加以调节控制。因而，还在上述“十二条指令”的第十二条指令中给私营商贸经营企业进行投机倒把活动以控制与警训，即“（甲）目前抢购风盛时，我应乘机将冷货呆货抛

---

① 陈云、薄一波：《给邓子恢并华东、西北、华南财委的电报》，1949年11月16日。

②③ 《陈云文选》（第二卷），人民出版社1995年版。

售给投机商，但不要给其主要物资。（乙）等到收缩银根、物价平稳，商人吐出主要物资时，我应乘机买进”①，同时，他还提出“为了保证几个大城市的粮食供应与棉花需要，不惜工本从四川运些粮食到宁沪……来提防奸商的捣乱”、“如把统筹运物资、抛售物资、冻结资金、停止支付等办法协同使用，一定可以打垮奸商，避免物价暴涨”②。即主张通过对私营商贸企业实行购销商品物资的调控措施，去调节市场商品供求关系，以平稳物价。

总之，他主张国家政府要建立与不断完善宏观管理机构体系，并运用法规、税收、金融、物资储备等手段，组成一个有机的法规、制度、政策、办法等统一协调的综合管理体制，在整个经济发展计划的指导下，以稳定物价为核心，力求保持市场货币流通量与商品流通量的适应关系与市场商品供求的平衡关系，在直接调控国营商贸业经营活动，以发挥其主体引导作用的同时，而更多地采取间接调控管理方式去推动私营商贸业的相应发展，不断优化第三产业的经济结构，从而实现由资本主义的第三产业经济形态向社会主义第三产业经济形态的转变，并达到恢复经济、开展社会主义建设的目标。

由上述可见，他作为一个主管财经工作的领导者，从中国当时的实际国情出发，吸收了苏联进行社会主义建设的一些理论思想，从而形成了他的新民主主义经济建设的理论思想，从中也闪现着他的有关第三产业经济发展的理论思想，虽未形成独立而明确的思想体系，但有诸多创新见解，不失为一个新型第三产业经济思想的主要代表人物。如果加以揭示与概括，可有如下方面：一是坚持以第一产业为基础、第二产业为主体、第三产业为补充的三大产业地位观。在坚持“农本”思想的同时，更加突出“粮本”思想；在主张积极发展现代工业的同时，更加突出“重工业”的“重点发展”观；从生产决定论出发，认为第三产业是社会生产过程必须存在的一个“重要环节”，并把“物资产品”流通，作为商品流通的重要构成要素，要把商品的自由流通，转变为有计划的商品流通，从而把第三产业作为适应第一、第二产业发展需要而存在与发展的辅助性产业。二是认为第三产业同第一产业、第二产业之间的关系，是按社会生产过程依序而行的协调发展关系，要由社会生产所决定，并服从第一产业、第二产业发展的需要。三是既不“重商”，也不完全“抑商”，主张对资本主义商贸业进行社会主义改造，把国营商贸业置于主体与主导地位，并主张积极发展集体所有制的合作社商贸业；对私营商贸服务业要通过调整与扶持，进行“统筹兼顾”，使其适度发展；尽力调整完善商贸、服务业的各种经济结构，推进薄弱的结构要素的扩大发展，从而使第三产业经济结构更加合理化，并更多地培植适应社会主义计划经济发展需要的结构要素。四是主张国家运用多种管理手段，特别是经济政策手段与更多的直接调控管理方式，对第三产业经济活动进行调控管理，把其推向社会主义计划经济的发展道路。可以说，他的第三产业经济理论思想更加创新化、具体化、实用化、现代化。

（二）社会主义计划经济正式建设阶段的主要第三产业经济思想

他从当时经济恢复后正式转向大规模社会主义计划经济建设的实际情况出发，遵从党的过渡时期的总路线要求，进行由新民主主义革命向社会主义革命的迅速转变，而按照苏

① 《陈云文选》（第二卷），人民出版社 1995 年版。

② 《在政务院第十四次政务会议上的发言记录》，1950 年 1 月 6 日。

联实行的社会主义计划经济体制模式及其经验，积极推行了中国社会主义计划经济建设。在这一进程中，由于他主管财经工作，必然触及第三产业经济的发展与转变问题，因而，也必然反映出他的有关第三产业经济的思想观点。由于这一阶段变革的复杂性和多样性，对其经济理论思想又有不同的反映，故仅概括其主要有关第三产业经济发展的理论思想观点。

1. 三大产业经济地位及其相互关系的思想

（1）三大产业经济地位的思想。他主张并推行社会主义计划经济体制，以加速推进社会主义工业化建设。要贯彻落实以农业为基础、以工业为主导，优先发展重工业的工业化方针；对重要物资与商品进行国家的统一计划收购与分配；对一般消费品要在国家统一计划指导下进行市场购销经营。即要使商品流通转变为物资与产品流通，使面向市场自由交换的商贸经营业处于极其薄弱的状态，使资本主义的商贸业处于被取消的状态，使整个产品与商品流通业处于工农业生产发展的附属地位。一是以农业为基础。即认为农业是人们的衣食之源，不仅为城市人口提供农产生活消费品，而且为工业生产提供原材料，特别是粮食产品，而把农业生产的发展置于工业化发展与整个社会经济即国民经济稳定发展的重要基础地位。二是以工业为主导，优先发展重工业。就是要实现整个社会经济发展的现代化，要把工业的加快发展置于社会经济发展的主导地位，以工业生产为中心去带动农业生产与产品流通活动的发展。在工业化发展中，要把重工业的发展，即现代先进的机械制造业的发展置于优先发展的地位，在一切经济发展与建设中，先行机械化改造，以尽快提高社会生产力，特别是满足战争需要的军事武器装备的迫切需要。三是对商贸业进行社会主义改造，首先是所有制改造，其次是经营方式的改造，最后是经济地位的改造。即由资本主义的私有制转变为社会主义的公有制，以国有制为主体；由市场自由购销经营，转变为国家统一计划下的产品统购统销的统一分配经营为主体；由处于社会再生产重要环节的地位，转变为附属于工农业生产发展的从属地位。总之，在实施社会主义计划经济体制的大潮流下，他已形成“农基、工主、商补”的三大产业经济地位观。

（2）三大产业经济相互关系的思想。他虽然坚持认为社会再生产过程必须遵照生产、分配、流通、消费的环节依序进行，并坚持认为要按农始、工继、商终的经济运行过程进行循环，但在他上述“三大产业地位”观的指导下，则形成了他的生产决定论，转变了资本主义商品生产的消费需求决定论，从而形成以工业生产为核心的生产—分配—流通—消费的依序作用论，但淡化了由市场消费需求—市场商品交换—商品生产的依序反作用的相互关系思想。但他不忽视产品与商品流通作用的重要性，也不完全否定商贸业存在与发展的必然性，只是在经营形式、方式、地位上进行了调整与转变，即把第三产业经济的发展形态纳入社会主义计划经济体制的发展模式中，并提出诸多独到的见解。

2. 调整与转变第三产业经济发展的思想

从 1953 年制定与实施第一个五年计划开始，标志着我国已正式转入社会主义计划经济建设时期。按照国家统一计划要求，对整个经济结构，尤其是对商贸、服务业结构进行了调整与转变，由此也引致了他的有关第三产业经济发展思想，尤其是其结构思想的相应转变。其主要思想观点表现在以下几个方面。

（1）有计划地实现市场商品供求平衡，继续保持市场的稳定，是商业工作的重要任务。在保持农、工、商有计划按比例发展的同时，要保持市场的供求适应关系。既要保持市场货币流通量与商品流通量的适应关系，又要保持市场商品供求结构的适应关系，其重点是解决当时市场商品供不应求的问题。一是他认为，“由于国家以大量资金投入经济建设和文化建设，增加了就业人数，增加了工资总额。同时，农业增产，农产品收购价格提高。这就使全国人民的购买力，在恢复时期已经普遍提高的基础上，更加迅速地增长起来，因而，社会购买力增长速度超过了消费品和农业生产资料生产的增长速度，这种趋势将是长期的。在一定时期内社会购买力与商品供应量之间的差额将是长期的。在一定时期内社会购买力与商品供应量之间的差额还会继续扩大”。[①] 即他既分析了市场商品供不应求形成的主要原因，又预测了将长期存在与扩大的趋势。二是在商品类型上，认为主要表现在吃、穿、用商品的供不应求上。即他所指出的“许多商品供不应求，第一是吃的，第二是穿的，第三是用的”。[②] 即将市场消费需求分为吃、穿、用结构类型，又分出其供不应求的状态顺序。三是认为保持市场的稳定发展，不仅具有重要性，而且是商业工作的重要任务。即如他所说的“市场的稳定是进行经济建设的必要前提。因此，在供不应求的情况下，继续保持市场的稳定，以保证经济建设的顺利进行，是商业工作的重要任务”。[③]

（2）调整所有制结构与其经营范围结构。一是调整所有制结构。大力扩展国有制，使国营商贸业处于领导与主体地位，积极发展集体所有制，使合作社商贸业处于重要的辅助地位，使国有制与集体所有制商贸业共同组成公有制商贸业；削弱与适当保存私有制或个体所有制，使私营与个体商贸业处于公有制商贸业的补充地位。国营商业担负起全国统一计划收购与供应的领导与主体责任。二是调整各经济成分商业的经营范围结构。国营商业要在批发商业经营领域占有绝大的比重，要绝对控制批发销售市场的经营活动，而逐渐排除私营批发商业；国营商业在零售商业领域，要占相当大的比重，改变私营零售商业过去主要依靠从私营批发商或生产者方面进货的状态，而改为依靠国营商业、合作社商业方面的进货渠道，要在公有制批发商业的控制下，进行适当范围的零售经营；合作社商业要在批发商业经营中占有一定的比重，在零售商业经营中占有较大比重，特别在农村区域内基本上代替私营商业，要同国营商业一起，不仅为公营商业系统进行组织货源和组织供应的工作，而且要对私营零售商业的进货与销售担负起共同的责任。认为这一商业经营范围的调整要“使旧的自由市场活动范围大大缩小，而使国营商业对整个市场的统一管理和对私营商业的领导与监督的地位更加巩固”[④]。但他由此认为，“这种市场关系的变化和改组，也必不可避免地使商业中的公私关系日趋紧张，使私营的经营发生困难”[⑤]。由此，他特别指出“中国私营商业的从业人员数量很大（坐商和摊贩共有七八百万人），对他们盲目地加以排挤，一律不给安排，不给生活出路，势必增加失业人口，造成社会混乱。这是必须防止和纠正的”[⑥]。

（3）调整城乡商业经营结构，正确处理城乡市场关系。一是他认为应重点发展城市，尤其是大中城市的商贸经营业，特别是批发商业经营业，以充分发挥大城市商品交流中心的作用。二是要正确处理城乡商贸经营关系。认为城乡市场必须互相支援，在副食品供应不足时，应压缩中小城市和集镇的副食品的消费，优先供应大城市及工矿区；城乡都需要的工业品，应尽力先供应农村，以利于农产品的采购。三是主张建立城乡初级市场，以畅

①②③④⑤⑥ 《陈云文选》（1949～1956年），《加强市场管理和改造私营商业》，人民出版社1984年版。

通城乡商品与物资的广泛交流活动。为了畅通城乡商品与物资交流，活跃初级市场，他提出各地区可采取如下具体对策主张。一要广泛建立国家领导的没有私营粮商参加的粮食交易市场，由公营商业粮食经营机构同粮食生产者进行直接交换。二要举行初级市场的物资交流会，对有关物资进行城乡交流调剂。三要组织货郎担子，即小商贩，为合作社进行代购、代销。四要改变城乡互相封锁的状态，取消某些乡、镇人民政府所规定的不适当的市场管理办法。五要对一般小土产，可以组织公私联购，或由合作社统一收购后按一定比例批发给私商。

（4）正确处理商品内销和出口的关系，尽量扩大出口、压缩进口。他认为“除粮食、油料等物资特殊规定限量出口外，其他物资在今后一个相当长的时期内，国内市场的销售应服从出口的需要”①。有些商品如肉类，应压缩国内市场的销售，保证出口；有些商品如水果、茶叶和各种小土产，应尽量先出口，多余的供国内市场销售。只有这样，才能保证必要的出口，以换回国家建设所必需的工业设备。同时，还认为，“我们必须力求不借外债。为了保持外汇的收支平衡，应压缩不必要的进口”②。即要尽力扩大中国的国外市场，向国际市场延伸。

（5）相应发展重要的服务业，为商品流通与物资流通的扩展提供条件。一是加快国营金融业的发展。一要完善中国人民银行经营机构，充分发挥其职能作用。搞好资金储备、信贷业务、货币发行业务，控制好货币的市场流通量，保持币值的稳定。二要加速对私营银行业的社会主义改造，更多地收归国有。二是加快发展交通运输业。加快发展铁路运输业，同时，要相应发展水路与公路运输业。使交通运输业同工农业生产与商贸业的发展保持适当的比例关系。为了加快铁路运输业的发展，一要修建好原有的铁路运输干线，提高其使用效率；二要加大投资额，创建更多、更长的新的铁路运输干线，以畅通物资、商品交流。三是积极发展教育服务业。要加快发展高等教育与中等技术教育业，并提出举办各种专业训练班去培养专业技术人才，以期培养更多的、急需的企业生产与经营管理人才，以推进商贸业的现代化发展。总之，他主张加快服务业的扩大发展，完善商贸、服务业的经营结构。

从上述可见，他主张遵从与实施中央政府所推行的社会主义计划经济体制与实现工业化的方针，在重点发展工业化的基础上去相应地发展产品流通业，但保持商品流通业的一定存在和发展，因而，也必须保持从事商品流通活动的商贸经营业的一定存在和发展；随着商贸与服务经营业作为一个相对独立的产业经济形态的淡化，他认为，作为广泛商贸、服务业的“商业”的经营活动任务主要是有计划地实现市场商品的供求平衡，其重点是解决市场商品的供不应求而导致市场物价不断上涨的问题，这就引起了他对转变与调整商业经营结构的思考；在调整商贸经营业的结构上，他认为，首先要进行所有制结构的调整，使国有制为主导、公有制为主体、私有制为补充，然后解决不同所有制商贸业的经营范围问题，包括批发与零售、城市与乡村、内销与外销、工业产品与农业产品等经营范围的划分；在行业结构上，他主张进行相应的调整，要在物质商品经营行业一定发展的基础上，由于产品流通的扩大发展，要更多地扩展服务行业，包括交通运输业、人才培养教育业与金融业等商业服务行业。为了反映这一历史阶段的特征，特引述他的如下表述：“我

①② 《陈云文选》（1949～1956年），人民出版社1984年版。

们的社会主义经济的情况将是这样的：在工商业经营方面，国家经营和集体经营是工商业的主体，但是附有一定数量的个体经营。这种个体经营是国家经营和集体经营的补充。至于生产计划方面，全国工农业产品的主要部分是按照计划生产的，但是同时有一部分产品是按照市场变化而在国家计划许可范围内自由生产的。计划生产是工农业生产的主体，按照市场变化而在国家计划许可范围内的自由生产是计划生产的补充。因此，我国的市场，绝不会是资本主义的自由市场，而是社会主义的统一市场。在社会主义的统一市场里，国家市场是它的主体，但是附有一定范围内国家领导的自由市场。这种自由市场，是在国家领导之下，作为国家市场的补充，因此，它是社会主义统一市场的组成部分。"①

3. 国家对第三产业经济发展进行统一宏观调控管理的思想

他按照国家对整个国民经济进行统一计划管理的要求，主张逐步地把资本主义的商品经济推向社会主义计划经济的发展阶段。要按照国家五年计划的规划，实现生产与流通有计划按比例的发展，因而，主张在对资本主义工商业进行社会主义彻底改造的基础上，建立起第三产业经济的社会主义计划管理体制，综合运用法规及经济政策等手段，更多地采取直接管理的方式，对商品流通与市场供求关系进行宏观调控管理，以期建立起第三产业经济活动的社会主义计划经济的运行模式。他在该方面的主要思想观点有以下几点。

（1）要制定统一完善的商贸业发展计划。一是这一发展计划应统一于整个国民经济发展计划之中，包括五年计划与年度计划，以适应整个国民经济有计划按比例发展的需要。要由过去的市场调节机制转变为以统一计划调节为主的机制。二是要根据客观条件，具体制订可行的具体商贸业的发展计划，包括五年计划与年度计划进行逐步推进。三是要制定具体实施方案，突出重点项目与亟待解决的重大问题，把解决市场供求平衡，以保持市场稳定，从而促进工农业生产与保证人们生活需要作为战略问题对待。

（2）要建立完善的商贸业行政管理体制，对全国商贸企业的经营活动进行有力的统一管理。他认为，要适应社会主义计划经济体制下的市场变化与切实执行对私营商业进行社会主义改造的政策，全国对市场的领导必须统一，全国对商贸业的管理步骤必须统一。为此，必须建立国家统一的、完善而强有力的商业行政管理机构体系与制度体系，可称为商贸业的行政管理体制。对此，他提出了如下具体主张。①要建立从中央到地方的商业行政管理机构体系，由中央机构集中统一领导，各地方机构分层贯彻执行；在中央机构内，分别建立相应的职能管理部门，在统一计划下进行分项管理。具体内容是："第一，中央商业部应成为全国国营商业、合作社商业和私营商业的统一领导机关，负责制定商业各部门和各地区商品流转的主要计划，掌握公私经营比重，确定商品价格方案。第二，城乡市场根据国营商业及合作社商业分工负责的原则划分经营范围。即大中城市和工矿区的市场归国营商业负责；集镇和农村的市场归合作社商业负责；一般县城及大的集镇，由各省委根据不同条件，划归国营商业或合作社商业单独负责，或由国营商业、合作社商业双方共同负责。中央商业部和供销合作总社应根据上述原则，另行议定分工方案，逐步实现。各地手工业生产合作社的产品，仍由合作社经营。为了加强县级对市场的领导，各县都需建立财委机构，并使这一机构和省级国营部门保持密切联系，以编制商品购销计划，掌握国

① 中共中央书记处研究室：《陈云同志文稿选编》，人民出版社 1981 年版。

营商业、合作商业和私营商业的经营比重，统一安排私商。”① ②各级党委必须加强对商业工作的领导，加强各地国营商业及合作社商业的机构和干部。他认为各级党委要重视对商业工作的领导、重视商业工作的重要性。为此，他提出要做好以下几方面的工作：一是要加强各地国营商业及合作社商业的管理机构的建设，使其不断优化完善，以充分发挥其管理职能；二是要组建强有力的管理队伍，提高其管理效能；三是要对党员干部进行重视商业工作和如何领导管理商业工作的培训与教育，要特别“讲清楚许多商品供不应求的情况和原因……讲清楚计划收购和计划供应是稳定市场、保证建设所必需的办法；讲清楚若干物资首先供应大城市、工矿区和出口的必要性；讲清楚对私商不能只挤不管，而必须以国家资本主义的方式进行改造的道理”②。以促使党的领导干部更好地做好对商业的领导管理工作。

（3）要建立有效的商贸业管理法规、制度体系。他认为，应根据国家对经济管理的法规、制度体系，去具体制订商贸业的管理法规、制度体系。以通过法规、制度手段，去直接有效地调管商贸业的经营活动。①要制定与实施商贸管理的法规体系。主要是市场物价管理法规、市场交易法规、对外贸易法规等，用以规范市场经营行为，约束私商投机倒把、囤积提价、破坏市场正常秩序的活动。②要提出对私营商贸业进行社会主义改造的具体规定。他面对计划经济建设初期私营商业所占比重缩小、经营困难，而导致公私商业关系紧张的状态。主张对私营商业积极稳步地进行社会主义改造，“采取一面前进、一面安排和前进一行、安排一行的办法，把现存的私营小批发商和私营零售商逐步改造成各种形式的国家资本主义商业”③。他认为应作出如下具体规定：一是对私营批发商。以零售为主而兼营批发的，一般转为零售商；专营批发商或以批发为主而兼营零售的，其中凡能继续经营者让其继续经营、凡为国营商业所需要者可以为国营商业代理批发业务、凡能转业者辅导其转业、无法安置者其资方代理人与职工经过训练而由国营商业录用。二是对城乡私营零售商。除一部分必须和可能转业的以外，一般应逐步地把它们改造为合作商店或国家资本主义的零售商。三是对非坐商的个体摊贩也要给予安排、改造，但在对坐商作出适当安排后，再逐步改造解决。四是对私营进出口商，基本上要按照对私营批发商的处理原则进行处理，要由国营对外贸易机关尽量采取联营、经销、代进、代出等国家资本主义的形式，对其进行社会主义改造，使其在国营对外贸易机构的领导和管制下，发挥其对外进出口贸易的积极作用。③要建立与完善工商企业内部管理制度。主要是要完善党委领导下的厂长与经理负责制，党委要集中力量或精力去处理企业生产经营中的重大问题，不要包揽一切行政事务，去强调算所谓政治账不算经济账、不尊重科学与技术人员等。提出“一定要加强企业管理而不能削弱企业管理”、“要把不应该废弛而废弛了的规章制度统统恢复”、“一定要充分发扬民主，不能强迫命令”；强调要搞生产经营“没有规章制度不行”、“过去的规章制度，好的东西要保留下来”④。意在充分调动职工的生产、经营的积极性，推进商贸业的正常发展。④要建立与完善物资储备与分配、调拨管理制度。为了保证生产与市场需要，国家必须建立与完善重要物资的分配与调拨管理制度，以进行有计划的统一管理。首先，要建立与完善重要物资的储备库制度，对国家统购的重要物资产品进

①②③ 陈云：《陈云文选》（1949～1956年），人民出版社1984年版。

④ 《陈云同志文稿选编》（1956～1962年），人民出版社1981年版。

行储备，并搞好储备物资的管理；其次，要建立与完善重要物资的分配与调拨管理制度，改变当前各部门分管过多，导致分配不当、调拨不及时的状态，而更多地实行由国家集中统一管理的制度，以合理分配而及时调拨，以保证全国各部门、各地区经济建设发展的需要，并及时、有效地调节市场供求，稳定物价。⑤要建立与完善货币发行制度，控制货币的发行量，并保持其合理的结构。他认为，要保持供求平衡及各地区经济建设的协调发展，必须在大力发展工农业生产以增加物资与市场商品供给的同时，要更多地控制货币的发行量。为此，他认为应建立与完善以下管理制度。一是国家金融机构要保持足够的黄金、白银与外汇储备，避免超支或透支发行货币量。二是要控制货币发行量，特别是控制在城市的货币发行量，以"控制城市的钞票过多的向农村转移，而增加国家工业品供给的压力；要防止私商的投机倒把活动，以有效的抑制通货膨胀，保持市场物价的稳定"。即主张运用货币发行管理制度，去保持市场商品的供求平衡关系，使市场持续稳定。

（4）要采取适当的经济政策，对商贸经营活动进行有效的管理。他主张采取多种经营政策，调控管理好市场商品供求关系问题，使之常保平衡。他认为要着重解决好市场商品供不应求问题，其根本对策是要努力提升商品生产的增长速度，但鉴于增产速度的提升，尤其是农业增产速度的提升，面临诸多限制因素，因而，主张把重点放在采取适当的商业收购与供应的政策措施上。一是主张扩大国营商业工业品的加工订货和包销的范围，对重要产品的粮食和油料实行计划收购和计划供应，并加强对其他主要农产品和农业副产品的收购工作。他着重指出"经过计划收购来掌握货源，经过计划供应来控制销量，这是在许多商品供不应求的情况下，继续保持市场稳定的两个必不可少的步骤"、"在今后加强农产品计划收购工作的同时，对于计划供应品种的增加，范围的扩大，方法的改进，尤其应该引起足够的重视"①，即强调，在工农业产品的主要货源由国家直接掌握之后，要采取计划供应的方法加以适当的控制，认真地进行合理分配，以满足国家经济建设和人民生活各方面的需要。二是主张"反对私商的囤积和投机，并防止小生产者的惜售和消费者的抢购"②。三是主张"增加农产品出口，进口轻工业原料，如毛条、人造丝、橡胶等，经过加工向农村推销"③ 以回笼货币，同时"要适当调整工农业产品的价格，如烟、酒、糖等消费，可以涨点价"④，而某些农产品可以降点价，但在不影响人们基本生活的情况下，适当涨价，有利于回笼货币；还可"通过发行公债和提倡储蓄"⑤ 以回笼货币，减少市场的货币流通量。

（5）要建立与发展出口商品生产基地，以扩大商品出口贸易。他认为，要扩大我国的出口贸易，必须营建出口商品生产基地体系。一是出口商品生产基地应形成结构合理的体系，不仅是工业产品商品生产基地，还包括农业产品商品生产基地。二是出口商品生产基地要生产特色鲜明、质量高的商品，特别是已具有"名牌"效应的商品与有国际市场竞争力的商品。三是达到一定的规模与较高的先进科技含量。四是以国营为主，特殊的可由私营营造，如具有历史传统的中药、丝绸等特色手工业商品生产基地。总之，通过推动出口商品生产基地扩大发展的支持政策，以生产更多有国际市场竞争力的商品货源，保证出口商品贸易的扩大发展。

从上述可见，他主张按照国家统一经济计划的要求，对第三产业经济活动进行全面统

①②③④⑤ 《陈云文选》（1949～1956年），人民出版社1984年版。

一的调控管理，制定出完善的商业发展的具体指导计划。在统一计划指导下，首先建立完善的商贸业行政管理体制，同时，充分应用法规制度、政策等管理手段，制定切实可行而有效的管理法规、制度体系，并采取逐步推进的、可行的各项管理政策、办法，去调管好商贸业的经营活动，以建立良好的社会主义计划经济的新秩序，并重点解决好市场商品供求平衡问题，处理好产销、供销的适应关系，从而，把第三产业经济的发展推向社会主义计划经济建设的新阶段。

总之，在社会主义计划经济正式建设阶段，可把他的第三产业经济思想做如下归纳。一是他提出了农基、工主、商补的三大产业经济地位观与从生产决定论出发的“农业—工业—商业”的依序推进的正向作用为主的相互关系论。二是第三产业经济要作为第一产业、第二产业经济发展的“补充”而必须存在，但作为一个独立的产业形态应大大弱化，并将其商品经济形态转变为计划经济形态，即由自由交换形态转变为计划分配形态，而相应调整、转变其结构状态，改变其经济活动运行模式。三是对其宏观调控管理模式，更多地向国家集中、统一、直接管理的方向转变，即由商品经济的管理模式转向计划经济的管理模式。从而最终实现他从经济恢复阶段的第三产业经济思想向社会主义计划经济正式建设阶段第三产业经济思想的相应转变。

第三节　社会主义社会计划经济建设时期第三产业经济思想的转变与发展

该历史时期是由近代社会转向现代社会的时期，也是由封建制经济经过新民主主义制经济，转向社会主义制经济形态的历史时期。在这一历史时期中，经历了国民经济恢复、准备向社会主义计划经济过渡与进行大规模社会主义计划经济建设两个历史发展阶段。由于这两个历史发展阶段的社会经济环境与社会经济发展条件及状况不同，因而，所表现与反映的产业经济思想，尤其是第三产业经济思想也有所不同，故分为两个历史发展阶段去归纳与概括其主要代表人物刘少奇与陈云等的第三产业经济理论思想体系的形成与发展。

一、国民经济恢复阶段第三产业经济理论思想的转变与发展

在该历史阶段中，他们以马列主义、毛泽东思想为指导，从当时由新民主主义革命转向社会主义革命、由长期战争转向恢复经济繁荣并准备开展社会主义经济建设的客观要求及国内外社会经济条件的实际情况出发，遵行中华人民共和国《共同纲领》规定精神与“公私兼顾、劳资两利、城乡互助、内外交流”的新民主主义的指导方针，在其所领导、主持的财政、经济工作的过程中，对多领域、多方面的经济活动进行了重大决策，并采取了相应的重点实施举措，从中反映出他们所具有的较系统的经济理论思想，其中也包含与闪现着他们的产业经济与第三产业经济的有关理论思想。虽尚不直接与完整，但已构成一个初步的理论思想体系，并具有主体性与明显的代表性。现对他们的主要第三产业经济思想作出如下的概括归纳与揭示。

（一）三大产业经济地位及其相互关系的思想

1. 三大产业经济地位的思想

（1）提出了按社会生产分工，划分为农业、工业、商业三大经济部门，或三大产业经济类型的思想。如刘少奇，提出了按社会生产分工将整个国民经济划分为：由大工业占主体地位的工业；由广大个体的小农业所组成的农业；由国营、合作社营、私营商业所组成的商业。即三大社会经济部门、三大经济类型或三大产业经济形态。他明确地采用了“产业”这一术语，特别提出，要“按各个产业部门实行适当的分工，建立各种公司或托拉斯，在统一领导下去进行分别的经营。国家经营的各产业部门，必须统一地实行经营企业化，使该产业部门的各工厂有平均的利润，而不应使各个工厂和企业去单独地经营企业化”。这表明他已具有农业、工业、商业是各自生产单位、企业单位集合而成的思想与各个生产与经营企业的经营必须成为追求平均利益的企业化经营，即都应成为追求价值与产生价值的社会生产单位，最终表明他已具有农业、工业、商业都是独立的产业经济类型，并按照社会生产过程划分为第一产业、第二产业、第三产业的产业经济形态的产业分类与各产业经济类型的内部的具体分类思想。

（2）三大产业经济在国民经济整体发展中应居地位的思想。一是重视农业与农业生产的发展，把农业即第一产业，置于国民经济发展的基础地位。他们从中国是一个以自然经济为主体、资本主义的商品经济未充分发展的实际国情出发，认为中国仍是一个自给自足的小农经济为主体的农业大国。占人口绝大比重的农民，其生产与生活消费需要主要靠自给而实现；其城市人口的生活消费需要与工业生产及独立手工业生产的原材料产品需要，有相当大的比重要靠农副业生产、家庭手工业生产所提供的产品来满足；而工业产品，包括农业生产资料产品与农民所需要的轻工业生活消费产品，要由农村农业与副业生产消费及农民生活消费需要及其购买来实现；无论产品流通与商品流通，都要从农副业生产领域起步。同时，他们还从中国传统的“农本”思想的演进过程来分析，都认为该历史阶段国民经济的发展，仍应以农业的发展为基础。由于以上的共识，因而，都主张应以第一产业为基础产业，把其置于国民经济发展的基础地位。二是大力推进现代工业生产的加快发展，把工业即第二产业，置于国民经济发展的主导与中心地位，或优先发展地位。其思想的形成，源于以下几个方面。第一，吸收了马克思的工业生产劳动价值论。即商品价值主要是由工业劳动者创造的，工业越发达，社会商品价值总量就越大。第二，吸收了西方先行产业革命的国家，实现社会生产工业化的理论。即工业化的发展可以生产出更大规模的物质产品与商品总量，既可以增加对农业生产的商品供应，又可以增加对人们生活消费品的供应，更能大大扩展对外贸易商品量，还能更快地提升军事装备水平，加快推进资本主义商品经济的发展，而形成社会再生产与资本在国内外范围的良性循环；由此理论思想的启示，主张把小生产为主体的农业经济推向现代工业化的发展道路，把工业产业化发展置于社会生产产业化发展的中心地位与优先发展的地位。第三，借鉴了苏联进行社会主义经济建设的经验。苏联在当时进行社会主义经济建设中，实施了工业化发展的方针，推行了以工业为主导、重点发展重工业、加快改造农业的工业化发展的模式，使社会生产获得了较快发展，特别是使先进的军事装备水平有了更快的提升，从而有力地支持了反法西斯战争取得胜利。这一成功的经验，使当时的最高决策者，必然作出加快工业的发展，以工业为中心带动整个国民经济的恢复、调整与发展的战略决策。第四，面对中国工业发展落后、技术装备水平过低、劳动生产率不高，特别是军事装备水平不适应需要的现状，急需加快工业的发展，以带动整个国民经济的起飞与振兴。由于以上这些思考与国内社会主义经济建设的客观需要，而形成了他们的推进工业化发展，以发展工业即第二产业为中心，促动整个国民经济的加快恢复与发展，以迅速转到大规模社会主义经济建设道路上去的思想。三是重视商贸业的存在和一定程度的发展，将商贸业即第三产业，置于工农业生产发展的辅助地位。其思想的形成，源于以下几个方面的认识与思考。第一，马克思主义的商品流通论。马克思提出工业生产的发展必然促进商品流通的相应发展，只有从事商品流通活动的商贸业的发展，才能促进商品交换的发展，以满足商品生产者与生活消费者日益增长的需要。因此，在中国当时多种所有制并存的状态下，必然会存在产品分配流通与以货币为媒介的商品流通，因而，从事商品流通活动的商贸经营业，就必然会存在与发展。第二，中国的工农业商品生产虽然滞后，但处于初始状态的资本主义商品经济已经存在并获得了一定程度的发展，因而，在社会主义计划经济产品分配制未建立之前，商品交换必然存在与发展，因而，商贸与服务业也必然存在并有一定程度的发展，使其促进私人资本主义工商业之间、城乡之间的商品交换与满足人们的市场商品需求。第三，中国作为一个刚兴起的现代生产与资源大国，必然要与一般国家，尤其是苏联、东欧友好国家保持一定的以货易货的产品贸易与以货币为媒介的商品贸易，因而，对外贸易经营也会必然存在并有一定程度的发展。第四，商贸业的存在和一定程度的发展，有利于平稳当时不断飞涨的市场物价，使国民经济稳定发展。如陈云，即主张继续发展商贸流通业，推进城乡与国内外的物资与商品交流，要“特别注重保持市场货币流通量与商品流通量的适当关系，把平抑物价上涨以稳定人民的生活与经济发展，作为财经工作的重点去抓”。总之，他们主张改造资本主义的商业，使其萎缩，而大力发展社会主义国营与集体经营的商贸业，但要把商贸业置于工农业发展的辅助地位。

总之，在该历史阶段，他们都持“农基、工主、商辅”，即第一产业为基础、第二产业为主体与中心、第三产业为辅助的“三大产业经济地位观”。

2. 三大产业经济相互关系的思想

（1）三大产业各自独立存在，并发挥各自的功能作用。一是他们认为，农、工、商是社会生产过程的三个独立的形态，即农业生产提供原材料、工业进行生产加工提供产成品、商业流通产品至消费领域，而各自独立地发挥自身的功能作用；但在整个社会再生产过程中，工业居于主体与中心地位，既带动农业生产，又带动商贸流通。二是他们从生产决定论出发，认为社会生产，包括工农业生产，决定流通与消费；在社会生产中，工业生产决定与带动农业生产，表现为购用其农产原材料产品、销供其农用生产资料；在产销关系上，工农业生产提供生产消费资料与生活消费资料货源给商贸流通经营业，流通经营业通过购销工农业产品，将制成品销售供应给生产消费者与生活消费者。

（2）三大产业之间存在着作用与反作用的关系。一是认为农业—工业—商业，或生产—流通—消费，是一个依序进行的社会生产过程。二是三者之间存在着正向的推动作用与反向的促进与制约的作用，是相互依存而协调发展的关系，必须保持适当的发展比例，使整个社会生产活动顺利进行，而获得最佳的社会整体经济效益。

（3）三大产业之间应有的产业关联关系。他们从上述的共同认识出发，认为三大产业经济之间应是各自独立存在、相互依存、相互作用，而协调发展的关系，要以第二产业为中心，使三大产业依序与协调地运行。在这里，陈云特别指出：商贸业所从事的物资与商品流通，只在一定程度与范围上对工农业生产起一定的反作用，包括积极与消极的反作用，并可被人们采用相应的管理手段加以调节与控制，而不是完全的市场自发调节，即要保持有计划地按比例发展；同时，进一步认为，在三大产业之间，应保持统一计划指导下的相互协调发展的关系。

从上述可见，他们不持“重农论”与“重商论”，而持“重工论”，提出“工主、农基、商辅”三大产业经济“地位观”；提出要使三大产业经济在国家统一计划指导下，既各自独立发展，又要按比例协调发展，以形成一个有机的国民经济整体的“三大产业经济关系观”。

（二）转变与调整第三产业经济发展的思想

1. 社会经济成分的分类及其组成结构的思想

他们认为，新民主主义经济的社会构成应包括以下成分：一是国家经济，即国营经济，它是领导成分。二是由广大的小生产者及广大的消费者在国家领导之下组织起来的合作社集体经济，它是国家经济的极广大而可靠的同盟军。三是私人资本主义经济及其他被允许设立的外国私人经济机关的私人经济，它在目前整个经济中，是一个不可缺少的部分，其适当发展对国民经济是有利的，但它会同国家经济与合作社集体经济进行竞争，其发展方向是要走旧的资本主义道路，故既要限制其投机性，又要允许其在适当范围内进行有利于国家之发展。在中华人民共和国成立后，又将上述三种社会经济成分扩展为社会主义经济的如下五种成分类型；国营经济、合作社集体经济、国家资本主义经济、私人资本主义经济、小商品经济和半自然经济，其各成分经济地位结构应是：国营经济是社会主义经济，居于领导地位；合作社集体经济是国营经济同盟者与具有决定意义的助手，是在不同程度上带有社会主义性质的经济；国家资本主义经济也可在一定程度上成为国营经济的助手，是十分接近于社会主义的经济；小商品经济与半自然经济是一种动摇的力量；私人资本主义经济是资本主义发展趋势的基础。以上对新民主主义与社会主义经济社会成分的划分思想及各成分所处不同经济地位的思想，不仅反映了他们要由新民主主义经济向社会主义经济进行转变的思想，而且也反映出他们要对商贸业所涉关系、经济地位、经济结构进行相应调整、转变的思想，并为这些转变调整提供了认识的基础与依据。

2. 统筹协调好商贸业发展的关联关系的思想

他们主张协调好多种经济关系，包括公营与私营、公营与公营、私营与私营、工业与商业、城市与乡村、各区域、进出口、中央与地方等方面的关系，使它们之间在国家统一计划指导下，既分工又协作，统筹兼顾，全面发展。并提出了一系列的具体解决与处理办法，使之在统一管理下，去因地制宜地开展管理与经营活动。实际上是主张先行制定一个商贸业发展的战略规则，为商贸业的结构调整指明方向。

3. 对第三产业经济结构进行调整与发展的思想

他们认为，要在国民经济恢复阶段，使新民主主义经济向社会主义经济建设过渡，必须对现实的第三产业经济的主要要素结构进行转变调整，以建立起相应的要素结构体系。

（1）对商贸业所有制结构进行调整与发展。他们认为，应在国家统一计划指导下与国家的统一领导下，调整原有的商贸业所有制结构。要使原有的以私营商贸业为主体的结构，转变为：以国有商业为主体与领导、以集体所有制合作社商业为辅助、以国家资本主义商业与资本主义私有制商业及个体所有制商业为补充的五种商业所有制并存的结构体系。要处理好它们之间的协调发展关系，其中要特别重视加快集体制合作社商业的发展。

（2）对商贸业城乡结构进行调整与发展。他们认为，应在继续扩大发展城市，特别是大城市商贸业发展的同时，要加快扩大发展广大农村与乡镇的商贸经营业。在城市，要加快国营商业的发展，对私营商贸业进行社会主义改造；在农村地区，要加快农村供销合作社商业的发展，使其占有绝大比重，以活跃城乡商品与物资交流，推进农副业的加快发展。

（3）对商贸业经营形式结构进行调整与发展。他们认为，要继续扩大批发商业经营形式，但要由国营批发商业经营机构对某些重要物资与商品实行国家统一计划“配给制”；要适当发展固定经营的零售业；允许贩运与集市交易的“自由市场”的一定存在与发展；更多地扩展加工、订货、代购、代销等经营形式。

（4）对国内外商贸业结构进行调整与发展。他们认为，要大力发展国内商业，促进国内的物资与商品流通，以促进工农业生产的发展，保证人民的消费需要；但要相应扩大发展进出口的对外贸易，贯彻《共同纲领》关于“中华人民共和国在平等和互利的基础上，与各外国的政府与人民恢复并发展通商贸易关系”的规定。不过，在对外贸易领域，他们主张调整不同的外贸经营区域结构。对一般国家要保持平等互利、余缺互补的贸易关系；对友好国家，要积极发展平等互利、互相援助的进出口贸易关系；对敌对国家要停止进出口贸易，以打破其经济与市场封锁。在对外贸易与经营主体结构上，要更多地发展国营对外贸易，而限制私营商业企业进行非法的进出口贸易活动，但允许其发展正常的对外贸易经营活动。在进出口贸易的商品种类结构上，要主要进口国内急缺的重要产品，尤其是先进的机械产品，而主要出口国内多余并具有优势的商品、物资，并力求保持进出口的平衡。

（5）对商贸、服务行业结构进行调整与发展。他们认为，要在继续扩大发展从事物质形态商品经营的商贸业并相应优化其内部行业结构的同时，更多地扩展商贸服务行业的发展，改变服务业发展过于落后的状态。即主张扩大发展水运、海运、铁路、公路、航空等交通运输服务业；完善与扩展银行、信贷等金融服务业体系；更多地发展餐饮、旅居、洗染、通信等多种服务行业，但要取消奢侈性消费与投机性的服务经营行业；要特别重视发展教育事业，培养出更多的高质量的适用人才，充实经营管理队伍。总之，他们主张更多扩展服务经营行业，以形成一个商贸服务业经营行业体系。

（6）对商贸业经营方式结构进行调整与发展。他们认为，为了准备进行有计划的大规模社会主义经济建设，应在保留自由购销经营方式的同时，对重要物资与重要消费品商品实行“统购统销”方式，特别主张对重要的粮、油、棉等重要消费品商品首先试行统购统销的方式。如陈云，首先提出了“征购”与“配售”的术语，即由国家经营机构进行统一征收与收购，然后进行统一分配与销售，即他所说的“又征又配，农村征购，城市配给的硬性办法”。后经毛泽东主席提议，将“征购”改为“计划收购”，将“配售”改为“计划供应”，并简称“统购统销”。这一经营方式成为此后的一种重要的经营方式，开始由资本主义的自由经营体制向社会主义的计划管理体制转变。

总之，他们主张对第三产业经济的诸多结构进行转变调整，以适应国民经济恢复与发展，也即由新民主主义经济向社会主义计划经济过渡或转变的需要。

4. 通过新的商业合作“组合”，去促使第三产业链向横向与纵向延伸的思想

他们主张发展集体制的合作社商业，尤其是农村供销合作社商业。虽然未从产业链延

伸的视角去论及合作社商业的发展问题，但从个体生产劳动者以多种入股形式形成一个“集合”的群体，去从事生产与消费，并通过内部的产产、产销、产消与外部工农业生产部门及外部商业经营部门的产产、产销、销销间的联合或结合活动，已形成一种新的“集团化”经营形式，即形成一种产产、产销一体化的发展状态。故他们大力发展合作社商业的思想，使之成为国营商业的强大而重要的助手，并推进工农业生产发展的思想，已闪现着他们扩大第三产业链延伸的思想认识。特别是刘少奇，十分强调要重视合作社商业的发展，尤其农村供销合作社商业的发展，把其置于合作社商业发展的重点地位；通过农村供销合作社商业的扩大发展，不仅要调整、完善第三产业经济的所有制、城乡等结构体系，而且要进行与农副业生产、家庭手工业生产的产销组合、产消组合，推动合作社商业成为一个新的商贸业行业类型。这一推进合作社商业加快发展的思想，已闪现着他们主张促使第三产业链向纵向与横向加快延伸的思想。

从上述可见，在该历史发展阶段，第三产业经济思想已由近代向现代进行了快速演进，并根据当时的国情与世情，作了较多的转变与调整，具有了更多的理论思想内容，并具有了更多的创新要素。这些转变与创新，主要反映在第三产业经济结构调整转变的思想认识上，并具有中国第三产业经济思想的特色。

（三）强化国家对第三产业经济活动进行宏观调控管理的思想

1. 实行国家统一的行政管理与计划管理的思想

建立国家统一的领导管理组织机构体系。要在强化整个国民经济组织化、计划化的基础上，更加强化第三产业经济的组织化、计划化。要加快组建其统一的行政管理组织机构体系，在统一的领导与计划指导下去推进第三产业经济的发展。要组建由中央到地方的统管与领导的组织机构体系，并分为不同的经济部门或行业，建立分管的统一指导计划与分项的具体执行计划，去加强统一计划管理，以消除自由发展的无政府状态。

2. 建立完善而严格管理的法规与制度体系的思想

一是建立统一的总的法规与分项法规体系；制定共同遵行的管理章程体系；制定切实可行的管理制度体系等法制体系，而强调进行法制化管理。二是在法制化管理中，既要有激励机制，更要强化约束机制，要分别实施于不同的产业结构要素中，而分别作用于不同的经营行为中。

3. 运用金融、税收、物价等经济手段，建立完善的经济政策管理体系的思想

一是管理政策体系。要着重实施发展国营、合作社营商贸业的政策；采取改造私营商业，并限制其投机与非法经营的政策；对重要物资与商品实行由国营机构统一配给的政策；对市场物价进行持续稳定的政策；对集体制的合作社商业实行减税与资金支持的政策；扩展对友好国家进出口贸易的政策等。二是在政策导向上，要重点发展国营与集体制合作社商贸业，以保持市场供求的适应关系；要由国家控制金融业，以控制货币发行量，从而保持适当的货币流通量；要加强税收管理政策的实施，以调节不同的行业、商品类型的快慢发展等经济政策导向。

4. 建立党的领导组织机构与新型的行会组织机构，以加强党的领导与民主管理的思想

一是要在整个行政管理组织机构体系与企业经营机构中，建立完善而强有力的共产党组织机构体系，尤其是各层次行政管理机构中的党的领导机构体系，以加强党的统一领

导，把握经济活动的社会主义的发展方向。二是要建立工会组织机构，以保持劳动者的合法权益、扩展民主管理机制。特别要组建合作社商业系统的工会或新型行会组织机构体系，实行由中央到企业的劳动者代表大会制，由国家授予该组织机构适当的权力，协助政府对第三产业经济活动进行监督与管理。

总之，在该历史发展阶段，其对国家强化第三产业经济宏观调控管理的思想，有了较多的转变与发展，主要表现在要强化其组织化与计划化，即要加强国家的统一领导与统一计划指导；要加强法制化管理，以法治企、治产经济活动，改变过分自由化经营的状态；要更多采取切实有效的经济政策，去优化市场经济秩序，推进产业经济结构向社会主义经济发展方向转变，并发挥其应有的作用；要加强党对其转变与发展的统一领导与组建新的工会或行会组织机构去协助政府对该产业经济活动的监督与管理。所有这些思想的转变与发展，把国家强化对第三产业经济宏观调控管理的思想，推向了一个新的发展阶段。

由上述可见，该历史发展阶段的第三产业经济思想，主要归纳与揭示了一些主要代表人物在领导国家经济建设过程中，所反映的有关第三产业经济领域的理论思想。他们提出了从三大产业经济分类、各在国民经济发展中应居地位及其相互关联关系、第三产业经济发展的重要功能作用及其产业经济结构的类型与转变调整的方向，到国家宏观调控管理手段的组合与转变、优化等较为系统的主张与认识，从而形成了一个基本的理论思想体系。这一理论思想体系，反映了中国由近代社会晚期的第三产业经济思想向现代社会第三产业经济思想转变发展的趋势与在经济恢复阶段由新民主主义经济向社会主义计划经济过渡的第三产业经济思想的特征，从而把中国的第三产业经济思想推向一个新的历史发展阶段，形成了中国特有的第三产业经济思想体系，推进中国沿着自身经济发展的历史道路向前发展，并丰富了国际第三产业经济思想宝库的要素。

二、社会主义计划经济正式建设阶段第三产业经济思想的转变与发展

在这一历史发展阶段，由于多种原因，一些经济学者与史学者，没有及时、深入、系统地研究第三产业经济理论思想的发展问题，其发表的著作颇少。因而，该历史阶段的第三产业经济思想，主要反映在一些政治思想家在领导国家经济建设的经济理论思想中，并具有主体性与代表性。现对其基本理论思想体系做如下的概括归纳与揭示。

（一）该历史阶段的第三产业经济思想是中国在该历史发展阶段政治、经济发展的必然反映与表现

1. 社会革命的转变

该历史阶段是经过短期的经济恢复后而进入社会主义社会的建设时期。它进行了如下的重大转变：一是由新民主主义革命转向社会主义革命。二是政治体制由共产党领导的人民民主专政转向共产党领导的无产阶级专政。三是经济体制由新民主主义的商品经济体制转向完备的社会主义计划经济体制，进行大规模的社会主义计划经济建设。

2. 社会经济体制的转变

社会主义计划经济体制的推行，导致了如下要素的转变。一是整个社会经济活动，在国家统一计划指导下进行。二是社会主义经济建设的主要目标方向，是加速实现社会主义的现代工业化，以推进整个国民经济结构的优化与快速发展。三是由多种所有制转向社会主义的公有制。四是产品分配方式，由商品交换转向以产品物资为主体的产品流通。五是

对外贸易，在国营商业部门的统管下，进行产品类型、地区范围等结构的不同限制与有区别的发展。

3. 第三产业经济发展的转变

由于推行社会主义的政治与经济体制，使第三产业经济的构成要素也发生了如下相应的转变：一是第三产业经济活动在国家统一计划指导下进行。二是第三产业部门在社会经济部门中的地位大大下降，处于消失的状态，即商品流通与商品经营被产品流通与产品计划分配经营所代替。三是产销结合转变为产销分离。四是对外贸易被限定在一个狭小的范围内。

在上述转变中，从事经济决策与领导国民经济有计划发展的主要代表人物，必然要进行相应的思考，并随历史进程而提出相应的指导理论思想，这就会闪现出他们有关第三产业经济发展的理论思想。这些理论思想虽缺乏直接性并多具主流性，但也有不少的独立见解，而形成一个相对独立的初步思想体系。

（二）第三产业经济思想的转变与发展

1. 三大产业经济地位及其相互关系的思想

（1）第三产业经济地位。主张并推行社会主义计划经济体制，加速推进社会主义工业化建设。一是对整个国民经济的发展，也包括对商贸服务业的发展，实行国家的统一计划指导。要制定与实施不断推进的五年计划与年度执行计划。二是加速推进社会主义现代工业化建设。要贯彻落实以农业为基础、以工业为主导，优先发展重工业的工业化方针，并主张积极贯彻落实毛泽东主席于 1964 年提出的“在本世纪末使中国在农业、工业、国防和科学技术四个方面实现四个现代化”[①] 的战略要求。三是使商品流通转变为国家统一计划下的产品统购统销的统一分配为主体的经营方式，使商贸、服务业转变为附属于工农业生产发展的从属地位，或补充地位。总之，在实施社会主义计划经济体制的大潮流下，形成了“农基、工主、商补”的三大产业经济地位观。

（2）三大产业经济的相互关系。一是多从马克思的社会再生产过程的简单生产过程论的认识出发，持生产决定论，即社会生产决定分配、流通和消费，也即工农业生产决定从事商品流通活动的商贸、服务经营活动，即正向的促进作用。二是在工农业生产之间，认为农业是工业发展的基础，而工业生产对农业生产具有促进与制约的反作用。三是没有提及商业对工农业生产的明显的反作用，更没有提及消费对商业的决定性的反作用。总之，认为三大产业之间的关系，是以工业生产为中心的由农业—工业—商业而依序进行的正向作用关系，而淡化了商业对工农业生产发展的反作用关系。但主张把第三产业经济的形态，纳入社会主义计划经济体制的发展模式中。

2. 调整与转变第三产业经济结构的思想

（1）有计划地实现市场商品供求平衡，继续保持市场的稳定，仍是商业发展的重要任务。认为，既要保持农、工、商有计划按比例发展，又要保持市场商品的供求适应关系，重点解决当时的市场商品供不应求问题，特别是当时吃的商品供不应求的问题。指出“在供不应求的情况下，继续保持市场的稳定，以保证经济建设的顺利进行，是商业工作

① 周恩来：《政府工作报告》，1975 年 1 月。

的重要任务”①。

（2）调整所有制结构与经营形式结构。一是调整商贸业的所有制结构。要大力扩展国营商贸业，使其处于领导与主体地位；积极发展集体所有制的合作社商贸业，使其处于国营商业的辅助地位；削弱与适当保存私有制的商贸业，使其处于公有制商贸业的补充地位。二是调整经营形式结构。要扩大发展批发商业，适当缩小零售商业；保有一定的批零结合形式的商业；要发展坐商经营业，允许小商贩贩卖经营业的一定存在；要发展私商与小商贩的代购、代销经营形式。

（3）调整城乡商业经营结构，正确处理城乡市场关系。一是要重点发展城市，尤其是大中城市的商贸经营业，以充分发挥大中城市的商品交流中心作用。二是适当发展广大农村的商贸经营业，尤其是集体所有制的合作社商业。三是要建立城乡初级市场，进行城乡商品与物资的广泛交流活动。四是要正确处理好城乡商贸经营关系，使城乡市场互相支援，做到互通有无、调节余缺，协调发展。

（4）正确处理好商品内销和出口关系。主张扩大出口、压缩进口。一是扩大出口。除特殊与主要的商品，如粮食、油料等物资、商品，实行限量出口外，其他商品、物资，则应服从出口需要；有些商品、物资，应压缩国内市场销售量，以保证出口；有些商品应尽量出口。即要区别不同商品、物资的品类，而采取不同的扩大出口的政策。邓小平就此特别指出：中国应放弃自我封锁的经济政策，要扩大对外贸易，更多地出口原材料，如煤和石油，还有批量生产的化学产品（主要是煤的副产品）。二是压缩进口。主张尽量压缩不必要的进口，目的在于保持外汇的收支平衡，力求不借外债。但要进口国家经济建设所必需的先进工业设备等重要工业产品。邓小平就此特别指出：要积极进口高级、高精密性、先进性的技术和装备，以加速国内的工业技术改造，从而提高劳动生产率，要用经济、生产中的高质量和渐进速度，去代替单纯追求数量增加和高速发展的状态。三是要区别不同的国家与区域，确定不同的进出口商品类别结构与数量规模。

（5）要在重点发展物质商品贸易经营的同时，去相应扩大发展重要的商贸服务业，为物资、商品流通的扩展，提供更多的支持条件。一是要加快发展国营银行金融业。二是要加快发展各类型的交通运输业。三是要积极发展教育服务业，尤其是高等教育业与中等职业技术教育业，以加速培养更多、急需的经济管理人才。总之，主张加快商贸服务业的扩大发展，完善商贸服务业的结构，改变服务业发展滞后的状态。

由上述可见，一些代表人物，主张在重点发展工业化的基础上相应发展产品流通业，并保持商品流通业的一定存在和发展，因而，主张商贸业与商贸服务业的一定存在和发展，但要转变调整商贸、服务业的主要结构要素，使其适应社会主义计划经济体制发展的需要。

3. 国家对第三产业经济发展进行统一宏观调控管理的思想

该历史阶段的一些经济思想家与政治思想家，大都主张按照国家对整个国民经济进行统一计划管理的要求，逐步把资本主义的商品经济推向社会主义计划经济发展阶段，并按照国家五年计划的规划，实现生产与流通的有计划按比例发展，不断推动建立起第三产业经济的社会主义计划管理体制，综合地运用计划、法规、制度、政策等手段，强化对第三

---

① 《陈云文选》（1949～1956 年），人民出版社 1984 年版。

产业经济活动的宏观调控管理，以期形成第三产业经济活动的社会主义计划管理的运行模式。

（1）制定统一完善的商贸业发展计划，在统一计划指导下进行运营。一是按照国民经济的发展计划去制定商贸业的发展计划。二是商贸业的部门发展计划，应包括长期规划、五年计划、年度执行计划。三是实现同其他经济部门或产业经济形态间与商贸部门内部各结构要素间的有计划按比例发展。即要加强国家的统一计划指导管理。

（2）建立完善的商贸业行政管理体制，对全国商贸企业的经营活动进行强有力的统一行政管理。一是组建完善的从中央到地方的行政管理组织机构体系与各级行政管理机构的内部职能管理部门。二是建立严格的管理制度体系，强化统一管理与直接管理。三是在国家集中统一管理下，给地方管理机构以适当的权限，进行分级、分部门的具体管理。四是组建强有力的管理队伍体系。五是在各级行政管理机构中，建立党的组织与党的领导机构，要在党的统一领导下去进行行政管理工作。

（3）建立有效而完善的商贸业管理的法规、制度体系。一是制定与实施商贸业的管理法规体系，这些法律、规定、章程等，要涉及商贸活动的各个方面，把商贸业的经营活动约束在国家统一计划与经济发展目标的范围内，使立法、执法、守法有机统一，以使商贸经营活动有序、有效地运行。二是建立与实施严格的管理制度体系，在强化统一性、约束性的同时，也要给予一定的灵活性与激励性，但要服从国家集中统一管理而实现国民经济计划发展目标的要求。

（4）要采取与实施适当的经济政策，对商贸活动进行有效的管理。一是政策管理，包括资金、税收、物价、商品类别、经营方式、经营行为等政策管理。二是政策管理的内容领域，其重点要放在商业收购与供应两个方面。三是政策管理的基本目标，是要保持市场商品供求平衡关系，既促进生产与供应的增长，又要控调市场销售量，进行计划供应与分配。四是政策管理的主要对象是私营商贸业的经营活动，既要限制其经营范围与经营规模，更要限制其不法的投机倒把经营行为。五是政策管理的导向，推行对重要产品与商品的计划收购与计划供应，把商贸经营业推向适应社会主义计划经济体制要求的运行模式。

（5）组建国家的重要物资、商品储备机构体系与开发重要出口商品的生产基地体系。一是国家要采取加大资金与科技支持的政策，在产销集中的地点，组建国营的重要物资与产品储备库机构，以及时调节供求关系。二是要在国家的大力支持下，于重要优、特产品的工农业生产地区，采取组建出口商品生产基地体系的政策，以生产更多的名牌产品，扩大其规模，提高其科技含量，从而扩大商品的出口量，发展对外贸易。

总之，在该历史阶段，主张运用多种管理手段与方式，强化国家对第三产业经济活动的集中统一管理，从而创建一个适应社会主义计划经济体制发展需要的宏观调控管理体制，以推进第三产业经济有计划按比例的发展，从而实现社会主义经济建设的发展目标。

由上述可见，在该历史发展阶段，一些政治与经济思想家在领导社会主义计划经济建设中，已在第三产业经济领域，闪现出他们从三大产业地位及其相互关联关系、第三产业经济发展结构，到国家对第三产业发展宏观调控管理的转变与发展的基本思想体系。这一思想体系，既反映着当时的主流发展趋势，又有他们的独立见解，如正确处理公私关系、计划分配与商品交换的关系，以及扩大对外贸易发展等方面的思想观点。

综上所述，在社会主义计划经济建设时期，第三产业经济思想的转变与发展，经历了经济恢复阶段与社会主义计划经济正式建设阶段这两个发展阶段。由于这两个发展阶段的指导思想、革命性质、政治与经济制度不同，其经济发展类型、经济结构与经济活动运行模式不同，导致了不同的经济发展思想，也因此形成了不同的第三产业经济思想的基本体系与其思想体系的不同内容组成结构。应当说，在两个阶段各自基本思想体系内容中，既有统一性或相似性，又有明显的差别性，即具有各自的重点与特征。如在统一性上，要以国有制为领导、公有制为主体，国家进行统一领导与管理，并要存在商品交换与对外贸易等经济思想。而在差别性或特征上，前一阶段为资本主义商品经济形态，故持私营商贸业占有较大比重、对外贸易要有广阔的范围与较大比重、自由交换的市场要比较活跃等经济思想；而后一阶段为社会主义计划经济形态，故持私营商贸业要处于国营和合作社商贸业的补充地位、对外贸易要控制在一定的范围内、商品交换要更多地转变为产品的国家统一计划分配、商品流通更多转变为产品流通等经济思想。以上表明，客观存在决定人们的思想意识，而思想又可创新发展，去推动实践的发展；但同样的客观存在，在不同人的头脑中又有不同的反映，其思想又有一个不断演进的过程，由不全面到全面，由扭曲到科学。因此，要着重揭示这两个历史发展阶段处于主流、主导型的第三产业经济思想的基本体系，概括揭示一些主要代表人物具有时代特征的第三产业经济思想体系内容，以明确把握第三产业经济思想发展的基本历史进程与趋势。总之，以上两个历史发展阶段的第三产业经济思想体系内容，既有历史传承的统一性，又有不同历史发展阶段的特有性，反映出不同历史发展阶段第三产业经济思想的自有特征。可以说，既有各自的保有性，又有转变的创新性；既有促进第三产业经济发展的积极因素，又有约束其发展的消极因素；既是对处于主流思想的反映，又有主要代表人物各自的独立见解，并在不同历史阶段而据实发展。但总的来说，它反映着社会经济发展的总趋势。

第十一章　中华人民共和国特色社会主义社会市场经济建设时期初级发展阶段现代第三产业经济思想的重大转变与发展

第一节　特色社会主义社会市场经济建设时期初级发展阶段第三产业经济的发展状况

一、第三产业经济发展的历史阶段及其社会政治、经济环境条件

（一）第三产业经济发展的历史阶段

中华人民共和国特色社会主义社会建设时期的初级发展阶段，可以说是从 1978 年中共十一届三中全会提出“改革开放”的大政方针后开始的。按照特色社会主义社会建设的战略规划，要经过其初级阶段、发展阶段、高度发展阶段，或近期、中期、远期这三个历史发展时期，而逐步递进。我们所说的特色社会主义社会建设时期的初级发展阶段，是指在中国特色社会主义社会建设时期的 1978 年至现在的历史发展阶段。在这一历史发展阶段，可按不同的标志再细分为各个不同的具体阶段类型，如有的政治家与学者，按商品经济发展的状况，将其细分为有计划商品经济发展阶段与市场经济发展阶段等。我们在这里，暂不对该历史发展阶段进行细分，而要从该初级发展阶段的现实情况出发，去概括揭示与归纳第三产业经济运行的基本状况与第三产业经济思想的转变与发展的基本状况，但在具体揭示与分析中，也会论及其不断演进的过程或阶段。

（二）第三产业经济发展的社会政治、经济环境条件

1. 国际社会政治、经济环境状况

对该历史阶段的国际政治、经济环境状况，可做如下的基本归纳与概括。

（1）国际政治格局的变化。一是由社会主义与资本主义两大阵营对抗向“三大世界”划分转变，冷战状态逐步缓解；区域集团逐步发展壮大。二是原苏联、东欧国家在社会主义制度变革后，不断向西方国家倾斜，演变为资本主义政治制度；一些后进的封建制国家通过和平与军事手段向资本主义政治制度演进。三是一些先进的资本主义国家仍推行帝国主义与世界霸权主义，干涉别国的内政；局部战争虽然存在，但基本处于和平发展的时期。四是社会主义的中国开始“对内改革、对外开放”，走特色社会主义社会发展道路，

推行和平共处“五项基本原则”，实行社会主义市场经济体制。

（2）国际经济格局的变化。一是在实施和平共处“五项基本原则”的基础上，各国之间更多地进行经贸合作交流，既协作又竞争。但一些先进的资本主义国家力图对国际市场进行垄断，特别是对区域经济集团市场进行垄断，从而分割着统一的国际市场；还有一些国家为了垄断与控制一些重要资源市场，不惜以局部战争手段与战争威胁手段，去获取资源，或进行经济制裁与封锁，扰乱国际经济秩序。二是由于国际市场竞争加剧，导致了国际市场商品供求失调，引起了世界经济危机与金融危机的持续发展，造成了一些国家的国内经济的动荡或波动。三是由于国际市场竞争促进了高新科学技术的发展，既增进了国际科技贸易的增长，更多地提高了各国的生产力，但又增强了军备竞赛，影响了国际经济的正常发展，并促进了经济合作的重新组合与国内经济结构的重新调整，从而形成了诸多不稳定的因素。四是中国力求以经贸大国和平崛起于世界，实现国际市场的良性大循环。

总之，整个国际政治、经济环境是一个既进行合作，又开展剧烈竞争的环境；既力求独立自主发展，又受着国外政治与经济发展影响的环境；既力求长期稳定发展，又面临诸多不稳定因素干扰的环境；既力求世界经济一体化，又不断组合着区域经济集团进行分割的环境。可以说，既有机遇，又有挑战；既有有利因素，又有不利因素。

2. 国内社会政治、经济环境状况

（1）国内社会政治环境的变化。一是中共十一届三中全会进行了重大调整的决策，提出了转变思想路线与发展道路。党中央政治局执行人民的意愿，于1978年12月召开了中共十一届三中全会。在三中全会上，进行了指导思想的如下拨乱调整：全面认真地批判与纠正“文化大革命”中及其以前的“左”的错误；坚决批判了两个“凡是”的错误方针，号召全党和全国人民“完整地、准确地掌握毛泽东思想的科学体系，把马列主义、毛泽东思想的普遍原理同社会主义现代化建设的具体实践结合起来并在新的历史条件下加以发展”①；高度评价了“实践是检验真理的标准”的结论，提出了解放思想，开动脑筋，实事求是，团结一致向前看的方针；果断决定停止使用“以阶级斗争为纲”的口号与宗旨，作出了把工作重点转移到社会主义“四个现代化”建设上来的战略决策；平反了一批重大冤假错案和一些重要领导人的错误处理问题，宣布原工商业者已改造成为劳动者等。中共十一届三中全会所做的上述调整与转变，标志着党重新确定了马克思主义思想路线、政治路线和组织路线，转变了社会主义社会发展的战略指导思想。二是转变了社会主义社会的政治制度，向中国特色社会主义社会发展。中共十一届三中全会在调整转变社会主义社会发展战略指导思想的基础上，对中国社会主义政治制度进行了不断的调整与转变。①停止使用“以阶级斗争为纲”的口号，不再将其作为政治指导方针，而把整个工作重点转移到“以社会主义现代化建设，即以经济建设为中心”的轨道上来，而改变过去长期把经济建设置于从属于阶级斗争的状态，并将无产阶级专政转变为人民民主专政。②提出了解放思想，开动脑筋，实事求是，团结一致向前看的指导方针，纠正“左倾”错误，拨乱反正。

可见，中共十一届三中全会对党的思想路线与社会主义社会政治制度做了调整与转变，特别是党的思想路线的调整与转变，为中国实行“对内改革、对外开放”的方针，实行由社会主义计划经济向有计划的商品经济转变、由传统的社会主义建设向特色社会主

① 李德彬：《中华人民共和国经济史简编》（1949～1985），湖南人民出版社1987年版。

义建设的转变，提供了坚实的基础和前提。尤其在之后提出“以马列主义、毛泽东思想、邓小平理论及‘三个代表’思想为指导”，全面贯彻实施“科学发展观”，则加速了上述转变的历史进程。

（2）国内社会经济环境的变化。①中共十一届三中全会提出要实行如下转变：一是要由社会主义计划经济向社会主义有计划的商品经济转变，要把整个工作的重点转移到以社会主义现代化建设，即以“经济建设”为中心的轨道上来。二是纠正长期以来经济建设的“左倾”错误，尤其是农业工作中存在的“左”的错误，要注意解决好国民经济发展中重大比例严重失调问题。三是要改变“人民公社”制度；尊重生产队与农民的自主权，实行联产承包的农业生产责任制；改变“以粮为纲”，开展农林牧副渔的多种经营。四是转变经济管理体制，把过于集中的统一计划管理权下放给地方和企业，使其有更多的经营管理自主权，特别要扩大企业的自主权，使其成为具有一定自主活力的经济单位。②在中共十一届三中全会后，逐步实施“对内改革，对外开放”的方针，表现在经济领域，发生了如下变化：一是使社会经济类型，由社会主义计划经济，经过特色社会主义的有计划商品经济体制转向特色社会主义市场经济体制，即“使市场在社会主义国家的宏观调控下，对资源配置起基础作用”①，使国家的统一计划调节起辅助作用。二是对所有制进行改革，逐步形成以国有制为领导、公有制为主导、私有制为主体的结构体系，并在农村土地国有制的基础上，实行了个人“联产承包责任制”，进而推行承包土地产权“自由流动”制。三是使广大城市成为全国商品广泛交流的中心，大力推进商务服务业的广阔发展，加快发展先进工业生产体系，推进现代工业化。四是在农村积极推进生产要素市场化、小镇市化、现代农场化。五是在对外贸易交流上，大力扩展进出口贸易，使中国的市场不断国际化，积极参与国际经济与国际市场的良性大循环，通过既协作又竞争，力图以经贸大国形式和平崛起于世界。总之，要由社会主义的计划经济体制向社会主义市场经济体制作根本性的转变、要使经济增长方式由粗放型向集约型作根本性的转变，大力发展现代市场经济，积极推进以社会主义市场经济建设为中心的经济发展模式，以新的经贸形态迅速崛起于世界，并引领世界，从而振兴民族经济。六是随着对外的广泛开放，不仅引进了国外的先进科学技术与知识，而且也不断引进了西方的产业经济理论，尤其是第三产业经济理论思想，使中国的经济领导者与一些经济学者，不断进行有益的借鉴，不仅促进了中国第三产业经济理论思想的不断发展，而且也促进了中国商务服务业的产业化发展，为中国与国外产业经济理论思想与实践的不断接轨开辟了道路。

可见，以上国内外政治、经济环境的变化，为该历史发展阶段商务服务业，也即现代第三产业经济的迅速而广泛的发展提供了诸多有利的条件，开辟了广阔的发展道路。

二、特色社会主义社会市场经济建设时期初级发展阶段第三产业经济的转变与快速发展

（一）经济体制改革的实施，促进了商品交换与商贸、服务业的复苏与快速发展

中共十一届三中全会后，在调整国民经济的同时，对经济体制不断进行深化改革。改

① 江泽民：《加快改革开放和现代化建设的步伐，夺取中国特色社会主义事业的更大胜利》，人民出版社1992年版。

革的核心点是要改革权力过于集中和平均主义。过去，由于权力过于集中，实行以行政办法为主的单一计划去调节全国的经济，而忽视利用市场调节的作用，并对重要物资、商品进行统购统销或计划分配，就人为地把生产过程与流通过程割裂开来，从而造成生产单位不太注意自己的产品质量与社会需要；平均主义，则使企业和劳动者“干多干少和干好干坏一个样”，在报酬上没有什么差别，从而挫伤了广大干部和劳动群众的生产经营与劳动积极性，阻碍着经济建设的发展。因而，从农村开始到城市、从农业开始到工商业依序进行了经济体制改革，并不断进行深化。由此，为商品交换与商贸、服务业的恢复与发展提供了前提条件。

1. 农村经济体制改革，促进了农业商品生产与商品交换的发展，为农村商务服务业的发展开辟了道路

经济体制改革先从农村开始，并不断深化发展，然后转向城市。

（1）农村经济体制改革，是从建立农业生产责任制开始的。即在尊重生产队的所有权和自主权、恢复和保护社员的自留地与家庭副业、开放集市贸易的基础上，从实行各种农业生产责任制开始的。它经历了试行与推行的时期与阶段。在试行时期，国家针对“人民公社”制度下的“一大二公”、“三级所有、队为基础”这种集中劳动和集中管理形式所造成的生产队生产落后、农民的温饱问题没有解决、长期吃粮靠返销的弊端，而推行了各种类型的联产承包责任制。除生产队的联产承包责任制外，还广泛发展了“分田到组、包产到组”、“分田到户、包产到户”的家庭联产承包责任制，从而对以生产队为单位去进行集体经营、集中劳动和统一分配的体制进行了重大改革，取得了显著的成效。同时，还改革了人民公社的“政社合一”的体制，而实行政社分立的体制，取消“三级所有队为基础”，建立了乡、行政村，生产队改为独立经营的农业社，把新建的乡人民政府作为国家的地方基层人民政府。对此，在 1982 年 12 月第五届全国人民代表大会第五次会议所通过的《中华人民共和国宪法》中做出了正式规定，至此，政社合一的体制被取消，人民公社制也就自然消失。

（2）农村经济体制改革的不断深化发展。主要表现在以下方面：①广泛推行以户为单位的家庭承包责任制；②改变“以粮为纲”，即在提出重视粮食生产的同时，而推行农林牧副渔的多种经营与农、工、建筑、运输、商贸、服务行业等农村经济行业的发展；③保护社员的自留地、家庭手工业副业的自主经营权与上交联产承包的产品物资外的产品自主销售权，准许在农村集市贸易市场自由销售；④准许农民承包土地经营权的转让与农村劳动力的自由流动等；⑤积极发展农村供销合作社的商贸、服务业，加强城、乡与农工产品的商品、物资交流，并准许农村私营商贩业的发展，以活跃商品交流；等等。

由上述可见，农村经济体制改革，使农民获得了承包的土地与自留地，拥有了土地的自主使用权与家庭副业的自主经营权，并进而拥有了自有产品的销售权，为商品交换与商务服务业的发展提供了良好的基础和条件；同时，由于农业生产多种经营的发展和农村供销合作社商贸、服务业及农村集市贸易的发展，又推进了市场商品交换的扩展，从而使农村的自给性经济重新走向了商品经济的发展道路，也因此使农村商贸、服务业得以复苏和不断扩展。

2. 城市经济体制改革，推进了国内与国内外的广泛商品交流，把社会主义计划经济转向社会主义市场经济的发展道路

（1）城市经济体制改革初期是围绕着扩大企业自主权和建立责任制逐步展开的。一是从国营工业企业开始，并围绕企业经营管理自主权、实行企业利润留成、开征企业固定资产税、提高企业固定资产折旧率和改进折旧费的使用、企业实行流动资金全额信贷共五个方面进行的；而后，又围绕着企业一定的计划权、一定的产品销售权、一定的经济利益、一定的扩大再生产权力、一定的人事权这五个方面而深入展开。经过深化改革，企业除实行利润留成制度之外，还在生产计划、产品销售、资金使用、中层干部任免等方面拥有了部分权力。二是在工业企业首先试行的基础上，把扩大企业自主权和建立责任制改革的模式，逐步扩展到国营商业、交通、建筑、邮电、军工和农垦等企业与部门。三是在国营商业系统首先实行了全行业利润留成制度，扩大了经营自主权，全面推行企业经营责任制，并在企业内部实行多种形式的经济责任制。不仅实行了利润包干、分成制度，还拥有了部分业务经营权、财权、产品削价和处理权等。

（2）城市经济体制改革的不断深化发展。①在工业生产企业与部门。主要是调整轻、重工业企业与部门之间的比例与发展规模。一是调整农业、工业之间的发展比例，要放慢工业的发展速度，改变“挖农补工”的经济体制；二是调整轻、重工业之间的发展比例，改变过分强调发展重工业，实行“以钢为纲”，而轻视轻工业发展的工业经济体制，即要改变以工业为主导、重点发展重工业、产品计划分配的经济体制。最终要改变农业基础不牢、轻工业太轻、重工业太重的状态，把轻工业加重、把重工业减轻、使产品更多地由市场交换，从而转向农、轻、重协调发展与工业产品更多地进入市场交换的经济体制。②大力发展第三产业的商务服务业。改变过去经济建设中长期存在的“重生产、轻流通、轻消费”，从而造成物质生产部门与非物质生产部门比例严重失调的状况与整个社会零售商业、饮食业、服务业等都处于萎缩的状态，转而更加重视商贸、服务业的重要性，并转向现代“商务服务业”的广泛领域，大力加快其发展速度。总之，使城市不断成为商贸中心，既促进了城市工业生产的发展、满足城市人口的商品需要，又以城带乡，推动了农村经济的发展。

可见，经济体制的改革，推动了农村与城市的经济体制改革。经济体制改革的核心是增强农民生产自主权、实行家庭联产承包责任制，增强城市国营工商企业的生产经营自主权与经济责任制，实行以国有制为主导、公有制为主体的多种所有制并存发展；更多地发展商品交换与商务服务经营业，从而由社会主义的统一计划经济体制向有计划的商品经济体制转变，并最终实现由社会主义计划经济体制向特色社会主义市场经济体制的根本转变。这一转变，把第三产业经济的发展推向了一个崭新的发展阶段。

（二）第三产业经济的振兴与快速发展

随着中共十一届三中全会后经济体制改革的不断深化与三大产业经济结构的调整与优化发展，使第三产业经济获得重视与较快发展，其经济结构也不断优化调整，走向了现代国际化的发展道路。

1. 对第三产业在三大产业中的地位与比重的调整与转变

党和国家十分重视第三产业的发展。“十一届三中全会以来，党和国家把发展第三产

业作为调整国民经济和调整产业结构的主要内容"[①]。据统计，"六五"计划期间，在全民所有制基本建设投资总额中，对第三产业的投资已占其投资总额的47%；第三产业在第一产业、第二产业、第三产业总产值中所占的比重，"由1980年所占19%的比重，上升到1985年的21.8%的比重"[②]，已高于同期第一、第二产业的平均增长率。其后，第三产业的总产值在三大产业总产值中的比重继续上升。说明我国三大产业的结构向着合理方向发展，第三产业所占比重不断上升，其经济地位不断提高。

2. 对第三产业所有制结构的调整与转变

（1）对农村第三产业所有制结构的调整与转变。在广大的农村实行家庭联产承包责任制后，农民拥有了土地的独立使用权与自留地的独立生产经营权及家庭副业的自主经营权，使农民可以自由出售除国家统购统销与上交承包农产品租用额外的其他多余产品，并可购买自己所需的生产资料与生活资料消费品，特别在准许农民土地承包使用权可自主转让流动，而从事手工业、家庭副业与商贸、服务业后，农民可以从事商品贩运与商贸、服务业经营活动，从而使农村私营商贸与服务经营业以及农村集市贸易得以恢复与发展。由此，使单一的农村集体所有制的供销合作社商贸、服务经营业，向私人所有制的广泛商务服务经营业迅速扩展，从而活跃了城乡与各地区之间的商品交流活动。

（2）对城市第三产业所有制结构的调整与转变。在城市实行经济体制改革后，实行了国营、集体、私人经济"一齐上"方针，使国有、集体、私人所有制的商贸、服务经营业并存发展，并积极发展私人所有制、公私合营制的商贸、服务经营业，提高其结构比重，从而改变了非公营商贸、服务经营业极为衰弱的状态，从而使商务服务业的功能作用得以充分发挥。

总之，随着第三产业经济所有制结构更快地向私人所有制转变的调整，私营商务服务业有了较快的发展，并日益占有较大的比重与范围，激发了其经营活力，从而促进了第三产业经济的加快发展，使之获得了应有的经济地位。

3. 对第三产业行业结构的调整与转变

随着国家由产品计划调拨向更多地通过市场进行商品交换，以配置资源体制的转变，不仅采用了现代"商务服务业"的新概念，而且对商务服务经营行业的结构也进行了重大的调整与转变。总的趋势是物质商品经营行业向非物质商品商贸服务经营业行业与劳务服务经营行业扩展；物质商品经营中的重工业商品经营行业向轻工业商品经营行业扩展；商贸服务行业向劳务服务行业扩展。

（1）对物质商品商贸经营行业的调整与转变。这一调整与转变主要表现在以下四个方面：①从重工业商品经营行业更多地向轻工业商品经营行业扩展；②由农副商品经营行业更多地向工业品商品经营行业扩展；③由批发经营行业更多地向零售经营行业扩展；④由生产资料商品经营行业更多地向生活消费品商品经营行业扩展。

（2）物质商品商贸经营行业更多地向非物质商贸服务经营行业调整与转变。随着物质商品生产与流通的扩展以及人民生活水平的不断提高，提出了对商品生产与流通以及人民非物质生活消费需求服务的更多需求，从而促进了商贸服务行业与劳务服务行业的发

① 李德彬：《中华人民共和国经济史简编》（1949～1985），湖南人民出版社1987年版。

② 《经济日报》，1986年7月4日。

展。其调整转变的方向，主要有以下两点：①加快扩展交通运输、金融信贷、信息通信、科教设施、仓储保管等商贸服务行业；②加快扩展饮食、旅居、搬运等劳务服务行业的发展。

总之，通过商务服务经营行业结构的优化发展，更加促进了商贸、服务业的繁荣与层次的提升，使其经营领域更加广阔，并使第三产业链不断向纵向与横向延伸，使其行业结构日趋现代化。

4. 第三产业内外贸结构的调整与转变

中共十一届三中全会后，我国实行了“对内搞活，对外开放”的方针。要充分利用国内和国际的两种资源，以加快社会主义现代化建设。因此，采取了利用外资和积极扩大对外贸易的政策。

（1）发展经济特区，引入外国资金，进行中外合资经营。通过开发沿海地区的经济特区，采取扩大对外经贸活动的特殊政策和灵活的措施，去扩大进出口贸易。积极引入国外资金与先进的科学技术、经营管理经验，进行独资经营，尤其是中外合资经营、合作经营或补偿贸易，既扩大了进出口贸易，又扩大了中国的工业生产与对外贸易规模。

（2）积极扩大中国的对外贸易规模，进入广泛的国际市场。一是在扩大同先进国家的进出口贸易的同时，进入发展中国家的广大市场。既进口国内急缺的重要商品，尤其是先进的工业技术商品，又出口中国的多余而具有优势的土特产品与工业生产品商品，改善进出口商品结构，并力争在保持进出口平衡的同时，而形成国际市场的良性大循环。二是要“走出去”，即要向国外国家进行多种形式的投资。除在国内独立进行工商业的生产经营外，更多地同国外国家的企业进行合资与合作经营，直接进入国外国家的国内市场。三是大力发展对外的商贸服务业，使其日益国际化。如大力发展我国的国际旅游业，而进入国际旅游市场；积极扩展同国际的科技交流与教育合作，举办中外合作的高等教育业与职业技术教育业，使人才培养日益国际化。四是发展国际劳务合作，组建国际劳务合作与劳务承包的企业机构，对外进行工程建设劳务承包、农业生产劳务承包等。据统计，截至1985年，我国进行对外承包和劳务合作的公司即达60多家，合作项目遍及20多个国家和地区，成交额近50亿美元。这说明，我国在国际劳务市场有了迅速的扩展。五是畅通对外贸易的大通道。即扩大空运、陆运、海运的交通运输大通道，发展国际商品运输的路线，使中国的交通运输路线不断同国外连接，而日益国际化。特别是在中共“十八大”之后，又提出了要扩展原已存在的“丝绸之路”，建立国际化的铁路、公路相连接的交通运输大通道，以扩大对外贸易的国际化发展。

（3）积极推进经贸区域的集团化合作。一是中国积极参与组建区域经贸集团。如上海经贸合作组织集团、亚洲投资银行合作组织集团等，用以推进国际经贸合作，推进中国对外贸易的扩大发展。二是积极推进各经济区域经贸组织集团间的既竞争又协作的发展，建立一个良好的国际经贸合作的新秩序，特别是经贸大国间新的经贸协作关系，以维护国际贸易的稳定发展。

总之，以上内容说明我国进行对外经贸关系的战略转变，由过去的封闭与半封闭的状态，转向积极利用国际商品交换以扩展国际市场的开放型经济，把中国的对外贸易活动推向了国际化的发展道路。

由上述可见，我国在中共十一届三中全会后，实行了“对内改革、对外开放”的战

略指导方针。在邓小平理论与科学发展观的指引下，先行对中国的城、乡经济体制及整个经济体制进行不断深化改革，进而推进由社会主义计划经济体制向特色社会主义市场经济体制的根本转变。随着这一根本转变，中国又不断对外开放，同世界广大国家开展经贸与文化交流及合作，大大推动了对外贸易的发展，而进入了广阔的国际市场。随着“对内改革、对外开放”的不断深化发展，而引起了对商贸业与商贸服务业各类结构的优化调整，也即第三产业经济结构的优化调整。这种优化发展的主要表现是：第三产业在三大产业中的总产值比重上升，逐渐居于主体地位；商贸经营行业迅速向商贸服务业与劳务服务业行业扩展，使第三产业成为一个广泛的服务贸易业；对外贸易业迅速扩展，而使第三产业不断与国际接轨，向国际化推进，从而使中国的国内市场向国际市场化扩展；由国内商务服务业，或“服务贸易业”向区域经贸集团化扩展，不断形成多类型经贸合作联盟，在国际市场既协作又竞争。以上这些第三产业结构的优化调整，促进了中国第三产业经济的快速发展，不仅提升了在三大产业中的地位与作用，而且更加现代化、国际化，并具有中国的特色与创新性，从而推进中国以经贸大国形态和平崛起于世界。

第二节　特色社会主义社会市场经济建设时期初级发展阶段主要学派代表人物的第三产业经济思想

一、政治、经济思想家邓小平的第三产业经济思想

邓小平，作为解放战争时期中国人民解放军第二野战军的政治委员参加了中华人民共和国于 1949 年 10 月 1 日在北京举行的开国大典。返回第二野战军后，按照《共同纲领》的要求设置了全国六大行政区的西南区，随即就任了西南军政委员会副主席、中共中央西南局第一书记，同刘伯承一起领导了解放大西南的战争。1952 年 7 月就任中华人民共和国政务院副总理，兼任财政经济委员会副主任及财政部部长；1954 年 4 月任中共中央秘书长；1954 年 9 月任改称国务院的副总理与国防委员会副主席；1955 年 4 月在中国共产党七届五中全会上，增选为中共中央政治局委员，而进入党的领导层；1956 年 9 月，在中共八届一中全会上当选为中共中央政治局常务委员、中央委员会总书记，而参加了中共中央的重大决策与实施活动；1966 年“文化大革命”开始后，因被误斗，于 5 月失去党内外一切职务；1972 年 8 月提出继续从事工作的要求而被毛泽东主席肯定后，于 1973 年 3 月恢复了国务院副总理职务，并于 12 月当选为中共中央第十届中央委员会政治局委员，随后于 1975 年 1 月出任中共中央副主席、中共中央军委副主席，并于 1978 年 3 月当选为全国第五届政协主席。这些职务表明，他已在最高行政决策中发挥着重大作用。邓小平为中共十一届三中全会的召开做了大量的准备工作，提出了“改革开放”的思想，倡导要把工作重点转移到社会主义现代化建设上来。在他出席 1978 年 12 月 18 ~ 22 日中共中央第十一届三中全会后，则大力推行三中全会的“决议”精神，提出了一系列的创新思想观点。他作为一个政治思想家，虽多论及主导型的政治思想观点，但也有着丰富而创新发

展的经济理论思想，而其中也涉及诸多第三产业经济的思想观点，从而推动着第三产业经济的快速发展，并引导着其科学发展的方向。

（一）三大产业经济地位及其相互关系的思想

他作为中国“改革开放”的倡导者与代表人物，主张依据马克思主义所揭示的人类社会经济发展的基本规律与毛泽东思想所指导的“实事求是”的思想路线，从中国的实际国情与国际的社会政治经济的客观环境出发，走中国特色社会主义社会的发展道路。提出要在“坚持四项基本原则”的基础上，即“坚持社会主义道路，坚持人民民主专政，坚持共产党领导，坚持马列主义、毛泽东思想”① 的基础上，把整个工作转到“以社会主义经济建设为中心”的轨道上来，以加速实现“四个现代化”的发展目标。一是“对内要实行改革”。一要改革经济体制，实现由计划经济体制向社会主义市场经济体制的根本转变；二要改变单一的生产资料公有制，而实行以公有制为主体的多种所有制经济成分并存发展。二是“对外要实行开放”。一要在自力更生的基础上，发展同国外的社会、经济、文化、科技交流，扩大对外贸易，走向国际市场；二要引进国外的先进科学技术、资金与人才资源，以加速国内经济建设的发展。他特别指出，衡量是不是社会主义的标准，一看社会生产力是否发展，二看人民收入及生活水平是否提高。如他所说“社会主义首先要发展生产力。社会主义经济政策对不对，归根结底要看生产力是否发展，人民收入是否增加”②；又说“社会主义必须大力发展生产力，逐步消灭贫穷，不断提高人民的生活水平”③。正是由于他主张发展社会生产力、发展私有制经济、发展社会主义市场经济、扩展国际市场，而更多地涉及第三产业经济发展方面的理论思想，并在具体问题论述中，涉及“产业”的术语。以下就他的主要第三产业经济理论思想进行归纳与概述。

1. 三大产业经济地位的思想

（1）坚持“农本”思想，提出了农业“基础”论。认为农业是社会经济发展的“根本”，是全国人民的衣食之源，是工业生产发展所需重要原材料的构成要素，是国内外市场商品的重要类型，尤其把粮食的供给提到战略重点地位。他在多方面，从多角度论及上述思想观点。一是认为“我们整个经济发展的战略，能源、交通是重点，农业也是重点。农业的发展一靠政策、二靠科学”④。二是认为“要大力加强农业科学研究和人才培养，切实组织农业科学重点项目的攻关。农业是根本，不要忘掉”⑤。三是认为“农业要有全面规划，首先要增产粮食”，“要解决吃饭、种子、饲料和工业用粮问题”⑥。四是认为“从中国的实际出发，我们首先解决农村问题。中国有80%的人口在农村，中国稳定不稳定首先要看这80%稳定不稳定。城市搞的再漂亮，没有农村这一稳定的基础是不行的”⑦。从上述可见，他主张“以农为本”，把农业经济的发展置于社会经济发展的“基础”地位。

（2）主张积极发展工业，实现中国的现代工业化，突出工业经济的重点发展地位。他认为，在“四个现代化”中，工业的现代化具有重要地位，对整个社会经济的发展起着重要的带动作用；工业的发展，有利于对农业生产发展的技术改造，促进农业的现代化发展；工业的现代化发展，有利于促进国防的现代化与对资源的充分利用；工业的现代化

①② ［英］理查德·伊文思：《邓小平传》，国际文化出版公司，2013年版。

③④⑤⑥⑦ 中共中央文献编辑委员会：《邓小平文选》（第三卷），人民出版社1993年版。

发展，有利于增加商品规模与优化商品结构，从而促进商贸业的发展，尤其是对外贸易的发展，去扩展国际市场，并迅速提高人民的生活水平。如他特别指出“马克思说过，科学技术是生产力，事实证明这话讲得很对。依我看，科学技术是第一生产力”①；“将来农业问题的出路，最终要由生物工程来解决，要靠尖端技术。对科学技术的重要性要充分认识”②。为了促进工业发展，尤其是先进重工业的发展，他主张从苏联快速引进先进的工业项目，邀请相关专家，以期建立起中国现代工业化体系。总之，他主张以现代工业化为重点，对工业经济的发展进行先进的科技改造，以加速中国经济的现代化建设。

（3）主张加快发展特色社会主义市场经济，大力促进商贸流通业的发展，扩大国际市场交流，以充分发挥商贸业促进生产发展与满足人们消费需求的重要中介作用或支撑作用。一是认为中国应当发展特色社会主义市场经济。为此，他着重指出“计划多一点还是市场多一点，不是社会主义与资本主义的本质区别。……市场经济不等于资本主义，社会主义也有市场。计划和市场都是经济手段。……总之，社会主义要赢得与资本主义相比较的优势，就必须大胆吸收和借鉴人类社会创造的一切文明成果，吸收和借鉴当今世界各国包括资本主义发达国家的一切反映现代社会化生产规律的先进经营方式、管理方法”③。二是认为商贸、服务业，推动着商品流通的顺利发展，起着联结工农业生产、城乡经济发展的纽带作用。三是认为通过商贸、服务业的市场商品交换经营，为工业生产提供原材料与资源、为农业生产提供生产资料供应、为生产与人民生活消费提供工农业商品供应，从而协调着产、销关系，既促进生产发展，又满足人们的消费需要。四是认为商贸、服务业具有多种类型，既有物质商品交换经营业、物资产品贸易经营业，又有商贸服务经营业、劳务服务经营业，是一个综合的经营体系，是实现商品流通的经营主体。总之，他认为商贸、服务业是一个相对独立的经济部门，是社会商品生产过程中一个必存的重要经济形态，其推进的商品流通活动，是社会主义市场经济活动的重要组成要素。因而，认为它处于社会商品生产的支撑地位。

从上述可见，他认为三大产业经济的地位是：第一产业处于基础地位；第二产业处于主体与重点地位；第三产业处于支撑地位。三大产业经济通过各自功能的发挥，共同组成了社会主义市场经济运行的整体。

2. 三大产业经济相互关系的思想

他认为三大产业经济既独立存在和发展，又相互联系、相互适应和促进，是一个依次推进的协调发展关系。农业促进工业，生产促进商贸流通业；商贸流通业又反作用于工农业生产，是一个作用与反作用的相互协调的社会再生产过程。正如他所说的“农副产品的增加，农村市场的扩大，农村剩余劳动力的转移，又强有力的推动了工业的发展”，“农业和工业、农村和城市，就是这样相互影响、相互促进”④。并指出“要注意经济稳定、协调地发展，但稳定和协调也是相对的，不是绝对的。发展才是硬道理”⑤。

总之，他虽未运用产业经济理论思想去明确而系统地阐述三大产业经济的地位及其相互关系，但从他对有关问题的论述中，可以表明他具有“第一产业为基础、第二产业为主体、第三产业为支撑”的三大产业经济地位观与依次运行的相互促进、协调发展的三大产业经济关系观，并提出科技与教育产业类型的重点发展论。

---

①②③④⑤　中共中央文献编辑委员会：《邓小平文选》（第三卷），人民出版社1993年版。

（二）优化调整第三产业经济结构的思想

1. 调整、改革所有制结构的思想

他的总的指导思想是保持社会主义公有制的主体地位，要以国营经济为主导，继续发展集体经济；在保持社会主义公有制经济为主体的同时，积极扩大民营经济，实际是私有制经济。但反映在第三产业经济发展领域，则主张更多地发展民营经济，使私营所有制占有较大比重，以利于扩大发展社会主义的市场经济。

（1）进行农村经济体制改革，加快农村商品经济的发展，活跃城乡商品交流。一是认为进行改革开放，“更大的问题是农村改革，搞农村家庭联产承包，废除人民公社制度”①。即要使农民获得生产与出售商品的自主权及购买商品的自决权，以扩大城乡商品的自由交流，为商贸业的发展奠定基础。二是认为要积极发展乡镇建设，重点发展乡镇私营工商企业，以利于对农副产品进行初步工业生产加工，为城市工业提供更多、更优质的原材料供应，并利于城乡商品交换，向农民提供所需的生产资料商品与生活必需品商品，而成为农村集散商品的中心。三是认为应继续发展农村集体经济，包括农业生产合作社、农村供销合作社。既可扩大投资规模与生产经营规模，从而提高生产经营的集约化程度，又可减少国家投资的困难，并增加国家的财税收入。

（2）进行城市经济体制改革，扩大发展民营经济，积极扩展私营商贸、服务业。一是认为应保持国营工业的主体地位，以控制国家的经济命脉，同时，要扩大发展民营工业或私营工业，并主张发展产销结合、产产结合的集团化的工业生产企业集团，以提供更多的国内外贸易的商品货源。二是认为应在保持与扩大主要商品经营的国营商贸、服务业的同时，继续发展集体经济的城市消费合作社；但主张更多地发展私营商贸、服务业，以加快社会主义市场经济的发展、扩大国内外商品交流的范围与规模。为此，他主张对计划经济体制下的国营商贸、服务业进行换制改造，有的进行公私合营，有的要转卖私营。

（3）从国外引入“三资”经营企业，以发挥外资的补充作用。一是主张开发经济特区，先在经济特区引入国外“三资”企业，进行在华直接经营，或进行中外合资经营；然后，再引向国内的一些大中城市进行直接经营，或中外合资经营。二是主张引入国外资金，进行国内企业自我生产经营，而实行“补偿贸易”。三是特别重视引入国外华侨的私人资金与私人企业，进入经济特区、开放城市，从事生产经营活动，以扩展广泛的对外贸易交流。

总之，他在第三产业经济领域，主张在保持以国家所有制为主导的前提下，不断扩大民营所有制的比重，从而优化其所有制结构，为特色社会主义市场经济的快速发展、扩大国际经贸交流，奠定必要的基础与前提条件。

2. 优化调整商贸业与服务业结构的思想

他认为，社会主义市场经济的发展，必然促进社会生产要素的不断市场化。社会生产要素的不断市场化，必然促进物质商品经营的商贸业结构的调整，也必然引起非物质形态的服务经营业的扩大发展，因而，必然引起商贸业与服务业的结构发生重大变化。为此，他主张对商贸业的行业结构与服务业的行业结构进行优化调整，并主张加快服务贸易业的扩大发展，使其处于更加重要的地位。

---

① 中共中央文献编辑委员会：《邓小平文选》（第三卷），人民出版社 1993 年版。

（1）优化物质商品经营业的行业结构。一是在工业商品经营领域，他特别重视发展高科技产品的经营业，以便将其迅速扩展到应用活动中去，对企业进行高新技术改造，推动社会生产力加快增长。二是在农副商品经营领域，除扩展一般生活消费品经营业的发展外，要特别重视放开粮食、肉、蛋、禽、糖等重要食品商品经营业的发展，以扩大其市场商品交换的规模，推进农业的市场化发展。

（2）不断扩大服务经营业的发展，加快改变服务经营业过分落后的状态。①主张加快商务服务业的扩大发展。认为，随着物质商品经营业的发展与人们非物质商品需求的增长，商贸服务业要加快扩展，以使更多的生产要素进入市场交换领域，诸如资金、仓储、交通运输、人才、劳动力、教育、科技、信息等要素不断市场化，以推动物质商品流通的加速运行与满足人们精神文化需求，但应有其发展的重点。他认为，应把发展的重点首先置于教育、科技、交通、金融等服务经营业上。如他按照社会经济发展从 1981 年起到 20 世纪末，前 10 年打基础，后 10 年高速发展的分“两步走”的基本设想，认为其“战略重点，一是农业；二是能源和交通；三是教育和科学。搞好教育和科学工作，我看这是关键”[①]。即把交通、教育和科学技术服务业的发展置于该时期重点和关键位置。②主张适当发展劳务服务业。他基于以下几点考虑：一是随着农业改革的进展，在农村将会出现一批剩余劳动力，为城市提供服务劳动力资源；二是实物商品流通规模与区域范围的扩展，增加了劳务服务人员的需求量；三是随着人们生活水平的提高，特别是城市人口的不断集中与生活水平的较快提高，增加了对劳务服务人员的需求量；四是随着对外经贸交流的不断扩展，中外劳务服务交流也必然出现与扩展。因此，他主张适当发展劳务服务业，既吸纳一批农村剩余劳动力，又能满足中外市场对劳务服务的需求，而有利于市场经济的协调发展、缩小两极分化的程度。

总之，他主张扩展重工业商品的商贸经营行业与高科技知识、教育、金融、交通运输等商贸服务业行业以及多种劳务服务行业，更多地创建新型的商务服务行业，以适应生产、生活消费结构变化的需要。

3. 优化调整内外贸结构的思想

（1）主张调整国内外的政治与经济关系，实行对外开放。为了加速有中国特色的社会主义建设，他提出“我们坚定不移地实行对外开放政策，在平等互利的基础上积极扩大对外交流”[②]。认为“我们的对外政策还是两条，第一条是反对霸权主义、强权政治，维护世界和平；第二条是建立国际政治新秩序和经济新秩序”[③]。他所说的国际政治新秩序，就是遵守“五项基本原则”；所说的国际经济新秩序，就是“我们欢迎发达国家同我们合作，也欢迎发展中国家相互之间的合作，这后一种合作是非常重要的”[④]。为此，他提出了如下具体主张：一是要发展南北合作与南南合作，促进第三世界国家的合作交流。二是坚持同所有国家都来往，“对苏联对美国都要加强来往。不管苏联怎么变化，我们都要同它在和平共处五项原则的基础上从容的发展关系”[⑤]。三是对友好的第三世界国家，要更多地发展广泛的经贸合作交流关系，尤其是亚洲与睦邻国家间的经贸关系；特别提出要发展同印度在“贸易、经济、文化等各个领域的合作”[⑥]。

（2）主张调整内外贸种类结构。认为应全面对外开放，但要有不同的侧重点。一是

---

①②③④⑤⑥　中共中央文献编辑委员会：《邓小平文选》（第三卷），人民出版社 1993 年版。

在进口贸易上，主张引入更多的高科技商品，包括高新机械产品、尖端技术与专家人才及资金等要素商品。二是在出口贸易上，主张输出中国的传统优势商品与有国际市场竞争力的创新商品，包括纺织品、手工艺品、特色农副产品及矿产资源等商品。

（3）主张调整内外贸方式结构。一是“先引后出”，即先引进来，经过消化吸收与创新，而后再打出去。二是采取合作、直接投资、补偿贸易等多种经营方式。三是采取独立经营、连锁经营、集团化经营等多种经营形式。

（4）主张在独立自主、平等互利的基础上，进行内外贸易交流。反对一些国家利用贸易活动进行经济封锁，干涉别国的内政，实施霸权主义。

总之，他主张大力扩展国际经贸合作，积极发展对外贸易，不断优化调整对外贸易结构，迅速扩展中国的国际市场，展开国际市场竞争，推进中国商务服务业的国际化发展。他特别指出，“中国是一个大的市场，许多国家都想同我们搞点合作，做点买卖，我们要很好利用。这是一个战略问题”①。

4. 优化调整商贸业与服务业国内区域结构的思想

他主张优化调整商贸业与服务业的城乡结构与地区结构。在城乡结构上，主张在扩大发展城市，尤其是沿海大城市商贸业与服务业的同时，去加快农村乡镇的商贸、服务业的发展；在区域结构上，主张加快沿海地区商贸、服务业的发展，特别注重创发“经济特区”，使其商贸、服务业的发展成为扩大国内外商贸、服务活动交流的“纽带”。

（1）优化调整商贸、服务业的城乡结构。一是认为在广大农村，要发展新式的乡镇，进行工业与商贸、服务业的集中生产、经营。不仅能提高其规模，还有利于集体经济的发展，并成为农村商品交流的中心，有利于工业品下乡、农产品进城。因此，他明确指出“乡镇企业很重要，要发展，要提高”②。二是认为“改革要从农村转到城市。城市改革不仅包括工业、商业，还有科技、教育等，各行各业都在内”③。即要对城市的商贸、服务业进行全面的优化调整。三是认为要重点发展大城市，特别是沿海地区的大城市，以形成地区的商品交流中心，为此，他特别指出“比如抓上海就是一个大措施。上海是我们的王牌，把上海搞起来是一条捷径”④。即认为大城市对地区经贸的发展具有重大的带动作用。

（2）优化调整商贸、服务业的地区结构。主张优化调整沿海地区与内部地区、各省区的商贸、服务业的发展结构。一是优化沿海地区与内部地区结构。提出“沿海地区要加快对外开放，使这个拥有两亿人口的广大地带较快地发展起来，从而带动内地更好地发展起来，这是一个事关全局的问题”⑤。即主张充分发挥沿海先进地区对内地的带动作用，把沿海地区优势向国内中西部广大地区转化。二是在各省区之间，要区别不同的资源与市场优势进行先后发展，即一部分地区有条件先发展、有特有资源与商品的先发展，然后带动其他地区的发展。即他所说的“一部分地区有条件先发展……先发展起来的地区带动后发展地区，最终达到共同富裕”、“解决的办法之一是先富裕起来的地区多交点利税，支持贫困地区的发展”。

（3）扩大对外开放，办好经济特区，增加对外开放城市。一是主张大胆试办全面对外开放的“经济特区”。通过经济特区同国外发展广泛的经贸交流关系，而迅速进入国际

---

①②③④⑤ 中共中央文献编辑委员会：《邓小平文选》（第三卷），人民出版社 1993 年版。

市场，并更多地引入国外资金与科学技术；同时，通过经济特区的典型实验，取得实践经验，以深化扩展全国的“改革开放”。二是优选经济特区，并区别不同地区，确定不同经济特区的实验重点。如对深圳经济特区，要把其作为对外开放的技术、管理、知识、对外政策的窗口与基地，进行全面试验；对厦门经济特区，则着重吸收更多的外来资金，包括广泛的华侨资金。三是增加对外开放城市的数量，如把上海增扩为对外开放城市等。

总之，他主张加快发展广大农村地区的商贸、服务业；重点大中城市的商贸、服务业；沿海地区的商贸、服务业；优势资源集中的落后地区的商贸、服务业。最终形成以城带乡、以东部带动中西部、以先进地区带动后进地区的格局。

5. 主张并提倡商业文化建设，发展社会主义的精神文明，去推进国内外商贸、服务业优化发展的思想

他特别提出“在社会主义国家，一个真正的马克思主义政党在执政之后，一定要致力于发展生产力，并在这个基础上逐步提高人民的生活水平。这就是要建设物质文明……与此同时，还要建设社会主义的精神文明，最根本的是要使广大人民有共产主义的理想，有道德，有文化，守纪律。国际主义、爱国主义都属于精神文明的范畴”①。他虽然主张把上述认识运用于广泛的社会活动领域，但更注重运用于国内外商贸活动领域。

（1）认为国际市场首先是一个进行诚信竞争的市场。进行市场竞争，虽然要靠诸多市场经营要素的综合竞争力，但总要有一个核心竞争力做支撑。他认为这个最基本的核心竞争力就是在市场经营中讲诚信，诚信是经商的基本道德。因此，他特别指出“只要守信用，按照国际惯例办事，人家首先会把资金投到上海，竞争就要靠这个竞争”②。

（2）认为“要加强自主权，发扬民主，有领导、有秩序地进行社会主义建设”，使中国兴旺发达起来，就要敢于改革、创新，要克服一个“怕”字，要有勇气、有信心；要倡导爱国主义，反对一些帝国主义国家对中国实行经济封锁，展开国际市场竞争；要搞好同平等互利国家间的经贸合作与相互交流，进行共同发展；要学习与借鉴国外适合中国国情的先进经营方式、管理方法，运用到国内企业的生产经营活动中去，以加快其发展速度；要具有“有差别共同富裕”的思想，树立富者济贫、先者援后的意识，不搞投机倒把、违法乱纪行为等，以优化经营秩序、强化经营道德。

总之，主张倡导物质文明与精神文明，进行商业文化建设。既要展开市场竞争，又要搞好协作；既要促进企业发展，又要讲公正、诚信；既要敢于创新，又要遵纪守法；既要讲求企业效益，又要爱国、利民。最终建立起特色社会主义市场经济的良好秩序，以经贸大国形态和平崛起于世界，以中国的商业文明引领世界。

从上述可见，他主张优化第三产业经济各种组成要素的结构，从而形成一个不断完善的结构体系，把第三产业经济推向一个创新发展的阶段，以推进特色社会主义市场经济的加快发展。

（三）强化国家对第三产业经济发展宏观调控管理的思想

他认为“计划和市场”都是发展社会主义经济的方法，因而，主张在国家的统一计划指导下，充分发挥市场对资源配置的调节作用，或在国家的宏观调控下，使市场发挥对资源配置的基础作用。市场调节，实质是市场物价的调节，市场物价的波动同市场商品供

---

①② 中共中央文献编辑委员会：《邓小平文选》（第三卷），人民出版社 1993 年版。

求关系与市场货币流通量同市场商品流通量关系的变动之间存在着作用与反作用的辩证关系，也就是说，市场物价的波动受多种要素的影响。因此，他主张国家要采取多种手段去对商贸、服务业的经营活动实行宏观调控管理，并把宏观调控管理的重点放在市场货币流通量与市场物价的宏观调控管理上，以保证社会主义市场经济的稳定而快速的发展。他特别指出“如通货膨胀，物价上涨，需要进行调整，这是不可少的”；“只有多方面的、综合的改革，才能为价格改革创造条件”；“价格没有理顺，就谈不上经济改革的成功。我们准备用若干年时间把价格初步理顺，最终达到面向世界市场”；“我们讲中央权威，宏观控制、深化综合改革，都是在这样的条件下提出来的”①。

1. 运用法规手段，建立社会主义市场经济运行良好秩序的思想

他主张建立完善的市场经济的法规体系，运用法制去规范市场经济活动的良好秩序，为商贸经营提供良好的环境。为此，他着重指出“要坚持两手抓，一手抓改革开放，一手抓打击各种犯罪活动，扫除各种丑恶现象，手软不得”；“在整个改革开放中都要反对腐败”，要搞好经济秩序，“是要靠法制，搞法制靠得住些”②。

2. 创新科学技术，提高企业生产经营水平的思想

他主张大力推进科学技术的发展，对全国现有工商企业进行有计划的现代科学技术改造，迅速提高企业生产经营与管理的现代化水平，以增强中国在国际市场中的竞争力。一是把科学技术视为中国加速社会主义经济建设的“关键”，并首先提出“科学技术是第一生产力”的观点。二是不仅要积极从国外引进先进的科学技术，而且要立足于自己创新科学技术。三是要加速经济建设的发展，必须依靠高新科学技术的发展，他特别指出“高科技领域的一个突破，带动了一批产业的发展……要提倡科学，靠科学才有希望”③，“搞科技越高越好，越新越好”。

3. 大力发展教育事业，培养一支高质量经营管理人才队伍的思想

（1）他认为要加速商贸、服务业的发展，必须使其经营管理水平不断现代化、国际化。为此，就必须建立起一支高质量、高水平的生产经营管理队伍；要建立起这样的队伍就必须大力发展教育事业，尤其是高等教育事业，以期培养一支拥有高科技、高管理知识的人才队伍。一是“大力发展大专院校”，加速高等教育的发展；同时，“要尽力发展职工教育”，多渠道培养专业人才。二是尽力“引进国外科技专家人才，帮助中国搞建设”。三是吸引更多的国外留学生回国，“可以搞综合研究中心，设立若干新专业，或在现有一些研究机构增设一些新专业，把这些人放在里边，攻一个方面，总会有些人作出重大贡献”④。

（2）要搞好智力开发，更好地使用人才，充分发挥人才的作用。一是“要注意解决好少数高级知识分子的待遇问题，调动他们的积极性，尊重他们，会有一批人做出更多的贡献”。二是善于发现和使用好人才。要注意尊重人才，“广开进贤之路”，并“建议中央总结一下用人问题”，以更好地发挥人才的作用。

4. 运用货币金融手段进行宏观调控管理的思想

他主张优化银行机构的经济功能，要改变过去作为货币储备库，而忽视货币流通量调节的货币发行功能，要通过货币发行量的调控管理去保持适度的市场货币流通量，从而稳定市场物价；同时，要学会融通资金，使银行贷、存款利息率适度，并更多地同国外进行

①②③④ 中共中央文献编辑委员会：《邓小平文选》（第三卷），人民出版社 1993 年版。

资金与金融合作，把金融搞活。他特别指出“金融改革的步子要迈大一些，要把银行真正办成银行。我们过去的银行是货币发行公司，是金库，不是真正的银行”①。并提出要重点发挥作为过去金融中心城市上海的“货币自由兑换”的功能作用，认为“中国在金融方面取得国际地位，首先要靠上海”②。

5. 理顺物价与改善税收政策，去促进结构优化调整的思想

（1）要理顺市场物价的管理方式，去促进商贸、服务业的结构调整。一是他认为市场物价应反映其生产经营成本与市场商品供求关系，以有利于调节私营商贸业的经营领域，弥补其经营空缺，满足人们的消费需要。因此，要放开由于国家计划分配而规定的一些商品的统一计划价格，去更多的由市场调节，引导商品生产经营的方向。如他所指出的“理顺物价，改革才能加快步伐……最近我们决定放开肉、蛋、禽、糖四种副食品价格，先走一步……物价改革非搞不可，要迎着风险、迎着困难上”③。二是面对市场物价经常波动的局面，主张更多地运用货币发行量、进出口商品结构的调控管理，去平抑物价的上涨，而不简单的硬性规定商品的价格水平。三是主张抑制私商、外商对一些商品的垄断经营，而抬高市场物价。

（2）主张运用税收手段去调控商贸、服务业的经营活动，优化其有关结构。一是对不同的地区与商品采取不同的税率。对先进地区发展之后，征收较高的所得税率，对后进地区征收较低的所得税率，以促进商贸业由先进地区向后进地区移动。二是对关系国计民生的重要商品，如粮食产品，采取征收实物税的方式，以保证对粮食商品的市场消费需要。三是对进出口商品，根据国内市场的需要，采取不同的关税征收办法，以优化调节进出口商品结构。

总之，他主张改革国家对第三产业经济活动的管理体制，实现由计划经济管理体制向市场经济管理体制的转变、由直接管理方式向更多的间接调控管理方式转变；综合运用法规、科技、教育、金融、物价、税收等手段体系，通过约束、奖励机制，调节控制第三产业经济活动，不断优化其产业经济结构，使其有序而遵规运行，充分发挥其经济职能作用，从而创建起有中国特色的社会主义第三产业经济类型。

综上所述，他从三个领域表述了有关第三产业经济的思想，提出了“三大产业经济地位观”与“相互关系论”、多有创见的“第三产业经济结构优化论”、综合运用多种手段对第三产业经济活动进行强有力的宏观调控管理的思想。由此，构成了他的第三产业经济思想的基本体系，具有我国现代第三产业经济思想的明显特征，引导着我国现代第三产业经济理论思想的发展方向。

二、经济学者王慎之等人的主要第三产业经济思想

王慎之，黑龙江大学经济系经济学教授，主要从事马克思主义《政治经济学》的教学与研究工作。随着中国“改革开放”后社会主义市场经济的勃起与发展，开始关注“第三产业经济学”的理论研究。他于20世纪80年代逐步组合了一个研究群体，开始系统研究《第三产业经济学》的基本理论问题。在深入研究的基础上，于1989年由他为主编、张念礼与华光彦为副主编、王守川等十余名专家学者为成员，组合起编写组，合著了

①②③　中共中央文献编辑委员会：《邓小平文选》（第三卷），人民出版社1993年版。

中国第一部《第三产业经济学》专著，并于1989年1月由中国财政经济出版社正式出版发行，获得了社会各界的高度评价，对推动"商学"学科的发展与中国初始的社会主义市场经济的发展，尤其是第三产业经济的发展，发挥了重要的推动作用。

该著作的主要内容是：论述了第三产业的科学含义及其范围、价值和使用价值、劳务流通、第三产业的战略和策略、第三产业和国民收入分配、第三产业与城市经济、第三产业与农村经济、第三产业的计划与市场、劳动定额、价格体系、劳动就业经济指标体系，以及第三产业经济的管理、经济立法和国民经济往来等内容，初步形成了一个比较系统的理论框架。不仅为中国"第三产业经济史"的发展，而且为中国"第三产业经济思想史"的发展，作出了一定的创新性贡献。他们在该著作中所反映的第三产业经济思想观点，主要有以下几个方面①。

（一）关于第三产业概念及其形成过程的思想观点

1. 关于第三产业的概念观

他们从对三次社会大分工形成三大原始产业的过程的分析出发，认为第三次社会大分工只形成了专门经营商品买卖的商人阶层，即商业的独立化。它发生于奴隶社会的初期，而大发展于资本主义社会初期。直到机器大工业发展的自由资本主义时期，各种服务业才开始崭露头角。首先是生活服务业；其次是文化服务业。在该时期内，这类服务行业虽有一定发展，但在国民经济中还不占很大比重。到了帝国主义时代，特别是第二次世界大战后，随着科学技术的迅猛进步，各种各样的服务业才日益外化为独立的生产部门，逐步形成一个庞大的系统。由此，他们认为，第三产业同服务或劳务属于同一概念，即把广泛的服务活动视为第三产业的核心内涵，提出了"第三产业是广泛的服务活动"观。

2. 关于第三产业概念形成过程的思想观点

（1）关于"服务"与"劳务"概念的形成过程。①他们认为，早在18世纪中叶，古典政治经济学派的优秀代表亚当·斯密就已经意识到服务劳动的存在。他在《国民财富的性质和财富的研究》一书中，曾提到过家仆、教士、律师、医生、各种文人、音乐家、歌唱家、舞蹈家等的劳动，但由于受到当时历史条件的限制，不仅重视制造业而轻视服务劳动；而且认为所有服务劳动都是非生产性劳动，更未把服务确定为一个经济范畴。②他们分析了马克思巨著《资本论》中的有关思想观点，他们认为，马克思在该著作中也主要考察了物质生产，其中虽也谈到商业和金融业，但只是涉及物质产品的流通和金融业务，这也证明，马克思已觉察到劳务的存在；后来，马克思在其《剩余价值理论》中，明确地指出"服务"是一个经济范畴，并批评了斯密仅把生产物质产品的劳动看作是生产劳动的观点，指出"对于提供这些服务的生产者来说，服务就是商品。服务有一定的使用价值（想象的或现实的）和一定的交换价值"②。在历史上，正是马克思第一次把服务的生产性引入了经济学领域。接着，马克思又不断发展了服务的概念，由原来只把非物质生产称为服务，而把生产物质产品的辅助性劳动完全看成是例外的认识，而发展为以下两种服务分类：第一，生产的结果是物质产品对象的服务劳动。他指出"某些服务，或者说，作为某些活动或劳动结果的使用价值，体现为商品"③，如作家写的书，画家画的

① 王慎之：《第三产业经济学》，中国财政经济出版社1989年版。

②③ 马克思：《剩余价值理论》，《马克思恩格斯全集》（第26卷1）。

画，以及录音带、唱片、电影胶片，它们可以脱离艺术家而单独存在，因此，可以投入现实的商品流通。第二，以“活动”形式提供的服务。他指出，这种服务，“不留下任何可以捉摸的，同提供这些服务的人分开存在的结果……例如，一个歌唱家为我提供的服务，满足了我的审美的需要；但是，我所享受的，只是同歌唱家本身分不开的活动，他的劳动即歌唱一停止，我的享受也就结束；我所享受的是活动本身，是他引起的我的听觉的反应”①。因此，认为表演艺术家、演说家、教员、医生的活动，以及客运、旅店、洗浴活动都属于这类服务。他们从上述分析出发，认为马克思所划分的两种服务，都是由提供劳动的特点产生的，尽管在结果上有所不同，但都属于“服务”的范畴，而真正构成服务商品特征和大量存在的，却是后一种服务。所以，他们认为《经济学》大多在后一种意义上使用“服务”这一概念，因为，即使是同物质产品有关的产品（如书、画、唱片等）所提供的服务，也是同服务行业有关的劳动产品，即享乐服务产品，而书、画、唱片只是服务产品的物质载体。③他们认为，进入社会主义建设时期后，劳务经济应有一个迅猛的发展。但由于社会主义革命首先是在生产相对落后的国家取得胜利的，无产阶级夺取政权后的首要任务是实现工业化和改造落后的农业，因而，劳务就成为相对薄弱的领域。由于劳务经济不发展，使社会主义的经济理论一直没有把劳务确定为一个经济范畴。无论是劳动价值论，还是国民收入；无论是产业结构，还是商品结构，都没有给服务性劳动提供一个坚实的地盘。因此，劳务的概念没有取得多大的进展。而在资本主义社会，由于生产的发展使经济结构发生了深刻的变化，物质生产的比重相对减少，劳务生产的比重日益扩大，使劳务的概念有了很大的发展。因而，在现代资产阶级经济学中，经常提到劳务或服务。美国商务部的词典解释是：“服务是无形商品，例如，医疗护理、理发、其他个人护理；铁路运输，汽车运输和航空运输；以及房屋的使用；等等。”可见，该词典含义把劳务推广到几乎所有非物质生产部门，而不限于生活服务领域。然后，他们又引述了捷克斯洛伐克经济学家巴维尔·艾斯勒的如下论述：“美国和其他资本主义国家的现代经济文献，用‘劳务’或‘劳务部门’这个概念来包罗许多庞杂的行业和国民经济部门”；甚至把“‘流通’的全过程——商业机构和金融机构、国家行政和公共管理（包括军队）、为物质生产服务的劳务（例如科学技术研究、为个人消费的劳务、地产业），最后甚至交通运输都列入劳务里面”。由此，上述“劳务”的含义，是把物质生产部门不管的一切其他活动，都划归为“劳务”。

最后，他们认为：劳务领域的扩大是经济发展的必然趋势，但劳务作为一种经济活动，绝不是无所不包的，特别是不能把与经济过程无关的活动统统并入劳务经济领域。

（2）关于“第三产业”概念的形成过程。关于“第三产业”概念的提出。他们认为最早见于英国经济学家、新西兰奥塔哥大学教授费希尔（A. G. B. Fisher）所著的《安全与进步的冲突》。该书发表于20世纪30年代，该书作者认为：由于资本主义的生产组织忽视了需求结构的变化，即忽视了随着收入水平的提高，人们对食品需要相对减少，对服务和精神产品需求相对增加的变化，所以导致了生产过剩的危机。因此，他主张按需求结构的变化调整生产组织，并在前人已经使用过的第一产业、第二产业术语的基础上，进一步提出了“第三产业”的术语。他们虽没有具体揭示费希尔所提出的“第三产业”概念

① 马克思：《剩余价值理论》，《马克思恩格斯全集》（第26卷1）。

的定义，但明确指出：关于“第三产业”的定义和划分标准，在国际经济学界，还没有取得一致意见，可以说是众说纷纭。由此，他们归纳出这些学者如下的五种不同划分标准：①距离消费者的远近程度（不是指空间位置，而是指消费结构）；②产品是否有形（是物质形态，还是非物质形态）；③生产过程和消费过程是否可以分离（是生产之后消费，还是生产和消费共同发生）；④异质化（第三产业是由与第一产业、第二产业性质不同的各个部分组成的）；⑤剩余部分（第三产业不过是作为除去第一产业、第二产业以外的其他经济活动的用语）。同时，他们进而指出，目前国外对第三产业的概念仍在继续探索，其口径虽仍有宽窄之分，但第三产业作为一个经济活动领域已成定论。他们进而认为，在我国近些年来，已开始对第三产业的概念进行讨论。起初，有许多学者认为“第三产业”是一个资产阶级的用语，不同意纳入社会主义经济科学体系之中；而在最近一个时期，其认识有了较大转变，在报纸、杂志上开始广泛采用“第三产业”的术语。他们最后认为：尽管如此，我们应当有自己的理解，既不应一概拒之门外，也不是全盘吸收，要在分析批判的基础上使之符合我们的目的。

总之，他们论述了第三产业概念在国内外的演进过程，并对资产阶级经济学派与马克思主义经济学派的不同认识，及其在资本主义社会与社会主义社会的不同发展作了比较分析；归纳出划分第三产业的五种不同的标准，提出了应对之批判吸收的观点。最后，他们提出了自己对“第三产业”概念核心含义的界定，即“第三产业同服务或劳务属于同一概念”，并把它称为“广泛的服务活动”。

（二）关于第三产业成为一大产业原因的思想观点

1. 第三产业是社会经济活动的一个组成部分的思想

商业是经济活动，各类服务业也是经济活动，是属于第一产业、第二产业以外的经济活动，是一个相对独立的社会经济门类，并具有庞大的多部门的构成体系。所以，它应构成一大产业类型。

2. 第三产业所生产的产品是社会需要的一个组成部分的思想

商业与服务业也生产社会产品，虽不是物质产品，但提供“劳务”，是以“活动”的形式所存在的消费品。社会需要，既包括物质生活需要，又包括非物质的劳务服务需要，这些不同的需要无法互相代替，只能由不同领域的生产活动提供出来。所以，劳务产品作为社会总产品的一个组成部分，只能由生产劳务产品的产业提供出来，而第三产业就是生产劳务产品的一种产业形态。在这里，他们把商业活动也认为劳务活动，把商贸业也视为劳务服务业。

3. 第三产业所创造的产值是社会总产值的一个组成部分的思想

作为相对独立的商务服务业所生产的产品，在商品经济中是通过市场交换活动而实现的。工人与农民只能通过交换才能取得各种劳务，劳务生产者也要通过交换才能取得物质产品。劳务产品作为商品，不仅具有使用价值，也具有价值，而劳务的价值就是生产劳务产品的社会平均劳务耗费。劳务活动的成本、利润必须现实地计入产值。劳务产品也是使用价值和价值的统一，因此，也成为社会总产值的一部分，只有把工农业总产值扩展为社会总产值或国民总产值，国民收入才能成为一个名副其实的概念。

（三）关于第三产业的范围及其分类的思想观点

1. 对第三产业范围的界定观

（1）他们认为，任何社会生产过程都脱离不了生产的一般规定性，但任何生产又总

是在一定的社会形式下进行的，故又有其特殊规定性，因此，无论是产品结构，还是产业结构，又都反映着一定的社会性质。第三产业作为生产社会化和劳动大分工的一个结果与现代产业结构的必然表现，也必然反映着一定的社会性质，既反映着社会生产的一般规定性，又反映着不同社会的特殊性，而具有双重属性，因此，在不同的社会制度与生产方式下有其不同的产业结构与范围。由于第三产业随着社会经济的发展而不断扩张，而具有广阔的领域，因而，就必须正确确定其在整个产业结构中的范围，从而正确处理第一产业、第二产业、第三产业之间的关系以及第三产业的内部结构。

（2）他们还进一步认为，第三产业指的是物质生产领域以外的经济活动，或第一产业、第二产业以外的经济活动，但又不能把其无限地扩展到一切社会活动领域，而是介于物质生产领域和政治活动之间的非物质生产领域。作为上层建筑的社会政治活动，既然不属于经济活动，当然也不属于第三产业领域。据此，他们把第三产业的范围，界定为如表11－1所示的活动范围，并使其成为一个自身的整体系统。

表11－1　第三产业区分的范围

<table>
<tr><th colspan="2">物质生产活动</th><th>非物质生产活动</th><th rowspan="2">非生产活动</th></tr>
<tr><th>第一产业</th><th>第二产业</th><th>第三产业</th></tr>
<tr><td>农业、林业、牧业、渔业、狩猎业……</td><td>加工业、制造业、冶金、动力、建筑业、采矿业……</td><td>生活服务、交通运输、教育、卫生、科研、流通、通信业……</td><td>政治、士兵、公安、宗教……</td></tr>
<tr><td colspan="3">经济活动领域</td><td>政治活动领域</td></tr>
</table>

2. 对第三产业的分类观

他们按照上表所示的第三产业界定范围及其整体系统，并依据第三产业的经济性质，将其具体划分为以下四大类型：一是生产性服务，指直接与生产过程有关的服务内容；二是生活性服务，系指直接为满足人们生活需要的服务；三是流通性服务，系指商品交换和金融业务领域的服务；四是综合性服务，系指不限于某个领域的交叉性服务。并根据上述的分类，创立了如表11－2所示的第三产业系统的分类系统表。与此同时，他们特别指出，由于有些服务内容有很大的跨度，并随着时代的进步，必然会出现新的发展变化，因而，必须在准确把握第三产业的经济性质的基础上，随之进行不断的调整完善。应当指出，他们以上的四类划分观是在借鉴国际“服务贸易”这一术语的基础上形成的，在我国尚未普及。

表11－2　第三产业系统分类

生产性服务	生活性服务	流通性服务	综合性服务
①劳动手段的修理（厂房、大型设备、工具） ②劳动力的培养和“修理”（教育、医院） ③经营管理（生产组织、工时运筹、劳动力调配）	①加工性服务（烹饪、缝纫、日用品修理） ②活动性服务（旅店、理发、浴室） ③文化性服务（戏剧、电影、音乐、杂技、舞蹈）	①生产过程的继续（保管、搬运、包装） ②交换性服务（柜台售货、洽谈、生意、营业性算账） ③金融业服务（银行和信用社的贷款发放、现金结算、支票管理）	①运输业（货运、客运） ②公共事业（消防、保险、房地产、自来水、供电） ③信息业（情报、资料、数据、通信联络） ④旅游业（游览、住宿、交通、商店、文娱）

（四）关于“第三产业史”学科属性的观点

第三产业史是人类社会生产分工不断深化的历史。第三产业的产生需要一定的前提条件和基础，这就是社会生产力的发展、劳动生产率的提高及人们生活水平的提高；而社会生产与人们生活条件的发展，也必须随着社会生产分工的发展而发展。这就是说，第三产业是社会生产分工发展到一定阶段的产物，是继社会生产第一次、第二次大分工之后的第三次大分工的产物，是在社会生产分工不断深化的过程中发展的，第三产业的内部结构，也必将随着社会生产分工的深化由简单到复杂，从而出现更多的行业。例如，最初的第三产业形态主要是从事物质产品交换的商贸业，而后随着社会生产分工的深化则出现了旅游服务业，而后商贸、旅游服务业又不断深化，出现了多类型的细化行业，但直到 18 世纪下半叶的工业革命之后，商务服务业才形成了一个较为独立与完整的第三产业形态。可见，第三产业的出现及其行业的细化，是人类社会生产分工不断深化发展的过程与结果，而第三产业的发展又反过来促进了社会生产分工的深化发展。因此，我们研究第三产业史，就必须研究人类社会生产分工日益深化的历史，并在其相互作用中去进行这种研究。

1. 第三产业史是三大产业相互作用的历史观

第三产业是整个产业系统中的一个子系统，或是其整个产业中的一个组成部分。三大产业是在相互作用中发展的，既相互制约，又相互促进，但其相互作用的地位与状态是不同的。从三大产业产生的顺序来看，首先出现的是以农业为主体的第一产业；其次是以手工业为主体的第二产业；最后是在第一产业、第二产业出现之后而产生的以商贸业为主体的第三产业。这一顺序表明，第三产业只有在第一产业、第二产业产生之后才能产生，也就是说，第一产业、第二产业的产生与发展是第三产业产生与发展的基础，第一产业、第二产业的发展状态决定着第三产业的发展状况。当然，第一产业的发展状况又在一定程度上决定着第二产业的发展状况。总之，三个产业间存在着相互作用的关系，具体表现为作用与反作用、直接作用与间接作用、促进作用与制约作用形式。因此，研究第三产业史，就必须深入研究三大产业间相互作用的历史。

2. 第三产业史是三个产业时代相互交替的历史观

产业作为一个整体，有其自身系统运动的历史，即三大产业有机结合的发展历史。但在漫长的人类社会发展的历史过程中，在其不同的发展阶段，三大产业间的有机结合状态是不同的，其主体要素与其他要素是相互交替而同时存在的。人类的早期生产活动是采集与捕捞活动，并未形成独立的产业部门，当以种植业为主体的农业部门形成之后，才产生了第一产业，但采集与捕捞活动仍然存在，并开始出现附属种植业的手工业加工活动与相应的商贸活动，由此，人们把农业在社会生产发展史中长期起决定作用的时期，称为产业史上的第一产业时代；随着农业的发展与生产工具的改进及商贸活动的扩展，手工业生产日益独立化，形成一个相对独立的生产部门，但直到 18 世纪下半叶出现产业革命或工业革命后，工业生产才开始取代了农业在社会生产中的决定作用，从而形成在社会生产中起决定性的生产部门，由此，人们把大机器工业生产开始在社会生产中起决定作用的时期，称为产业史上的第二产业时代；商贸、服务业随着农业、手工业生产的发展，也日益独立化，形成一个相对独立的社会生产部门，但直到第二次世界大战后，随着工业化与市场国际化的发展，商务服务业的就业人数在总就业人数中的比重与其产值在国民生产总值中的比重逐渐占据主导地位，才日益成为社会生产中起主导地位的生产部门，由此，人们才开始把这一产业史的发展时期，称为第三产业时代。从上述三个产业时代的演进过程可以看出，在每个产业时代都具有处于主体地位、起决定作用的产业形态。但都存在处于从属地位的其他产业形态，而处于主体地位、起决定作用的产业形态是随着社会生产的发展与分工的深化而依序向前交替递进的，作为第三产业形态也是随产业时代的交替递进而向前推移的。即第二产业时代的第三产业取代了第一产业时代的第三产业，而第三产业时代的第三产业又取代了第二产业时代的第三产业。所以说，第三产业史是三个产业时代相互交替发展的历史，同时，也是第三产业在三个产业时代相互交替发展的历史。

3. 第三产业史是第三产业从萌芽到成熟的发展历史观

第三产业同其他任何事物一样，都必然经历一个从萌芽、成长到成熟的发展过程，或从简单到复杂的发展过程，只是具有自身在不同发展阶段的特有状态而已。无论是国内与国外第三产业，都萌发于人类社会的原始社会时期，距今已有6000年的历史，而当时的原始形态是贩运贸易业，尔后扩展为原始的商贸业，或称简单的商业，而后随着社会生产分工的发展则逐渐分化出更多的、更具体的、更丰富的多种细化门类，如流动的贸易业、固定的商业、固定的服务业，而这些细化门类又逐渐细化，从而形成第三层次的门类，而这些细化门类也经历了一个从萌芽到成熟的历史发展过程。例如，中国在19世纪末出现近代银行业之前，已在不同历史时期出现了原始的信用机构，或原始的金融服务业的萌芽形态，即在南北朝时期出现的当铺，即典当业；明清时期出现的钱庄，即银行业；清代盛行的票号，即汇兑业等。正是由于这些萌芽形态的出现与发展，才在19世纪末的条件下产生了中国近代的银行服务业。由于第三产业及其细化门类都经历了一个萌芽、成长、成熟的历史发展过程，因此，第三产业史是一个从萌芽到成熟的不断依序演进发展的历史。

4. 第三产业史是其内部各行业相互促进而发展的历史观

第三产业作为一个相对独立的整体是由其内部各种要素构成的，各要素相互促进形成一个结构合理化的体系，才能有效顺利地发展。其内部构成要素有各种分类，如按行业分类，就成为自身各门细分行业构成的相对独立的整体系统体系。尽管在不同的历史时期，其行业类型不同、每个行业的发展水平不同，即其构成状态不同，但其各行业要素之间总是相互协调、相互促进，而推动第三产业整体向前发展，只是其在不同结构合理化状态下发展速度不同而已。至于内部各行业间相互作用的方式则各有不同，既有统一性，又有特殊性。作为统一性，就是相互协调与推进的作用，如作为商品交换之业的古代商业的存在和发展，推进着陆上与水上交通运输业的发展与旅游业、仓储业、餐饮业等行业的发展，而后者诸行业的发展又促进着古代商业的发展；而作为特殊性，则有多种表现：一是一个行业的存在与发展，促使另外一个新行业的产生与发展，如古代陆上与水上交通运输业的发展，引起了旅游业，特别是海上旅游业的产生与发展；二是一个行业的发展，引起了相关行业的升级，如古代水上交通运输业的发展，引致了海外贸易的升级与海外旅游业的升级；三是一个行业的发展，促进了行业结构更加合理化，如古代商业与宗教旅游，引致了进口贸易的扩展与国外商业文化向国内的渗透。总之，第三产业内部各行业之间所存在的相互促进作用，推动着第三产业的整体发展，因而，第三产业史是其内部各个行业相互促进的历史。

5. 第三产业史是其传统部门与新兴部门相互转化的历史观

第三产业内部各组成部门或行业同其他事物或经济部门一样，都是一个历史性的范畴，都经历着一个由产生到发展的演进过程，也就是从新兴到传统的发展过程。在一定的历史时期内是新兴部门或行业，而到另一个历史时期就会成为传统的部门或行业，必然呈现为由新兴到传统的转化；同时，也会随着社会生产的发展而产生出新兴的部门或行业，例如，在第二产业时代的初期，保险业是第三产业内部的新兴部门，而到了第三产业时代，则成为其内部的传统部门，这时则又出现了新兴的信息业与咨询业等新兴部门，尔后，其他新兴部门又相继出现。因此，第三产业的发展过程，既是其内部每一个部门由新兴到传统的转化发展历史过程，又是其内部由传统部门向新型部门不断转化发展的历史过程。这里必须明确地认识到，每一个新兴部门向传统部门的转化，绝不是简单的相互取代，而在其处于传统部门的状态中，仍然存在着各种要素的创新发展，并且从传统的主体形态中分化出更细化的分类部门，进行着自身内部结构的不断更新发展。例如，作为传统的商业部门被划分为批发业与零售业部门，而零售部门又进而划分为百货公司、专业公司，而百货公司又进而划分为超级市场等；同时，有些新兴部门的出现，往往萌芽于传统部门或由传统部门的细化部门独立化发展所形成。总之，第三产业史是传统部门或行业与新兴部门或行业相互转化发展的历史，传统部门的精华部分被继承，经过不断推陈出新、承前继后，而产生新兴的部门，形成一个不断创新发展的动态过程。

6. 第三产业史是各国第三产业相比较而存在、发展的历史观

在人类社会中，各种民族或各个国家虽然都以相对独立的状态而存在，但他们的活动都存在着相互渗透与相互影响，从而使人类世界成为一个开放的世界。因而，作为第三产业的历史发展，在任何一个国家都不是完全封闭而孤立存在与发展的，相反，第三产业的发展更有力地推动了世界的开放，促进了各个国家间的联结与交往。当然，这种各国间存在与联结的状态在不同的历史时期是不同的。首先，第三产业作为一个普通的形态在各国都存在着，但在不同的历史时期其存在与发展的状态是不同的，具体表现为发展水平不同、特点不同、先进性与典型性不同，即存在着诸多的差异性，没有一个国家在发展全过程中始终处于典型发展状态，而是以不同的优劣相比较而存在的。其次，在不同的历史时期不同国家间的联结关系紧密状态是不同的，因而，联系关系紧密的国家间，其第三产业的发展具有更多的共同性，反之，则有更多的差异性即特殊性。再次，处于同一历史时期同样社会制度的国家间，其第三产业的发展具有更多的共同性，反之，则具有更多的差异性。最后，由于各个国家的社会经济条件不同，其传统部门或行业向新兴部门或行业转化的速度与期限是不同的，在一个历史时期具有快速创新性，而在另一个历史时期则表现为持续缓慢性，更应注意的是，一个国家的意识形态不同，其第三产业的发展形态则更具有较多的差异性。因此，第三产业史作为一个广泛的领域，既具有世界范围普遍的历史发展过程，又具有各个国家、各个不同社会制度所特有的历史发展过程的差异性，即第三产业史是各国第三产业相比较而存在发展的历史。故对其进行研究，既要研究我国在不同历史时期对国外第三产业发展的历史借鉴与适用内容的吸收的历史，又要揭示我国第三产业所特有的历史发展过程。

7. 第三产业史不仅是一门社会经济史，而且也是社会文明史的构成部分观

第三产业作为社会经济的一个组成部分，自然是经济学的研究对象，并且是其中一个分支学科的产业经济学的研究对象，因此，第三产业史是社会经济史中的一门产业经济史，它的具体研究对象，是第三产业经济活动的过程及其规律性。但第三产业的活动不仅

是经济活动，还包括文化产业中各个行业的活动，如教育、科技、体育、医药、卫生、文艺等行业的活动，这些活动具有双重性，即经济性和文化性。而这种文化性的特征，既反映着人类社会经济发展水平与发展过程，并更直接地反映与表现着人类文明的发展水平与发展过程；同时，作为第三产业本身的产生与发展，既是人类文明发展的重要成果，又反过来推进着商业文明与广泛的社会文明的发展。因此，第三产业史不仅是一门社会经济史，而且也是具有广泛领域的社会文明史，要做跨学科的综合研究，把社会文明史的要素纳入第三产业史的研究对象之中，并且进行更加深入、系统的研究，在重点揭示人类商业文明史的基础上，形成广阔的社会文明史研究的新体系。

总之，第三产业作为一个相对独立的产业形态或类型，是社会生产分工的产物，并随着社会经济的发展而发展，具有自身的历史发展阶段与过程；第三产业是由多种相关要素所组成的综合体，它们相互协调、相互促进，而共同发展，从而形成各组成要素综合发展的历史；第三产业的发展，是在同第一、第二产业相互作用，同上层建筑相互作用中发展的，因此，第三产业发展的历史是与其外部条件或因素相互作用的历史。

（五）关于第三产业经济思想史不同于第三产业史的思想观点

中国第三产业的发展具有自己的历史，并且是整个人类社会经济中第三产业发展历史的重要组成部分。它的发展既遵循社会生产发展的一般规律，又有不同于其他产业部门发展的特殊规律，也具有中国历史发展的特殊道路。研究与掌握中国第三产业发展历史的特殊性，有利于以史为镜，走适合本国国情的发展道路，从而走向光辉灿烂的未来。但应明确地认识到，第三产业史不同于第三产业经济思想史，第三产业经济思想史是人们对第三产业认识的发展史，两者既有统一性，又有差异性，既具有历史与逻辑的统一性，又具有历史与逻辑的差异性，或者客观存在决定人们意识，而人们的意识又不同时完全反映客观存在。作为逻辑的第三产业经济思想史，既反映着第三产业的发展历史，又具有反映时间上的差异性与反映准确度上的差异性。因此，第三产业经济思想作为一个对第三产业发展较全面的认识，虽出现于近代社会，但第三产业则出现于五千年前人类社会生产的第三次大分工，即原始商业的产生。随着原始第三产业的产生与历史发展，原始第三产业经济思想也随之产生与发展，但未形成一个全面、系统的认识。这就说明，既不能用近代“第三产业”概念的提出时间去推断“第三产业”的产生时间，也不能用“第三产业”的近代思想认识，去否定原始“第三产业经济思想”的存在与历史发展。总之，第三产业经济思想史不同于第三产业史，第三产业史是第三产业经济思想史产生与发展的客观基础，存在决定意识，意识是对存在的反映，研究第三产业经济思想史，必须以第三产业史为依据。但意识和思想又不完全同时反映客观存在，并具有自身独立的领域。因此，必须科学把握两者的区别与联系。

（六）主张大力发展中国第三产业的思想观点

1. 商品经济的发展，迫切需要发展第三产业的思想

他们认为：一是随着农村经济体制改革的进行，农业日益向专业化、商品化、社会化方向发展，这就迫切要求信息服务与为其整个生产过程进行的各种服务相应配套发展，以推进农村生产力的不断发展；二是为了适应与推进工业的发展，使其生产分工和社会化程度进一步提高，必须大力发展第三产业；三是为了进一步搞活开放，大大提高劳动生产率和经济效益，各类企业都需要第三产业提供信息、咨询、技术等多种服务。

2. 人们生活水平的提高，需要大力发展第三产业的思想

他们认为，随着人民生活水平的提高与其消费结构的较大变化，居民不仅对物质生活要求越来越高，而且对各种社会服务和文化生活的需求也在不断增长，中国居民用于文化、医疗等非商品的消费支出占据整个生活消费支出的比重远远落后于发达国家的状况会不断改变，并具有提高劳务消费的巨大潜力，因而，在客观上对第三产业提出了更多、更高的要求。

3. 农村剩余劳动力转移与城镇人口就业，需要发展第三产业的思想

他们认为，农业的发展会使农村富余劳动力增加；城镇工业企业的改造与发展会导致城镇待就业人口的增加；新成长起来的城乡劳动力也需就业，这就提出了劳动力就业的容纳领域的问题。同时，第三产业发展滞后，并作为劳动密集型和知识密集型行业而具有门类多、投资少、见效快、收益大和容纳较多劳动力的特点。因此，为解决劳动力就业问题，就要求大力发展第三产业。

4. 新技术革命的挑战，要求大力发展第三产业的思想

他们认为，我国当前经济发展正处于社会主义现代化建设的重要时期，世界新技术革命的浪潮又对我国的社会主义现代化提出了新的要求和挑战，这就要求我国的劳动力向知识型、智力型转变，迅速改变第三产业中新兴的信息、咨询、技术等服务业落后的状态，并加快第三产业中的教育、文化和科学研究业的发展，因此，就迫切要求发展第三产业。

5. 经济体制改革和发挥城市的经济中心作用也需要发展第三产业的思想

他们认为，我国当前的经济体制改革，就是要从根本上改变过去束缚生产力发展的旧事物，建立起有中国特色的充满生机和活力的经济机制，把整个国民经济搞活，促进社会生产力的发展。要做到这一点，很重要的一条，就是要靠商业、交通运输业、信息业、金融业、保险业等第三产业的支撑。因此，他们进一步认为，要注重发挥中心城市的重要作用，而要发挥城市的经济中心作用，不应只发挥其工业中心的功能作用，而应全面发挥其商业中心、金融中心、消费中心、信息中心、科技中心、教育中心等多种经济功能作用；部门众多的第三产业是城市多功能的承担者，它的发展越快，为企业与社会提供的生产服务和生活服务就越多越好，就会使城市对周围地区的吸引力和带动力越大越强，就越能发挥城市的经济中心作用，带动周围地区经济、社会的加快发展。

总之，他们从第一产业、第二产业、第三产业经济发展之间的关系、社会生产与社会消费需求发展之间的关系、城市与农村经济发展之间的关系、经济体制的改革与市场经济发展之间的关系、新技术革命与第三产业发展之间的关系等多个角度，阐述了大力发展我国第三产业的必要性与重要性的思想观点。

（七）关于优化调整第三产业经济结构的思想观点

1. 主张树立经济结构新观念的思想

他们从优化调整社会经济结构进而优化调整第三产业经济结构出发，分析了“传统社会经济结构观”的局限性与片面性，提出了应该树立的一个社会经济结构新观念。

（1）对传统的“社会经济结构观”的认识。①他们揭示了传统社会经济结构的含义。传统经济结构包括以下两层含义：经济结构就是生产关系或经济基础的结构，其核心就是所有制关系的构成；经济结构就是社会经济的产业构成，主要是指农业、轻工业和重工业的组合内容和比例。②他们具体揭示了上述两层含义的局限性：一是把经济结构局限为生

产关系结构，就忽视了对社会生产力结构的重点考察，只揭示了社会生产关系的发展变化的一般规律，而没有具体、深入地揭示各个社会形态不同发展阶段社会生产关系的特殊规律性，这就局限了社会主义建设阶段的社会经济结构的广泛内容，而难以考察该阶段的特殊规律性。二是把经济结构限于产业构成，并把产业局限为农、轻、重行业或部门的结构，或局限于物质生产的生产资料生产和消费资料生产的两大部类的产业结构，就会把产业结构仅视为物质生产领域各个部门的组合比例，而把非物质生产领域的商业、服务业排除在产业结构组成要素之外，或把第三产业排除在产业结构组成要素之外，这就脱离了第三产业客观存在的事实。

（2）第三产业重要地位观。他们揭示了第三产业在社会产值中所占比重不断增大，而且其中的一些行业属于基础性产业与新兴产业，其地位日益重要的发展态势，据此提出在经济结构的组成要素中，应该包括不直接创造物质资料但却为第一产业、第二产业提供生产性作业和服务性劳动以直接或间接地满足人们需要的第三产业部门，或非物质生产领域，并应把它视为经济结构的一个重要内在因素的思想观点。

（3）提出应树立的一个社会经济结构新观念。他们认为，应把上述两层经济结构含义加以综合，根据新的发展加以补充，树立起如下的一个社会经济结构的新观念：社会经济结构，首先，包括生产结构；其次，包括生产关系结构；最后，还包括社会经济的具体运动形式，即经营结构。从上述新观念出发，他们进一步认为，第三产业都与上述所有结构层次有着极其密切的关系。

2. 要从第三产业与其他相关要素关系的角度去研究第三产业结构的思想

他们主张首先要确定第三产业结构要素在相关要素中的地位，即总体结构状态，然后进一步分析第三产业自身的结构状态，同时，要采取分类、分层的分析研究方法。

（1）第三产业同生产力结构。他们把生产力结构，首先分为产业、产品和劳动力结构类型；其次进一步揭示第三产业在这些类型中的结构状态；最后具体揭示第三产业的这些要素的自身结构状态。如在三次产业分类的基础上，进一步把第三产业分为商业、交通运输、生活服务、智力等部门，并具体分析这些部门与第一、第二产业间的联系与构成。

（2）第三产业同生产关系结构。他们首先把生产关系结构分为第三产业与所有制结构、第三产业与分配结构；然后进一步分析第三产业的这些要素在总体要素中的构成状态。

（3）第三产业同经营结构。他们把经营结构首先划分为第三产业与企业经营结构、第三产业与市场结构；然后进一步分析第三产业的这些要素在其总体中的构成状态。

（4）第三产业同消费结构。他们把消费结构首先划分为物质产品消费、劳务产品消费结构；然后，进一步分析第三产业的这些要素在总体中的结构状态。

3. 对第三产业结构的研究，要放在几个重点结构类型上的思想

首先，确定类型划分的标志；其次，进行具体分类；最后，研究各种分类的结构状态。他们按不同的分类标志划分出如下第三产业的结构类型。

（1）第三产业的城市和农村经济结构。他们认为：城市第三产业处于中心地位；中心城市第三产业处于主体地位；农村第三产业急需加速发展，大大提高其比重和地位。为了加快提高农村第三产业的比重，改善第三产业的城乡结构，他们提出要遵循如下基本原则：①以乡镇为中心；②以流通为重点；③以建立合理的结构比例和完整的服务体系为目

标；④以不断提高科技水平为手段；⑤以因地制宜为前提，各有侧重。

（2）第三产业的计划与市场经济结构。他们认为，要实现第三产业与国民经济的协调发展及第三产业结构要素的协调发展，必须实施必要的计划调节管理，进行统一计划指导，因而，主张真正实行第三产业的计划化；要在统一计划的指导下，充分发挥市场调节作用，建立起一个完善的第三产业产品市场体系及其优化的市场结构。他们认为，第三产业的市场结构，应包括其市场的所有制结构、流通网络结构、部门及行业结构等。

（3）第三产业的价格结构。他们认为，作为服务产品的价格，应划分为服务消费品价格与生产性服务价格，或生产、消费服务产品价格两大类；在具有进入最终个人消费性能的服务产品价格中，可以进一步划分为生活服务价格、流通服务价格、文娱消遣服务价格、科学教育服务价格、医疗保健服务价格五个分类；在具有必须进入或至少能够进入生产消费性能的服务产品价格中，可以进一步划分为科研技术服务价格、流通服务价格、维修保养服务价格、管理服务价格、其它与生产有关的服务价格。他们提出，要分析第三产业产品价格的结构，既要进行两类产品的价格比例关系的分析；又要进一步分析各类产品要素的价格比例关系，从而更好地优化其整个产品价格的结构体系。

（4）第三产业的产品结构。他们认为，作为服务产品的种类，还可划分为劳务服务产品与精神服务产品两大类，并且提出了软件产品的新的产品类型。在精神服务产品中，他们又按其产品形式，分为以服务形式存在的精神产品与以实物形式存在的精神产品两个分类；同时，又按其产品的性质和内容，分为科研产品、文艺产品、教育产品三个分类。在软件产品中，又将其划分为技术软件产品与经济软件产品。

总之，他们主张通过以上这些分类体系去分析研究第三产业经济的结构，并从现状分析出发，明确其优化调整的方向，采取相应的对策措施，实现其结构的合理化，以加快第三产业经济自身和整体社会经济的协调与快速发展。

（八）主张大力推进第三产业经济国际化发展的思想

他们认为，商品经济的发展必然会越出国界而走向世界，形成国际经济往来的态势。第三产业的产品在国际贸易中的比重会不断加大、品种会不断增多，而其市场会不断国际化。在这种国际化的发展中，其国际劳务合作、国际技术交流和国际旅游业的崛起则更为突出。因此，他们主张要更加注重这些行业和业务活动的国际化扩展。其主要思想观点有以下几点。

1. 第三产业经济国际化发展的重点领域及其重要作用的思想

（1）国际劳务合作。有利于提高世界生产力水平；有利于各国经济的发展；有利于调整国内产业结构而促进整个产业的发展；有利于中国崛起于国际市场。

（2）国际技术交流。有利于获得国际先进尖端技术并通过实际应用而提高国内产品质量与增加产品品种，从而在剧烈的国际市场竞争中获胜；有利于中国传统优势的技术产品扩展其国际市场，加快第三产业的国际化发展。

（3）国际旅游业的发展。有利于国内旅游业的发展与相关产品的销售规模的扩大，从而增加国民收入；有利于国内外文化交流，从而使中国的优秀文化走向世界；有利于提高中国人民的精神文化生活水平，从而促进中国与世界的友好往来的关系等。

2. 大力扩展第三产业经济国际化，发展三个重点领域的有效对策措施的思想

为了加速推进我国第三产业经济国际化重点发展的进程，从而优化其国内外的产业结

构，以经贸大国形态快速崛起于世界，其应采取的主要对策观点有以下几点。

（1）要特别掌握好劳务的国际比价；努力提高智力型劳务的比重；扩大其在劳务领域的就业比重等。

（2）积极鼓励引进国外最适用的先进技术项目，使本国技术处于世界先进行列；积极培养相应的技术人员，加强对引进国外技术的统一领导而防止重复引进；鼓励对引进技术的消化吸收与创新，从而加速其中国化；积极扩大中国技术产品的出口并主要面向第三世界技术产品市场；进一步完善专利制度等。

（3）要加速发展国际旅游业的基础设施，积极扩大与改进游乐场所去更好地迎合国外游客的需求；努力提高其经营管理水平与服务质量；创建中国的特色旅游模式等。

（九）关于加强第三产业经济宏观调控管理的思想观点

1. 主张变革传统的经济管理观念，而树立起当代新的社会经济管理新观念的思想

他们认为，这种新的经济管理观念的内涵应包括以下要点：①经济管理是对物质产品、精神产品和劳务产品生产的全面生产管理。②经济管理是对生产活动、流通活动、消费活动的分别管理、统一管理及其同步管理。③经济管理可以划分为微观管理与宏观管理；微观管理包括企业化管理、专业化管理与开创式管理；在宏观管理中，是对第一产业、第二产业、第三产业之间的结构与比例及其内部结构与比例的控制和管理。从上述认识出发，认为社会经济管理的新观念，是对第三产业进行科学宏观调控管理的思想基础。

2. 主张对第三产业经济进行宏观调控管理必须首先明确其目标的思想

他们认为，其管理目标按管理的性质划分，应包括以下四个方面：一是使第三产业的发展与第一产业、第二产业保持一种合理的结构和适当的比例；二是使第三产业的发展与人民群众利益增长的社会经济生活需要相适应；三是使第三产业的发展去促进劳务出口和国际劳务合作，为国家创造更多的外汇收入；四是使第三产业的自身发展保持合理的结构。以上的四个管理目标互相联系、互相制约，形成多层次的统一目标体系，其中，第四层次目标是基础，第二层次目标是目的，第一层次目标和第三层次目标是手段。

3. 主张建立一个完善的第三产业经济宏观管理体制的思想

他们认为，要实现第三产业的宏观管理目标，必须根据我国国情与第三产业自身的特点去建立和健全第三产业主从复合型的宏观管理体制。这一体制的基本构成内容应包括以下几个方面：一是部门管理与综合的总体管理相结合，以部门管理为主；二是中央的集中管理与地方的分散管理相结合，以地方管理为主；三是计划管理与市场管理相结合，对国民经济发展有重大影响的行业要以计划管理为主，而对其他行业以市场管理为主。这种主从复合型的第三产业宏观管理体制结构，有助于发挥中央和地方的两个积极性，能使第三产业的发展与本部门、本地区的经济发展协调一致；能充分地发挥计划手段和经济杠杆相结合的积极作用，收到活而不乱的效果。

4. 主张突出对第三产业经济宏观控制和调整重点内容的思想

他们认为，面对第三产业行业众多、领域广泛、生产方式各异的状况，必须突出重点要素与重点领域。一是在宏观控制和调整的重点要素上，应主要搞好其规模与速度、产品与质量、国际劳务交换与劳务出口的控调管理；二是在宏观控制与调整的重点领域上，应主要搞好其生产力布局与开发、国内外劳务市场的控调管理。

5. 主张优化与完善第三产业经济宏观调控的法律手段体系的思想

（1）第三产业经济立法的种类和内容，应包括商业法、交通法、金融法、专利法，以及开业法、广告法、商标法、市场法等法规，使之形成一个完善的法规体系。

（2）严格执法，依法进行宏观调控管理并强化社会监督体系。

（3）对第三产业的发展要以法律的形式进行总体规划和控制等。

综上所述，他们从九个领域，论及了第三产业经济理论思想问题，涉及到现代产业经济理论思想与现代第三产业经济理论思想的广泛问题，尤其是重点论及了中国特色社会主义经济建设时期第三产业经济发展的理论思想问题，已构成了我国现代第三产业经济思想的基本体系，并闪现着诸多独立见解，成为我国第三产业经济思想现代历史发展的重要组成内容。

三、产业经济管理专家、学者张弢等人关于推进黑龙江省区第三产业经济发展的主要思想

张弢，黑龙江省人，是黑龙江省人民政府经济研究中心第二研究室研究员。于1988年，在他的主持下，由黑龙江省人民政府经济研究中心第二研究室与鸡西市食品公司、哈尔滨市食品公司等单位的7名专家组成了《黑龙江省第三产业发展战略研究》的课题研究小组，在借鉴以前研究成果的基础上，经过收集资料和大量调查研究工作，从总体、行业、区域和未来发展诸方面，对该省第三产业的发展进行了全面、深入、系统的研究，最后提出了《黑龙江第三产业》研究成果，并于1990年1月以“专著”形式由黑龙江科学技术出版社正式出版。其内容是：黑龙江省第三产业的概况、存在问题及制约因素与发展对策；省第三产业行业的分类及主要部门；省属区域第三产业的发展状况；省区第三产业的发展战略规划的基本设计。在该著作中，他们从省区第三产业经济发展的角度，提出了发展黑龙江省区第三产业的如下主要思想观点①。

（一）关于黑龙江省加快发展第三产业必要性的思想观点

1. 调整“三次产业”比例关系的需要

他们认为，黑龙江省是国家的商品粮生产供应基地与以生产资料生产为主的省份，从而形成以原材料净调出为特征的省份。因而，形成了第一产业与第二产业国民生产总值和从业人员所占比重大、第三产业所占比重小的状况。由于第三产业发展落后，导致三次产业之间的比例关系失调，使第三产业成为第一、第二产业发展的制约因素，由此，他们主张加快发展第三产业的速度，增加第三产业的产值和从业人员的比重，逐步调整三次产业间的比例关系，以保证和促进全省国民经济协调稳定地发展。

2. 逐步满足人民群众物质文化生活不断增长的需要

他们认为，黑龙江省的第三产业在近时期内虽然有了较大的发展，但随着人民群众由温饱型向小康型生活水平的过渡，需求结构不断变化，使第三产业内的一些为人民生活服务的行业，如修理业、文化娱乐业等已不适应现实需要；第三产业的网点布局不够合理，城市多于农村、闹市多于居民区，从而使人民群众的衣、食、住、行等还不十分方便。因此，他们主张大力发展第三产业，为人民群众创造一个舒适协调的社会环境，更好地满足

① 张弢等：《黑龙江省第三产业》，黑龙江科学技术出版社1990年版。

人民群众日益增长的物质文化生活需要。

3. 适应改革和开放的需要

他们认为，“改革和开放”打破了封闭式的经济体制，带来了经济形式、经营方式和产业结构的改变，促进了社会生产力的发展和技术进步以及生产率的提高。由此，引致了如下重大变化：一是农村大批劳动力从土地上分离出来；城市也出现了大批富余劳动力；特别是企业实行劳动优化组合，使大批富余劳动力从工业中分离出来；每年又有大量的知识青年待业。因此，他们认为，妥善安排富余劳动力人员和新增劳动力人员，已成为统筹劳动就业、促进城乡经济体制改革、发展社会生产力等亟待解决的重大经济、社会问题。二是改革与开放以来，黑龙江省的对外贸易、技术合作有了更大的发展，不仅与东欧国家直接进行贸易，而且对俄国实行了全方位开放；对港澳地区和资本主义国家的贸易也取得了很大的进展，从而导致了全省国贸、省贸、地贸一齐上的状态，特别是使地方贸易有了突破性的进展。三是全省旅游业发展迅速，来省内旅游的外国游客逐年增加，从而使旅游业的收入也不断增长。他们依据对上述变化的分析，从第三产业基本上是劳动密集型产业的认识出发，主张大力发展第三产业，以吸纳大量的劳动力，使富余与新增的劳动力迅速地向第三产业投入和转移，使之成为一个解决劳动就业的重要而有效的途径；同时，适应对外开放与旅游业的发展，提供多方面的服务，以满足国内外对开放服务的需要，从而加速推进对内改革、对外开放的进程。

4. 优化第一产业、第二产业社会化的需要

他们认为，黑龙江省当前的第一产业、第二产业中的企业的经营多处于“小而全”、“大而全”，形成“企业办社会”，而导致其负担沉重的状态。要改变这种状态，唯一的出路是发展第三产业。因为，商业与仓储业的发展，必然会减少第一产业、第二产业中的企业的商品储存；社会教育与卫生医疗事业的发展，必然会促使企业自办的学校和医院转入社会；公共交通运输的发展，必然会大大压缩企业的大型车队；社会饭店和旅馆的发展，必然会减少企业的食堂和招待所的设置；等等。因此，他们主张随着社会生产力的发展，要大力发展第三产业，使其各类企业向专业化、社会化方向发展，作好产前、产中、产后的各种服务活动，为第一产业、第二产业的各个企业摆脱“小而全”、“大而全”的状态创造条件，进而优化社会生产分工与三次产业间的结构。

5. 实现20世纪末战略目标的需要

他们认为，要实现黑龙江省到2000年国民生产总值、人均收入、人均消费水平的战略目标，必然更多地依赖第三产业提供适用的人才、更新的科学技术、及时的信息、活跃的流通、优良的服务，从而促进消费需求由数量的增长转向质量的提高、由单一化转向多元化、从物质领域转向精神领域、由消费结构的较低层次转向较高层次。因此，需要大力发展第三产业，以实现20世纪末的战略目标，使全省人民达到小康生活水平。

总之，他们认为，要从振兴经济、人民致富、促进生产、方便生活的全局出发，站到物质文明和精神文明建设一起抓的高度，去重视与大力发展第三产业，这是我国改革开放、发展有计划商品经济、实现社会经济现代化的客观要求和必然趋势。

（二）关于研究黑龙江省区域第三产业经济发展主要内容的思想观点

他们主张以社会主义初级阶段的理论和有计划商品经济理论以及中共十三大精神作为指导思想，从黑龙江省的第三产业经济发展的实际情况出发，在收集大量有关第三产业发

展的论文、报告、统计资料和典型调查资料的基础上，从不同角度去深入研究全省第三产业、第三产业的主要行业、区域第三产业、第三产业的未来发展四个方面的内容，并侧重于对发展第三产业的历史经验总结与未来第三产业发展预测方面的内容。

1. 关于黑龙江省区域第三产业发展总体情况研究内容的思想观点

（1）关于第三产业发展的现状与特点。①关于第三产业发展的现状。他们认为，黑龙江省在中共十一届三中全会以来，第三产业有了很大的发展。主要表现在：一是第三产业的产值有了很大的增长；二是从业人员有了大幅度的增加；三是人均创造的产值有了增加。②关于第三产业发展的特点。他们认为，主要有以下发展特点：一是发展速度较快；二是第三产业从业人数比重仍然较小；三是第三产业内部为生产服务所占的比重大，为生活服务所占比重小；四是在传统行业恢复与发展的同时，一些新兴的第三产业行业不断兴起；五是集体、个体型的第三产发展迅速，初步形成了国营、集体、个体和私营企业并存的新格局。

（2）关于第三产业发展的历史阶段。他们在深入、系统研究分析黑龙江省区域第三产业发展历史演化轨迹的基础上，认为该省区第三产业在新中国成立后的发展，经历了“发展—萎缩—崛兴”三个阶段。第一个阶段，即恢复发展阶段（1949～1965年）。该阶段正处于我国三年国民经济恢复时期和第一个五年计划时期。这个时期的主要特点有：一是由于解放较早，率先实行了一系列改造殖民地和恢复经济的改革，在没收敌伪财产后，创办了国营商业；在土地改革的基础上组建起农村供销社；私营商业也有了一定程度的恢复和发展。同时，随着东北全境的解放，为支援全国解放战争而抢修起通往关内的主要铁路干线，使南北交通大动脉连接起来，其公路与水运线路也获得了逐步的恢复与发展。但第三产业的主要形态是商业行业，尽管如此，它为新中国成立后第三产业的广泛发展奠定了良好的基础。二是采取了国营、集体、个体、私营一齐上的政策，使第三产业按照国民经济发展与人们低生活水平的客观需要而以较快的速度进行发展。三是由于开始贯彻执行社会主义总路线，而对私营与个体第三产业进行改造，从而使第三产业的社会主义程度和比重增加，导致社会主义第三产业初步形成。四是第三产业的发展基本保持了与第一、第二产业发展与人们生活需要的适应关系，不仅促进了工农业生产的发展，而且也满足了人们基本生活需要。第二阶段，即萎缩停滞阶段（1965～1978年）。该阶段处于“一化三改”、“大跃进”、“国民经济调整”和十年“文化大革命”的动乱时期。这个时期的主要特点有：一是在“左”的路线指引下，把多种经济成分过滤到单一的公有制，个体所有制已寥寥无几；再加上十年“文化大革命”动乱、“以阶级斗争为纲”、“大割资本主义尾巴”，使第三产业受到摧残。由此，造成第三产业发展速度与在三次产业中的比重下降，使其处于相对萎缩停滞状态。二是三次产业间的比例关系失调，出现了交通紧张、邮电通信不灵、公共设施欠缺等状况，不仅制约着工农业生产的发展，而且也难以使整个国民经济稳定协调地发展。三是第三产业的发展与人们的物质文化生活需要不相适应，出现了“买东西难”、“吃饭难”、“做衣服难”等多难状况。总之，第三产业是在主观的强制政策束缚下，而处于萎缩与艰难曲折的发展状态。第三个阶段，即崛兴阶段（1978年到现在）。该阶段处于政治上实行“拨乱反正”，纠正“极左”的错误路线，并在中共十一届三中全会制定的“对外开放、对内搞活经济”方针指引下，实行国营、集体、个体、私人一起上的方针，即充分调动各方面的积极性的发展时期。由此，使第三产业得以迅速恢

复与发展，并推向一个新的发展水平，从而出现了第三产业发展的崛兴时期。总之，他们根据该省区第三产业发展的历史进程，提出“三个阶段”论。这个“三个阶段”论，既具有该省区的特殊性，也具有新中国成立后全国所共有的普遍性，从而揭示出全国第三产业与社会经济发展的基本历史阶段。

（3）关于制约黑龙江省区第三产业发展的主要因素。他们面对黑龙江省区第三产业总量不足、结构扭曲的格局，认为其形成原因既是传统经济体制与传统经济发展战略长期作用的结果，又是当前经济发展战略与经济体制转轨过程中一些特有矛盾的产物，深入分析其成因有助于选择正确的转化对策，以促进其快速发展。他们认为，其成因主要有以下制约因素：①原有的计划经济观念与体制遗留浓重，缺乏开拓意识与推进措施。他们认为：一是旧的高度集中的计划管理体制限制了生产要素和商品的横向流动，限制了商务服务业的相应发展；商务服务业内部所进行的“三多一少”的改革缺乏相应的配套对策措施。二是传统的“产品经济模式”根深蒂固，从而使人们的旧观念、理论，仍然发生着影响作用，多把第三产业作为福利事业来对待，在思想上没有迅速从福利型向商品经营型转变，导致行动迟缓；同时，在理论上，多认为第三产业的劳动是非生产性的劳动，是一种消费劳动，不创造价值，没有及时树立起新的第三产业价值观，因而，缺乏对加快发展第三产业重要性的认识，最终制约了第三产业的快速发展。二是受传统的“重本抑末”思想影响较深，没有充分认识到服务与被服务是平等的商品交换关系、服务劳动是社会主义劳动不可缺少的重要组成部分，因而，没有完全从“重产贱商”的陈旧道德观念中解脱出来，从而成为制约服务性第三产业发展的重要思想原因。基于上述的认识，他们作出了如下的明确结论：长期以来，我们从思想和理论上没有把第三产业与第一产业、第二产业同等对待，甚至摆在了可有可无的地位；没有认识到三次产业互相促进、协调发展的重要性，从而造成三次产业比例严重失调，制约了国民经济的稳定持续发展。②投资与价值补偿不足，使企业难以实现良性循环。其形成原因有以下几个方面：一是对第三产业长期投资比重小；二是第三产业价值补偿不足；三是对第三产业税收照顾不足；四是第三产业的财政补贴覆盖面广，但数量不足。总之，第三产业价值补偿不足，是对第三产业实行非商品化、推行福利化的必然结果。③企业“小而全”的封闭体系，扭曲了第三产业的供求格局。其成因主要有以下几个方面：一是计划经济体制所造成的产品经济思想比较浓重，限制了企业间、地区间和部门间的横向经济联系与专业化协作，限制了社会分工的发展，从而使作为产业间联系协作纽带的服务也很难发展，使很多服务活动多以不经济的形式在企业内部进行，此情况在油田、林区、矿区表现得尤为突出；二是所实行的劳动、福利与保障三位一体的就业制度，为“企业办社会”提供了特有动力机制，从而导致企业多通过劳动就业这个环节以实物形式对劳动者进行分配，将企业税后的留利，更多地运用到搞福利设施与社会保障方面，从而减少了对市场服务业的需求与供给，因而，企业追求“小而全”、“大而全”的生产、生活自给自足，是影响与扭曲黑龙江省区服务市场供给格局的一个重要因素；三是企业过多地进行自我服务，既强化了企业的封闭性，又进而缩小了生产、生活服务市场，制约了社会服务部门的扩大发展，最终直接损害了企业、服务业、社会生产三个方面的规模经济效益。总之，他们认为，必须更新观念，用有计划商品经济的新思路、新理论、新体制去指导与推动该省第三产业的创新发展，优化其三次产业的结构。

（4）关于发展黑龙江省区第三产业应采取的对策。他们认为，应采取以下主要对策措施：①要重点加速发展交通运输业、邮电通信业、商业、金融保险业、居民生活服务业；②实现资金的良性循环；③推行企业服务社会化；④发展与完善社会主义市场体系；⑤发挥价值规律和经济杠杆的作用；⑥动员全社会力量办第三产业；⑦提高认识，更新观念，把第三产业的发展摆在重要位置。

2. 关于黑龙江省区域第三产业行业分类研究内容的思想观点

他们认为，第三产业从横向考察，是由各部门与行业构成的；从纵向考察，是由不同层次的部门与行业构成的。这些部门、层次、行业的组成分类，就形成了第三产业的结构类型，从而可以从不同的角度去剖析各种产业结构的合理化状态，并进而据以采取相应的优化对策。

（1）对第三产业总体进行分类的思想观点。他们认为，该省区应当按照1985年国家统计局所提出的国民经济部门结构划分标准，将第三产业部门划分为两大部门、四个层次、十一个行业，去进行深入的具体分析研究。其具体划分为如下类型：①两大部门的划分。一是流通部门，主要包括交通运输业，邮电通信业，商业、饮食业，物资供应和仓储业，概括起来就是物流、商流和信息流业。二是服务部门，主要包括为生产、生活服务的部门，具体划分为金融保险业，综合技术服务业，农、牧、渔、水利服务业，咨询服务业，公路、内河（湖）航运养护业，地质普查业，居民服务业，公用事业和房地产业，教育、文化、广播电视、科学研究、卫生、体育和社会福利事业，国家机关、政党、社会团体以及军队和警察机构等。②四个层次的划分。一是第一个层次，是流通部门，主要包括交通运输业、邮电通信业、商业、饮食业、物流供应和仓储业。二是第二个层次，是为生产、生活服务部门，主要包括金融业、保险业、地质普查业、房地产业、公用事业、居民服务业、旅游业、咨询信息服务业和各类技术服务业。三是第三个层次，是为提高科学文化水平和居民素质服务部门，主要包括教育事业、文化事业、广播电视事业、科学研究事业、卫生事业、福利事业等。四是第四个层次，是为社会公共需要服务部门，主要包括国家机关、党政机关、社会团体、军队和警察机构等。③十一大行业的划分。包括交通运输、邮电通信业，商业、饮食业、物质供销和仓储业，服务业（居民服务、咨询服务），公用事业，房地产业，卫生、体育和社会福利事业，教育、文化艺术和广播电视业，科学研究和综合技术服务业，金融保险业，党政机关和社会团体，其他（部队）。

（2）对第三产业各类型主要研究内容的思想观点。他们在主张对第三产业进行分类研究的基础上，认为其各类型的主要研究内容应包括以下主要方面。①各类产业的历史发展阶段。主要划分为如下三个阶段：第一个阶段，恢复发展时期（1949～1965年）；第二个阶段，停滞下滑时期（1965～1978年）；第三个阶段，发展建设的新时期（1978年以后）。②各类产业的发展现状。主张包括发展的成果与尚待解决的主要问题两个方面。成果要突出重点与特点；问题要找准，把握住关键点。③提出解决尚存问题的主要对策措施。首先要明确方向；其次要分别采取宏观对策措施与微观对策措施，并分别将生产经营要素进行系统化组合，进而形成科学的对策体系。

3. 关于黑龙江省区域内第三产业细分区域划分及其研究内容的思想观点

（1）关于黑龙江省区域第三产业细分区域划分的观点。他们主张，在对全省第三产业行业进行纵向研究的基础上，还应进一步进行横向研究，由此提出了他们在该省区的

"横向区域划分观"。他们认为，在该省区内的第三产业应进一步划分为城市区域和农村区域两大部分，并将城市区域进一步划分为不同的类型与层次。①城市区域第三产业。他们认为，在城市区域内，应将第三产业的区域划分为如下两个层次类型：一是省辖市的第三产业。他们进一步将其划分为以下两种类型：一为省辖市综合性城市的第三产业，包括哈尔滨、齐齐哈尔、牡丹江、佳木斯四个城市的第三产业；二为省辖市资源型城市的第三产业，包括大庆、伊春、鸡西、鹤岗、双鸭山、七台河六大城市的第三产业。二是地辖市的第三产业。这里的地辖市由各地专署区政府直接管理，又各具自身的特点。他们根据上述城市的不同功能与特点，又把地辖市第三产业进一步划分为区域性小城市、边境性小城市、旅游性小城市第三产业三种具体类型，分别进行深入的研究。②农村区域第三产业。他们认为，除上述省辖市、地辖市区域第三产业外，都属于农村区域第三产业，但主要由商业、交通运输业、邮电通信业、医疗卫生和教育事业等方面所组成，并不如城市第三产业规范与广泛。

（2）关于黑龙江省区域内细分区域第三产业研究内容的思想观点。他们认为，对各细分区域第三产业的研究内容，除坚持上述第三产业各类型共同发展三个阶段论与发展现状、尚存主要问题及主要解决对策的研究内容外，应更突出地研究各类区域第三产业的特点、所存主要问题的形成原因，以及采取各有区别、针对性强的发展对策与具体措施，即更加突出其差别性的研究内容，并把其在第三产业产值中所占的比重及所处地位的内容置于重要的研究地位，以准确揭示各类型、各层次第三产业在全省第三产业层次结构中的合理化程度。

4. 关于黑龙江省区域未来发展趋势研究内容的思想观点

他们认为，对黑龙江省区域第三产业经济发展的研究，应把对未来发展趋势的预测和一定时期内发展战略规划的科学制定作为一个重要的研究内容，并提出了对此方面应有研究内容的基本思想观点。

（1）战略规划指导思想。他们认为，要把省委、省政府确定的"依靠科技教育，深度开发资源，调整产业结构，坚持南联北开，注重经济效益，保证社会经济协调稳定发展"的战略指导思想和黑龙江省经济社会发展战略总体构思，作为对该省第三产业未来一定时期发展战略规划设计的基本指导思想。

（2）战略规划指导原则。他们认为，对未来发展的预测与战略规划设计应坚持以下基本原则：①第三产业发展必须与第一、第二产业发展相协调；②第三产业的发展必须与人民的消费结构的变化相协调；③第三产业的总体发展必须与第三产业各行业的发展相协调；④第三产业的发展必须把改革与发展结合起来研究。

（3）战略目标体系。他们认为，该省的第三产业未来发展目标，应从上述原则与实际情况出发，设立起如下发展目标体系：①第三产业产值发展及其在社会总产值中所占的比重；②第三产业就业人数及其在全社会就业人数中所占的比重；③第三产业主要行业的发展目标，包括各行业的主要生产经营要素指标体系的发展目标，如商业行业的产值、网点、人员等指标体系的发展目标。

（4）战略内容的具体规划设计。他们认为，规划的总体主要内容，应全面贯彻战略指导思想、原则与所定战略目标，而设定出如下方面的内容：①合理调整三次产业间的比例关系或结构，全面发展第三产业；②逐步建立起结构合理、协调通畅、纵横交错的开放型网络体系，包括行业发展项目、以城市为中心的区域发展项目和布局项目等。

（5）战略发展阶段与战略重点。①战略发展阶段。他们以1986年为战略规划时期的起点，将战略规划期设定为15年，即1986~2000年。将15年战略规划期划分为以下两个战略发展阶段：第一个战略阶段，1986~1990年，共5年；第二个战略阶段，即1991~2000年，共10年。在每个战略阶段，都设定了相应的第三产业发展总目标与主要行业的发展分目标。②战略重点。他们把发展第三产业总的战略重点归结为：形成一个同第一产业与第二产业相协调、第三产业内部行业之间配套的独立产业体系；各类行业在增加数量、扩大规模的同时，着重提高质量与效益、改进经营方式、开拓服务深度与领域；将行业发展与区域发展相结合，充分发挥中心城市的多功能作用，形成开放型的产业网络，建立起多形式、多档次、多功能的产业结构。同时，他们还把第一阶段的战略重点确定为发展“一基”（教育）、“三通”（流通、交通、信息通）、“两外”（对外贸易和旅游），并着重扶植和发展新兴行业；把第二阶段的战略重点定为：在继续发展传统行业的同时，重点开发新的领域，开拓服务深度，发展技术密集型和知识密集型行业，形成新的第三产业支柱和产业大军。

（6）战略对策措施。他们认为，必须采取与全力实施以下基本战略对策措施：①破除旧认识、树立新观念，即破除轻视第三产业的种种片面认识与传统的价值观；要树立起有计划的商品经济观念、新的价值观念、重视第三产业发展的观念。②破除旧体制与建立新机制，即实行由产品经济向有计划商品经济的转变、由计划经济机制向市场经济机制的转变，把第三产业的发展纳入有计划商品经济发展的轨道，发挥价值规律的作用，运用经济杠杆进行调节，通过竞争促进第三产业的发展。③破除福利型方式，实行商品化经营，要使第三产业经济流程由原来的“居民低收入—国家投资—福利性分配—投资萎缩”，转变为“提高居民收入—多渠道投资—等价交换—投资扩大”，以促进第三产业的商品化。为此，要分别依据不同行业的状况，采取商品化经营模式、半商品化经营模式与福利化经营模式，最终转向全部商品化经营模式，做到放开、搞活。④要破除以直接管理为主的方式、方法，建立起新的宏观调控体制，更多地进行间接调控，发挥市场调节的基础作用，同时，要采用在价格上逐步放开、在税收上进行优惠、在信贷上进行支持等经济政策，通过强化对第三产业的宏观协调管理，去促进第三产业的加快发展。

总之，他们认为，黑龙江省区域第三产业经济学发展的研究内容应包括以上所述四个方面的主要内容，并在这四个方面的内容中，系统表述了他们相应的具体思想观点，从而创建起“省区第三产业经济”研究内容的初步思想体系。

（三）关于黑龙江省区域第三产业与第一产业、第二产业发展间关系的思想观点

他们认为，要促进全省社会经济的快速发展，必须保持第三产业与第一产业、第二产业间的稳定协调关系；三次产业间存在着相互促进与制约的辩证关系；三次产业间要相互协调发展，必须优化三次产业的结构，使第三产业加快发展，提升其所占比重；要加快第三产业的发展，必须正确处理好自身发展中多种所有制并存间的关系与等价交换、商品化与福利型分配、无偿使用间的关系，以及集中管理和放开经营之间的关系。

1. 关于三大产业间应保持协调发展关系的思想观点

他们认为，三次产业的协调发展是整个国民经济稳定协调发展的基础；第三产业的发展既受到第一产业、第二产业发展的制约，同时，第三产业的发展状况反过来又对第一产

业、第二产业的发展起着促进或制约作用，它们之间存在着作用与反作用的辩证关系。他们从黑龙江省三次产业产值和从业人员比重演进的历史数据分析中，有力地证明了这种关系，并由此得出了如下结论：①第三产业的发展由第一、第二产业的发展水平所决定，第一产业、第二产业的发展水平越高，就要求第三产业越较快地相应发展；第一产业、第二产业发展到不同阶段，就要求第三产业也发展到相应的不同阶段，必须用发展的观点去动态地对待两者间的关系。②第一产业是基础，要由落后的农业省份向现代化工业省份过渡，必须使第一产业的劳动生产率不断提高和人员不断向第二产业、第三产业转移；当第二产业发展到一定程度时，即不断高度工业化与社会化、生产率大幅度提高时，第一产业、第二产业的劳动人员与资金才会流向第三产业，使第三产业的产值与劳动人员比重越来越大。③第三产业是在第一产业、第二产业发展基础上逐步发展起来的，但同时，第三产业的发展状况对第一产业、第二产业的发展具有积极的推动作用，并在一定程度上取决于第三产业的发展水平，因而，第三产业在国民经济结构中的地位日益重要，对整个社会经济的发展起着举足轻重的作用。

2. 关于第三产业内部应处理好几个主要关系的思想观点

他们认为，在特色社会主义初级阶段必须正确处理好第三产业内部的几个主要关系，才能促进第三产业较快发展，进而实现三大产业间的协调发展。这几个主要关系包括以下方面。

（1）要正确处理好第三产业单一公有制和各种所有制并存的关系。他们认为，在特色社会主义社会初级发展阶段，正确处理好第三产业单一公有制和多种所有制并存的关系，是发展中第三产业的重要环节。他们经过对该省历史和现实发展中第三产业的资料分析和经验总结，得出了“只有国家、集体、个体、私营一齐上，各种经济成分并存、共同发展，第三产业才兴旺发达，反之，搞单一的公有制，‘穷过渡’，第三产业就萧条萎缩”的结论。

（2）要正确处理好第三产业等价交换、商品化与福利型分配、无偿使用间的关系。他们认为，正确处理好这一关系是能够促进该省区第三产业迅速发展的又一个重要问题。他们明确指出“在由产品经济向有计划的商品经济转变过程中，要把第三产业发展起来，必须打破第三产业福利型的旧体制，实现第三产业产品的商品化，实行等价交换”。进而提出了“按照商品经济的价值规律去发展第三产业，使第三产业的企业成为相对独立的商品生产者和经营者，并具有自我改造和自我发展的能力，才能使第三产业迅速发展”的结论。

（3）要正确处理好集中管理和放开经营的关系。他们认为，在产品经济条件下，第三产业由国家集中统一管理，使企业成为政府机构的依附物从而使第三产业的企业缺乏活力和生机。在改革开放、实行有计划的商品经济后，主张简政放权，扩大企业的自主权，增强企业的活力；在企业经营上，主张采取与推行承包经营责任制、租赁经营和股份制经营、独资自主经营制等多种形式，使第三产业进行开拓性的发展。同时，主张对第三产业中的诸行业进行区别对待，该集中的进行集中管理，该放开的进行放开经营，如对涉及国家经济命脉的行业，在扩大其企业自主权的同时，要采取国家的统一管理；而对其他绝大多数行业要进一步放宽政策、扩大其自主权，使其真正成为自负盈亏的商品生产者和经营者。

总之，他们认为，只有处理好第三产业内部的上述几个主要方面的关系，才能使第三产业内部的各要素协调发展，从而促进第三产业的快速发展，并进而协调好三大产业间的发展关系，而更好地发挥第三产业的重要作用。

综上所述，他们从我国社会主义有计划商品经济发展阶段的实际情况出发，从第三产业经济区域发展的角度，具体论及了黑龙江省区第三产业经济发展问题，从三个重要领域，提出了他们发展该省区第三产业经济的思想观点，创立了省区第三产业经济发展的理论思想的基本体系，而成为我国现代第三产业经济思想体系的重要结构内容，并具有鲜明的实践指导性与历史阶段性。

四、中国商务部领导与商务管理专家在国家商务部《服务贸易发展“十二五”规划纲要》中所反映的主要第三产业经济思想

他们认为，随着全球步入服务经济时代，商务服务业或服务贸易业在各国经济社会发展中的地位越来越重要，因而，大力发展服务贸易业就成为中国促进社会主义市场经济发展的重要战略举措。为了指导与促进我国服务贸易业持续快速地发展，必须科学规划其发展战略方案，而提出其《规划纲要》。为此，特提出实施国家“十二五经济社会发展计划”中的《服务贸易发展“十二五”规划纲要》，从而，促进中国社会主义市场经济走向新的发展阶段。他们在《服务贸易发展“十二五”规划纲要》的设计中，具体提出了如下的一些主要第三产业经济思想观点①。

（一）关于服务贸易发展战略目标的思想观点

他们认为作为一个五年的发展规划，必须首先提出在科学发展观指导下的发展战略目标。这个发展战略目标，既要有总体发展目标，又要有具体分项发展目标。一是他们提出，我国“十二五”服务贸易发展的总体战略目标是：中国将坚持服务贸易均衡协调发展，即实现货物贸易和服务贸易的良性互动，以及服务进口与服务出口的均衡发展；围绕促进工业转型升级和加快农业现代化进程，推动生产性服务业向中、高端发展，深化产业融合，细化专业分工，增强服务功能，提高创新能力，不断提高我国产业综合竞争力；使服务贸易在扩大内需、改善民生、推动产业升级、促进结构调整、加快发展方式转变中发挥越来越重要的作用。二是他们提出的分项目标为：一为贸易规模要稳步扩大。2015 年，服务进出口总额达到 6000 亿美元，年均增速超过 11%；使服务贸易占对外贸易总额和全球服务贸易总额的比重稳步提高。二为贸易结构要不断优化。2015 年，通信、计算机和信息服务、金融、文化、咨询等智力密集、技术密集和高附加值服务贸易占服务出口总额的比重超过 45%；对外工程承包、劳务合作、运输、旅游、分销等服务出口规模进一步扩大。三为对外开放水平要日益提升。逐步提高服务贸易领域开放度，扩大通信、金融、计算机和信息服务、商业服务等行业的商业存在规模，提升经营服务水平，带动、培育和壮大国内产业。四为国际竞争力要不断增强。使对外承包工程、劳务合作、运输、旅游、通信、计算机和信息服务、金融、文化、咨询、分销、研发等行业服务出口规模显著扩大，培育一批拥有自主知识产权和知名品牌的重点企业，打造“中国服务”，加快培育一批具备国际资质和品牌的服务外包企业，使其国际市场开拓能力逐步提升。五为加快服务

① 国家商务部:《服务贸易发展“十二五”规划纲要》，2012 年。

贸易区域的协调发展。实施区域差异化发展战略，充分发挥东部、中部、西部各地比较优势，使服务贸易发展较快的地区充分发挥辐射带动作用，实现良性互动、优势互补，构建充满活力、各具特色、区域协调的服务贸易发展格局。

（二）关于服务贸易发展战略任务的思想观点

他们认为，要确保服务贸易发展目标的顺利实现，必须明确规定推动中国服务贸易健康快速发展的如下七项战略任务：一是继续推动重点行业服务出口。要在进一步巩固运输、旅游、建筑等行业的规模优势的同时，积极推进中医药、文化艺术等有中国特色的服务出口，并重点培育计算机和信息、咨询等高附加值服务贸易，积极承接服务外包。二是继续扩大服务领域对外开放。更加重视服务领域对外开放工作；更加重视稳步扩大现代服务进口；更加重视同重点国家和地区服务贸易管理机构建立联系，充分利用自由贸易协定加强与有关国家和地区的服务贸易交流与合作，特别要加强“两岸四地”同国外服务贸易领域的合作。三是加快服务贸易企业“走出去”的步伐。要加强多边贸易谈判和自贸区谈判；积极引导企业灵活运用跨国并购、绿地投资等多种方式，开展海外投资活动。四是培育具有较强国际竞争力的服务贸易企业。要尽快建立符合国际市场要求的企业运营模式，鼓励企业积极开展国际合作和交流，提高自主开发和创新能力，提高自身管理水平和市场竞争力；同时，在运输等具有比较优势的行业，以及计算机和信息服务、文化艺术等具有发展潜力的行业，去逐步形成一批拥有知名品牌、具有较强国际竞争力的大型服务贸易企业或跨国公司。五是推进服务贸易领域自主创新。要建立以企业为主体、市场为导向的服务贸易领域技术创新体制，鼓励服务企业不断进行管理创新、服务创新和产品创新，积极拓展服务贸易领域投融资渠道，发展创业投资。六是促进服务贸易区域协调发展。要从东部沿海地区、中西部地区的区域特点与发展方向出发，就各区域的重点行业、重点载体、重点区域等进行统筹安排与布局。七是加快发展与战略性新兴产业相配套的服务贸易，着力发展金融、设计、研究等领域的服务贸易，进一步扩大咨询服务等领域的对外开放。

（三）关于服务贸易发展战略重点的思想观点

他们认为，必须明确与突出服务贸易发展的战略重点，主张在服务贸易发展《规划纲要》中明确提出重点发展领域。他们按照“突出重点、明确目标、统筹安排”的战略原则，提出选择能够带动全局进行突破性发展的30个重点领域，并将这些重点领域划分为如下两大类型：一是具有比较优势的传统领域，如旅游、建筑服务等，其发展方向在于“巩固优势”；二是符合国际服务贸易发展趋势的新兴领域，如咨询、计算机和信息服务等，其发展方向在于“重点培育”。

（四）关于保障实施服务贸易发展战略目标与任务的战略对策措施的思想观点

他们认为，要确保战略目标与任务的实现，必须认真实施以下战略对策措施：一是健全法规体系。要在符合世界贸易组织规则的前提下，制定和完善促进中国服务贸易发展的法律、法规，明确激励措施，加强服务贸易管理、促进统计等工作。二是完善统计体系。包括建立和完善服务贸易统计法规体系；完善服务贸易统计指标体系；完善服务贸易统计数据库，建设公共信息服务平台等。三是强化管理机制。要不断完善各部门密切配合、中央和地方互动、政府和企业紧密联系的全国服务贸易协调管理机制，统筹宏观规划、调查统计、贸易促进、政策协调、对外谈判等工作。四是构建促进体系。要研究推动建立专门的服务贸易促进机构；加强与境外贸易促进机构特别是专业服务贸易促进机构的联系沟通，建立长期合作机制；办好“中国服务贸易指南网”；加强服务贸易研究和人才队伍建设。五是优化贸易环境。中央和地方有关部门要密切配合，综合运用驻外机构、公共信息平台、多双边合作机制等渠道，为服务企业海外投资和服务出口创造良好的环境。具体包括建立和完善与服务贸易特点相适应的口岸通关管理模式，对以实物载体形式出口的服务提供通关便利；为服务商务签证、进出境审批提供便利；鼓励和帮助企业获得进入国际市场所必需的资质认证，推动学位、培训、执业资格认证等国家间互认，为专业人才和专业服务“走出去”提供便利等。六是创新扶持政策。完善支持服务贸易发展的财政税收政策；引导和鼓励金融机构优化贷款审批程序；开发适合服务贸易企业需求的金融产品；积极搭建中小企业融资平台，完善出口信用保险机制等。七是保护知识产权。要健全企业知识产权管理制度；鼓励和引导企业积极参与国际技术标准的制定；加强产业政策、区域政策、科技政策、贸易政策和知识产权政策的衔接，完善和服务贸易有关的知识产权制度等。八是培育行业协会。要按照市场化原则，积极培育服务中介组织；推动行业协会向政府部门反映行业、企业诉求，参与相关法律法规和产业政策的制定；建设行业公共服务平台，同国际相关行业协会建立合作机制，指导与协调企业多渠道、多层次开拓国际市场等。

从上述可见，他们不仅提出“服务贸易”这一范畴，而且按照“战略规划方案”构成要素的基本要求，对几个重要构成要素，规划设计了我国“十二五”期间的五年计划服务贸易发展的“战略规划方案”。不仅反映了他们关于战略规划方案结构内容的思想，更突出地反映出他们关于“十二五”期间我国第三产业经济发展状态与发展趋势的思想，并把第三产业经济发展的战略规划理论思想纳入第三产业经济理论思想体系的构成内容之中，颇有创新性，并形成一个基本的战略思想体系。

五、产业经济学家郭振的第三产业经济思想

郭振，产业经济学家，1954 年 12 月出生于湖北省浠水县，中共党员，现任哈尔滨商业大学经济学院教授、博士导师。1982 年 7 月毕业于原直属国家商业部的黑龙江商学院（现更名为哈尔滨商业大学）商业经济专业（本科），毕业后即任教于黑龙江省经济管理干部学院。1994 年 8 月调入黑龙江商学院商业经济系，从事商业经济学科的教学研究工作。历任讲师、副教授、教授；黑龙江商学院贸易经济系副主任、哈尔滨商业大学经济学院副院长、国际经济与贸易研究所所长、国际贸易学省级领军人才梯队带头人、国际贸易学省级重点学科带头人。1996 年被聘为硕士研究生导师，2004 年被东北财经大学聘为博士研究生导师，2006 年被哈尔滨商业大学聘为产业经济学博士研究生导师，目前为哈尔滨商业大学国际贸易学博士点学科梯队带头人。1999 年 1 月被黑龙江省委、省政府授予黑龙江省有突出贡献优秀中青年专家称号，2008 年被授予黑龙江省宣传文化系统“六个一批”理论专家人才称号，2001 年 1 月被黑龙江省人事厅批准为国际贸易学省级学科带头人，享受省政府专家津贴和省级学科带头人津贴。先后曾兼任中国宏观经济管理教育学会常务理事、副会长，东北地区宏观经济管理研究会副会长，中国工业经济学会理事，黑龙江省县域经济学会常务理事，黑龙江省经济学会常务理事，黑龙江省国际经济贸易学会常务理事，黑龙江省经济管理学会常务理事，哈尔滨市专家顾问咨询委员会委员等职。其

主要研究方向是：产业结构与产业布局、产业政策与产业经济管理、国际经济合作与区域经济合作、外贸竞争力研究。曾主持和参加国家社会科学基金项目、国家软科学研究项目、省自然科学基金项目、省社会科学基金项目、省软科学攻关项目及国内贸易部项目、中国商业联合会项目、省教育厅项目等10余项研究项目或研究课题。由于其后期主要致力于产业经济学的教学研究，且学术成果卓著，不仅成为该省的著名产业经济学家，而且也成为全国业绩突出的产业经济学家。

在报刊发表论文70多篇，出版著作和教材12部。曾获省社会科学优秀科研成果一等奖3项（第一完成人2项，第二完成人1项）、二等奖（第二完成人）1项、三等奖（第一完成人）2项；国家国内贸易局科技进步二等奖1项、三等奖1项；全国商业科技进步二等奖2项、三等奖1项。其重点学术研究成果主要有以下方面。

（1）《中国宏观经济管理》（专著）。完稿于1993年末，是国内最早出版的，并以计划经济向市场经济进行彻底转变为背景，探索性地构建起新型宏观经济管理体制和管理方法的理论框架。该书在理论分析、方法手段介绍、市场的宏观调控、国内外宏观经济管理比较等方面都有一定的创新，为社会主义市场经济条件下的宏观经济管理实践提供了有益的理论和方法指导。

（2）《中国产业经济学》（教材）于2000年10月由黑龙江人民出版社出版。该书是作者对中国产业经济学的理论体系进行创造性探索的成果。该书在产业经济运行与管理、产业结构调整、产业技术创新、中国产业组织结构分析、产业发展战略、产业发展政策等方面都有一定的创新。

（3）《关于对我国和黑龙江省产业结构调整、升级与技术创新战略的研究》（科研课题研究报告）。该课题报告分析了我国新世纪产业发展新特点、经济发展趋势对我国未来产业发展的影响、产业结构调整的目标方向，坚持以高新技术和先进实用技术改造传统产业、实现信息化和工业化的有机结合和良性互动、加快发展现代服务业、使产业结构向高度化和高效化演进过程中实现优化升级等。

（4）《关于实施农村城镇化战略与农村产业结构调整的研究》（科研课题研究报告）。该课题报告从全国范围并以黑龙江等省份为样本，系统阐述了在加快农业现代化建设的同时去加快城镇化进程、把通过农村产业结构调整建立农业综合产业体系与农村城镇化结合起来、把小城镇建设与大中城市建设结合起来、把小城镇布局与农业产业发展布局结合起来。其重点是通过农村城镇化的发展来推动第二、第三产业在大中城市与小城镇的重新布局。

为了系统揭示他有关第三产业经济思想的演进过程，并着重揭示他在后期个人独立创新发展的重点内容，特分为在前期由其主编的《中国产业经济学》（教材）中所反映的第三产业经济思想体系与后期其独自具有的创新性的第三产业经济思想两个部分。

（一）郭振等产业经济学者在其《中国产业经济学》著作中所反映的主要第三产业经济思想

随着中国改革开放后社会主义市场经济的快速发展与国外《产业经济学》理论知识在中国的传播与应用，在不断深化研究的基础上，以他为主编，组成了一个结构优化、规模较大的包括17位经济学科教师的编写组，在他的规划设计、指导与直接编写、统纂下于2000年编写了作为该校“新世纪经济学科系列丛书”之一的《中国产业经济学》著作，并于2000年10月由黑龙江人民出版社正式出版发行，被多个高等院校选为通用教材使用。该著作从中国的实际情况出发，进行了创新发展，创立了具有中国特色的科学理论体系。其主要内容是：基础理论；产业结构优化；产业结构调整；产业结构政策与实施；对国外产业结构与政策调整的借鉴；产业联系；产业技术创新；产业组织与产业组织结构分析；产业组织政策与实施；产业布局与产业布局政策与实施；产业发展战略；产业安全；产业发展政策。进而把这些内容归纳为总论、产业结构、产业联系与创新、产业组织、产业布局、产业发展共六大部分。由此，构建起一个比较系统的理论体系，其中多涉及第三产业经济理论思想方面的内容，提出了很多有价值的理论观点与创新性见解，不仅为产业经济学的发展作出了突出贡献，而且为第三产业经济理论思想体系的发展作出了重要贡献，从多个领域丰富与发展了现代第三产业经济思想史的学科内容。以下分两个方面进行概述。①

1. 关于产业经济基本理论的思想观点

（1）对“产业”概念含义进行科学界定的思想观点。他们认为，产业是指具有同类社会经济职能的社会经济单位所组成的群体，泛指各种制造或提供物质产品、流通手段、服务劳动等的部门所组成的生产群体。其基本思想观点表现为如下方面。①产业是一种社会分工现象，它随着社会分工的产生而产生，并随着社会分工的发展而发展的思想。他们认为，在国民经济中，产业是按一定社会分工原则，为满足社会某种需要而划分的，它包括国民经济各行各业，大至部门，小至行业，从生产到流通、服务，以至于文化教育等，各行各业都可称之为“产业”，即产业的概念是介于微观经济单位（企业、家庭消费）与宏观经济单位（国民经济）之间的若干“集合”。相对企业来说，产业是同类企业的集合体；相对于国民经济来说，产业是国民经济的组成部分，是介于宏观经济与微观经济之间的中观经济。“产业经济学”的研究对象是具有某些共同特征的企业经济活动组成的集合，即研究各产业之间的关系结构及产业本身的发展规律。②产业是作为具有某些共同特征的企业经济活动集合的思想。他们认为，产业既不是指某一企业的某些经济活动或所有活动，也不是指部分企业的某些或所有经济活动，而是指“具有某种同一属性的企业经济活动的总和”。一个产业可以由多个企业的同类经济活动所组成；一个企业往往也由于不只是从事某项单一经济活动而可能从事多种类型的经济活动，即从事多产业（即跨行业）经营。作为产业应该具有以下某种同一属性：第一，从需求角度看，是指具有同类或相互密切竞争关系和替代关系的产品或服务；第二，从供给角度来看，是指类似生产技术、生产过程、生产工艺等特征的物质生产活动或类似经济性质的服务活动。即产业应具有的活动是“专指具有经济性质（即为一定的经济目的服务）的各项活动，不包括政治、社会等活动”。③产业的含义具有多层次性的思想。他们认为，产业是与社会生产力发展水平相适应的社会分工形式的表现，是一个多层次的经济系统。“在社会生产力发展的不同阶段，社会分工主导形式的转换和社会分工不断向深层次的发展，形成了具有多层次的产业范畴”。在社会生产力水平比较低下的历史阶段，社会分工形式只能将人类的生产活动分成比较简单的大类。例如农业、工业等形成产业的第一层次，随着社会生产力水平的提高，社会分工不断深化，在第一层次分工的基础上进行细分，例如，将工业细分为基础

① 郭振、蒋孝洪：《中国产业经济学》，黑龙江人民出版社2000年版。

工业、制造业、建筑业等业种，这些业种就构成产业的第二个层次。随着社会生产力的进一步提高，社会分工越来越细，新兴产业不断出现，在第二层次分工基础上进一步细化，例如，将制造业细分为食品、纺织、造纸、冶金、机械、化工、制药等业种，形成产业的第三层次。由此，各类产业还可再进一步细分下去，形成多种产业层次。④产业随着社会生产力水平的不断提高，其内涵在不断地深化充实，其外延在不断扩展延伸的思想。他们认为，在重农学派时期，由于手工业依附于农业，尚未形成独立的经济活动，产业主要是指农业。在资本主义工业产生之后，工业的发展对整个社会经济的发展起着举足轻重的作用，产业则主要是指工业，而且产业常常等同于工业。随着社会生产力的飞速发展，服务业的发展越来越引人注目，而且服务部门的分工越来越细，出现了很多新兴服务部门，例如，商业、运输业、邮电业、金融业、信息业、咨询业、家政服务业等。当今的产业不仅包括物质资料部门的生产、流通和服务活动，也包括非物质资料部门（服务、信息、知识等）的生产、流通和服务活动，即凡是具有投入产出活动的行业和部门都可列入产业的范畴。⑤产业可区分为广义的产业与狭义的产业的思想。他们根据马克思把社会分工区分为一般分工、特殊分工和个别分工这三种分工形式的观点，把三次社会大分工分离出来的农业、工业、商业等大类分工视作一般分工；将农业进一步细分为种植业、饲养业、畜牧业；将工业细分为冶金、造船、机械、电子、化工、建材；将商业细分为零售业、批发业、对外贸易等行业，均为特殊分工；而企业、工厂内部的具体分工则可视作个别分工。一般认为，现代工业始于手工业，现代服务业始于商业。那么，可以认为一般分工导致了包括畜牧业的农业、工业和服务业三次产业的产生。由于社会分工将随着社会化大生产的发展而不断深化，故一般分工条件下的特殊分工和个别分工将越来越细化，这样作为特殊分工产物的具体产业部门就会不断地分化与产生。事实上，“一般分工所形成的产业可认为是广义的产业概念，而由特殊分工所形成的产业则是狭义的产业概念”。

从上述可见，他们认为“产业”属于中观经济类型，是具有同一属性的行业与部门，即是具有某种同一属性企业的集合体，而这种同一属性是专指具有经济性质的活动，而不包括政治、社会等非经济活动；同时，认为产业具有渐进性和多层次性，根据社会生产分工的发展，处于主导型的产业形态不断演进，而依次形成第一产业、第二产业、第三产业类型，而每一个产业类型又不断延伸各自的层次与所包含的具体行业类型。总之，产业的概念随着社会生产力与社会生产分工的发展，其内涵在不断地充实，其外延在不断地扩展。

（2）对产业分类的思想观点。他们认为，为了具体分析、研究和管理产业活动，可以从不同的角度对“产业”进行以下多种分类。①三次产业分类法的思想。他们按照“克拉克大分类法”，将国民经济活动划分为第一产业、第二产业、第三产业，并对三次产业分类作出了如下具体的划分。一是第一次产业为农业，包括林业、畜牧业和渔业。二是第二次产业为工业和建筑业，其中的工业包括采掘业、制造业、自来水、电力、蒸汽、煤气的制造与供给。三是第三次产业为除上述第一产业、第二产业以外的其他各业，具体划分为以下两大部门和四个层次：第一，两大部门，即流通部门、服务部门。第二，四个层次，即第一层次是流通部门，包括交通运输业、邮电通信业、商业、餐饮业、物质供销和仓储业；第二层次是为生产和生活服务的部门，包括金融业、保险业、地质普查业、房地产业、公用事业、居民服务业、旅游业、咨询业、信息服务业与各类技术服务业；第三层次是为提高科学文化水平和居民素质服务的部门，包括教育、文化、广播电视、科学研究、卫生、体育业和社会福利事业；第四层次是为社会公共需要服务的部门，包括国家机关、政党机关、社会团体及军队警察等服务机构。②标准产业分类法的思想。他们认为，按照国内外的产业分类标准，可以分为国际标准与中国国家标准两个类型标准的产业。一是国际标准产业分类。他们引述了联合国分别于 1948 年、1958 年和 1988 年制定修改的《全部经济活动的国际产业分类标准》（ISIC）。即把全部经济活动先分为 10 大项，在每个大项下面分成若干中项，每个中项下面又分为若干小项，最后又将小项分解为若干细项，共分为大、中、小、细四级。其中 10 个大项是：农业、狩猎业、林业和渔业；矿石和采矿业；制造业；电力、煤气、供水业；建筑业；批发业与零售业、餐馆业和旅游业；运输业、仓储业、邮电业；金融业、保险业、不动产和商业性服务业；政府、社会团体、社会及个人的服务业；其他活动业。并把第一大项归为第一次产业；把第二至第五大项归为第二次产业；把第六至第十大项归为第三次产业。它实际同上述三次产业分类法是一致的。由此，他们把第三次产业的分类变为第六至第十大项的五个类型。二是中国国家标准产业分类。中国从本国国情出发，提出了《国民经济行业分类与代码》的产业分类标准，把国民经济分为 6 个门类、92 个大类、300 多个中类与更多的小类，使第三产业具有了自己的独立分类类型。③四次产业分类法的思想。他们按照美国经济学家提出的四次产业分类法，将所有经济活动部门分为农业、工业、服务业和信息业四个或四次产业类型。并引述了中国学者王树林在其主编的《21 世纪的主导产业——第四产业》一书的如下观点，即第四次产业属于精神产品再生产领域，应把有关行业从内容复杂的第三次产业中分离出来，成为第四次产业。它应包括科学研究、信息服务、咨询服务、新闻出版、广播电视电影、文化事业、民间公证、法律服务等。他们在主张对产业与第三产业进行上述分类的同时，也提出了对产业的其他分类方法，如分为物质生产领域与非物质生产领域；第一部类的生产生产资料的部门与第二部类的生产消费资料的部门；劳动密集型或资本密集型产业与知识技术密集型产业等产业分类类型。

从上述可见，他们认为，可将“产业”的类型按不同学者的分类标准划分为三种不同的类型。一是按“三次产业”分类，可分为第一产业、第二产业、第三产业，把第三产业视为除第一产业、第二产业之外的所有的经济部门与行业，但不包括社会事业、政治性的部门与行业。二是按国内外“标准产业”分类，可分为国内与国际标准产业类型，表述为“项目产业”类型。三是按“创新型”的分类标志分类，可分为农业、工业、服务业、信息业这四类产业。但他们仍主张按“三次产业”分类，把第三产业称为广泛的服务业。

（3）关于产业结构的思想观点。主要是产业结构的概念、特征及其影响因素的思想。①关于产业结构的概念。产业结构是国民经济结构的重要组成部分，国民经济结构包括产业结构、分配结构、消费结构和技术结构。产业结构一般是指国民经济各个产业部门之间和每个产业部门内部的构成，以及它们之间相互制约的经济联系和数量对比关系。它是由于社会分工的发展和产业部门的出现，人们为研究产业的变化而创立的经济范畴。产业结构作为各产业间比例关系的总和，既有量的规定性，又有质的规定性。作为量的规定性，就是要具有反映各产业之间经济联系及其数量对比关系的以下两个标准：各产业投入生产要素（劳动力、资金等）的数量对比指标，各产业产出（国民生产总值）的数量对比指

标，并对两者同时使用。作为质的规定性，就是要具有反映各产业间相互联系形式与特征的指标。②产业结构的特征。作为产业结构，具有以下基本特征：客观性，其形成状态主要取决于客观条件，其变化具有客观规律性；整体性，它是由国民经济整体内部各行业间比例关系组成的有机协调的整体；层次性，其结构内容具有高、中、低的不同层次，各层次既相互联系，又有各自的独立性；动态性，随着产业发展的进程而变化，呈现着由低级到高级发展的成长过程，但在渐进发展的每个阶段，其产业结构又具有相对的稳定性。③产业结构变动的主要影响因素。供给因素，包括自然条件与资源禀赋、人口状况、技术进步、资金供应状况、商品供应状况、环境状况等因素；需求因素，包括消费需求、投资需求等因素；国际贸易与国际投资因素，包括进出口贸易、对外贸易、国外对内投资企业的技术创新等因素；政府经济政策与市场体系，市场机制以及政治、文化等其他多种相关因素。这些影响因素，表现为经济因素与非经济因素，并形成一定的资源供给结构、需求结构、对外贸易结构、社会政治与文化结构等，这些结构随着社会经济的增长而演进变动，并在其交互作用中对产业结构产生决定性的影响，使产业结构形成不同的形态。

从上述可见，他们从产业结构的概念、特征及其影响因素三个方面阐述了其思想观点，为研究产业结构的主要内容提供了理论指导，特别是为研究产业层次及其结构提供了方向，并把自然条件的状况列入产业结构的影响因素之中，从而扩展了人们的思路。

总之，他们上述关于产业经济基本理论的思想观点，不仅为研究整个产业经济理论提供了基本理论基础，同时，也为具体而深入地研究第三产业经济的理论体系提供了基本的理论思想基础，并且具体地涉及到第三产业的概念、三大产业间的关系、第三产业的经济地位、第三产业的分类、第三产业的结构及层次等诸多领域的问题，从而闪现出他们有关第三产业经济思想体系的诸多组成要素的具体思想观点，并为从三大产业之间的联络关系的角度研究第三产业经济的问题，开辟了新的思路。

2. 关于现代第三产业经济发展的思想观点

（1）第三产业经济“含义”的思想。他们从对“产业”含义的界定入手，进而揭示出现代第三产业经济的含义。①关于“产业”的含义。他们认为，“所谓产业是指具有同类社会经济职能的社会经济单位所组成的群体，泛指各种制造或提供的物质产品、流通手段、服务劳动等的部门所组成的生产群体”，“它包括国民经济各行各业，大至部门，小至行业，从生产到流通、服务以至于文化、教育等，各行各业都可称之为‘产业’”，并进一步指出“产业的概念介于微观经济（企业、家庭消费）与宏观经济单位（国民经济）之间的若干‘集合’。相对企业来说，产业是同类企业的集合体；相对于国民经济来说，产业是国民经济的组成部分”。②关于第三产业的含义。他们从“产业的产生、形成与发展是同社会分工的产生与发展相联系”的认识出发，按照“三次产业分类论”，认为产业不断形成第一产业、第二产业、第三产业三种分类形态，并将其传统的类型划分为农业和畜牧业、手工业、商业三种原始产业类型。在进入近代社会后，社会生产分工不断细化与深化，使三次产业的形态与内容范围、类型也发生了重大变化。但他们认为，应按照我国当前对三次产业的分类进行具体划分，由此，他们引述了我国下述三次产业或三大产业的具体分类：“第一次产业为农业，包括林业、畜牧业和渔业；第二次产业为工业和建筑业，其中的工业包括采掘业、制造业、自来水、电力、蒸汽、煤气的制造与供给；第三次产业是指除上述第一、第二次产业以外的其他各业。”至此，他们认为，现代第三产业已由过去的商贸业、商贸服务业、劳务服务业的行业分类推进为广泛的“服务业”，并具有投入产出的经济职能，而成为一个更加重要的独立产业形态。由上述认识，他们认为现代第三产业的含义应表述为“第三产业是指具有同类服务经济职能的行业、企业单位所组成的广泛服务业的群体”。由于它具有投入产出的功能，因而，它的服务活动就成为一种社会经济活动，也就构成了第三产业经济形态，既产生使用价值，又产生价值。

（2）第三产业经济结构地位演进过程的思想。他们认为，第三产业结构是随整个产业结构的演进而递进的，而整个产业结构是同社会经济发展相对应而不断提升的，产业结构的演进过程主要表现为由低级向高级演进的高度化和产业结构横向演进的合理化；第三产业结构在随整个产业结构演进过程中，又具有自己的具体结构状态和规律性。第三产业结构的演进阶段可有如下的不同划分类型，在不同类型的不同发展阶段中处于不同的结构地位。①从工业化发展阶段分类，第三产业所处的结构地位。前工业化时期，第三产业的地位微乎其微；工业化初期，第三产业有一定的发展，但所占比重较小；在工业化中期，第三产业所占比重逐渐上升；在工业化后期，第三产业比重有较大提升，已占有支配地位；在后工业化时期，随着产业的不断知识化，第三产业的支配地位更加突出。②从主导产业的转换过程分类，第三产业所占的结构地位。在工业化的演进过程中，产业结构经历了以农业为主导、以轻纺工业为主导、以原料工业和燃料动力工业等基础工业为重心的重化工业为主导、以低度加工型工业为主导、以高度加工组装型工业为主导、以第三产业为主导、以信息产业为主导的发展阶段。自工业化后期开始，即进入了以第三产业为主导的发展阶段，第三产业在 GDP 中已占有较大或主要份额。到后工业化时期，第三产业比重继续增长，但开始进入以信息产业为主导的阶段。③从三大产业的内在变动过程分类，第三产业内部结构主导类型的演进阶段与状态。在整个产业结构沿着以第一产业为主导，到以第二产业为主导，再到以第三产业为主导方向发展的过程中，第一产业、第二产业内部结构也随之相应发展变化，随着三次产业结构与第一产业、第二产业内部结构的变化，第三产业内部结构也在向前发展变化。在第三产业内部，其产业结构是沿着传统性服务业—多元化服务业—现代化型服务业—信息产业—知识产业结构的方向演进的，即在不同阶段，以上类型处于相应的主导型状态。④从产业结构演进的顺序分类，第三产业所处的结构地位。从产业与产业结构必然随着社会经济发展水平而由低级向高级发展阶段演进的认识出发，认为后一个发展阶段总是以前一个阶段的充分发展为基础。因而，第三产业的主导地位与第三产业内部现代服务业的主导地位，只有在第一产业、第二产业劳动生产率充分提高、内部结构不断优化的同时，才具有成熟的条件和坚实的基础。

从上述可见，他们没有按传统的思路去揭示第三产业经济在三大产业发展中所具有的经济地位，即没有按社会再生产过程的顺序去阐述第一产业经济为基础、第二产业经济为主导、第三产业经济为支撑的“地位论”及相互作用、协调发展的“关系论”，而是按第三产业经济在整个社会经济发展中的“贡献率”与“产值规模”，去着重论述其所处“主导地位”的状态，而提出了“主导地位论”，并按不同历史阶段主导地位的不同状态，而提出了“主导地位发展过程观”，由此，提出了现代第三产业经济必然处于主导地位、第三产业内部的现代服务业必然处于主导地位的趋势，并要以第一产业、第二产业经济的发展为基础条件的“相互关系”的思想。

（3）第三产业经济内部的具体分类与结构的思想。他们引述了我国现代第三产业的

分类划分体系，并提出了第三产业结构的含义。①第三产业内部的行业分类。他们引述了我国对第三产业的具体分类为："我国将第三产业划分为两大部门和四大层次。第三产业的两大部门是流通部门和服务部门。第一层次，为流通部门，包括交通运输业、邮电通信业、商业、饮食业、物资供销和仓储业；第二层次，为生产和生活服务的部门，包括金融业、保险业、地质普查业、房地产业、公用事业、居民服务业、旅游业、咨询业、信息服务业和各类技术服务业；第三层次，为提高科学文化水平和居民素质服务的部门，包括教育、文化、广播电视、科学研究、卫生、体育和社会福利事业；第四层次，为社会公共需要服务的部门，包括国家机关、政党机关、社会团体及军队警察等部门与机构。"可见，他们所述的以上第三产业内部的行业分类，已经转变了我国的传统分类形态，因而，也就改变了第三产业的行业结构要素，为研究与分析第三产业行业结构的有关问题开创了新的思路与方向。应当指出，他们虽提及了社会事业与政府、政党、军队机构，但不是指这些机构的纯粹社会事业与政治活动，而是指它们所从事的属于经济性服务活动。②第三产业结构的含义。他们从"产业结构"的含义引出第三产业结构的含义，即是"第三产业各个行业之间和每个行业内部各细分行业之间，相互制约的经济联系与数量对比关系"，并进而认为："第三产业结构作为其内部各行业间比例关系的总和，既有量的规定性，又有质的规定性，即既要有数量指标，又要有反映各行业间相互联系形式与特征的指标"；作为第三产业结构的基本特征，应具有客观性、整体性、层次性、动态性、相对稳定性等特征；为了推进第三产业的发展，要不断扩展其结构要素，并使之比例关系合理化与不断优化。

可见，他们从"产业"的含义引出"第三产业"含义的思想；又从第三产业的含义，引出第三产业内部"分类"的思想，并把这些分类，视为第三产业整体的构成要素，进而引出第三产业"结构含义"的思想，并揭示出其产业结构的特征，从而提出了必须保持合理化的结构体系、不断优化其结构状态，不断把第三产业经济推向新发阶段的主张。

（4）第三产业结构优化的方向与趋势的思想。①产业结构优化的概念。产业结构优化，是指推动产业结构合理化和高度化发展的过程。前者主要依据产业关联技术经济的客观比例关系，来调整不协调的产业结构，促进各产业组成要素的协调发展；后者主要是遵循产业结构演进规律，通过创新，加速产业结构的高度化演进。所谓产业结构高度化，主要是指产业结构从低水平状态向高水平状态的发展，是一个动态的过程；所谓产业结构的合理化，主要是指产业组成要素协调能力的加强和关联水平的提高，即产业结构的均衡度与产业素质水平的提高度，也是一个动态的过程。②21 世纪第三产业结构优化的方向。要在实现农业现代化、农业产业高度化与建立起成熟的工业体系而实现其高度化的同时，去促进第三产业结构的优化与其高效发展。第三产业结构的优化，指在第三产业结构中，使传统服务业所占比重下降，新兴服务业的比重上升；使劳动密集型服务业的比重下降，资本、技术和知识密集型服务业的比重上升；同时，使中介服务机构增多，服务项目细化，服务质量提高，服务的附加值率上升等。第三产业高效发展的内容包括以下方面：第三产业的迅速发展带动第三产业产出比重和就业比重的持续上升；第三产业在大量增加就业人数的条件下保持劳动生产率的稳定增长；第三产业的高速发展带动服务业出口的迅速增长和出口结构的优化。③21 世纪第三产业结构优化发展的趋势。随着人均收入水平的提高，商业、旅馆、饭店业的产出比重逐步下降，运输、仓储、通信、保险、房地产和产业服务业的比重会较大幅度地上升；当人均收入水平上升到较高水平之后，运输、仓储业的比重也趋于下降，而通信、金融保险、房地产产业服务业的比重会继续上升，个人和社会服务业也会趋于不断上升的状态。

从上述可见，他们首先对“产业结构优化”的概念进行了界定，并对其内涵进行了论述；其次对其结构优化发展的方向进行了预示，提出了优化发展的基本轨迹；最后对其结构优化的发展趋势作了基本的指引或预测。所有这些思想观点都具有前导性与创新性。

（5）第三产业结构调整的目标与对策的思想。①第三产业结构调整的目标。其目标主要有以下三个方面：要有利于保持经济增长的稳定性，减少导致经济波动的结构性因素，并有利于经济的较快增长与提高经济效益；要有利于改善供给对需求的适应性和反应能力；要有利于经济增长方式由粗放型向集约型转变，以降低成本、提高效益。②第三产业结构调整的对策思路。一是尽量加快第三产业的发展，逐步降低工业在 GDP 中的比重，较大幅度地提高第三产业的产出比重，为此，要加快其经济体制的变革，大幅度地提高对第三产业的投资比重，以带动农业剩余劳动力向第三产业较快转移；同时，使大量的非国有制经济成分大幅度地进入第三产业，并强化其市场竞争机制。二是促进社会资源向第三产业合理流动，并进行有效的配置，促进其产业生产率的快速提升与基础设施的快速建设。三是促进第三产业结构的升级，主要是要重点加快发展各种产业服务业，包括通信和信息服务业、金融保险和房地产服务业、教育与医疗卫生服务业、以旅游为中心的服务业与城市基础设施建设有关的产业服务业等服务业，使其现代化水平与其比重增加。四是要改善与优化第三产业结构优化升级的条件和环境，主要有以下方面：要推进第三产业的改革与开放；要加快市场化和城市化的进程；要有效利用外商直接投资对第三产业的带动作用。③第三产业优化升级必须处理好的几个发展关系。正确处理第三产业内部传统服务业和现代新兴服务业发展的关系。由于我国劳动就业压力大，在今后的一段时期内传统服务业仍有发展的必要，并将较快发展，但要改组、改造传统服务业，着重发展商贸流通、交通运输和市政服务等行业。同时，随着人民生活水平的提高，对高层次服务业的需求必然加大，因而，必须大力发展现代新型服务业，特别要加快发展旅游业、房地产业、社会服务业、文化娱乐业，以及教育培训、体育健身、卫生保健等产业行业的发展。正确处理好城市与农村第三产业发展的关系。在加快发展城市第三产业的同时，要重视农村服务业的发展，尤其要加大对农业服务业的发展力度。发展农村服务业，除了发展传统的服务业外，要加快发展农村基础设施建设，推动农村交通、电力业的发展，提高农业科技水平，建立和完善城乡间物质和信息流通网络，建设与健全农村金融体系，发展农村的教育、卫生和文化事业。

从上述可见，他们主张不断优化调整第三产业经济的机构体系，扩展新的结构要素，转变增长方式，降低经营成本以提高经济效益，尽力提高其产值在社会总产值中的比重，使其处于更加重要的主导地位，以推进整个社会经济的快速发展；提出了优化调整第三产业经济结构的对策体系，包括经济体制的深化改革、增加社会资源的投入、通过多种手段优化其发展环境与条件等；特别提出必须处理好的几个主要结构关系，也即产业内部的主要经济关系，其中特别提出要加快现代各种产业服务业的发展，并处理好该服务产业行业、城乡、区域之间的分布关系。最终构建起包括结构调整目标、对策、关系优化的第三产业经济宏观调控管理的基本思想体系。

总之，他们主要从三个领域论及了第三产业经济理论思想问题，尤其重点论述了第三产业结构问题，提出了较系统的“第三产业结构论”，具有独立的创新见解，丰富和发展了现代第三产业经济理论思想体系，成为其一项重要的组成内容。

综上所述，他们在其所著《中国产业经济学》一书中，虽然着重论及整个产业经济发展的理论思想问题，但也必然涉及第三产业经济发展领域的相关理论思想问题，因而，也必然闪现出他们的有关第三产业经济发展的理论思想问题。经过揭示与归纳，将他们的主要第三产业经济思想，分为“产业经济基本理论的思想”与“现代第三产业经济发展的思想”两大组成部分，而构成他们的“现代第三产业经济发展的思想体系”。从中可以看出，他们的有关产业经济基本理论的思想观点，不仅是他们第三产业经济思想形成的基础，而且也是他们第三产业经济思想体系同第一产业、第二产业经济发展进程与状态紧密联系的观点，彰显着他们第三产业经济思想体系的特色。也正由于此，他们在论及或揭示第三产业经济发展的思想体系构成要素中，多从第一产业、第二产业经济发展的进程与呈现的状态出发，去表述他们的有关思想观点，而最终形成了他们现代创新性的第三产业经济思想结构体系。从中提出了“大服务业形态观”、“经济结构中的主导地位观”、“同第一、第二产业发展联系关系观”、“产业结构优化方向观与重点观”，而进行了一定程度与范围的创新发展。

（二）产业经济学家郭振独著中的第三产业经济思想

1. 关于产业经济演进的思想观点①

（1）产业经济要素的相互作用关系。他认为，产业经济的发展是指一个国家或地区不断进步的产业演进过程，即伴随着产业的不断增长而出现的经济结构、社会结构、政治结构及观念意识的变化或变革，而这些变化包括投入结构、产业结构、产业组织结构、产业技术结构、产业市场结构、产业布局结构等的变化以及由此引起的分配状况、消费模式、社会福利、文教卫生、群众参与等一系列的变化。它的基本要素：①产业增长，即一个国家或地区在一定时期内三次产业的产品或服务的产出数量的增加和质量的提高。②结构变迁，主要指产业结构的变化，即产业结构能够保持由低阶段向高阶段不断演进的正常趋势，包括产业组织结构、产业技术结构、产业布局结构、分配结构、职业结构等各方面、各层次上的经济结构的变化趋势。③福利的改善，即社会成员生活水平的提高。产业发展的落脚点必然是社会福利的改善，因为，产业经济的发展与人口、资源和生态环境是密不可分的。它们之间的相互关系是：一方面，人口、资源和生态环境是产业经济得以顺利进行的前提和基础，人口和资源为各产业的发展提供了基本的生产条件和对象，生态环境则是产业发展过程中必然会产生的废弃物的排放场所和自然净化场所；另一方面，产业经济的发展对人口、资源和生态环境有很重要的影响，当产业的发展建立在资源约束和生态环境可持续能力的基础上时，产业经济的可持续发展能优化生态环境实现绿色发展，相反，当各产业发展突破了资源约束，破坏了生态环境的可持续发展时，产业经济的高速发展就会造成对生态环境的严重破坏。同时，产业经济的可持续发展离不开第三产业基于有效产出的增长结构优化和社会成员福利改善的角度对第一产业、第二产业的渗透融合，以实现三次产业的协调发展。在经济全球化下，国际发展竞争日趋激烈，在第二产业内部已

① 郭振：《中国产业经济学》，黑龙江人民出版社2000年版。

经形成了产品价值链分工，承担生产制造的企业属于躯体企业，而从事技术标准的制定和管理、研究开发、展览营销等提供高端服务的企业则属于脑袋企业，生产环节的脑体分离，使人们在全球范围内进行资源优化配置，形成一个“价值网络”，获得新的竞争优势。传统工业化已经向服务型工业化演进。在信息化与工业化深度融合的基础上，第二产业、第三产业实现了互动发展与协调发展，围绕工业生产相关环节，重点发展研发、现代物流、信息咨询、科技服务、电子商务、金融服务、通信服务、检测认证、商务会展、售后服务等生产性服务业以及软件服务业、外包服务业（生产服务外包的中介服务）。中国农村的显著特点是第二产业、第三产业长期滞后，农业剩余劳动力过多，影响到农业现代化的实现，以工业化理念推动农村三次产业结构的调整和协调发展。用工业化理念和技术对传统农业发展模式进行彻底改造，尤其是将服务型工业化向农村渗透，这也是现代工业文明对农村社会的全面渗透。将农业与工业和服务业打通，把农业纳入服务型工业化轨道，彻底促进农业生产方式根本转变。他进而指出，从20世纪末到2010年乃至2030年，在中国不断推进产业结构升级和高度化持续演进的过程中，必然要大力发展第三产业，要正确处理第三产业内部传统服务业与现代新兴服务业发展的关系，即要改组改造传统服务业，着重发展商贸流通、交通运输和市政服务等行业，同时，随着人民生活水平的提高，对高层次服务业的需求必然加大，更有必要发展现代新兴服务业，而加快旅游业、房地产业、社区服务业、文化娱乐、教育培训、体育健身、卫生保健等行业的发展。特别指出，必然要大力发展农村服务业，除了发展农村传统服务业外，还要加大农村基础设施建设，推动农村交通、电力、通信业的发展，以提高农业科技服务水平，从而建立和完善城乡物资和信息交流网络，并建立与健全农村金融体系与发展农村教育、卫生、文化事业，鼓励发展文化产业。从上述可见，他认为产业经济有各种组成要素，并组成各自的要素体系，而有各自的细化层次，它们之间存在着相互依存、协调发展的关系，共同推进着产业经济的演进发展，而形成产业经济发展的有机组合的过程。

（2）产业经济演进的过程。他认为，产业经济的运行有其演进的规律。①产业的演变是渐变与激变的统一。产业发展乃至一切的变化和发展都是连续性与非连续性的统一。渐变中孕育着激变，渐变是激变的积累；反之，激变也为新的渐变开辟了广阔的空间。在产业发展过程中，人们可以缩短某些产业演化的进程，但不能人为地跳跃产业发展的某些阶段，否则产业经济发展的客观规律会迫使人们不得不回到原点重新补课。产业升级是产业由低层次向高层次的转换过程，产业升级也是加快技术进步的要求。②产业的进化是从低级向高级的上升运动。他概述了经济发达国家产业进化经历的如下四个阶段。第一阶段，18世纪中叶至19世纪中后期，蒸汽机的发明与应用，奠定了第二产业大机器工业体系的初步基础。第二阶段，19世纪后半期至20世纪40年代，电力和内燃机的发明和应用，使工业化进入重化中工业化和低度加工组装业的发展阶段。第三阶段，从20世纪40年代开始到20世纪60年代末，原子能、计算机和空间技术的广泛应用，使工业生产由机械化大生产进入到自动化大生产时代，各种高技术含量、高加工度、高附加值的产业迅速发展，传统工业化进程完成，经济发达国家进入后工业化社会。第四阶段，即社会经济由电子时代迈向信息时代，这在发达国家首先进行并得到迅速普及，知识、信息产业迅速发展，使产业运动进入后高度化阶段。③他着重揭示了第二产业经济发展对第一产业、第三产业经济发展的带动过程。他认为，在第二产业的扩张和上升运动中，也带动了第一产业、第三产业的升级。他指出，农业作为第一产业由手工劳动的传统农业转变为机械化农业，并向生态农业演进，同时，也使其相应地由自然经济农业转变为商品经济农业，由低产、低附加值、低质农业转变为高产、高附加值、优质农业。同时，第三产业也不仅得到快速扩张与结构优化，而且技术基础、服务手段等不断扩大，水平不断提高，生产性服务渗透融合到农业与工业生产过程，极大提高了工农业劳动生产率，使更多的劳动力从事服务业，使传统工业化演进为服务型工业化。④产业经济演进的趋势。产业由小到大的扩张和产业结构由低级到高级的上升运动是有规律的。总的趋势是农业—轻工业—基础产业—重化工业—高附加值加工业—现代服务业和知识经济的发展演化进程；在产业发展中，知识资源的作用显著，如过去企业在追求技术创新与技术进步时，往往是从更新机器设备入手，现代企业追求技术进步更多转向提升人的素质，不仅注重产品与工艺的创新，也注重市场营销手段的创新；现代制造业产业链的分解分工而向服务业延伸，本质上是社会分工的深化和扩展；生产性服务业，在工业中也可称为工业化服务业，工业的产品设计、职能分工、生产线构造、流程再造、组织控制、技术运用、成本核算等都会在服务业发展中体现；生产性服务业已经渗透到农业生产的前期品种培育、土地耕作、种植方法设计，在其生产过程中则渗透到测土、配方施肥、植保、管理、质量安全控制，在其后期的产品营销、物流、品牌建设等方面，农业与服务企业出现了明显的融合趋势。

从上述可见，他从产业经济要素相互作用关系的认识出发，揭示了产业经济的发展过程，从中也揭示出第三产业的发展过程，并突出第二产业发展对第一、第三产业经济发展的中心带动作用，而提出他的富有创新性的“产业经济发展过程论”。

2. 关于第三产业经济结构演进、调整与优化升级的思想观点①

（1）第三产业结构地位演进的过程及趋势。他认为，第三产业结构是随整个产业结构的演进而递进发展的。由于整个产业结构是同社会经济发展相对应而不断得到升级的，因而，第三产业结构的演进过程也必然表现为由低级向高级演进的高度化和产业结构横向演进的合理化，但第三产业结构在随整个产业结构演进过程中，又具有自己的具体结构状态和规律性。他指出，第三产业结构的演进阶段可有如下的不同划分类型，并在不同类型的不同发展阶段中处于不同的结构地位。①从工业化发展阶段来看，第三产业所处的结构地位。前工业化时期，第三产业的地位微乎其微；工业化初期，第三产业有一定的发展，但所占比重较小；在工业化中期，第三产业所占比重逐渐上升；在工业化后期，第三产业比重有较大提升，已占有支配地位；在后工业化时期，随着产业的不断知识化，第三产业的支配地位更加突出。②从主导产业的转换过程来看，第三产业所占的结构地位。在工业化的演进过程中，产业结构经历了以农业为主导、以轻纺工业为主导、以原材料和燃料动力工业等基础工业为中心的重化工业为主导、以低度加工组装型工业为主导、以高度加工组装型工业为主导、以第三产业为主导的发展阶段。这是因为自工业化后期开始，第三产业的产值在 GDP 中占有较大或主要份额。随工业化的进展，第三产业比重继续增长，但开始进入以信息产业为主导的阶段。③从三大产业的内在变动过程来看，第三产业内部结构主导类型的演进阶段与状态，是随着整个产业结构演进中，第一、第二产业内部结构相应发展变化，而向前发展变化的。在第三产业内部其产业结构是沿着传统性服务业—多元

① 郭振：《中国产业经济学》，黑龙江人民出版社 2000 年版。

化服务业—现代化型服务业—信息产业—知识产业结构的方向演进的，即在不同阶段，以上类型处于相应的主导型状态。④从产业结构演进的顺序看，第三产业所处的发展阶段是难以逾越的。这是因为产业与产业结构的演进必然是随着社会经济发展水平而变化，即由低级向高级发展阶段演进的，各个阶段的发展过程虽有长短的不同，但从演进角度看，后一个发展阶段总是以前一个阶段的充分发展为基础的。因而，第三产业的主导地位与第三产业内部现代服务业的主导地位，只有在第一产业、第二产业劳动生产率充分提高、内部结构不断优化的同时，才具有成熟的条件和坚实的基础。⑤关于第三产业在三大产业结构中地位变动的趋势。他认为，在三大产业结构变化中，最突出的是第三产业的快速发展。20 世纪 70 年代以来，世界绝大多数国家的第三产业发展速度超过了第一产业、第二产业的发展速度。而中国第三产业结构地位的变动，从长期趋势来看，第一产业比重呈下降趋势，第二产业比重呈上升趋势，随后趋于稳定，第三产业将始终处于上升趋势，不论是 GDP 的比重，还是劳动力就业结构，第三产业将占较大比重。但是，中国在经济发展中长期忽视第三产业的发展，使其一直处于落后状态，不符合三大产业结构的演进规律。中国国民经济发展正面临工业化和现代化的双重任务，在工业化过程中，第三产业的兴起和迅速发展，既是工业化的一个结果，也是推进工业化发展的重要因素。中国由于在改革前 28 年片面推进传统工业化模式，使第三产业长期得不到快速发展，第三产业占 GDP 比重明显低于与中国发展条件相近的亚洲国家。经过 20 多年的改革开放，中国第三产业得到较快发展。据统计，1981～2000 年平均增长 9.1%。但是，第二产业比重过高而第三产业比重太低的状况仍然存在，三次产业的相对劳动生产率差距过大。究其原因，改革开放初期第二产业完全放开，国有经济、私营经济、外资经济一齐上，第二产业的市场竞争力提高，市场机制作用得到充分发挥，使中国第二产业比重居高不下，成为世界制造大国。第三产业，尤其是高端服务业，由于体制障碍使非国有经济难以进入，而在同一产业中的竞争力不足，市场机制对其不能发挥有效调节作用。

（2）第三产业结构调整的目标与路径。①第三产业结构调整的目标。一是产业结构的调整要有利于保持经济增长的稳定性，要减少导致经济性波动的结构性因素，并有利于整个社会经济的较快增长与提高经济效益；使第三产业的投资更多地依靠社会资本，以增强非国有资产的投入程度。二是产业结构调整要有利于改善供给对需求的适应性和反应能力。现在出现的某些需求不足的现象，从更深层次上分析，根源还在于供给结构不合理。第三产业结构的调整要有利于改善供给对需求多层次、多样化结构的适应性和反应能力。供给方面缺乏对需求变化的反应能力，造成过分依赖低度化第二产业结构来维持中国经济快速增长的局面，从而造成第二产业扩张带来的产能过剩，而使第三产业不能提供新的供给能力来创造新的需求，去开拓新的市场。三是产业结构调整要有利于经济增长方式的转变。实现经济增长从粗放型向集约型的转变，有利于降低消耗、提高效益。经济增长方式的转变的关键是技术创新与技术进步，国家在为企业营造有利于万众创新的体制、机制与外部环境前提下，应促使企业积极主动走向“创新主体”位置，形成有效的激励、约束机制和新产品、新技术的开发应用机制。②第三产业结构调整的路径。一是要控制工业部门的扩张，加快第三产业的发展。他认为，目前原材料工业和消费品工业在出口导向及国内城镇化和大规模基础设施建设的推动下会得到快速扩张，将来势必造成产能过剩。故要控制工业的投资规模，同时要大幅度提高第三产业投资比重，以带动农业剩余劳动力向第

三产业较快转移。他指出，国外有关研究表明，第三产业的发展受景气循环的影响较小，许多服务业的需求在经济衰退时仍保持相对稳定；从中国改革开放以来经济增长过程来看，工业比重过大，容易引起经济增长过程中波动较大，而加大第三产业比重将对国民经济持续稳定增长起到重要的支撑作用。二是要通过体制创新，推动第三产业结构的调整。他认为，中国第三产业中的零售贸易、餐饮、公路运输和一般服务业经过多年发展，其产品市场已经基本饱和，而有利的投资领域尚不广阔，其中一个原因，是非国有经济由于原体制限制而不能进入或难以进入，故使第三产业部门的劳动生产率相对低于第二产业，而缺乏有效的竞争力。这就有赖于产业进入机制的变革和体制的创新。他进而认为，第三产业中的铁路、航空、航运、邮电通信、金融保险、教育、文化艺术、广播电影电视等这些属于较高层次的服务业，随着中国加入 WTO（世界贸易组织）和对外开放的扩大，将日益明显地受到来自国外的冲击和挑战。因而，主张在对国外资本开放之前，应该首先对国内的民间资本开放，并且加速对体制和机制的创新，以尽快减少以至消除非国有经济进入这些产业部门的体制障碍和人为限制，从而引导国内民间资本进入以上产业部门，推动各种所有制经济平等竞争和协调发展，加快民族经济产业竞争力的增强。三是要促进社会资源在三大产业之间和各种所有制经济之间的合理流动和有效配置。他认为，在市场经济条件下要发挥市场进行资源配置的重要作用，国家的干预要尽量通过市场起作用，因而，对三大产业结构的调整要以各类所有制企业之间的资源流动为基础，使第三产业的比重上升，使第二产业比重逐步降低，这就必须使社会资源在各类所有制企业之间进行合理流动和有效配置。主张通过建立新的企业法人治理结构，使国有经济与非国有经济相互参股、平等竞争、相互制约，在相互促进过程中逐步形成协调发展的局面。四是要将产业结构调整与宏观调控总量政策结合起来。他主张以国内外市场需求为导向，推动产业结构优化升级。即要控制工业的外延式扩张，加大第一、第三产业基础设施的投资，加快发展现代服务业。要加快第三产业的发展，就必须加大体制创新的力度，去扩大银行、保险、证券、养老等业的对外开放。可进行扩大外商独资机构的试点；要使生产性服务业向专业化和产品价值链“微笑曲线”两端延伸；要使生活性服务业向精细化和高品质转变，并覆盖城乡居民社区。争取到 2010 年以后乃至更长时期内，使中国第三产业的增加值与在 GDP 中的比重较大幅度地超过第二产业。

（3）第三产业结构优化的方向与对策。一是产业结构优化的概念。产业结构优化，是指推动产业结构合理化和高度化发展的过程。前者主要依据产业关联技术经济的客观比例关系，来调整不协调的产业结构，去促进国民经济各产业间的协调发展；后者主要是要遵循产业结构演进规律，通过不断创新，去加速产业结构的高度化演进。所谓产业结构高度化，主要是指产业结构从低水平状态向高水平状态的发展，是一个动态的过程；所谓产业结构的合理化，主要是指产业与产业之间协调能力的加强和关联水平的提高，即产业结构的均衡度与产业素质水平的提高，也是一个动态的过程。二是 21 世纪第三产业结构优化的方向。要在实现农业现代化、农业产业高度化，并建立起成熟的工业体系而实现其高度化的同时，促进第三产业结构的优化与其高效发展。他指出，第三产业结构的优化方向，是要在第三产业结构中，使传统服务业所占比重下降，新兴服务业的比重上升；使劳动密集型服务业的比重下降，使资本、技术和知识密集型服务业的比重上升；使中介服务机构增多、服务项目细化、服务质量提高、服务的附加值率上升；等等。同时指出，第三产业高效发展的内容包括以下方面：第三产业的迅速发展带动第三产业产出比重和就业比重的持续上升；第三产业在大量增加就业人数的条件下保持劳动生产效率的稳定增长；第三产业的高速发展带动服务业出口的迅速增长和出口结构的优化。三是21世纪第三产业结构优化发展的趋势。他认为，随着人均收入水平的提高，商业、旅馆、饭店业的产出比重将逐步下降，运输、仓储、通信、保险、房地产和产业服务业的比重将会较大幅度地上升；当人均收入水平上升到较高水平之后，运输、仓储业的比重也趋于下降，而通信、金融保险、房地产、产业服务业的比重会继续上升，个人和社会服务业也会趋于不断上升的状态。四是第三产业结构调整的对策思路。一要加快第三产业部门的发展，逐步降低工业在GDP中的比重，较大幅度地提高第三产业的产出比重。为此，要加快经济体制的变革，大幅度地提高对第三产业的投资比重，以带动农业剩余劳动力向第三产业较快转移；同时，要使大量的非国有制经济成分大幅度地进入第三产业，并强化其市场竞争机制。二要促进社会资源向第三产业合理流动，并进行有效的配置，促进其产业生产率的加速提升与基础设施的快速建设。三要促进第三产业结构的升级，主要是要重点加快发展各类新型服务产业行业。其中，尤其要注重发展信息服务业、科技服务业、文化服务业、教育服务业、生产性服务业、旅游服务业等服务产业行业。

（4）第三产业结构优化升级必须处理好的几个发展关系。一是要正确处理第三产业内部传统服务业和现代新兴服务业发展的关系。由于我国劳动就业压力大，在今后的一段时期内传统服务业仍有发展的必要，并将较快发展，但要改组、改造传统服务业，并着重发展其商贸流通、交通运输和市政服务等行业；同时，随着人民生活水平的提高，对高层次服务业的需求必然加大，因而，必须大力发展现代服务业，特别要加快发展其信息业、科技业、文化业，以及教育培训业、卫生保健业等服务产业行业的发展。二是要正确处理城市与农村第三产业的发展关系。要在加快发展城市第三产业的同时，更加重视农村第三产业的发展，尤其是其服务产业行业的发展，加大对农业生产服务业的发展力度。

从上述可见，他从第三产业经济结构演进、调整与优化升级，调整的目标与路径，结构优化的方向与对策，结构优化升级要处理好的几个发展关系这四个方面去揭示了第三产业在不同历史发展阶段的不同标志中所处的经济地位；结构优化调整的主要目标及采取的多种途径；在21世纪产业结构优化的基本方向、趋势及应采取的基本对策；特别是优化产业结构必须处理好产业内部的服务产业新旧行业之间、城乡之间的关系，提出了自己独到的一些创新思想观点，并构成了一个优化调整第三产业经济结构的较系统的基本理论思想体系。

3. 优化调整主要第三产业结构要素的思想观点

他根据对第三产业结构主要优化发展的方向的认识，提出了他关于优化调整的以下几个结构类型的主要思想观点。

（1）通过提高外贸竞争力与转变外贸发展方式，去加快对外贸易产业行业的发展。[①]一是提高外贸竞争力的重要性。他认为，外贸竞争力是指一个国家或地区可贸易的本国产品、产业以及从事贸易的企业，在向本国开放的国际市场和区域市场中所具有的开拓、占

① 郭振：《提高黑龙江省外贸竞争力的研究》，《北方经贸》，2010年第9期；《提高黑龙江省农业国际竞争力问题研究》，《北方经贸》，2008年第10期。

据其市场并一次获得利润的能力。外贸竞争力也是一个地区竞争力的重要组成部分，反映了该地区参与国际分工与协作的能力。随着经济全球化和当代科技的发展，外贸竞争力对一国（或地区）国际竞争力的强弱将产生重大影响。外贸竞争力的强弱可以从产品竞争力、企业竞争力和产业竞争力三个方面来衡量。产品竞争力，指的是产品在设计、开发、生产制造、营销、使用、售后服务等方面在国际市场上与他国同类或相关商品的竞争中表现出来的满足消费者需求、占领市场并以此获得利润的能力。企业竞争力，指的是企业之间在市场竞争中所表现出来的竞争力量，这种力量从对比角度来看，是企业之间在某些方面的比较优势或差距的表现，从企业自身来看，是企业某种能力或素质的反映，从竞争结果来看，是企业取得利润或市场份额的能力。产业竞争力，指的是产业内企业的整体竞争力，也是一个国家产业的竞争力，从比较优势角度看，它是产业内企业能力的差异和产业发展环境差异的综合反映。可见产品竞争力、企业竞争力和产业竞争力，它们之间是相互联系和相互影响的。在开放型经济下，从这三个角度考察外贸竞争力，三者之间有一个共同点，即都可以用出口产品和服务在国际市场上的竞争力来表现。因此，外贸竞争力主要是以出口竞争力来衡量。长期以来，从出口角度看，劳动与资源密集型产业一直是中国外贸竞争力最强的产业，以服装、鞋类、玩具为代表的劳动密集型消费品作为中国出口规模最大的贸易品，在 2010 年占到中国全部出口货物比重的 1/3，在后危机背景下，这种低技术产品的出口竞争力面临劳动力成本高和生态环境恶化的种种制约，其出口竞争力也受到东亚欠发达国家同类产品的挑战，而且美欧等发达国家市场萎缩还将持续，使相关产品的出口面临非常严峻的形势，其出口竞争优势的可持续性非常弱。改革开放以来，中国加入了国际分工体系，产品内贸易主要是由外商直接投资企业和内资企业承接国际生产外包两种方式，发展规模大，但也付出了巨大社会和生态成本，沿海地区大量外资企业集群对所在地区生态环境的破坏，导致土地、淡水、矿产资源更为紧缺，环境承载能力不断恶化。所以说，中国低技术产业的出口竞争优势在未来难以为继。二是要提升外贸竞争力，必须转变外贸发展方式。他认为应转变以下方式。一要转变外贸竞争方式。在既定的国际分工格局下，生产经营从粗放到集约的核心是节约生产和流通过程的成本和流通时间。中国将取代德国成为第一出口大国，一方面靠国内要素成本的低成本优势，另一方面靠国外进口商在境外流通领域提供了高效率的服务供给。出口生产企业创造的附加值，大部分落入外商服务企业口袋。我们应实现科技兴贸，引导内资企业进入国际分工的供应链体系，培育由中国企业主导的自主性国际化企业，不能仅停留在中低端加工制造领域，要在流通领域创造低成本优势，能够自主提供物流、资金、通关结算等环节的高效率服务，并不断创新国际市场营销手段，这样能够保持中国出口产品在国内创造的竞争优势不被削弱，并增加新的竞争优势。二要转变市场开拓方式。通过中国企业的跨国经营，把生产性服务连接起来的供应链体系延伸到海外的各类目标市场和细分市场，通过内外贸一体化的供应链体系，增强中国出口商品的市场渗透力和竞争优势，把市场多元化提高到更高水平，最大限度地把潜在的外需市场转化为现实的外需市场。三要转变资源利用方式。在出口商品结构中，要根据节能减排技术发展要求，优化出口商品结构，减少碳含量，大力发展服务贸易，转变出口贸易过多依赖物质投入和资源消耗的低技术产品出口的现状。四要转变国民收益分配方式。通过传统产业链升级，不断拉长国内产业链条，形成尽可能完整的国内产业体系，使低级制造技术在更大范围内为中国人民创造就业福利、收入福利以及再投资（资本形成）和增长福利，使国际生产分工的区域扩大化，能够惠及广大中西部欠发达地区。

（2）加快农村第三产业的发展，推进农村市场的国际化①。他认为，我国加入 WTO 后要实施与推进我国农村市场国际化的战略。一是农村市场国际化的重要性。他认为，随着我国加入 WTO，更加开放的国际环境对我国农村经济发展的影响进一步深入。实现农村市场国际化是实现农业现代化的关键之一，也是我国农村参与国际分工合作，实现优势互补，提高农村经济的外向度和竞争力的必要途径。农村市场国际化就是全面利用国际国内两个市场、两种资源的思路，使中国农村经济融入世界经济之中，参与国际分工与合作，实现优势互补，提高我国农村经济的外向度和竞争力。农村市场的国际化就是要充分利用国际上的农村资源和国际大市场，参与全球的农业产业分工与交换，以优化农村产业资源的配置，增加有效供给，增加农民收入，提高农业国际竞争力，实现农村经济可持续发展。二是农村市场国际化的发展，离不开农村城镇化。他认为，通过农业剩余劳动力向大中小城市转移与发展小城镇的非农产业以提高农业劳动生产率，也需要以工业化理念发展农业，实现农业的产业化；发展农产品初加工和深加工，使农业内部分工细化，生产协作加强，专业化程度提高；要大力推进农业的服务化、信息化，发展农村现代服务业，通过服务的专业化，将服务业分工细化；利用互联网，建立农村流通信息网络化；同时，更要注重农业生产的绿色化。只有使以上“五化”同步推进，才能实现农村市场国际化。东部发达地区和有条件的中西部地区要发展精细农业，生产深加工、高附加值的农产品以适应国内与国际市场的需求。实施农业“走出去”战略，建立跨国农业开发企业，通过吸引利用外资，与外商合作建立出口加工型农产品生产基地，以进一步吸引利用国外资金、先进设备和高新技术发展现代农业。农村市场国际化离不开发挥龙头企业中介组织的作用，去充分调动广大农户的生产积极性，把千家万户的小生产与国际大市场连接起来。实现农村市场国际化，需要政府转变职能，提供更多的服务，抓规划、抓政策、抓落实、抓示范。三是我国农村市场现存的主要问题。他认为，我国农村市场目前存在着以下问题：农产品市场发育程度低，流通功能不全；生产规模较小和劳动生产率较低；农产品加工附加值低，与国际绿色标准差距大；粗放型农业发展与我国资源制约之间的矛盾较大，耕地与水资源紧缺、生态环境破坏严重；农村劳动力整体素质低下，不适应农村市场国际化的发展。四是实施农村市场国际化的战略对策。他认为应包括以下方面。一要实现农业生产和农产品加工绿色化，发展农村循环经济与低碳经济，增强优势产品的国际竞争力。从农业小循环走向农、工、商、研结合，生产、消费、流通、资源再利用的产业大循环，从小农经济走向城乡一体、脑体结合的网络型知识经济，建设规模化、系统化、生态化和国际化的农村社会，实现农村经济可持续发展。二要充分发挥人力资源优势，努力拓宽农村市场国际化发展途径。第一，大力发展龙头企业和中介组织，把广大农户组织起来，在政府支持下联合参与国际竞争。第二，面向国际市场优化农业产业结构，按照比较优势，发挥劳动密集型资源优势，发展精细农业，开发名、特、优、新、稀农产品，大力发展绿色农产品和有机农产品，真正提高农产品品质和技术标准，提高市场竞争力。第三，加大吸引利用国外资金、先进设备和高新技术的力度，加快农产品升级换代，组建大型农业企

① 郭振：《WTO 与中国经济》，中国商务出版社 2007 年版。

业，实现跨国经营。三要充分利用 WTO 规则，遵循国际惯例。要熟悉规则、研究规则、全面履行规则，善于利用 WTO 规则解决国际农业贸易纠纷，政府要着力完善农村基础设施建设，提高农业现代化水平，提升职业农民的专业素质，减少农产品直接补贴，使农业劳动生产率逐步达到国外发达国家的水平，真正提高农业国际竞争力。四要完善农村市场对外贸易格局，实施“多元化”战略。第一，通过加大研发，加快新产品开发，拓展市场空间，实现出口产品结构多元化。第二，经营主体多元化。国有、集体、私营、外资都可以建立出口商品采购中心、出口商品生产基地。第三，农业产业组织多元化。包括推进农民组织化，培养高素质职业农民，实现规模经营；农村社区组织化，发展专业合作社和合作运销组织，推行土地股份合作制。培育发展一批具有国际化能力的大企业集团，这是增强农业国际竞争力的关键。建立和发展行业协会，为农村市场国际化提供协调与沟通。

（3）优化调整现代服务业产业结构的思想观点①。他认为，要加快现代第三产业的发展，必须加强服务业产业化的发展，使现代服务业产业在现代第三产业中占有更重要的地位与比重；为了加快现代服务业产业的发展，必须优化调整其产业结构，使生产性服务产业行业更快地增长；要使生产性服务业行业产业化发展，就必须加快发展生产性服务“外包”业的产业化发展，既促进着第一产业、第二产业的集约化发展，又增加着服务业产业化的组成要素；在生产性服务“外包”产业化发展中，要加快第二产业中的制造行业的生产性服务“外包”业的发展，并使之形成现代服务业产业形态，不仅有其重要性，而且也是一个必然的发展趋势。他从上述认识出发，特别主张加快制造业生产性服务“外包”产业化的发展，以优化服务业产业的内部结构，并进而优化第三产业的结构，以促进现代第三产业的加快发展。他的主要思想观点表现在以下方面：一是现代服务业的内涵。他认为，工业与服务业融合发展是现代产业发展的新趋势，工业分工协作越深化，对服务业的要求就越大。现代服务业是主要依托信息技术和现代化管理手段发展起来的信息和知识相对密集的服务业，包括信息、物流、金融、保险、会计咨询、法律服务、商务服务、科技服务和人才服务等。现代服务业具有以下五大特征：一为现代性。现代服务业采用了最新信息技术，现代化管理手段，知识和技能相对密集。二为先进性。包括理念上的先进性、管理上的先进性和手段上的先进性。如以人为本的理念和以客户为中心的理念；管理的制度化、程序化、人性化；数字化技术和信息网络的广泛应用。三为创新性。可以全面突破大规模和低成本的思维瓶颈，引入全新的“服务竞争”模式。四为技术、知识和人力资本密集性。随着产业间、产品间和产品价值链间分工的细化，把传统的由企业内部组织进行的服务活动和环节“外包”出来，由拥有专门人才和专业技术的企业和机构去为客户提供某一领域的专业服务，从而提高服务效率和服务质量，并有效降低交易成本。五为高附加值和集群性。在整个产品价值链中咨询、创意、研发、工业设计、销售、物流、售后服务等服务活动处于产品价值链利润高端，各类服务相互融合产生集聚效应和规模效应，引起现代服务业的不断扩张、专业分工细化和高效率的协作。二是现代服务业对制造业发展与创新的促进作用。他认为，现代服务业与制造业出现了一体化、融合化发展，它们之间共同构建起信息—知识—技术平台。在这个平台上以现代服务业为中心将分工价值链的各个环节串联起来，出现了以“生产为中心”向以“服务为中心”的转型。

① 郭振：《开放经济下的服务业发展与创新研究》，中国商务出版社 2008 年版。

制造业产品的运输与储存、广告、保险、会计、法律服务等开发市场的过程中都伴随着高效率的生产性服务，极大提高了制造业的生产效率，推动了制造业产业升级和产业国际竞争力的提高。现代服务业为制造业技术创新提供了服务支持，具体表现在以下方面：通过专业服务提高制造企业的财务管理水平，增加技术创新和内源资金；通过金融市场服务为制造业技术创新提供外部资金支持；通过中介服务为制造业技术创新注入风险投资等民间资本；为制造业技术创新提供急需的智力服务。三是社会生产分工的深化、制造业的升级，推进了现代服务业的发展。他认为：其一是社会分工的深化为制造业的升级提供了良好的机遇。一件产品从其研发创新、模块生产、组装到销售、售后服务，经过了多个价值增值过程，从产品中间服务延伸到用户售后服务，极大地提高了制造业生产过程不同阶段的产出价值和运行效率，为有形产品创造了差异化优势和增值的重要源泉。其二是制造业的服务化推动了现代服务业的发展创新。制造业是为了提供某种服务而生产产品，尤其是装备制造业产品都是为了提供一种新的服务功能，随着产品一同售出的还有知识和技术服务，是服务引导着制造业的技术变革和产品创新。现代服务业是新技术的主要使用者和推广者，现代服务业本身需要对新技术发展前沿有准确的把握，能够指引新技术的发展方向。现代服务业所产生的新需求是现有技术研发的方向，是新技术追求的目标，对技术创新起到了重要拉动作用。如流通服务对生产制造过程的监控，可以通过创造需求，把握需求来控制生产制造商，从而真正实现规模经济和大规模定制，并满足消费者个性化需求。四是促进现代服务业与制造业良性互动发展的对策。一为加快制造业产业升级，推动现代服务业发展。通过产业政策引导和支持创新要素向企业集聚，推动制造业实现转型升级。从依靠要素驱动到实施创新驱动发展，加强与完善中介机构和支撑服务体系，形成政府引导，学研支撑，核心产业主导，基础设施配置完善的“官、产、学、研、金、中介”一体化创新模式。二为加强产业关联，完善现代服务业与制造业互动发展模式。引导和推动制造企业通过管理创新和业务流程再造，逐步将发展重点集中于技术研发、市场拓展和品牌运作上，将非核心的生产性服务环节剥离为社会化专业服务，以核心竞争优势来整合配套企业服务供给能力，以实现协同创新。三为消除制约现代服务业发展的体制性障碍。加大服务业对内对外开放力度，利用多种渠道和政策手段吸引产业要素投向现代服务业，推动其产业升级。四为推进现代服务业自主创新，塑造核心竞争力。五为加强现代服务业基础建设，提高现代服务业自身发展能力。

从上述可见，他重点揭示了第三产业的三个主要结构要素类型的结构优化问题，即在内外贸产业行业结构中，要加快对外贸易产业行业的发展，其主要思想是致力于提高对外贸易产业行业的国际市场竞争力；在城乡产业结构中，要加快农乡第三产业的发展，其主要思想是要大力推进农村市场的国际化发展；在商贸服务业的产业行业结构上，要加快服务业产业行业的发展，其主要思想是要注重推进生产性服务产业行业的加快发展。从中彰显出他的“重点产业结构优化论”，力图通过主导型的产业结构要素去带动一般性的结构要素，从而推进整个第三产业结构的优化发展，即提出了重点“突破”的思想。

4. 关于强化与优化我国对现代第三产业经济发展进行宏观调控管理的主要思想观点

他认为，要加快我国现代第三产业经济的优化发展，必须在科学发展观的指导下，深化经济体制的改革，采取多种调控管理手段与方式，优化第三产业的发展结构，并在一些重点领域进行创新发展，对各种调控手段进行科学组配，进行综合性的调控管理，以加速

其发展。现揭示他以下几个领域的主要思想观点。

（1）关于推进商品流通产业行业经济增长方式迅速转变的思想观点[①]。他认为，通过深化经济体制改革，实现经济增长方式的转变是实现传统商业向现代商业转变的需要，也是建设社会主义市场经济体制的迫切需要。从20世纪90年代中国建立市场经济体制以来，实现了市场取向的改革。而目前广大国有商业面临的很多问题和存在的很大困难，关键是机制没有转变过来，缺乏适应社会主义市场经济体制要求的一整套机制。从商品流通的微观运行机制来看，国有商业尚未成为独立自主的经营实体，表现为僵化的经营机制、官商作风、“等、靠、要”思想，企业组织机构、经营模式等不适应现代商品流通的发展需要，企业内部管理改革滞后等。从国家宏观管理机制来看，也存在着政府职能错位和管理机制的混乱，表现为政府宏观管理权层层下放后，缺乏统一的规划与管理，导致“政出多门”，产生了不公平的商业竞争，形成了不少管理上的漏洞，削弱了国家对社会化大商业的宏观调节功能和宏观政策的引导作用，从而造成社会商业成本的提高和社会资源的浪费。在商品流通中，也需要有一个与宏观管理和微观运作相配套的，具有协调、指导、自律的机制，即中观协调机制。目前承担中观协调功能的商会和行业协会等组织仍带有明显的行政色彩，企业入会多出于服从行政隶属关系，缺乏利益纽带、协调手段，再加上机构不健全、功能不足，因而也缺乏权威性。他由此提出，要实现经济增长方式的转变，其关键是机制转变，要搞好以下几个机制的转变。①深化商业企业改革，建立微观自主经营机制。要通过对大中型商业企业进行改革，建立企业自主经营、自负盈亏、自我积累、自我发展、自我约束的机制，建立起企业联合、兼并、破产等产权重组与优化的机制，使企业注重提高经营与服务水平，提高劳动者素质和管理水平，才会重视市场营销手段和商业模式创新，不断降低成本，开拓国内市场，形成一种不断提高经济增长质量的强劲趋势。要发挥国有商业在商品流通行业的主导作用，就要推进国有商业企业战略性调整和改组，发展大型商业集团和连锁经营，通过资产重组壮大实力。既可以向生产环节渗透，建立以流通为主导的产销结合的企业集团，也可以打破行业界限进行横向联合，创办多元化经营的商贸集团，如贸工农一体化，内外贸一体化以及商工贸、科技金融一体化的企业集团，发展连锁经营。大型国有商业集团也应利用好国内和国际市场，如石油、有色金属、农产品、锑矿石、铜、铝、煤炭等大宗商品，必须建立既有供应保障能力，也有质量保障能力的大宗商品供应链体系，以确保国内工业化进程中大宗商品供应的稳定性，避免各种风险，保障国家安全。小型商业企业大部分可通过承包、租赁、“国有民营”出售等形式进行改制改组，变成个体私营企业，仍坚持国有性质的，可改造成大型商业集团的下属店、专卖店、便利店等。②转变政府职能，健全和强化国家宏观管理机制。政府对商品流通行业的管理职能真正转变到制定和执行商业宏观调控政策、法规，培育市场，引导和调控市场上来。政府对市场的调控是针对各类市场主体的行为，保障市场的平等有效竞争。政府应营造企业家队伍形成的政治、经济和社会环境，推进企业家形成机制的健全，通过大批企业家的培养和形成以带动更多本土商业企业的生成发展，防止大型外资商业企业的垄断经营，这也是国内市场国际化竞争中维护经济安全的现实选择。③按市场经济要求建立中观协调机制。健全商会体制，加强其协调功能。商会组织应从政府扶持中的半官半民组织

① 郭振：《实现商品流通行业经济增长方式的转变》，《商业研究》，1997年第5期。

逐步向脱离政府部门系列、严格自律的社会中介组织发展，使商会组织机构建设正规化，商会应加强对商品流通行业内各类所有企业（含外资）的产品的产加销、工商贸行为进行自律管理。要树立商会组织权威和赋予其相应职权。市场经济条件下，商会作为中介组织，在社会化商业管理体制中，其自律管理的作用是不可忽视的。

（2）关于我国城乡商业网点规划的原则与实施政策的思想观点[①]。①商业网点合理分布的重要性。他认为，商业网点既是商品流通的有效载体，又是流通产业的基础设施，加强城市商业网点规划建设的步伐，对形成适应市场经济需要的现代化流通格局和实现我国商业跨世纪发展战略目标有重大的推动作用。要本着建立大市场，发展大贸易，搞活大流通的思路，通过对城市商业网点建设的总体布局，构建大容量、开放式、多功能、辐射力强的现代化流通网络，才能保证和充分发挥流通产业对生产和消费的引导和促进作用。商业网点是最基层的市场。合理规划我国城市商业网点，制定符合我国国情、省情和市情的城市商业网点规划标准，加强商业网点规划的管理，才能够克服商业网点建设和发展中的随意性和盲目性，强化流通产业政策的调控作用，促进商业网点建设的经济效益、社会效益和环境效益有机结合，有效提高商业资源配置效率。②商业网点规划应坚持的基本原则。他认为应坚持与贯彻以下基本原则。一是要坚持与社会经济发展相适应的原则，在商业总体发展与结构调整之间找到合理的均衡点。在调整商业资产存量与优化资产增量时，一定要使其与提高人民生活水平和生活质量以及社会再生产直接相关的一切社会事业发展相适应，以体现社会主义生产目的。二是要坚持与社会主义市场体系建设相匹配的原则。市场体系包括要素市场、产品和服务市场。商业网点建设要考虑到各类市场之间的相互传递性和互补性，一定要统筹规划，合理布局，运用各类市场之间的有机联系，做到行业配套，规模适度，有利生产，方便生活。三是要坚持与城市总体规划相吻合的原则。随着城镇化进程的加快，把越来越多的人口和现代产业集聚于城市空间，会为商业网点建设带来发展机遇，要考虑大中城市不断扩容，使更多农村人口进入城市后的商业网点合理布局问题，其网点布局的方针应是控制中心城区、发展周边城区和卫星城市，使商业网点建设与城市综合开发同步跟进。四是要坚持与区域经济发展相呼应的原则。商业网点规划要发挥区位资源产品优势，以形成区域商品流通体系，流通产业布局的重心将逐步转向强调社会公平，尽力发掘相对落后的中西部地区的"区位比较优势"，以振兴该地区的流通产业。五是要坚持可持续发展原则。商业网点建设应考虑长远目标，增强发展后劲和潜力，寻求人口、经济、社会资源、环境等要素之间相互协调发展。六是要坚持商业组织化原则。实现商业网点经营组织形式的序列化，组织结构的网络化和组织规模的科学化。七是要坚持量力而行的原则。要按经济规律办事，尊重市场选择，避免盲目建设、重复建设造成的商业资源浪费。八是要坚持公有制商业与非公有制商业协调发展的原则。即既要发展公有制经济，又要保证各种所有制经济依法平等使用生产要素，形成投资主体多元化、服务功能现代化的格局。九是要坚持宏观调控，依法管理的原则。发挥市场配置资源的重要作用，培育和完善商品市场，不断加强和改善政府宏观调控，加大网点建设法制化管理力度。十是要坚持良性循环的原则。要增强商业网点布局的整体功能，不断提高商品流通的效率和

① 郭振：《我国城市商业网点规划的原则》，《商业研究》，1999 年第 2 期；《城市商业网点规划原则和政策》，《商业研究》，1999 年第 4 期。

效益，使商品流通网络作为纵横交错、各有差异、极为复杂的商业网点组合体，能够以城市化为中心，以农村为基础，城乡密切结合，相互依存，成为一个有机的统一整体。③商业网点布局应实施的对策措施。他认为，产业政策的本质功能在于通过超越比较利益和比较优势原则的资源配置结构导向及其调控措施，从供给角度加快国家经济结构优化和经济发展的步伐。制定商业网点规划原则是流通产业政策的重要内容，它包括流通产业结构政策、产业组织政策和产业布局政策的综合运用。流通产业结构政策要求商业业态与资源配置的结构合理化，促进结构的高度化，并实现高效化。流通产业组织政策则根据商品流通发展的不同阶段的要求和各个行业在规模经济和竞争效率上的不同属性，对流通企业经营规模和技术规模作出战略性导向。流通产业布局政策要根据地区间商业资源的相对不均衡配置的经济效益和商业资源在地区间的均衡配置的社会效益不同，作出动态的组合安排。商业网点规划原则的制定和实施，既是一个重大理论问题，又是一个现实问题，它关系到商品流通领域可持续发展和国民经济的协调运行。

（3）关于深化农村经济体制改革，创新流通机制，推进农村商品流通产业发展的思想观点[①]。①优化农村商品流通机制的重要性。他认为，农业是实现中国现代化的基础，着力构建现代农业产业体系、生产体系和经营体系，离不开农村市场的开拓与农产品流通机制的创新。从理论上讲，广大的农村地区蕴藏着巨大的市场潜力，开拓农村市场就会促进我国城乡消费品市场的繁荣，使广大农户由“小而全”的以自给自足为主的产品生产向“小而专”的商品生产转变，实现农业产业结构的调整升级，提高农民的实际收入水平，全面振兴农村经济。开拓我国农村市场要从流通机制创新入手，实现“小生产”与“大市场”的连接，加快农业产业化进程，改善农村的市场环境，促进农业经营机制的转换。农村的商品流通机制不畅，农民在流通领域组织化程度低，农民的“买难”、“卖难”问题不少，农民在市场上处于不平等的谈判地位和交易地位，导致农业生产成本不断提高，农民的生产水平不能在生产增长的基础上迅速增加，农业的比较利益低，城乡差距扩大，农业处于弱质产业的地位。因此，不能形成向农业倾斜的利益激励机制和向农业投入的动力机制。如何培育真正代表农民利益的流通组织，重组农业产业化经营方式，发挥流通机制促进亿万农户与社会化大市场连接的中介作用，使“小而全”的产品农业真正转变为专业化生产的市场农业，实现农业的集约化经营，避免农民利益在流通环节中遭到侵蚀，稳步提高农民的收入水平，促进作为农业产业化主体的农户的自身积累能力，促进城乡资源的合理流动和优化配置，就成为一个十分重要的问题，对于全面振兴农村经济关系重大。②优化农村商品流通机制的对策措施。他认为，要提高农民在流通领域的组织化程度，就要积极培育农村市场中介组织，发展农民专业合作社和农村社会化服务，促进农业生产经营专业化、标准化，规模化、集约化，种养加一体、产加销一条龙。开发农业的多种功能，实现农业第一产业、第二产业、第三产业融合发展，开发农业的多种功能。通过农业的产业化，推进产业链和价值链建设，健全从农田到餐桌的农产品质量安全过程监管体系，使生产者、加工者和销售者结成不同程度的风险共担、利益均沾的经济共同体。构建起现代化农业产业体系、生产经营体系，重视农业质量和效益，加强品牌建设，提高农业的竞争力。创新流通机制，加快农业产业化进程离不开制度与政策创新，离不开政府的

---

① 郭振：《开拓农村市场与创I型难流通机制》，《光明日报》，1997年3月31日。

支持与推动。一是要引导农民抓好商品生产基地建设，发展多种形式适度规模经营，根据资源、技术和经济条件，努力形成一村一品、一产一业的生产经营格局，并逐步形成区域性主导产业。培育和开拓农产品市场，兴建具有地方特色的农产品专业批发市场和跨省区、辐射全国的专业批发市场和期货市场，形成市场带动性农业产业化组织形式。二是要着力抓龙头企业的培育和建设，形成龙头企业带动型农业产业化组织形式。它的初始形式是由专业户、专业协会和公司（企业）带动广大农户作为产业化组织的基础，然后再发展成为经济联系紧密、风险共担、利益共享的较为高级的产业化运作模式。要引导一批有经济实力、有市场开拓能力和产业服务能力的龙头企业和资本下乡，并与农业产业升级紧密结合，对农业产业化运作给予强有力的支撑，这是实现农业产业化过程中的经济结合点和支撑点。从营造创新流通机制的政策环境来看，首先，要坚定不移地从政策上鼓励和引导农民进入流通领域，反对任何形式地区封锁、部门分割和行业垄断，从税收和各类收费减免上保障降低农产品流通费用。其次，要建立和完善市场宏观调控制度，特别是要建立健全市场运行监测制度、重要商品储备制度、价格调节基金制度、农产品市场风险制度、农业再保险制度，政府应强化综合服务，防止国有粮棉收购机构受到利益驱动，为自身谋利，加剧农产品市场的失衡。总之，要在切实保障农民合法财产的权益基础上提高农业生产经营的组织化程度，发展农业社会化服务组织和产业经营体系，提高农业竞争力。

从上述可见，他从商品流通产业、城乡商业网点合理分布、创新农村商品流通机制三个主要领域，阐发了他的关于推进流通产业经济增长方式迅速转变、推进城乡商业网点合理布局、深化农村经济体制改革的宏观调控管理应采取对策措施的思想，是把握了宏观调控第三产业经济发展的重点领域与要素，并形成了宏观调控第三产业经济加速发展的基本创新思想体系。

总之，他以科学发展观为指导，从我国第三产业经济发展的现状与趋势方向的认识出发，着重以创新的思维，阐述第三产业经济的演进过程，尤其是其产业结构的演进过程及优化调整的方向与所取对策；并抓住了几个重点领域去系统而深入地揭示其具体的推进方式与方法；特别是在国家宏观调控管理第三产业经济优化发展的手段方面，突出地阐述了他的“综合化”的主张与“重点创新论”，把“宏观调控管理论”推向现代化的前沿。可以说，他已形成了一个富有创新性的推进第三产业经济现代化发展的基本理论思想体系，而作出了诸多创新性贡献。

六、产业经济学家赵德海的第三产业经济思想

赵德海，1951 年 11 月出生于山东省禹城市，中共党员。1982 年 7 月毕业于原直属国家商业部的黑龙江商学院（现更名为哈尔滨商业大学）商业经济专业（本科），毕业后即任教于该校至今。现任黑龙江省人文社科重点建设研究基地——哈尔滨商业大学现代商品流通研究中心主任、经济学院二级教授、博士导师。曾任商业企业管理教研室主任、经济学院院长、讲师、副教授、教授、硕士导师、博士导师。不仅是黑龙江省优秀重点学科产业经济学学科与应用经济学重点学科的带头人，而且是我国产业经济学与第三产业经济学的著名学者，是其学科带头人之一。他先后兼任黑龙江省经济学会秘书长、黑龙江省第三产业研究会会长、黑龙江省招商引资研究会会长、中国高等院校商业经济教学研究会常务理事、中国工业经济研究会副理事长等学会领导职务。先后获得黑龙江省优秀导师、国内

贸易部优秀中青年商业经济专家、国务院特殊津贴专家等奖项与称号。他多年来致力于商业经济、产业经济、第三产业经济领域的教学研究，取得了突出的、丰硕的研究成果。一是先后主持完成各级、各类研究课题30余项，包括国家级4项、原国内贸易部部级3项、省科委重点攻关项目3项、省自然科学基金项目3项、省教委重大项目3项等；二是在国内外报刊上公开发表学术论文30余篇，其中A1级文章6篇；三是主编与独著教材、专著5部，在省与国家出版社公开出版而应用、传播；四是为部、省市级政府机构进行经济规划与提出论证报告、决策建议共10余项，被其采纳应用。由于研究成果突出，获省级、部级以上科研成果奖10余项，其中全国商业科技进步一等奖1项、二等奖1项；省部级一等奖2项、二等奖2项，及其他等级奖项。特别应当指出的是，在进入21世纪后，随着我国改革开放的深入进行，社会主义市场经济获得了快速的发展，国家更加重视第三产业经济的创新、改组，促使他重点投入第三产业经济优化发展的深入研究，主要致力于商业组织化理论、商业网点规划原则与标准、现代商品流通产业化发展、生产性服务业产业化发展等方面的研究，并将大力发展现代服务业，特别是生产性服务业与信息服务业产业化发展作为主要突破口，还将研究的层面从全国宏观范围向省市区域范围深化延伸。表明他把对第三产业经济理论思想的研究更加提升与细化，而具有更鲜明的独创性与前导性，形成了自己第三产业经济思想的初步创新体系，从而丰富与细化了我国现代第三产业经济思想的结构体系。现将他在有关学术论著与项目研究报告中所反映的现代第三产业经济思想，概括归纳与揭示如下。

（一）关于三大产业经济间的关系及第三产业经济地位的思想

他从对社会生产过程的分析出发，认为生产决定分配与流通，但在一定的情况下，分配与流通又影响与反作用于生产。在出现商品交换后，商品流通随之产生，商品生产获得了较快的发展，而专营商品交换与商品流通的商贸、服务业也相应产生与发展，因而，商品生产，包括农业与工业商品生产的发展，又决定着商贸、服务业的发展，而商贸、服务业的发展又在很大程度上影响与反作用于商品生产。进入近代社会后，掀起了以工业生产为主导的产业革命，随后将商品生产业明确划分为以农业为基础的第一产业、以工业为主体的第二产业，将从事农业、工业生产的商品交换活动的商贸、服务业划分为第三产业。由此，在三大产业之间，是第一产业、第二产业决定第三产业，而第三产业又在很大程度上影响与反作用于第一产业、第二产业的发展，从而形成了三大产业间的相互协调、互相作用的发展关系，并形成了第一产业为基础、第二产业为主导、第三产业为支撑的三大产业经济地位。进入现代社会后，第二产业的主导地位更加突出，第三产业的比重迅速上升，其经济地位更加重要，因而，第二产业经济的发展对第三产业经济发展的决定作用更加明显，其产业经济结构的优化发展，会迅速促进第三产业经济结构的优化变革与细化发展，而后者对前者会有更加灵敏的反应，从而使两个产业经济的联结出现更多的形式，产生出新的产业链。他从上述认识出发，认为科学技术的应用首先发生在生产领域，尤其在近代首先发生在工业生产领域，然后向其他领域扩散、渗透。随着高科技的产业化发展，使得产品的结构、产品的价值和使用价值以及传统的市场观念也必然相应变化。由于生产的规模和结构决定着交换的深度和广度，因而，随着知识经济的发展、第二产业对高科技的先行应用，作为连接生产与消费环节的第三产业，也必然随着第二产业的变革，而进行相应的变革或称革命，从中也反映出第二产业经济与第三产业经济发展间的关系。他从两大产业经济发展关系的角度，进行了以下具体剖析，而提出了两大产业经济关系的思想。

1. 关于知识经济与商业革命关系的思想观点①

科学技术的不断创新发展与应用效益的重大提升形成了新的知识经济类型，而知识经济类型又较多地反映在第二产业，即工业生产领域。因此，他认为，在西方国家近代的商业发展中所经历的三次“商业革命”，都是作为第二产业的工业革命的孪生物而产生的。他指出“第二产业的革命必然引起消费关系、产销关系诸多方面的深刻变化，作为商品交换媒介的商业，其经营观念、经营方式、经营策略等，也必然与之相适应而变化”，由此，他对两者之间的关系作出了以下的具体剖析。

（1）第一次商业革命。它以百货公司的经营方式诞生和以“销售为中心”的经营观念的产生为标志。这个时期的机械化大生产，尽管造成了庞大的商品堆积，但其生产却是以大批量、少品种为基本特征的，生产者追求的是庞大的商品数量和以耐用程度为中心的硬性的质量标准。

（2）第二次商业革命。它以超级市场的经营方式和以“市场为中心”的经营观念的产生为标志。超级市场是在20世纪30年代以后，伴随着以电力的广泛应用与以原子能和汽车工业的大力发展为标志的第二次产业革命的发生而兴起的。

（3）第三次商业革命。它以自动售货与计算机应用的经营方式和以“消费者为中心”经营观念的产生为标志。与前两次商业革命相比，这次新的商业革命的意义更重大，影响更深远。这次新的商业革命是以消费者为中心、以新的消费革命为先导开展起来的，它的背后是新的技术革命引起的以“个性化消费”为特征的新的消费革命，实际是由知识经济所代表的。第二产业革命，导致了商品流通的变革。它首先使商品经营观念、商品经营方式、商品经营环境开始有了根本性的变化。这主要表现在以下几个方面：①经营内容方面。一是消费个性多样化决定了市场呈现出非划一性的异质结构特征。因为，在新的消费革命后，消费者对市场和商业的要求，首先不是价格问题，而是满足个性多样化消费需求的形形色色、千变万化的“异质”商品。二是社会商品供应能力全面超过社会需求。社会商品需求的数量、花色、品种等趋向全面饱和，使消费者对商品需求有了更充分的考虑、等待、选择的时间和机会。由此，使商品生产经营者再也无法单纯靠物美价廉去争取客户、占领市场，而更多、更重要地靠“软性”商品和“软性”服务开展竞争。三是商品生产的经营风险越来越大，而机会也越来越多。这是因为“个性化消费”需要使产品寿命周期缩短、市场变化加快、新产品开发的机会增多。商务服务业面对这样的客观环境，再靠“物美价廉”的大推销策略显然已经过时了、无效了。这就宣告了行之100多年的商业传统的规模经营型的经营方式和经营观念的生命力的完结，从而迫使商业经营方式和经营观念必须进行一次新的变革，以适应市场“个性化消费”革命及其所造成的新的经营环境的要求。于是，这次以“消费者为中心”的“消费者参与型”的新的商业革命的发生，就成了历史的必然。②经营方式方面。随着计算机和信息技术在商贸方面的应用，商品经营将改变传统的经营方式，电子商务将进入生产、流通和消费领域。所谓电子商务，就是指利用信息技术从事商贸业经营活动，是一种全新的商品经营方式，电子商务给已有商业格局和经营方式带来的巨大冲击力将是人们所始料不及的。电子商务涉及的领

① 赵德海：《招商引资与产业生成》，经济管理出版社2013年版。

域几乎涵盖了商务活动的各个方面，但主要展现在以下领域：一是发布网络广告。即在互联网络上进行广告宣传，以提升企业形象、创造企业风格、行销最新商品等。网络广告的形式多样，而且时效性强、费用十分低廉。二是进行市场调查，获得国内外最新信息。企业可以在网络中收集顾客的意见和建议，另外，网上信息资源十分丰富，企业可以发现许多商业机会。三是向客户提供服务。企业可以在互联网上解答顾客提出的各种疑问，为顾客提供各种信息。四是与客户洽谈进行网络交易。企业在互联网上可以与全球各国任何一家上网公司进行业务洽谈，完成从询盘、谈判到签订合同的一系列过程。与传统的商品经营相比，电子商务具有无可比拟的优越性，潜在消费与客户群庞大，有利于开发、创造青年人市场，速度快捷。由于电子商务以互联网为依托，因而，它的商务信息快而新，且成本低廉。电子商务使用方便，顾客能够坐在家里观看到产品的形象、性能，实现人们“坐在家中购物”的愿望。可见，他的以上的具体分析，表明了他的第二产业经济与第三产业经济发展间的关系，是由第二产业的优化变革引致了第三产业的相应革命性变化的产业关系思想。

2. 关于市场经济与市场化建设关系的思想观点①

他面对我国进行“改革开放”后，大力发展社会主义市场经济，实行由计划经济体制向市场经济体制进行根本转变的实践，而不断对市场经济及其与市场化建设关系的理论进行深入的研究，提出了他独立的见解，明确剖析了两者的联系与区别，而创建起市场化建设的初步思想体系。

（1）关于市场经济的发展与市场化建设关系的思想观点。①市场经济的属性及其结构要素。一是他认为市场经济是高度发达的商品经济，商品经济的基本活动是由商品生产决定的广泛商品交换活动，商品交换活动的载体是市场；商品生产，既包括物质商品生产，又包括非物质的商品生产，而物质商品生产则包括农业与工业的商品生产，并主要是工业商品生产，即第一产业与第二产业的商品生产；而商品生产的发展与市场需求的引导，则促进了商品交换的广泛发展，从而促进了市场经济的发展，也因而促进了从事商品交换的商贸、服务业的发展，即第三产业经济的发展。二是认为市场经济不仅包括广泛而系统的市场体系，还包括市场经济的体制与市场经济的运行机制等诸多结构要素。②市场经济与市场化建设的关系。他认为，市场经济的发展不仅引致了社会生产要素的广泛市场化，而且促进了市场体系的优化与细化发展，因而，必然促进“市场化”发展，而大力进行“市场化建设”。由此，他率先提出了“市场化”这一新的术语，并从新的视角，论述了第一产业、第二产业经济的发展与第三产业经济发展的关系，市场经济发展与“市场化建设”之间的关系。

（2）关于市场化建设的思想观点。①关于“市场化”的含义。他从市场理论入手，从不同角度、不同历史时期清晰地阐述了市场的定义。接着他指出：我国大多数学者，都把“市场化”理解为是由计划配置转化为市场配置，强调的是改革、是革新；同时，近几年来我国在国企、住房、医疗、金融和教育等方面关于市场化的探索，更多体现了“社会化”、“商品化”、“私有化”的含义。他认为，对“市场化”概念的理解，不应仅从市场化表层的“交换关系变革”，或从政府管制进程等方面简单地理解，而应该全面地

① 赵德海：《招商引资与产业生成》，经济管理出版社2013年版。

从整个社会“制度变迁”的角度去理解，即要从系统观的角度去分析与理解，这样才可能深刻而全面地把握“市场化”的内涵和特征。他基于以上认识，明确地提出了自己关于“市场化”的含义“是指经济制度由政府管制型经济（计划经济是其极端的表现形式）向市场经济转变的过程，是一系列经济、社会、法律乃至政治体制的变革，在变革的同时强调市场作为指导，使政府计划与市场调控的边界更为分明”。②关于“市场化”的特征。他认为，要表明市场经济的鲜明特色，必须对市场机制加以重点论述和系统分析，并要把市场化的特征视为衡量现实社会经济是否符合市场经济要求的标准与设计测度市场化进程指标的直接依据。他提出了“市场化”应具有的特征，主要表现为以下五种形态。一是政府行为的规范化。主要表现在政府对企业和市场干涉的减少，政府只在宏观决策和其他一些必要的领域里发挥作用，而从微观决策领域退出。他认为，从计划统管一切的体制到市场自主调节体制的变革，一定会表现为政府在某些领域的退出，其决策权的收缩、让渡、转化、分散等都代表着市场化。二是企业经营的独立化。他认为，如果企业对政府与对外的依赖性、依附性减弱，而自主性、独立性增强，权力和权利扩大，包括选择行为方式、获利方式权力的扩大，也包括选择制度权力的扩大，这就是市场化的深化。三是市场运行机制的市场化。他认为，这里所说的市场应包括产品市场、要素市场、资本金融市场三个方面。其产品市场包括消费资料和生产资料市场；其要素市场包括劳动力、资本、资金、技术、房地产、外汇等市场；其资本金融市场则主要包括固定资产投资、股票、证券等市场。这里所说的市场运行机制的市场化，是指这些市场的价格不是由国家计划规定，而是由生产者根据市场供求状况、成本状况决定，即市场价格的波动所带来的不同利益去驱动市场的运行活动，被称为市场价格机制或价格的市场化机制。四是所有制结构和所有制实现形式的多元化。他认为，从历史上看，市场经济是从私有制经济中发展起来的，市场经济与非国有经济、非公有经济有很强的亲和力；而国有制总是同集中计划相联系的，所以，社会主义经济的市场化改革，必然要求所有制结构和所有制实现形式发生相应的变动，要建立公有制为主导、多种所有制经济同时发展的新格局，以适应市场经济的要求。五是经济行为的规范化、契约化、法制化和秩序化。他认为，市场经济是由法律、规则及规范（如讲信誉的道德规范）制约和调节的。我国目前有一些企业在经济关系中签约率很低，签约后的履约率也很低，另外假冒伪劣盛行、秩序性和规范性较差。这些绝不是市场化的特征，至少不是成熟的现代市场经济的特征。总之，他认为“市场化的具体特征，是市场化含义的理论延伸、市场化推进过程中可把握的表象，通过它可将市场化的含义转化为可计量的统计指标”。

从上述可见，他从第一产业、第二产业经济发展推进第三产业经济发展，从而推进市场经济的发展的认识出发，进一步揭示了市场经济与市场化的关系、市场化的含义与特征，并认为市场化反过来又推进着商品生产的发展，从而把三大产业经济关系观进行了细化发展。

总之，他从总体层面与更加细化的层面，揭示了三大产业经济发展间的关系及其各自所处的经济地位。提出了他的第一产业、第二产业、第三产业经济依序运行的“过程观”；三大产业经济相互依存、相互作用的“协调发展观”；第一产业经济为基础、第二产业经济为主导、第三产业经济为支撑的三大产业经济“地位观”，在揭示有关理论思想的方法上，更侧重于对重点要素的细化分析，从而创发出新的内容体系与第三产业经济地位的思想观点。

（二）关于优化调整现代第三产业经济结构的思想

1. 对现代第三产业经济基本结构的分类及其优化调整方向的思想[①]

（1）现代第三产业经济基本结构要素体系。①他认为，现代第三产业经济活动是一个广泛的“服务贸易”活动，按照 WTO 机构的划分，可分为众多的行业与细分产业类型，但按照第三产业经济的基本行业类型划分，一般划分为商业、贸易业、服务业三大产业行业类型。以上三大产业行业的经营活动，共同构成了整个商品流通产业的经营活动。在每个产业行业中，又可按不同的标志，细分为多种类型的第二层次、第三层次的产业行业类型，它们共同构成了第三产业经济结构体系，但其基本结构体系是由商业、贸易业、服务业三大产业行业所组成的体系。②他认为，在商业与贸易产业行业中，按经营形式划分，可分为批发业与零售业；在服务产业行业中，可分为物流服务、信息服务、科技服务等服务细分产业行业。③他认为，随着我国社会主义市场经济的快速发展，现代第三产业经济也相应快速发展，其产业结构要素也不断创新发展，而更加现代化、国际化，因而，优化调整第三产业经济的基本结构体系，使之更加合理化，就成为现代第三产业经济加快发展的客观要求。

（2）现代第三产业经济基本结构优化调整的重点方向。①他的总体思路。他认为在商业、贸易业产业行业继续扩大发展的同时，更要加快服务业产业行业的发展，并使之内部行业更加创新扩展，从而构成更加优化合理的产业结构体系；在商业产业行业中，要在继续扩大批发业产业行业的同时，更要加快创新零售产业行业的发展，使之多样化、领域延伸化；在贸易产业行业中，要从边境贸易、国际重点经济区贸易，向广泛的世界贸易区扩展；并从以优势资源出口为主的模式向以优势机械产品出口为主的模式转化；在服务产业行业中，要从以传统的劳务服务为主的行业向以现代先进科技为支撑的物流外包产业、信息化产业等服务产业行业迅速扩展。②他在几个主要领域的具体思考与认识：一是在商贸产业行业领域。认为在商业批发经营行业继续创新发展的同时，更要加快商品零售经营行业的发展，并使其类型多样化、经营领域伸展化、经营思想市场化，特别要注重发展纵向组合的产业链，如连锁经营业、综合超市经营业等。二是在商贸经营的区域领域。认为要在城市区域，尤其是资源型大城市，去更多地发展服务外包产业与创新发展的批零结合经营的产业；同时，要更多地创新发展广大农村的商贸与服务经营产业，使其社会生产要素更加市场化与综合性地产业化，在进行独立化发展的同时，更多地向产销结合的横向一体化产业类型转变。三是在商贸与服务业的省区发展领域。他认为，要重点扩大发展具有老工业基地与独特优势丰富资源的省区的发展，并把生产性服务外包产业化发展作为重点发展方向。如他主张并具体进行了对黑龙江省区服务业、生产性服务外包业产业化的分析研究，并主张通过该省区的典例去全面而深入地揭示出彰显全国第三产业经济结构优化发展的导向，去推进全国第三产业经济结构的优化调整。总之，他主张在优化调整第三产业的商、贸、服三大产业行业结构的基础上，要进一步优化调整第三产业的城乡区域结构、省地区域结构、东中西区域结构、国内外区域结构等结构类型，并对其内部的结构要素进行细化发展，而最终形成现代第三产业经济结构更加合理化的体系，以推进特色社会主义

---

① 赵德海、胡元礼：《现代商品流通运行》，中国财政经济出版社 2003 年版。

市场经济的快速发展。

2. 关于大力发展现代服务产业，优化调整其产业结构的思想①

他认为，在现代商业、贸易业产业行业继续细化与优化发展的同时，服务业产业会大力扩展并会日益细化，因而，现代第三产业经济行业结构优化调整的主要方向，应是大力扩展现代服务业产业的发展规模与比重，并随着社会生产分工的细化发展，而分化为更多的细化行业，进行更优化的专业经营，以形成更优的第三产业经济行业结构体系。

（1）服务业产业的含义及其产业的行业结构体系。①服务业的含义及其历史演进过程。一是他认为服务业是随着社会生产分工的细化发展而不断深化与细化发展的，其含义也是随着人们对服务业发展的认识，而不断演进的。最初的传统认识，是把服务业视为与商贸经营业相联系的劳务服务业，而商贸经营业是从事物质商品的经营业，劳务服务业是从事非物质商品经营的、以劳动服务为主的服务经营业；到了近代社会，非物质商品服务的经营业有了较快的扩展；而到了现代社会，随着社会生产要素的不断市场化，非物质商品服务经营业有了迅速的扩展，从而把该服务经营业称为“服务业”，形成相对独立的、专业化的非物质商品服务的广泛经营业。但它不同于 WTO 机构所称的“服务贸易”一词，它所指的是广泛的“商务”活动。他从此认识出发，而将“服务业”的含义定义为“非物质生产要素的服务经营业”。二是他具体揭示了其含义内涵的如下演进过程：第一，美国学者丹尼尔·贝尔，在其《后工业社会来临》一书中认为，农业社会中的服务业以个人服务和家庭服务为主；在工业社会中的服务业则以商业服务和公共服务为主；在后工业社会中的服务则主要是以技术性、知识性的服务为主。第二，美国学者马克卢普在其《美国的知识生产与分配》著作中认为，现代服务业主要包括教育、科学研究、通信媒介和信息服务四个行业，突出地强调了现代服务业的知识化与信息化的特点。第三，中国的一些经济学者，也从不同的角度对现代服务业的内涵进行了不同的揭示。如朱晓青、林萍在其 2004 年发表的著作中认为，现代服务业与传统服务业相比，“具有高技术性、知识性、新兴性三大基本属性”；韩云在其 2005 年的著述中认为，现代服务业“具有高人力资本含量、高附加值和高技术含量三大重要特征”；上海财经大学徐国祥教授在其 2004 年的著述中，则总结为“现代服务业是在工业化高度发展阶段产生的，主要依托电子信息技术和现代管理理念而发展起来的知识密集型的生产性服务业”。以上中国这些经济学者对“现代服务业”含义的不同解释，虽有各自的见解，但反映了他们对“现代服务业”含义的共同认识是非物质要素的服务经营业，其核心内涵是其高技术性、高知识性。②服务业产业的含义。他从“产业”的含义是“在同一价值链上进行生产经营活动企业的集合”与“进行同类与相近业务经营企业的集合”的认识出发，认为现代“服务业产业”，是“共同打造同一服务价值链的服务企业的集合”。由于服务产业不断细化为多种类型的“行业”，因而，也就形成了不同行业的产业类型，并由这些细分产业行业类型构成了服务业产业的行业结构要素。③服务业行业的类型及服务产业行业结构要素体系。一是对服务业行业类型的划分。他认为，对服务业行业类型的划分有各种不同的划分标准，而划分的标准不同，其行业类型划分就不同。如按服务活动的经营性质不同划分，可分为生产性服务业与生活性服务业；如按服务的社会性不同划分，可分为公共性服务业与个人服务

① 赵德海、郭振：《开放经济下的服务业发展与创新研究》，中国商务出版社 2008 年版。

业；如按社会生产要素不同划分，可分为金融、科技、信息、物流、教育等诸多服务业；如按社会生产过程的环节不同划分，可分为生产性服务业、流通性服务业、生活消费型服务业等。他主张运用不同的划分标准，从不同的角度去分类研究与揭示服务业的行业类型，而创建多类型的服务业行业，进而形成多分类的服务业产业化的类型。二是现代服务业发展的重点细分行业及其发展的主要方向。他赞同 2005 年 10 月中国共产党第十六届中共委员会第五次全体会议通过的《中共中央关于制定国民经济和社会发展第十一个五年规划的建议》中所提出的“促进服务业加快发展，制定和完善促进服务业发展的改革措施，大力发展金融、保险、物流、信息和法律服务等现代服务业”的建议内容，主张把这几个细分行业类型作为我国现代服务业发展的重点细分行业类型；同时，主张推行 2006 年 3 月在《中华人民共和国国民经济和社会发展第十一个五年规划纲要》中所提出的“提高服务业的比重和水平，大力发展主要面向生产者的服务业和继续发展主要面向消费者的服务业”的发展方向。不仅主张把现代服务业划分为生产性服务业与生活性服务业两大类型，还主张把研究的内容更多地放在生产性服务业的重点部位上，并深化了对装备制造业中的生产性服务业的创新发展研究。三是服务业产业行业结构要素体系。他主张服务业的细分行业要加快现代产业化的发展，形成服务业产业的细分行业，从而形成服务业产业经济的行业结构要素体系。他认为，可以将国家所倡导的主要服务业行业组合为服务产业经济的行业结构要素体系，使之结构更加优化发展。这些主要服务产业经济的行业类型可划分为：金融保险服务业、物流服务业、科学研究与技术服务业、信息服务业、生产性服务业、教育服务业、法律服务业、电子商务服务业等。并可将上述各个产业行业类型再细分出各自的具体行业类型，使之深化发展。

（2）关于加快现代服务业产业结构优化发展的基本对策思想。他认为，要促进现代服务产业结构优化发展，必须采用相应的对策措施，其应采取的对策措施主要应有以下几个方面。①要树立现代产业化理念。即要充分认识加快现代服务业产业化发展与优化其产业结构，对加速发展社会主义市场经济的重要性。要适应新兴工业化和居民消费结构升级的新形势，在规范提升传统服务业，充分发挥服务业吸纳就业人员作用的同时，去重点发展现代服务业，并加速其产业化发展的进程，促进其产业结构的优化升级，以全面提高现代服务业产业化发展的水平。②要加快推进服务业产业的标准化，建立健全的服务业产业化的标准体系。不仅要扩大服务业产业化标准的覆盖范围，而且更要加速制定服务业产业各行业的具体产业化标准，以推进服务业产业各行业的产业化发展。③要营造有利于扩大服务消费的社会氛围，扩大服务消费的规模与结构。这就需要通过宣传、政策引导诸手段，鼓励人们扩大现代服务消费，以市场消费去引导与推进现代服务业的产业行业的扩展与产业化的升级。④要鼓励社会资本更多的投入现代服务业。不仅要鼓励国内私人资本的投入，还要引入国外私人资本的投入；不仅要积极鼓励其扩大经营规模，更要推进其进行产业化经营，以加快扩展更多的现代服务业行业，并通过创新的企业横向与纵向组合形式，创建新的产业链类型，以不断优化其产业行业结构。⑤优化完善现代服务企业的内部自律机制，规范服务产业的经营行为，优化服务市场的秩序，并大力扩展对国外服务业的发展规模与地区范围，实现现代服务产业的国际化。总之，他从宏观与微观层面，提出了他的不断优化现代服务业产业行业结构的对策思想。

从上述可见，他提出了现代第三产业行业的基本结构要素是商业、贸易业、服务业三大行业，三大行业的有机“结合”构成了现代第三产业经济的基本结构体系，而优化第三产业结构体系，就是要在继续优化发展商业与贸易业的同时，更加注重服务业的加快发展，大力提升其所占的比重；他深入揭示了现代服务业的含义及其历史演进过程，不仅提出了他对“现代服务业”含义的界定是“非物质生产要素的服务经营业”，还进一步提出他对“现代服务业产业”的含义的界定是“共同打造同一服务价值链的服务企业的集合”；他提出了划分服务业产业所属行业的依据标准体系，并主张根据不同的研究目标，去选用不同的划分标准，进而揭示了国家与众多学者对现代服务业产业行业的不同分类及其对重点行业的选择，从而明确提出了自己将现代服务业划分为“生产性服务业与生活性服务业”两大行业类型与由“金融保险服务业、物流服务业、科学研究与技术服务业、信息服务业、生产性服务业、教育服务业、法律服务业、电子商务服务业等主要行业”的细分行业而组成的“行业体系”的主张，并进而提出“要把行业体系结构优化发展的重点部位放在生产性服务业的创新发展上”；他从国家与企业两个层面，提出了加快现代服务产业结构优化发展的基本对策思想。可以说，他在该领域已形成了一个基本的思想体系，并多具自己独立的创新见解，而把现代服务业产业经济思想推进到一个新的发展阶段，延伸了更多的研究领域。

3. 关于优化调整商品流通产业结构的思想①

他认为，随着我国社会主义市场经济的迅速发展，现代商品流通业也必然随之加快发展，并不断产业化；要加快商品流通产业的现代化发展，必然要促进其重点产业行业的发展。由此，就必须科学揭示商品流通产业的含义、其与第三产业的关系、产业结构要素及其结构体系、优化调整其产业结构的必然性与重点方向、优化调整产业结构的基本对策等，以加快其现代产业化的发展。

（1）关于现代商品流通产业的含义及其与第三产业的关系。①现代商品流通产业的含义。他首先解释了“商品流通”的含义。认为商品流通“是以货币为媒介的连续不断的商品交换，是社会再生产的一个重要环节。是连接生产与消费的桥梁与纽带”，“商品流通过程是价值实现过程和使用价值替换过程的统一”；同时，认为在经济体系中，商品流通是交换活动的要素，但作为商品交换，“由于每个商品的交换过程不可能孤立存在，而是彼此错综复杂地连结一起，因而，商品流通又是一切商品交换关系的总和”。由此提出了他的“连结社会再生产过程的生产环节与消费环节的中介环节论”与“商品交换关系的总和论”。接着，他揭示了“商品流通产业”的含义。他认为，商品流通是我国社会主义市场经济发育和成熟程度的主要标志，必须促进其现代产业化的发展，并把商品流通产业视为促进社会经济全面而快速发展的先导产业。为了加快现代商品流通产业的发展，必须科学界定“商品流通产业”的含义。他认为，目前中外尚不统一，各国有各国的界定标准，即使在中国，不同的学者也有各自的界定。他主张，对商品流通产业含义的界定“必须以流通为基点。判定一个企业是否属于流通产业，一看其是否专门从事商品流通，二看其是否专门为商品流通服务”。从上述主张出发，认为它应包括以下两个部门：“一是商贸业，主要包括批发业和零售业；二是专门为商业服务的行业，主要包括物资供销业、仓储业、运输业、包装业等。前者为商品流通产业的主体部分，后者则是商品流通产

① 赵德海、胡元礼：《现代商品流通运行》，中国财政经济出版社 2003 年版。

业的外延部分，它们共同构成了商品流通产业的产业体系。”而其他的邮电通信业、金融业、保险业等，因不再专门服务商品流通过程，故不应将其划入商品流通产业范畴。②现代商品流通与第三产业的关系。他认为，现代商品流通产业是第三产业的主要构成部分，是其产业的一个类型。其依据，是基于他对商品流通产业含义的上述界定，即商品流通产业是由商业行业与商业服务业行业所构成的产业体系。

（2）关于优化调整商品流通产业结构的思想观点。①商品流通产业结构的含义及其类型。一是商品流通产业结构的含义。他认为，商品流通产业结构作为社会经济结构的重要组成要素，“是指组织商品各部门之间和各部门内部的构成，以及它们之间相互制约的经济联系和数量对比关系”。二是商品流通产业结构的类型。他认为，可按不同的标志划分为以下主要类型：经营业态结构、企业规模结构与组织结构、城乡及地区结构、网点布局结构、所有制结构、从业人员及技术结构等结构类型。②商品流通产业结构体系。他认为，应加速创立“以国内外市场需求为导向，以投资效益为动力，以实现世界经济和国际市场良性循环为目标的现代优化的商品流通结构体系”。一是其必要性与紧迫性主要表现在以下方面：一为商品流通是市场经济发达程度的重要标志，是市场经济进一步发展的动力；二为商品流通的渗透性是其他产业类型所不具备的，它渗透于各种经济活动中，其产业结构的优化会更好地促进其他产业结构的优化。二是商品流通产业结构优化调整的主要方向。为了优化完善各项结构体系，去促进运行有序、自由开放、现代化商品流通产业经济的加快发展，必须准确把握其优化调整的重点及发展方向。他认为主要有以下结构类型及其优化调整的主要方向。一为经营业态结构。他将其分为批发业与零售业，认为要优化批发零售经营的业态结构，应在继续促进批发经营扩大发展的同时，去更多地扩大零售经营的比重，并使之多样化、现代化。其零售业的经营业态要多样化，主要是扩大发展百货店、超级市场、大型综合超市、便利店专业店、专卖店、购物中心、仓储店等。其创新发展，主要是通过扩大经营规模去降低经营成本、重新进行多种定位去针对不同的目标顾客群体采取灵活的经营策略、通过业态组合去形成独立的经营特色等，实现由传统交易方式向现代交易方式与服务方式的转变，诸如连锁经营、物流配送、电子商务等现代流通方式和组织形式，从而扩大零售业态结构的比重，去促进现代商品流通产业结构的不断优化发展。二为企业规模与组织形态结构。认为在企业规模上，要加快改变现有规模小、过于分散的状态，加快培育一批具有国际竞争力的大型商品流通企业集团，包括更多的国际化的“综合商社”，并要实现其规模化的公司制改造，积极发展多元投资主体。同时，要通过各种组织形式，把中小企业联结起来，进行同业组合、合作，形成新的产业组织形态，以提高其国内外市场的竞争力。三为城乡与地区结构。第一，在城乡产业结构的优化调整上，主张在继续扩大城市尤其是大城市商品流通产业发展与其结构不断优化的同时，要加快农村商品流通的发展，并纳入乡镇建设的总体发展之中，要创立起工农业产品商品的城乡“双向”流通的商品流通产业模式。第二，在地区结构上，他认为应划分为东部、中部、西部地区与各大区、省区的商品流通产业结构类型。一要在继续扩大东部地区发展的同时，加快中西部地区的发展，形成以中部地区为重点、中心，西部更快发展的格局，把加快提升西部地区的结构比重作为优化发展的方向；二要把具有现代工业生产基地与独特丰富资源的地区作为加快发展的重点，以提高其结构比重，如他特别主张加快具有重工业生产基地优势的东北地区的商品流通产业的发展；三要把具有现代重工业生产基地优势、重要自然资源优势与商品进出口地理优势的省区，作为重点进行加快发展，使其商品流通产业加快增长其所占比重，使其省区结构更加优化，如他特别重视加快具有上述优势条件的黑龙江省区商品流通产业的发展。可见，他的以上主张，反映出他的优化调整地区商品流通结构的重点方向思想。四为所有制结构。他认为，应坚持多种经济成分并存，积极扶持、发展非公有制商品流通产业的指导思想。一要按照“抓大放小”的原则，对关系国计民生的重要商品流通产业连续保持国有制的主导地位，以发挥其核心引导作用；二要对一些经营业绩良好、具有较大发展潜力的国有商务服务企业要积极推进其股份制改造，建立现代企业制度，而创立现代股份制、合作制的新型所有制的商品流通产业类型；三要把一些中型的、经营绩效不良的国有制商务服务企业，依法实行破产或转卖给私营企业，并大力鼓励与支持私营企业所组建的现代商品流通产业的加快发展，包括引进国外私人经营企业所组建的现代商品流通产业的加快发展，以适度增加其所占结构比重，从而把国内私营商品流通产业的结构比重不断提高到主体地位。五为商品流通要素结构。这里所说的商品流通要素，主要是商品经营流、商品实体的物流、引导商品流通的信息流、支撑商品流通的科技流。要素结构，是指以上要素，在商品流通总体中所占的比重及其相互关系。他认为，在优化发展商品经营流的规模、结构的同时，要更加注重物流、信息流、科技流的相应优化发展，使商品流通产业结构向现代化创新发展。一要迅速优化发展现代物流要素。要把物流视为整个国民经济快速发展的新的经济增长点。为此，他认为，首先，要转变观念。树立起现代物流经营观念，逐步向国际标准靠拢，形成具有交易、仓储、加工、配送等多项功能的现代物流中心。其次，要积极培育物流市场，建立社会化的区域物流服务体系，实现物流配送网络化。再次，建立信息平台，发展共享物流。最后，塑造多层次、多类型的物流配送结构，大力发展直接为生产、流通企业服务的承包物流业务及其相应的现代物流设施，并积极发展电子商务物流配送业务等。二要扩大现代网络营销业务，实现商品流通的信息化。首先，要建立信息网络系统，使其设备现代化、网络化。其次，通过多种渠道与方式收集信息、传递信息。再次，强化电子商务的安全管理，建立完善的发展电子商务交易的法律、法规体系。三要加速推进现代科技流要素。要适应知识经济发展的要求，不仅要实现商品流通的现代信息化，而且要大大提升商品流通过程中，所具设施、管理手段的现代科技含量与经营管理方式的现代科学知识含量，以优化提升现代科技流要素，加速商品流通的顺利发展。总之，他把商品流通产业结构，主要分为经营业态、规模与组织、城乡与地区、所有制、活动要素的产业结构类型，并对不同类型结构的优化调整的主要方向提出了自己独立的思想观点，从而发展了现代商品流通产业的“结构论”。

由上述可见，他在优化调整现代商品流通产业结构领域，不仅提出了对现代商品流通产业“含义”的独到见解，还提出了商品流通产业与第三产业的区别与联系，认为商品流通产业是第三产业的一个组成类型，是从第三产业活动的运行角度而划分的；他不仅具体划分了商品流通产业结构的主要类型，还具体提出了优化调整现代商品流通产业结构的主要方向，从而发展了传统的商品流通产业“结构论”，最终构成了他的“优化调整商品流通产业结构”的基本理论思想体系。

4. 关于促进现代物流服务业产业化发展与优化调整其产业结构的思想①

他主张大力发展现代的独立物流服务业，并使之迅速产业化；为了迅速发展物流服务产业，使之发挥更大的促进现代商品流通活动的作用，必须不断优化调整其内部产业结构，注重发展由信息技术支撑的现代物流产业行业，加大其产业结构比重。

（1）大力发展现代物流服务产业的思想。①认为随着现代信息技术支撑的商品流通活动的快速发展，作为物质商品实体流通的物流业，也必然会从生产企业中剥离出来，而成为第三方物流业，即独立从事物流活动的专营服务经营业。②认为随着各类社会经济行业现代产业化的发展，作为服务经营行业的现代化发展将更为迅速，因而，作为独立物流服务经营业的现代产业化发展就成为必然的趋势与现代商品流通产业化发展的必然要求。③认为在现代物流服务产业化发展中，一些新的产业行业不断扩展，如物流外包服务产业、电子商务经营中的物流服务产业、现代电子信息技术支撑下的物流经营产业等新兴的物流服务产业行业类型。总之，随着第三方独立物流产业化的发展，物流服务产业的行业类型在不断创新发展，因而，就必须不断对物流服务产业的内部结构进行优化调整，使其适应现代商品流通产业快速发展的需要与社会生产、生活消费的需要。

（2）优化调整现代物流服务产业结构的思想。①认为要加快资源型城市物流服务产业的发展，尤其是物流外包服务产业的发展，以充分发挥中心城市的物流中心作用。②认为要创建电子商务环境下物流运行的新模式与产业发展的新模式。他指出，随着电子商务的发展，电子商务环境下的物流管理越来越受到社会各方的重视，使电子商务与物流相结合必将产生巨大的经济能量。为此，他探讨了电子商务环境下的物流模式，阐述了电子商务和物流相辅相成的关系及与电子商务相适应的物流体系的建设，并且构建了电子商务环境下的 B2C 物流流程。在此基础上，提出了物流服务产业创新模式及其发展的设想。③认为电子工业物资部门的组织机构是随着电子工业的发展，从无到有，逐步完善起来的，虽现已形成基本能适应电子工业需要的较为完善的物资供应网络。但是，电子行业仍然面临着诸多亟待解决的问题。他针对所存在的问题，提出了改进电子行业物资管理的基本思路。④认为要大力实施云计算、物联网的创新发展工程，建立起较为完整的技术支撑体系。他指出，要结合国民经济和社会发展的重大需求，开展云计算、物联网服务创新发展试点示范，去加快以云计算与物联网服务产业化为主线、以服务创新拉动技术创新、以示范应用带动能力提升的服务模式的发展，建立较为完善的技术支撑体系。即要以重点领域应用示范和产业化项目为牵引，发展一批面向智能交通、医疗卫生、生产制造、中小企业等领域的云计算服务示范应用，形成一批满足重点领域需求的安全可靠的关键技术和产品，去建立较为完整的技术支撑体系，从而去促进现代物流服务产业的发展及其结构的不断优化。总之，他主张大力发展现代独立的第三方物流服务产业，更多地发展生产性物流服务的“外包”产业，并要与现代信息技术与创新的科学技术相结合，创新发展更多的物流服务产业内部的产业行业，并不断优化调整其产业结构，而走向更高的发展阶段。

从上述可见，他主张适应现代市场经济发展的需要，要由原来以计划产品分配物流为主的形态，迅速向以商品物流为主的形态转化，并形成独立的物流服务业类型，或第三方物流服务业类型；在物流服务业的快速发展中，必须加快其现代产业化的进程，以加快提

① 赵德海、胡元礼：《现代商品流通运行》，中国财政经济出版社 2003 年版。

升其在整个现代服务产业中的结构比重，而促进整个现代服务产业的优化发展；同时，在加快现代物流服务产业发展的过程中，要积极创新发展其产业的行业类型，不断优化其各类产业行业结构，使其产业内部结构不断现代化、合理化，以推进其产业化的发展进程，而占据应有的产业地位，发挥更大的作用。

5. 关于促进现代信息服务产业创新发展与优化调整其产业结构的思想①

他首次提出了要转变经济增长方式，就要把大力促进信息服务业的发展作为经济转型的重要突破口的观点。认为信息服务产业化的加快发展，对传统产业的提升呈现着“两化融合”这一战略机遇期，故要积极采取信息化手段进行生产管理，优化控制过程；特别是大型装备制造业，其信息化建设要呈现出系统化和全面化发展的态势。由此，他提出了加快信息服务业的发展，并促进其现代产业化的主张；以及在其发展过程中，不断优化调整其产业结构的思想。他的促进信息服务业产业化与加速优化调整其产业结构的有关思想，主要表现在以下方面。

（1）促进现代信息服务产业的创新发展。①现代信息服务业要向网络化、平台化和全面服务化方向发展。一是认为，计算技术的中心正逐步从计算机转向网络，而其软件产品基于网络平台的开发和运行、内容基于网络发布和传播、应用基于网络构架和部署等，从而使信息服务基于网络创新和发展成为大趋势。因此，现代信息服务业发展的首要特点是网络化。二是认为，硬件和软件、内容与终端、应用与服务的一体化整合速度加快。三是认为，产品和服务的进一步深化耦合，加速了软件产品开发企业和部分电子制造企业向更多地提供信息服务转型，同时，基于云计算、物联网、移动互联网等新兴服务方式的发展，必将推动信息服务模式、商业模式不断创新。因此，以上信息服务化趋势必然会推进信息服务业的产业化发展，并促进其产业服务模式的变革，从而加快了整个服务业产业结构的优化调整。②产业融合发展，带动了传统产业发展方式的转变。一是认为，充分发挥信息技术的渗透性、倍增性和创新性作用，使其在传统产业的生产和服务环节上提高自动化、智能化水平和现代化管理水平，以提高产品质量和经济效益，推动传统产业结构升级，是实现经济发展方式转变的战略性举措。二是认为，随着信息化与工业化的深度融合，软件和信息服务对工业的渗透逐渐从外围走向核心，对服务业的内容和形式带来更大变革，对其他行业的核心支撑和高端引领作用进一步加强，这必将全面带动软件和信息服务业的发展。因此，信息产业自身新一轮的技术融合、产品融合、网络融合和业务融合的趋势加快，为软件和信息服务业各种创新业务的发展拓展了新的空间，也因此扩展了信息服务产业的新兴行业。③城市要把信息服务业作为战略性新兴产业培育，成为转型的重要动力。他主张，各城市要以加快转变经济发展方式为主线，去促进信息化和工业化的深度融合，从而培育发展具有战略性的新兴信息服务产业，而推动其经济结构的战略性调整。一是认为，现代信息服务产业作为生产性服务发展的重要领域，而对城市经济的增长具有强大的带动作用，因而，各中心城市、沿边城市、资源型城市等要结合自身产业基础与区位优势，使信息服务产业与区域主导优势产业相互融合渗透，为城市转型带来更为广阔的创新发展空间。二是认为，信息服务产业能够在经济全球化、创新网络化的背景下，以其产业内企业间互动创新为基本途径，形成自主创新能力强的产业集群。由此，城市也就成

① 赵德海、胡元礼：《现代商品流通运行》，中国财政经济出版社 2003 年版。

为企业空间集聚和产业功能集聚的载体，这种技术与创新扩散的功能、产品与生产要素集聚的优势，将进一步发挥中心城市对区域经济的辐射带动作用。总之，他认为要通过各种方式与途径去大力创新发展现代信息服务业；并通过多种交叉融合的形成与方式去促进现代信息服务业的产业化发展，进而使其增化为更多的产业行业类型，以提升其在第三产业与服务产业结构中的结构比重。

（2）加快优化调整现代信息服务产业结构。他认为，随着科学技术的不断创新发展，知识经济已成为一个划时代的经济发展类型，特别是随着现代知识经济的加快发展，使高端知识流程信息服务呈现出更快的发展趋势，而这一变化，有力地促进着现代信息服务产业内部结构要素的不断扩展或裂变，使其新的产业结构要素不断处于更加重要的地位。因而，要在加快现代信息服务产业发展，使其在服务产业结构中的比重加以提升的同时，还要不断优化调整其内部结构，以促进其加快发展。以下概述他优化调整现代信息服务产业结构的主要思想观点。①该产业内部结构的分类。他认为，可按多种分类标志划分出多种结构要素分类。一是按区域范围不同分，可有国内外、城乡、各省区结构。二是按产业经营的行业分类，可有全面经营行业、外包经营行业；生产性服务经营行业、生活性服务经营行业等行业。三是按知识流程信息服务分类，可有与地区原有优势支柱产业融合发展的信息服务行业、与战略性新兴产业结合发展的信息服务行业；等等。以上这些分类不同，其产业结构的状态就不同，其优化调整的方向就不同。②对该产业内部结构优化调整的方向。一是对该产业城乡结构的调整方向。他认为，要加快城市，特别是资源型城市信息服务产业的发展，以推进其有效转型。他指出，要积极推进资源型城市发展现代信息服务业产业，把自然资源输出为主的发展模式，转化为社会资源如知识、技术、信息、管理、文化为主的输出模式。这种路径选择，既符合区域主导产业的发展方向，有助于提高优势支柱产业的核心竞争力，又能够推动区域产业结构升级，形成新的经济增长点。资源型城市发展现代信息服务产业是在国家转变经济发展方式，建立资源节约型社会的大背景下展开的，这是“以人为本”的科学发展观在城市转型和传统产业转型中的创新性应用。因此，要通过产业链在全球范围的治理，形成高附加值和国际化运营的价值链条；通过现代服务产业的发展，优化区域空间经济结构，增强要素集聚与辐射的能力。故在其优化发展过程中，资源型城市要立足于优势产业的比较优势，加速产业的信息化和现代化建设，强化技术应用和人力资本在发展方式转变中的作用，以通过生产性信息服务产业的发展去推动城市功能的全面转型。二是要加快高端知识流程信息服务产业的发展，优化其产业结构。他认为，高端知识流程信息服务发展潜力巨大，其知识流程信息服务业务具有技术密集型、知识产权要求高、国际化运营的特点，其业务内容的行业区分度高，服务非标准化处于服务链的高端，包括制造工程设计、软件研发、创意产业和知识性信息服务等。因此，信息服务业领域高端的知识流程信息服务产业的加快发展，更值得政府和企业长期培育和关注。其发展具有两大战略导向：与地区原有优势支柱产业融合发展的信息服务产业，与战略型新兴产业结合发展的信息服务产业。要加快改变当前高端装备制造、新能源汽车、新材料等战略性新兴制造业的整体素质不高、资源配置效率低、技术创新能力弱、供给结构难以适应需求结构变化的状态。总之，他认为信息服务产业内部新的产业行业不断扩展，需要按不同的分类揭示其结构体系，并准确选定对其优化调整的重点方向，使其结构更加合理化、现代化。

从上述可见，他主张大力发展现代信息服务业，并促进其现代产业化的发展，从而提升其在整个现代服务产业中的结构比重，以优化现代服务产业的结构；同时，要更多地通过与新的要素相结合，创新发展更多的现代信息服务产业内部产业行业类型，不断优化其产业内部结构体系，使其更快地创新发展。

6. 关于优化完善服务业外包产业结构，加快生产性服务外包业产业化发展的思想①

他按照生产性服务与生活性服务分类标准，将服务外包业分为生产性服务外包业与生活性服务外包业，并主张加快生产性服务外包业的产业化发展，以形成服务外包产业的一个新型产业行业类型，从而优化完善第三产业经济结构，促进第三产业经济的现代化发展。

（1）生产性服务业的特征及其外包独立发展的必然性。①生产性服务外包业的含义、形成原因及其特征。一是生产性服务外包业的含义。他认为“生产性服务外包业，是生产企业将一系列内部提供的生产性服务活动进行垂直分解，将研发、设计、内部运输、采购等活动外包给专业的服务商，而形成的一种独立的专业服务业”，并进一步引述了1975年美国经济学家布朗宁和辛格曼对服务业进行分类时所最早提出的“生产性服务业”的概念是“与制造业直接相关的配套服务业，是从制造业内部生产服务而独立发展起来的新兴产业。它的主要功能是为生产过程的不同阶段提供服务，它贯穿于企业生产的上游、中游和下游诸多环节中”。二是他认为，生产性服务外包业是随着企业规模的扩大和国家市场竞争加剧，使生产企业的服务项目不断从内部分离出来，而形成独立的外包专业服务业；同时，进一步认为“它也是随着生产组织方式的变革和专业分工细化，为企业提高自身核心竞争力的必然结果”；并进而提出“从经济学的角度来看，生产性服务外包业又是建立在成本优势基础上专业化分工的深化及企业外包活动的发展”。三是他认为，生产性服务外包业具有以下五个基本特征：增值性；知识性；创新性；关联性；信用性。总之，他认为生产性服务外包业，是生产企业并主要是装备制造生产企业，将企业内部的生产服务活动外包给独立从事服务经营的服务企业，而形成的一种服务外包类型，实际是生产企业外包服务业的一种创新性服务业类型。②生产性服务外包业独立发展的必然性。他总的认识是我国在实行由社会主义计划经济体制转向特色社会主义市场经济体制后，市场经济迅速发展的客观需要。他认为，市场经济的本质属性是一个资本增值的经济运动，生产企业，尤其是工业生产企业，其生产的产品必然要商品化，商品必然要通过市场这个载体进行交换，通过满足人们的市场需求而实现商品的使用价值与价值，并在实现增值后，生产企业才能生存与发展。而商品交换的广泛存在与发展，必然导致商品在市场中的激烈竞争，从而使市场竞争成为商品经济发展的一个普遍规律。因而，要遵从市场商品竞争规律的要求，就要营造商品生产企业的核心竞争力，而这个核心竞争力不仅表现在商品的种类与质量的优势上，而且更表现在商品生产成本的优势上。因而，除了大力提升商品生产的科学技术水平与生产企业的经营管理水平外，还要大力优化生产企业的生产经营结构，而大大降低生产企业内部的生产性服务活动的比重，使其进行“外包”经营，以降低生产成本，去全力投入到商品生产的主体结构上，这就成为生产企业发展的必然选择与趋势。同时，他具体揭示了以装备制造业为主体的工业生产企业生产服务业发展的如下现存

① 赵德海等：《黑龙江省服务外包产业发展研究报告》，中国物资出版社2011年版。

问题。一是工业生产企业整体发展中现存的主要问题。第一，经济体制与运行机制不够完善。表现为中央直属的国营企业仍占较大比重，民营企业尚未获得充分的发展；在企业管理上，计划经济管理的意识与方法仍然明显地存在，法人治理结构不完善，管理比较粗放；生产经营要素有明显的传统化特征，且配套不够严密合理；企业生产经营的运行机制尚未实现市场驱动，有明显的公利约束，致使企业经济效益低下。第二，在工业生产企业中，成套化水平低，生产经营要素专业化配套协作体系不完善。不仅表现在重大技术装备配套体系上；还表现在生产主体活动与生产性服务活动的配套体系上；等等。二是工业生产企业生产经营结构体系不完善。第一，生产设备结构不完善；第二，生产机构与产品销售机构的结构不完善；第三，生产主体要素与生产性服务要素结构不完善；等等。三是工业生产企业内部生产性服务活动要素体系不完善。第一，科研机构发展不充分。投资规模小、高质量的科研人员不足、自主研发能力低，影响技术改造的发展速度与产品质量的迅速提升及创新品种的扩展。第二，企业内部运输能力不足。不仅原材料采购的物资运力不足，而且产成品的储存能力与产成品销售的自有外运能力更为不足，从而严重影响生产的发展速度。第三，在大量的自主采购与自主销售的产购、产销紧密结合的企业中，不仅占用了大量的人员与资本投入，而且由于这些经营人员缺乏专业训练与对国内外市场变化缺乏全面、系统与及时的掌握，难以作出准确而及时的对应，最终造成产品销售的重大风险。第四，由于市场供求变化与季节消费变化，导致生产企业进行产品储存业务活动，从而促使企业投入大量资金与人员，去建设产品储存设施与从事产品储存管理活动，这就会大大增加产品生产成本，在市场价格一定的情况下，就会相应降低生产企业的利润率，从而影响企业的市场价格竞争优势与企业的发展速度。总之，由于他的以上逻辑思维与认识，导致他作出如下结论：在现代工业生产企业优化发展中，必须将一些非必要与非专控性的生产性服务活动，从企业内部剥离出去，而外包给外部专营服务的企业，使生产企业集中力量于生产的主体活动，去创新发展出专营生产性服务活动的生产性服务外包业行业。

（2）生产性服务业的产业类型及其产业化发展模式。他认为，要促进生产企业提高其核心竞争力，不断提升其产品质量，迅速扩展其产品的国内外市场区域范围与市场占有率，并确保生产性服务业经济效益的不断提升与优化发展，必须促进生产性服务业的现代产业化发展，形成一个新型的、独立的服务产业行业类型，从而进一步优化服务产业的结构。①生产性服务业产业是服务产业的一个独立的行业类型。他认为，服务业可以分为生活性服务业与生产性服务业，因而，服务产业也应分为生活性服务产业与生产性服务产业。在生产性服务产业中，还应细分为装备制造业生产性服务业产业、生活日用品制造业生产性服务业产业等细分产业行业类型，并认为生产性服务业产业在服务产业中应占有更加重要的地位，更要重视其现代产业化的发展。②生产性服务产业化的模式。由于产业是打造同一价值链的企业的“集合”，因而，生产性服务业产业，是打造生产性服务价值链企业的“集合体”，它的“产业”发展，不仅是同类经营企业的集合体的发展，而且是相同企业所具要素的有机集合体的发展。他按照不同要素有机组合的类型不同，认为可分为以下“产业化模式”：一是功能集聚模式。他的具体表述是：“通过技术革新、产业内部整合和放宽限制来降低行业间的壁垒，按照产业功能，合并同类项，将辅助性、非核心业务外包出去，同时，外包进来自己擅长的业务，并同保留下来的核心业务进行产业融合，强化产业功能，进而形成企业绝对优势，去提升产业核心竞争力。”二是产业链集聚模式。他的具体表述是：“在一定的区域范围内，以产业链为纽带，遵循纵向一体化的原则，按照产品上游、中游、下游的关联度，将生产某种产品的若干同类企业、为这些企业配套的上下游生产企业以及相关的服务企业高密度地集聚在一起，形成产业集聚。”在以上两种产业化模式中，他认为“产业链集聚模式”更具有优越性，由此，他指出该种模式“可以使在产业上具有关联性的企业共享产业要素，包括人才、技术、市场和信息等，使互补性企业产生共生效应，降低企业交易成本，获得规模经济和外部经济的双重效益”。

（3）促进生产性服务外包产业化发展及其内部结构不断优化。①加强产业关联，构建生产性服务产业与生产产业的互动发展机制。一是要积极推动生产产业扩大业外关联服务产业的服务外包业务，推进其生产性服务产业的优化发展。要在生产企业产业化发展中，实行“主辅分离”，推进生产企业内置服务市场化、社会化。要进一步完善劳动用工制度，强化生产企业内部资源、业务整合的自主性，引导和推动其通过管理创新和业务流程再造，逐步将发展重点集中于主体生产活动，将一些非核心的生产性服务环节剥离外包给社会化的专业服务业，由其进行承包，实行专业化的生产性服务经营；并以生产企业产业化的核心竞争优势去整合配套服务业产业的服务供给能力，促进生产性服务业的产业化发展，通过相互配套发展，形成“外包”与“承包”的密切协作。二是鼓励规模大、信誉高、服务质量好的服务企业，专营生产性服务业务活动，并推动其进行跨地区、跨行业的兼并重组，优化其生产性服务业的竞争秩序，降低生产业服务外包的合作风险，建立信息共享平台、健全中介体系，推动生产业与服务业间的密切合作。总之，要实现生产性服务业与生产业之间的“无缝式对接”，创建生产业与生产性服务业横向组合的新型产业链，进行一体化发展。②消除生产性服务承包业产业化发展的体制障碍，加大政策扶持力度。一是要在明确行业要求和经营资质的前提下放松进入管制，扩大非公有经济成分的比重，促进生产性服务承包经营业的数量与规模的升级，形成多元经济主体参与的充分竞争格局；通过体制机制创新，促进专业化分工，并从供给与需求两个方面激活其发展的内在动力；建立公开透明、高效规范的市场监管体制，加强对其产业化发展的总体规划和统筹管理。二是全面清理涉及其行业的行政事业性收费；积极推进其产业标准化工作，规范其服务行为，健全完善行业自律机制；运用网点发展资金、信贷和税收等支持政策，扶持其加快发展。总之，要通过完善物质商品生产产业与其生产性服务外包产业间的互动发展机制，消除生产性服务外包业产业化发展的体制障碍，并采取相应的各项支持政策与宽松政策，去推进现代生产性服务外包业产业化的快速发展。

由上述可见，他站在创新发展具有中国特色的现代化服务外包产业的高度，着重提出要加快生产性服务外包业产业化的进程，并具体提出生产性服务业及其产业的含义，特征，发展的必然性与产业结构类型及其优化发展的模式，促进其产业结构不断合理化、有效化的主要对策，从而构建起他在该领域的初步思想体系，推进了现代服务产业结构不断优化的理论思想的发展。

7. 关于优化调整黑龙江省区现代第三产业结构的思想①

他主张优化调整现代第三产业的区域结构，包括国内外、国内东西部、大区与省区的

① 赵德海、景侠：《黑龙江省第三产业结构优化与创新研究》，中国商务出版社2009年版。

第三产业结构，并特别注重优化调整其省区的分布结构，提出加快具有老工业生产基地与独特丰富资源优势条件的省区第三产业的发展。他选择了具有上述优势条件的黑龙江省作为重点，并着重从该省区第三产业结构优化调整的方向入手，从几个重点领域论述其加速发展的设想，从而去优化该省的第三产业的整体结构，以作为相似省区的典例，并以此揭示出优化调整第三产业省区结构的通用模式。以下概述其对黑龙江省区第三产业结构优化调整的主要有关思想观点。

（1）关于加快黑龙江省区生产性服务外包业发展，推进其现代产业化及其内部结构不断优化的思想。他在其2012年刊发的《黑龙江省生产性服务外包空间布局研究》文中明确指出：在振兴东北老工业基地的推动下，生产性服务外包业对于促进第三产业以及经济的发展具有重要的意义。他从黑龙江省生产型服务外包业空间布局的现状入手，突出空间布局的难点和重点，并对中心城市和沿边城市生产性服务外包业的空间布局进行重点分析，以加大生产性服务外包推介的力度，去培植扩大生产性服务外包企业的规模，推动更多省区采取多种方式壮大生产性服务外包产业。①要加快生产性服务外包产业的发展。一是揭示了该省在发展生产性服务业中现存主要问题。他在其2014年刊发的《黑龙江省生产性服务业发展研究》文中，认为该省生产性服务业存在的问题主要是：政策支持不足，对生产性服务业认识不足，生产性服务企业规模偏小，市场化程度不高等，认为这些问题，在一定程度上制约了该省生产性服务业的高端发展。二是认为应进一步提高对发展生产性服务业重要性的认识；充分把握全球生产性服务业大转移的历史机遇，结合自身优势，鼓励企业多多参与国际服务业发展，开展跨国投资，积极融入全球产业链；打造黑龙江省生产性服务业的专属品牌，充实企业文化和品牌内涵，提升品牌档次和价值，增强品牌的宣传力度；营造适合生产性服务业发展的政策环境；加强人才培养力度，从而改变黑龙江省生产性服务业发展相对落后的局面，促进其健康发展。三是认为生产企业，要把一些生产性服务活动，更多地进行外包，交由专营服务业的企业去进行“承包”，即要大力开辟生产性服务的“外包”业；专营服务业务的服务企业要积极开发生产性服务的“承包”业，以形成生产性服务“外包”业的独立行业形态。即主张在充分准确地认识现在问题的基础上，采取相应的“外包”与“承包”对策，创立起该省较为发达的独立的生产性服务“外包”行业。②大力推进生产性服务外包行业的产业化创新发展。一是要充分认识生产性服务外包业现代产业化发展的重要性。他在2012年刊发的《黑龙江省生产性服务业空间布局研究》一文中指出，在振兴东北老工业基地的推动下，生产性服务外包产业对于促进第三产业以及经济的发展具有重要的意义。他认为，发展服务外包产业，有助于构建资源消耗少、附加价值高、吸纳就业多的产业机构体系，不仅能扩大服务业占GDP的比重，而且还可以加快该省外贸增长方式的转变，使出口贸易增长由主要依靠价格竞争、数量扩张及片面追求速度，而转向提高质量、效益和优化结构的方向上来，从而增强该省服务外包企业的区域竞争能力。因而，要把承接国际服务外包作为扩大服务贸易的重点，以发展服务外包产业作为切入点，积极参与服务业全球化进程，对该省转变外贸的增长方式、提高外包服务企业竞争能力具有重要意义。二是要从该省的实际省情出发，采取促进现代生产性服务外包业产业化发展的创新性对策。他认为，该省应抓住东北老工业基地振兴深化和产业结构优化升级的新机遇，大力发展现代服务产业，特别是生产性服务外包产业；并进而认为，随着全球服务外包业务规模的不断扩大，服务外包已经具有了产业的性质，形成了服务外包产业。通过分析服务外包产业的基本特征，发现服务外包产业实质上是处于“微笑曲线”两端的生产性服务业，而且与该省装备制造业发展之间存在内在联系。因此，要结合该省服务外包产业发展的实际，去为其服务外包产业的发展提供思路与对策。同时，他还认为，要运用SWOT分析方法对该省服务外包产业发展进行全面分析，以揭示其服务外包产业化发展的优势、劣势、机遇和挑战，从而提出相应的对策与建议。三是要优化调整该省生产性服务外包产业的内部结构。他认为，要不断优化其结构，就要突破服务外包以第三产业（服务业）为研究对象的局限性，沿着生产性服务业这条主线，将服务外包的研究领域拓展到第一产业、第二产业内部，通过大力发展业务流程和知识流程外包，促进服务外包产业结构优化与升级。他根据以上认识与主张，提出了优化调整该省生产性服务外包产业内部结构的如下对策思想观点：一要重点发展其优势产业行业，即要大力发展该省传统优势产业的服务外包业。认为该省发展服务外包产业应该从原有的优势产业出发，发掘具有价值链增值较高、竞争能力较强的核心业务，把这些生产过程中的关键环节通过通信、信息技术的改进，实现资源的重新整合，从而培育出该省新的经济增长点。二要推进该省中心城市的服务外包业，增进其产业集聚。即要打造以“哈大齐工业走廊”为经济主轴的黑龙江省服务外包产业集聚区；编织以“沿边开放城市”为节点的服务外包产业带；筑建以“东部煤电化基地”为依托的矿业服务外包专属区；搭建以“两江平原”为特色的农业服务外包试验区；创建以大小兴安岭为基础的开发服务外包特色区；开发基于东北亚经济开发区、哈牡绥东出口加工区和特色旅游区的优势产业外包区等。通过重点发展以“哈大齐工业走廊”为经济主轴的黑龙江省服务外包产业集聚区，形成“一带、三市、重点园区”的定位明确、集聚发展、优势互补的发展格局。总之，要以哈尔滨软件和服务外包产业园、省地理信息产业园、哈尔滨呼叫中心园区、齐齐哈尔装备制造业服务外包园区、大庆市服务外包产业园为规划重点。三要加速该省沿边城市和地区服务外包产业的发展。对黑河、牡丹江、鸡西、佳木斯等城市要充分发挥其与俄罗斯相邻优势，去积极发展对俄外包业务，使该省沿边区域成为一条外包产业带。要以发展外向型经济为战略目标，结合该省经济区发展规划，去创造良好的社会经济环境，并及时制定与实施不断完善的政策措施，从而推动沿边城市和地区服务外包产业的发展。同时，要以东北亚经济贸易开发区、哈牡绥东对俄贸易加工区、绥芬河综合保税区为试验区而建设国际物流园区，去充分发挥沿边区域贸易优势，创新物流服务外包业务模式，打造第三方物流平台，以加快物流园区的建设和发展。总之，要把沿边城市和地区服务外包产业培育成为新的出口增长点，通过进一步优化投资环境，增强其服务的国际竞争力。从上述可见，他主张加快该省区生产性服务外包业的发展，并加快其现代产业化的进程；要把其产业内部结构的优化调整，放在加速发展优势产业行业、中心城市产业、沿边地区产业的重点方向上，以加快该省区生产性服务外包产业结构的优化发展，从而促进该省生产性服务产业与整个第三产业的快速协调发展。

（2）关于加快黑龙江省现代信息服务产业发展，优化调整其产业结构的思想。他认为，该省应加快现代信息服务业的产业化发展，推进其产业内部结构的优化调整，从而提升其在该省第三产业结构中的比重。他提出了该省如下优化调整其信息产业内部结构的主要方向与对策。①要在各产业行业建立以信息服务运营平台为核心的新型产业链，打造产业化发展的新引擎。一是他主张在装备、石化、原材料、农产品加工等行业推进“两化”

深度融合，以整合产业链上下游企业、延长上下游产业链条和提高产业集聚程度为重点，建立相关产业链或产业集群公共信息服务平台，强化链条上下间的沟通和协同，深化行业信息技术应用。二是他主张抓住工业领域“转方式、调结构”机遇，以优势支柱产业重要需求为导向，发展高端主导产品，积极培育有工业背景的大型软件企业，加速发展该省工业软件。三是他主张大力研发嵌入式操作系统及相关应用软件，围绕工业企业研发设计及装备制造数字化、生产过程自动化和管理信息化，突破智能化数字设计技术、虚拟制造技术、生产过程集散系统控制技术等关键技术，以形成一批高质量的行业应用解决方案。四是他主张延伸以系统集成为核心的 IT 服务产业链，推动行业应用软件高端化、国际化发展。②要围绕交通、能源、制造业、物流、政务、金融、电信、传媒、医疗和社保等重点行业大型信息系统工程建设，加强高端咨询能力、设计规划能力，形成一批面向重点产业（领域）大型信息系统的世界一流的综合解决方案。③要结合“八大经济区、十大工程”建设，推进“两化”深度融合，推进发展方式转型。一是要围绕研发设计数字化、装备制造数字化、生产过程自动化和管理信息化，而丰富工业软件产品体系，完善工业软件产业链。二是要支持中小企业建设集群产业链协作和集群信息化公共信息化平台，以培育和推进现代化制造业信息服务产业的发展。④要推进该省电子商务三大平台建设，培育新的商务模式。他主张重点建设对俄贸易电子商务交易平台与对俄电子商务支付平台、农产品及绿色特色产品电子商务平台和物流配送电子商务平台。一是要加快对俄电子商务平台建设以便为从事俄罗斯市场进出口贸易的产业行业提供更专业、全面、可靠的网络、贸易、媒体等的推广服务，并为海外企业提供中国商务综合服务。因而，要把该平台的建设作为该省电子商务发展的重点领域。二是要加快对第三方农产品电子商务平台的建设。他认为，以龙头农贸企业和农产品批发企业为依托，以农村信息网站为基础，建立第三方农产品电子商务平台将是一种有效的手段；以区域为中心，辐射周边区域，可以有效地为农户提供电子商务服务与支持，包括农产品需求信息、价格信息、物流配送信息、农资信息等。因而，要加速其建设的发展。三是要加快建设一批现代物流园区、大中型综合性现代物流服务体系，以推动现代物流产业的加快发展。认为物流配送平台的建设并不仅仅局限于企业物流服务的具体运作，而是要通过该平台的建设，建立起该省现代物流发展的基础平台与运作基地，以积极引导和扶持该省现代物流配送产业的发展，并依托基础设施、信息技术与政策环境条件，建立起该省现代物流运作、组织和信息管理的系统框架。总之，他主张加快信息服务产业的发展，并通过建立以信息服务运营平台为核心的新型产业链等方式，去优化其产业结构，把其作为该省经济转型的重要突破口，从而推进该省服务产业结构的优化发展。

（3）关于加快黑龙江省商品流通产业发展与其产业结构优化调整的思想。①创新商务模式。他主张将商务模式创新作为该省流通产业发展方式转变的重要依托点。认为，流通产业已经成为国民经济发展的基础型和先导性产业，诸多产业活动的顺畅进行都离不开流通产业的引导和支撑，不同行业都与流通产业呈现出相辅相成、协同发展的关系。所以，研究流通产业发展方式的转变就不能将流通产业同其他行业独立开来。商务模式作为联系流通产业与其他行业共同发展的综合概括，是研究流通产业发展方式转变的重要切入点和理论基石。因而，要以创新商务模式为手段，积极推动商务模式与流通产业相互促进、协同发展良性循环的形成。②要优化商业经营的业态结构。他把优化商品经营的业态结构，即商品批发与零售的经营业态结构作为重点优化发展方向。一是认为，要继续扩大发展现代商品批发经营业，并使之向现代产业化迅速推进，以加速推进该省优势原材料资源及先进产成品，尤其是先进的机械工业产品的广泛流通；但同时，要更加注重商品零售经营业态的加速发展，并使商品零售业向现代化方向推进。他指出，零售业态的发展及变革是社会经济竞争的产物，它存在着一定的内在规律性。要通过研究零售业态现状、存在的问题，去调整零售业态结构，从而去促进该省商品流通产业结构的调整、改造和升级。二是认为，在优化调整商品批发、零售经营业态的过程中，要特别注重其城、乡结构的优化调整。第一，在大中城市的商品批发经营业态的优化调整中，去更多地扩大其综合性的批发经营业，并加速其现代产业化的发展；但同时，更应注意大中城市现代零售经营业的扩大发展，并创新其产业化的发展。第二，注重创新发展广大农村的商品批发与零售经营业的业态结构，以促进其现代产业化的发展。即要迅速发展从事城、乡“双向”交流的商品批发经营业与从事综合性经营的商品零售经营业，并创发出更多的产销、批零结合的产业行业形态。三是认为，在优化调整城市商品零售经营业的业态结构中，要注意其不同经营区域范围零售经营业态的优化发展的重点方向。主张把其经营范围层次划分为市级、区级与居民居住区域三个范围层次，并主张更多地注重居民居住区商品零售经营业态结构的优化发展。为此，他在深入研究的基础上，提出了城市居民居住区商业网点建设的如下基本思路：控制大型零售网点建设、规范完善大型专业批发市场建设、发展便民连锁、扩展农村市场、强化小区便民网点配套建设。即他把便民、利民的零售网点建设置于重要地位。接着，他在上述思想的基础上，提出了其零售网点建设的标准、优化发展的途径等观点。从上述可见，他主张优化商业经营的业态结构，并通过其经营业态结构的优化调整，而创新发展其商品流通产业的行业类型，去不断完善该省的商品流通产业结构。总之，他主张通过创新商务模式与优化商业经营的业态结构，去优化发展该省的商品流通产业结构，从而加快该省商品流通产业的现代化发展。

从上述可见，他主张优化现代第三产业的省区结构体系，并主张加快优化工业生产企业基地与优势自然资源大省的现代第三产业的结构体系。他选择了黑龙江省这一典型范例，着重从生产性服务外包产业与商品流通产业两个领域，阐述了不断优化其产业结构的思想，不仅为优化全国省区第三产业结构体系提供了有益的借鉴，而且为类似省区优化其省区内的第三产业结构提供了典例，并创建了省区优化第三产业结构的初步思想体系。

综上所述，他主张随着我国现代第三产业的加速发展，要更加注重优化调整其产业结构体系，并从现代第三产业经济基本结构的分类入手，按照不同的标志划分出多层次、多种类的结构类型，揭示出其结构优化调整的重点方向，并进而对各产业结构类型的内部细化结构优化调整提出了具体可行的设想，最终创建起优化发展现代第三产业经济结构的较为系统的思想体系，并多具创新度高的思想观点，而具有切实的指导性。

（三）关于强化与优化国家对现代第三产业经济进行宏观调控管理的思想

他认为，在我国特色社会主义社会建设中，实行改革开放的方针，必然导致由原社会主义经济体制向社会主义市场经济体制的根本转变，其原因在于市场经济作为高度发达的商品经济，必然会随着科学技术的发展与世界经济良性大循环的发展，而日益现代化与国际化，由此，使市场利益的自发调节作用会更加强化，其积极与消极作用也更加明显；为了控制市场经济中的消极作用，国家政府采取了不断优化的宏观调控管理的体制，即用看

得见的“手”，去调控市场自发调节这只看不见的“手”，使现代市场经济更加优化发展。我国正是从实际国情与世情出发，提出了特色社会主义市场经济体制的模式，即“使市场在国家的宏观调控下对资源配置起基础作用”，强调国家政府对市场经济发展进行宏观调控管理的重要性。他从上述认识出发，主张在优化发展我国现代第三产业经济的过程中，要切实贯行特色社会主义“市场经济体制”不断优化发展的要求，从而创建起现代第三产业经济宏观调控管理模式，以推进其加快现代化发展。他在该领域的主要思想观点表现在以下方面。

1. 优化完善国家政府对现代第三产业经济发展宏观调控管理体系的思想①

（1）进一步优化国家政府对现代第三产业经济宏观调控管理的行政组织机构体系。他认为，我国对第三产业经济宏观调控的行政管理组织机构体系，已由适应计划经济管理的需要，向适应特色社会主义市场经济发展需要进行不断地优化调整，对过去分行业集中管理的行政组织机构进行了适当的合并，其内部组织机构也进行了适当的组合，如组建了商务部及其内部机构；随之对省、地、县的行政管理组织机构也进行了相应的优化调整。但仍按所有制的不同、生产要素的不同进行分设，如按所有制不同仍分设商务部、供销合作社等分管机构，按生产要素不同分设金融、信息、交通等多种分管机构，即尚未完全站在适应现代化第三产业经济快速发展的视角，去创建一个综合性的、着重对第三产业经济进行宏观调控管理的组织机构体系。因而，他主张在行业分立的基础上，去创建一个综合性的，进行统一调控管理的，自上而下的现代化第三产业经济宏观调控管理的行政组织机构体系，它既可以是独立的专管组织机构体系，也可以是一个协调性的组织机构体系，其职能是制定统一的发展规划、制定管理的规章制度、确定管理的对象与方式、贯行国家政府的有关法规与政策、协调第三产业经济各产业行业之间的关系、规范第三产业经济活动的行为等。

（2）优化完善国家政府对第三产业经济进行宏观调控管理的法规、制度体系。他主张要完善立法，强化执法，创新管理规章制度与运行机制，更多地进行法制化管理与完善的规章制度管理，并更多地发挥市场调节机制的作用。

总之，他主张进一步深化改革对第三产业经济进行宏观调控管理的行政组织机构体系与优化完善对其宏观调控管理的法规制度体系，以便在优化发展的宏观调控管理体制下，更多地发挥市场调节机制的作用，给现代第三产业经济的创新发展创造更为宽松、灵活的法规、制度环境与条件，以加快其创新发展与有序发展。

2. 制定与实施国家第三产业经济发展的科学规划，指导第三产业经济发展方向、目标、内容与应采取对策的思想②

（1）要由国家遵从社会主义市场经济体制发展要求以及从国情、世情的实际情况出发，去分别制定与实施第三产业经济发展的总体长期战略规划、五年计划以及各年度的具体执行计划，以指导第三产业经济的发展方向与运行，并采取相应的实施对策措施以实现其发展目标。

（2）要在总体规划、计划的指导下，去制定与实施其在重点产业行业的发展战略规划与计划，以指导其加快创新发展，迅速优化调整第三产业经济的行业机构体系。他在其

---

①② 赵德海：《开放经济下的服务业发展与创新研究》，中国商业出版社2008年版。

刊发的《发展生产性服务业提升黑龙江装备制造业核心竞争力》一文中特别指出“要针对装备制造业与服务业发展的差异性，编制生产性服务业的发展规划，引导企业健康有序地发展生产性服务业，组织实施重点产业服务的产业行动计划，以制造业促进服务业的发展，加快形成服务产业发展基础”。即他主张通过发展规划、计划的制定与实施，去指导与推进服务产业的重点加快发展，而优化第三产业经济的行业结构。

总之，他主张通过对总体与重点行业的发展规划、计划的指导，去调控管理第三产业经济的发展，使其发展速度加快、结构不断优化。

3. 优化完善国家政府对现代第三产业经济发展宏观调控管理经济政策体系的思想①

他主张，在多领域运用不断完善的多种经济政策手段去调控管理现代第三产业经济的创新发展。

（1）要大力贯行于2005年10月中国共产党第十六届中共委员会第五次全体会议通过的《中共中央关于制定国民经济和社会发展第十一个五年规划的建议》中所提出的如下思想与要求：“促进服务业的快速发展。制定和完善促进服务业发展的政策措施，大力发展金融、保险、物流、信息和法律服务等现代化服务业。”也就是要通过这些服务业的优化发展，便于国家运用金融、税收、物价、商品储存、物流分配等多种经济政策手段，去优化发展现代第三产业经济宏观调控管理的经济政策体系。

（2）要运用金融手段，通过实施货币发行、资金存贷政策，去调控市场货币流通量，从而调控市场商品供求关系，去保持市场物价的稳定。

（3）要运用税收手段，通过国内不同商品的不同税率与进出口商品的不同税率，去调控商品的种类结构与第三产业的不同行业结构，从而使第三产业的行业结构更加合理化，以加快国内服务产业与对外贸易产业行业的发展。

（4）要运用商品储存与物流配送手段，通过吞吐商品储存与物流配送方式多样化的政策，以调控市场商品流通量与生产性服务物流外包产业的结构，从而调控市场商品物价水平与商品物流在不同产业间与地区间的结构比重，促进第一产业、第二产业的加快发展及其内部行业结构更加合理化。

（5）要运用价格手段，通过商品价格涨落的经济政策，去调控国内外私营商务服务企业机构对市场紧缺商品价格的垄断与进行投机倒把的非法生产经营活动，防止其扭曲第三产业经济发展的良好秩序，等等。

总之，他主张协调运用各种经济政策，形成系统合力，在充分发挥市场调节机制作用的基础上，去调控第三产业经济各行业与企业的经营活动，使各类产业结构更加合理化与优化，并规范其市场经营行为与整个市场的运行秩序，以促进其创新发展，而充分发挥其重要作用。

4. 强化省区对第三产业经济调控管理职能，推进边境省区进入次区域经贸合作领域，加快对外贸易产业经济发展的思想②

（1）要在国家政府统一调控管理指导下，加大各省区政府对第三产业经济发展的直

① 赵德海：《开放经济下的服务业发展与创新研究》，中国商业出版社2008年版；《黑龙江省服务外包产业发展研究报告》，中国物资出版社2011年版。

② 赵德海：《黑龙江省第三产业结构优化与创新研究》，中国商务出版社2009年版。

接具体调控管理职能。他主张强化各省区政府对第三产业经济发展的直接、具体调控管理的职能作用，不仅要在省区范围第三产业经济各领域贯行国家政府的各种法规、制度的规定与切实推行国家政府所实施的各项政策、计划，而且要设立专管机构，更多地进行落实与监管，使宏观调控管理更加有效化。

（2）要在边境省区更加强化对境外贸易的调控管理。如他主张把黑龙江这一重要边境省区的对外贸易产业经济活动，更多、更快地纳入东北亚地区的次区域经贸合作领域，通过扩大黑龙江省区政府的调控管理权限与灵活的、创新度高的政策措施，去加快该省区对外贸易产业的创新发展。他在其刊发的《改革开放推动边境贸易发展，提升对外开放水平》一文中指出“次区域合作必将极大的促进黑龙江边境贸易的发展，将有利于形成产业集群，促进比较优势产业上的跨境投资；同时，次区域经济合作能够为边境贸易提供持久的动力，加快边境贸易向国际贸易转变的进程”。他由上述认识出发，主张适当扩大该省政府在对外贸易调控管理中的权限与所采取政策的灵活性、创新性，去加快促进该省对外贸易产业经济的发展。他认为，进行省区政府这一调控管理体制的优化发展，有利于该省对外贸易产业经济进行如下的发展转变：从单纯追求外贸发展向以外贸促进产业升级并融合发展转变，从主要鼓励出口向进口与出口并重转变，从内贸和外贸“自扫门前雪”向内贸与外贸联动发展转变，从偏重货物贸易向货物贸易和服务贸易并重转变，从外贸与外资相对独立存在向外贸、外资相互促进转变，从主要依靠低价竞争向科技竞争、品牌竞争转变，从边境贸易向国际化贸易转变，从传统对外贸易向现代化绿化对外贸易转变等。同时，他还进一步主张加大省内各地方政府对外贸活动调控管理的权限，提出“各级地方政府建立起以可持续发展为核心的边境贸易发展战略规划”，用以指导与推进省内、市县内的对外贸易产业经济由粗放型的经营模式向集约型的经营模式转变与对外贸易产业的“绿化”发展。

由上述可见，他主张强化省区政府与地方政府对第三产业经济发展的直接调控管理的职能与权限，以视各省区的不同情况而灵活处置，使之更有效地进行调控管理。

5. 大力发展专业教育，加强对现代化第三产业经营管理队伍的培育，建立起一支高质量、结构合理的经营管理队伍体系的思想①

（1）要提升对组建第三产业经济高质量、结构合理的经营管理队伍的必要性与重要性的认识。他认为，不仅要扩大适应发展需要的经营管理队伍的规模，而且要大大提升其质量、完善其结构体系。一是其必要性。他认为，面对知识经济时代的到来，国内外的市场竞争越来越明显地表现为人才所具知识能力的竞争，我国根据这一发展趋势制定与实施了“科教兴国战略”与“人才强国战略”，从而推动我国以“经贸大国形态崛起于世界”。要以经贸大国形态崛起于世界，就要以现代第三产业经济的快速发展，而进入世界市场进行必胜的竞争。而这种必胜的竞争，首先要拥有高质量与结构合理的经营管理队伍，即适需的人才。因此，组建这一经营管理队伍，既是我国实施“人才强国战略”的需要，又是争胜世界市场的迫切需要。二是其重要性。他认为，人才质量的高级化与其结构的合理化，不仅能将创新的各种先进科学技术迅速运用于现代第三产业经营管理领域，

① 赵德海：《黑龙江省服务外包产业发展研究报告》，中国物资出版社 2011 年版；《现代商品流通运行》，中国财政经济出版社 2003 年版。

而且在应用过程中还能加以改良、改进，以至于创新某些要素，这就会使产品的质量得到保护、商品流通加速、自然生态环境得到维护、劳动效率提升、销消与产销关系紧密、营销战略与策略适当、公共关系广泛、产业链不断向横向与纵向以致国际范围延伸，等等，这不仅能降低各种服务业务活动的成本与提升国内外市场价格的竞争力，而且还能适应国内外市场的变化去及时满足消费需求与不断优化商品生产的创新发展，更能推进第三产业经营管理水平的不断现代化与国际化，从而更有效地发挥对第一产业、第二产业发展的重要支撑作用，并以经贸大国形态迅速崛起于世界。因此，他主张在各个管理层面要采取宣传、教育、培训等方式，首先要提高对创建第三产业优化、结构优化、规模适当的经营管理队伍必要性与重要性的认识，并进而采取相应的组建对策措施，去推进其加快发展。

（2）推进第三产业经济发展所需高质量、结构合理的经营管理队伍建设不断优化的宏观管理对策。①要重视与加强高等教育对第三产业经济发展所需高等专业人才的培育。他认为，要发展其正规的高等教育，就要在高等学校中，设立相应的专业、充实其现代教育内容、采取多种教学方式与方法、加强教学管理，去切实提高其人才培养质量。为此，他主张创立一个教学、实践、就业三位一体的专业发展新模式，并提出这一新模式的如下主要内容：一是要更新观念，大胆创新，不断优化专业知识结构。在专业知识结构的调整上要制定“一体两翼”的方针，即在加强专业教育的同时，去强化外语和计算机教学，以适应外向型经济发展和科学化管理的要求。二是要加强三位一体的实践环节，去努力提高学生的各方面能力。应根据市场对人才的需求状况，确定三位一体的社会实践模式，做到社会实践 4 年不断线，循序渐进，由浅入深。这里的三位一体，是指课余时间进行社会调查、学年实习和毕业实习。对课余时间社会调查做到有重点、有指导，目的在于促进学生积极主动地去了解社会，分析社会上存在的经济现象，以增强学习的自觉性。三是要内外结合，优势互补，搞好师资队伍建设。不仅要在内部不断提高现有教师的素质，积极培育中青年教师成为学术带头人，搞好人才梯队建设；而且还要积极利用外部条件，优势互补，提高师资队伍素质，即在学校培育人才的过程中，要充分利用社会的有力支持。四是要搞好教学、实践的落脚点，那就是要搞好毕业学生的就业。因为任何好专业开设的最终目的都是为了使学生适应市场的需要，能够充分就业。从这个意义上讲，学生毕业后的就业状况最能切实地反映出一个专业建设的好坏和未来的发展趋势。②要搞好经营管理人员队伍与技术人员队伍的继续教育，创新其教育管理制度。为了不断提升由不同学历层次与科学技术知识层次所组成的从业人员队伍的质量与其各类结构的更加合理化，要制定与实施其继续教育的管理制度。一是要切实提高其继续教育的必要性与重要性的认识。面对科学技术的快速发展与国内外市场的激烈竞争，必须不断更新各类知识与技能，以适应现代化市场经济发展的需要，并打造各产业行业的市场竞争优势要素，更好地生存发展，这就必须对所有从业人员进行继续教育与培训，去不断提升其质量层次。二是要制定与实施其继续教育的管理制度。第一，规定其继续教育的层次，即专业技术培训、中专、大专、本科、研究生诸继续教育层次。第二，开发多种教育培养方式。包括在职定期专业培训班、业余各层次的职业技术学历教育、在国内外有关职业院校不同期限的进修教育等。第三，规定其继续教育的内容。包括专业理论知识，专业技能等，注重其前沿性、应用性的教育内容。第四，大力推动从业人员在职自学、自研，建立起相应的鼓励、奖励制度。总之，要加强从业人员队伍，尤其是重点行业经营管理人员队伍的继续教育，不断完善其教育的

管理制度，以推进人员队伍质量的提升与各类机构的更加合理化。③要优化完善第三产业从业人员职业资格管理和认证制度。一是要加强对第三产业中的各行业、各层次的管理人员职业资格认证的管理工作。要规定科学的职业资格认证标准、认证程序与资格审批等各项管理制度，以保证其任职资格的质量，适应其任职的实际需要。二是要在商品流通产业行业，建立优化完善的商品质量监管管理员职业资格认证制度。他认为，要在充分认识实行商品质量监管员职业资格证书制度必要性、可行性的基础上，规划设计该项管理制度的如下主要内容：设专职、建机构，形成商品流通行业商品质量监督管理体系；将培习、考核、颁证一体化，实行分级管理；依靠社会力量搞好社会监督，形成商品质量监督管理员资质的保证系统；明确监督管理员的职责范围、工作权限和监督管理员职业资格管理方式等。总之，要通过优化完善第三产业各行业从业人员职业资格认证与管理制度，去提升整个经营管理队伍与专业技术人员队伍的人才质量，并促进其队伍各类结构的更加合理化，以适应市场经济快速发展的需要。

从上述可见，他主张在提高对其必要性与重要性认识的基础上，优化与创新各层次、各类型、各方式的管理制度，并把高等教育管理制度置于重要地位、把职业技术资格认证管理制度置于保证地位，特别提出要创新发展在商品流通产业中的商品质量监管管理员职业技术资格认证与管理制度。通过该领域管理制度体系的不断优化完善，调控管理第三产业经济发展所需人才队伍的建设活动，实现人才强国、强企的战略要求。

综上所述，他面对我国特色社会主义市场经济的快速发展与商务服务业的现代产业化创新发展的现实情况，极力主张优化与强化国家对第三产业经济发展的宏观调控管理，不断完善其管理体系。他认为，该调控管理体系有多种组成要素并不断创新扩展，故就其中的主体要素或领域着重进行了阐述，提出了自己完善与优化的思想观点。这些主要要素包括调控管理体制、调控管理政策、战略指导规划与计划、省区调控管理职能延伸、经营管理队伍培育与组建条件的提供，并在这些主体要素的优化发展中提出了自己的主要具体思想观点，特别是富有创新性的一些思想观点，从而构成了他的一个基本的宏观调控管理思想体系。

最后，对他的第三产业经济思想体系的形成与发展，做出如下的归纳与概括。一是他所面对的社会经济环境。在我国进入 21 世纪后，随着“改革开放”的深化进行，促使社会主义市场经济获得了快速发展，不仅使我国的生产要素不断市场化，而且导致了国内市场的迅速扩展，引致商品市场交换规模、品类、范围的相应扩展，从而大大促进了商品生产与商品市场经营的相应提升，这一提升就导致了现代服务业的迅速扩展，其在社会生产中的地位也就提升到更加重要的部位；由于市场经济的本质属性与国内外市场竞争的不断加剧，必然促进服务业的现代产业化发展，并促进其产业结构的不断优化调整。这一变化趋势，引起国家政府领导的高度重视，不断提出对第三产业经济优化发展的方针、政策思想与具体的对策措施，从而促使他作为商业经济学领域的学者，更多地从现代第三产业经济创新发展的视角去研究第三产业经济快速发展的理论与实践问题，而不断提出自己的一些理论思想观点。二是他所处的地位与责任。他作为原国内贸易部直管商科高等院校黑龙江商学院的部定重点贸易经济学科与尔后的黑龙江省重点发展学科与第三产业经济研究基地的商业经济学科的带头人，其责任不仅要传承作为国内贸易部重点贸易经济学科所发展的理论思想成果，而且要组合起强大的第三产业经济学者群体，在他的率领下去创新发展现代第三产业经济理论思想体系，而发挥前导作用。在这一过程中，他主持完成了国家与省一系列重点研究课题，出版与刊发了一系列的研究报告、专著与论文等研究成果，大大扩展了研究领域，分化了研究项目、深化了研究内容，其中也包括他独立与主要完成的一系列研究报告、专著、论文等研究成果，从中也反映出他的有关现代第三产业经济的理论思想观点，尤其是富于创新性的理论思想观点，并构成为一个前导性的基本理论思想体系。三是他站在我国第三产业经济发展的前沿，从全国与黑龙江省区范围，提出了他的涉及现代第三产业经济发展主要领域的基本理论思想。一要充分认识与遵从市场经济发展客观规律的要求，切实认识促进现代第三产业经济加速发展的必然性与重要性；要在以第一产业经济为基础，以第二产业经济为主导的前提下，切实发挥第三产业经济的重要支撑作用，提升其在整个社会经济中的产值比重；作为联结社会消费与社会生产的纽带，而相互协调、按比例发展，把现代市场经济推向更新的发展高度，而形成一个更佳的良性大循环。二要在现代先进科学技术的推动下与现代市场经济机制的作用下，采取相应的生产经营战略与策略、方式与手段等去加快第三产业经济的发展，并在其规模、速度加快扩展与提升的同时，通过创新发展去不断优化调整其产业行业、区域、城乡、经营业态等结构体系，并把侧重点放在其第二、第三层次结构要素的扩展上，形成更适应现代市场经济发展需要的纵向、横向产业链形态，既有必要通过分化而形成集约化的产业链，又有必要在分化之后进行重新组合而形成创新性的产业链，而使之集约发展等，最终使现代第三产业经济的整体结构体系更加合理化，以推进其加快发展。三要推进第三产业经济的现代化、国际化的加快发展，必须完善国家对第三产业经济发展的宏观调控管理体系，进行自觉、自动、有效的管理，以消除其市场调节所产生的消极作用，而为第三产业经济的有效、有序发展创造良好的环境与提供有利的各种条件。因此，首先要建立与完善国家对第三产业经济发展的宏观调控管理体制，包括行政管理组织机构体系、法规体系、制度体系，进行统一的法制化管理；其次要制定与实施科学的发展规划、计划，以进行明确的发展目标、方向、途径、范围内容的指导，使其有一个基本的发展框架体系；最后要制定与实施通过各种手段所采取的各项宏观调控管理经济政策与教育、产业行业政策等政策体系，去支持、激励其有利因素的发展，限制其消极因素的发展，并运用于全国与省区范围，进而细化为具体项目政策与运行方式，并构成为一个不断创新发展的宏观调控管理体系。总之，已构成了他的多具创新观点的现代第三产业经济思想较系统的基本体系。

第三节　特色社会主义社会市场经济建设时期初级发展阶段现代第三产业经济思想体系的基本形成

一、各学派主要代表人物第三产业经济思想的主要历史贡献

（一）政治经济思想家邓小平第三产业经济思想的历史贡献

他从第三产业经济理论思想体系的三个基本领域，表述了自己的主张与认识，提出了自己的基本理论思想观点，并推动该历史时期第三产业经济活动的实际发展。

（1）在三大产业经济应处地位及相互关系领域，坚持了“农本论”，发展了“重工论”，延续了“重商论”，而形成了他的特色社会主义社会市场经济体制下的“农基、工主、商支”的三大产业经济地位观与按照社会商品生产过程依序进行的相互依存、相互作用的协调发展关系观，把三者“优化组合”，共同推动整个社会经济的发展，视为“硬道理”，既不唯农、唯工，又不弃商，要在发展工农业商品生产的基础上，发展广泛的商品交换与商品流通活动，而进入世界市场的良性大循环的现实人类经济活动中，并把推动社会生产力发展的作为高科技主要载体的工业置于核心地位。从而构建起他的三大产业“经济地位”与相互关系的基本思想体系。

（2）由于商贸、服务业的广泛发展，在国际范围内提出了“服务贸易”的通称，因而，具有了诸多经济要素与经营行业、区域等类型，从而形成了“服务贸易”的各种组成结构要素，使服务贸易整体的现代化发展，在很大程度上取决于其结构的不断优化。基于此种思考，他着重于优化第三产业经济结构，并对居于主体地位的结构类型提出了优化的理论思想与实施对策观点，从而构建起一个推进现代第三产业经济创新发展的初步理论思想体系。这就是由他的所有制、经营行业、内外贸类型、国内经营区域、商业文化等“主要类型结构优化论”所构成的“第三产业结构”的基本理论思想体系。在其“结构优化论”中，涉及到第三产业内的产业关系、产业分布、产业链的纵向与横向延伸、产业政策、产业文化等诸多产业思想、观点，并多有独立创新见解。

（3）根据特色社会主义市场经济体制的发展要求，构建了国家政府运用法规、行政、经济政策、思想教育诸管理手段，对第三产业经济活动进行宏观调控管理的理论思想观点。特别是提出了强化法制管理、科技管理、教育管理、金融管理等重点管理思想，主张更多地强化激励机制、自我约束机制与市场调节机制，从而优化完善第三产业经济活动的运行机制，而创新中国化的宏观调控管理体制，推进中国的“服务贸易”向现代产业化方向演进，以加快实现中国特色社会主义社会建设的战略目标，从而形成了“国家对第三产业经济进行宏观调控管理”的基本思想体系。

在这里我们有必要指出，他作为一个政治思想家与经济思想家，从建设中国特色社会主义社会的主张出发，多从“改革开放”的视角，论及中国社会主义经济建设问题，尤其是特色社会主义市场经济的发展问题，但其中也多涉及第三产业经济的发展问题，从而展现出他的第三产业经济发展方面的诸多创新性理论思想观点。这些理论思想，不仅发展了中国化的第三产业经济理论思想体系，使其现代化，具有实际指导性；而且，还有很多思想观点具有国际指导性、前沿性。我们从上述三个领域所作的主要归纳与表述，只是其主要思想内容，并不完善与深透，因而，还未能对其作出准确的评价，但它确在引领着中国现代第三产业经济理论思想的发展方向。

（二）经济学者王慎之等第三产业经济思想的历史贡献

他们的第三产业经济思想基本体系，构成了我国现代第三产业经济思想体系的主体内容。主要表现在以下几个方面。

（1）他们从三次社会生产大分工形成“三大原始产业”发展过程的认识出发，按照社会政治、经济制度的演进阶段，分析了“第三产业”的经济活动内容从商品交换到劳务、到服务的发展阶段，并分析了古典政治经济学派、马克思主义政治经济学派、资产阶级经济学派的不同观点，直到“第三产业”概念的正式提出与发展、扩展，最后提出了他们的“第三产业是广泛的服务活动”观，认为第三产业同服务或劳务属于同一概念，把广泛的服务活动视为第三产业的内涵，把“第三产业”的概念含义进行了现代化的界定。

（2）他们从第三产业是社会经济活动、第三产业所生产的产品是社会需要、第三产业所创造的产值是社会产值，即均是整个社会总体的组成部分的分析出发，得出了“第三产业”必须成为一大产业类型的结论。这种把第三产业视为第一产业、第二产业之外的，相对独立的社会经济门类；把第三产业所生产的服务产品也视为社会总产品的一种产品类型；把第三产业所创造的产值也视为社会总产值的重要构成份额的观点，就把第三产业提升到了一个独立的产业形态、生产非物质的消费品、创造使用价值与价值的相对独立的社会生产部门的地位，为加速第三产业经济的发展与研究“第三产业经济思想史”提供了基本的理论依据。

（3）他们从“第三产业”作为生产社会化和劳动大分工的一种结果与现代产业结构的必然表现，既反映着社会生产的一般规定性，又反映着不同社会的特殊性，而具有双重性的认识出发，提出了必须正确确定第三产业在整个产业结构中的范围，从而正确处理第一产业、第二产业、第三产业间的关系以及第三产业的内部结构，提出了他们对第三产业范围的“界定观”。其基本的观点是：第三产业是指物质生产领域或第一产业、第二产业之外的经济活动，是介于物质生产领域与政治活动之间的非物质生产领域；作为上层建筑的社会、政治活动不属于经济活动，当然也不属于第三产业领域的范畴。从这一认识出发，界定出第一产业、第二产业、第三产业活动的范围，并区分出物质生产活动、非物质生产活动、非生产活动三大活动领域，进而提出了第三产业“内部分类观”，将第三产业经济活动领域划分出生产性服务、生活性服务、流通性服务、综合性服务共四个分项经济活动领域，并进而划分出各分项领域的行业类型。以上的“第三产业范围界定观”、“第三产业内部分类观”与“各类的具体行业划分观”，为分析研究三大产业之间的关系、第三产业的经济活动范围及第三产业的内部结构，提供了基本的理论依据与划分标准，特别是把非生产活动的政府、军队、公安、宗教等社会、政治活动排除在第三产业经济活动领域之外，具有独立的见解与科学价值。

（4）他们从“第三产业史”是人类社会生产分工不断深化的历史的认识出发，提出了三大产业结构与第三产业的内部结构，都是社会生产分工发展到一定阶段的产物，而第三产业的发展又反过来促进了社会生产分工的深化发展，由此提出了“第三产业史”既是社会生产分工不断深化的历史，也是第三产业与社会生产分工发展相互作用的历史的“历史观”。具体提出这一历史是：三大产业相互作用的历史；三个产业时代相互交替的历史；第三产业从萌芽到成熟的发展历史；第三产业内部行业相互促进而发展的历史；其传统部门与新兴部门相互转化的历史；各国第三产业相比较而存在、发展的历史；不仅是一门社会经济史，而且也是社会文明史的构成部分。以上的思想观点，构成了他们的“第三产业史的学科属性观”。这一“属性观”的提出，有利于分析研究与正确认识第三产业经济发展的历史，有利于把握其发展过程及其运行的规律性，进而有利于准确认识与概括第三产业经济思想发展的历史过程，为分析研究第三产业经济思想的历史、现状与创新发展，提供了科学的指导思想，是一个创新性的理论贡献。

（5）他们明确地论述了“第三产业经济思想史”同“第三产业发展史”的区别与联

系。首先论述了两者的区别，认为“第三产业经济思想史”是人们对第三产业认识的发展史，而“第三产业发展史”是第三产业经济活动的发展史。两者既有统一性，又具有差异性。即既具有历史与逻辑的统一性，表现为客观存在决定人们的意识；又具有历史与逻辑的差异性，表现为人们的意识又不同时完全反映客观存在，而具有反映时间与反映准确度的差异性。因而，他们作出如下结论：第三产业发展史是第三产业经济思想史产生与发展的客观基础，研究第三产业经济思想史必须以第三产业经济发展史为依据，但具有自身独立的领域与发展过程，因此，必须科学把握两者的区别与联系。以上的“区别与联系观”，为研究中国的第三产业经济思想史提供了有力的理论指导，即必须在准确分析社会经济活动，特别是在准确分析第三产业经济活动的基础上，准确揭示第三产业经济思想史发展的历史过程及其趋势，从而构建其科学的思想体系。

（6）他们提出了大力发展中国第三产业经济的思想观点。其客观依据在于以下几个必然因素：商品经济发展的迫切需要；人民生活水平的不断提高的需要；农村剩余劳动力转移与城镇人口就业的需要；新技术革命挑战的要求；经济体制改革与充分发挥城市中心作用的客观需要等。同时，深入分析了第三产业同各个因素之间的关系，揭示了这些因素体系对第三产业发展的综合促动作用，导致了第三产业加快发展的必然性。这一加快第三产业发展的“发展观”，将会提升人们对加快发展第三产业经济重要性、必然性的认识水平，从而推动人们的实践活动向深广方向发展，并成为“中国第三产业经济思想史”理论体系中的一个重要构成内容。

（7）他们从优化调整社会经济结构进而优化调整第三产业经济结构的思想认识出发，揭示了传统的“社会经济结构观”的局限性与片面性，并明确指出第三产业在社会总产值中所占比重不断增大，其中的一些行业属于基础性产业与新兴产业，其地位日益重要，并呈现快速发展的态势，进而强调要把第三产业部门，或作为非物质生产领域，视为社会经济结构的一个重要的内在因素或要素。据此，他们提出了应树立的一个“社会经济结构新观念”，进而提出研究第三产业的内部结构，要依据创新的“社会经济结构观”，从第三产业与其他相关要素关系的角度，正确设定第三产业经济的结构要素、结构类型、重点结构类型、结构体系，实现其结构的合理化，以加快第三产业经济自身与整个社会经济的协调发展。他们的“第三产业经济结构创新观”，是对第三产业经济理论思想的一个创新贡献。

（8）他们主张大力推进第三产业经济的国际化发展，提出了其国际化发展的重点领域、主要对策、重要作用等思想观点，把中国第三产业经济的国际化发展，作为快速扩展国际市场、争胜于国际市场竞争、以经贸大国形态快速崛起于世界的重要途径和战略重点，从而把第三产业经济国际化发展，提高到中国国际经济发展战略的高度去认识，是对国际市场战略理论思想的重大贡献。

（9）他们提出要变革传统的经济管理观念，而树立起当代新的社会经济管理观念，并对这一新观念的内涵做了具体深入的揭示，进而提出社会经济管理的新观念是对第三产业经济活动进行科学宏观管理的思想理论基础。为了推进第三产业经济的快速发展，必须加强对其的宏观调控管理。要进行有效的宏观调控管理，必须在贯彻落实新的经济管理观念的基础上，正确选定第三产业经济宏观调控管理的目标、体制与重点内容。从这一认识出发，他们具体地设定了宏观调控管理的目标体系；宏观调控管理体制模式；宏观调控管理的重点内容；宏观调控管理的法律手段体系，从而形成了他们的“第三产业经济宏观调控管理创新观”，为第三产业经济思想的发展，提供了新的要素，促进了它的现代化进程。

可见，他们从产业经济学与第三产业经济学理论研究的角度，站在第三产业经济思想国际化的前沿，从对中国第三产业经济思想发展的历史进程与趋势的认识出发，从多个领域，并着重在推动中国第三产业经济于当前如何加快发展的领域，提出了由多项思想要素所构成的内容广泛的现代第三产业经济理论思想的基本体系，而成为我国该历史时期第三产业经济思想体系的主要内容。

（三）产业经济管理专家、学者张弢等人第三产业经济思想的历史贡献

他们从当时社会主义有计划商品经济发展阶段的实际情况出发，从区域经济发展的角度，提出了省区第三产业经济发展的思想体系，开拓了现代第三产业经济思想体系的新领域。主要表现在以下几个方面。

（1）在从黑龙江省区域第三产业经济发展的角度揭示第三产业经济发展的共有基本理论问题的基础上，着重从该省区的实际情况出发，揭示其发展的特殊性，创立了“第三产业区域经济发展观”，提出了一系列“差异化”的见解，为推进区域第三产业经济发展提供了更切实有效的理论思想指导。

（2）提出加快黑龙江省区域第三产业经济发展特有必要性的思想观点。主要表现在该省作为中国的资源大省，其第一、第二产业经济所占比重大，必须尽快提升第三产业经济的比重，使三大产业经济结构合理化；国有第一、第二产业比重大，随着改革开放的深化，大批剩余劳动力必须加速向第三产业转化；计划经济体制浓重，随着向社会主义市场经济体制的转化与作为边境大省，必须大力发展边境贸易、对东北亚区域的贸易以及国际贸易；必须改变“企业办社会”的状态，使其向社会服务业转化等。提出了“改革开放的必要发展观”。

（3）提出了黑龙江省区域第三产业经济发展的“三个阶段论”，即“发展—萎缩—崛起”的发展过程。不仅反映了该省区的特有突出发展状态，而且在一定程度上揭示出全国发展的一般共有状态；同时，具体深入地揭示了制约该省区第三产业经济发展的主要因素，为分析研究中国第三产业经济发展速度迟缓和采取相应的推进对策，提供了更全面的指导，是他们的一个重要贡献。

（4）提出了黑龙江省区域“第三产业分类观”。按照流通部门与服务部门两大分类标准，进行了具体的行业分类，并提出“四大层次论”，把服务的类型细分化，提出了“细分观”；更重要的是提出了省区区域的“细分观”，提出了城市区域与农村区域的划分，这些“细分观”，是对第三产业经济思想的一个创新性贡献。

（5）提出了黑龙江省区第三产业经济发展“战略观”。提出了一个“发展战略规划方案”的完整构成要素体系，并对各构成要素的内容作出了具体的规划设计，是对第三产业经济发展战略理论的一个重大贡献。

（6）提出了黑龙江省区域“三大产业发展关系观”。提出了三大产业经济“协调发展论”；第三产业经济在国民经济结构中的“重要地位论”；正确处理第三产业经济发展的“内部关系论”等。把省区与全国第三产业经济思想观点的发展，提升到一个更加深化、系统化层面，弥补了宏观层面的一些缺陷内容。

可见，他们从区域经济发展的角度，着重揭示了省区第三产业经济发展的特殊性，或差异性，更重要的是其滞后性，而提出加快省区第三产业经济发展的思想体系，从而把第三产业经济发展的城、乡区域结构思想，推延为省区结构的新领域，以实现省区内部与外省之间一体化协调发展的思想。

（四）中国商务部领导与商务管理专家第三产业经济思想的历史贡献

他们在第三产业经济宏观调控管理领域，提出了战略计划管理的初步思想体系，充实了现代第三产业经济宏观调控管理的思想内容。主要表现在以下几个方面。

（1）认为全球已步入服务经济时代。在国内外大力发展服务业或服务贸易业，已具有战略意义；为指导与促进我国服务贸易持续快速发展，必须科学规划其发展战略方案，必须具体指导与实施《服务贸易发展“十二五”规划纲要》，以促进我国社会主义市场经济走向新的发展阶段。从而提出了“第三产业的战略地位观”、“第三产业战略规划观”、“第三产业发展战略阶段观”，把中国的第三产业经济思想推向一个新的“战略理论”层面，初步提出了“第三产业经济发展战略论”。

（2）对“中国第三产业发展战略规划方案”提出了“基本内容结构观”。其基本结构框架是：战略目标；战略任务；战略重点；战略实施对策。虽然与一般经济发展战略规划方案框架有别，但突出了核心要素，可把其视为《战略规划方案》“重点观”，彰显了自己的特有思路。

（3）明确地设定了“十二五”期间第三产业经济发展战略总目标。其目标体系包括：发展规模；结构优化；对外开放水平；国际竞争力强度；区域协调度。虽然没有表述其发展的经济、社会、生态效益的战略目标，但已表述了以上目标的实现，为“效益”战略目标的实现提供了基础与前提。

（4）为了实现所设定的战略规划目标，提出了七项战略任务，可把其视为“战略规划内容观”，其中有不少创新性的观点，如重点论、自主创新论、配套发展论等。

（5）提出了第三产业经济发展的战略重点观。特别提出要规划其重点发展领域，并具体设定了能够带动全局进行突破性发展的30个重点领域，这就把“战略规划方案”的设计，提升到一个全新的发展高度，并最终归结为“巩固优势”、“重点培育”两大重点发展观，是一个重要的贡献。

（6）提出了实施第三产业经济发展战略目标及其任务的“战略对策措施观”。首先，提出了一个初步的宏观战略对策体系。其次，提出了宏观战略对策的基本要素类型，包括法律法规、统计体制、管理机制、促进激励、优化环境、扶持政策、知识产权保护、行业自律等。实际是形成了一个宏观调控的基本管理体制，初步形成了一个“优化宏观管理体制的对策观”。

可见，他们从加强国家统一计划指导，优化完善特色社会主义市场经济体制运行机制的思想出发，以服务贸易的新概念与第三产业经济国际化的新理念，站在战略规划指导管理的新高度，提出了对第三产业经济发展进行战略规划指导管理的思想体系，把计划管理与战略管理相结合，形成一体化宏观战略计划管理体系，并具体提出了战略管理规划方案结构体系内容的思想观点，这可以说是对国家宏观调控管理第三产业经济发展思想体系的创新性贡献，并彰显出中国调控管理现代第三产业经济发展思想体系的特色，并具有国际引导性。

（五）产业经济学家郭振第三产业经济思想的历史贡献

1. 郭振等学者在其所著《中国产业经济学》中所作出的第三产业经济思想的历史贡献

他们的第三产业经济思想体系，丰富与充实了我国现代第三产业经济思想体系的重点内容。主要表现在以下几个方面。

（1）他们提出了自己的“产业概念观”。不仅对这一概念的含义作了明确的界定，还对其概念的演进、领域、层次、内涵与外延、类型作了具体深入的揭示，超出了原有一些学者的视野，而具有自己的创新性独立见解。解除了一些学者多从单一角度界定其概念含义的纷争状态，而建立起一个概念的分类综合体系，不仅为研究“产业经济学”，而且为研究“第三产业经济思想史”，提供了系统的基础理论指导。

（2）他们提出了“产业分类观”与“第三产业内部分类观”。首先，认为“产业”可依据不同的研究与管理目的、不同的标准，进行多种分类；其次，具体提出了各种分类的具体类型，特别是第三产业的第二层次的产业类型；最后，提出了国内外的分类方法体系，打破了“照搬”西方产业分类法的局限，而创建出中国化的分类方法体系，如不仅提出了按“克拉克三大产业分类法”分类、按“国际标准产业分类法”分类，而且提出了按“中国国家标准产业分类法”分类，并提出可按物质与非物质生产领域、第一部类与第二部类生产部门等分类方法进行分类。从而创建了“中国化”的“产业分类观”，为多角度研究产业结构提供了理论指导与思路。并依据中国的分类标准，提出了中国第三产业内部行业结构分类体系。

（3）他们提出了“第三产业结构观”。首先，他们在准确揭示“产业结构”概念、特征、变动影响因素的基础上，系统而深入地论述了第三产业结构地位演进的过程。在指出产业结构演进过程主要表现为由低级向高级演进的高度化和向横向演变的合理化的基础上，特别提出第三产业结构的演进过程具有自身的具体结构状态与规律性、在不同演进阶段又有自身的不同结构类型并具有不同的结构地位，进而对其结构地位进行了具体的揭示，由此，深化发展了第三产业的结构理论，特别是其“结构地位”理论，为科学研究第三产业结构提供了系统的理论指导。其次，他们以超前的思考，揭示了第三产业优化发展的方向及发展趋势，为第三产业的发展提供了战略指导。最后，对第三产业结构的优化调整目标及其调整的战略对策提出了具体设定的内容体系，实际上是一个调整战略规划方案的基本框架设计，由此，把第三产业发展战略理论引入第三产业经济发展的理论体系中，从而提出了第三产业经济的“发展战略观”，这也是他们的一个创新性理论贡献。

可见，他们从产业经济学，尤其是第三产业经济学理论研究的角度，从对历史发展进程与趋势的认识出发，在全面、深入揭示“产业”概念的内涵与外延、细化产业分类的基础上，着重论述了第三产业的分类理论与方法，从而提出了他们的第三产业“分类观”及其较完善的“结构观”，并突出地提出了完善其结构体系的“战略对策”论，对第三产业经济发展的“结构完善论”进行了重点创新发展。从而构成了他们多具创新内容的现代第三产业经济思想的基本体系。

2. 产业经济学家郭振在其独自著作中对第三产业经济思想所作出的历史贡献

他以《商业经济学》、《产业经济学》的系统理论为基础，以中国的科学发展观为指导，从现代第三产业经济发展的实际情况出发，在传承中国商业经济思想发展历史精髓的

同时，积极引进国外的先进而适合中国国情的现代产业经济思想要素，进行系统、深入的多种专项科研课题的研究，而提出了前沿性的研究报告、专著、论文等研究成果，其中多富于创新性、前沿性的独立见解，从而构成了他的现代第三产业经济思想的基本体系，注入我国现代第三产业经济思想的总体系之中，对创建我国现代第三产业经济思体系作出了多方面的创新性贡献，主要反映在以下几个方面。

（1）他从社会政治、经济结构，引出产业结构，并提出了产业经济结构的不同划分类型，还从中提炼出基本结构要素类型；更可贵的是他从各产业结构要素的相互作用中，揭示出三大产业经济结构的演进过程，并从相互作用中揭示出第三产业经济发展演进的过程，从而剖析第三产业经济在不同历史发展阶段所处的历史地位及三大产业经济发展间的协调关系与发展趋势。由此，提出了他的“第三产业经济演进规律论”、“第三产业经济地位演进过程论”、“三大产业经济发展关系论”、“第三产业经济发展趋势论”。

（2）在揭示第三产业经济结构地位演进的过程中，不限于从生产决定流通的角度去分析、认识问题，而是从工业化发展阶段、主导型产业的转换、三大产业各自内在要素的变动、产业结构演进顺序等多角度，去分析判定第三产业所居地位的必然性及其发展的应有趋势，而更具有规律性与前瞻性的导向性；同时，还明确地预示了第三产业结构调整的目标，提出了第三产业结构进行合理化调整必须有利于保持经济持续增长的稳定性、市场供求的适应性与反应能力、有利于经济增长方式的转变等宏观发展目标，而超越了多限于第三产业本身发展目标的思路；更有创新性的是如何设计优化第三产业结构地位的途径，他大胆地提出了要控制当前第二产业过分发展而导致生产过剩的状态，并主张深化经济体制改革去改变对第三产业发展的限制因素，使社会资源更多地投入第三产业发展领域，而改变国有制对一些重要行业的垄断状态，即从根源上进行挖掘，而切实实行现代市场化；在第三产业结构优化调整的方向上，主张在三大产业结构优化调整的基础上，要在第三产业内部加快现代服务业产业的发展速度，提升其结构比重，即加快发展知识密集型的服务产业行业与高效服务产业行业等，使现代服务业产业行业迅速处于主流地位。总之，即要突重点、协关系、上层次、抓创新、提效能。

（3）优化调整主要第三产业结构要素，进行“重点突破”，带动整体发展。一是要通过提高外贸产业行业的国际竞争力去加快推进对外贸易产业行业的发展，从而带动国内第三产业的加快发展，其主要对策是要转变不适当的外贸发展方式，主要是外贸竞争方式、国际市场开拓方式、资源利用方式。二是转变农村的经济体制，推进农村市场的国际化发展，由自给性的农业迅速向商品性农业推进，推行农村小镇市化，切实转向现代化、工业化、商品化的农业。三是大力发展现代化的广泛服务业产业行业，既要发展新型的现代服务产业行业，又要发展生产性服务“外包”产业行业，并通过横向组合，创建新型的产业链，进行创新型的集团化发展，尤其是国际化的集团化发展。

（4）优化国家对第三产业经济发展的宏观调控管理。他特别提出要推进商品流通的产业化发展，重点是推进其经济增长方式的转变，其对策是深化商业企业的改革、切实建立其自主经营机制、转变政府的职能与调管机制、合理分布商业网点、加快推进农村生产要素市场化与优化农村商品流通机制、把自给性农业更多地推向商品性农业、推进第三产业的国际化发展，从而使中国以经贸大国形态迅速崛起于世界。

总之，他多以创新性思维，将一般理论思想提升到前沿性思想。在概括现有理论思想的基础上，更多地彰显出他的“综合要素论”、“相互作用论”、“协调发展论”、“历史演进论”、“重点发展论”、“国际化发展论”等理论思想观点，并初步构成他的多富前沿性的现代第三产业经济理论思想的基本体系，从而充实与完善了我国现代第三产业经济思想基本体系的要素内容，而作出了较多的创新性的贡献。

（六）产业经济学家赵德海第三产业经济思想的历史贡献

赵德海作为哈尔滨商业大学与黑龙江省产业经济学科的带头人，站在我国进入21世纪后产业经济理论思想发展的前沿，面对第三产业经济快速发展的实际情况，在积极传承前辈理论思想与吸收、借鉴国内外第三产业经济先进理论思想的基础上，着重深入而系统地研究中国第三产业经济现实创新发展问题。他组织起由郭振、项义军、韩平等哈尔滨商业大学产业经济学科学者所组成的研究群体，并作为主持人申批与组织完成了国家及省一系列的重点科研课题，在深入调查研究的基础上，主编并刊发了一系列有关第三产业经济发展领域的研究报告、专著、汇编、论文，尤其是他提出了自己独立的一系列研究报告、专著、论文等科研成果，而展现出他在第三产业经济学科领域的一系列理论思想，并构成了一个多富创新性的、较为系统的基本思想体系，从而为该学科的创新发展作出了诸多重要贡献。现将其主要贡献概述如下。

1. 具有明确的研究指导思想与符合历史演进的思路

（1）具有明确的研究指导思想。他以我国的科学发展观为指导，从我国社会经济发展的历史进程与当前社会主义市场经济发展的国情、世情的实际情况出发，尤其是“改革开放”后特色社会主义市场经济发展的现有实际情况出发，遵从市场经济发展的普遍规律，以更多的创新思维，着重研究现代第三产业经济发展在促进整个社会经济发展中的重要地位与作用、发展的方式与途径、发展的重点与对策、国家调控管理的体制与政策等基本问题，以期加快发展而实现富国、裕民、强兵，最终以经贸大国形态迅速崛起于世界的国家发展战略目标。

（2）具有符合历史演进的思路。他采取传承、借鉴与创新发展相结合的思路，既研究与反映我国第三产业经济发展演进的历史进程，又构成他的第三产业经济思想体系发展演进的历史进程。一是尽力传承前辈们已有的科学研究成果。如尽力传承改革开放前黑龙江商学院商业经济学者们在所著的《中国商业史》与国内蒋建平等商业经济学者们在所著的《中国商业经济思想史》及其他学者们的有关著作中，所表现与反映的第三产业经济理论思想成果。二是广泛吸收与借鉴“改革开放”后国内外经济学者们所提出的先进的第三产业经济发展的理论思想成果，尤其是国外先进而适用的第三产业经济发展的理论思想成果，引领自己更多地创新思考。三是在传承与借鉴的基础上，面对改革开放进入21世纪后中国现代市场经济发展的实践，着重从创新发展的角度，去创新中国现代第三产业经济发展的理论思想体系，以指导未来的发展。他的这一思路，既符合第三产业经济发展演进的历史进程，又符合现代第三产业经济理论思想历史发展的逻辑过程，能更好地展示其现代第三产业经济发展的理论思想的先进性与现实指导性。

2. 在进行中国第三产业经济发展普遍研究的同时，尽力开发创新发展的重点领域，倡导重点发展论

（1）在区域活动领域。更多地研究省区范围第三产业经济创新发展问题，并把具有资源优势、市场优势、地理位置优势的省区作为创新发展的重点。如他对有资源优势、东

北老工业基地优势与面向东北亚经济区进行边境贸易的地理位置优势的黑龙江省区，进行深入而系统的重点创新研究，提出诸多具体研究成果，以供全国推广应用。反映出他具有“没有重点，就没有主体，就不能有效发展；没有省区的重点突破发展，就没有典范的引导去扩展全国创新发展的思想”。由此，形成了他的“省区重点创新发展论”。

（2）在产业行业发展领域。更多地研究现代服务产业行业的创新发展问题，并把第三产业的生产性服务外包的产业化发展，作为创新发展的重点。主张在全面与系统研究现代第三产业经济加快发展的同时，要由对商贸业产业行业的研究迅速向现代服务业的产业行业的发展研究扩张，并重点研究工业生产中的制造业的生产性服务外包业的产业化发展问题。通过该生产性服务外包业与其他各类外包业组合，形成新的服务外包产业行业，既优化发展了服务产业的行业结构，又促进了第二产业的集约化发展，特别是现代先进科技支撑的机器设备制造业的产业行业的扩展，从而优化了对外贸易的产品类别结构，最终把“中国制造”推向了主流发展方向。这就形成了他的“生产性服务外包产业化发展重点论”。

（3）在城乡发展领域。要在广大农村扩展第三产业经济发展的同时，还应注重作为商品流通中心的大中城市第三产业经济的快速发展，特别是随着大城市现代建设模式的改进，要把第三产业经济在城市优化发展的重点，放在新的居民居住区零售业的经营业态创新发展上，使之更适应居民集中居住区消费者的需要，从而促进现代大城市结构的优化变革。这就形成了他的现代大城市“新的居民区零售经营业态重点创新发展论”。

总之，以上“三大”重点创新发展论，是为适应我国市场经济发展的切实需要而提出的，具有创新性、引导性、有效性。

3. 在现代第三产业经济思想体系发展中的主要创新思想观点

（1）在现代三大产业经济应处地位及相互关系思想体系发展中的主要创新思想观点。一是在现代三大产业应处地位的逻辑思维与论证方式上，突破了原有的模式。他没有按照社会生产与社会商品生产过程中的农业生产主要提供原材料、工业生产主要提供产成品与主体商品、商贸业主要实现产品或商品的流通与交换的传统观点，而去认识与揭示第一产业为基础、第二产业为主导、第三产业为支撑的三大产业地位。而是通过着重揭示以现代先进科学技术为核心的知识经济的发展，率先引起工业生产的科技水平与生产方式的变革，如他所说的工业生产的“三次革命”，而引起“三次商业革命”，即第二产业的现代化发展所导致的商品规模扩大、质量提高、种类增多，而推动第三产业经营规模的扩大、经营方式的改进、经营行业的增多，反过来又推动工业产品生产尤其是工业商品生产的扩大，而去揭示第二产业的主导地位更加突出、第三产业由于其产值在国民生产总值中的比重明显提高而其支撑第二产业发展地位更加重要。总之，着重通过揭示知识经济发展引致工业生产革命与商业革命的关系，去论证三大产业在社会经济发展中各自所处的地位，而具有创新性。二是对现代三大产业相互关系的认识具有自己的角度与重点。在揭示了商品经济状态下的社会生产过程由生产过程开始，并由工业生产起决定作用，则按照农业生产—工业生产—流通与交换—消费的依序进行的“再生产过程论”与相互作用的“协调发展论”，而着重揭示在特色社会主义市场经济发展中的市场经济与市场化建设的关系、产销与销消之间的关系。认为在现代市场经济快速发展中，必然引起“市场化”与“消费革命”，使消费个性更加多样化，其社会生产与经营的商品能否实现其使用价值与价值，在很大程度上取决于其商品能否适应市场消费不断发展变化的需要，这就必然形成以“消费者为中心”的趋势，并导致在一定程度上的市场商品消费需求对市场商品生产供应的决定性的反作用。总之，他从对社会商品生产的起点与社会商品再生产良性循环的起点这两个起点的认识出发，体现出他的三大产业间相互依存、相互作用的协调发展关系观，并着重揭示市场商品消费需求所具有的决定性的反作用，从而把第三产业的发展提升到既引导市场消费需求，又促进第一、第二产业优化发展与结构更加合理化的重要作用高度，从而构成了他的一个理论思想的创新性贡献。

（2）在现代第三产业经济结构优化发展思想体系中的主要创新思维观点。一是他具体揭示了现代第三产业结构要素与其第一层次、第二层次、第三层次的分类体系，提出了“第三产业结构要素分类论”。二是提出了各类、各层次结构要素的重点发展方向，形成了他的第三产业结构优化发展的“重点方向论”，特别是创发了服务产业及生产性服务外包产业重点加快发展的思想体系。三是提出了现代商品流通产业的结构要素体系、同第三产业的区别与联系关系、运行方式、结构优化发展的对策等理论思想的初步体系。总之，他细化了第三产业结构要素的分类、各层次结构的重点优化发展方向、现实可行的具体对策等，而构成了他的较系统的现代第三产业结构优化发展的理论思想体系。

（3）在强化与优化第三产业经济宏观调控管理思想体系中的主要创新思想观点。①对国家调控管理第三产业经济活动的行政管理组织机构体系进行创新调整。主要是改变国家现有管理组织机构分支较多的状态，要通过相应而适当的组合方式加以综合化地调整，形成综合协调的管理机构体系，并强化地方各省区综合性的调控管理机构的管理职能。②要进一步完善立法、强化执法，实行法制化管理。③要制定与实施科学的发展规划与计划，强化发展规划指导的功能作用。④要优化调控管理政策体系，更多地采取支持与鼓励其优化发展的政策，在消除其消极因素的同时，更多地发挥市场调节机制的作用，使第三产业经济的结构更加合理化、经营范围更加国际化。⑤要大力发展其专业教育事业，尤其是专业高等教育事业，迅速培育起一支适应需要的高质量的、结构更加优化的经营管理队伍体系，进行科技兴企与人才强企，而争胜于国际市场竞争。总之，他提出了优化国家对现代第三产业经济进行宏观调控管理的诸多创新性的思想观点，并形成了他的进行宏观调控管理的创新性的基本思想体系。

综上所述，他在各领域提出了自己诸多的创新思想观点，并具有前导性、现实应用性。应该说，由于他更多地倡导“重点发展论”，而在不同的层面与不同的领域其思想观点存有不同的细化度、深化度、全面度、系统度，因而，也存有不同的创新度。尽管如此，可以说他已形成自己多富创新性的现代第三产业经济发展的较为系统的基本思想体系，而在诸多领域扩展与深化了我国现代整个第三产业经济思想体系，把它推向创新发展的新阶段，从而为该学科的现代发展作出了重要贡献。

二、现代第三产业经济思想体系基本构成内容的形成

在这一历史发展时期，各学派的主要代表人物在吸收、传承我国古代、近代的第三产业经济思想主流要素的同时，更着重于从我国特色社会主义市场经济发展的现实情况出发，广泛引进与借鉴西方现代产业经济，尤其是现代第三产业经济的基本理论思想内容，并从不同的角度进行了创新发展。不仅形成了各自的第三产业经济理论思想的基本体系，

而且汇集成为我国现代第三产业经济理论思想的基本体系；不仅推动着我国特色社会主义市场经济的加快发展，而且在引导着现代国际范围市场经济的发展方向，使我国以经贸大国形态崛起于世界，并引领世界。在这里，为了系统归纳与组合各主要代表人物所表述的现代第三产业经济思想，以形成我国现代第三产业经济思想整体的基本体系，则着重于揭示该思想体系的基本构成要素，而不再做过细的揭示。这些基本的构成要素可归纳为以下几点。

（一）第三产业经济发展的指导思想与基础理论思想

1. 第三产业经济发展的指导思想

他们从不同的领域与不同的层面，运用现代盛行的、富有规律性的推进社会经济不断发展的理论指导思想，去思考与剖析、处理第三产业经济的具体创新发展问题，并在一些主要领域运用现代所倡行的新的观念去揭示与评价第三产业经济活动的实际运行问题，而创发自己独立的创新见解。可将这些理论指导思想归纳为如下方面。

（1）马克思主义的"历史唯物主义"。表现为人类社会进化论，具体表现为社会生产力发展观。社会生产力的发展引致了社会生产的三大分工，从而形成了三大产业经济类型。现代科学技术的发展，引致了社会生产分工的细化发展，不仅使第二产业经济处于主导地位，还使三大产业内部的行业细化发展，从而导致了第三产业内部的行业分类论与结构论。

（2）毛泽东思想的"实践论"。表现为存在决定意识与思想，任何理论思想不仅由社会的现实活动所决定，而且必须符合实践发展的需要。由此，必须从现实的国情、世情出发，既引用普遍的经济发展规律，又遵行各国经济发展的特有规律，而提出与贯行特色社会主义市场经济的发展论与第三产业经济发展的主导论，从而把人类从以物质文明为主的状态推向以精神文明为主的状态，去大力推进提供非物质服务的第三产业经济的发展。

（3）邓小平理论的"科学发展观"。要满足人们不断增长的物质与非物质的消费需要，就要全面、协调地发展三大产业经济，尤其要大力发展长期处于薄弱状态的第三产业经济，以优化整个产业经济结构，提升第三产业经济在三大产业经济中的结构地位。为此，提出并贯行"对内改革、对外开放"的大政方针与"可持续发展观"，进而形成"市场国际化论"、"市场环境优化论"等理论指导思想。

2. 第三产业经济思想发展的基础理论

不少产业经济思想家或学者都从产业经济的基础理论着眼，而将其引入第三产业经济理论思想领域，去揭示、剖析其具体理论思想问题，并在具体应用中进行创新发展。这些基础理论的主要内容，包括以下几个方面。

（1）产业的"含义"论。他们对"产业"的含义，虽有不同的具体界定或表述，但普遍的认识可归纳为："具有同类社会经济职能的单位所组成的群体"、"是泛指各种制造或提供物质产品、流通手段、服务劳动等的部门所组成的生产群体"、"是介于微观经济单位（企业、家庭消费）与宏观经济单位（国民经济）之间的若干集合"、"是一种中观经济类型，不包括非经济性的政治、军事、事业性的单位或活动"。作为"产业"的本质属性，其认识可归纳为："是一种投入产出的经济活动，是既能产出使用价值，又能产出价值的生产活动；其所提供的产品，既有物质产品，又有非物质的'服务'产品"。总之，可将其归结为：产业的"外型"是同类经济活动单位的"集合"；产业的内在"本质"是产生同一使用价值与价值链的生产活动的"集合"。

（2）产业的分类论与结构论。①产业的分类论。一是按社会生产分工的进程与细化程度的不同划分，可分为第一次产业、第二次产业与第三次产业；按产业的经济形态划分，可分为提供农产品的农业产业、提供产成品的工业产业、提供流通服务产品的服务贸易产业。二是按社会生产分工与产品类型的细化程度不同划分，可分为第一层次的三大产业、第二层次的三大产业内部的行业产业、第三层次的各类产业行业的细分类别门类，即产业的“三大层次论”。②产业的结构论。所谓“产业结构”，是指“产业整体各组成要素所占的比重及其相互关系”，其结构类型可按组成要素的类别不同，分为如下类型。一是按产业部门及其行业分类，称为行业结构。二是按所有制、地区分布、国内外分布、生产经营形式不同分类，可分为相应的类型结构。三是按产业层次分类，可分为多个产业层次结构类型。这些不同的产业结构类型，最终形成产业结构的总体系统。

（3）产业的发展过程论。①按社会的历史演进过程分。可分为古代、近代、现代社会的产业。②按经济形态的历史演进过程分。可分为农业时代、工业时代、商业时代。③按各类产业所居经济地位分。可分为第一产业的农业产业主导型、第二产业的工业产业主导型、第三产业的服务产业主导型。

（4）产业经济运行机制的理论。作为机制是指一架机器运转的制动器，它表现为推动力与制约力；产业经济运行机制，是指其运行的启动力、推动力、约束力的有机体系。在特色社会主义市场经济体制下，产业经济的运行机制，不仅与计划经济体制下的不同，而且有自己特色社会主义产业经济的特有性。①以公有制为主导的动力机制；②在国家强有力宏观调控管理下的市场调节机制；③在国家统一计划指导下与经济法规严格约束下的产业经济单位的自我约束机制；④既竞争又协作的发展机制等。

总之，他们认为，作为现代第三产业经济思想的基本体系，应包括作为其基础理论思想的基本指导思想与基础理论，要依据这一基础去分析研究现代第三产业经济思想的应用与创新发展问题，并揭示其基本思想体系与预示第三产业经济思想的发展趋势。

（二）“第三产业”概念含义论及其属性论

1. “第三产业”概念论

概念论认为，同“服务”是同一概念，是广泛的服务活动，是服务产业，是处于第一产业与第二产业之外的所有经济活动。

2. 经济属性论

属性论认为，产业是创造价值与使用价值的社会生产部门与活动，其产品为社会总产品，其价值为社会总产值。第一产业与第二产业属于社会生产的物质产品生产部门；而第三产业属于非物质生产领域，生产非物质产品的服务产品，既创造使用价值，又创造价值，其产品是社会总产品的一种类型，其产值是社会总产值的重要组成部分，是一个独立的产业形态，并且是一个基础性的新兴产业，有其发展的必然性与重要性。

总之，在论及第三产业经济现代发展中，多采用了“第三产业”、“服务业”、“服务贸易”的术语，并且将其视为是一种生产服务产品、产生使用价值与价值的独立的新型产业形态；从其产值在社会总产值中比重不断增长的角度观察，其地位、作用会日益重要。

（三）在三大产业中的地位观及相互关系论

1. 三大产业地位观

坚持“农本论”、发展“重工论”、延续“重商论”，提出特色社会主义市场经济体

制下的“农基、工主、商支”，或“第一产业为基础、第二产业为主导与主体、第三产业为支撑”的三大产业经济地位观。但有的学者从第三产业的产值在社会总产值中的比重不断增长的趋势观察，认为第三产业将发展为主体产业，发挥其在整个经济增长中的重要带动作用。

2. 三大产业相互关系论

既有从生产决定论出发的正向作用论，又有从消费需求论出发的反向作用论，是按照社会商品再生产过程依序进行的相互依存、相互作用的协调发展关系，要通过三者的不断优化组合，共同推动整个社会经济的顺利发展。

（四）第三产业分类论及其结构论

1. 第三产业内部分类论

第三产业分类论包括分类方法与类型论。第三产业内部有多种分类方法，因而，可有多种分类类型。一是可有生产性、生活性、流通性、综合性服务这四个分项领域。二是可有商业、贸易、商务服务、劳务服务这四大行业。三是可有产品类别、城乡、省区域、国内外等分类。

2. 第三产业经济结构论

第三产业经济结构论按照不同的类型，可有不同的结构形态。一是要将产业结构分为第一、第二、第三这三个结构层次。二是在每个产业结构层次中要确定重点发展的细分产业行业。三是内部结构的演进过程是由低到高、由纵向到横向，是社会生产分工不断细化的产物。四是内部结构优化调整应有相关的对策，要有发展战略指导，要创新结构观念，要正确划分结构层次、结构要素、优化发展的重点等。

（五）要加快第三产业发展论

1. 要积极发展第三产业

使其产值不断增长，在国民生产总值中占有较大比重；要加快第三产业的国际化发展，明确其重点领域、应采取的主要对策并提出其重要作用观，要以经贸大国形态崛起于世界。

2. 要制定与实施指导第三产业发展的战略规划

要创新“发展战略规划方案”的基本内容结构观，明确提出战略规划的总目标与分项目标、具体战略任务、战略重点与战略实施对策。

3. 创新省区第三产业发展论

充分认识省区第三产业发展的特殊性、差异性，提出省区第三产业分类观与层次论；要树立省区第三产业发展战略观；要强化省区三大产业协调发展观；提出省区第三产业结构创新论与全国省区第三产业结构创新领域论；特别提出要大力发展服务经营产业行业与生产性服务外包产业行业。

4. 提倡与推进商业文化

要加强第三产业文化建设，扩展其产业文明，从而发展社会主义的精神文明。要在国内外市场竞争中讲诚信、有文化，要倡导国际主义、爱国主义。

（六）优化与强化国家对第三产业经济宏观调控管理论

1. 改变传统的第三产业经济宏观管理理念与管理模式，树立当代的新的管理理念与管理模式

一是改变抑商、限商观与统一计划控制管理观及过分放任自由发展观；二是要确定正

确的管理目标、管理体制与管理的重点内容，即要突出法制、科技、教育、金融的重点管理；三是创建现代化创新型的管理模式，即国家战略规划指导，中央与省分级管理而加大省、地级管理权限，强化法制管理而更多地采取间接管理方式，完善激励、自我约束、市场调节这三大管理机制，创建特色社会主义第三产业管理体制。

2. 优化完善现代管理手段体系

一是运用统一规划指导手段，制定与实施第三产业经济发展战略规划，进行战略指导；二是综合运用法规、制度、经济政策、机制、方式、办法等管理手段，进行协调管理，创建新型的宏观调管手段体系，更多地发挥市场调节的积极作用。

可见，以上诸基本理论思想，已构建起现代第三产业经济思想的基本体系，既反映了现代第三产业经济发展的现状，又反映了现代第三产业经济思想发展的基本趋势。当然，其会随着实践的发展，而不断优化发展到新的高度与阶段。

总 结 论

中华民族是一个伟大的民族，经历了五千年的光辉发展历程，拥有浓重的人类物质文明，也累积着灿烂的精神文明，更具有独有而不断创新发展的理论思想，而传导于世界，推动人类社会不断向前发展。

随着我国社会经济的历史发展与社会生产分工的不断细化发展，使第三产业经济类型也在产生与不断细化发展。第三产业经济发展的实践活动，不断反映在人们的意识与思想中，从而形成人们的第三产业经济思想，并集中与较多地表现为各历史发展阶段主要代表人物的第三产业经济思想。它不仅彰显着第三产业经济思想在各历史阶段的发展状态，具有时代特征，而且还不断形成相应的第三产业经济思想体系，使该思想体系的内容要素不断充实与优化发展。

现将该史著所涉及的有关思想要素内容及演进过程，做以下简要的归纳与概括。

1. 全书的历史时代与历史阶段的划分、内容的基本结构及阐述的基本方法

（1）全书历史时代与历史阶段的划分。一是将历史时代，划分为古代社会、近代社会、现代社会三大社会时代。二是按社会性质及其进程，划分为原始社会、奴隶社会、封建社会、半殖民地半封建社会、旧民主主义社会、新民主主义社会、社会主义社会、特色社会主义社会，共八个历史发展阶段，并根据实际发展情况，对有关历史阶段再进行细分。三是按照经济类型及其进程，划分为自给自足的自然经济、自由商品经济、资本主义商品经济、社会主义计划经济、特色社会主义市场经济。

（2）全书的内容体系结构组成。一是各历史阶段商贸、服务业的发展概况，包括历史阶段、国内外的政治经济环境、商贸与服务业发展的基本状态。二是各历史发展阶段主要代表人物的第三产业经济思想体系，包括政治经济思想家、经济思想家、产业经济思想家等。三是各历史发展阶段第三产业经济思想体系的形成与发展，着重于统一性，兼顾其差异性或分类性。在其具体内容结构上，包括以下三个基本构成部分：三大产业经济地位及其相互关系；第三产业经济思想的发展，着重于揭示其结构优化调整的思想；国家运用各种手段对第三产业经济活动进行宏观调控管理的思想。

（3）全书阐述的基本方法。一是从客观存在与现实作用的认识出发，持“厚今薄古”原则，使各历史阶段的内容比重逐步升级，特别是加大现代社会时期的内容比重，以发挥其理论思想的现实指导作用。二是由于“产业”、“第三产业”的概念及其基本理论思想，在近代社会后期，特别在现代社会，才陆续引入中国，因而，在中国的长期历史时期中，多使用“商业”、“商贸业”的术语，其原始的第三产业经济思想，也多反映在商贸业发展的思想上，在我们揭示与表述有关第三产业经济思想时，也只能先引述其原有用语及思

想要素，然后再归纳于有关第三产业经济思想要素中，这就导致了“先引”、“后纳”方法的必然选择，也导致了该“史书”撰写的难度与特点。三是多揭示，少评价，避免偏颇与误导，让实践去检验、让他人去自我识别，但应有基本的归纳与概括，让世人去参考。

2. 第三产业经济思想体系的主要内容要素及其演进的基本历史过程

（1）对三大产业经济所处地位的认识与持思想的过程。可基本表述为：重农—重商—农商并重—重工—工商并重—工主、农基、商补—农基、工主、大服务贸易为支撑。

（2）对三大产业经济相互关系的认识与持思想的过程。可基本表述为：一是农业生产决定论，依农业—手工业—商业，依序正向作用；二是工业与农业生产决定论，依生产—流通—消费，依序正向作用；三是市场消费需求决定论，依市场消费需求—商贸的商品流通—工农业生产，依序反向作用；四是协调发展论，正向与反向相互作用，按比例协调发展，但以工业生产为主导、为主体，前后作用。

（3）对商贸服务业，即第三产业经济发展重要性的认识与持思想的过程。可表述为：轻商—贱商—抑商—发商—限商—重大商贸即服务贸易。

（4）对商贸服务经营行业，即第三产业行业类型的认识与持思想的过程。可表述为：物质产品互通有无的贸易业—市场商品交换的商业—农业、轻工业产品经营的商贸业—重工业产品经营的商贸业—物质产品经营与非物质产品经营并存的商贸与商贸服务业—商贸业为主体与商贸服务业、劳务服务业并存—大服务贸易的多种行业。

（5）对商贸服务业经营主体，即第三产业所有制主体的认识与持思想的过程。可表述为：以物易物的个体自由交换—官营为主体—官、私营并存—以私营为主体—公营垄断—国主、集辅、私补—国导、集辅、私主。

（6）对商贸服务业区域结构，即第三产业经营区域结构的认识与持思想的过程。可表述为：一是城乡区域结构：以井市为主体—以城市为主体—城乡并重—更多地向农村区域延伸。二是各省区域结构：各省自行发展—东部沿海省区先行发展—加快西部与北部省区的发展—各省广泛交流与协调发展，突出各自的优势。

（7）对商贸服务业经营形式，即第三产业经营形式的认识与持思想的过程。可表述为：以贩运贸易为主体—以固定零售经营为主体—以固定批发的批量经营为主体—批零协调发展，更多地扩展零售经营，面向广大的城乡消费者。

（8）对商贸服务业不同集合或组合，即第三产业链延伸的认识与持思想的过程。可表述为：一是纵向组合延伸—横向组合延伸；二是纵向组合延伸：独立经营—合伙、合作经营—股份制经营—集团化经营—内部跨行业综合经营；三是横向组合延伸：商农联合—商业与手工业联合—商业与大工业联合，表现为产销一体化、供产一体化、销消一体化。

（9）对进出口贸易，或对外贸易，或国内贸易国际化，即第三产业国际化的认识与持思想的过程。可表述为：对外封闭—适当放开—半封闭、半放开—放开出口、限制进口—全面开放—以经贸大国形态进入国际市场与世界市场，而崛起于世界。

（10）对商贸服务业，即第三产业，进行宏观调控管理的认识与持思想的过程。可表述为：自由交易—行政管理—行政管理并对重要产品与行业垄断经营—法制管理下的综合手段的直接与间接管理—统一计划管制下的直接法制与行政管理—统一计划与法制指导管理下，运用多种手段去调节市场供求关系，所进行的以间接管理为主的管理。

对以上第三产业经济思想体系主要内容要素发展基本过程的归纳与揭示，应当说，存有不完整性、不准确性、不科学性。但这一概括与综合，却彰显了我国第三产业经济思想体系发展的基本历史进程与各历史发展阶段的思想特征，它既是各历史发展阶段政治经济发展的产物，又指导与影响着各历史发展阶段第三产业经济的发展状况，并反映着第三产业经济思想发展的逻辑趋势。故对此思想体系发展的研究，尚需学者群体付出巨大的精力去加以深化、扩展，填补这一学科的空白，以求推进第三产业经济发展的国际化、现代化，最终实现我国以经贸大国形态崛起于世界的发展战略目标。这是我国产业经济学学者共负的历史重任，我们相信，这一天必将到来。

参考文献

［1］司马迁：《史记》，中华书局 1959 年版。
［2］张彤玉、张桂文：《政治经济学》，陕西人民出版社 2009 年版。
［3］李向荣：《近现代西方经济学简史》，黑龙江教育出版社 1990 年版。
［4］中国经济思想史学会：《中国经济思想史研究》，上海财经大学出版社 2008 年版。
［5］叶世昌：《中国经济思想简史》（下册），上海人民出版社 1980 年版。
［6］李俊源：《中国商业史》，黑龙江商学院（现哈尔滨商业大学）1963 年版。
［7］蒋建平等：《中国商业经济思想史》，中国财政经济出版社 1990 年版。
［8］关成和等：《史地知识辞典》，延边人民出版社 1989 年版。
［9］孙智君：《民国产业经济思想研究》，武汉大学出版社 2007 年版。
［10］中共中央文献编辑委员会：《邓小平文选》（第三卷），人民出版社 1993 年版。
［11］［英］理查德·伊文思（Ricnard Evans）：《邓小平传》，国际文化出版公司 2013 年版。
［12］中共中央文献研究室：《刘少奇论合作社经济》，中国财政经济出版社 1987 年版。
［13］中共中央文献编辑委员会：《陈云文选》（第一卷）（1926～1949 年）、（第二卷）（1949～1956 年），人民出版社 1984 年版。
［14］中共中央书记处研究室：《陈云同志文稿选编》（1956～1962 年），人民出版社 1981 年版。
［15］中共中央文献研究室：《陈云传》（上），中央文献出版社 2005 年版。
［16］李德彬：《中华人民共和国经济史简编》（1949～1985 年），湖南人民出版社 1987 年版。
［17］张弢等：《黑龙江省第三产业》，黑龙江科学技术出版社 1990 年版。
［18］王慎之：《第三产业经济学》，黑龙江人民出版社 1989 年版。
［19］郭振等：《中国产业经济学》，黑龙江人民出版社 2000 年版。
［20］杨公朴、夏大慰：《产业经济学》，上海财经大学出版社 1998 年版。
［21］中国商务部：《服务贸易发展“十二五”规划纲要》，2012 年。
［22］赵德海、郭振：《开放经济下的服务业发展与创新研究》，中国商务出版社 2008 年版。
［23］赵德海、景侠：《黑龙江省第三产业结构优化与创新研究》，中国商务出版社 2009 年版。
［24］赵德海等：《黑龙江省服务外包产业发展研究报告》，中国物资出版社 2011 年版。
［25］赵德海、胡元礼：《现代商品流通运行》，中国财政经济出版社 2005 年版。
［26］郭振：《WTO 与中国经济》，中国商务出版社 2007 年版。

参用市场经济学家韩枫所刊发的主要论著

[1]《中国商业史》（教材）编写组成员：《中华人民共和国时期》，黑龙江商学院（现哈尔滨商业大学）1963 年版。

[2]《谈谈中国商业史的研究工作》，《商业研究》，1963 年第 1 期。

[3]《中国商业史讨论会主要问题综述》，《经济研究》，1964 年第 4 期。

[4]《中国商业的起源和性质的讨论》，《人民日报》，1964 年 5 月 29 日。

[5]《我国城内“市”的起源和发展》，《商业研究》，1979 年第 4 期。

[6]《从〈盐铁论〉看桑弘羊的商业经济思想》，《黑龙江商学院教学参考资料汇编》，1964 年，载于《市场营销论》，中国商业出版社 1993 年版。

[7]《从〈水浒传〉看宋元时代的商业经营概况》，《黑龙江商学院教学参考资料汇编》，1963 年，载于《市场营销论》，中国商业出版社 1993 年版。

[8]《关于服务业“绿化”发展问题的探讨》，《开放经济下的服务业发展与创新研究》，中国商业出版社 2008 年版。

[9]《我国农村商品流通体系建设的对策设想》，《市场经济决策参考》，2008 年第 23 期。

[10]《对中外产业经济思想史课程内容的归纳分析与比较》，《商业高教探索》，2008 年第 2 期。

[11]《论“中国第三产业经济思想史”的学科性质及其研究对象与方法》，《商业高教探索》，2008 年第 4 期。

[12]《中国古代社会的第三产业经济思想》，《商业高教探索》，2009 年第 9 期。

[13]《封建社会初期原始第三产业经济思想的初步发展》，《商业高教探索》，2010 年第 1 期。

[14]《封建社会中期主要学派代表人物的原始第三产业经济思想》，《商业高教探索》，2011 年第 3 期。

[15] 省社科联：《论农村商品流通在社会主义新农村建设中的地位及其推进对策》，《专家建议》，2009 年第 2 期。

[16]《对黑龙江省农副产品销售经营外包产业化发展的战略规划设想》，《商务信息导刊》，2013 年第 1 期。

[17]《对商业在社会经济中重要地位与作用的新思维》，《商务信息导刊》，2012 年第 1 期。

[18]《对创建“中国第三产业经济思想史”理论体系的思考》，《商业时代》，2013 年第

17 期。
[19]《论中国商品流通经济理论体系的创新发展》，《商业时代》，2014 年第 1 期。
[20]《对外经济贸易理论与实务》，黑龙江人民出版社 1993 年版。
[21]《市场宏观调控论》，《韩枫选集》，中国商业出版社 1993 年版。
[22]《社会商业计划管理学》，黑龙江人民出版社 1988 年版。
[23]《西方经济学》，中国商业出版社 1994 年版。

后　记

本书是黑龙江省重点学科基金项目，由哈尔滨商业大学负责完成。其任务是具体研究与编写“哈尔滨商业大学经济学新世纪学术创新丛书”。《中国第三产业经济思想史》是该丛书的一个组成部分。由于属于经济思想史范畴，涉及历史学、经济史学、经济思想史学，尤其是第三产业经济史学与第三产业经济思想史学等广泛的理论知识领域，更由于我国专门论述第三产业经济思想史的著作颇少，且多限于改革开放后的史段，因而，统编一部从原始社会到当前时期的完整、系统的《中国第三产业经济思想史》，难度颇大，不仅要具有第三产业经济思想史的基本理论知识，而且要搜集大量的历史资料，并能从中概括与归纳出一个比较系统而完善的“中国第三产业经济思想史”的理论思想体系。因此，哈尔滨商业大学经济学院的赵德海院长与郭振副院长作为该丛书的主编与副主编，鉴于我曾参与编写过《中国商业史》，系统讲授过《商业经济学》、《中国商业史》、《社会商业计划管理》、《政治经济学说史》等商学科的基础理论课程，尤其是曾为硕士研究生讲授过《中外产业经济思想史》课程，故特委托我独自编著这部属于空白的“专著”。我当时没有过多考虑其难度，也没有顾及所具理论知识的有限性，更没有思及收集广泛资料与撰写的时限性，大胆地接受了这一繁难的任务。但在撰写过程中我才发现，收集有关资料与撰写的难度很大。但为尽量保证该书的质量，构建一个基本的理论思想体系，我则全力投入这一史著的编撰过程中。

令我感到不足的是：该史著耗时将近三年，拖后了完成时间；超越了原定的文字量；整个理论思想体系尚不够完善，某些部分的内容尚不够充实；在揭示与归纳有关商业经济思想与经济思想为第三产业经济思想的过程中，有些部分不够准确与切实，存在过多、过少与过高、过低的缺陷；注重了主流与统一性，而偏弱了差异性或特有性。以上所存在的诸项缺陷与不足，深望有关行友与学者给予指正与批判，更希望大家同心协力，再编写一部“中国第三产业经济思想史系列丛书”，以求形成一个完整的创新性的学科体系。

在这里，特别应当提出的：首先感谢哈尔滨商业大学辛宝忠校长的重视与支持，尤其是对该书出版的支持；其次感谢哈尔滨商业大学经济学院赵德海院长与郭振副院长的信任、支持和帮助，尽力为我提供当代重要参考文献与完善当代第三产业经济思想结构体系的参考建议；最后还要感谢尽力为我做打字、排版、寻找文著、复印文稿等辅助工作的史艳玲、韩璐等同志。

韩枫

2016 年 6 月 1 日